ORIGENS DO TOTALITARISMO

HANNAH ARENDT

ORIGENS DO TOTALITARISMO

Tradução:
ROBERTO RAPOSO

7ª reimpressão

ESTE LIVRO É
PROPRIEDADE DE
Felippe Baldissera

COMPANHIA DAS LETRAS

Copyright © 1973, 1968, 1966, 1958, 1951, 1949 by Hannah Arendt
Copyright renovado 1979 by Mary McCarthy West
Published by arrangement with Harcourt Brace Jovanovich, Inc.

Título original:
The origins of totalitarianism

Capa:
Moema Cavalcanti

Foto da capa:
*Patricia de Filippi
e Francisco Otoni*

Preparação:
Mário Vilela

Revisão:
*Vera Lúcia de Freitas
Otacílio Nunes Jr.*

Dados Internacionais de Catalogação na Publicação (CIP)
(Câmara Brasileira do Livro, SP, Brasil)

Arendt, Hannah, 1906-1975.
    Origens do totalitarismo : Hannah Arendt; tradução Roberto Raposo. — São Paulo : Companhia das Letras, 1989.

    Bibliografia.
    ISBN 978-85-7164-065-8

    1. Anti-semitismo. 2. Imperialismo. 3. Totalitarismo
I. Título.

89-1588   CDD-321.9
                                                                       -305.8924
                                                                        -325.32

Índices para catálogo sistemático:
1. Anti-semitismo: Sociologia 305.8924
2. Imperialismo: Ciência política 325.32
3. Totalitarismo : Ciência política 321.9

2007

Todos os direitos desta edição reservados à
EDITORA SCHWARCZ LTDA.
Rua Bandeira Paulista, 702, cj. 32
04532-002 — São Paulo — SP
Telefone: (11) 3707-3500
Fax: (11) 3707-3501
www.companhiadasletras.com.br

A Heinrich Blücher

Weder dem Vergangenen anheimfallen noch dem Zukünftigen. Es kommt darauf ein ganz gegenwärtig zu sein.

Karl Jaspers

Não almejar nem os que passaram nem os que virão. Importa ser de seu próprio tempo

ÍNDICE

Prefácio à primeira edição 11

Parte I
ANTI-SEMITISMO

Prefácio 17
1. O anti-semitismo como uma ofensa ao bom senso 23
2. Os judeus, o Estado-nação e o nascimento do anti-semitismo 31
3. Os judeus e a sociedade 76
4. O Caso Dreyfus 111

Parte II
IMPERIALISMO

Prefácio 147
1. A emancipação política da burguesia 153
2. O pensamento racial antes do racismo 188
3. Raça e burocracia 215
4. O imperialismo continental: os movimentos de unificação 253
5. O declínio do Estado-nação e o fim dos direitos do homem 300

Parte III
TOTALITARISMO

Prefácio 339
1. Uma sociedade sem classes 355
2. O movimento totalitário 390
3. O totalitarismo no poder 439
4. Ideologia e terror: uma nova forma de governo 512

Bibliografia 533

PREFÁCIO À PRIMEIRA EDIÇÃO

Duas guerras mundiais em uma geração, separadas por uma série ininterrupta de guerras locais e revoluções, seguidas de nenhum tratado de paz para os vencidos e de nenhuma trégua para os vencedores, levaram à antevisão de uma terceira guerra mundial entre as duas potências que ainda restavam. O momento de expectativa é como a calma que sobrevém quando não há mais esperança. Já não ansiamos por uma eventual restauração da antiga ordem do mundo com todas as suas tradições, nem pela reintegração das massas, arremessadas ao caos produzido pela violência das guerras e revoluções e pela progressiva decadência do que sobrou. Nas mais diversas condições e nas circunstâncias mais diferentes, contemplamos apenas a evolução dos fenômenos — entre eles o que resulta no problema de refugiados, gente destituída de lar em número sem precedentes, gente desprovida de raízes em intensidade inaudita.

Nunca antes nosso futuro foi mais imprevisível, nunca dependemos tanto de forças políticas que podem a qualquer instante fugir às regras do bom senso e do interesse próprio — forças que pareceriam insanas se fossem medidas pelos padrões dos séculos anteriores. É como se a humanidade se houvesse dividido entre os que acreditam na onipotência humana (e que julgam ser tudo possível a partir da adequada organização das massas num determinado sentido), e os que conhecem a falta de qualquer poder como a principal experiência da vida.

A análise histórica e o pensamento político permitem crer, embora de modo indefinido e genérico, que a estrutura essencial de toda a civilização atingiu o ponto de ruptura. Mesmo quando aparentemente melhor preservada, o que ocorre em certas partes do mundo, essa estrutura não autoriza antever a futura evolução do que resta do século XX, nem fornece explicações adequadas aos seus horrores. Incomensurável esperança, entremeada com indescritível temor, parece corresponder melhor a esses acontecimentos que o juízo equilibrado e o discernimento comedido. Mas os eventos fundamentais do nosso tempo preocupam do mesmo modo os que acreditam na ruína final e os que se entregam ao otimismo temerário.

Este livro foi escrito com mescla do otimismo temerário e do desespero temerário. Afirma que o Progresso e a Ruína são duas faces da mesma medalha; que ambos resultam da superstição, não da fé. Foi escrito com a convicção de serem passíveis de descoberta os mecanismos que dissolveram os tradicionais elementos do nosso mundo político e espiritual num amálgama, onde tudo parece ter perdido seu valor específico, escapando da nossa compreensão e tornando-se inútil para fins humanos. A passividade de ceder ao processo de desintegração converteu-se em tentação irresistível, não somente porque esse processo assumiu a espúria aparência de "necessidade histórica", mas também porque os valores em vias de destruição começaram a parecer inertes, exangues, inexpressivos e irreais.

A convicção de que tudo o que acontece no mundo deve ser compreensível pode levar-nos a interpretar a história por meio de lugares-comuns. Compreender não significa negar nos fatos o chocante, eliminar deles o inaudito, ou, ao explicar fenômenos, utilizar-se de analogias e generalidades que diminuam o impacto da realidade e o choque da experiência. Significa, antes de mais nada, examinar e suportar conscientemente o fardo que o nosso século colocou sobre nós — sem negar sua existência, nem vergar humildemente ao seu peso. Compreender significa, em suma, encarar a realidade sem preconceitos e com atenção, e resistir a ela — qualquer que seja.

Assim, deve ser possível, por exemplo, encarar e compreender o fato, chocante decerto, de que fenômenos tão insignificantes e desprovidos de importância na política mundial como a questão judaica e o anti-semitismo se transformaram em agente catalisador, primeiro, do movimento nazista; segundo, de uma guerra mundial; e, finalmente, da construção dos centros fabris de morte em massa. Também há de ser possível compreender a grotesca disparidade entre a causa e o efeito que compunham a essência do imperialismo, quando dificuldades econômicas levaram, em poucas décadas, à profunda transformação das condições políticas no mundo inteiro; a curiosa contradição entre o "realismo", como era cinicamente enaltecido pelos movimentos totalitários, e o visível desdém desses sistemas por toda a textura da realidade; ou a irritante incompatibilidade entre o real poderio do homem moderno (maior do que nunca, tão grande que pode ameaçar a própria existência do seu universo) e a sua incapacidade de viver no mundo que o seu poderio criou, e de lhe compreender o sentido.

A tentativa totalitária da conquista global e do domínio total constituiu a resposta destrutiva encontrada para todos os impasses. Mas a vitória totalitária pode coincidir com a destruição da humanidade, pois, onde quer que tenha imperado, minou a essência do homem. Assim, de nada serve ignorar as forças destrutivas de nosso século.

O problema é que a nossa época interligou de modo tão estranho o bom e o mau que, sem a expansão dos imperialistas levada adiante por mero amor à expansão, o mundo poderia jamais ter-se tornado um só; sem o mecanismo político da burguesia que implantou o poder pelo amor ao poder, as dimensões da força humana poderiam nunca ter sido descobertas; sem a realidade fictícia dos movimentos totalitários, nos quais — pelo louvor da força por amor à força — as incertezas essenciais do nosso tempo acabaram sendo desnudadas com clareza sem par, poderíamos ter sido levados à ruína sem jamais saber o que estava acontecendo.

E, se é verdade que, nos estágios finais do totalitarismo, surge um mal absoluto (absoluto, porque já não pode ser atribuído a motivos humanamente compreensíveis), também é verdade que, sem ele, poderíamos nunca ter conhecido a natureza realmente radical do Mal.

O anti-semitismo (não apenas o ódio aos judeus), o imperialismo (não apenas a conquista) e o totalitarismo (não apenas a ditadura) — um após o outro, um mais brutalmente que o outro — demonstraram que a dignidade humana precisa de nova garantia, somente encontrável em novos princípios políticos e em uma nova lei na terra, cuja vigência desta vez alcance toda a humanidade, mas cujo poder deve permanecer estritamente limitado, estabelecido e controlado por entidades territoriais novamente definidas.

Já não podemos nos dar ao luxo de extrair aquilo que foi bom no passado e simplesmente chamá-lo de nossa herança, deixar de lado o mau e simplesmente considerá-lo um peso morto, que o tempo, por si mesmo, relegará ao esquecimento. A corrente subterrânea da história ocidental veio à luz e usurpou a dignidade de nossa tradição. Essa é a realidade em que vivemos. E é por isso que todos os esforços de escapar do horror do presente, refugiando-se na nostalgia por um passado ainda eventualmente intacto ou no antecipado oblívio de um futuro melhor, são vãos.

Hannah Arendt
Verão de 1950

Parte I
ANTI-SEMITISMO

Este é um século extraordinário, que começa com a Revolução e termina com o Caso Dreyfus. Talvez ele venha a ser conhecido como o século da escória.

Roger Martin du Gard

PREFÁCIO

Entre o anti-semitismo como ideologia leiga do século XIX (que de nome, embora não de conteúdo, era desconhecida antes da década de 1870) e o anti-semitismo como ódio religioso aos judeus, inspirado no antagonismo de duas crenças em conflito, obviamente há profunda diferença. Pode-se discutir até que ponto o primeiro deve ao segundo os seus argumentos e a sua atração emocional. A noção de que foram ininterruptamente contínuas as perseguições, expulsões e massacres dos judeus desde o fim do Império Romano até a Idade Média, e, depois, sem parar, até o nosso tempo, freqüentemente conjugada com a idéia de que o anti-semitismo moderno nada mais é senão uma versão secularizada de populares superstições medievais,[1] não é menos preconceituosa (embora seja, naturalmente, menos nociva) que a noção anti-semita de uma secreta sociedade judaica, que dominou ou procurou dominar o mundo desde a Antiguidade. Historicamente, o hiato entre os fins da Idade Média e a época moderna, no que se refere à questão judaica, é ainda mais marcante do que a

---

(1) O exemplo mais recente dessa idéia é o livro de Norman Cohn, *Warrant for genocide. The myth of the Jewish world-conspiracy and the "Protocols of the Elders of Zion"*, Nova York, 1966 [publicado no Brasil sob o título *A conspiração mundial dos judeus: mito ou realidade?*, Ibrasa, São Paulo, 1969]. O autor nega implicitamente a existência da história judaica. Na sua opinião, os judeus são "pessoas que (...) viviam disseminadas em toda a Europa, desde o canal da Mancha até o Volga, tendo muito pouco em comum, exceto o fato de descenderem de seguidores da religião judaica" (p. 15). Os anti-semitas, ao contrário, podem — segundo ele — reivindicar uma ascendência ininterrupta, no espaço e no tempo, desde a Idade Média, quando "os judeus haviam sido considerados agentes de Satã, adoradores do diabo, demônios com forma humana" (p. 41) e a única restrição que o erudito autor de *Pursuit of the Millenium* achou adequado fazer a tais generalizações abrangentes foi a de que ele trata apenas "da espécie mais mortífera de anti-semitismo, da qual resultam massacres e tentativas de genocídio" (p. 16). O livro tenta ainda provar, embora de modo bastante forçado, que "as massas da população alemã nunca realmente se fanatizaram contra os judeus", e que o extermínio destes "foi organizado e levado a cabo pelos profissionais do SD e da SS", entidades que "de modo algum representavam a amostra típica da sociedade alemã" (pp. 212 ss). Como seria bom se esta afirmação se ajustasse aos fatos! O resultado é que se lê o livro como se ele tivesse sido escrito quarenta anos atrás por um membro excessivamente engenhoso do Verein zur Bekämpfung des Antisemitismus (Liga para o Combate do Anti-semitismo), de infeliz memória.

brecha entre a Antiguidade romana e a Idade Média, ou o abismo — freqüentemente considerado o ponto decisivo e o mais importante da história judaica — que separou os massacres perpetrados pelas primeiras Cruzadas e os primeiros séculos medievais. Esse hiato durou quase duzentos anos, do início do século XV até o fim do século XVI, quando as relações entre judeus e gentios estiveram mais frágeis do que nunca, quando a "indiferença [judaica] às condições e eventos do mundo exterior" foi mais profunda do que antes, e o judaísmo se tornou "um sistema fechado de pensamento". Foi por essa época que os judeus, sem qualquer interferência externa, começaram a pensar que "a diferença entre o povo judeu e as nações era, fundamentalmente, não de credo, mas de natureza interior", e que a antiga dicotomia entre judeus e gentios "provinha mais provavelmente de origem étnica do que de discordância doutrinária".[2] Essa mudança na avaliação do caráter diferente do povo judeu — que só surgiu entre os não-judeus muito mais tarde, na Era do Esclarecimento — constituiu certamente a condição *sine qua non* do nascimento do anti-semitismo, e é de certa importância observar que ela ocorreu primeiro no ato da auto-interpretação judaica, surgido na época da fragmentação da cristandade européia em grupos étnicos, os quais depois alcançariam a autonomia política, formando o sistema de Estados-nações.

A história do anti-semitismo, como a história do ódio aos judeus, é parte integrante da longa e intrincada história das relações que prevaleciam entre judeus e gentios desde o início da dispersão judaica. O interesse por essa história, praticamente nulo antes dos meados do século XIX, surgiu coincidindo com a eclosão do anti-semitismo, hostil aos judeus emancipados e assimilados. Obviamente, esse foi o pior momento para a pesquisa historiográfica objetiva.[3] Desde então, tanto os historiógrafos judeus quanto os não-judeus dedicaram-se — embora por motivos opostos — à ênfase dos elementos mutuamente antagônicos, encontrados nas fontes cristãs e judaicas. Ambos os lados sublinhavam as catástrofes, expulsões e massacres que pontilharam a história dos judeus, do mesmo modo como os conflitos armados e desarmados, guerras, fome e pestilência que pontilharam a história da Europa. Desnecessário dizer, enquanto os historiógrafos judeus, com sua tendência polêmica e apologética, detectavam da história cristã as ocorrências caracterizadas pelo ódio aos judeus, os anti-semitas, de modo intelectualmente idêntico, faziam o mesmo, procurando as

(2) Todas as citações são de Jacob Katz, *Exclusiveness and tolerance, Jewish-Gentile relations in medieval and modern times*, Nova York, 1962 (capítulo 12), estudo inteiramente original, de elevado nível, que realmente devia ter destruído "muitas noções caras ao povo judeu contemporâneo", como está escrito na capa, mas que não o fez porque foi quase completamente ignorado pela imprensa em geral. Katz pertence à jovem geração de historiadores judeus, muitos dos quais ensinam na Universidade de Jerusalém e publicam suas obras em hebraico. Com eles, acabou realmente a versão "lacrimogênea" da história judaica, contra a qual Salo W. Baron protestou há quase quarenta anos.

(3) É interessante notar que o primeiro historiador judeu moderno, Isaak Markus Jost, que escreveu na Alemanha no século XIX, rejeitava mais acentuadamente os preconceitos comuns da historiografia secular judaica que seus sucessores.

enunciações das antigas autoridades judaicas que tivessem dado início à tradição judaica de antagonismo, muitas vezes violento, contra os cristãos e gentios. "A opinião pública judaica ficou então não só perplexa, mas genuinamente pasmada",[4] tão bem tinham seus porta-vozes conseguido convencer a todos — inclusive a si mesmos — da veracidade do antifato que apresentava a segregação dos judeus como resultado exclusivo da hostilidade dos gentios e do seu completo obscurantismo. Desde então, os historiadores judeus passaram a afirmar ter sido o judaísmo sempre superior às outras religiões, pelo simples fato de crer na igualdade e tolerância humana. Essa teoria perniciosa, aliada à convicção de que os judeus sempre constituíam objeto passivo e sofredor das perseguições cristãs, na verdade prolongava e modernizava o velho mito de povo escolhido; assim, só podia levar a novas e freqüentemente complicadas práticas de segregação, destinadas a manter a antiga dicotomia — numa daquelas ironias que parecem reservadas aos que, por quaisquer motivos, buscam enfeitar e manipular os fatos políticos e os registros históricos. Pois, se os judeus tinham em comum com os seus vizinhos não-judeus algo que justificasse a sua recém-proclamada igualdade, era precisamente o passado de mútua hostilidade determinada religiosamente, passado tão rico em realização cultural no nível mais alto quanto abundante em fanatismo e superstições no nível das massas ignorantes.

Contudo, até os irritantes estereótipos desse setor da historiografia judaica apóiam-se mais solidamente em fatos históricos que as obsoletas necessidades políticas e sociais do povo judeu na Europa do século XIX e do começo do século XX. Embora a história cultural judaica fosse infinitamente mais diversa do que se supunha naquela época, e embora as causas do desastre judeu variassem ao longo das circunstâncias históricas e geográficas, a verdade é que se alteravam mais em função do ambiente não-judeu do que das comunidades judaicas. Dois fatos reais foram decisivos para a formação dos conceitos errôneos e fatídicos que ainda permeiam as versões populares da história judaica. Em parte alguma e em tempo algum depois da destruição do Templo de Jerusalém (no ano 70) os judeus possuíram território próprio e Estado próprio; sua existência física sempre dependeu da proteção de autoridades não-judaicas, embora se lhes concedessem, em várias regiões, alguns meios de autodefesa, como por exemplo, aos "judeus da França e da Alemanha até começos do século XIII",[5] o direito de portar armas. Isso não significa que os judeus nunca tiveram força, mas a verdade é que, em qualquer disputa violenta, não importa por que motivos, os judeus eram não apenas vulneráveis como indefesos. Assim, não admira que, especialmente no decorrer dos séculos em que era completa a sua separação do meio não-judeu — e que foram anteriores à sua ascensão à igualdade política —, todas as múltiplas explosões da violência lhes parecessem meramente normais. Além disso, as catástrofes eram entendidas, dentro da tradição judaica, em termos de martirologia, o que por sua vez tinha base histó-

(4) Katz, *op. cit.*, p. 196.
(5) *Ibid*, p. 6.

rica tanto nos primeiros séculos de nossa era, quando judeus e cristãos desafiavam o poder do Império Romano, quanto nas condições medievais, quando se oferecia aos judeus o batismo como alternativa para se livrarem das perseguições, mesmo se a causa da violência fosse política e econômica, e não religiosa. Essa seqüência de eventos conduziu à ilusão que desde então afeta tanto os historiadores judeus como os não-judeus, já que ambas as partes dão mais ênfase ao fato de "os cristãos se desassociarem dos judeus do que do inverso".[6] Assim, escondem o seguinte fenômeno: a separação dos judeus do mundo gentio, e mais especificamente do ambiente cristão, tem tido maior relevância na história judaica do que o seu oposto, pela razão óbvia de que a própria sobrevivência do povo judeu como entidade identificável dependia dessa separação, que era voluntária, e não, como se costumava supor, resultante da hostilidade dos cristãos e não-judeus em geral. Só nos séculos XIX e XX, depois da emancipação e em conseqüência da assimilação dos judeus, o anti-semitismo veio a ter alguma importância para a preservação do povo judeu, pois só então os judeus passaram a aspirar a serem aceitos pela sociedade não-judaica.

Embora os sentimentos antijudaicos fossem correntes entre as classes educadas da Europa no século XIX, o anti-semitismo como ideologia constituía, com muito poucas exceções, área de atuação dos malucos e lunáticos. Até os duvidosos produtos do judaísmo apologético, que nunca convenceram ninguém senão os que já estavam convencidos, formavam exemplos de elevada erudição e cultura, se comparados com o que os inimigos dos judeus tinham a oferecer em matéria de pesquisa histórica.[7] Quando, após o fim da Segunda Guerra Mundial, comecei a organizar o material para este livro, coletado a partir de documentos e monografias, às vezes excelentes, que cobriam um período de mais de dez anos, não encontrei uma única obra sobre o anti-semitismo compatível com os padrões mais elementares da apreciação histórica. E de lá para cá a situação pouco mudou. Isso é deplorável, pois a necessidade do tratamento fiel e imparcial da história judaica tornou-se recentemente maior do que jamais. Os acontecimentos políticos do século XX atiraram o povo judeu no centro do turbilhão de eventos; a questão judaica e o anti-semitismo, fenômenos relativamente sem importância em termos de política mundial, transformaram-se em agente catalisador, inicialmente, da ascensão do movimento nazista e do estabelecimento da estrutura organizacional do Terceiro Reich, no qual todo cidadão tinha de provar que *não* era judeu ou descendente dos judeus; e, em seguida, de uma guerra mundial de ferocidade nunca vista, que culminou, finalmente, com o surgimento do genocídio, crime até então desconhecido em meio à civilização ocidental. Creio ser óbvio que isso exige não apenas lamentação e denúncia,

---

(6) *Ibid.*, p. 7.
(7) A única exceção é o historiador nazista e anti-semita Walter Frank, chefe do Reichsinstitut für Geschichte des Neuen Deutschlands [Instituto Estatal para a História da Nova Alemanha] e editor de nove volumes de *Forschungen zur Judenfrage* [Pesquisas sobre a questão judaica] publicados entre 1937 e 1944. As contribuições de Frank ainda podem ser consultadas com proveito.

mas também compreensão. Este livro é uma tentativa de compreender os fatos que, à primeira vista, pareciam apenas ultrajantes.

Repito: compreender não significa negar o ultrajante, subtrair o inaudito do que tem precedentes, ou explicar fenômenos por meio de analogias e generalidades tais que se deixa de sentir o impacto da realidade e o choque da experiência. Significa antes examinar e suportar conscientemente o fardo que os acontecimentos colocaram sobre nós — sem negar sua existência nem vergar humildemente a seu peso, como se tudo o que de fato aconteceu não pudesse ter acontecido de outra forma. Compreender significa, em suma, encarar a realidade, espontânea e atentamente, e resistir a ela — qualquer que seja, venha a ser ou possa ter sido.

Para essa compreensão é indispensável — embora não seja suficiente — uma certa familiaridade com a história judaica na Europa do século XIX e a conseqüente evolução do anti-semitismo. Os capítulos que seguem tratam apenas daqueles elementos da história do século XIX que realmente importam para o estudo das origens do totalitarismo. Ainda está por ser escrita a história analítica do anti-semitismo, o que foge ao escopo deste volume. Enquanto existir essa lacuna, justifica-se a publicação dos capítulos seguintes como contribuição para o estudo mais completo, embora tenham sido originalmente concebidos tão-só como parte integrante da pré-história do totalitarismo. Além disso, não apenas a história do anti-semitismo tem sido elaborada por não-judeus mentecaptos e por judeus apologéticos, sendo em geral evitada por historiadores de reputação: *mutatis mutandis*, com quase todos os elementos que se cristalizariam no fenômeno totalitário ocorreu o mesmo. Ambos os fenômenos — o anti-semitismo e o totalitarismo — mal haviam sido notados pelos homens cultos, porque pertenciam à corrente subterrânea da história européia, onde, longe da luz do público e da atenção dos homens esclarecidos, puderam adquirir virulência inteiramente inesperada.

Quando a derradeira catástrofe cristalizante — a Segunda Guerra Mundial — trouxe à tona essas correntes subterrâneas, surgiu a tendência de confundir o totalitarismo com os seus elementos e com as suas origens, como se cada explosão de anti-semitismo ou racismo pudesse ser *a priori* identificada com o "totalitarismo". Essa atitude é tão enganadora na busca da verdade histórica como é perniciosa para a análise política. A política totalitária — longe de ser simplesmente anti-semita, ou racista, ou imperialista, ou comunista — usa e abusa de seus próprios elementos ideológicos, até que se dilua quase que completamente com a sua base, inicialmente elaborada partindo da realidade e dos fatos — realidade da luta de classes, por exemplo, ou dos conflitos de interesse entre os judeus e os seus vizinhos, que fornecia aos ideólogos a força dos valores propagandísticos. Constituiria certamente grave erro subestimar o papel que o racismo puro tem desempenhado e ainda desempenha no governo dos estados do sul dos Estados Unidos, mas seria uma ilusão ainda mais grave chegar à conclusão retrospectiva de que amplas áreas desse país eram submetidas ao regime totalitário há mais de um século. A única conseqüência direta e não-adulterada dos movimentos anti-semitas do século XIX não foi o nazismo mas, ao contrário, o sionismo, que, pelo menos em sua forma ideológica ocidental, assumiu o aspecto de consciente contra-ideologia, de "resposta ao" anti-semitismo. Isso não significa que a autoconsciência grupal dos judeus resultasse do anti-semitismo; até mesmo o conhecimento superficial da história judaica, cuja preocupação central, desde o exílio babilônico, sempre foi a sobrevivência do povo a despeito da dispersão, seria suficiente para destruir esse mito sobre o assunto, mito que se tornou até elegante, a ponto de vir a ser repetido nos círculos intelectuais, depois da interpretação existencialista de Sartre, segundo a qual o judeu era alguém que os outros consideravam e definiam como tal.

O que melhor exemplifica tanto a diferença como a relação entre o anti-semitismo pré-totalitário e o totalitário é talvez a história dos "Protocolos dos sábios do Sião". O emprego dessa falsificação pelos nazistas, que a usaram como livro-texto, certamente não pertence à história do anti-semitismo, mas só a história do anti-semitismo pode explicar porque era viável o uso da mentira para os fins de propaganda antijudaica. Mas essa história não explica por que se transformou em fenômeno político a alegação, obviamente totalitária, do suposto domínio global a ser exercido com métodos esotéricos pelos membros de uma sociedade secreta. A atração política decorrente do uso dos "Protocolos" é importante, na medida em que suas origens estão no imperialismo em geral, como foi elaborado em versão européia continental, altamente explosiva, a partir dos movimentos nacionalmente, ou melhor, etnicamente unificadores, principalmente pangermânicos e pan-eslavos.

Este livro, portanto, é limitado no tempo e no espaço, tanto quanto no assunto. Suas análises cuidam da história judaica na Europa central e ocidental desde o tempo pós-medieval dos judeus-da-corte até o Caso Dreyfus, naquilo em que ele foi, de um lado, relevante para o nascimento do anti-semitismo e, do outro, influenciado por ele. Trata dos movimentos anti-semitas que ainda se baseavam de modo bastante sólido nas realidades factuais das relações entre judeus e gentios, isto é, no papel desempenhado pelos judeus no desenvolvimento do Estado-nação e no seu papel dentro da sociedade não-judaica. O surgimento dos primeiros partidos anti-semitas nas décadas de 1870 e 1880 marca o instante em que foi superado o elemento factual (e limitado) do conflito de interesses e ultrapassada a experiência convivencial, abrindo-se assim o caminho que levou à "solução final" genocida. Daí por diante, na era do imperialismo, já não é possível isolar a questão judaica ou a ideologia anti-semita de questões que, na verdade, quase nada têm a ver com as realidades da moderna história judaica. Isso não ocorre apenas e basicamente porque essas questões sejam tão importantes nos negócios mundiais, mas porque o próprio anti-semitismo é agora utilizado para fins que transcendem a problemática aparente, e os quais, embora sua implantação faça dos judeus as principais vítimas, deixam para trás todas questões de interesse judaico e antijudaico.

Hannah Arendt
Julho de 1967

1
O ANTI-SEMITISMO COMO UMA OFENSA AO BOM SENSO

Muitos ainda julgam que a ideologia nazista girou em torno do anti-semitismo por acaso, e que desse acaso nasceu a política que inflexivelmente visou a perseguir e, finalmente, exterminar os judeus. O horror do mundo diante do resultado derradeiro, e, mais ainda, diante do seu efeito, constituído pelos sobreviventes sem lar e sem raízes, deu à "questão judaica" a proeminência que ela passou a ocupar na vida política diária. O que os nazistas apresentaram como sua principal descoberta — o papel dos judeus na política mundial — e o que propagavam como principal alvo — a perseguição dos judeus no mundo inteiro — foi considerado pela opinião pública mero pretexto, interessante truque demagógico para conquistar as massas.

É bem compreensível que não se tenha levado a sério o que os próprios nazistas diziam. Provavelmente não existe aspecto da história contemporânea mais irritante e mais mistificador do que o fato de, entre tantas questões políticas vitais, ter cabido ao problema judaico, aparentemente insignificante e sem importância, a duvidosa honra de pôr em movimento toda uma máquina infernal. Tais discrepâncias entre a causa e o efeito constituem ultraje ao bom senso a tal ponto que as tentativas de explanar o anti-semitismo parecem forjadas com o fito de salvar o equilíbrio mental dos que mantêm o senso de proporção e a esperança de conservar o juízo.

Uma dessas apressadas explicações identifica o anti-semitismo com desenfreado nacionalismo e suas explosões de xenofobia. Mas, na verdade, o anti-semitismo moderno crescia enquanto declinava o nacionalismo tradicional, tendo atingido seu clímax no momento em que o sistema europeu de Estados-nações, com seu precário equilíbrio de poder, entrara em colapso.

Os nazistas não eram meros nacionalistas. Sua propaganda nacionalista era dirigida aos simpatizantes e não aos membros convictos do partido. Ao contrário, este jamais se permitiu perder de vista o alvo político supranacional. O "nacionalismo" nazista assemelhava-se à propaganda nacionalista da União Soviética, que também é usada apenas como repasto aos preconceitos das massas. Os nazistas sentiam genuíno desprezo, jamais abolido, pela estreiteza do nacionalismo e pelo provincianismo do Estado-nação. Repetiram muitas vezes que seu movimento, de âmbito internacional (como, aliás, é o movimento bolchevista), era mais importante para eles do que o Estado, o qual necessariamente estaria limitado a um território específico. E não só o período nazista mas os cinqüenta anos anteriores da história anti-semita dão prova contrária à identificação do anti-semitismo com o nacionalismo. Os primeiros partidos anti-semitas das últimas décadas do século XIX foram os primeiros a coligar-se em nível internacional. Desde o início, convocavam congressos internacionais, e preocupavam-se com a coordenação de atividades em escala internacional ou, pelo menos, intereuropéia.

Tendências gerais, como o declínio do Estado-nação coincidente com o crescimento do anti-semitismo, não podem ser explicadas por uma única razão ou causa. Na maioria desses casos, o historiador depara com situação histórica complexa, na qual tem a liberdade (e isto quer dizer perplexidade) de isolar um determinado fator como correspondente ao "espírito da época". Existem, porém, algumas regras gerais que são úteis. A principal delas é a definição, por Tocqueville (em *L'Ancien Régime et la Révolution*, livro II, capítulo 1), dos motivos do violento ódio das massas francesas contra a aristocracia no início da Revolução — ódio que levou Burke a observar que a Revolução se preocupava mais com "a condição de um cavalheiro" do que com a instituição de rei. Segundo Tocqueville, o povo francês passou a odiar os aristocratas no momento em que perderam o poder, porque essa rápida perda de poder não foi acompanhada de qualquer redução de suas fortunas. Enquanto os nobres dispunham de vastos poderes, eram não apenas tolerados mas respeitados. Ao perderem seus privilégios, e entre eles o privilégio de explorar e oprimir, o povo descobriu que eles eram parasitas, sem qualquer função real na condução do país. Em outras palavras, nem a opressão nem a exploração em si chegam a constituir a causa de ressentimento: mas a riqueza sem função palpável é muito mais intolerável, porque ninguém pode compreender — e conseqüentemente aceitar — por que ela deve ser tolerada.

O anti-semitismo alcançou o seu clímax quando os judeus haviam, de modo análogo, perdido as funções públicas e a influência, e quando nada lhes restava senão sua riqueza. Quando Hitler subiu ao poder, os bancos alemães, onde por mais de cem anos os judeus ocupavam posições-chave, já estavam quase *judenrein* — desjudaízados —, e os judeus na Alemanha, após longo e contínuo crescimento em posição social e em número, declinavam tão rapidamente que os estatísticos prediziam o seu desaparecimento em poucas décadas. É verdade que as estatísticas não indicam necessariamente processos históricos reais: mas é digno de nota que, para um estatístico, a perseguição e o extermínio dos judeus pelos nazistas pudessem parecer uma insensata aceleração de um processo que provavelmente ocorreria de qualquer modo, em termos da extinção do judaísmo alemão.

O mesmo é verdadeiro em quase todos os países da Europa ocidental. O Caso Dreyfus não ocorreu no Segundo Império, quando os judeus da França estavam no auge de sua prosperidade e influência, mas na Terceira República, quando eles já haviam quase desaparecido das posições importantes (embora não do cenário político). O anti-semitismo austríaco tornou-se violento não sob o reinado de Metternich e Francisco José, mas na República austríaca após 1918, quando era perfeitamente óbvio que quase nenhum outro grupo havia sofrido tanta perda de influência e prestígio em conseqüência do desmembramento da monarquia dos Habsburgos, quanto os judeus.

A perseguição de grupos impotentes, ou em processo de perder o poder, pode não constituir um espetáculo agradável, mas não decorre apenas da mesquinhez humana. O que faz com que os homens obedeçam ou tolerem o poder e, por outro lado, odeiem aqueles que dispõem da riqueza sem o poder é a idéia de que o poder tem uma determinada função e certa utilidade geral. Até mesmo a exploração e a opressão podem levar a sociedade ao trabalho e ao estabelecimento de algum tipo de ordem. Só a riqueza sem o poder ou o distanciamento altivo do grupo que, embora poderoso, não exerce atividade política são considerados parasitas e revoltantes, porque nessas condições desaparecem os últimos laços que mantêm ligações entre os homens. A riqueza que não explora deixa de gerar até mesmo a relação existente entre o explorador e o explorado; o alheamento sem política indica a falta do menor interesse do opressor pelo oprimido.

Contudo, o declínio dos judeus na Europa ocidental e central forma apenas o pano de fundo para os eventos subseqüentes, e explica tão pouco esses eventos como o fato de a aristocracia ter perdido o poder explicaria a Revolução Francesa. Conhecer essas regras gerais é importante, para que seja possível refutar as insinuações do aparente bom senso, segundo as quais o ódio violento ou a súbita rebelião são necessariamente decorrentes do exercício de forte poder e de abusos cometidos pelos que constituem o alvo do ódio, e que, conseqüentemente, o ódio organizado contra os judeus só pode ter surgido como reação contra sua importância e o seu poderio.

Mais séria parece outra argumentação: os judeus, por serem um grupo inteiramente impotente, ao serem envolvidos nos conflitos gerais e insolúveis da época, podiam facilmente ser acusados de responsabilidade por esses conflitos e apresentados como autores ocultos do mal. O melhor exemplo — e a melhor refutação — dessa explicação, que é tão grata ao coração de muitos liberais, está numa anedota contada após a Primeira Grande Guerra. Um anti-semita alegava que os judeus haviam causado a guerra. A resposta foi: "Sim, os judeus e os ciclistas". "Por que os ciclistas?", pergunta um. "E por que os judeus?", pergunta outro.

A teoria que apresenta os judeus como eterno bode expiatório não significa que o bode expiatório poderia também ser qualquer outro grupo? Essa teoria defende a total inocência da vítima. Ela insinua não apenas que nenhum mal foi cometido mas, também, que nada foi feito pela vítima que a relacionasse com o assunto em questão. Contudo, quem tenta explicar por que um determinado bode expiatório se adapta tão bem a tal papel abandona nesse momento a teoria e envolve-se na pesquisa histórica. E então o chamado bode expiatório deixa de ser a vítima inocente a quem o mundo culpa por todos os seus pecados e através do qual deseja escapar ao castigo; torna-se um grupo entre outros grupos, todos igualmente envolvidos nos problemas do mundo. O fato de ter sido ou estar sendo vítima da injustiça e da crueldade não elimina a sua co-responsabilidade.

Até há pouco, a falta de lógica aparente na formulação da teoria do bode expiatório bastava para descartá-la como escapista. Mas o surgimento do terror como importante arma dos governos aumentou-lhe a credibilidade.

A diferença fundamental entre as ditaduras modernas e as tiranias do passado está no uso do terror não como meio de extermínio e amedrontamento dos oponentes, mas como instrumento corriqueiro para governar as massas perfeitamente obedientes. O terror, como o conhecemos hoje, ataca sem provocação preliminar, e suas vítimas são inocentes até mesmo do ponto de vista do perseguidor. Esse foi o caso da Alemanha nazista, quando a campanha de terror foi dirigida contra os judeus, isto é, contra pessoas cujas características comuns eram aleatórias e independentes da conduta individual específica. Na Rússia soviética a situação é mais confusa, já que o sistema bolchevista, ao contrário do nazista, nunca admitiu em teoria o uso de terror contra pessoas inocentes: tal afirmação, embora possa parecer hipócrita em vista de certas práticas, faz muita diferença. Por outro lado, a prática russa é mais "avançada" do que a nazista em um particular: a arbitrariedade do terror não é determinada por diferenças raciais, e a aplicação do terror segundo a procedência sócio-econômica (de classe) do indivíduo foi abandonada há tempos, de sorte que qualquer pessoa na Rússia pode subitamente tornar-se vítima do terror policial. Não estamos interessados aqui na última conseqüência do exercício do domínio pelo terror, que leva à situação na qual jamais ninguém, nem mesmo o executor, está livre do medo; em nosso contexto, tratamos apenas da arbitrariedade com que as vítimas podem ser escolhidas, e para isso é decisivo que sejam objetivamente inocentes, que sejam selecionadas sem que se atente para o que possam ou não ter feito.

À primeira vista, isso pode parecer confirmação tardia da velha teoria do bode expiatório, e é verdade que a vítima do terror moderno exibe todas as características do bode expiatório: no sentido objetivo é absolutamente inocente, porque nada fez ou deixou de fazer que tenha alguma ligação com o seu destino.

Há, portanto, uma tentação de voltar à explicação que automaticamente tira toda a responsabilidade da vítima: ela parece corresponder à realidade em que nada nos impressiona mais do que a completa inocência do indivíduo tragado pela máquina do terror, e a sua completa incapacidade de mudar o destino pessoal. O terror, contudo, assume a simples forma do governo só no último estágio do seu desenvolvimento. O estabelecimento de um regime totalitário requer a apresentação do terror como instrumento necessário para a realização de uma ideologia específica, e essa ideologia deve obter a adesão de muitos, até mesmo da maioria, antes que o terror possa ser estabelecido. O que interessa ao historiador é que os judeus, antes de se tornarem as principais vítimas do terror moderno, constituíam o centro de interesse da ideologia nazista. Ora, uma ideologia que tem de persuadir e mobilizar as massas não pode escolher sua vítima arbitrariamente. Em outras palavras, se o número de pessoas que acreditam na veracidade de uma fraude tão evidente como os "Protocolos dos sábios do Sião" é bastante elevado para dar a essa fraude o foro do dogma de todo um movimento político, a tarefa do historiador já não consiste em descobrir a fraude, pois o fato de tantos acreditarem nela é mais importante do que a circunstância (historicamente secundária) de se tratar de uma fraude.

A explicação tipo bode expiatório escamoteia, portanto, a seriedade do anti-semitismo e da importância das razões pelas quais os judeus foram atirados ao centro dos acontecimentos. Igualmente disseminada é a doutrina do "eterno anti-semitismo", na qual o ódio aos judeus é apresentado como reação normal e natural, e que se manifesta com maior ou menor virulência segundo o desenrolar da história. Assim, as explosões do anti-semitismo parecem não requerer explicação especial, como conseqüências "naturais" de um problema eterno. É perfeitamente natural que os anti-semitas profissionais adotassem essa doutrina: é o melhor álibi possível para todos os horrores. Se é verdade que a humanidade tem insistido em assassinar judeus durante mais de 2 mil anos, então a matança de judeus é uma ocupação normal e até mesmo humana, e o ódio aos judeus fica justificado, sem necessitar de argumentos.

O aspecto mais surpreendente dessa premissa é o fato de haver sido adotada por muitos historiadores imparciais e até por um elevado número de judeus. Essa estranha coincidência torna a teoria perigosa e desconcertante. Em ambos os casos, seu escapismo é evidente: como os anti-semitas desejam fugir à responsabilidade dos seus feitos, também os judeus, atacados e na defensiva, ainda mais naturalmente recusam, sob qualquer circunstância, discutir a *sua* parcela de responsabilidade. Contudo, as tendências escapistas dos apologistas oficiais baseiam-se em motivos mais importantes e menos racionais.

O aparecimento e o crescimento do anti-semitismo moderno foram concomitantes e interligados à assimilação judaica, e ao processo de secularização e fenecimento dos antigos valores religiosos e espirituais do judaísmo. Vastas parcelas do povo judeu foram, ao mesmo tempo, ameaçadas externamente de extinção física e, internamente, de dissolução. Nessas condições, os judeus que se preocupavam com a sobrevivência do seu povo descobriram, num curioso e desesperado erro de interpretação, a idéia consoladora de que o anti-semitismo, afinal de contas, podia ser um excelente meio de manter o povo unido, de sorte que na existência de anti-semitismo "eterno" estaria a eterna garantia da existência judaica. Essa atitude decerto supersticiosa, relacionada com a fé em sua "eleição" por Deus e com a esperança messiânica, era fortalecida pelo real fato de ter sido a hostilidade cristã, para os judeus, autêntico fator que, durante muitos séculos, desempenhava o papel do poderoso agente preservador, espiritual e político. Os judeus confundem o moderno anti-semitismo com o antigo ódio religioso antijudaico. Esse erro é compreensível: na sua assimilação, processada à margem do cristianismo, os judeus desconheciam-lhe o aspecto religioso e cultural. Enfrentando o cristianismo em declínio, os judeus podiam imaginar, em toda a inocência, que o anti-semitismo correspondia a uma espécie de retrocesso, à medieval e anacrônica "Idade das Trevas". A ignorância — ou a incompreensão do seu próprio passado — foi, em parte, responsável pela fatal subestimação dos perigos reais e sem precedentes que estavam por vir. Mas é preciso lembrar também que a inabilidade de análise política resultava da própria natureza da história judaica, história de um povo sem governo, sem país e sem idioma. A história judaica oferece extraordinário espetáculo de um povo, único nesse particular, que começou sua existência histórica a partir de um conceito bem definido da história e com a resolução quase consciente de realizar na terra um plano bem delimitado, e que depois, sem desistir dessa idéia, evitou qualquer ação política durante 2 mil anos. Em conseqüência, a história política do povo judeu tornou-se mais dependente de fatores imprevistos e acidentais do que a história de outras nações, de sorte que os judeus assumiam diversos papéis na sua atuação histórica, tropeçando em todos e não aceitando responsabilidade precípua por nenhum deles.

Após a catástrofe final, isto é, após a aniquilação quase completa dos judeus da Europa, a tese do anti-semitismo eterno tornou-se mais perigosa do que nunca, pois ela poderia levar até à absolvição os mais tenebrosos criminosos entre os anti-semitas. Longe de garantir a sobrevivência do povo judeu, o anti-semitismo ameaçou-o claramente de extermínio. Contudo, essa explicação do anti-semitismo, tal como a teoria do bode expiatório — e por motivos semelhantes —, sobreviveu ao confronto com a realidade, pois ela acentua a absoluta inocência das vítimas do terror moderno, o que aparentemente é confirmado pelos fatos. Em comparação com a teoria do bode expiatório, ela tem até a vantagem de responder à incômoda questão "Por que os judeus e não outros?" de maneira simplória: eterna hostilidade.

É deveras notável que as doutrinas que ao menos *tentam* explicar o significado político do movimento anti-semita neguem qualquer responsabilidade específica da parte dos judeus e se recusem a discutir o assunto nestes termos. Ao implicitamente *recusarem* abordar o *significado* da *conduta* humana, assemelham-se às modernas práticas e formas dos governos que, por meio do terror arbitrário, *liquidam* a própria *possibilidade* de *ação* humana. De certa forma, nos campos de extermínio nazistas os judeus eram assassinados de acordo com a explicação oferecida por essas doutrinas à razão do ódio: independentemente do que haviam feito ou deixado de fazer, independentemente de vício ou virtude pessoais. Além disso, os próprios assassinos, apenas seguindo ordens e orgulhosos de sua desapaixonada eficiência, assemelhavam-se sinistramente aos instrumentos "inocentes" de um ciclo inumano e impessoal de eventos, exatamente como os considerava a doutrina do eterno anti-semitismo.

Esses denominadores comuns entre a teoria e a prática não indicam, por si sós, a verdade histórica, embora espelhem o caráter oportunista das opiniões popularmente propaladas, revelando e explicando por que elas são tão facilmente aceitáveis pela multidão. O historiador se interessa por elas enquanto são parte da história de que tratam, e na medida em que se interpõem no caminho de sua busca à verdade. Mas, sendo contemporâneo dos eventos, o historiador é tão sujeito ao poder persuasório dessas opiniões como qualquer outra pessoa.

Para o historiador dos tempos modernos é especialmente importante ter cuidado com as opiniões geralmente aceitas, que dizem explicar tendências históricas, porque durante o último século foram elaboradas numerosas ideologias que pretendem ser as "chaves da história", embora não passem de desesperados esforços de fugir à responsabilidade.

Platão, em sua luta contra os sofistas, descobriu que a "arte universal de encantar o espírito com argumentos" (*Fedro*, 261) nada tinha a ver com a verdade, mas só visava à conquista de opiniões, que são mutáveis por sua própria natureza e válidas somente "na hora do acordo e enquanto dure o acordo" (*Teeteto*, 172b). Descobriu também que a verdade ocupa uma posição muito instável no mundo, pois as opiniões — isto é, "o que pode pensar a multidão", como escreveu — decorrem antes da persuasão do que da verdade (*Fedro*, 260). A diferença mais marcante entre os sofistas antigos e os modernos é simples: os antigos se satisfaziam com a vitória passageira do argumento às custas da verdade, enquanto os modernos querem uma vitória mais duradoura, mesmo que às custas da realidade. Em outras palavras, aqueles destruíam a dignidade do pensamento humano, enquanto estes destroem a dignidade da ação humana. O filósofo preocupava-se com os manipuladores da lógica, enquanto o historiador vê obstáculos nos modernos manipuladores dos fatos, que destroem a própria história e sua inteligibilidade, colocada em perigo sempre que os fatos deixam de ser considerados parte integrante do mundo passado e presente, para serem indevidamente usados a fim de demonstrar esta ou aquela opinião.

É certo que seria difícil encontrar o caminho no labirinto dos fatos desarticulados, se fossem abandonadas as opiniões e rejeitada a tradição. Contudo, essas perplexidades da historiografia são conseqüências ínfimas se forem consideradas as profundas transformações do nosso tempo e o seu efeito sobre as estruturas históricas do mundo ocidental. Dessas transformações resultou o desnudamento dos componentes, antes ocultos, de nossa história. Isso não significa que o que desabou na crise (talvez a mais profunda na história do Ocidente desde a queda do Império Romano) foi mera fachada que encobria esses componentes, embora não passassem de fachada muitas coisas que, há apenas algumas décadas, eram consideradas essenciais.

A simultaneidade entre o declínio do Estado-nação europeu e o crescimento de movimentos anti-semitas, a coincidência entre a queda de uma Europa organizada em nações e o extermínio dos judeus, preparado pela vitória do anti-semitismo sobre todos os outros ismos que competiam na luta pela persuasão e conquista da opinião pública, têm de ser interpretadas como sério elemento no estudo da origem do anti-semitismo. O anti-semitismo moderno deve ser encarado dentro da estrutura geral do desenvolvimento do Estado-nação, enquanto, ao mesmo tempo, sua origem deve ser encontrada em certos aspectos da história judaica e nas funções especificamente judaicas, isto é, desempenhadas pelos judeus no decorrer dos últimos séculos. Se no estágio final da desintegração os *slogans* anti-semitas constituíam o meio mais eficaz de inspirar grandes massas para levá-las à expansão imperialista e à destruição das velhas formas de governo, então a história da relação entre os judeus e o Estado deve conter indicações elementares para entender a hostilidade entre certas camadas da sociedade e os judeus. Trataremos disso no capítulo seguinte.

Se, além disso, a contínua expansão da ralé moderna — isto é, dos *déclassés* provenientes de todas as camadas — produziu líderes que, sem se preocuparem com o fato de serem ou não os judeus suficientemente importantes para se tornarem o foco de uma ideologia política, repetidamente viram neles a "chave da história" e a causa central de todos os males, então a história das relações entre os judeus e a sociedade deve conter indicações elementares para explicar a hostilidade entre a ralé e os judeus. Trataremos da relação entre os judeus e a sociedade no terceiro capítulo.

O quarto capítulo ocupa-se do Caso Dreyfus, que foi uma espécie de ensaio geral para o espetáculo do nosso próprio tempo. Analisamos o caso em todos os detalhes, dada a peculiar oportunidade que oferece de, num breve momento histórico, revelar as potencialidades do anti-semitismo, até então ocultas, como importante arma política dentro da estrutura política do século XIX, e isto apesar da sua relativa sanidade.

Os três capítulos seguintes analisam, porém, apenas os elementos preparatórios, que chegaram ao estágio da completa realização quando a decadência do Estado-nação e o surgimento do imperialismo se destacaram concomitantemente no cenário político.

2
OS JUDEUS, O ESTADO-NAÇÃO E O NASCIMENTO DO ANTI-SEMITISMO

1. OS EQUÍVOCOS DA EMANCIPAÇÃO E O BANQUEIRO ESTATAL JUDEU

No ápice do seu desenvolvimento no século XIX, o Estado-nação concedeu aos habitantes judeus a igualdade de direitos. Esconde contradições profundas e fatais a evidente incoerência do fato de que os judeus receberam a cidadania dos governos que, no decorrer dos séculos, haviam feito da nacionalidade um pré-requisito da cidadania, e da homogeneidade de população a principal característica da estrutura política.

As leis e éditos que outorgavam aos judeus o direito à emancipação seguiam na Europa, lenta e hesitantemente, a lei francesa de 1792. Esses decretos foram precedidos e acompanhados pela atitude ambígua da parte do Estado-nação em relação aos seus habitantes judeus. Do colapso da ordem feudal surgiu o conceito revolucionário de igualdade, segundo o qual não se podia mais tolerar uma "nação dentro de outra nação". Por conseguinte, as restrições e os privilégios dos judeus tinham de ser abolidos juntamente com todos os outros direitos especiais. Contudo, essa expansão da igualdade dependia em grande parte do crescimento da força de uma máquina estatal independente que, sob forma de despotismo esclarecido ou de governo constitucional, superior às classes e aos partidos, pudesse, em esplêndido isolamento, funcionar, governar e representar os interesses da nação como um todo. Assim, quando a partir do fim do século XVII a expansão econômica estatal aumenta a necessidade de créditos e o alargamento da esfera de influência econômica do Estado, era natural que se recorresse ao auxílio dos judeus, velhos e experimentados emprestadores de dinheiro, com ligações com a nobreza européia, à qual deviam muitas vezes proteção local e cujas finanças costumavam administrar, enquanto nenhum outro grupo entre as populações da Europa estava disposto a conceder crédito ao Estado, ou a participar ativamente da evolução dos negócios estatais. Era do interesse dos Estados conceder aos judeus certos privilégios em troca e tratá-los como grupo à parte. De modo algum o Estado poderia consentir que os judeus fossem assimilados pelo resto da população, a qual lhe recusava crédito, negando-se a participar dos negócios do Estado e a fomentá-los.

Portanto, a emancipação dos judeus, como lhes foi concedida pelo sistema de Estados nacionais na Europa durante o século XIX, tinha dupla origem e o significado ambíguo. Por um lado, ela decorria da estrutura política e jurídica de um sistema renovado, que só podia funcionar nas condições de igualdade política e legal, a ponto de os governos, para seu próprio bem, precisarem aplainar as desigualdades da velha ordem do modo mais completo e mais rápido possível. Por outro lado, a emancipação resultava claramente da gradual extensão de privilégios — originalmente concedidos a apenas alguns indivíduos e, depois, a pequenas camadas de judeus ricos — e que passaram a ser outorgados a todos os judeus da Europa central e ocidental, para que atendessem às crescentes exigências dos negócios estatais, a que os limitados grupúsculos de judeus ricos não conseguiam mais fazer face sozinhos.[1]

Assim, a emancipação significava, ao mesmo tempo, igualdade e privilégios: a destruição da antiga autonomia comunitária judaica e a consciente preservação dos judeus como grupo separado na sociedade; a abolição de restrições e direitos especiais e a extensão desses direitos a um grupo cada vez maior de indivíduos. A igualdade de condição para todos os cidadãos constituiu a premissa do novo corpo político e, embora essa igualdade houvesse sido realmente posta em prática — pelo menos no tocante à privação das antigas classes governantes do privilégio de governar e das classes oprimidas do direito de serem protegidas —, o processo coincidia com o nascimento de uma sociedade de classes, as quais novamente separavam os cidadãos, econômica e socialmente, de modo tão eficaz quanto o antigo regime. A igualdade de condição, como entendida pelos jacobinos da Revolução Francesa, só se tornou realidade na América do Norte; no continente europeu, foi substituída por uma simples igualdade perante a lei.

A contradição fundamental entre o corpo político baseado na igualdade perante a lei e a sociedade baseada na desigualdade do sistema de classes impediu o desenvolvimento de sistemas eficazes e o nascimento de uma nova hierarquia política. A intransponível desigualdade da condição social — outor-

(1) Para o historiador moderno, os direitos e liberdades concedidos aos judeus-da-corte durante os séculos XVII e XVIII podem parecer precursores da igualdade: esses judeus podiam viver onde quisessem, tinham permissão de viajar livremente dentro do reino do seu soberano, podiam portar armas e contavam com a proteção especial das autoridades locais. Na verdade, esses judeus-da-corte, caracteristicamente chamados, na Prússia, *Generalprivilegierte Juden*, gozavam não apenas de melhores condições de vida que seus correligionários ainda sujeitos a restrições quase medievais, mas viviam até melhor que seus vizinhos não-judeus. Seu padrão de vida era muito mais alto que o da classe média da época, e seus privilégios, na maioria dos casos, superavam os que eram concedidos aos outros mercadores. Essa situação não deixou de ser percebida por seus contemporâneos. Christian Wilhelm Dohm, eminente advogado da emancipação judaica na Prússia do século XVIII, queixou-se da prática, em vigor desde o tempo de Frederico Guilherme I, de conceder aos judeus ricos "toda sorte de favores e apoio", muitas vezes "às custas e ao descaso de cidadãos diligentes e legais [isto é, não-judeus]". Em *Denkwürdigkeiten meiner Zeite* [Feitos memoráveis do meu tempo], Lemgo, 1814-9, IV, p. 487.

gada ao indivíduo e quase garantida por nascimento — coexistia paradoxalmente com a igualdade política. Somente países politicamente atrasados, como a Alemanha imperial, haviam conservado alguns vestígios feudais. Lá, os membros da aristocracia, que, pouco a pouco, adquiriam a consciência de serem uma classe, dispunham de condição política privilegiada e, assim, podiam conservar, como grupo, certa relação especial com o Estado. Mas tratava-se apenas de vestígios do passado. O sistema de classes completamente desenvolvido e maduro define a condição do indivíduo por sua associação com uma determinada classe dentro do relacionamento dela com as outras, e não por sua posição pessoal no Estado.

Os judeus constituíam a única exceção a essa regra geral. Não formavam uma classe nem pertenciam a qualquer das classes nos países em que viviam. Como grupo, não eram nem trabalhadores nem gente da classe média, nem latifundiários, nem camponeses. Sua riqueza parecia fazer deles membros da classe média, mas não participavam do seu desenvolvimento capitalista; mal eram representados nas empresas industriais; e, se, na última fase de sua história européia, chegavam a conduzir importantes empresas, dirigiam pessoal burocrático ou intelectual e não o operariado. Em outras palavras, embora seu *status* fosse definido pelo fato de serem judeus, não o era por suas relações com as outras classes. A proteção especial que recebiam do Estado (quer sob antiga forma de privilégios, quer sob forma de leis especiais de emancipação, de que nenhum outro grupo necessitava e que, muitas vezes, precisava de reforço legal ulterior, por causa da hostilidade da sociedade) e os serviços especiais que prestavam a governos impediam, ao mesmo tempo, que submergissem no sistema de classes, e que se estabelecessem como classe.[2] Assim, mesmo que ingressassem na sociedade, formavam um grupo bem definido que preservava a sua identidade mesmo dentro de uma das classes com as quais se relacionavam, fosse esta aristocracia ou burguesia.

Não há dúvida de que o interesse do Estado-nação no sentido de conservar os judeus como grupo especial, e evitar que fossem assimilados pela sociedade de classes, coincidia com o interesse dos judeus no sentido de sobreviverem como grupo. Também é mais do que provável que, sem essa coincidência, as tentativas dos governos teriam sido vãs: as fortes tendências de igualar todos os cidadãos, por parte do Estado, e de incorporar cada indivíduo numa classe, por parte da sociedade, implicavam claramente a completa assimilação dos judeus e só podiam ser frustradas por uma combinação de dois elementos: intervenção do governo e cooperação voluntária. Afinal, a política oficial em relação aos judeus não era sempre tão consistente e inflexível como poderíamos pensar, se apenas considerássemos os resultados finais.[3] É real-

(2) Jacob Lestschinsky, numa discussão anterior do problema judaico, salientou que os judeus não pertenciam a nenhuma classe social, e falou de uma *Klasseneinschiebsel* [interposição de classe] (em *Weltwirtschafts-Archiv*, 1939, vol. 30, p. 123 ss), mas viu apenas as desvantagens dessa situação na Europa oriental, não suas grandes vantagens nos países da Europa ocidental e central.

(3) Por exemplo, na Prússia de Frederico II, após a Guerra dos Sete Anos, fez-se um esforço para incorporar os judeus numa espécie de sistema mercantil. O antigo *Juden-reglement* de 1750 foi

mente surpreendente ver com que uniformidade os judeus desprezaram as oportunidades de se engajar em empresas e negócios capitalistas normais.⁴ Mas, sem os interesses e as práticas dos governos, os judeus mal poderiam ter conservado sua identidade grupal.

Em contraste com todos os outros grupos, os judeus eram definidos pelo sistema político, e a sua posição era determinada por ele. Como, porém, esse sistema político carecia de base assentada em realidade social, eles se situavam, socialmente falando, no vácuo. Sua desigualdade social era bem diferente da desigualdade decorrente do sistema de classes; novamente, ela resultava da relação com o Estado, de modo que, na sociedade, o próprio fato de o indivíduo ter nascido judeu significava que ou era superprivilegiado — por receber proteção especial do governo — ou subprivilegiado, privado de certos direitos e oportunidades, negados aos judeus para impedir a sua assimilação.

O esquema da ascensão e queda do sistema de Estados-nações europeus com relação ao povo judeu segue, *grosso modo*, os seguintes estágios:

1. Nos séculos XVII e XVIII, o lento desenvolvimento dos Estados-nações processava-se sob a tutela dos monarcas absolutos. Em toda parte, judeus emergiam individualmente do profundo anonimato marginalizador para as posições às vezes atraentes e quase sempre influentes de judeus-da-corte, que financiavam os negócios do Estado e administravam as transações financeiras dos seus soberanos. Essas modificações afetavam de maneira insignificante os ju-

---

substituído por um sistema de licenças regulares concedidas apenas àqueles habitantes que investiam parte considerável de sua fortuna nas novas empresas manufatureiras. Mas ali, como em toda parte, essas tentativas governamentais falharam completamente.

(4) Felix Priebatsch, no ensaio "Die Judenpolitik des fürstlichen Absolutismus im 17 und 18 Jahrhundert" [Política judaica do absolutismo principesco nos séculos XVII e XVIII], publicado em *Forschungen und Versuche zur Geschichte des Mittelalters und der Neuzeit* [Pesquisas e estudos da história medieval e moderna] (1915), cita um exemplo típico do início do século XVIII: "Quando a fábrica de espelhos em Neuhaus, na Baixa Áustria, que era subsidiada pela administração, deixou de produzir, o judeu Wertheimer deu ao imperador dinheiro para comprá-la. Quando lhe pediram que assumisse a direção da fábrica, ele recusou, afirmando que seu tempo estava todo tomado por suas transações financeiras".

Ver também Max Köhler, "Beitrage zur neueren jüdischen Wirtschaftsgeschichte. Die Juden in Halberstadt und Umgebung" [Contribuições para a nova história econômica judaica. Os judeus em Halberstadt e Umgebung], em *Studien zur Geschichte der Wirtschaft und Geistkultur* [Estudos para a história da economia e da cultural], 1927, vol. 3.

Essa tradição, que evitou que os judeus ricos tivessem posições de real poder no capitalismo, é corroborada pelo fato de que, em 1911, os Rothschild de Paris venderam sua parte nos campos petrolíferos de Baku ao grupo Royal Shell, após haverem sido os maiores magnatas de petróleo do mundo depois de Rockefeller. O incidente é narrado em Richard Lewinsohn, *Wie sie gross und reich wurden* [Como se tornaram poderosos e ricos], Berlim, 1927.

Pode ser tomada como regra geral a afirmação de André E. Sayou no ensaio "Les Juifs", publicado na *Revue Economique Internationale*, março de 1932, como parte da polêmica com Werner Sombart, o qual identificava os judeus com o desenvolvimento capitalista: "Os Rothschild e outros israelitas que estavam quase exclusivamente engajados no lançamento de empréstimos estatais e no movimento internacional de capital, não procuraram absolutamente [...] criar grandes indústrias" (p. 531).

deus em geral e as massas que continuavam a viver dentro dos padrões correspondentes à antiga ordem feudal.

2. Após a Revolução Francesa, que alterou bruscamente as condições políticas de todo o continente europeu, surgiram Estados-nações no sentido moderno, cujas transações comerciais exigiam muito mais capital e crédito de que jamais dispuseram os judeus-da-corte. Somente poderia satisfazer às novas e maiores necessidades governamentais a fortuna combinada dos grupos judeus mais ricos da Europa ocidental e central, confiada por eles a banqueiros judeus que, por conseguinte, como banqueiros, precisavam de coletividades judaicas organizadas como fontes da captação do dinheiro, e as apoiavam nesse sentido. Nesse período, portanto, começou a concessão de privilégios — até então só necessários, individualmente, aos judeus-da-corte — à camada rica que havia conseguido estabelecer-se, no decorrer do século XVIII, nos centros urbanos e financeiros mais importantes. Por fim, foi concedida aos judeus a emancipação em todos os Estados-nações, exceto naqueles países em que os judeus, devido ao seu elevado número e ao atraso social geral (como na Rússia), não conseguiram organizar-se como grupo especial, à parte, de função econômica especificamente destinada a apoiar financeiramente o governo.

3. Essa íntima relação entre judeus e governos era facilitada pela indiferença geral da burguesia no tocante à política em geral e às finanças do Estado em particular. Esse período terminou com o surgimento do imperialismo, no fim do século XIX, quando os negócios capitalistas em expansão já não podiam ser realizados sem a intervenção e o apoio político ativo do Estado. O imperialismo, por outro lado, minou as próprias bases do Estado-nação e introduziu no conjunto de nações européias o espírito comercial de concorrência competitiva. Os judeus perderam então sua posição exclusiva nos negócios do Estado para homens de negócios de mentalidade imperialista, e a sua importância como grupo declinou, embora alguns judeus conservassem individualmente sua influência como consultores financeiros e como mediadores intereuropeus. Esses judeus, contudo, em contraste com os banqueiros estatais, não precisavam do apoio e solidariedade das comunidades judaicas, como os judeus-da-corte dos séculos XVII e XVIII. Assim, isolavam-se delas. Aliás, as comunidades judaicas já não eram financeiramente organizadas e, embora alguns judeus em altas posições ainda representassem aos olhos do mundo gentio o povo judeu como um todo, havia pouca ou nenhuma realidade material nesse fato.

4. Como grupo, o povo judeu do Ocidente europeu desintegrou-se juntamente com o Estado-nação nas décadas que precederam a deflagração da Primeira Guerra Mundial. O rápido declínio da Europa após a guerra já os encontrou destituídos do antigo poder, atomizados num rebanho de indivíduos mais ou menos ricos. Mas, na era imperialista, a riqueza dos judeus havia se tornado insignificante; para a Europa, desprovida de equilíbrio de poder entre as nações que a compunham, e carente de noções de solidariedade intereuropéia, o elemento judeu, intereuropeu e não nacional, tornou-se objeto de ódio, devido à sua riqueza inútil, e de desprezo, devido à sua falta de poder.

Os primeiros governos a necessitarem de renda regular e de finanças seguras foram as monarquias absolutistas, sob as quais o Estado-nação viria a nascer. Antes, príncipes e reis feudais também necessitavam de dinheiro, e até mesmo de crédito, mas apenas para fins específicos e operações temporárias; mesmo no século XVI, quando os Fugger puseram seu próprio crédito à disposição do Estado, ainda não cogitavam de estabelecer crédito estatal especial. Inicialmente, os monarcas absolutos cuidavam de suas necessidades financeiras em parte pelo velho método de guerra e pilhagem, e em parte pelo sistema de monopólio de impostos, o que solapava o poder, pois arruinava as fortunas da nobreza, sem aplacar a hostilidade da população.

Durante muito tempo, as monarquias absolutistas procuraram na sociedade um grupo do qual pudessem depender com a mesma segurança que a nobreza dava à monarquia feudal. Na França, desde o século XV desenvolvia-se incessante luta entre as corporações e a monarquia, esta querendo integrar aquelas no sistema do Estado. A mais interessante dessas experiências foi, sem dúvida, o surgimento do mercantilismo e as tentativas do Estado absolutista para impor o monopólio absoluto ao comércio e à indústria nacionais. O conseqüente desastre do Estado absolutista e a sua bancarrota provocada pela resistência da burguesia em ascensão são suficientemente conhecidos.[5]

Antes dos éditos de emancipação, cada casa principesca, cada monarca da Europa, já possuía seu judeu-da-corte para administrar as finanças. Durante os séculos XVII e XVIII, esses judeus-da-corte eram sempre indivíduos isolados, que mantinham, decerto, conexões intereuropéias e dispunham de fontes de crédito intereuropéias mas não constituíam entidade financeira internacional.[6] Os judeus individualmente e as primeiras ricas pequenas comunidades

---

(5) Contudo, dificilmente pode ser superestimada a influência das experiências mercantilistas em acontecimentos futuros. A França foi o único país onde o sistema mercantilista foi seriamente experimentado e resultou no precoce florescimento de manufaturas que deviam sua existência à intervenção do Estado — e o país jamais se recuperou disso. Na era da livre iniciativa, sua burguesia evitava investimentos não garantidos em indústria, enquanto que sua burocracia, também produto do sistema mercantilista, sobreviveu ao colapso. Embora a burocracia tenha perdido todas as suas funções produtivas, é, ainda hoje, característica do país, dificultando mais que a burguesia a sua recuperação.

(6) Esse havia sido o caso na Inglaterra desde o banqueiro marrano da rainha Elizabeth e os financistas judeus dos exércitos de Cromwell, até que um dos doze corretores judeus admitidos na Bolsa de Londres foi apontado como agenciador de um quarto de todos os empréstimos governamentais de seu tempo (ver Salo W. Baron, *A social and religious history of the Jews*, 1937, vol. II: *Jews and capitalism*); na Áustria, onde em 44 anos (1695-1739) os judeus creditaram ao governo mais de 35 milhões de florins, e onde a morte de Samuel Oppenheimer em 1703 resultou numa grave crise financeira tanto para o Estado como para o imperador; na Baviera, onde em 1808 quase 80% de todos os empréstimos governamentais eram endossados e negociados por judeus [ver M. Grunwald, *Samuel Oppenheimer und sein Kreis* (S. O. e seu círculo), 1913]; na França, onde as condições mercantis eram especialmente favoráveis aos judeus, a ponto de Colbert já ter louvado sua grande utilidade para o Estado (Baron, *op. cit., loc. cit.*), e onde, em meados do século XVIII, o judeu alemão Liefman Calmer recebeu um baronato de um rei agradecido, que apreciava serviço e lealdade a "Nosso Estado e Nossa pessoa" (Robert Anchel, no ensaio "Un baron juif français au

judaicas dispunham então de poder tão elevado que se permitiam abordar com maior franqueza não só as discussões sobre seus privilégios mas também sobre o direito de obtê-los, enquanto as autoridades se referiam de maneira muito cuidadosa à importância dos serviços que os judeus prestavam ao Estado.[7] Não há sombra de dúvida quanto à conexão entre os serviços prestados e privilégios concedidos. Na França, na Baviera, na Áustria e na Prússia os judeus privilegiados recebiam títulos de nobreza, de modo que ultrapassavam o *status* de meros homens ricos. Sobrepujadas as dificuldades enfrentadas pelos Rothschild em conseguir o título de nobreza (aprovado pelo governo austríaco em 1817), findava cabalmente uma época.

Em fins do século XVIII já era evidente nos vários países que nenhuma das camadas ou classes estava desejosa ou tinha capacidade de tornar-se classe governante, isto é, de identificar-se com o governo como a nobreza o havia feito no decorrer dos séculos.[8] O fato de a monarquia não ter conseguido encontrar uma classe que substituísse a aristocracia dentro da sociedade levou ao rápido desenvolvimento do Estado-nação e à presunção de que esse sistema estivesse acima de todas as classes, completamente independente da sociedade com sua pluralidade de interesses particulares que a perfaziam — enfim, o verdadeiro e único representante da nação como um todo. Esse sistema resultou, por outro lado, no aprofundamento da brecha entre o Estado e a sociedade, na qual repousava a estrutura política da nação. Sem essa brecha, não seria necessário nem possível incluir os judeus na história européia em termos de igualdade.

Quando falharam todas as tentativas de aliar-se a uma das classes principais da sociedade, restou ao Estado impor-se como poderosa empresa comercial. O crescimento dos negócios estatais foi causado pelo conflito entre o Estado e as forças financeiramente poderosas da burguesia, que preferiu dedicar-se ao investimento privado, evitando a intervenção do Estado e recusando-se a participar de maneira ativa no que lhe parecia ser empresa "improdutiva". Foram assim os judeus a única parte da população disposta a financiar os primórdios do Estado e a ligar seu destino ao desenvolvimento estatal. Com

---

18éme siècle, Liefman Calmet", publicado em *Souvenir et Science*, (1930, pp. 52-5); e também na Prússia, onde os *Münzjuden* (judeus cunhadores de moedas) de Frederico II tinham títulos de nobreza e onde, no fim do século XVIII, quatrocentas famílias judias constituíam um dos grupos mais ricos de Berlim. [Uma das melhores descrições de Berlim e do papel dos judeus em sua sociedade no limiar do século XVIII pode ser encontrada em Wilhelm Dilthey, *Das Leben Schleiermachers* [A vida de S.], 1870, pp. 182 ss.].

(7) No começo do século XVIII, os judeus austríacos conseguiram banir o *Entdecktes Judentum* [O judaísmo desnudo], de Eisemenger, de 1703, e, no fim desse século, *O mercador de Veneza* de Shakespeare só podia ser representado em Berlim com um pequeno prólogo em que se pediam desculpas ao público judeu.

(8) A única e irrelevante exceção é constituída pelos coletores de impostos, chamados *fermiers-généraux*, da França, que alugavam do Estado o direito de cobrar impostos, garantindo uma quantia fixa ao governo. Ganhavam da monarquia absoluta elevadas fortunas, e dela dependiam diretamente, mas eram numericamente por demais insignificantes como grupo, e por demais efêmeros como fenômeno, para exercerem influência econômica *de per si*.

o seu crédito e suas ligações internacionais, estavam em excelente posição para ajudar o Estado-nação a afirmar-se entre os maiores empregadores e empresas da época.[9]

Acentuados privilégios e mudanças decisivas na condição da vida dos judeus constituíam o preço pela prestação de tais serviços e, ao mesmo tempo, a recompensa por grandes riscos. Quando os *Münzjuden* — judeus financistas — de Frederico da Prússia ou os judeus-da-corte do imperador austríaco receberam, sob forma de "privilégios gerais" e "patentes", o mesmo *status* que, meio século mais tarde, todos os judeus da Prússia receberiam com o nome de emancipação e igualdade de direitos; quando, no fim do século XVIII, no ápice de sua fortuna, os judeus de Berlim conseguiram impedir o influxo dos judeus das províncias orientais — ex-polonesas — do império germânico, porque não desejavam dividir a sua "igualdade" com os correligionários mais pobres e menos cultos, os quais não reconheciam como iguais; quando, ao tempo da Assembléia Nacional Francesa, os judeus de Bordeaux e de Avignon protestaram violentamente contra a concessão de igualdade, por parte do governo francês, aos judeus das províncias orientais — Alsácia principalmente —, ficou claro que os judeus não pensavam em termos de direitos iguais, mas, sim, de privilégios e liberdades especiais. E realmente não nos surpreende que os judeus privilegiados, intimamente ligados aos negócios de governos e bem conscientes da natureza e condição de seu *status*, relutassem em aceitar a outorga para todos os judeus dessa liberdade, que eles conseguiram em troca por seus serviços, e a qual, portanto, vista sob esse aspecto, não podia, segundo eles, tornar-se um direito a ser compartilhado por todos.[10]

Só no fim do século XIX o imperialismo em evolução levou as classes proprietárias à mudança da opinião inicial sobre a suposta improdutividade dos negócios estatais. A expansão imperialista, juntamente com o gradativo aperfeiçoamento dos instrumentos de violência monopolizados de modo absoluto pelo Estado, tornou interessantes os negócios comerciais com o Estado como parceiro. Isso significou, naturalmente, que os judeus, gradual mas automaticamente, perderam sua posição exclusiva e singular.

(9) As necessidades que estreitavam os laços entre os governos estatais e os judeus podem ser avaliadas pela ambivalência entre as idéias antijudaicas e a prática política do governo que as professava. Assim, Bismarck, em sua juventude, fez alguns discursos anti-semitas, mas veio a tornar-se, como chanceler do Reich, amigo íntimo de Bleichroeder e fiel protetor dos judeus contra o movimento anti-semita de Stoecker em Berlim. Guilherme II, embora, como príncipe da Coroa e membro da antijudaica nobreza prussiana, tenha simpatizado com os movimentos anti-semitas da década de 80, mudou suas convicções e abandonou seus protegidos anti-semitas da noite para o dia, quando subiu ao trono.

(10) Já no século XVIII, onde quer que grupos de judeus se tornassem suficientemente ricos para serem úteis ao Estado, gozavam de privilégios coletivos e separavam-se, como grupo, de seus irmãos menos ricos e menos úteis, ainda que fosse no mesmo país. Como os *Schutzjuden* (judeus protegidos) da Prússia, os judeus de Bordeaux e de Bayonne na França gozavam de igualdade muito antes da Revolução Francesa, e foram até convidados a apresentar suas queixas e proposições, juntamente com os outros grupos, na *Convocation des Etats Généraux* de 1787.

Mas a boa sorte dos judeus e a sua saída da obscuridade para a importância política teriam sido mais breves, se eles se houvessem restringido a meras funções comerciais dentro do Estado-nação em crescimento. Em meados do século XIX, alguns Estados adquiriram suficiente crédito para dispensar o financiamento e a garantia dos judeus para seus empréstimos.¹¹ Ademais, a crescente consciência por parte dos cidadãos de que seus destinos particulares se tornavam cada vez mais dependentes dos destinos do país fez com que eles se dispusessem a conceder ao governo mais crédito necessário. A própria igualdade era simbolizada pelo fato de qualquer um poder comprar papéis do governo — ações, apólices, bônus etc. —, já considerados a mais segura modalidade de investir capital, na medida em que o Estado, totalmente soberano para travar guerras e dispor da vida dos súditos, tornou-se a única entidade que podia realmente proteger as propriedades dos cidadãos. A partir de meados do século XIX, os judeus mantiveram posição de destaque porque ainda desempenhavam papel importante, intimamente ligado à participação nos destinos do Estado. Sem território e sem governo próprios, os judeus constituíam elemento intereuropeu; e o Estado-nação necessariamente conservava-lhes essa condição, porque dela dependiam os serviços financeiros prestados por judeus. Mas, mesmo após o desaparecimento da sua utilidade econômica, a condição intereuropéia dos judeus continuava sendo de suma importância para o Estado, principalmente em tempo de conflitos e guerras entre as nações.

Enquanto a necessidade dos serviços dos judeus aos Estados-nações surgira de modo lento e lógico, evoluindo a partir do contexto geral da história da Europa, a ascensão dos judeus à posição de destaque político e econômico foi súbita e inesperada, tanto para eles próprios como para os seus vizinhos. No fim da Idade Média, o emprestador de dinheiro judeu perdeu a sua antiga importância, e já no começo do século XVI os judeus começaram a ser expulsos de cidades e centros comerciais para lugarejos e vilas do interior, trocando assim a uniforme proteção das autoridades centrais por uma posição insegura, concedida desigualmente por pequenos nobres locais.¹² O momento crítico surgiu no século XVII quando, durante a Guerra dos Trinta Anos, esses judeus, insignificantes e dispersos emprestadores de dinheiro, podiam garantir, com o auxílio de judeus mercadores, provisões para os exércitos mercenários dos chefes guerreiros situados em terras ocupadas e estranhas. Como essas guerras eram semifeudais e mais ou menos particulares dos príncipes, sem envolver

(11) Jean Capefigue (*Histoire des grandes opérations financières*, vol. III: *Emprunts bourses* etc., 1855) pretende que, durante a Monarquia de Julho, só os judeus, e especialmente a casa dos Rothschild, invalidaram a solidificação do crédito estatal baseado no Banco da França. Diz ele que os acontecimentos de 1848 tornaram supérfluas as atividades dos Rothschild. Raphael Strauss ("The Jews in the economic evolution of Central Europe", em *Jewish Social Studies*, III, 1, 1941) observa também que, depois de 1830, "o crédito público já se tornava risco menor, de modo que bancos cristãos começaram a entrar no negócio cada vez mais". Contra essas interpretações há o fato de que prevaleciam excelentes relações entre os Rothschild e Napoleão III, embora não possa haver dúvida quanto à tendência geral da época.

(12) Ver Priebatsch, *op. cit.*

quaisquer interesses de outras classes, o que os judeus ganhavam em *status* era muito limitado e quase imperceptível. Mas o número de judeus-da-corte aumentava, porque cada casa feudal precisava do seu financista particular.

Esses judeus-da-corte eram servos de um grupo social apenas: serviam tão-só a pequenos senhores feudais, que, como membros da nobreza, não aspiravam a representar qualquer autoridade centralizada. As propriedades que administravam, o dinheiro que emprestavam e as provisões que compravam constituíam problemas particulares do senhor, de modo que essas atividades não podiam envolver os judeus em questões políticas. Portanto, odiados ou favorecidos, os judeus tampouco podiam transformar-se em questão política de alguma importância.

Quando, contudo, mudou o *status* do senhor feudal, quando ele se tornou príncipe ou rei, alterou-se também a função do judeu-da-corte. Os judeus, como elementos estranhos, desinteressados pelas mudanças, mal percebiam a gradativa melhora de sua posição. No que lhes tocava, continuavam a administrar negócios privados, e sua lealdade continuava a ser questão pessoal, que nada tinha a ver com considerações políticas. A lealdade significava honestidade: não obrigava a tomar partido nos conflitos ou a permanecer fiel por motivos políticos. Comprar provisões, vestir e alimentar um exército, emprestar dinheiro para o recrutamento de mercenários refletia apenas o interesse pelo bem-estar de um sócio comercial, fosse ele quem fosse.

O tipo de relação entre os judeus e a aristocracia impediu que o grupo judeu se ligasse a outra camada da sociedade. Depois que desapareceu, no começo do século XIX, nunca foi substituído. Como seu vestígio, entre os judeus permaneceu a inclinação por títulos aristocráticos (especialmente na Áustria e na França) e, no tocante aos não-judeus, uma espécie de anti-semitismo liberal, que colocava judeus e nobreza no mesmo nível, por alegar que ambos se aliavam financeiramente contra a burguesia em ascensão. Esses argumentos, correntes na Prússia e na França, eram plausíveis antes da emancipação geral dos judeus, pois os privilégios dos judeus-da-corte realmente se assemelhavam aos direitos e às liberdades da nobreza; os judeus demonstravam o mesmo medo da aristocracia de perder os seus privilégios, e usavam os mesmos argumentos contra a igualdade de todos. A plausibilidade tornou-se ainda maior quando, no século XVIII, à maioria dos judeus privilegiados foram outorgados títulos menores de nobreza e, no começo do século XIX, quando os judeus ricos, tendo perdido seus laços com as comunidades judaicas, buscaram *status* social seguindo o modelo da aristocracia. Mas tudo isso era inconseqüente, primeiro, porque já era óbvio que a nobreza estava em declínio, enquanto os judeus, ao contrário, subiam continuamente em sua posição social; e, segundo, porque a própria aristocracia, especialmente na Prússia, veio a ser a primeira classe a esboçar uma ideologia baseada no anti-semitismo.

Os judeus eram fornecedores em tempo de guerra, mas, embora servos do rei, jamais participavam dos conflitos; nem se esperava que o fizessem. Quando os conflitos cresceram e se tornaram guerras nacionais, eles continuaram mantendo a característica de grupo internacional, cuja importância e utilidade decorriam precisamente do fato de nunca se terem ligado a qualquer causa nacional. Não sendo mais banqueiros estatais nem fornecedores em tempo de guerra (a última guerra financiada por um judeu foi a guerra austro-prussiana de 1866, quando Bleichroeder ajudou Bismarck, depois que o parlamento da Prússia negou a este último os créditos necessários), os judeus tornaram-se consultores financeiros e assistentes em tratados de paz e, de modo menos organizado e mais indefinido, mensageiros e intermediários na transmissão de notícias. Os últimos tratados de paz elaborados sem assistência judaica foram os do Congresso de Viena, entre a França e as demais potências da Europa. O papel de Bleichroeder nas negociações de paz entre a Alemanha e a França em 1871 foi mais significativo do que seu auxílio na guerra, e ele prestou serviços ainda mais importantes no fim da década de 1870, quando, através de suas ligações com os Rothschild, proporcionou a Bismarck um meio de comunicação indireta com Benjamin Disraeli.[13] Os tratados de paz após a Primeira Guerra Mundial foram os últimos nos quais os judeus desempenharam papel proeminente como consultores. O último judeu que deveu sua ascensão no cenário nacional à sua conexão judaica internacional foi Walter Rathenau, ministro do Exterior da República de Weimar. Como disse um de seus colegas após o seu assassinato por nacionalistas anti-semitas, Rathenau pagou com a vida o fato de ter transferido aos ministros da nova república, completamente desconhecidos no âmbito internacional, seu prestígio no mundo internacional das finanças e o apoio dos judeus em todo o mundo.[14]

É óbvio que os governos anti-semitas não usassem os judeus para os negócios de guerra e paz. Mas a eliminação dos judeus do cenário internacional tinha um significado mais amplo e mais profundo do que o anti-semitismo propriamente dito. Os judeus eram valiosos na guerra na medida em que, usados como elemento não-nacional, asseguravam as possibilidades de paz; isto é, enquanto o objetivo dos beligerantes nas guerras de competição era a paz de acomodação e o restabelecimento do *modus vivendi*. Mas, quando as guerras tornaram-se ideológicas, visando a completa aniquilação do inimigo, os judeus deixaram de ser úteis. Já isso levaria à destruição de sua existência coletiva, embora seja necessário frisar que seu desaparecimento do cenário político, e até mesmo a extinção da vida grupal específica, não conduzia necessariamente ao extermínio físico dos judeus. Contudo, é verdadeiro apenas parcialmente o argumento de que os judeus alemães se teriam tornado nazistas, se isso lhes

---

(13) De acordo com um incidente, fielmente relatado por todos os seus biógrafos, Bismarck disse logo após a derrota francesa de 1871: "Antes de mais nada, Bleichroeder tem de ir a Paris reunir-se com os seus colegas judeus e discutir o assunto [os 5 bilhões de francos de reparação] com os banqueiros". (Ver Otto Joehlinger, *Bismarck und die Juden* [B. e os judeus], Berlim, 1921.)

(14) Ver o estudo de Walter Frank, "Walter Rathenau und die blonde Rasse" [W. R. e a raça loira], em *Forschungen zur Judenfrage* [Pesquisas da questão judaica], vol. IV, 1940. Frank, a despeito de sua posição nazista, não deixou de ser cuidadoso na escolha das fontes e métodos. Nesse artigo, ele cita os obituários de Rathenau no *Israelitisches Familienblatt* (Hamburgo, 6 de julho de 1922), *Die Zeit* (junho de 1922) e *Berliner Tageblatt* (31 de maio de 1922).

fosse permitido, com a mesma facilidade com que o fizeram seus concidadãos "arianos", como, aliás, os judeus italianos se alistavam no partido fascista da Itália antes que o fascismo italiano introduzisse a legislação racial. Essa asserção é verdadeira apenas com relação à psicologia dos judeus tomados individualmente, psicologia que não diferia muito da então reinante ao redor, mas é patentemente falsa no sentido histórico. O nazismo, mesmo sem pregar o anti-semitismo, teria levado o golpe de misericórdia na existência do povo judeu na Europa, e seria suicídio para os judeus como povo apoiá-lo, mesmo que não o fosse necessariamente para indivíduos de origem judaica.

A primeira contradição que marcou o destino dos judeus da Europa durante os últimos séculos é aquela entre a igualdade e o privilégio — isto é, entre a igualdade concedida sob a forma de privilégio e o privilégio como meio para alcançar a igualdade. A esta, é preciso acrescentar uma segunda contradição: os judeus, o único povo não-nacional da Europa, foram mais ameaçados que quaisquer outros pelo colapso do sistema de Estados nacionais. A situação é menos paradoxal do que pode parecer à primeira vista. Os representantes da nação, fossem jacobinos de Robespierre a Clemenceau ou representantes dos governos reacionários da Europa central desde Metternich até Bismarck, tinham algo em comum: todos estavam sinceramente preocupados com o "equilíbrio do poder" na Europa. Buscavam, naturalmente, mudar esse equilíbrio em favor de seus respectivos países, mas jamais sonhariam com o monopólio do poder que levasse à aniquilação dos seus competidores. Os judeus não apenas podiam ser usados no interesse desse precário equilíbrio, mas se tornaram até uma espécie de símbolo dos interesses comuns das nações européias.

Não foi, portanto, mero acidente que as derrotas dos povos da Europa foram antecedidas pela catástrofe do povo judeu. Era fácil iniciar a dissolução do precário equilíbrio de forças na Europa a partir da eliminação dos judeus, embora fosse difícil compreender que essa eliminação transcendia o nacionalismo inusitadamente cruel ou a inoportuna restauração de "velhos preconceitos". Quando veio a hecatombe, o destino do povo judeu passou a ser considerado um "caso especial", cuja história seguia leis excepcionais e cuja sorte, portanto, por depender de "determinismo" histórico, não era relevante. Mas a esse colapso da solidariedade européia correspondeu o colapso da solidariedade interjudaica em toda a Europa. Quando começou a perseguição aos judeus alemães, os judeus dos outros países desse continente descobriram que os judeus da Alemanha constituíam uma exceção, cujo destino não se assemelhava ao seu. Do mesmo modo, o colapso da comunidade judaica alemã foi precedido pela fragmentação em numerosas facções, cada qual acreditando que seus direitos humanos seriam protegidos por privilégios especiais — o privilégio de ter sido veterano da Primeira Grande Guerra, ou filho de veterano, ou filho do soldado morto em combate pela pátria. Cada grupo julgava constituir uma exceção. A aniquilação física dos indivíduos de origem judaica parece então estar sendo precedida pela destruição moral do grupo e pela autodissolução comunitária, como se o povo judeu devesse sua existência exclusivamente aos outros povos e ao ódio que deles emanava.

É ainda um dos aspectos mais comoventes da história judaica o fato de que o ingresso dos judeus na história da Europa tenha sido motivado por constituírem um elemento intereuropeu e não-nacional num mundo estruturado nacionalmente. Que esse papel foi mais duradouro e mais essencial do que sua função como banqueiros estatais é uma das razões que engendraram o novo tipo, moderno, de produtividade judaica nas artes e nas ciências. Não é sem lógica histórica que a queda dos judeus como grupo tenha coincidido com a ruína de um sistema e de um corpo político que, quaisquer que tenham sido os seus defeitos, haviam necessitado e podiam tolerar um elemento pan-europeu, consubstanciado em judeus.

A grandeza dessa existência especificamente européia não deve ser esquecida. Os poucos autores europeus que sentiam esse aspecto da "questão judaica", mesmo que não nutrissem simpatia pelos judeus, sabiam avaliar imparcialmente a situação européia. Entre eles estava Diderot, o único filósofo francês do século XVIII que não era hostil aos judeus e que reconhecia neles um laço útil entre europeus de diferentes nacionalidades; Wilhelm von Humboldt, que, testemunhando a emancipação dos judeus como resultado da Revolução Francesa, observou que eles perderiam sua universalidade quando virassem franceses;[15] e, finalmente, Friedrich Nietzsche, autor da expressão "bom europeu", que soube avaliar corretamente o papel dos judeus na história européia, sem cair nas armadilhas do filo-semitismo barato ou de atitude, então "progressista", de proteção.

Essa análise, embora correta na descrição de manifestações superficiais do fenômeno, deixa de lado o paradoxo mais sério existente no centro da história política dos judeus. De todos os povos europeus, os judeus eram os únicos sem Estado próprio e, precisamente por isso, haviam aspirado tanto, e tanto se prestavam, a alianças entre governos e Estados, independentemente do que esses governos e Estados representassem. Por outro lado, os judeus não tinham qualquer tradição ou experiência política e não percebiam a tensão nascente entre a sociedade e o Estado, nem os riscos evidentes e a potencialidade decisória que assumiam, decorrentes do seu novo papel. O parco conhecimento da política resultava da prática, já tradicional, de sua convivência. Essa falha surgiu ainda no Império Romano, onde os judeus eram protegidos, por assim dizer, pelo soldado romano, e, depois, na Idade Média, quando haviam buscado e recebido proteção de remotas autoridades monárquicas e clericais, a despeito da animosidade da população e dos governantes locais. Essas experiências haviam, de alguma forma, lhes ensinado que a autoridade, e especialmente a alta autoridade, lhes era favorável, e que os funcionários inferiores, e espe-

---

(15) Wilhelm von Humboldt, *Tagebücher* [Diários], editado por Leitzmann, Berlim, 1916-8, I, 475. O artigo "Juif" da *Encyclopédie* (1751-65), que provavelmente foi escrito por Diderot: "Assim dispersos em nossa época (...) [os judeus] tornaram-se instrumentos de comunicação entre as nações mais distantes. São como as espigas e os pregos necessários num grande edifício para unir e manter juntas todas as outras partes".

cialmente o povo comum, eram perigosos. Esse preconceito, que expressava uma verdade histórica, embora não mais correspondesse às novas circunstâncias, estava tão profundamente arraigado entre os judeus, e era tão inconscientemente compartilhado por eles, como eram arraigados entre os gentios os preconceitos contrários aos judeus.

A história da relação entre os judeus e os governos é rica de exemplos da rapidez com que os banqueiros judeus transferiam a sua lealdade de um governo para outro, mesmo após mudanças revolucionárias. Os Rothschild franceses não levaram mais que 24 horas para transferir, em 1848, seus serviços de Luís Filipe à nova e passageira República Francesa e, depois, para Napoleão III. O mesmo processo se repetiu na França, a um ritmo mais lento, após a queda do Segundo Império e o estabelecimento da Terceira República. Na Alemanha, essa mudança súbita e fácil foi simbolizada, depois da revolução [republicana] de 1918, pela política financeira da família banqueira dos Warburg, de um lado, e pelas volúveis ambições políticas de Walter Rathenau, de outro.[16]

Esse tipo de conduta envolve mais do que o simples padrão burguês, que aceita como premissa nada ser tão bem-sucedido como o sucesso.[17] Se os judeus tivessem sido burgueses no sentido lato do termo, poderiam ter avaliado com exatidão as extraordinárias possibilidades de poder decorrentes de suas novas funções, e ter pelo menos tentado representar — com vista a manter a ilusão do "sucesso" — aquele papel fictício de um poder mundial secreto que faz e desfaz governos, e que os anti-semitas, de qualquer modo, lhes atribuíam. Nada, porém, estava mais longe da verdade. Os judeus, sem conhecer o poder ou se interessar por ele, nunca pensaram em exercer senão suaves pressões para fins subalternos de autodefesa. Essa falta de ambição foi mais tarde profundamente ressentida pelos filhos mais assimilados dos banqueiros e negociantes judeus. Enquanto alguns deles sonhavam, como Disraeli, com alguma sociedade secreta judaica, à qual poderiam pertencer, mas que nunca existiu, outros, como Rathenau, que eram melhor informados, entregavam-se a tiradas meio anti-semitas contra os mercadores ricos que não tinham poder nem posição social.

Essa inocência nunca foi bem entendida por estadistas ou historiadores não-judeus. Por outro lado, o desligamento dos judeus do poder era aceito com tanta naturalidade pelos representantes ou escritores judeus que eles quase nunca o mencionavam, a não ser para exprimir sua surpresa ante as absurdas

---

(16) Walter Rathenau, ministro do Exterior da República de Weimar em 1921 e um dos mais eminentes representantes dos democratas na Alemanha, havia declarado, ainda em 1917, suas "profundas convicções monarquistas", de acordo com as quais somente um "ungido" e não "um arrivista de duvidosa carreira" devia liderar o país. Ver seu *Von kommenden Dingen* [Das coisas por vir], 1917, p. 247.

(17) Esse padrão burguês, porém, não deveria ser esquecido. Se se tratasse apenas de uma questão de motivos individuais e padrões de comportamento, os métodos da casa dos Rothschild não difeririam muito daqueles de seus colegas gentios. Por exemplo, o banqueiro de Napoleão, Ouvrard, depois de haver provido os meios financeiros para a guerra no governo dos cem dias, imediatamente ofereceu seus serviços aos Bourbons restaurados.

suspeitas levantadas contra eles. Nas memórias dos estadistas do século XIX encontram-se freqüentes observações que pressupõem a dependência da eclosão de guerras da vontade de um Rothschild de Londres, Paris ou Viena. Mesmo um historiador sóbrio e digno de fé como J. A. Hobson podia dizer, ainda em 1905: "Alguém supõe seriamente que qualquer Estado europeu pode fazer guerra, ou subscrever um grande empréstimo estatal, se a Casa dos Rothschild e suas conexões se opuserem?".[18] O próprio Metternich mantinha firme convicção que os Rothschild "desempenhavam na França papel superior ao de qualquer governo estrangeiro", tendo afirmado aos Rothschild vienenses, pouco antes da Revolução de 1848: "Se eu desaparecer, vossa casa desaparecerá comigo". A verdade é que os Rothschild tinham tanta noção política quanto qualquer outro banqueiro judeu e, como seus correligionários, jamais se aliavam a um governo específico, e sim a governos, à autoridade em si. Se naquela época mostravam preferência definida pelos governos monárquicos em detrimento das repúblicas, foi por suspeitarem, e com razão, que as repúblicas se baseavam grandemente no desejo do povo, do qual eles instintivamente desconfiavam.

Quão profunda era a fé que os judeus tinham no Estado, e quão fantástica era a sua ignorância das verdadeiras condições da Europa, foi revelado nos últimos anos da República de Weimar — na véspera da tomada de poder por Hitler — quando, já razoavelmente apavorados com relação ao futuro, os judeus procuraram — uma vez — engajar-se na política. Com o auxílio de alguns não-judeus, fundaram um partido de classe média que denominaram "Partido do Estado" (*Staatspartei*), já a sua denominação sendo contraditória. Estavam tão ingenuamente convencidos de que seu "partido", que supostamente os representava na luta política e social, se confundisse com o próprio Estado que lhes escapou até a análise da relação entre um partido e o Estado. Se alguém levasse a sério esse partido de cavalheiros respeitáveis e perplexos, teria concluído que a lealdade a qualquer preço encobria forças que tramavam apoderar-se do Estado.

Do mesmo modo como os judeus ignoravam completamente a tensão crescente entre o Estado e a sociedade, foram também os últimos a perceber as circunstâncias que os arrastavam para o centro do conflito. Nunca, portanto, souberam avaliar o anti-semitismo, nunca chegaram a reconhecer o momento em que a discriminação se transformava em argumento político. Durante mais de cem anos o anti-semitismo havia, lenta e gradualmente, penetrado em quase todas as camadas sociais em quase todos os países europeus, até emergir como a única questão que podia unir a opinião pública. Foi simples como ocorreu esse processo: cada classe social que entrava em conflito com o Estado virava anti-semita, porque o único grupo que parecia representar o Estado, identificando-se com ele servilmente, eram os judeus. E a única classe que demonstrou ser quase imune à propaganda anti-semita foram os trabalhadores que, absorvidos pela luta de classes e equipados com a explicação marxista da his-

---

(18) J. A. Hobson, *Imperialism, a study*, 1902, p. 57 da edição não-revista de 1938.

tória, nunca entravam em conflito direto com o Estado, mas só com outra classe social, a burguesia, que os judeus certamente não representavam e da qual nunca haviam sido parte importante.

A emancipação política dos judeus no fim do século XVIII em alguns países e a discussão do problema no resto da Europa central e ocidental causaram a mudança da atitude dos judeus em relação ao Estado, a qual foi, de certa forma, simbolizada pela ascensão da casa dos Rothschild. A nova política desses judeus-da-corte, que foram os primeiros a se tornar banqueiros estatais, veio à luz quando, insatisfeitos em servir a um príncipe ou a um governo, decidiram internacionalizar seus serviços, pondo-os simultaneamente à disposição dos governos da Alemanha, da França, da Grã-Bretanha, da Itália e da Áustria. Até certo ponto, essa orientação sem precedentes resultou da reação dos Rothschild aos perigos da verdadeira emancipação, que, juntamente com a igualdade, ameaçava "nacionalizar" os judeus dos respectivos países e destruir assim as próprias vantagens intereuropéias sobre as quais havia repousado a posição dos banqueiros judeus. O velho Meyer Amschel Rothschild, fundador da casa, deve ter reconhecido que a condição intereuropéia dos judeus já não estava segura, e que era melhor que ele tentasse consolidar essa singular posição internacional no âmbito de sua família. O estabelecimento de seus cinco filhos nas cinco capitais financeiras da Europa — Frankfurt, Paris, Londres, Nápoles e Viena — foi a engenhosa resposta que encontrou para a solução do embaraçoso problema da emancipação dos judeus.[19]

Os Rothschild haviam iniciado sua espetacular carreira a serviço financeiro do príncipe de Hessen. Importante financista, financiador e agiota, o príncipe ensinou aos Rothschild a prática comercial e introduziu-os a muitos dos seus clientes. A vantagem de Rothschild era ter residido em Frankfurt, o único grande centro urbano alemão do qual os judeus nunca haviam sido expulsos e onde, no começo do século XIX, constituíam quase 10% da população. Os Rothschild iniciaram-se como judeus-da-corte sem estar sob a jurisdição de nenhum príncipe ou municipalidade, submetidos à autoridade direta do imperador distante, em Viena. Aliavam assim as vantagens do *status* judaico da Idade Média com as do seu próprio tempo, e dependiam muito menos da nobreza ou das autoridades locais que qualquer outro judeu-da-corte. As atividades posteriores da casa, a enorme fortuna que reuniram e sua fama tão simbólica são suficientemente conhecidas.[20] Ingressaram no mundo dos grandes negócios durante os últimos anos das guerras napoleônicas, quando — de 1811

(19) Quão bem os Rothschild conheciam as origens de sua força é evidenciado por uma antiga lei da casa, segundo a qual as filhas e seus maridos eram eliminados dos negócios do grupo. As moças tinham permissão e, depois de 1871, eram até encorajadas a se casarem com membros da aristocracia não-judaica; os descendentes masculinos tinham de se casar exclusivamente com moças judias e, se possível, membros da família (na primeira geração este foi o caso de modo geral).

(20) Ver, especialmente, Egon Cesar Conte Corti, *The rise of the House of Rothschild*, Nova York, 1927.

a 1816 — quase metade das subvenções inglesas às potências do Continente europeu passaram por suas mãos. Quando, após a derrota de Napoleão, a Europa inteira precisava de elevados empréstimos para reorganizar suas máquinas estatais e reconstruir estruturas financeiras, os Rothschild detinham quase o monopólio da gestão dos empréstimos estatais. Isso durou três gerações, durante as quais conseguiram derrotar todos os concorrentes judeus e não-judeus. "A Casa dos Rothschild tornou-se", como disse Capefigue, "o tesoureiro principal da Santa Aliança".[21]

O estabelecimento internacional da Casa Rothschild e a sua hegemonia alcançada com relação aos demais banqueiros judeus mudaram a estrutura dos negócios estatais judaicos. Desapareceu a evolução acidental, desorganizada e sem plano, quando indivíduos judeus, suficientemente astutos para se aproveitarem de uma oportunidade, freqüentemente galgavam posições de incomensurável riqueza, para cair em profunda miséria na geração seguinte. Aliás, isso não afetava os destinos do povo judeu como um todo, exceto quando esses banqueiros agiam como protetores de alguma comunidade. Mas, não importa quão numerosos fossem os ricos agiotas judeus ou quão influentes fossem os judeus-da-corte, o fato é que não existia um grupo judeu definido que gozasse coletivamente de privilégios específicos e prestasse serviços específicos. Foi precisamente o monopólio dos Rothschild na emissão de empréstimos governamentais que tornou possível e até necessária a utilização do capital judaico, canalizando uma elevada porcentagem das fortunas judaicas para os negócios dos Estados, o que gerou a base de uma renovada coesão intereuropéia dos judeus da Europa central e ocidental. O que nos séculos XVII e XVIII foi uma ligação desorganizada entre judeus individuais de diferentes países transformou-se em aproveitamento sistemático das oportunidades esparsas por uma única firma, fisicamente presente em todas as importantes capitais européias, e em constante contato com todas as camadas do povo judeu, detentora da rede das informações úteis e capaz de dar formas organizadas a oportunidades decorrentes do sistema.[22]

A posição exclusiva da casa Rothschild no mundo judaico substituiu até certo ponto os antigos laços de tradição espiritual e religiosa, cuja gradual dissolução, provocada pelo impacto da cultura ocidental, pela primeira vez ameaçava a própria existência do povo judeu. Para o mundo exterior, essa família tornou-se também o símbolo da realidade prática do internacionalismo judaico num mundo de Estados-nações e povos organizados politicamente em bases nacionais. Onde poderiam os anti-semitas encontrar melhor prova do fantástico conceito de um governo mundial judaico do que nessa família? Unida, embora ativa em cinco países diferentes, proeminente em toda parte, em íntima cooperação com governos distintos, cujos freqüentes conflitos jamais

---

(21) Capefigue, *op. cit.*

(22) Nunca foi possível determinar a que ponto os Rothschild usavam o capital judeu para suas próprias transações comerciais e até onde ia seu controle sobre os banqueiros judeus. A família nunca permitiu que fossem pesquisados seus arquivos.

abalavam a solidariedade de interesses existente entre seus banqueiros estatais, constituiu-se no símbolo que nenhuma propaganda poderia ter criado para fins políticos de modo mais eficaz.

A noção popular de que os judeus eram unidos por laços supostamente mais estreitos de sangue e de família que os outros povos era até certo ponto estimulada pelo que ocorria nessa família, símbolo vivo e atuante da importância econômica e política que emanava da visão popular do povo judeu. A conseqüência fatal foi simples: quando, por motivos que nada tinham a ver com a questão judaica, os problemas raciais ocuparam o centro do cenário político, os judeus imediatamente foram ajustados como alvo pelas ideologias e doutrinas que definiam grupos humanos por laços de sangue e por características genéticas familiares.

Contudo, outro fato, menos acidental, explica essa imagem do judeu. Na preservação do povo judeu, a família havia sido mais importante do que em qualquer outro grupo político ou social do Ocidente, com exceção da nobreza. Os laços familiares constituíam o elemento mais forte e persistente na resistência do judeu à assimilação e à dissolução. Como a nobreza européia em declínio fortalecia suas leis de casamento e linhagem, os judeus tornaram-se mais conscientes dos laços de família nos séculos de sua dissolução espiritual e religiosa. Sem a antiga esperança da redenção por um Messias e sem o solo próprio, o povo judeu tornou-se cônscio de que sua sobrevivência havia sido conseguida num ambiente estranho e hostil. Começou a ver o círculo interno da família como espécie de derradeiro baluarte, e a conduzir-se em relação aos membros do seu próprio grupo como se fossem membros de uma grande família. Em outras palavras, a imagem anti-semita do povo judeu como uma família intimamente interligada por laços de sangue tinha de fato algo em comum com a idéia que os judeus faziam de si mesmos.

Essa situação foi um importante fator no início do surgimento e no crescimento contínuo do anti-semitismo no século XIX. Que um grupo de pessoas se tornasse anti-semita em dado país num dado momento histórico dependia exclusivamente das circunstâncias gerais que as levavam a violento antagonismo contra o governo. Mas sempre era notável a semelhança dos argumentos, e o espontâneo relacionamento entre a imagem estereotipada e a realidade que esses estereótipos distorciam. Vemos então os judeus sempre representados como uma organização de comércio internacional, uma firma familiar global com interesses idênticos em toda parte, uma força secreta por trás do trono, que transforma outras forças em mera fachada e vários governantes em marionetes, cujos cordões são puxados por trás do pano. Assim, <u>devido à sua relação íntima com as fontes de poder do Estado, os judeus eram invariavelmente identificados com o próprio poder e, devido ao seu desligamento da sociedade e à sua concentração no fechado círculo familiar, eram suspeitos de maquinarem — mancomunados com o poder, mas separados da sociedade — a destruição desta sociedade e de suas estruturas.</u>

2. OS PRIMÓRDIOS DO ANTI-SEMITISMO

É regra óbvia, se bem que freqüentemente esquecida, que o sentimento antijudaico adquire relevância política somente quando pode ser combinado com uma questão política importante, ou quando os interesses grupais dos judeus entram em conflito aberto com os de uma classe dirigente ou aspirante ao poder. O moderno anti-semitismo, tal como o vimos em países da Europa central e ocidental, tinha causas políticas e não econômicas, enquanto na Polônia e na Romênia foram as complicadas condições de classe que geraram o violento ódio popular contra os judeus. Ali, devido à incapacidade dos governos de resolver a questão de terras e de criar no Estado-nação o mínimo de igualdade através da libertação dos camponeses, a aristocracia ainda feudal pôde não apenas manter seu domínio político, mas também evitar o surgimento de uma classe média. Os judeus desses países, numerosos embora desprovidos de força, aparentemente preenchiam as funções da classe média, porque eram, na maioria, donos de lojas e comerciantes, e porque, como grupo, situavam-se entre os grandes latifundiários e os grupos sociais sem propriedades. A rigor, pequenos proprietários podem existir tão bem numa economia feudal como numa economia capitalista. Mas os judeus da Europa oriental, como aliás em outros lugares, não podiam, não sabiam ou não queriam evoluir segundo o modelo capitalista industrial, de modo que o resultado final de suas atividades era uma organização de consumo dispersa e ineficaz, carente de sistema adequado de produção. As posições judaicas criavam obstáculo ao desenvolvimento capitalista, porque pareciam ser as únicas de onde se poderia esperar progresso econômico, quando, na realidade, não eram capazes de satisfazer essa expectativa. Assim, os interesses judaicos eram tidos como conflitantes com aqueles setores da população dos quais poderia normalmente ter surgido uma classe média. Os governos, por outro lado, numa ambivalência insensata, tentavam tibiamente encorajar uma classe média, mas sem pressionar ou enfraquecer a nobreza e os latifundiários. A única tentativa séria que fizeram foi a liquidação econômica dos judeus — em parte como concessão à opinião pública, e em parte porque os judeus realmente ainda representavam um elemento que sobreviveu à antiga ordem feudal. Durante séculos, haviam sido intermediários entre a nobreza e os camponeses; agora constituíam uma classe média sem exercer suas funções produtivas, dificultando assim a industrialização e a capitalização.[23] Essas condições da Europa oriental, contudo, embora constituíssem a essência da problemática das massas judias, têm pouca importância no nosso contexto. Seu significado político limitava-se a países atrasados, onde o ódio aos judeus foi por demais onipresente para que servisse como arma para fins específicos.

O anti-semitismo flamejou primeiro na Prússia, imediatamente após a derrota ante Napoleão em 1807, quando a mudança da estrutura política

---

(23) James Parkes, *The emergence of the Jewish problem, 1879-1939*, 1946, discute essas condições de forma sintética e imparcial nos capítulos iv e vi.

levou a nobreza à perda de seus privilégios e a classe média conquistou o direito à ascensão. Essa reforma, uma "revolução de cima", transformou a estrutura semifeudal do despotismo esclarecido prussiano num Estado-nação mais ou menos moderno, cujo estágio final foi o Reich alemão de 1871.

Embora naquela época a maioria dos banqueiros de Berlim fosse judia, as reformas não necessitavam de considerável auxílio financeiro de sua parte. As francas simpatias dos reformadores da Prússia para com os judeus e a posição de defesa da emancipação judaica que eles assumiam resultavam da necessidade de impor a igualdade a todos os cidadãos, abolindo os privilégios, em face da introdução do livre comércio. Não estavam interessados na conservação dos judeus como judeus para fins determinados. Sua resposta ao argumento de que, sob condições de igualdade, "os judeus cessariam de existir" era esta: "E o que importa isso a um governo que pede apenas que eles se tornem bons cidadãos?".[24] Além disso, a emancipação não tinha muita importância para o país, pois a Prússia havia acabado de perder para a Rússia as províncias orientais, recém-anexadas da Polônia, onde era realmente numerosa (e pobre) a população judaica. Assim, o decreto de emancipação dos judeus da Prússia, de 1812, referia-se apenas àqueles grupos judeus, úteis e ricos, que já gozavam da maioria dos direitos civis e que, com a abolição geral dos privilégios, sofreriam grave perda do seu *status* específico. Mas por outro lado, para estes grupos a emancipação, no sentido geral, apenas confirmava o *status quo*.

Mas as simpatias dos reformadores prussianos pelos judeus encobriam a conseqüência lógica de suas aspirações políticas gerais. Quando, quase uma década depois, e em meio à crescente onda de anti-semitismo, Wilhelm von Humboldt declarou que "amo os judeus realmente só *en masse*; *en détail*, prefiro evitá-los",[25] estava naturalmente opondo-se à moda da época, que favorecia os judeus como indivíduos, mas que desprezava o povo judeu. Verdadeiro democrata, Humboldt desejava, ao contrário, libertar um povo oprimido, mas não outorgar privilégios a indivíduos. Essa atitude seguia também a tradição das antigas autoridades do governo da Prússia, cuja constante insistência, durante todo o século XVIII, em melhorar as condições de vida e aprimorar a educação para os judeus foi amplamente reconhecida. Esse apoio não era motivado apenas pelas razões econômicas ou de Estado, mas por simpatia natural de um grupo por um outro que também se colocava fora do corpo social e dentro da esfera do Estado, embora por motivos completamente diferentes. Tratava-se do funcionalismo civil, cuja lealdade ao Estado independia das mudanças de governo, e que também desconhecia os laços de classe. Esse grupo é decisivo na Prússia do século XVIII, e é ele que forma os precursores da reforma pósnapoleônica. Ele é a peça principal da máquina do Estado durante todo o sé-

---

(24) Christian Wilhelm Dohm, *Über die bürgeliche Verbesserung der Juden* [Da melhoria cívica dos judeus], Berlim e Stettin, 1781, I, 174.

(25) *Wilhelm und Caroline von Humboldt in ihren Briefen* [W. e C. von H. em suas cartas], Berlim, 1900, vol. V, p. 236.

culo XIX, embora depois do Congresso de Viena, passageiramente, perdesse muito de sua influência para a aristocracia.[26]

Quando ouviu falar de uma possível conversão em massa dos judeus, Frederico II da Prússia exclamou: "Espero que não façam coisa tão diabólica!".[27] Mas depois de Napoleão a necessidade do reconhecimento da utilidade dos judeus como tais deixou de existir. A emancipação foi-lhes concedida em nome de princípios, e, de acordo com a mentalidade da época, teria sido sacrílega qualquer alusão a serviços especiais prestados pelos judeus como judeus. As condições especiais que haviam levado à emancipação, embora conhecidas de todos os interessados, eram acobertadas como se fossem um segredo. O próprio édito, por outro lado, havia sido recebido como a última e, em certo sentido, a mais brilhante conquista na mudança de um Estado feudal para um Estado-nação onde, de então em diante, não haveria mais quaisquer privilégios especiais para nenhum grupo.

Entre as reações naturalmente amargas da aristocracia, que era a classe mais atingida pelas mudanças, estava uma súbita e inesperada irrupção de anti-semitismo. Seu mais eloqüente porta-voz, Ludwig von der Marwitz, proeminente ideólogo conservador, apresentou ao governo uma petição na qual apresentava os judeus como único grupo a gozar de reais vantagens em conseqüência da alteração legal do sistema, anunciando "a transformação da antiga e imponente monarquia prussiana em um Estado judeu". O ataque político foi seguido de um boicote social, que alterou o aspecto da sociedade de Berlim. Os aristocratas eram os primeiros a estabelecer relações sociais amistosas com os judeus, e a sua presença havia tornado famosos os salões de anfitriãs judias no fim do século XVIII, onde se reuniam grupos socialmente mistos. É verdade que, até certo ponto, essa ausência de preconceito resultava dos serviços prestados pelos agiotas judeus que, excluídos das transações comerciais maiores, encontravam sua única oportunidade nos empréstimos, economicamente improdutivos e insignificantes, mas socialmente importantes, a pessoas que tendiam a viver acima de suas posses. Essas relações sociais sobreviveram às monarquias absolutistas, que, com suas amplas possibilidades financeiras, tornaram obsoletos os negócios de empréstimos privados e, por conseguinte, a figura do judeu-da-corte. A natural necessidade de um nobre em manter segura a fonte de auxílio em emergência levava-o, freqüentemente, ao casamento com jovem filha do judeu rico, o que enfraquecia entre a nobreza o ódio aos judeus. Este surgia, porém, quando um judeu, mesmo que rico, deixava de socorrê-lo como judeu.

---

(26) Excelente descrição desses servidores civis, que não diferiam de um país para outro, encontra-se em Henri Pirenne, *A history of Europe from the Invasions to the XVI century*, Londres, 1939, pp. 361-2: "Sem preconceitos de classe e hostis aos privilégios dos grandes nobres que os desprezavam, (...) não era o rei que falava através deles, mas a monarquia anônima, superior a todos, subjugando a todos com o seu poder". [O original francês foi publicado em 1936.]

(27) Ver o *Kleines Jahrbuch des Nützlichen und Angenehmen für Israeliten* [Pequeno anuário do útil e do agradável aos israelitas], 1947.

A explosão do anti-semitismo aristocrático não resultava, como se pode supor, do contato mais íntimo cultivado entre judeus e nobreza, contato que os unia na aversão contra os novos valores burgueses. Essa aversão procedia de fontes muito semelhantes. Nas famílias judias, como nas famílias nobres, o indivíduo era olhado antes de mais nada como membro da família; seus deveres eram, em primeiro lugar, determinados pela família, que transcendia os anseios e a importância do próprio indivíduo. Tanto judeus como nobres eram a-nacionais e intereuropeus, e um compreendia o modo de vida do outro, no qual a afiliação nacional era menos importante que a lealdade a uma família, geralmente espalhada por toda a Europa. Compartilhavam a noção de que o presente é nada mais que um laço insignificante na corrente de gerações passadas e futuras. A escritores liberais anti-semitas não passou despercebida essa curiosa semelhança de princípios. Por isso, concluíam que talvez o melhor modo de se desfazer da nobreza fosse primeiro desfazer-se dos judeus. Isso não era sugerido por causa das ligações financeiras entre os dois grupos, mas porque ambos eram considerados como um obstáculo ao desenvolvimento da "personalidade inata", da idéia do respeito ao indivíduo, que as classes médias usavam como arma em sua luta contra os conceitos de nascimento, família e linhagem.

Esses fatores tornam mais significativo o fato de terem sido exatamente os aristocratas que iniciaram a argumentação política de caráter anti-semita. Nem os laços econômicos nem a intimidade social continuavam válidos no momento em que a aristocracia decidiu opor-se ao Estado-nação igualitário. Socialmente, o ataque contra o Estado identificava os judeus com o governo; embora os ganhos reais, econômicos e sociais, das reformas coubessem à classe média, ela raramente era inculpada politicamente, e suportava com indiferença a tradicional atitude desdenhosa dos aristocratas. Os judeus podiam ser atacados mais facilmente: perderam sua antiga influência e tradicionalmente catalisavam antipatias. Assim, tornando-se antipática aos antipatizados judeus, a aristocracia almejava tornar-se simpática na opinião geral.

Após o Congresso de Viena, quando, durante as décadas de reação pacífica sob a Santa Aliança, a nobreza prussiana havia recuperado grande parte de sua influência sobre o Estado e se tornara temporariamente ainda mais importante do que havia sido no século XVIII, o anti-semitismo aristocrata transformou-se em tênue discriminação, embora sem significação política.[28] Ao mesmo tempo, com a ajuda dos intelectuais românticos, o conservatismo alcançou pleno desenvolvimento como uma das ideologias políticas que, na Alemanha, adotaram uma atitude característica e engenhosamente equívoca em relação aos judeus. Daí em diante, o Estado-nação, baseado nos argumentos conservadores, fez uma divisão bem distinta entre aqueles judeus que eram necessários e desejados e os que não o eram. Sob o pretexto do caráter cristão do

---

(28) Ao apresentar uma lei de emancipação dos judeus em 1847, quase todos os membros da aristocracia manifestaram-se a favor dessa iniciativa do governo da Prússia. Ver I. Elbogen, *Geschichte der Juden in Deutschland* [História dos judeus na Alemanha], Berlim, 1935, p. 244.

Estado — embora esta idéia fosse alheia aos déspotas esclarecidos —, a crescente *intelligentsia* judia podia agora sofrer aberta discriminação, sem que fosse causado dano aos negócios de banqueiros e comerciantes. Esse tipo de discriminação, que tentou fechar as universidades aos judeus, excluindo-os também do funcionalismo civil, apresentava dupla vantagem: indicava que o Estado-nação dava maior valor a serviços especiais do que à igualdade, e evitava, ou pelo menos adiava, o nascimento de um grupo de judeus desprovidos de qualquer utilidade aparente para o Estado, e que poderiam até ser assimilados pela sociedade.[29] Quando, na década de 1880, Bismarck fez considerável esforço para proteger os judeus contra a propaganda anti-semita de Stoecker, disse literalmente que desejava protestar tão-só contra os ataques aos "judeus ricos, cujos interesses estão ligados à conservação de nossas instituições estatais", e que seu amigo, o banqueiro Bleichroeder, não se queixava dos ataques aos judeus em geral (o que podia até ter ignorado), mas sim aos judeus ricos (o que o atingia pessoalmente).[30]

Esse aparente equívoco com que as autoridades governamentais protestavam, de um lado, contra a igualdade (especialmente igualdade profissional) para os judeus, para se queixarem, mais tarde, da influência judaica na imprensa, enquanto, de outro lado, sinceramente "desejavam que fossem felizes em tudo",[31] servia mais aos interesses do Estado que o antigo zelo reformador. Afinal, o Congresso de Viena devolvera à Prússia algumas partes da Polônia desmembrada, nas quais as massas judias pobres haviam vivido durante séculos, e ninguém, a não ser uns poucos intelectuais que sonhavam com a Revolução Francesa e com os Direitos do Homem, jamais pensara em lhes dar posição de igualdade, a qual, aliás, os seus irmãos ricos do Ocidente certamente não desejariam compartilhar, vendo nela futuras conseqüências nefastas — a competição e a ameaça à imagem do judeu culto, que ostentavam.[32] Aliás, eles já

---

(29) Foi por essa razão que os soberanos da Prússia se preocuparam tanto com a mais estrita conservação dos costumes e ritos religiosos judeus. Em 1823, Frederico Guilherme III proibiu "as menores inovações", e seu sucessor, Frederico Guilherme IV, declarou abertamente que "o Estado não deve fazer coisa alguma que possa incrementar a mistura entre os judeus e os outros habitantes" do seu reino. (Elbogen, *op. cit.*, pp. 223 e 234.)

(30) Numa carta ao *Kultusminister* (ministro da Religião) von Puttkamer em outubro de 1880. Ver também a carta de Herbert von Bismarck, de novembro de 1880, a Tiedemann. Ambas estão em Walter Frank, *Hofprediger Adolf Stoecker und die christlich-soziale Bewegung* [O capelão da corte A. S. e o movimento social-cristão], 1928, pp. 304 e 305.

(31) August Varnhagen comenta uma observação feita por Frederico Guilherme IV, "Perguntou-se ao rei o que ele pretendia fazer com os judeus. Ele respondeu: 'Desejo que sejam felizes em tudo, mas quero que sintam que são judeus'. Estas palavras revelam muitas coisas." (*Tagebücher* [Diários], Leipzig, 1861, II, p. 113).

(32) Era do domínio público no século XVIII que a emancipação judaica teria de ser realizada contra os desejos dos representantes judeus. Mirabeau argumentou perante a Assemblée Nationale em 1789: "Senhores, é porque os judeus não querem ser cidadãos que vós não os proclamais cidadãos? Num governo como o que vós constituís agora, todos os homens devem ser homens; deveis expulsar todos aqueles que não o são ou se recusam a tornar-se homens". A atitude dos judeus alemães no começo do século XIX é relatada por Isaac Markus Jost, *Neuere Geschichte der Israeliten 1815-1845* [Nova história dos israelitas], Berlim, 1846, vol. 10.

previam que "cada medida legal ou política no sentido da emancipação dos judeus em geral levaria necessariamente à deterioração de sua própria situação cívica e social".[33] E também sabiam o quanto seu poder dependia da posição e prestígio que alcançaram dentro das comunidades judaicas. Assim, "sua política era de tentar obter mais influência para si, mantendo os correligionários [do Leste] em isolamento nacional, como se essa separação fizesse parte da religião. [...] Assim, os outros, dependendo deles cada vez mais, poderiam ser usados exclusivamente por aqueles judeus que alcançaram a posição de mando".[34] As previsões eram corretas: quando, no século XX, a emancipação tornou-se, pela primeira vez, um fato consumado para as massas judaicas, o poder dos judeus privilegiados havia desaparecido.

Estabeleceu-se assim uma perfeita harmonia de interesses entre os judeus poderosos e o Estado. Os judeus ricos quiseram e obtiveram o controle de seus correligionários pobres, segregando-os em relação à sociedade não-judaica, o Estado podia combinar a política de benevolência para com judeus ricos à discriminação legal contra a *intelligentsia* judia e a promoção da segregação social, tal como era expressa na teoria conservadora da essência cristã do Estado.

Enquanto o anti-semitismo, entre a nobreza, permaneceu sem conseqüência política e acalmou-se nas décadas da Santa Aliança, os intelectuais liberais e radicais inspiraram e lideraram um movimento anti-semita imediatamente após o Congresso de Viena. A oposição liberal ao regime policial de Metternich estabelecido no continente europeu e violentos ataques ao governo reacionário prussiano levaram rapidamente a explosões anti-semitas e a verdadeiro dilúvio de panfletos anti-semitas. Por serem muito menos sinceros e francos em sua oposição ao governo que o nobre Marwitz havia sido uma década antes, os intelectuais atacavam mais os judeus que o governo. Por serem intelectuais, atacavam com maior eficácia qualitativa e quantitativa. Interessados principalmente na igualdade de oportunidades e ressentindo a restauração de privilégios da aristocracia (com a qual identificavam os judeus) que limitavam sua admissão aos serviços públicos, introduziram na discussão a diferença entre judeus individuais, "nossos irmãos", e o povo judeu como grupo, diferença esta que, daí por diante, se tornaria a marca registrada do anti-semitismo da esquerda. Cunharam — para definir os judeus como grupo — as expressões nacionalistas "Estado dentro de um Estado" e "nação dentro de outra nação". Positivamente errados no primeiro caso, porquanto os judeus não tinham ambições políticas próprias e eram simplesmente o único grupo social incondicionalmente leal ao Estado, estavam certos no segundo, porque os judeus, tomados como um grupo

---

(33) Adam Mueller (ver *Ausgewählte Abhandlungen* [Ensaios escolhidos], editados por J. Baxa, Jena, 1921, p. 215) numa carta de 1815 a Metternich.

(34) H. E. G. Paulus, *Die jüdische Nationalabsonderung nach Ursprung, Folgen und Besserungsmitteln*. [A separação nacional dos judeus segundo origens, conseqüências e meios de melhoria], 1831.

social e não político, realmente constituíam um corpo separado dentro da nação.[35]

Na Prússia, embora não na Áustria ou na França, esse anti-semitismo radical foi tão efêmero e inconseqüente como o antigo anti-semitismo da pobreza. Os radicais foram gradualmente absorvidos pelo liberalismo das classes médias economicamente ascendentes, que passaram a exigir por sua vez a emancipação dos judeus como símbolo da institucionalização da igualdade política. Contudo, esse anti-semitismo estabeleceu certa tradição teórica e até mesmo literária, cuja influência se pode sentir nos famosos escritos antijudaicos do jovem Marx, tão freqüente e injustamente acusado de anti-semitismo. O fato de o judeu Karl Marx poder escrever do mesmo modo que os radicais antijudeus prova apenas quão pouco essa argumentação antijudaica tinha a ver com o anti-semitismo ideologicamente maduro. Como indivíduo judeu, Marx sentia-se tão pouco vexado por esses argumentos contra "o povo judeu" quanto Nietzsche, por exemplo, no tocante aos seus argumentos contra a Alemanha. É verdade que Marx, nos últimos anos de vida, jamais escreveu ou expressou opinião sobre a questão judaica, mas isso dificilmente pode ser atribuído à mudança fundamental de sua atitude. Sua preocupação exclusiva com a luta de classes e com os problemas da produção capitalista, na qual os judeus não estavam envolvidos nem como consumidores nem como fornecedores da mão-de-obra, e seu completo descaso pelas questões políticas automaticamente impediam que ele investigasse mais a fundo a estrutura do Estado e, portanto, o papel nele desempenhado pelos judeus. A forte influência do marxismo no movimento trabalhista da Alemanha é uma das principais razões pelas quais os movimentos revolucionários alemães mostraram tão poucos sinais de sentimento antijudeu.[36] Os judeus realmente tinham pouca ou nenhuma importância nas lutas sociais da época.

Os primórdios do movimento anti-semita moderno datam, em toda parte, do último terço do século XIX. Na Alemanha começou, de modo inesperado, novamente entre a nobreza, cuja oposição ao Estado foi de novo provocada pela transformação da monarquia prussiana num Estado-nação completado depois de 1871. Bismarck, o verdadeiro fundador do *Reich* alemão, havia mantido estreitas relações com os judeus desde a época em que era primeiro-ministro; agora era acusado de depender e de aceitar o suborno dos judeus. Sua tentativa — e o parcial sucesso — de abolir os vestígios feudais resultou inevitavelmente em conflito com a aristocracia; os ataques a Bismarck mostravam-no como ví-

---

(35) Para uma apreciação clara e confiável do anti-semitismo alemão no século XIX, ver Waldemar Gurian, "Antisemitism in modern Germany", em *Essays on anti-Semitism*, editados por K. S. Pinson, 1946.

(36) O único anti-semita alemão da esquerda que teve alguma importância foi E. Duehring, que, embora de modo confuso, inventou uma explicação naturalista da "raça judia" em seu *Die Judenfrage als Frage der Rassenschädlichkeit für Existenz, Sitte und Cultur der Völker mit einer weltgeschichtlichen Antwort* [A questão judaica como problema da nocividade racial para a existência, permanência e cultura dos povos, com uma solução historicamente universal], 1880.

tima inocente, ou como agente, a soldo do judeu Bleichroeder. Na realidade, a relação era exatamente oposta: Bleichroeder era sem dúvida um agente muito estimado e bem pago de Bismarck.[37]

Não obstante, a aristocracia feudal, embora ainda bastante poderosa para influenciar a opinião pública, não era por si mesma bastante forte ou importante para iniciar um verdadeiro movimento anti-semita, como o que começou na década de 80. Seu porta-voz, o capelão da corte Stoecker, ele próprio nascido na classe média inferior, era representante muito menos sagaz dos interesses conservadores do que os seus predecessores, os intelectuais românticos, que haviam formulado os pontos principais da ideologia conservadora uns cinqüenta anos antes. Além disso, descobriu a utilidade da propaganda anti-semita não graças a considerações práticas ou teóricas, mas por acaso, quando percebeu a sua utilidade para lotar auditórios que, de outra forma, permaneceriam vazios. Mas, sem compreender seu repentino sucesso, como capelão da corte e empregado tanto da família real como do governo, ele dificilmente estava em posição de usá-lo adequadamente. Seu público entusiasmado era composto exclusivamente de pequenos burgueses, isto é, de lojistas e negociantes, artesãos e artífices à moda antiga, e os sentimentos antijudaicos dessa gente não eram ainda, e por certo não exclusivamente, motivados pelo conflito com o Estado.

3. OS PRIMEIROS PARTIDOS ANTI-SEMITAS

O surgimento simultâneo do anti-semitismo como sério fator político na Alemanha, na Áustria e na França nos últimos vinte anos do século XIX foi precedido por uma série de escândalos financeiros e negócios fraudulentos, cuja origem principal era uma superprodução de capital disponível. Na França, a maioria dos membros do Parlamento e um número incrível de altos executivos governamentais estavam tão profundamente envolvidos em negociatas e subornos que a Terceira República jamais viria a recuperar o prestígio que perdeu durante as primeiras décadas de sua existência; na Áustria e na Alemanha, os aristocratas estavam entre os mais comprometidos. Em todos esses três países os judeus participavam dos escândalos, agindo individualmente como intermediários, sem que nenhuma casa judia enriquecesse com as fraudes do Caso Panamá e do *Gründungsschwindel*.

Contudo, outro grupo de pessoas, além dos nobres, das autoridades governamentais e dos judeus, estava seriamente envolvido nesses fantásticos investimentos, cujos lucros esperados só eram igualados pelas perdas inacreditáveis. Esse grupo consistia principalmente nas classes médias inferiores, que agora subitamente viravam anti-semitas. Haviam sido mais duramente atingi-

---

(37) Para os ataques anti-semitas contra Bismarck, ver Kurt Wawrzinek, *Die Entstehung der deutschen Antisemitenparteien* [O surgimento dos partidos anti-semitas alemães], 1873-1890, Historische Studien [Estudos históricos], caderno 168, 1927.

das que qualquer outro grupo: tinham arriscado pequenas economias e estavam permanentemente arruinadas. Sua credulidade tinha razões importantes. A expansão capitalista no cenário nacional tendia cada vez mais a liquidar os pequenos proprietários, para quem era uma questão de vida e morte aumentar rapidamente o pouco que possuíam, já que era demasiado fácil perderem tudo. Começavam a perceber que, se não conseguissem elevar-se até o *status* da burguesia, poderiam escorregar para o nível do proletariado. Mesmo que décadas de prosperidade geral freassem de modo considerável essa evolução, em nada mudaram a sua tendência. A ansiedade e o temor das classes médias inferiores correspondiam exatamente à previsão de Marx quanto à sua rápida dissolução.

A classe média inferior, ou pequena burguesia, descendia das associações de artesãos e comerciantes que, durante séculos, se protegeram dos riscos da vida por meio de um sistema fechado, que bania a concorrência e era, em última instância, protegido pelo Estado. Conseqüentemente, atribuíram seu infortúnio ao sistema que os havia exposto às privações de uma sociedade competitiva e os destituíra de toda proteção especial e dos privilégios concedidos pelas autoridades públicas. Foram, portanto, os primeiros a exigir o "Estado protetor", que os escudasse contra as dificuldades e os mantivesse nas profissões e vocações herdadas. Como uma das principais características do século de livre comércio foi o acesso dos judeus a todas as profissões, era quase natural pensar nos judeus como representantes do sistema competitivo levado ao extremo,[38] mesmo que nada estivesse mais longe da verdade.

Esse ressentimento, que, aliás, encontra-se em muitos escritores conservadores, foi estimulado quando aqueles que haviam esperado auxílio do governo ou apostado em milagres tiveram de aceitar a ajuda duvidosa dos banqueiros. Para o pequeno lojista, o banqueiro parecia ser o mesmo tipo de explorador que o proprietário da grande empresa industrial era para o trabalhador. Mas, enquanto os trabalhadores europeus, graças à sua experiência e à educação marxista, sabiam que era dupla a função do capitalista — de explorá-los, de um lado, mas, do outro, dar-lhes a oportunidade de produzir —, o pequeno lojista não encontrou quem o esclarecesse a respeito de seu destino social e econômico. Sua situação era pior que a do trabalhador e, baseado em sua experiência, considerava o banqueiro um parasita e usurário, que ele era obrigado a aceitar como sócio silencioso, embora esse banqueiro, ao contrário do industrial, nada tivesse a ver com o seu negócio. Não é difícil compreender por que um homem que usa o seu dinheiro única e diretamente para gerar mais dinheiro pode ser odiado com mais intensidade que o que obtém seu lucro através de um longo e complicado processo de produção. Como naquele tempo ninguém solicitava crédito se pudesse evitá-lo — e os pequenos comerciantes certamente não

---

(38) Otto Glagau, *Der Bankrott des Nationalliberalismus und die Reaktion* [A bancarrota do liberalismo nacional e a reação], Berlim, 1878. *Der Boersen und Gruendungsschwindel* [As falcatruas da Bolsa e do solo], 1876, do mesmo autor, é um dos panfletos anti-semitas mais importantes da época.

podiam fugir desse caminho —, os banqueiros pareciam explorar não a mão-de-obra e a capacidade produtiva, mas a infelicidade e a miséria.

Muitos desses banqueiros eram judeus e, mais importante ainda, a imagem geral do banqueiro tinha traços definitivamente judaicos, por múltiplas razões históricas. Assim, o movimento esquerdista da classe média inferior e toda a propaganda contra o capital bancário tornaram-se anti-semitas. Esse aspecto teve pouca importância na Alemanha, já industrializada, mas alcançou profundo significado na França e, em menor escala, na Áustria. Durante algum tempo pareceu que os judeus haviam realmente, pela primeira vez, entrado em conflito direto com outra classe, sem a interferência do Estado. Dentro da estrutura do Estado-nação, na qual a função do governo era mais ou menos definida por sua posição de domínio sobre todas as classes concorrentes, tal conflito poderia até ter constituído um modo viável, se bem que perigoso, de normalizar a posição dos judeus.

Contudo, a esse elemento sócio-econômico foi logo acrescentado um outro, que, a longo prazo, revelou-se mais nefasto. A posição dos judeus como banqueiros não dependia de empréstimos a pessoas necessitadas sem importância, mas, principalmente, da emissão de empréstimos estatais; os pequenos empréstimos eram deixados para os pequenos banqueiros, que desse modo se preparavam para alcançar as carreiras mais promissoras, já seguidas por seus confrades mais ricos e mais honrados. Mas o ressentimento social das classes médias inferiores abrangia todos os judeus e transformou-se num elemento político altamente explosivo, porque a pequena burguesia acreditava que esses judeus tão odiados estavam em vias de adquirir poder político. Não eram eles conhecidos por sua relação com o governo em outros assuntos? Por outro lado, o ódio social e econômico reforçava o argumento político com a violência impulsiva, até então desconhecida.

Friedrich Engels observou certa vez que os protagonistas do movimento anti-semita do seu tempo eram os nobres, e o coro era a ralé ululante da pequena burguesia. Isso se aplica não só à Alemanha, mas também ao socialismo cristão da Áustria e aos adversários de Dreyfus na França. Em todos esses casos, a aristocracia, no último e desesperado esforço, tentou aliar-se às forças conservadoras das igrejas — a Igreja Católica na Áustria e na França, a Igreja Protestante na Alemanha —, sob o pretexto de combater o liberalismo com as armas do cristianismo. A ralé era apenas o meio usado para fortalecer-lhe a posição, para dar-lhe maior ressonância à voz. Obviamente, a nobreza não desejava nem podia organizar a ralé, e a abandonaria logo que atingisse seu objetivo. Mas descobrira que os *slogans* anti-semitas eram altamente eficazes para mobilizar amplas camadas da população.

Os seguidores do capelão da corte Stoecker não organizaram os primeiros partidos anti-semitas da Alemanha. Uma vez demonstrada a atração dos *slogans* anti-semitas, os anti-semitas radicais imediatamente se separaram do movimento berlinense de Stoecker, declararam guerra total ao governo, e fundaram partidos cujos representantes no Reichstag [o Parlamento] apoiavam, em todas as questões domésticas importantes, o maior partido oposicionista, o social-democrata, único partido da esquerda de então.[39] Rapidamente abandonaram sua inicial aliança de acomodação com as antigas forças; Boeckel, o primeiro membro anti-semita do Parlamento, devia sua cadeira aos votos dos camponeses de Hessen, que ele afirmava defender contra os *"Junkers* e os judeus"*,* isto é, contra a nobreza a cujo latifúndio os camponeses sucumbiam, e contra os judeus, de cujo crédito dependiam.

Embora pequenos, esses primeiros partidos anti-semitas logo se distinguiram dos demais partidos. Cada qual tinha a pretensão de ser não um partido entre partidos, mas um partido "acima de todos os partidos". No Estado-nação dividido entre partidos e classes, só o Estado e o governo colocavam-se acima de todos os partidos e classes, outorgando-se o direito de representar a nação como um todo. Os partidos eram reconhecidamente grupos cujos deputados representavam os interesses de seus eleitores. Embora lutassem pelo poder, ficava implícito que cabia ao governo estabelecer o equilíbrio entre os interesses em conflito e entre seus representantes. A pretensão dos partidos anti-semitas de estarem "acima de todas as idéias" claramente anunciava sua aspiração de passar a representar toda a nação (da qual seriam excluídos os judeus), de galgar o poder exclusivo, apossar-se da máquina do Estado, substituir o Estado. E, como, por outro lado, continuavam organizados como partidos, ficava também claro que almejavam o poder estatal como partido, de modo que seus eleitores pudessem realmente dominar o país.

A estrutura política do Estado-nação foi instituída quando nenhum grupo em particular estava mais em posição de exercer o poder político exclusivo, de modo que o governo assumia o verdadeiro domínio político, que nem sempre dependia de fatores apenas sociais e econômicos. Os movimentos revolucionários de esquerda, que lutavam por uma mudança radical das condições sociais, de início jamais visavam diretamente a essa suprema autoridade política. Haviam desafiado o poder da burguesia e a sua influência sobre o Estado, mas, ao mesmo tempo, dispunham-se sempre a aceitar a orientação do governo em assuntos estrangeiros, nos quais estavam em jogo os interesses de uma nação supostamente unificada. Em contraste com essa atitude, os grupos anti-semitas preocupavam-se, também desde o início, com assuntos estrangeiros; seu ímpeto revolucionário era dirigido contra o governo em geral e não contra uma classe social, e o que realmente almejavam era destruir o padrão político do Estado-nação por meio de uma organização partidária.

O fato de um partido pretender colocar-se acima de todos os partidos tinha outras implicações, mais significativas do que o anti-semitismo. Se a questão consistisse apenas em desfazer-se dos judeus, a proposta feita por Fritsch num dos primeiros congressos anti-semitas — de não criar um novo partido, mas disseminar o anti-semitismo até que finalmente todos os partidos existentes fossem hostis aos judeus — teria chegado ao resultado almejado muito

---

(39) Ver Wawrzinek, *op. cit.* Um instrutivo relato de todos esses acontecimentos, especialmente em relação ao capelão da corte Stoecker, em Frank, *op. cit.*

mais rapidamente.[40] Acontece que a proposta de Fritsch não encontrou eco, porque o anti-semitismo já se transformara, na época, num instrumento para a liquidação não apenas dos judeus, mas também da estrutura política do Estado-nação.

Não foi por acaso que esse alvo dos partidos anti-semitas coincidisse com os primeiros estágios do imperialismo e encontrasse tendências parecidas tanto na Grã-Bretanha, embora não contagiada pelo anti-semitismo, quanto nos movimentos anti-semitas que, sob vários enfoques nacionalistas, pretendiam unificar, sob pretexto pan-europeu, a ideologia anti-semita.[41] Na Alemanha, essas tendências não incorporaram o anti-semitismo para se reforçar popularmente, mas se originaram diretamente dele, e os partidos anti-semitas precederam (e sobreviveram) à formação de grupos puramente imperialistas, como a Liga Pangermânica, todos proclamando transcenderem a grupos partidários.

Os movimentos análogos que, porém, se afastavam da demagogia dos partidos anti-semitas com o fito de, por apresentarem mais seriedade, alcançar maiores chances de vitória foram aniquilados ou submersos pelo movimento anti-semita, o que bem indica a importância política da questão. Os anti-semitas estavam convencidos de que a sua pretensão de tomar o poder absoluto não era outra coisa senão aquilo que os judeus já haviam conseguido, e que o seu anti-semitismo era justificado pela necessidade de eliminar os reais ocupantes dos postos de mando: os judeus. Assim, era necessário ingressar na área da luta contra os judeus para conquistar o poder político. Fingiam estar lutando contra os judeus exatamente como os trabalhadores lutavam contra a burguesia, e, atacando os judeus, que apresentavam — de acordo com a idéia geral — como detentores do poder por detrás dos governos, agrediam abertamente o próprio Estado, catalisando assim todos os descontentes e frustrados.

A segunda característica altamente significativa dos novos partidos anti-semitas está na organização supranacional de todos os grupos europeus ligados à mesma corrente, em flagrante contraste aos seus *slogans* nacionalistas. A sua preocupação supranacional indicava claramente que visavam não apenas à conquista do poder político da nação, mas que também almejavam — e já o haviam planejado — um governo intereuropeu, "acima de todas as nações".[42] Esse segundo elemento revolucionário, que significava o rompimento fundamental com o *status quo*, tem sido freqüentemente esquecido, porque os próprios anti-semitas usavam, apesar da sua característica revolucionária, a linguagem dos

---

(40) Essa proposta foi feita em 1886, em Cassel, onde foi fundado a Deutsche Antisemitische Vereinigung [*Associação Anti-Semita Alemã*].

(41) Para uma ampla discussão sobre os "partidos acima de partidos" e os movimentos de unificação ver o capítulo 8.

(42) O primeiro congresso internacional antijudeu realizou-se em 1882 em Dresden, com cerca de 3 mil delegados da Alemanha, Áustria-Hungria e Rússia; durante as discussões, Stoecker foi derrotado pelos elementos radicais, que se reuniram um ano mais tarde em Chemnitz [atual Karl-Marx-Stadt, na Alemanha Oriental] e fundaram a Alliance Antijuive Universelle. Um bom relato dessas reuniões e congressos, seus programas e discussões, pode ser encontrado em Wawrzinek, *op. cit.*

partidos reacionários, em parte devido a hábitos tradicionais, em parte porque mentiam conscientemente.

Uma íntima relação liga as condições peculiares da existência judaica e a ideologia de grupos anti-semitas. Os judeus constituíam o único elemento intereuropeu numa Europa organizada em base nacional. Era lógico que seus inimigos se organizassem de acordo com o mesmo princípio e, em sua luta contra o grupo-que-supera-as-nações, criassem um partido-que-supera-os-partidos, já que pretendiam eliminar esses pretensos manipuladores do destino político de todas as nações, apoderando-se de seus segredos e de suas armas.

O sucesso do anti-semitismo supranacional dependia ainda de outras considerações. Mesmo no fim do século XIX, e especialmente desde a guerra franco-prussiana em 1870, um número crescente de pessoas considerava antiquada a organização nacional da Europa, pois ela já não podia enfrentar adequadamente os novos desafios econômicos. Popularizava-se a convicção de que interesses idênticos envolviam toda a Europa.[43] Esse sentimento fornecia forte argumento a favor da organização internacional do socialismo. Mas, enquanto as organizações socialistas internacionais permaneciam passivas e desinteressadas no setor da política externa (isto é, precisamente nas questões em que seu internacionalismo poderia ter sido posto à prova), os anti-semitas começavam pelos problemas de política externa e chegavam a prometer a solução de problemas domésticos em base supranacional. Se estudarmos as ideologias não pela aparência, mas analisando profundamente os verdadeiros programas dos respectivos partidos, verificaremos que os socialistas, muito mais interessados pelos assuntos domésticos, enquadravam-se melhor na estrutura do Estado-nação do que os anti-semitas.

Isso não significa, naturalmente, que as convicções internacionalistas dos socialistas não fossem sinceras. Ao contrário, eram mais fortes e até anteriores aos interesses supranacionais de classes, que ultrapassam as fronteiras de Estados nacionais. Mas a consciência da importância transcendental da luta de classes dentro de cada Estado levou-os a desprezar a herança que a Revolução Francesa havia legado aos partidos trabalhistas e que, se realizada, poderia tê-los guiado à teoria política articulada no sentido internacionalista. Os socialistas mantiveram implicitamente intacta a validade do conceito "nação entre nações", todas pertencendo à família da humanidade; mas não foram capazes de transformar essa idéia em fato aceito pelo mundo dos Estados soberanos. Seu internacionalismo foi reduzido à convicção pessoal, compartilhada por todos, já desinteressados pela soberania nacional e agora também levados à indiferença irrealista pela política externa. Aliás, os partidos de esquerda não ti-

---

(43) A solidariedade internacional dos movimentos operários era, até o ponto a que chegou, uma questão intereuropéia. Sua indiferença pela política externa também constituía uma espécie de autoproteção contra a participação ativa tanto nas políticas imperialistas de seus respectivos países como na luta contra elas. Uma vez que interesses econômicos estavam envolvidos, era bastante óbvio que todos os franceses, britânicos e holandeses sentiriam todo o impacto da queda de seus respectivos impérios, e não apenas os capitalistas e banqueiros.

nham, em princípio, objeções a Estados-nações, mas tão-só ao aspecto hegemônico das soberanias nacionais, a ponto de preconizarem como solução política a formação de estruturas federalistas, com a eventual integração de todas as nações em termos iguais, o que pressupunha, de certa forma, liberdade e independência nacional de todos os povos oprimidos. Por isso, os partidos socialistas podiam operar dentro dos limites do Estado-nação, pensando em emergir, quando decaíssem as estruturas sociais e políticas do Estado, como o único partido hostil a fantasias expansionistas, e que não sonhava com a destruição de outros povos.

O supranacionalismo dos anti-semitas abordava a questão da organização internacional do ponto de vista exatamente oposto. Seu objetivo era uma superestrutura estatal que destruísse as estruturas nacionais. Seu ultranacionalismo, que preparava a destruição do corpo político de sua própria nação, baseava-se no nacionalismo tribal, com um desmedido desejo de conquista, que constituiria uma das forças principais com que se poderiam aniquilar as fronteiras do Estado-nação e de sua soberania.[44] Quanto mais eficientes se tornavam os meios de propaganda chauvinista, mais fácil era persuadir a opinião pública da necessidade de uma estrutura supranacional que — partindo da hegemonia do próprio grupo nacional — reinasse de cima e sem distinções nacionais, através de um monopólio universal da força e dos instrumentos de violência.

Resta pouca dúvida de que a condição especial dos judeus — o fato de serem intereuropeus — poderia ter servido aos fins do federalismo socialista pelo menos tão bem quanto iria servir às sinistras conspirações dos supranacionalistas. Mas os socialistas se mostravam tão preocupados com a luta de classes, e tão despreocupados das conseqüências políticas dos conceitos que haviam herdado, que somente perceberam a existência dos judeus como fator político quando se defrontaram com um sério concorrente na frente doméstica: o anti-semitismo desenfreado. Nessa oportunidade, estavam não só despreparados para integrar a questão judaica às suas teorias, mas também receosos de tocar no assunto. Nesse ponto, como em outras questões internacionais, deixaram a iniciativa aos supranacionalistas, que, na época, se faziam passar como os únicos a conhecer as respostas dos problemas mundiais.

Pelo final do século, os efeitos das falcatruas dos anos 70 já haviam passado, e uma era de prosperidade e bem-estar geral, especialmente na Alemanha, pôs um fim às agitações prematuras da década de 80. Ninguém poderia ter previsto que esse fim era apenas uma pausa temporária, que todas as questões políticas não-resolvidas, juntamente com todos os ódios políticos não-apaziguados, iriam redobrar em força e violência após a Primeira Guerra Mundial. Na Alemanha, os partidos anti-semitas, após alguns sucessos iniciais, caíram novamente na insignificância; seus líderes, após uma breve agitação da opinião pública, desapareceram pela porta traseira da história, nas trevas da confusão doida e do charlatanismo cura-tudo.

(44) Ver o capítulo 8.

4. O ANTI-SEMITISMO ESQUERDISTA

Se não fossem as assustadoras conseqüências do anti-semitismo em nosso próprio tempo, poderíamos ter dado menor atenção ao seu desenvolvimento na Alemanha. Como movimento político, o anti-semitismo do século XIX pode ser melhor estudado na França, onde, por quase uma década, dominou o cenário político. Como força ideológica, concorrendo com outras ideologias mais respeitáveis, atingiu sua forma mais eloqüente na Áustria.

Em parte alguma haviam os judeus prestado tão grandes serviços ao Estado como na Áustria, onde numerosas nacionalidades conviviam conjugadas apenas pela Monarquia Dual dos Habsburgos, e onde o banqueiro nacional judeu, em contraste com o que ocorreu em todos os outros países europeus, sobreviveu à queda da monarquia. Exatamente como no início do seu desenvolvimento, no alvorecer do século XVIII, o crédito de um Samuel Oppenheimer havia sido idêntico ao crédito de que dispunha a própria casa dos Habsburgos, enquanto "no fim o crédito austríaco era o do *Creditanstalt*", estabelecimento bancário dos Rothschild.[45] Embora a monarquia do Danúbio não tivesse população homogênea, que é o pré-requisito mais importante para a evolução de um Estado-nação, não pôde evitar a transformação do despotismo esclarecido em monarquia constitucional e a criação de um serviço público moderno. Isso significou que ela teve de adotar certas instituições de um Estado-nação. O sistema de classes evoluiu ali ao longo de linhas nacionais, de modo que certas nacionalidades começaram a ser identificadas com certas classes ou, pelo menos, profissões. O austro-alemão tornou-se a nacionalidade dominante, num sentido semelhante àquele em que a burguesia se tornou a classe dominante nos Estados-nações. A aristocracia húngara, dona de terras, tinha o papel da nobreza de outros países. A máquina estatal esforçava-se para se manter a distância da sociedade, governando acima das nacionalidades, exatamente como os demais Estados-nações faziam com relação às classes — governando acima delas. O resultado, para os judeus, foi simples; a nacionalidade judaica no império dos Habsburgos não pôde fundir-se com as outras, nem se constituir em nação, como não se havia incorporado às outras classes no Estado-nação, nem se tornou classe em si mesma. Do mesmo modo como nos Estados-nações os judeus diferiam das demais classes por causa da sua relação especial com o Estado, diferiam de todas as outras nacionalidades na Áustria por causa da sua relação especial com a monarquia dos Habsburgos. E, da mesma forma como, em toda parte, toda classe que entrava em conflito aberto com o Estado virava anti-semita, assim, na Áustria, toda nacionalidade que entrava em conflito aberto com a monarquia iniciava seu combate atacando os judeus. Mas houve uma diferença marcante entre esses conflitos na Áustria e os que ocorriam na Alemanha e na França. Na Áustria, eles eram mais agudos e, ao romper a Primeira Grande Guerra, todas as nacionalidades — e isto significa: todas as ca-

(45) Ver Paul H. Emden, "The story of the Vienna Creditanstalt", em *Menorah Journal*, XXVIII, 1, 1940.

madas sociais — estavam em forte oposição ao Estado, de modo que, mais do que em qualquer outro país da Europa ocidental ou central, a população do império austro-húngaro estava impregnada de anti-semitismo ativo.

Entre esses conflitos, destaca-se a crescente hostilidade antiestatal da população germânica, acelerada após a fundação do *Reich* alemão em 1870, quando foi descoberta a utilidade dos *slogans* anti-semitas, principalmente depois da crise financeira de 1873. A situação social na Áustria era praticamente a mesma que na Alemanha, mas a propaganda dos partidos — que na Áustria multinacional operavam em bases nacionais — destinava-se a angariar os votos da classe média, pregando abertamente a deslealdade para com o Estado. O Partido Liberal Alemão, por exemplo, sob a direção de Schoenerer, foi no início um partido da baixa classe média, sem conexões ou restrições por parte da nobreza, e com uma imagem definitivamente esquerdista. Nunca obteve uma real base de massa, mas foi notavelmente bem-sucedido nas universidades nos anos 80, constituindo a primeira organização estudantil eficientemente 'estruturada' no anti-semitismo declarado. O anti-semitismo de Schoenerer, de início dirigido quase que exclusivamente contra os Rothschild, conquistou as simpatias do movimento trabalhista, que via nele um verdadeiro radical desgarrado.[46] Sua principal vantagem era poder basear sua propaganda anti-semita sobre fatos demonstráveis: como membro do Reichsrat [Parlamento] austríaco, Schoenerer havia lutado pela nacionalização das estradas de ferro da Áustria, das quais a maior parte estava, desde 1836, nas mãos dos Rothschild, em virtude de uma licença estatal que expirava em 1886. Schoenerer conseguiu reunir 40 mil assinaturas contra a renovação da licença e colocar a questão judaica no picadeiro do interesse público. As íntimas ligações entre os Rothschild e os interesses financeiros da monarquia tornaram-se óbvias, quando o governo tentou prorrogar a licença em condições que eram patentemente desvantajosas para o Estado. A agitação comandada por Schoenerer desencadeou na Áustria um movimento anti-semita politicamente articulado.[47] O problema é que esse movimento, em contraste com a agitação de Stoecker na Alemanha, foi iniciado e dirigido por um homem cuja sinceridade estava fora de dúvida, e por isso não se limitaria a usar o anti-semitismo como arma de propaganda, mas desenvolveria rapidamente aquela ideologia pangermânica que iria influenciar o nazismo mais do que outro ramo do anti-semitismo alemão.

Embora viesse a ser vitorioso a longo prazo, o movimento de Schoenerer foi temporariamente derrotado por um outro partido anti-semita, o dos social-cristãos, sob a liderança de Lueger. Enquanto Schoenerer atacava a Igreja Ca-

---

(46) Ver F. A. Neuschaefer, *Georg Ritter von Schoenerer*, e Eduard Pichl, *Georg Schoenerer*, 1938, 6 vols. Mesmo em 1912, quando a agitação de Schoenerer já havia muito perdera todo significado, a *Arbeiterzeitung* [Folha do trabalhador] expressou-lhe sentimentos carinhosos, através das palavras que uma vez Bismarck pronunciara a respeito de Lassalle: "E, se trocássemos tiros, a justiça ainda exigiria que admitíssemos mesmo durante o tiroteio: Ele é um homem; e os outros são velhas" (Neuschaefer, p. 33).

(47) Ver Neuschaefer, *op. cit.*, pp. 22ss., e Pichl, *op. cit.*, I, pp. 236ss.

tólica e a sua considerável influência na política austríaca quase tanto quanto atacava os judeus, os social-cristãos eram um partido católico que sempre procurou aliar-se àquelas forças conservadoras reacionárias que se haviam demonstrado tão prestimosas na Alemanha e na França. Como faziam maiores concessões sociais, tiveram mais sucesso do que na França ou na Alemanha. Os socialcristãos sobreviveram à queda da monarquia dos Habsburgos e tornaram-se o grupo mais influente na Áustria republicana depois da guerra de 1918. Quando, nos anos 90, Lueger foi levado pelo voto à prefeitura de Viena após veemente campanha anti-semita, seu partido já adotava atitude equívoca em relação aos judeus, tão típica no Estado-nação: hostilidade aberta aos intelectuais judeus e benevolência para com os judeus comerciantes. Assim, não foi por acaso que, após amarga e sangrenta luta pelo poder, travada contra o movimento socialista dos trabalhadores, os social-cristãos se assenhorearam da máquina estatal, quando a Áustria, reduzida à sua etnia alemã, se estabeleceu, após a derrubada dos Habsburgos em 1917, como Estado-nação. Demonstraram ser o único partido que estava preparado para esse papel. Como os Habsburgos eram uma dinastia alemã e conferiam certa predominância aos seus súditos alemães, os social-cristãos nunca atacaram a monarquia. É lógico, portanto, que seu anti-semitismo não teve conseqüências. Foi arma eleitoral antes de tudo — o que era significativo em termos de futuro —, mas as décadas do governo municipal de Lueger em Viena foram, na verdade, uma espécie de idade de ouro para os judeus. Por mais que se excedessem em sua propaganda, os social-cristãos nunca proclamaram, como o fizeram Schoenerer e os pangermanistas, que "consideravam o anti-semitismo o esteio principal de ideologia nacional, a mais essencial expressão de genuína convicção popular e, portanto, a grande realização nacional do século".[48] E, embora estivessem sob influência de círculos clericais, exatamente como o movimento anti-semita da França, eram muito mais comedidos em seus ataques contra os judeus, porque não atacavam a monarquia como os anti-semitas da França atacavam a Terceira República.

Os sucessos e fracassos dos dois partidos anti-semitas da Áustria demonstram a pouca relevância que os conflitos sociais ocupavam na problemática da época. Comparada com a mobilização duradoura de todos os oponentes do governo, a angariação dos votos da classe média inferior foi um fenômeno temporário. O anti-semitismo e a oposição à monarquia desapareceram em Viena e nas cidades por causa da prosperidade do período que antecedeu à guerra [1914] e que reconciliou a população urbana com o governo. Mas, no aparente paradoxo, a espinha dorsal do movimento de Schoenerer continuava forte naquelas províncias de língua alemã do império dos Habsburgos que não tinham qualquer população judaica, e onde a concorrência com os judeus ou o ódio pelos banqueiros judeus nunca havia existido. A sobrevivência do movimento pangermânico e do seu violento anti-semitismo nessas províncias, à época em que ele

---

(48) Citado de Pichl, *op. cit.*, vol. I, p. 26.

desaparecia nos centros urbanos, foi simplesmente devida ao fato de que essas províncias nunca foram atingidas pela prosperidade que mudou momentaneamente a atitude dos habitantes das cidades reconciliados com o Estado.

A completa falta de lealdade para com o seu próprio país e governo, que os pangermânicos austríacos substituíram pela franca lealdade ao *Reich* alemão de Bismarck, e o conseqüente conceito de nacionalidade como independente de Estado e de território, ligado mais à etnia e ascendência genética, levaram o grupo de Schoenerer à ideologia verdadeiramente imperialista — e nisso reside a chave da sua fraqueza temporária e do seu impulso final. É também a razão pela qual o partido pangermânico na Alemanha (o Alldeutschen), que nunca ultrapassou os limites do chauvinismo comum, permaneceu tão desconfiado e relutante em tomar as mãos estendidas de seus irmãos germanistas austríacos. Esse movimento austríaco aspirava a mais do que subir ao poder como um partido, a mais do que possuir a máquina do Estado. Ele desejava reorganizar revolucionariamente a Europa central, para que os alemães da Áustria, juntamente com os alemães da Alemanha, mutuamente fortalecidos, se tornassem o povo governante, do qual todos os outros povos seriam dependentes, mantidos na mesma espécie de semi-servidão em que viviam as nacionalidades eslavas da Áustria. Por causa de sua estreita afinidade com o imperialismo e da mudança fundamental que trouxe ao conceito de nacionalidade, devemos postergar a discussão sobre o movimento pangermânico austríaco. Ele não é mais, ao menos em suas conseqüências, um mero movimento preparatório no século XIX; pertence, mais do que qualquer outro ramo do anti-semitismo, ao curso dos eventos de nosso século.

Com o anti-semitismo francês ocorreu exatamente o oposto. O Caso Dreyfus trouxe à tona os elementos do anti-semitismo do século XIX em seus aspectos meramente ideológicos e políticos: foi a culminância do anti-semitismo resultante das condições especiais do Estado-nação. Contudo, sua natureza violenta prefigurou acontecimentos futuros, de modo que os principais atores do processo parecem às vezes estar realizando um grandioso ensaio geral do espetáculo, que teria de ser adiado por mais de três décadas. O Caso Dreyfus reuniu todas as correntes, abertas ou subterrâneas, sociais ou políticas, que haviam levado a questão judaica à posição de predominância no século XIX; por outro lado, sua deflagração prematura fez com que permanecesse no quadro de uma ideologia típica do século XIX que, embora sobrevivesse a todos os governos e crises políticas da França, nunca realmente se encaixou no contexto político do século XX. Quando, após a derrota da França em 1940, o anti-semitismo francês teve sua chance suprema sob o governo de Vichy, assumiu caráter definitivamente antiquado e, para os fins anunciados, bastante inócuo, o que os intelectuais nazistas da Alemanha nunca esqueceram de salientar.[49] Mas o anti-

---

(49) Ver especialmente Walfried Vernunft, "Die Hintergründe des französischen Antisemitismus" [Fundamentos do anti-semitismo francês], em *Nationalsozialistische Monatshefte* [Cadernos mensais nacional-socialistas], junho de 1939.

semitismo francês não teve qualquer influência na formação do nazismo e, como fator histórico, não chegaria a atuar na implantação da catástrofe final.

A razão principal dessas limitações foi simples: os partidos anti-semitas da França, embora violentos no cenário doméstico, não nutriam quaisquer aspirações supranacionais. Afinal de contas, pertenciam ao Estado-nação mais antigo e estatalmente mais desenvolvido da Europa. Nenhum dos anti-semitas tentou seriamente organizar um "partido acima dos partidos", ou apossar-se do Estado para os interesses partidários. Os poucos golpes de Estado que foram tentados, e que podem ser creditados à aliança entre os anti-semitas e os oficiais superiores do Exército, foram ou ridiculamente inadequados ou obviamente forjados.[50] Em 1898, dezenove membros do Parlamento foram eleitos em campanhas anti-semitas, mas esse ponto alto jamais foi alcançado depois: daí em diante o declínio foi rápido.

Por outro lado, esse foi o primeiro exemplo do sucesso do anti-semitismo como catalisador das demais questões políticas. Pode atribuir-se esse fato à falta de autoridade da Terceira República, que foi implantada com maioria parlamentar insignificante. Aos olhos das massas, o Estado havia perdido prestígio juntamente com a monarquia, e os ataques contra o Estado já deixaram, desde então, de ser um sacrilégio. As primeiras explosões de violência na França lembram muito a agitação semelhante que ocorreu nas repúblicas alemã e austríaca depois da Primeira Grande Guerra. A ditadura nazista tem sido com tanta freqüência associada à chamada "adoração do Estado" que até os historiadores perdem de vista o truísmo de que, ao contrário, os nazistas tiraram vantagem do colapso da adoração ao Estado, originada do louvor irrestrito e do culto devido a um soberano, assentado no trono pela graça de Deus, o que nunca ocorre numa república. Na França, cinqüenta anos antes de serem os países da Europa central afetados por essa perda universal de reverência, a adoração do Estado já havia sofrido muitas derrotas. Era muito mais fácil atacar os judeus e o governo juntos na França do que na Europa central, onde os judeus eram atacados como meio de agredir o governo.

Além disso, o anti-semitismo francês é mais antigo que os seus similares europeus. Para os representantes da Era do Esclarecimento, que prepararam a Revolução Francesa, era normal o desprezo aos judeus: olhavam-nos como sobreviventes da Idade Média e como agentes financeiros da aristocracia. Os únicos amigos dos judeus na França que chegavam a se pronunciar eram escritores conservadores, que denunciavam as atitudes antijudaicas como "uma das teses favoritas do século XVIII".[51] Para o escritor mais liberal ou radical já pertencia à tradição denunciar os judeus como bárbaros, que ainda viviam em estrutura patriarcal, sem reconhecerem o poder leigo do Estado.[52] Durante e

(50) Ver o capítulo 4.
(51) Ver X. de Maistre, *Les soirées de Saint-Petersburg*, 1821, II, p. 55.
(52) Charles Fourier, *Nouveau monde industriel et sociétaire*, 1829, vol. VI de suas *Oeuvres complètes*, 1845 (reeditadas em 1966), p. 421. Para as doutrinas antijudaicas de Fourier, ver também Edmund Silberner, "Charles Fourier on the Jewish Question", em *Jewish Social Studies*, outubro de 1946.

após a Revolução Francesa, o clero e os aristocratas da França uniram suas vozes ao sentimento antijudaico geral embora por motivos materiais: acusaram o governo revolucionário de ter vendido propriedades da Igreja para pagar "aos judeus e comerciantes, que são credores do governo"[53] — no que identificavam os judeus e o Estado, como se essa situação ainda perdurasse. Estes velhos argumentos que, de uma forma ou de outra, se mantiveram acesos na França durante a incessante luta entre a Igreja e o Estado alimentaram a violência e o acirramento de ódios provocados, no fim do século XIX, por outras forças, mais modernas.

Foi principalmente por causa do apoio dado pela Igreja ao anti-semitismo que o movimento socialista francês decidiu finalmente tomar posição contra a propaganda anti-semita quando do Caso Dreyfus. Até então, os movimentos esquerdistas da França não escondiam a sua antipatia aos judeus. Seguiam simplesmente a tradição do Esclarecimento do século XVIII, que foi a fonte do liberalismo e radicalismo franceses, e consideravam as atitudes antijudaicas como parte integrante do anticlericalismo. Esses sentimentos da esquerda foram fortalecidos, primeiro, pelo fato de os judeus da Alsácia continuarem a viver de empréstimos de dinheiro aos camponeses, procedimento que já em 1808 havia provocado um decreto específico de Napoleão, para encontrar depois novo alento na política financeira da casa dos Rothschild, que teve papel relevante no financiamento dos Bourbon, manteve estreitas relações com o rei Luís Filipe e floresceu como nunca sob Napoleão III.

Por trás desses estímulos óbvios, embora bastante superficiais, existia causa mais profunda, crucial a toda a estrutura do radicalismo especificamente francês, e que quase conseguiu levar contra os judeus todo o movimento esquerdista francês. Os banqueiros eram muito mais fortes na economia da França do que em outros países capitalistas, e o desenvolvimento industrial francês, após uma breve ascensão durante o governo de Napoleão III, atrasou-se de tal modo com relação às outras nações que as tendências socialistas pré-capitalistas continuaram a exercer considerável influência. A classe média inferior na Áustria e na Alemanha tornou-se anti-semita somente durante os anos 70 e 80, quando já estava tão desesperada que podia ser levada por qualquer político mais hábil. Na França, essa classe revelou-se anti-semita cerca de cinqüenta anos antes, quando, com o auxílio dos trabalhadores, levou a Revolução de 1848 à vitória. Nos anos 40 do século XIX, ao publicar *Les Juifs, rois de l'époque* — livro mais importante entre numerosos panfletos lançados então contra os Rothschild —, Toussenel foi entusiasticamente recebido por toda a imprensa esquerdista, que então representava a pequena burguesia revolucionária. Os sentimentos dessa classe, expressos por Toussenel, embora menos eloqüentes e menos sofisticados, não eram muito diferentes daqueles do jovem Marx, e o ataque de Toussenel

---

(53) Ver o jornal *Le Patriote Français*, n.º 457, de 8 de novembro de 1790, citado por Clemens August Hoberg, "Die geistigen Grundlagen des Antisemitismus im modernen Frankreich" [Causas espirituais do anti-semitismo na França moderna], em *Forschungen zur Judenfrage*, 1940, vol. IV.

contra os Rothschild foi apenas uma variante menos dotada, mas mais elaborada, das *Cartas de Paris,* que Boerne havia escrito quinze anos antes.[54] Também esses dois judeus — Marx e Boerne — viam no banqueiro judeu a figura central do sistema capitalista, erro que influenciou a burocracia municipal e a dos níveis inferiores do governo da França até os nossos dias.[55]

Contudo, essa explosão de sentimento popular antijudaico, alimentado pelo conflito econômico entre os banqueiros judeus e a sua desesperada clientela, não durou mais, como fator importante em política, do que outras explosões semelhantes causadas por motivos puramente econômicos ou sociais. Os vinte anos do governo de Napoleão III constituíram para a comunidade judaica da França uma era de prosperidade e segurança, semelhante às duas décadas que na Alemanha e na Áustria antecederam a Primeira Grande Guerra.

A única modalidade de anti-semitismo francês que realmente vingou, e que sobreviveu ao anti-semitismo social e às atitudes desdenhosas dos intelectuais anticlericais, estava ligada a uma xenofobia geral. Especialmente após a Primeira Grande Guerra, os judeus estrangeiros tornaram-se estereótipo de todos os estrangeiros. Em todos os países da Europa central e ocidental esboçou-se uma diferenciação entre os judeus nativos e aqueles que "invadiram" o país, provenientes do Leste. Os judeus poloneses e russos eram tratados na Alemanha e na Áustria exatamente da mesma forma como os judeus romenos e alemães eram tratados na França. Os judeus da Posnânia eram tratados na Alemanha com o mesmo desdém esnobe que na França era reservado aos judeus na Alsácia. Mas somente na França essa diferenciação "antioriental" assumiu certa importância no cenário nacional. E isso se deve provavelmente ao fato de que a casa dos Rothschild, que, mais do que em qualquer outro lugar, era o alvo dos ataques antijudaicos, havia emigrado para a França da Alemanha; assim, até a deflagração da Segunda Grande Guerra, os franceses "naturalmente" suspeitavam que os judeus simpatizassem com o inimigo nacional alemão.

---

(54) O ensaio de Marx sobre a questão judaica é suficientemente bem conhecido; assim não precisa ser citado. Como as afirmações de Boerne, em virtude de seu caráter meramente polêmico e não-teórico, vão hoje sendo esquecidas, citamos parte de sua 72ª carta de Paris (janeiro de 1832): "Rothschild beijou a mão do papa. (...) Finalmente chegou a ordem que Deus havia planejado quando criou o mundo. Um cristão pobre beija os pés do papa, e um judeu rico lhe beija a mão. Se Rothschild houvesse obtido seu empréstimo romano a 60%, em vez de a 65%, e pudesse ter mandado ao tesoureiro-mor mais de 10 mil ducados, ter-lhe-iam permitido abraçar o Santo Padre. (...) Não seria a maior ventura para o mundo se todos os reis fossem depostos e a família Rothschild colocada no trono?" (Em *Briefe aus Paris, 1830-1833* [Cartas de Paris].)

(55) Essa atitude é bem descrita no prefácio, da autoria do conselheiro municipal Paul Brousse, à famosa obra de Cesare Lombroso sobre o anti-semitismo (1899). A parte característica do argumento está contida no seguinte: "O pequeno comerciante precisa de crédito, e sabemos como o crédito é caro e mal organizado hoje em dia. O pequeno comerciante responsabiliza o banqueiro judeu também por isso. Em escala abaixo, todos, até o trabalhador (...) pensam que estão incrementando a revolução se a expropriação geral dos capitalistas for precedida pela expropriação dos capitalistas judeus, que são os mais típicos e cujos nomes são mais conhecidos das massas".

O anti-semitismo nacionalista, inofensivo quando comparado com os movimentos modernos, nunca foi monopólio de reacionários e chauvinistas na França. Nessa questão, o escritor Jean Giraudoux, ministro da propaganda no gabinete de guerra de Daladier, concordava plenamente com Pétain e com o governo de Vichy.[56] Mas este, por mais que se esforçasse em agradar aos alemães, não conseguia ultrapassar as limitações dessa obsoleta antipatia pelos judeus. Essa deficiência era digna de nota porquanto foram os franceses que haviam produzido um anti-semita eminente e talentoso, que percebia todo o alcance e as possibilidades das novas armas de moldar a opinião das massas. É característico das condições da França, onde o anti-semitismo nunca caiu no descrédito social e intelectual, como ocorreu em outros países europeus, que esse homem fosse um ilustre romancista.

Louis Ferdinand Céline elaborou uma tese simples, engenhosa e imaginária que deu ao racional anti-semitismo francês um pouco da imaginação ideológica que lhe faltava. Afirmava que os judeus haviam frustrado a evolução da Europa como entidade política, causando todas as guerras européias desde o ano de 843, e planejando a ruína da França e da Alemanha, ao incitar uma contra a outra. Céline propôs essa fantástica explicação da história em seu livro *École des cadavres*, escrito na época do pacto de Munique [1938] e publicado durante os primeiros meses da guerra [1939]. Um panfleto anterior sobre o assunto, *Bagatelle pour un massacre* [1938], embora não incluísse nova interpretação da história européia, já abordava a questão de modo surpreendentemente moderno: evitava as diferenciações entre judeus nativos e estrangeiros, entre judeus bons e maus, e, não se preocupando com laboriosas propostas legislativas — característica particular do anti-semitismo francês —, ia direto ao assunto e pedia o massacre de todos os judeus.

O primeiro livro de Céline teve recepção muito favorável entre os intelectuais mais importantes da França, que se sentiam em parte satisfeitos com o ataque contra os judeus e em parte convencidos de que se tratava de interessante visão literária.[57] Exatamente por essas razões, os fascistas franceses não levaram Céline a sério, a despeito do fato de que os nazistas sempre souberam

---

(56) Quanto à surpreendente continuidade dos argumentos anti-semitas franceses, compare-se, por exemplo, a descrição, por Charles Fourier, do judeu "Iscariotes", que chega à França com 100 mil libras, estabelece-se numa cidade com seis competidores em seu ramo, esmaga todas as firmas concorrentes, junta uma grande fortuna, e volta para a Alemanha (*Théorie des quatre mouvements*, 1808, em: *Oeuvres complètes*, v. I, p. 233), com a imagem de Giraudoux de 1939: "Através de uma infiltração cujo segredo tentei em vão descobrir, centenas de milhares de *ashquenasim*, que fugiram dos guetos poloneses e romenos, entraram em nosso país (...) eliminando nossos concidadãos e, ao mesmo tempo, arruinando seus costumes e tradições profissionais. (...) Acostumados há séculos a trabalhar em piores condições em todos os setores do pequeno artesanato, (...) desafiam todas as investigações do censo, do fisco e do trabalho". (Em *Pleins pouvoirs*, 1939.)

(57) Ver especialmente a apreciação crítica, na *Nouvelle Revue Française*, de Marcel Arland (fevereiro de 1938), que afirma que a posição de Céline é essencialmente *solide*. André Gide (abril de 1938) acha que Céline, ao descrever apenas a *spécialité* judaica, conseguiu pintar não a realidade, mas a própria alucinação que a realidade provoca.

que ele era o único verdadeiro anti-semita da França. O bom senso inerente dos políticos franceses e sua arraigada responsabilidade proibiam-nos de aceitarem um doido — e só um doido poderia apresentar o massacre como solução de um problema. Como resultado, mesmo os alemães, ao se esforçarem — em vão — para persuadir o povo francês de que o extermínio dos judeus seria uma cura para todos os males sob o sol, tiveram de contar com colaboradores inadequados como Doriot, um seguidor de Mussolini, e Pétain, um velho chauvinista francês sem qualquer compreensão dos problemas modernos. O modo pelo qual essa situação evoluiu ao longo dos anos de boa vontade oficial e mesmo extra-oficial em cooperar com a Alemanha nazista indica claramente o quanto o anti-semitismo do século XIX era ineficaz para os novos fins políticos do século XX, mesmo num país onde se havia desenvolvido ao máximo e sobrevivido a todas as outras mudanças de opinião pública. Em nada adiantou que jornalistas capazes do século XIX, como Edouard Drumont, e mesmo grandes escritores contemporâneos, como Georges Bernanos, contribuíssem para essa causa: ela parecia ser melhor servida por loucos e charlatães.

Um dos elementos decisivos dessa situação foi este: por várias razões, a França nunca chegou a ter um partido pan-europeu. Como muitos políticos franceses mostraram,[58] somente uma aliança franco-alemã teria permitido à França competir com a Inglaterra na divisão do mundo e alcançar maior sucesso na disputa pela África. Contudo, de uma forma ou de outra, a França nunca se deixou levar por essa competição, a despeito de todo o seu ruidoso ressentimento e de sua hostilidade para com a Grã-Bretanha. A França era, e continuou sendo — embora declinando em importância —, *la nation par excellence* da Europa. Além disso, como seu anti-semitismo se nutria principalmente do conflito franco-alemão, puramente nacional, a questão judaica deixava, quase automaticamente, de ter qualquer papel importante na política supranacional ou imperialista, apesar das condições da Argélia, onde a população mista de judeus e árabes nativos teria oferecido para tanto excelente oportunidade.[59] A simples e brutal destruição do Estado-nação francês pela agressão alemã e a pseudo-aliança franco-alemã baseada em ocupação nazista podem ter demonstrado quão pouca força própria *la nation par excellence* havia trazido do seu glorioso passado para os nossos dias; mas isto em nada alterou os elementos essenciais da sua estrutura política.

(58) Como, por exemplo, René Pinon, em *France et Allemagne 1870-1913*, 1913.
(59) Alguns aspectos da questão judaica na Argélia são tratados no artigo da autora, "Why the Crémieux Decree was abrogated", em *Contemporary Jewish Record*, abril de 1943. [Por decreto do ministro da Justiça da França no governo republicano de 1870, Adolphe Crémieux — de origem judaica —, os judeus da Argélia tornaram-se cidadãos da França, o que não aconteceu com a população árabe. Este decreto foi revogado sob o regime de Vichy, quando os judeus argelinos foram perseguidos tanto pelos árabes locais quanto pelas autoridades francesas e nazistas. Temendo a independência da Argélia, a maioria desses judeus, valendo-se da sua cidadania francesa, que lhes foi devolvida após a liberação da França em 1945, emigrou para a França, N. E.]

5. A IDADE DE OURO DA SEGURANÇA

Somente duas décadas separam o declínio temporário dos movimentos anti-semitas da deflagração da Primeira Grande Guerra. Esse período tem sido adequadamente descrito como a "Idade de Ouro da Segurança".[60] Apenas poucos sentiram a sua fraqueza, própria da estrutura política obsoleta que, a despeito de todas as profecias de colapso iminente, continuava a funcionar em glória espúria e com inexplicável e monótona teimosia. Lado a lado, conseguiam sobreviver, em aparente estabilidade, um despotismo anacrônico na Rússia, uma burocracia corrupta na Áustria, um estúpido militarismo na Alemanha e uma república hesitante, em contínua crise, na França — todos eles à sombra do poder mundial do Império Britânico. Nenhum desses governos era muito popular, e todos tinham de enfrentar crescente oposição doméstica; mas em parte alguma parecia existir genuíno desejo político no sentido de mudança radical das condições políticas. A Europa estava demasiado ocupada em expandir-se economicamente para que qualquer nação ou camada social levasse a sério as questões políticas. Tudo podia continuar, porque ninguém se importava. Ou, nas palavras penetrantes de Chesterton, "a existência de tudo está se prolongando ao negar que ainda existe".[61]

O rápido crescimento da capacidade industrial e econômica produziu constante enfraquecimento dos fatores puramente políticos, enquanto as forças econômicas tornavam-se dominantes na luta internacional pelo poder. Pensava-se que o poder fosse sinônimo de capacidade econômica, até que se descobriu que as capacidades econômica e industrial são apenas seus pré-requisitos modernos. Até certo ponto, o poder econômico podia levar os governos à submissão, porque estes tinham tanta fé na economia quanto os simples homens de negócio, que haviam conseguido convencê-los de que os meios de violência do Estado deviam ser usados exclusivamente para a proteção dos interesses comerciais e da propriedade nacional. Durante certo tempo, uns trezentos homens, todos conhecidos uns dos outros, tinham nas mãos os destinos do mundo, como observou Walter Rathenau. Esse esquisito estado de coisas durou exatamente até 1914, quando, pelo próprio fato da guerra, desmoronou a confiança das massas no caráter providencial da expansão econômica.

Os judeus iludiram-se mais com as aparências da idade de ouro da segurança do que qualquer outra facção de povos europeus. O anti-semitismo parecia pertencer ao passado; quanto mais os governos perdiam em poder e prestígio, menos atenção davam aos judeus. À medida que se reduzia a importância do Estado, a representação política tendia a tornar-se uma espécie de palco

---

(60) A expressão é de Stefan Zweig, em sua autobiografia intitulada (*Die Welt von Gestern* [O mundo de ontem].

(61) Maravilhosa imagem do estado de coisas na Grã-Bretanha é descrita por G. K. Chesterton em *The return of Don Quixote*, publicado em 1927, embora "planejado e parcialmente escrito antes da guerra".

teatral de qualidade variada, até que na Áustria o próprio teatro tornou-se foco da vida nacional, uma instituição certamente mais significativa do que o Parlamento. A aparência teatral do mundo político havia se tornado tão patente que o teatro suplantava esse mundo em vários aspectos da realidade.

    A crescente influência dos grandes negociantes sobre o Estado e a necessidade decrescente do Estado em relação aos serviços prestados pelos judeus ameaçavam extinguir o banqueiro judeu e forçavam os judeus a mudanças ocupacionais. O primeiro sinal do declínio dos bancos judeus foi a perda de prestígio e poder dentro das comunidades judaicas. Já não eram bastante fortes para centralizar e, até certo ponto, monopolizar a riqueza geral judia. Os judeus abandonavam cada vez mais as finanças estatais em favor de negócios independentes. Das entregas de alimentos e roupas para os exércitos e governos nasceu o comércio judaico de alimentos e cereais e as indústrias de roupas, em que eles logo se destacariam em todos os países: lojas de penhor e armazéns gerais em pequenas cidades do interior onde se podia encontrar de tudo, foram os predecessores das grandes lojas de departamentos nas cidades. Isso não significa que a relação entre os judeus e os governos cessou de existir, mas envolvia menos indivíduos, de forma que, no fim desse período, refez-se o quadro do início: alguns indivíduos judeus mantêm posições financeiras importantes, sendo pequena ou nenhuma a sua conexão com as camadas mais largas da classe média judaica.

    Mais importante que a expansão dos judeus comerciantes independentes foi outra mudança na estrutura ocupacional. As comunidades judaicas da Europa central e ocidental haviam atingido um ponto de saturação em matéria de riqueza e sucesso econômico. Esse poderia ter sido o momento para os judeus demonstrarem o desejo do dinheiro pelo amor ao dinheiro ou ao poder. No primeiro caso, poderiam ter expandido os seus negócios para legá-los aos seus descendentes; no segundo, poderiam ter-se firmado mais nos negócios estatais para reforçar a sua influência sobre o governo. Não fizeram nem uma coisa nem outra. Pelo contrário, os filhos dos negociantes prósperos, e, em menor escala, dos banqueiros, abandonavam as carreiras dos seus pais em troca de profissões liberais ou atividades puramente intelectuais, luxo ao qual não poderiam ter aspirado algumas gerações antes. O que o Estado-nação tanto temera no passado — o surgimento de uma *intelligentsia* judia — passou a ocorrer agora num ritmo rápido. A afluência dos judeus filhos de pais ricos para as ocupações culturais foi especialmente marcante na Alemanha e na Áustria, e as instituições culturais, na área jornalística, editorial, musical e teatral, se tornaram em grande proporção empreendimentos judeus.

    Assim, a tradicional preferência e respeito dos judeus pelas ocupações intelectuais resultou num verdadeiro rompimento com as tradições judaicas e na assimilação intelectual e nacional de importantes camadas judaicas da Europa central e ocidental. Politicamente, esse fenômeno indicava que os judeus se emancipavam da proteção do Estado, adquiriam consciência dos laços que os uniam aos seus concidadãos, enquanto afrouxava consideravelmente a união intereuropéia entre os judeus. Socialmente, os intelectuais judeus foram os primeiros que, como grupo, necessitavam e almejavam obter acesso à sociedade não-judaica. A discriminação social, que significava tão pouco para os seus pais, indiferentes às relações com os gentios, tornou-se problema de vital importância para eles.

Em busca de uma estrada que os levasse à sociedade, esse grupo foi forçado a adotar padrões de conduta social estabelecidos por indivíduos judeus que haviam sido aceitos na sociedade durante o século XIX, como exceções à regra da discriminação. Descobriram rapidamente a força que abria todas as portas — o "poder irradiante da Fama" (Stefan Zweig) — tornada irresistível pelos séculos da idolatria do gênio. Essa busca da fama pelos judeus distinguia-se da idolatria geral da fama pelo fato de que os judeus não se interessavam pela fama para si mesmos. Viver na aura da fama era para eles mais importante do que tornar-se famosos; e assim eles se tornaram eminentes críticos, comentaristas, colecionadores e organizadores de tudo que era famoso. O "poder irradiante" era uma força social muito real, através da qual podiam estabelecer um lar os que socialmente eram destituídos de lar. Em outras palavras, os intelectuais judeus tentaram, e até certo ponto conseguiram, tornar-se laços vivos que uniam indivíduos famosos numa sociedade de renomados — por definição, uma sociedade internacional, pois as conquistas espirituais transcendem as fronteiras nacionais. A debilitação geral dos fatores políticos, que décadas antes haviam provocado uma situação em que a realidade e a aparência, a realidade política e a encenação teatral podiam facilmente parodiar-se uma à outra, permitia-lhes agora tornarem-se representantes de uma nebulosa sociedade internacional na qual os preconceitos nacionais não mais pareciam válidos. E, por paradoxal que fosse, essa sociedade internacional parecia ser a única que reconhecia a nacionalização e a assimilação de seus membros judeus; era muito mais fácil para um judeu austríaco ser aceito como austríaco na França do que na Áustria. A espúria cidadania mundial dessa geração, essa nacionalidade fictícia que sublinhavam sempre quando se mencionava sua origem judaica, já fazia lembrar aqueles passaportes que, mais tarde, davam ao portador o direito de passear em qualquer país, menos naquele que os emitia.

Por sua própria natureza, essas circunstâncias não podiam levar os judeus à proeminência, justamente quando suas atividades, sua satisfação e felicidade no mundo das aparências demonstravam que, como grupo, não desejavam realmente nem dinheiro nem poder. Enquanto os estadistas e jornalistas sérios preocupavam-se com a questão judaica menos do que em qualquer época desde a emancipação, e enquanto o anti-semitismo quase que desaparecera da cena política, os judeus tornaram-se símbolo grupal da Sociedade e objeto de ódio de todos aqueles a quem a sociedade não aceitava. O anti-semitismo, tendo perdido seu suporte com o desaparecimento das condições especiais que haviam influenciado seu desenvolvimento durante o século XIX, podia ser livremente elaborado por charlatães e loucos naquela estranha mistura de meias verdades e fantásticas superstições que emergiu na Europa depois de 1914, tornando-se a ideologia de todos os elementos frustrados e ressentidos.

Como a questão judaica, em seu aspecto social, tornou-se catalisadora de intranqüilidade social, até que, finalmente, a sociedade desintegrada recristalizou-se ideologicamente em torno de um possível massacre de judeus, é necessário esboçar alguns dos principais traços da história social da comunidade dos judeus emancipados na sociedade burguesa do século passado.

3
OS JUDEUS E A SOCIEDADE

A ignorância política dos judeus, que os ajudava tão bem no cumprimento de seu papel na esfera de negócios do Estado e na manutenção de seus preconceitos contra o povo e em favor da autoridade, cegava-os diante dos perigos políticos do anti-semitismo, embora aguçasse-lhes a sensibilidade diante de toda forma de discriminação social. Era-lhes difícil discernir entre o argumento político e a mera antipatia quando os dois se apresentavam concomitantemente. Mas, no caso dos judeus, ambos se originaram de aspectos opostos do mesmo fenômeno, que era a emancipação: o anti-semitismo político surgiu porque os judeus apesar dela constituíam um corpo à parte, enquanto a discriminação social resultou da crescente igualdade dos judeus em relação aos demais grupos.

A igualdade de condições, embora constitua o requisito básico da justiça, é uma das mais incertas especulações da humanidade moderna. Quanto mais tendem as condições para a igualdade, mais difícil se torna explicar as diferenças que realmente existem entre as pessoas; assim, fugindo da aceitação racional dessa tendência, os indivíduos que se julgam de fato iguais entre si formam grupos que se tornam mais fechados com relação a outros e, com isto, diferentes. Essa desconcertante conseqüência foi percebida quando a igualdade deixou de ser aceita em termos de dogmatização ou de inevitabilidade. Sempre que a igualdade se torna um fato social, sem nenhum padrão de sua mensuração ou análise explicativa, há pouquíssima chance de que se torne princípio regulador de organização política, na qual pessoas têm direitos iguais, mesmo que difiram entre si em outros aspectos; há muitas chances, porém de ela ser aceita como qualidade inata de todo indivíduo, que é "normal" se for como todos os outros, e "anormal" se for diferente. Essa alteração do sentido da igualdade, que do conceito político passou ao conceito social, é ainda mais perigosa quando uma sociedade deixa pouca margem de atuação para grupos e indivíduos especiais, pois então suas diferenças com relação à maioria se tornam ainda mais conspícuas.

O grande desafio do período moderno — e seu perigo peculiar — está nisso: pela primeira vez o homem se confrontou com seu semelhante sem a proteção das condições pessoais que ostentava como diferenciadoras. Foi esse novo conceito de igualdade que tornou difíceis as relações raciais, pois nesse campo lidamos com diferenças naturais, que nenhuma mudança política pode modificar. É pelo fato de a igualdade exigir que eu reconheça que todo e qualquer indivíduo é igual a mim que os conflitos entre grupos diferentes, que por motivos próprios relutam em reconhecer no outro essa igualdade básica, assumem formas tão terrivelmente cruéis.

Portanto, quanto mais a condição do judeu se aproximava da igualdade, mais surpreendentes se revelavam as ambivalências: de um lado, o ressentimento social contra os judeus; de outro — e ao mesmo tempo — uma atração peculiar por eles. A combinação dessas reações determinou a história social da comunidade judaica da Europa ocidental. Contudo, tanto discriminação como atração eram politicamente estéreis. Nem produziam um movimento político contra os judeus, nem serviam para protegê-los contra seus inimigos. Conseguiram, porém, envenenar a atmosfera social, perverter as relações sociais entre judeus e gentios, e influenciar a conduta dos judeus. A formação do estereótipo do judeu foi devida a ambos esses fatos: à especial discriminação e ao especial favorecimento.

A antipatia social pelos judeus, que assumia diversas formas de discriminação, não causou grande mal político nos países europeus, pois neles nunca foram alcançadas igualdade social e econômica genuínas. As novas classes se desenvolviam como grupos, aos quais uma pessoa pertencia pela ascendência. Não há dúvida de que somente em tal estrutura a sociedade poderia tolerar que os judeus se estabelecessem como um grupo especial.

A situação teria sido inteiramente diferente se, como nos Estados Unidos, a igualdade de condição houvesse sido aceita naturalmente; se cada membro da sociedade, vindo de qualquer camada, tivesse a firme convicção de que, por capacidade ou sorte, podia tornar-se herói de uma história de conquistas. Em tal sociedade, a discriminação torna-se o único meio de distinção, uma espécie de lei universal segundo a qual certos grupos podem ser privados da igualdade cívica, política e econômica. Não relacionada apenas à questão judaica, a discriminação torna-se o ponto de cristalização de um movimento político, que deseja resolver através da violência e da lei do populacho todos os conflitos e dificuldades naturais de um país multinacional. Um dos mais promissores e perigosos paradoxos dos Estados Unidos está na ousadia da prática de igualdade em meio à população mais desigual do mundo, física e historicamente. Nos Estados Unidos, o anti-semitismo social pode vir a ser, um dia, o núcleo muito perigoso de um movimento político.[1] Na Europa, contudo, influiu pouco na ascensão do anti-semitismo político.

(1) Embora até agora não os judeus, mas os negros — historicamente o mais discriminado dos povos da América — tenham sofrido a carga do preconceito neste hemisfério, isso poderia mudar, se essa discriminação meramente social se transformasse num movimento político. Nesse caso, os judeus poderiam subitamente tornar-se objeto principal do ódio, pela simples razão de que eles próprios, ao contrário de todos os outros grupos, deram expressão, em sua história e religião, ao princípio separatista, o que não ocorre com os negros ou chineses, os quais, portanto, correm menor

1. ENTRE O PÁRIA E O NOVO-RICO

O precário equilíbrio entre a sociedade e o Estado, sobre o qual repousava social e politicamente o Estado-nação, resultou de uma lei peculiar que regulava a admissão dos judeus na sociedade. Durante os 150 anos* em que os judeus realmente viveram entre os povos da Europa ocidental e não apenas à margem deles, tiveram de pagar a glória social com o sofrimento político e o sucesso político com o insulto social. A assimilação, isto é, a aceitação da diluição dos judeus por parte da sociedade não-judaica, era concedida só excepcionalmente aos indivíduos claramente distintos das massas judaicas, que, ainda assim, compartilhavam as mesmas condições políticas restritivas e humilhantes. A sociedade, confrontada com a igualdade política, econômica e legal dos judeus, deixou claro que nenhuma das suas classes estava preparada para acolhê-los dentro de preceitos de igualdade social, e que somente seriam aceitas exceções individuais. Os judeus lisonjeados como exceções, os judeus "excepcionais", sabiam muito bem que só a ambigüidade — isto é, o fato de serem judeus, mas presumivelmente não iguais aos judeus — abria-lhes as portas da sociedade. Ao se satisfazerem com esse tipo de relação, procuravam ao mesmo tempo "ser e não ser judeus". [2]

O aparente paradoxo tinha base sólida nos fatos. A sociedade não-judaica exigia que o judeu recém-admitido por ela fosse tão "educado" quanto os seus próprios componentes tradicionais e que, embora não se comportasse como um "judeu comum", fosse e produzisse algo fora do comum, uma vez que, afinal de contas, era judeu. Exigia-se dos judeus a assimilação, isto é, o seu ajustamento à sociedade como condição preliminar da emancipação judaica, vendo nela a conseqüência automática da aceitação dos judeus pela sociedade. Em outras palavras: as condições dos judeus, elaboradas por seus defensores, judeus ou não, eram analisadas apenas sob o aspecto social. E um dos fatos mais infelizes da história do povo judeu tem sido exatamente este: somente seus inimigos, e quase nunca seus amigos, compreenderam que a questão judaica era antes de tudo uma questão política.

Os defensores da emancipação apresentavam o problema sob o enfoque "educacional", conceito que, aliás, aplicava-se tanto a judeus quanto a não-judeus na sociedade burguesa do século XIX,[3] quando se aceitava como natural

---

risco politicamente, embora possam diferir da maioria populacional fisicamente de modo mais acentuado que os judeus.

(*) Tempo decorrido entre a Revolução Francesa e a Segunda Guerra Mundial (N. E.)

(2) Essa observação surpreendentemente perspicaz foi feita pelo teólogo liberal protestante H. E. G. Paulus num precioso folheto, *Die jüdische Nationalabsonderung* etc., 1831, já citado (nota 25 do capítulo 2). Paulus, muito atacado pelos escritores judeus do seu tempo, advogava a emancipação individual gradual à base da assimilação.

(3) Essa atitude é expressa por Wilhelm von Humboldt, 1809: "O Estado não devia exatamente ensinar o respeito pelos judeus, mas devia abolir um modo de pensar desumano e cheio de preconceito". (Em Ismar Freud, *Die Emanzipation der Juden in Preussen* [A emancipação dos judeus na Prússia], Berlim, 1912, II, p. 270).

que a elite de qualquer grupo consistiria sempre em pessoas "educadas", reciprocamente tolerantes e cultas. Em conseqüência, a elite não-judaica — tolerante, educada e culta — preocupava-se socialmente só pelos judeus igualmente educados e cultos. Os demais judeus — a maioria — estavam fora do interesse "humanístico" da elite não-judaica, isto é, fora da alçada da emancipação. Pouco a pouco, a exigência da abolição do preconceito entre os "educados, tolerantes e cultos" transformar-se-ia numa questão unilateral, até que, por fim, só se exigiria educação e cultura por parte dos judeus, como elemento fundamental para serem aceitos pela sociedade não-judaica.

Isso, contudo, é apenas um aspecto do assunto. Exortavam-se os judeus a se tornarem suficientemente educados para não se portarem como judeus comuns, mas, por outro lado, consentia-se em aceitá-los enquanto e na qualidade de judeus, isto é, devido à atração "exótica" que deles emanava. No século XVIII isso se originou do novo humanismo, que — segundo Herder — procurava expressamente por "novos espécimes de humanidade", com os quais se poderia estabelecer o relacionamento a servir como exemplo para a convivência entre todos os tipos humanos. Os judeus constituiriam então uma prova cabal de que todos os homens eram humanos. E, pelo fato de serem os judeus desprezados e oprimidos como grupo, seus líderes (elite) formavam o modelo ainda mais puro e exemplar da humanidade. Foi Herder, amigo declarado dos judeus, quem primeiro usou a frase que, mais tarde, chegou a ser mal usada e mal citada: "estranho povo da Ásia impelido para os nossos climas".[4] Com estas palavras, ele e seus colegas humanistas aclamavam os "novos espécimes da humanidade", em busca dos quais o século XVIII havia "procurado por toda a terra",[5] e que acabaram se revelando como sendo seus vizinhos seculares: os judeus — "novos espécimes", pois que ignorados até então como elementos de convivência. Para salientar a unidade básica de todos os homens — mesmo dos "espécimes" estranhos —, tentavam mostrar que as origens do povo judeu eram mais exóticas do que realmente eram; demonstravam, assim, que a humanidade, reforçada por essa longínqua origem comum, era realmente universal.

Durante algumas décadas no fim do século XVIII, quando a comunidade judaica francesa já gozava da emancipação e a alemã não tinha quase nenhuma esperança ou desejo dela, "os judeus do mundo inteiro voltaram seus olhos para a comunidade de Berlim"[6] (e não de Paris!). Isto se deveu, em grande parte, ao sucesso de *Nathan, o sábio*, de Lessing, embora a sua afirmação de que os "novos espécimes da humanidade", pelo fato de se haverem tornado por fim exemplos da humanidade, "deveriam também se tornar indivíduos mais inten-

---

(4) J. G. Herder, "Ueber die politische Bekehrung der Juden" [Sobre a direção política dos judeus]; em *Adrastea und das 18. Jahrhundert*, 1801-3.

(5) Herder, *Briefe zur Beförderung der Humanität* [Cartas sobre a melhoria da humanidade] (1793-7), 40ª carta.

(6) Felix Priebatsch, "Die Judenpolitik des fürstlichen Absolutismus im 17. und 18. Jahrhundert", em *Forschungen und Versuche zur Geschichte des Mittelalters und der Neuzeit*, 1915, (citado na nota 3 ao capítulo 2), p. 646.

samente humanos"[7] fosse bastante mal interpretada. Mirabeau foi fortemente influenciado por essa idéia, e costumava citar Mendelssohn como exemplo.[8] Herder esperava até que os judeus "educados" demonstrassem isenção de preconceitos superior aos não-judeus, porque "o judeu é isento de certos julgamentos políticos, que nós achamos muito difícil senão impossível abandonar". Protestando contra "concessões de novos privilégios mercantis", via na educação o caminho que levaria os judeus a se emanciparem do judaísmo, dos "velhos e orgulhosos preconceitos nacionais (...) dos costumes que não se enquadram em nossa era e em nossas constituições", de modo que os judeus pudessem tornar-se "puramente humanizados" e úteis ao "desenvolvimento das ciências e de toda a cultura da humanidade".[9] Por volta da mesma época, Goethe, ao comentar um livro de poemas, escrevia desapontado que o seu autor, embora judeu, não "realizasse mais do que um *étudiant en belles lettres* cristão", e queixava-se de que, onde havia esperado algo genuinamente novo, alguma força além da convenção superficial, encontrara apenas a mediocridade comum.[10]

É fácil imaginar o desastroso efeito dessa exagerada (embora na realidade preconceituosa) boa vontade com relação aos judeus educados e recém-ocidentalizados, bem como o impacto que essa atitude idealizadora teve sobre a posição social e psicológica dos judeus transformados em exemplo de certos anseios ideológicos. De um lado, eles enfrentavam a exigência, indiscutivelmente desmoralizante, de se tornarem exceções com relação ao seu próprio povo, sendo que até um Schleiermacher preconizava que a "separação entre eles, os educados, e os outros, judeus-judeus (...) fosse legalizada" pelos governos;[11] por outro lado, esperava-se que esses judeus se tornassem espécimes excepcionais da humanidade, o que tornava obviamente periclitante a posição dos outros judeus, menos "ocidentalmente educados". Foi essa expectativa, e não a conversão de um Heine, que constituía o verdadeiro "bilhete de entrada" do judeu para a sociedade culta da Europa. Que mais, então, podiam fazer esses judeus, senão tentar desesperadamente não desapontar ninguém?[12]

---

(7) O próprio Lessing não tinha tais ilusões. Sua última carta a Moses Mendelssohn exprimia claramente o que ele desejava: "O caminho mais breve e mais seguro para uma Europa sem cristãos nem judeus". Para a atitude de Lessing em relação aos judeus, ver Franz Mehring, *Die Lessinglegende* [A lenda de Lessing], 1906.
(8) Ver Honoré Q. R. de Mirabeau, *Sur Moses Mendelssohn*, Londres, 1788.
(9) J. G. Herder, "Ueber die politische Bekehrung der Juden", *op. cit.*
(10) Comentário de Johann Wolfgang von Goethe a respeito de Isachar Falkensohn Behr, "Gedichte eines polnischen Juden" [Poemas de um judeu polonês], Mietau e Leipzig, 1722, no *Frankfurter Gelehrte Anzeigen*.
(11) Friedrich Schleiermacher, "Briefe bei Gelegenheit der politisch theologischen Aufgabe und des Sendschreibens jüdischer Hausväter" [Cartas por ocasião da edição político-teológica das epístolas dos pais de família judeus], 1799, em *Werke* [Obras], 1846, 1ª parte, vol. V, p. 34.
(12) Isso, contudo, não se aplica a Moses Mendelssohn, que mal conhecia o modo de pensar de Herder, Goethe, Schleiermacher e outros membros da jovem geração alemã. Mendelssohn era reverenciado por sua singularidade. Sua firme adesão à religião judaica tornava-lhe impossível vir a

Em suas primeiras décadas, a assimilação ainda não se incorporou à tradição judaica: resultava dos dotes individuais, funcionava sem problemas sociais. Enquanto a França era a terra da glória política para os judeus, primeira a reconhecê-los como cidadãos, a Prússia parecia estar a ponto de tornar-se o país do esplendor social dos judeus. Berlim esclarecida, na qual Mendelssohn estabeleceu estreitas ligações com muitos homens famosos da época, iniciava esse caminho. As ligações de Mendelssohn com a sociedade não-judaica ainda se assemelhavam à tradição dos laços eruditos que ligavam os sábios judeus aos sábios cristãos em quase todos os períodos da história européia. Mas já os amigos de Mendelssohn se utilizavam dessas relações para fins impessoais, ideológicos e até mesmo políticos, embora ele próprio desaprovasse tais motivos, expressando a sua completa satisfação com as condições em que vivia, sem pressentir que o seu excepcional *status* pessoal e a liberdade que desfrutava dependiam do fato de ser um dos "mais servis habitantes dos domínios do rei da Prússia".[13] Assim, contentava-se com esse *status* social e a liberdade individual, mantendo a mais profunda indiferença com relação a direitos políticos e civis. As ingênuas relações de Mendelssohn com os homens eruditos e esclarecidos do seu tempo foram transplantadas mais tarde para os salões daquelas damas judias que reuniam a sociedade culturalmente mais brilhante que Berlim jamais iria moldar. Só depois da derrota prussiana de 1806, a introdução das leis napoleônicas em várias regiões da Alemanha colocou a questão da emancipação dos judeus na agenda pública, transformando a indiferença inicial em pavor: a emancipação libertaria os judeus educados, juntamente com as massas judias "atrasadas", e essa igualdade destruiria aquela preciosa distinção sobre a qual, como bem sabiam os judeus emancipados, se baseava seu *status* social. Assim, quando a emancipação de todos os judeus finalmente se realizou, a maioria dos judeus assimilados converteu-se ao cristianismo, achando que, se era suportável e seguro ser judeu antes da emancipação de todos os judeus, não seria sensato

---

romper com o povo judeu, o que os seus descendentes fizeram com a maior naturalidade. Sentia ser "membro de um povo oprimido que devia implorar a boa vontade e a proteção da nação governante" (ver sua Carta a Lavater de 1770, em *Gesammelte Schriften* [Obra completa], vol. VII, Berlim, 1930). Ele sabia que a extraordinária estima por sua pessoa decorria do extraordinário desdém por seu povo. Uma vez que ele, ao contrário dos judeus das gerações seguintes, não compartilhava desse desdém, não se considerava uma exceção.

(13) A Prússia, que Lessing havia descrito como "o país mais escravizado da Europa", era para Mendelssohn "um país onde um dos mais sábios príncipes que já governaram os homens fez florescer as artes e as ciências, e tornou tão geral a liberdade de pensamento que seus efeitos benéficos atingem mesmo os mais humildes habitantes do seu domínio". Esse contentamento humilde é tocante e surpreendente, quando se recorda que o "mais sábio príncipe" havia tornado muito difícil ao filósofo judeu obter a permissão para permanecer em Berlim e, numa época em que seus *Münzjuden* gozavam de todos os privilégios, não lhe outorgou nem a condição regular de um "judeu protegido". Mendelssohn sabia até que ele, amigo de todos os alemães cultos, estaria sujeito ao mesmo imposto que incidia sobre um boi levado ao mercado, se um dia decidisse visitar seu amigo Lavater em Leipzig, mas nunca lhe ocorreu qualquer conclusão política no tocante à melhoria de tais condições. (Ver a Carta a Lavater, *op. cit.*, e seu prefácio à tradução da obra de Menasseh ben-Israel em *Gesammelte Schriften*, vol. III, Leipzig, 1843-5.)

manter o seu judaísmo conspurcado pela adesão das massas judaicas, que, retrógradas, tirariam do judeu "excepcional" o halo que dele emanava.

O melhor exemplo desses salões judaicos, em que a sociedade realmente se amalgamava, representava na Alemanha Rahel Varnhagen. Sua inteligência original, inconvencional e pura, aliada ao interesse pelas pessoas e à natureza genuinamente apaixonada, fez dela a mais brilhante e a mais interessante das grandes damas judias. As *soirées* na "mansarda" de Rahel reuniam não só os aristocratas "esclarecidos" e os intelectuais da classe média, mas até atores e todos aqueles que, exatamente como os judeus, não pertenciam à sociedade respeitável. Assim, o salão de Rahel, por definição e intencionalmente, situava-se à margem da sociedade e não compartilhava quaisquer de suas convenções e preconceitos.

É curioso observar como a assimilação dos judeus na sociedade seguiu de perto os preceitos que Goethe havia proposto para a educação do seu Wilhelm Meister, no romance homônimo que iria constituir o modelo para a educação da classe média. Nesse livro, o jovem burguês é educado por nobres e atores, para que possa aprender a apresentar e representar sua individualidade e desse modo progredir da modesta condição de filho de burguês para a condição de nobre. Para as classes médias e para os judeus, isto é, para aqueles que estavam realmente fora da sociedade da alta aristocracia, a almejada ascensão dependia não só da "personalidade", mas também da capacidade de exprimi-la. O mais importante era saber representar o papel daquilo que a pessoa realmente pretendia ser. O fato de que na Alemanha a questão judaica era vista como um problema de educação ligava-se intimamente a essa atitude e resultou no filisteísmo educacional das classes médias — judia e não-judia. Em sua maciça busca de profissões liberais, os judeus seguiam os preceitos dos salões de Berlim, convencidos de que nada realmente importava além da personalidade e da singularidade do caráter, talento e expressão, insubstituíveis pela ascendência social, dinheiro, sucesso ou fama literária, e únicos meios de tornar possíveis a comunicação ilimitada e a intimidade irrestrita. O breve período de encontros nos quais se juntavam, lado a lado, um príncipe Hohenzollern, Louis Ferdinand, e o banqueiro Abraham Mendelssohn; um editor político e diplomata, Friedrich Gentz, e um escritor da escola romântica, Friedrich Schlegel — todos eles visitantes dos salões de Rahel —, chegou ao fim em 1806 quando, segundo a anfitriã, seu local de reuniões "afundou como um navio carregado com os mais elevados prazeres da vida". Juntamente com os aristocratas enveredaram pelo caminho do anti-semitismo os intelectuais românticos, e, embora nenhum dos dois grupos abandonasse os seus amigos judeus, a inconsciência e o esplendor da época pré-napoleônica se evaporaram.

O ponto realmente crucial da história social dos judeus alemães não chegou no ano da derrota prussiana em 1806, mas dois anos mais tarde, quando, em 1808, o governo promulgou a lei municipal que outorgava aos judeus completos direitos cívicos, embora não políticos. No tratado de paz de 1807, a Prússia havia perdido, com as suas províncias orientais (ex-polonesas), a maioria de sua população judaica; os judeus que permaneceram nos territórios historicamente germânicos eram, de qualquer forma, "judeus protegidos", isto é, já gozavam, embora sob a forma de antigos privilégios individuais, de direitos cívicos. A emancipação municipal apenas legalizou esses privilégios, e sobreviveu ao decreto de emancipação geral de 1812; a Prússia, tendo recuperado a Posnânia e suas massas judaicas após a derrota de Napoleão, praticamente rescindiu o decreto de 1812, o qual agora poderia ter significado direitos políticos até para os judeus pobres, mas deixou a lei municipal intacta.

Embora de pouca importância política no que diz respeito à verdadeira melhoria da condição dos judeus, esses decretos de emancipação, juntamente com a perda das províncias nas quais vivia a maioria dos judeus da Prússia, tiveram profundas conseqüências sociais. Antes de 1807, os judeus protegidos da Prússia constituíam 20% da população judaica total. Quando foi promulgado o decreto de emancipação, em 1812, os judeus protegidos formavam a maioria na Prússia, havendo apenas 10% de "judeus estrangeiros", sem que entre eles existissem a negra pobreza e o atraso tão característicos dos judeus orientais poloneses, que, aliás, serviam para realçar, e de modo vantajoso, a "excepcionalidade" dos judeus da Prússia — ricos e educados. Esse pano de fundo, essencial para os judeus prussianos como termo de comparação para o seu sucesso social e o sentimento de sua dignidade, nunca mais voltou a ser o que era antes de Napoleão. Quando as províncias ex-polonesas foram em parte recuperadas pela Prússia em 1816, os antigos "judeus protegidos" (agora registrados como cidadãos prussianos de fé mosaica) ainda eram mais de 60% da população judaica total.[14]

Do ponto de vista social, isso significava que os judeus da Prússia haviam perdido o ambiente que os realçava como exceções. Os "judeus-exceção" tornaram-se simples judeus, das exceções passaram a ser reflexo de um povo menosprezado. Igualmente negativa foi a influência social da interferência do governo. Não apenas as classes que antagonizavam o governo (e que, portanto, hostilizavam os judeus), mas todas as camadas da sociedade tornaram-se conscientes de que os judeus que conheciam não eram exceções individuais, mas simplesmente membros de um grupo a favor do qual o Estado estava disposto a tomar medidas excepcionais. E isso era precisamente o que os "judeus-exceção" haviam sempre temido.

A sociedade de Berlim abandonou os salões com incomparável rapidez, e por volta de 1808 esses lugares de reunião já haviam sido suplantados pelas casas dos nobres burocratas e da classe média superior. O desdém dos intelectuais e aristocratas berlinenses pelos judeus da Europa oriental, na época em que foram anexados à Prússia, transferiu-se contra os judeus educados de Berlim, que conheciam muito bem. Esses últimos jamais recuperariam a dignidade proveniente da consciência coletiva de sua própria excepcionalidade; de agora em diante não era mais suficiente distinguir-se de uma massa mais ou menos

---

(14) Ver Heinrich Silbergleit, *Die Bevölkerungs und Berufsverhältnisse der Juden im Deutschen Reich* [As condições populacionais e profissionais dos judeus na Alemanha], vol. I, Berlim, 1930.

ignota de "irmãos atrasados"; era preciso distinguir-se — como indivíduo que merecia ser congratulado por exceção — do judeu e, portanto, do povo como um todo.

Foi a discriminação social, e não o anti-semitismo político, que descobriu o fantasma do judeu. O primeiro autor a fazer a distinção entre o indivíduo judeu e "o judeu em geral, o judeu de toda parte e de parte nenhuma", foi um obscuro escritor — C. W. F. Grattenauer — que, em 1802, publicou uma sátira mordaz sobre a sociedade judia e a sua sede de instrução como caminho escolhido para ser acolhida pela sociedade. Os judeus eram retratados como o reflexo da sociedade filistéia e arrivista.[15] Essa obra literária tão vulgar foi lida com prazer por vários membros eminentes do salão de Rahel, e chegou a inspirar indiretamente um grande poeta romântico, Clemens von Brentano, a escrever um ensaio muito espirituoso, no qual o filisteu era identificado com o judeu.[16]

Junto com o anterior idílio da sociedade amalgamada, desapareceu algo que jamais seria recuperado, em qualquer país e em qualquer outra época. Nunca mais qualquer grupo social aceitou os judeus com a mente e o coração abertos. Poderia ser amável com os judeus, porque lhe aprazia ser ousado e corajoso, ou porque desejava protestar contra a manutenção de concidadãos como párias. Mas, mesmo que tivessem deixado de ser párias políticos e civis, os judeus continuavam sendo párias sociais.

É importante lembrar que a assimilação como fenômeno grupal existiu apenas entre os judeus intelectuais. Não foi por acaso que o primeiro judeu ocidentalmente educado, Moses Mendelssohn, foi também o primeiro que, a despeito de sua baixa condição social, foi aceito pela sociedade não-judaica. Os judeus-da-corte e seus sucessores, os judeus banqueiros e negociantes, nunca foram aceitos socialmente nos países do Ocidente europeu, nem desejavam abandonar os estreitos limites de seu gueto invisível. De início, orgulhavam-se, como todos os novos-ricos, do ambiente de miséria de onde tinham vindo; mais tarde, na pobreza e no atraso das massas judaicas encontravam a razão da sua segurança. Enquanto eram forçados pelas condições de sua posição a abandonar as exigências mais rigorosas da lei judaica — sem terem, jamais, abandonado completamente as tradições religiosas —, exigiam cada vez mais orto-

---

(15) O panfleto de C. W. F. Grattenauer, *Wider die Juden* [Contra os judeus], de 1802, amplamente difundido, já havia sido precedido em 1791 por outro, *Ueber die physische und moralische Verfassung der heutigen Juden: Stimme eines Kosmopoliten* [Dos feitos físicos e morais dos judeus hodiernos: a voz de um cosmopolita], no qual a crescente influência dos judeus em Berlim já era mencionada. Embora esse antigo panfleto fosse comentado no *Allgemeine Deutsche Bibliothek*, 1792, vol. CXII, ficou praticamente desconhecido pela opinião pública de então, o que não ocorreu com o panfleto seguinte.

(16) *Der Philister vor, in und nach der Geschichte* [O filisteu ante, na e seguindo a História] de Clemens von Brentano foi escrito e lido para o chamado *Christlich-Deutsche Tischgesellschaft*, famoso clube de escritores e patriotas, fundado em 1808 para combater Napoleão.

doxia da parte das massas judias.[17] A dissolução da autonomia comunal judaica fez crescer neles o desejo de não apenas proteger das autoridades as comunidades judaicas, mas também de dominá-las com a ajuda do Estado, de modo que os judeus pobres caíram em "dupla dependência", tanto do governo quanto dos seus irmãos ricos.[18]

Esses judeus governavam as comunidades judaicas, mas não pertenciam a elas nem social nem geograficamente. Permaneciam tão fora da sociedade judaica como da sociedade dos gentios. Tendo feito brilhantes carreiras individuais e valendo-se dos seus privilégios, formavam uma espécie de comunidade de exceções, embora com oportunidades sociais limitadas. Tradicionalmente desdenhados pela sociedade da corte, sem conexões comerciais com a classe média não-judaica, suas ligações estavam tão alheias às normas da sociedade em que viviam quanto sua ascensão econômica independia das condições econômicas contemporâneas. Esse isolamento e essa independência davam-lhes uma sensação de poder ilusório e aguçavam-lhes o orgulho. Exemplifica-o esta anedota, que data do começo do século XVIII: "Um certo judeu, repreendido por um nobre e culto médico cristão por ser orgulhoso, embora não houvesse príncipes entre os judeus, respondeu com insolência: 'Não somos príncipes. Nós os governamos'".[19]

Esse tipo de orgulho era diferente da arrogância de classe, que se desenvolveria depois entre os judeus privilegiados. Reinando como príncipes absolutos entre o seu próprio povo, ainda se sentiam como *primi inter pares*. Aos atributos de "rabinos privilegiados de todos os judeus" e de "príncipes da Terra Santa" davam valor superior a quaisquer títulos que seus senhores pudessem oferecer-lhes.[20] Até meados do século XVIII, todos teriam concordado com o judeu holandês que disse: *Neque in toto orbi alicui nationi inservimus* [Não há nação no mundo a que não tenhamos servido]; mas nem então nem depois todos

---

(17) Assim foi que, na década de 1820, os Rothschild sustaram uma vultosa doação destinada à sua comunidade nativa de Frankfurt, num contra-ataque à influência de reformadores, que desejavam que as crianças judias recebessem educação geral. (Em *Neuere Geschichte der Israeliten* [Nova história dos israelitas] de Isaak Markus Jost, Berlim, vol. 10, 1846, p. 102.)

(18) *Op. cit.*, IX, 38. Os judeus-da-corte e os ricos banqueiros judeus que seguiram seus passos nunca pretenderam abandonar a comunidade judaica. Agiam como seus representantes e protetores contra as autoridades públicas, das quais freqüentemente recebiam o direito de exercer o poder oficial sobre as comunidades religiosas que governavam de longe, de modo que a antiga autonomia das comunidades judaicas havia sido solapada e destruída internamente muito antes de ser abolida pelo Estado-nação. O primeiro judeu-da-corte a alimentar ambições monárquicas em sua própria "nação" foi um judeu de Praga, fornecedor de suprimentos a Mautício da Saxônia, no século XVI. Exigiu que todos os rabinos e chefes de comunidade fossem escolhidos dentre os membros de sua família. (Ver Bondy-Dworsky, *Geschichte der Juden in Boehmen, Maehren und Schlesien* [História dos judeus da Boêmia, Morávia e Silésia], Praga, 1906, II, 727.) A prática de instituir os judeus-da-corte como soberanos de suas comunidades generalizou-se no século XVIII, e foi sucedida pelo domínio dos "notáveis" no século XIX.

(19) Johann Jacob Schudt, *Jüdische Merkwürdigkeiten* [Curiosidades judaicas], Frankfurt a M., 1715-7, vol. IV, anexo, p. 48.

(20) Selma Stern, *Jud Suess*, Berlim, 1929, pp. 18ss.

conseguiam alcançar a profundidade da resposta de um cristão erudito, que disse: "Mas isso significa felicidade apenas para poucos. O povo tomado como um todo é atacado em toda parte, não tem governo próprio, sujeita-se ao domínio estrangeiro, carece de poder e dignidade, e erra pela terra inteira, estranho onde quer que vá".[21]

A arrogância de classe se externou quando se estabeleceram ligações comerciais entre os banqueiros judeus — em geral estatais — de diferentes países; seguiram-se casamentos entre famílias mais importantes, gerando um verdadeiro sistema transnacional de casta, até então desconhecido na sociedade judaica. Esse fenômeno acontecia na época do desaparecimento dos velhos Estados feudais e da transformação das castas medievais em classes. Concluía-se assim — e erradamente — que o povo judeu era remanescente da Idade Média, embora essa nova casta judaica fosse recente e desprovida de qualquer raiz anterior: de fato, completou-se somente no século XIX e compreendia numericamente não mais do que talvez umas cem famílias. Mas, como elas apareciam na ribalta, o povo judeu como um todo passou a ser olhado como uma casta.[22]

Porém, por maior que tenha sido o papel dos judeus-da-corte na história política e no nascimento do anti-semitismo, a história social poderia facilmente esquecê-los, não fossem suas afinidades — traços psicológicos e padrões de conduta — com os intelectuais judeus, que eram, afinal de contas, geralmente filhos de comerciantes. Mas, enquanto os judeus ricos desejavam dominar o povo judeu e, portanto, não tinham vontade alguma de abandoná-lo, o que caracterizava os judeus intelectuais era o contrário: eles queriam deixar o seu povo, para serem aceitos na sociedade; ambos tinham noção de que constituíam exceções na sociedade circundante, e essa noção estava em perfeita harmonia com o julgamento dos que os rodeavam. Os "judeus-exceção" endinheirados sentiam-se como exceções que conseguiram apartar-se do povo judeu e eram reconhecidos pelo governo pela sua utilidade excepcional; os "judeus-exceção" cultos sentiam-se como exceções que conseguiram destacar-se da imagem estereotipada do povo judeu e eram reconhecidos pela sociedade como seres humanos excepcionais.

A assimilação, levada ou não ao extremo da conversão, nunca chegou a constituir uma ameaça real à sobrevivência dos judeus.[23] Quer fossem rece-

(21) Schudt, op. cit., vol. I, p. 19.
(22) Christian Friedrich Ruehs, ainda em 1815, define todo o povo judeu como uma "casta de comerciantes". ("Ueber die Ansprüche der Juden an das deutsche Bürgerrecht" [Sobre as reivindicações dos judeus e o Direito civil alemão], em Zeitschrift für die neueste Geschichte der Völker und Staatenkunde [Revista da moderna história dos povos e da geopolítica], 1815).
(23) Um fato notável, embora pouco conhecido, é que a assimilação como programa levava mais freqüentemente à conversão do que ao casamento misto. As estatísticas encobrem esse fato, em lugar de revelá-lo, porque consideram casamentos mistos todas as uniões entre cônjuges judeus convertidos e não-convertidos. Sabemos, contudo, que havia na Alemanha um bom número de famílias que, durante gerações, haviam sido batizadas e, no entanto, permaneciam puramente judias. A explicação disso é que o judeu convertido só raramente deixava sua família e mais raramente ainda deixava seu ambiente judaico. A família judia veio, assim, a constituir uma força mais conservadora do que a religião judaica.

bidos, quer fossem rejeitados, ambas as atitudes se deviam ao fato de serem judeus. A primeira geração de judeus cultos ainda queria sinceramente perder sua identidade como judeus, e Boerne escreveu a esse respeito com certa amargura: "alguns me repreendem por ser judeu, alguns me elogiam por isso, alguns me perdoam por isso, mas todos pensam nisso".[24] Educados ainda dentro das idéias do século XVIII, sonhavam com um país onde não houvesse cristãos nem judeus; dedicavam-se à ciência e às artes, e ficavam profundamente ressentidos quando os governos concediam toda sorte de privilégios e honrarias aos banqueiros judeus, condenando os intelectuais judeus a morrer de fome.[25] As conversões, que, no começo do século XIX, tinham sido provocadas pelo receio de serem confundidos com as massas judaicas tornaram-se uma necessidade, visto que facilitavam a conquista do pão de cada dia. Que a falta de personalidade recebesse tal prêmio era algo tão revoltante que forçou uma geração inteira de jovens judeus à oposição contra o Estado e a sociedade. Os "novos espécimes da humanidade" tornaram-se rebeldes; e, como os governos mais reacionários da época eram apoiados e financiados pelos banqueiros judeus, essa rebelião manifestava-se com especial violência contra os representantes oficiais do seu próprio povo. As denúncias antijudaicas de Marx e Boerne só podem ser adequadamente compreendidas à luz deste conflito entre judeus ricos e judeus intelectuais.

Esse conflito, contudo, existiu em pleno vigor somente na Alemanha. Já na Áustria, não houve *intelligentsia* judaica importante antes do fim do século XIX. Sentindo ali o impacto da pressão anti-semita, esses judeus intelectuais, como seus correligionários ricos, preferiram confiar na proteção da monarquia dos Habsburgos, e só se tornaram contestadores do *status quo* e socialistas depois da Primeira Grande Guerra, quando o Partido Social-Democrata subiu ao poder. A exceção mais significativa — embora não única — dessa afirmação foi Karl Kraus, o último representante da tradição de Heine, Boerne e Marx. Na sua denúncia dos negociantes, Kraus incorporou ainda o jornalismo exercido por judeus como culto organizado da fama; e, se foi ainda mais amarga a sua atitude do que a dos seus correligionários alemães, é porque ele estava mais isolado, num país onde não existia nenhuma tradição contestatária judaica. Na França, onde o decreto de emancipação dos judeus sobreviveu a todas as mudanças de governo e regime, os poucos intelectuais judeus não foram nem pioneiros da nova classe, nem elementos especialmente importantes da vida intelectual. A cultura como fim e a educação como programa não constituíram ali padrões de conduta judaica, como aconteceu na Alemanha.

Em nenhum outro país houve algo como o curto período da verdadeira assimilação tão decisiva para a história dos judeus alemães, quando a verdadeira vanguarda do povo não apenas aceitou os judeus, mas mostrou-se até ansiosa por associar-se a eles. Essa atitude nunca desapareceu completamente da sociedade alemã. Até o fim, podiam-se facilmente discernir vestígios dos

---

(24) *Briefe aus Paris* [Cartas de P.], 74.ª carta, fevereiro de 1832.
(25) *Ibid.*, 72.ª carta.

judeus, o que, por outro lado, pode demonstrar que as relações com os judeus nunca foram aceitas pelos alemães como totalmente naturais. Na melhor das hipóteses, a assimilação amalgamadora ficou sendo um programa; na pior, uma experiência bizarra e excitante. O conhecido comentário de Bismarck acerca de "garanhões alemães que deviam acasalar-se com éguas judias" é apenas a expressão mais vulgar do ponto de vista que prevalecia.

É natural, porém, que essa situação social, a qual transformou os primeiros judeus cultos em rebeldes, produzisse a longo prazo um tipo específico de conformismo, no lugar de uma tradição efetiva de rebelião.[26] Ao se conformarem com uma sociedade que tomava atitude discriminatória contra os judeus "comuns" e na qual, ao mesmo tempo, era geralmente mais fácil a círculos elegantes admitirem um judeu culto do que um não-judeu de condição semelhante, os judeus tinham de se diferenciar claramente tanto do "judeu em geral" quanto, de modo igualmente claro, mostrar que eram judeus; de maneira nenhuma se permitia que simplesmente desaparecessem. Para racionalizar uma ambigüidade que eles próprios não entendiam inteiramente, podiam fingir que cabia ao judeu "ser um homem na rua e um judeu em casa".[27] Isso os levava à consciência de serem diferentes dos outros homens "na rua", porque eram judeus, e de serem diferentes dos outros judeus "em casa", porque não eram como os "judeus comuns".

Os padrões de conduta dos judeus assimilados, determinados por esse esforço concentrado e contínuo de se distinguirem, criaram um tipo de judeu que se podia reconhecer onde quer que ele estivesse. Em lugar de serem definidos por nacionalidade e religião, os judeus se transformavam num grupo social cujos membros compartilhavam certas qualidades e reações psicológicas, das quais a soma total seria, supostamente, a "condição de judeu". Em outra palavras, o judaísmo passou a ser uma condição psicológica, e a questão judaica se tornou um complicado problema pessoal para cada judeu individualmente.

Nessa trágica busca do conformismo através da diferenciação e da distinção, o novo tipo judeu tinha tão pouco em comum com o temido "judeu em geral" como com aquela outra abstração, o "herdeiro dos profetas e eternos promotores da justiça na terra", que os apologistas dos judeus ressuscitavam sempre que um judeu jornalista era atacado. O judeu criado pelos apologistas recebia atributos estereotipados — humanidade, bondade, isenção de preconceitos, sensibilidade à justiça —, que eram, na verdade, privilégios dos párias e que de fato caracterizavam certos rebeldes judeus, marginalizados pela sociedade. O problema era que essas qualidades não tinham nada a ver com os pro-

(26) O "pária consciente" (Bernard Lazare) constitui a única tradição de rebelião que se estabeleceu, embora aqueles que pertenciam a ela dificilmente estivessem cientes de sua existência. Ver "The Jew as pariah: a hidden tradition", da autora, em *Jewish Social Studies*, vol. VI, n.º 2 (1944).

(27) Não deixa de ser irônico o fato de que essa excelente fórmula, que pôde servir de lema à assimilação na Europa ocidental, foi proposta por um judeu russo e publicada originalmente em hebraico. Provém do poema hebreu de Judah Leib Gordon, *Hakitzah ami*, 1863. Ver S. M. Dubnow, *History of the Jews in Russia and Poland*, 1918, II, pp. 228ss.

fetas e, pior ainda, esses judeus geralmente não pertenciam nem à sociedade judaica, nem aos círculos elegantes da sociedade não-judaica. Na história dos judeus assimilados essas qualidades representaram um papel insignificante. Por outro lado, o "judeu em geral", do modo como era descrito pelos anti-semitas profissionais, demonstrava exatamente as qualidades que o arrivista deve adquirir, se quer alcançar algum êxito: desumanidade, cobiça, insolência, servilidade bajuladora e a determinação de vencer. Tampouco nesse caso essas qualidades tinham algo a ver com atributos grupais. Além disso, esse tipo de judeu não sentia nenhum pendor pela sociedade não-judaica, e seu papel na história social judaica foi igualmente insignificante. Mas, enquanto forem existindo pessoas e classes difamadas, os estereótipos de arrivista e de pária serão gerados com incomparável monotonia, tanto faz que se trate da sociedade judaica ou de qualquer outra.

Contudo, para a formação da história social dos judeus dentro da sociedade européia do século XIX, foi decisivo que, até certo ponto, todo judeu de todas as gerações, se não quisesse seguir o caminho de arrivismo, tivesse de optar entre a sua permanência como pária, completamente alheio à sociedade arrivista, ou o conformismo aliado à condição degradante não só de esconder sua origem, mas também de "trair, junto com o segredo de sua origem, o segredo do seu povo".[28] Essa última escolha foi difícil, na medida em que tais segredos não existiam e tinham de ser inventados pelo indivíduo à cata de sua ascensão. Uma vez que falhou o esforço singular de Rahel Varnhagen para estabelecer a vida social fora da sociedade oficial, os caminhos do pária e do arrivista eram, ambos, caminhos de extrema solidão, enquanto a escolha do conformismo era a do arrependimento constante. A complexa psicologia do judeu médio, que chegou à sensibilidade exagerada, baseava-se em situação ambígua. Os judeus sentiam simultaneamente o arrependimento do pária que não se tornou arrivista e a consciência pesada do arrivista que traiu seu povo ao trocar a participação na igualdade de direitos de todos por privilégios pessoais. Uma coisa era certa: quem desejasse evitar todas as ambigüidades da existência social precisava aceitar com resignação o fato de que ser judeu significava pertencer ou a uma classe superior superprivilegiada, ou a uma massa marginal subprivilegiada. Mas, na Europa ocidental e central, esse pertencer do judeu não resultava senão da artificial solidariedade intelectual.

O destino social do judeu médio foi determinado por sua eterna falta de decisão. A sociedade certamente não compelia os judeus a se decidirem, pois era precisamente essa ambigüidade de situação e de caráter que tornava atraente a relação com os judeus. Assim, a maioria dos judeus assimilados vivia num lusco-fusco de ventura e desventura, só sabendo com certeza que tanto o sucesso como o fracasso estavam inerentemente ligados ao fato de que eram judeus. Para eles, a questão judaica havia perdido todo significado político, mas obcecava suas vidas pessoais e influenciava suas decisões com redobrada tirania. O

---

(28) Foi assim que Karl Kraus definiu o problema por volta de 1912. Ver *Untergang der Welt durch schwarze Magie* [O declínio do mundo pela magia negra], 1922.

adágio "ser homem na rua e judeu em casa" tornava-se amarga realidade, porque, se os problemas políticos dificultavam ao judeu abandonar seu judaísmo no ambiente geral para ser um "homem" afastado do seu judaísmo, o pesado fardo de problemas não-resolvidos — por exemplo, na questão dos casamentos mistos — dificultava muitas vezes o ser judeu em casa, sem abdicar de ser homem, simplesmente. Assim, as leis imprevisíveis da paixão — e não as da política — pareciam conduzir e até governar a vida dos judeus.

Não era fácil deixar de se assemelhar ao "judeu" e permanecer judeu; fingir não ser como os judeus e, contudo, demonstrar com suficiente clareza a sua judeidade. Apesar disso, enquanto o mundo se mantinha em equilíbrio de paz, essa atitude não funcionou mal e durante gerações chegou a constituir o *modus vivendi* dos judeus. O fato de concentrar-se em sua vida interior, artificialmente complicada, até ajudou o judeu a atender às exigências da sociedade, mesmo que desprovidas de sentido, e a parecer estranho e excitante, a adquirir certa facilidade de expressão e apresentação — originalmente atributos do ator e do virtuoso, gente que a sociedade sempre em parte recusava e em parte admirava. Os judeus assimilados, meio orgulhosos e meio envergonhados de sua qualidade de judeus, enquadravam-se claramente nessa categoria.

O processo pelo qual a sociedade burguesa surgiu das ruínas de suas tradições e das lembranças revolucionárias envolveu com tédio a saturação econômica e a indiferença geral quanto às questões políticas. Os judeus tornaram-se pessoas com quem se esperava poder passar o tempo de modo diferente. Quanto menos se pensava neles como iguais, mais atraentes e mais interessantes se tornavam. A sociedade burguesa, em sua busca de entretenimento e em seu apaixonado interesse pelo indivíduo que diferisse das normas, descobriu a atração por tudo que podia ser julgado misterioso, perverso ou secretamente mau. E foi precisamente esse febril e doentio interesse que abriu a porta da sociedade aos judeus; pois, dentro do cenário dessa sociedade, a "condição de judeu", após haver sido distorcida tornando-se qualidade psicológica, podia ser facilmente vista como qualidade de perversão, quase um vício. A genuína tolerância e curiosidade que a Era do Esclarecimento sentia em relação a tudo o que era humano cedia lugar a mórbido desejo pelo que era exótico, anormal e diferente. Vários tipos na sociedade, um após o outro, representaram o exótico, o anômalo e o diferente, mas nenhum deles tinha a menor relação com questões políticas. Desse modo, só o papel dos judeus na sociedade decadente podia assumir uma estatura que transcendesse os estreitos limites de um caso social.

Antes de examinarmos os estranhos caminhos que levaram os "judeus-exceção" aos salões do Faubourg St. Germain na Paris do *fin-de-siècle*, precisamos lembrar o único grande homem que a complicada burla dos "judeus-exceção" jamais produziu. Aparentemente, toda idéia comum recebe uma chance de se encarnar em um homem e atingir por seu intermédio o que se costumava chamar de grandeza histórica. O grande homem dos "judeus-exceção" foi Benjamin Disraeli.

2. O PODEROSO MÁGICO [29]

Benjamin Disraeli, cujo principal interesse na vida era a carreira de lorde Beaconsfield, distinguia-se por duas coisas: primeiro, pelo dom dos deuses que nós chamamos banalmente de sorte, mas que em outras épocas era reverenciado como sendo da deusa chamada Fortuna; e, segundo, pela despreocupada inocência de espírito e inconsciente imaginação tão intimamente relacionada com a Fortuna que, na realidade, nem sequer é possível classificá-lo como carreirista, embora ele jamais pensasse seriamente em outra coisa que não fosse a sua carreira. Sua inocência fê-lo reconhecer quão insensato seria sentir-se *declassé*, e como seria mais excitante e mais útil para sua carreira acentuar o fato de que era judeu "vestindo-se de modo diferente, penteando o cabelo de modo estranho, e através de maneirismos esquisitos de expressão e palavreado".[30] Desejava ser admitido na alta e na altíssima sociedade mais apaixonadamente e mais despudoradamente do que qualquer outro judeu intelectual; mas foi o único que descobriu o segredo de como preservar a sorte, esse milagre natural da marginalidade, e que soube desde o início que um homem nunca deve curvar-se para "elevar-se mais alto".

Jogava o jogo da política como um ator num palco, e representava tão bem o seu papel que chegou a acreditar em seu próprio faz-de-conta. Sua vida e sua carreira pareciam uma história de fadas na qual era um príncipe que oferecia a flor azul dos românticos, então prímula da Inglaterra imperialista, à sua princesa, rainha da Inglaterra. As colônias britânicas eram o país encantado sobre o qual o sol nunca se punha, e sua capital era a misteriosa Délhi asiática, para onde o príncipe queria fugir com sua princesa da Londres nevoenta e prosaica. Isso pode ter sido tolice e infantilidade; mas, quando uma esposa escreve para seu marido como escreveu *lady* Beaconsfield — "você sabe que se casou comigo por dinheiro, mas eu sei que, se você tivesse de fazê-lo de novo, fá-lo-ia por amor"[31] —, é preciso silenciar diante da felicidade que contraria todas as regras. Eis aqui um homem que começou vendendo a alma ao diabo; mas o diabo não quis a alma, e os deuses lhe deram toda a felicidade do mundo.

Disraeli provinha de uma família inteiramente assimilada; seu pai, um cavalheiro culto, batizou o filho porque desejava que ele tivesse todas as oportunidades dos mortais comuns. Tinha poucas ligações com a sociedade judaica e nada sabia da religião ou dos costumes judaicos. Desde o início, seu judaísmo era apenas uma questão de origem, que ele tinha a liberdade de embelezar, sem os impedimentos do conhecimento de causa. Encarou esse fato de modo semelhante ao de um gentio: percebeu, mais claramente que os outros judeus, que ser judeu tanto podia ser uma desvantagem como uma oportunidade. E como,

---

(29) Este título é extraído do ensaio sobre Disraeli de autoria de sir John Skleton, 1867. Ver W. F. Monypenny e G. E. Buckle, *The life of Benjamin Disraeli, Earl of Beaconsfield*, Nova York, 1929, II, pp. 292-3.

(30) Morris S. Lazaron, *Seed of Abraham*, Nova York, 1930, pp. 260ss.

(31) Horace B. Samuel, "The psychology of Disraeli", em *Modernities*, Londres, 1914.

ao contrário do seu pai modesto e simples, o que ele menos desejava era tornar-se um mortal comum, e o que mais desejava era "distinguir-se acima de todos os contemporâneos",[32] começou a cultivar "a pele cor de oliva e os olhos negros como carvão", até que, "ostentando a poderosa cúpula da sua testa — que certamente não era de um templo cristão — [passou a ser] diferente de qualquer ser vivo que se conhecia".[33] Sabia instintivamente que seu sucesso dependia da capacidade com que conseguiria traçar a "divisão entre si e os simples mortais", exagerando conscientemente a sua afortunada "estranhice".

Tudo isso demonstra uma singular compreensão da sociedade e de suas regras. É significativo que Disraeli tenha dito: "O que para muitos é crime só para poucos pode ser apenas vício"[34] — frase que revela a profunda intuição do princípio que norteou o lento declínio da sociedade do século XIX, em direção ao abismo no qual prevaleceriam as normas da moral da ralé e do submundo. Por conhecer essa regra, sabia que em lugar algum os judeus poderiam ter chances melhores do que nos círculos que, pretendendo ser exclusivos, discriminavam contra eles; pois, se esses círculos, assemelhando-se nisso à multidão, consideravam o fato de ser judeu um crime, poderiam, para se diferenciar das massas, transformar a qualquer momento esse crime num "vício" atraente. O exotismo, o alienismo, o mistério, a mágica e o poder advindo de supostas fontes secretas que Disraeli demonstrava dominar tinham como alvo certo essa atitude da sociedade. Seu virtuosismo no jogo social levou-o a filiar-se ao Partido Conservador; daí, conquistou uma cadeira no Parlamento, o posto de primeiro-ministro, e por fim, o que não era menos importante, a duradoura admiração da sociedade e a amizade da rainha.

Uma das razões do seu sucesso era a sinceridade do seu jogo. A impressão que ele causava beirava entre curiosa mistura de representação teatral e a "absoluta sinceridade e total espontaneidade".[35] Isso só podia ser fruto de genuína inocência, devida em parte à educação desprovida de qualquer influência judaica específica.[36] Mas a consciência limpa de Disraeli era também devida ao fato de que ele havia nascido inglês. A Inglaterra não conhecia as massas judaicas nem a pobreza judaica, pois aceitou o regresso dos judeus às suas terras séculos após sua expulsão na Idade Média; os judeus portugueses que se estabeleceram na Inglaterra no século XVIII eram ricos e cultos. Foi somente no fim do século XIX, quando os *pogroms* da Rússia provocaram amplo movimento

---

(32) J. A. Froude encerra sua biografia *Lord Beaconsfield*, 1890, com estas palavras: "O objetivo com o qual iniciou a vida era distinguir-se acima de todos os seus contemporâneos, e, por mais fantástica que essa ambição possa ter parecido, terminou por ganhar a aposta pela qual jogara com tanta bravura".

(33) *Sir* John Skleton, *op. cit.*

(34) Em seu romance *Tancred*, 1847.

(35) *Sir* John Skleton, *op. cit.*

(36) O próprio Disraeli conta: "Não fui criado entre os da minha raça; fui educado, isto sim, dentro de ambiente de forte preconceito contra eles". Para seus antecedentes familiares, ver especialmente Joseph Caro, "Benjamin Disraeli, Juden und Judentum" (B. D., judeus e judaísmo), em *Monatsschrift für Geschichte und Wissenschaft des Judentums*, 1932.

migratório de judeus, que a pobreza dos judeus fez-se presente em Londres e, com ela, a diferença entre as massas judaicas estrangeiras e estranhas e seus correligionários abastados e nativos. No tempo de Disraeli, desconhecia-se na Inglaterra a questão judaica em sua forma continental, porque ali viviam somente os judeus aceitos pelo Estado. Em outras palavras, os "judeus-exceção" ingleses não tinham consciência de que eram exceções, como seus irmãos do continente. Quando Disraeli escarnecia da "perniciosa doutrina dos tempos modernos: a igualdade natural dos homens",[37] seguia conscientemente os passos de Burke, que havia "preferido os direitos de um inglês aos Direitos do Homem", mas desconhecia a situação real em que os direitos de todos haviam sido substituídos pelos privilégios de alguns. Ignorava de tal modo as verdadeiras condições que prevaleciam entre o povo judeu, e estava tão convencido da "influência da raça judia nas comunidades modernas", que exigia abertamente que os judeus "recebessem toda a honraria e favor das raças nórdicas e ocidentais, honraria que, nas nações refinadas e civilizadas, merecem aqueles que encantam o gosto público e elevam o sentimento do povo".[38] Como a influência política dos judeus na Inglaterra girava em torno do ramo inglês dos Rothschild, sentia-se orgulhoso pela ajuda dos Rothschild na derrota de Napoleão, e não via motivo por que não devesse ser franco em suas opiniões políticas como judeu.[39] Por ser batizado, não chegou jamais a ser, naturalmente, um porta-voz oficial da comunidade judaica, mas não deixa de ser verdadeiro que foi o único judeu de sua espécie e do seu século que tentou representar o povo judeu politicamente e da melhor forma que podia.

Disraeli, que nunca negou que o "fato fundamental [a seu respeito] é que ele era judeu",[40] sentia por todas as coisas judaicas uma admiração somente igualada por sua ignorância a respeito delas. No entanto, a mistura de orgulho e ignorância nesses assuntos era característica de todos os judeus recém-assimilados. A grande diferença é que Disraeli conhecia ainda menos do passado e do presente judaicos e, portanto, ousava dizer abertamente aquilo que outros apenas deixavam perceber na penumbra semiconsciente de padrões de conduta ditados pelo medo e pela arrogância.

Foi mais séria a conseqüência política da capacidade de Disraeli de comparar as possibilidades judaicas às aspirações políticas de um povo normal; quase automaticamente fez vir à luz o conjunto de teorias quanto à influência e à organização judaicas, que geralmente se encontram nos piores compêndios anti-semitas. Em primeiro lugar, ele realmente acreditava ser o "homem escolhido da raça escolhida".[41] Que melhor prova podia existir que sua própria carreira? Um judeu sem nome nem fortuna, ajudado apenas por alguns banqueiros judeus, havia sido levado à posição de primeiro homem da Inglaterra;

---

(37) *Lord George Bentinck. A political biography*, Londres, 1852, p. 496.
(38) *Ibid.*, p. 491.
(39) *Ibid.*, pp. 497ss.
(40) Monypenny e Buckle, *op. cit.*, p. 1507.
(41) Horace S. Samuel, *op. cit.*

um dos homens menos simpáticos aos olhos do Parlamento tornava-se primeiro-ministro e granjeava popularidade genuína entre aqueles que, durante muito tempo, o haviam "visto como charlatão e tratado como pária".[42] O sucesso político, porém, nunca o satisfez. Era difícil e mais importante ser aceito pela sociedade londrina do que conquistar a Câmara dos Comuns, e era certamente um triunfo maior ser eleito membro do clube Grillion's — "um círculo seleto de onde costumavam sair políticos ascendentes de ambos os partidos, mas do qual eram rigorosamente excluídos os socialmente censuráveis"[43] — do que ser ministro de sua Majestade. A culminância deliciosamente inesperada de todos esses doces triunfos foi a amizade sincera da rainha, pois, se a monarquia na Inglaterra havia perdido a maior parte de suas prerrogativas políticas num Estado-nação estritamente controlado e constitucional, ela reteve a primazia absoluta na sociedade inglesa. Ao medirmos a grandeza do triunfo de Disraeli, devemos lembrar que lorde Robert Cecil, um dos seus eminentes colegas no Partido Conservador, podia, ainda por volta de 1850, justificar um ataque particularmente violento, ao afirmar que estava "apenas dizendo o que todo mundo diz de Disraeli à boca pequena e ninguém diz em público".[44] A maior vitória de Disraeli estava exatamente no fato de que, afinal, ninguém dizia à boca pequena coisa alguma que não o houvesse lisonjeado ou gratificado se fosse dita em público. Foi precisamente essa singular conquista da popularidade genuína que Disraeli conseguiu através de sua política de ver apenas as vantagens e pregar apenas os privilégios de ter nascido judeu.

Encarnação viva da ambição e da poderosa paixão, Disraeli foi sempre capaz de se adaptar à sua época, que, aparentemente, não admitia distinções nem diferenças. Carlyle, que interpretava a história do mundo segundo um ideal de herói do século XIX, estava errado quando recusou um título das mãos de Disraeli.[45] Nenhum outro contemporâneo seu correspondia melhor aos heróis que ele mesmo idealizara do que Disraeli, com sua noção da grandeza e autoconfiança; nenhum outro homem satisfazia de modo tão exato as exigências do século XIX, carente de gênio corporificado, do que esse charlatão que levava a sério a sua função e representava o papel do Grande Homem com ingenuidade e assombrosa exibição de truques fantásticos e profissionalismo artístico. Os políticos apaixonaram-se pelo charlatão que transformava tediosas transações de negócios em sonhos de sabor oriental; e, quando a sociedade farejou um cheiro de magia negra nas espertas manobras de Disraeli, o "poderoso mágico" já havia realmente conquistado os corações dos homens de sua época.

A ambição de Disraeli de distinguir-se dos outros mortais e seu pendor pela sociedade aristocrática eram típicos das classes médias do seu tempo e do

(42) Monypenny e Buckle, op. cit., p. 147.
(43) Ibid.
(44) O artigo de Robert Cecil foi publicado no Quarterly Review, o mais prestigioso órgão do Partido Conservador. Ver Monypenny e Buckle, op. cit., pp. 19-22.
(45) Isso aconteceu em 1874. Diz-se que Carlyle chamou Disraeli de "judeu maldito", o "pior homem que já existiu". ver Caro, op. cit.

seu país. Não foi por motivos políticos nem razões econômicas, mas sim pelo ímpeto de sua ambição social, que ele aderiu ao Partido Conservador.[46] Quando Disraeli "evocou o orgulho racial para enfrentar o orgulho de casta",[47] sabia que a posição social dos judeus, a despeito de qualquer outro comentário, dependia unicamente do nascimento e não de suas realizações.

Disraeli foi adiante. Sabia que a aristocracia, que, ano após ano, tinha testemunhado os homens ricos da classe média comprarem títulos de nobreza, externava sérias dúvidas quanto ao valor de tais títulos. Assim, usando a imaginação, decidiu derrotar os aristocratas usando o jogo que impunham. Afirmou que os ingleses "descendiam de uma raça arrivista e híbrida, enquanto ele próprio advinha do mais puro sangue da Europa", que "a vida de um nobre inglês [era] regulamentada principalmente por leis árabes e costumes sírios", e que "uma judia é a Rainha dos Céus".[48] Mas, quando escreveu que "não existia mais aristocracia na Inglaterra, pois sua qualidade essencial é a superioridade do homem-animal",[49] tocou no ponto mais sensível das teorias, já então em voga entre os aristocratas, e que iriam constituir mais tarde o ponto de partida para a disseminação da ideologia racial entre a burguesia e a ralé.

O judaísmo, e o fato de fazer parte do povo judeu, tornou-se entre os judeus assimilados mera questão de nascimento. Antes, a religião específica, a nacionalidade específica e a manutenção de tradições compartilhadas agrupavam os judeus ao redor de certas vantagens econômicas peculiares. A intelectualização e a assimilação dos judeus haviam secularizado de tal forma a consciência e a interpretação de si mesmos que nada restava das velhas lembranças e esperanças, senão um vago sentimento de pertencerem a um povo escolhido. Disraeli, embora certamente não fosse o único "judeu-exceção" que acreditava na sua qualidade de escolhido sem acreditar no Deus de quem partira a escolha — e de quem poderia partir a rejeição —, elaborou uma doutrina racial a partir desse tolo conceito de missão histórica. Afirmava que o princípio semita "representa tudo o que é espiritual em nossa natureza", que "as vicissitudes da história encontraram na raça a sua solução principal", que só existe uma aristocracia, a "aristocracia da natureza", a qual consiste em "raça pura primorosamente organizada".[50]

É óbvia a relação entre essas afirmativas e as ideologias raciais modernas: a formulação de Disraeli apenas comprova como elas servem para combater os sentimentos de inferioridade social. Pois, se é verdade que as doutrinas raciais foram engendradas para servir a fins sinistros de caráter político, não é menos verdadeiro que só eram consideradas e aceitas pelo fato de que — com seu apoio — qualquer pessoa podia sentir-se — apenas pelo nascimento — "aristocrata" dentro do grupo pré-escolhido pela ideologia como sendo o mais nobre.

(46) Segundo Lord Salisbury, num artigo do *Quarterly Review*, 1869.
(47) E. T. Raymond, *Disraeli, the alien patriot*, Londres, 1925, p. 1.
(48) H. B. Samuel, *op. cit.*; Disraeli, *Tancred* e *Lord George Bentinck*, respectivamente.
(49) Em seu romance *Coningsby*, 1844.
(50) Em suas obras *Lord George Bentinck* (1852), *Endymion* (1881) e *Coningsby* (1844).

O fato de esses novos escolhidos não pertencerem à elite, a um pequeno grupo seleto, que, afinal, era um pré-requisito inerente ao orgulho de um nobre, mas que precisavam compartilhar a sua qualidade de escolhidos com a multidão crescente dos que aderiam à idéia, não prejudicava essencialmente a doutrina, pois aqueles que não pertenciam à "raça escolhida" aumentavam numericamente na mesma proporção, rejeitados aprioristicamente pelos que se julgavam pertencentes a ela.

As doutrinas raciais de Disraeli resultavam não só de sua extraordinária percepção das regras da sociedade, como também da secularização do judaísmo assimilado. Os intelectuais judeus foram envolvidos no processo geral de secularização, que no século XIX já havia perdido o encanto revolucionário da Era do Esclarecimento, quando ainda perdurava a confiança da humanidade idealizada. Esses intelectuais estavam também expostos às influências dos judeus reformistas, que desejavam transformar a religião nacional em mera denominação religiosa. Para atingir esse fim, precisavam transformar os dois elementos básicos da fé judaica — a esperança num Messias e a crença na eleição de Israel — e eliminar das orações as visões de uma restauração do Sião. Sem a esperança messiânica, a idéia do povo escolhido significava eterna segregação; sem a fé na escolha, que dava a um povo específico a responsabilidade da redenção do mundo, a esperança de um Messias diluía-se na incerta névoa da filantropia e do universalismo, tão característicos do empenho político especificamente judeu.

Como resultado transcendental da secularização dos judeus, separou-se do conceito de povo escolhido a esperança num Messias, embora na religião judaica a conjugação desses dois elementos forme um só plano de redenção, concebido por Deus para a humanidade. Da esperança messiânica advinha a inclinação judaica por soluções idealizadas de problemas políticos, que visariam ao estabelecimento de um paraíso na terra. Da crença na escolha do povo por Deus advinha a fantástica ilusão, compartilhada por judeus e não-judeus, de que os judeus são por natureza mais inteligentes, melhores e mais aptos a sobreviver — promotores da história, o sal da terra. Assim, certo de ter-se libertado dos laços e preconceitos nacionais, o intelectual judeu, ao sonhar com um paraíso na terra, estava na verdade mais longe da realidade política do que seus pais, que, ao rezarem pela vinda do Messias, pelo menos esperavam pelo retorno de seu povo à Judéia. Por outro lado, os assimilacionistas, embora desprovidos da entusiástica esperança messiânica, estavam persuadidos de que, como judeus, eram o sal da terra; mas, separando-se das nações por essa profana presunção, afastavam-se delas mais do que seus pais, que aceitavam a separação de Israel dos gentios pelo muro da Lei,* o qual, todavia, segundo a crença mística, viria a ser destruído após a vinda do Messias. Assim, os "judeus-exceção" chegaram a se julgar por demais "esclarecidos" para continuarem a crer em Deus e, em virtude de sua excepcional posição em toda parte, supersticiosos em demasia para abandonar a autoconfiança. Esse conjunto de fatores corroía

(*) Lei, segundo o conceito ortodoxo judaico, é o conjunto normativo do Pentateuco, destinado — até a vinda do Messias — tão-só aos judeus. (N. E.)

os fortes laços de piedosa esperança que até então ainda uniam Israel ao resto da humanidade.

Assim, a secularização produziu o paradoxo decisivo para a formação da psicologia do judeu moderno: tendo transformado a religião nacional — essência do grupo — em formal denominação confessional, e eliminando a consciência nacional ao substituir o ambíguo desejo de Estado e Sociedade próprios por não menos ambíguos engenhos e truques psicológicos, a secularização engendrou o chauvinismo judeu, entendendo-se por chauvinismo o nacionalismo pervertido no qual (nas palavras tiradas de Chesterton) "o próprio indivíduo deve ser adorado como reflexo do grupo ao qual pertence, tornando-se o seu próprio ideal e até o seu próprio ídolo". O antigo conceito religioso de escolha divina deixou de ser a essência do judaísmo, tornando-se, em vez disso, a essência distintiva da qualidade de ser judeu.

Esse paradoxo encontrou sua mais fascinante encarnação em Disraeli. Disraeli era imperialista inglês e chauvinista judeu; mas é fácil perdoar um chauvinismo que era um jogo da imaginação, porque, afinal de contas, "a Inglaterra era a Israel de sua imaginação";[51] e também não é difícil perdoar seu imperialismo inglês, que tinha pouco em comum com a obstinada compulsão de expandir-se por amor à expansão, porque, afinal de contas, ele "nunca foi um inglês completo e se orgulhava disso".[52] Todas essas curiosas contradições, que indicam tão claramente que o poderoso mágico nunca se levou muito a sério e sempre representou um papel para conquistar a sociedade e granjear popularidade, constituem um singular encanto: dão a todos os seus pronunciamentos um quê de sonho e de entusiasmo charlatão, que o torna completamente diferente dos seus seguidores imperialistas. Teve sorte de alimentar seus sonhos e representar seu papel na época em que os negociantes ainda não haviam decidido realizar a idéia imperial, e até se opunham às "aventuras coloniais". Sua supersticiosa crença em sangue e raça — à qual ele acrescentava velhas credulidades populares e românticas acerca da ligação supranacional entre ouro e sangue — ainda não engendrava suspeitas de possíveis massacres, ocorressem eles na África, na Ásia ou na Europa, fossem quem fossem suas vítimas. Começou sua carreira como um escritor não muito dotado, e manteve sempre o papel de intelectual a quem o acaso fez membro do Parlamento, líder do seu partido, primeiro-ministro e amigo da rainha Vitória.

A noção que Disraeli tinha do papel dos judeus na política data da época em que era ainda simples escritor e não havia iniciado carreira política. Suas idéias a respeito não eram, portanto, resultado da experiência própria, mas ateve-se a elas com notável tenacidade durante toda a sua vida.

Em seu primeiro romance, *Alroy* (1833), Disraeli elaborou o plano de um Império Judeu no qual os judeus reinariam como uma classe estritamente delimitada e separada. O romance mostra a influência das ilusões reinantes na época a respeito das possibilidades de poder dos judeus, bem como a ignorância

(51) *Sir* John Skleton, *op. cit.*
(52) Horace B. Samuel, *op. cit.*

do jovem autor quanto às verdadeiras condições de poder no seu tempo. Onze anos mais tarde, a experiência política no Parlamento e as relações com homens eminentes haviam ensinado a Disraeli que "os objetivos dos judeus, quaisquer que tenham sido antes e depois, estavam, na sua época, muito longe da afirmação da nacionalidade política sob qualquer forma".[53] Noutro romance, *Coningsby*, ele já abandonou o sonho de um Império Judeu e revelou um plano fantástico, segundo o qual o dinheiro judeu domina a ascensão e a queda de cortes e de impérios, e reina de modo supremo na diplomacia. Nunca mais ele abandonou essa segunda noção de uma secreta e misteriosa influência dos homens escolhidos da raça escolhida, que substituiu seu sonho anterior de misteriosa casta dominante, abertamente constituída. Essa idéia tornou-se o pivô de sua filosofia política. Em contraste com os seus mui admirados banqueiros judeus, que concediam empréstimos aos governos e recebiam comissões, Disraeli, com a incompreensão de leigo, não entendia como tais possibilidades de poder fossem manuseadas por pessoas desprovidas da ambição do poder, e não compreendia que um banqueiro judeu estivesse ainda menos interessado em política do que seus colegas não-judeus; pelo menos para Disraeli, era natural que a riqueza judaica servisse de instrumento para a política judaica. Quanto mais vinha a saber da eficaz organização dos banqueiros judeus em questões de negócios e de sua troca internacional de notícias e informações, mais se convencia de que se tratava de algo como uma sociedade secreta que, sem que ninguém o soubesse, tinha nas mãos os destinos do mundo.

A crença na conspiração alimentada por uma sociedade secreta alcançou a maior força propagandística na publicidade anti-semita, ultrapassando em importância as tradicionais superstições a respeito de assassinatos rituais e envenenamento de poços, supostamente cometidos pelos judeus. É altamente significativo que Disraeli, para fins exatamente opostos e numa época em que ninguém pensava seriamente em sociedades secretas, houvesse chegado a conclusões idênticas, pois mostra claramente o quanto essas invenções foram devidas a motivos e ressentimentos sociais, e até que ponto explicavam, mais facilmente do que a verdade, as atividades econômicas e políticas. Aos olhos de Disraeli, como aos olhos de muitos outros charlatães menos conhecidos e famosos depois dele, todo o jogo político era travado entre sociedades secretas. Não apenas os judeus, mas qualquer outro grupo cuja influência não fosse politicamente organizada, ou que estivesse em oposição ao sistema social e político, eram para ele forças ocultas que agiam nos bastidores. Em 1863, julgou assistir a "uma luta entre as sociedades secretas e os milionários europeus; até agora quem ganhou foi Rothschild".[54] Mas dizia também que "a igualdade natural dos homens e a supressão da propriedade são proclamadas pelas sociedades secretas";[55] ainda em 1870 falava com seriedade das forças "subterrâneas" e acreditava sinceramente que "sociedades secretas com suas ligações interna-

(53) Monypenny e Buckle, *op. cit.*, p. 882.
(54) *Ibid.*, p. 73. Numa carta à sra. Brydges Williams de 21 de julho de 1863.
(55) *Lord George Bentinck*, p. 497.

cionais, e a Igreja de Roma usando de suas pretensões e métodos, bem como o eterno conflito entre a ciência e a fé", determinavam o curso da história humana.[56]

A inacreditável ingenuidade de Disraeli fazia-o ligar todas essas forças "secretas" aos judeus. "Os primeiros jesuítas foram judeus; aquela misteriosa diplomacia russa que tanto alarma a Europa ocidental é organizada e principalmente executada por judeus; essa poderosa revolução que se prepara neste instante na Alemanha e que será, de fato, uma segunda e maior Reforma (...) está sendo elaborada inteiramente sob os auspícios dos judeus", "homens de raça judia estão à frente de cada um dos grupos comunistas e socialistas. O povo de Deus coopera com ateus: os mais hábeis acumuladores de propriedade se aliam aos comunistas, a raça singular e escolhida dá mãos à escória e às castas inferiores da Europa! E tudo porque desejam destruir esse cristianismo ingrato que lhes deve até o nome, e cuja tirania não podem mais suportar".[57] Na imaginação de Disraeli, o mundo se havia sub-repticiamente tornado judeu.

Nessa singular fantasia acabou sendo traçado até mesmo o mais engenhoso dos truques publicitários de Hitler: a aliança secreta entre o judeu capitalista e o judeu socialista. Por mais imaginária que fosse essa idéia, não se pode negar que ela tinha sua lógica. Ao partir da premissa, como o era a de Disraeli, de que milionários judeus eram arquitetos da política judaica; ao levar-se em conta os insultos que os judeus haviam recebido durante séculos (que, por mais reais que fossem, não deixaram de ser exagerados pela propaganda de apologia dos judeus); ao observar os casos, não muito raros, da ascensão de filhos milionários judeus à liderança de movimentos dos trabalhadores; ao verificar a forte interligação existente entre as famílias judaicas, não parecia tão inviável, a ponto de chegar a ser rejeitada, a imagem oferecida por Disraeli — retomada por vários anti-semitas no futuro — de calculada vingança dos judeus contra os povos cristãos. Na verdade, os filhos dos milionários judeus se inclinavam para os movimentos de esquerda precisamente porque lhes faltava aquela consciência de classe (peculiar no filho de um burguês comum), exatamente como, pelas mesmas razões, os trabalhadores não alimentavam aqueles sentimentos anti-semitas, declarados ou não, que sentiam as outras classes. Assim, os movimentos de esquerda em diversos países passaram a oferecer aos judeus as únicas possibilidades reais de assimilação genuína.

A persistente propensão de Disraeli a explicar a política em termos de sociedades secretas baseava-se em experiências que, mais tarde, convenceram muitos outros intelectuais europeus de menor importância. Sua experiência era esta: era muito mais difícil penetrar na sociedade inglesa do que obter um lugar no Parlamento. A sociedade inglesa do seu tempo reunia-se em clubes elegantes que independiam de diferenças partidárias. Os clubes, embora fossem extremamente importantes na formação de elite política, escapavam ao controle público. Para quem estivesse de fora, deviam ter parecido realmente muito

---

(56) Em seu romance *Lothair*, 1870.
(57) *Lord George Bentinck*, id.

misteriosos. Eram secretos no sentido de que poucos lhes tinham acesso. Tornavam-se misteriosos na medida em que membros de outras classes, que pediam admissão, eram recusados após uma pletora de dificuldades incalculáveis, imprevisíveis e aparentemente irracionais. Nenhuma honraria política podia igualar-se aos triunfos decorrentes daquela associação íntima com os privilegiados. E mesmo no fim da vida as ambições de Disraeli nada pareciam sofrer, embora ele experimentasse várias derrotas políticas, já que permanecia sendo "a mais importante figura da sociedade londrina".[58] Em sua ingênua certeza da suprema importância das sociedades secretas, Disraeli foi precursor das camadas sociais que, nascidas à margem da estrutura da sociedade, jamais puderam compreender devidamente as suas normas e se encontravam no estado de coisas em que se confundiam as distinções entre sociedade e política, mas onde, a despeito de condições aparentemente caóticas, saía sempre vitorioso o estreito interesse de classe. Qualquer pessoa só podia concluir que era preciso uma instituição estar conscientemente estabelecida e ter objetivos definidos para ser responsável por tão notáveis resultados. De fato, nesse jogo bastava resoluta vontade política para dar uma imagem estereotipada do semiconsciente manuseio de interesses e maquinações, basicamente sem propósito. Foi o que ocorreu por um breve período na França durante o Caso Dreyfus, e depois na Alemanha, durante a década que precedeu a subida de Hitler ao poder.

Disraeli, contudo, situava-se não só fora da sociedade inglesa, mas também fora da sociedade judaica. Pouco sabia da mentalidade dos banqueiros judeus que tanto admirava, e teria ficado muito desapontado se houvesse compreendido que esses "judeus-exceção", a despeito de serem excluídos da sociedade burguesa (à qual nunca realmente procuraram ser admitidos), compartilhavam o seu próprio princípio político de que a atividade política gira em torno da proteção da propriedade e dos lucros. Disraeli via apenas um grupo sem nenhuma organização política aparente, cujos membros permaneciam unidos por um número supostamente infinito de ligações familiares e comerciais — e isso o impressionava. Sua imaginação punha-se a trabalhar sempre que tinha de lidar com eles, e encontrava "prova" para tudo. Não era difícil: as ações do canal de Suez foram oferecidas ao governo inglês graças às informações de Henry Oppenheim, que havia tomado conhecimento de que o quediva do Egito estava ansioso por vendê-las, e a venda foi realizada com o auxílio de um empréstimo de 4 milhões de libras esterlinas concedidas por Lionel Rothschild.

---

(58) Monypenny e Buckle, *op. cit.*, p. 1470. Essa excelente biografia avalia corretamente o triunfo de Disraeli. Após ter citado *In memoriam*, canto 64, de Tennyson, continua assim: "Num particular, o sucesso de Disraeli foi mais extraordinário do que sugerem os versos de Tennyson; não apenas galgou a escada social até o topo e 'deu forma aos segredos do trono'; conquistou também a sociedade. Dominou os banquetes e o que chamaríamos de salões de Mayfair (...) e o sucesso social, o que quer que pensem os filósofos do seu valor intrínseco, certamente não foi menos difícil para um estranho menosprezado do que o sucesso político, e foi talvez mais doce ao seu paladar" (p. 1506).

As convicções raciais de Disraeli e suas teorias a respeito de sociedades secretas originavam-se, em última análise, do desejo de explicar algo aparentemente misterioso e, de fato, quimérico. Não podia transformar o quimérico poder dos "judeus-exceção" numa realidade política; mas podia ajudar, e ajudou, a transformar a quimera em temor público, e a divertir uma sociedade entediada com histórias da carochinha, extremamente perigosas.

Com a consistência da maioria dos racistas fanáticos, Disraeli mencionava sempre com desprezo o "moderno princípio de nacionalidade, novidadeiro e sentimental".[59] Detestava a igualdade política sobre a qual se assentava o Estado-nação e temia pela sobrevivência dos judeus nessas condições. Imaginava que só a raça poderia prover um refúgio social e político contra a equalização. Como conhecia a nobreza do seu tempo muito melhor do que jamais veio a conhecer o povo judeu, não é surpreendente que tenha moldado o conceito de raça à feição de conceitos da aristocracia.

Sem dúvida, esses conceitos, provindo dos socialmente subprivilegiados, teriam tido pouca importância na política européia, se não correspondessem a necessidades políticas reais quando, após a corrida para a África, puderam ser adaptados a fins políticos. Esse desejo de acreditar, por parte da sociedade burguesa, nos ideais de Disraeli deu-lhe o quinhão de genuína popularidade. No fim, não foi por culpa sua que a mesma tendência responsável por sua singular boa sorte pessoal levasse o seu povo à catástrofe.

3. ENTRE O VÍCIO E O CRIME

Paris foi chamada com justiça *la capitale du dixneuvième siècle* (Walter Benjamin). Cheio de promessas, o século XIX havia começado com a Revolução Francesa, testemunhara durante mais de cem anos o esforço inútil para evitar que o cidadão degenerasse em burguês, alcançou seu apogeu no Caso Dreyfus e manteve-se ainda por catorze anos de trégua mórbida. A Primeira Grande Guerra pôde ainda ser ganha pelo encanto jacobino de Clemenceau, o último filho da Revolução Francesa, mas o século de glórias da *nation par excellence* estava por terminar,[60] e Paris foi abandonada, sem significação política e sem esplendor social, à vanguarda intelectual de todos os países. A França desempenhou papel insignificante no século XX, que começou, após a morte de Disraeli, com a corrida colonial para a África, numa competição pelo domínio imperialista da Europa. O declínio da França, portanto, motivado em parte pela vitoriosa expansão econômica das outras nações, e em parte por desintegração interna, pôde assumir formas e seguir leis inerentes ao Estado-nação.

---

(59) *Ibid.*, vol. I, livro 3.
(60) Yves Simon, *La grande crise de la République Française*, Montreal, 1941, p. 20: "O espírito da Revolução Francesa sobreviveu à derrota de Napoleão por mais de um século. (...) Venceu, mas apenas para desaparecer, sem ser notado, no dia 11 de novembro de 1918. A Revolução Francesa? Suas datas deveriam ser fixadas em 1789-1918".

O que ocorreu na França nos anos 80 e 90 aconteceria trinta a quarenta anos depois, em todos os Estados-nações da Europa. A despeito das distâncias cronológicas e étnicas, a república alemã de Weimar e a austríaca tinham historicamente muito em comum com a Terceira República da França, e certos padrões políticos e sociais na Alemanha e na Áustria dos anos 20 e 30 pareciam seguir quase conscientemente o modelo do *fin-de-siècle* francês.

O anti-semitismo do século XIX alcançou na França seu clímax, e foi ali derrotado porque manteve-se limitado à questão doméstica e nacional, sem contato com correntes imperialistas. Os traços principais desse tipo de anti-semitismo reapareceram na Alemanha e na Áustria após a Primeira Grande Guerra, e seu efeito social sobre as respectivas comunidades judaicas foi menos agudo, mas sujeito a outras influências.[61]

Escolhemos os salões do Faubourg Saint-Germain como exemplo do papel dos judeus na sociedade não-judaica da França. Quando Marcel Proust — que era semijudeu e em situações de emergência estava sempre pronto a identificar-se como judeu — saiu em busca do "tempo perdido", escreveu realmente o que um dos seus críticos mais apologéticos chamou de uma *apologia pro vita sua*. A vida daquele que foi o maior escritor da França do século XX foi vivida quase exclusivamente em sociedade; os eventos se lhe afiguravam como eram refletidos pela sociedade, de modo que os reflexos e as reconsiderações constituem a realidade específica e a textura do mundo de Proust.[62] Em toda a *Busca do tempo perdido*, o indivíduo e suas reconsiderações pertencem à sociedade, mesmo quando ele se retira para a solidão muda e incomunicativa, na qual o próprio Proust finalmente desapareceu quando decidiu escrever sua obra. Ali, sua vida, que ele insistia em transformar em experiência interior, e todos os acontecimentos mundanos tornaram-se espelho em cujo reflexo surgia a única verdade. O contemplador da experiência interna assemelha-se ao observador que percebe a realidade somente quando esta é refletida.

Na verdade, não existe melhor testemunho daquele período em que a sociedade se havia emancipado completamente dos interesses públicos, e quando a própria política chegou a fazer parte da vida social. A vitória dos valores burgueses sobre o senso de responsabilidade do cidadão significava a decomposição das questões políticas em fascinantes reflexos. Proust era verdadeiro expoente dessa sociedade, pois estava envolvido em dois "vícios" elegantes, de que ele, "a maior testemunha do judaísmo desjudaizado",[63] era portador: ao

---

(61) O fato de certos fenômenos psicológicos não terem sido tão marcantes nos judeus alemães e austríacos provavelmente resulta, em parte, da profunda influência do movimento sionista sobre os intelectuais judeus. O sionismo, na década que se seguiu à Primeira Grande Guerra, e mesmo na década que a antecedeu, devia sua força menos à perspicácia política que à análise crítica de reações psicológicas e fatos sociológicos. Sua influência era principalmente pedagógica e ia muito além do círculo relativamente pequeno dos membros do movimento sionista.

(62) Comparem-se as interessantes observações sobre esse assunto, feitas por Emmanuel Levinas, em "L'Autre dans Proust", no *Deucalion*, n? 2, 1947.

(63) J. E. van Praag, "Marcel Proust témoin du Judaisme déjudaisé", em *Revue Juive de Genève*, 1937, n?s 48, 49, 50.

seu "vício" da homossexualidade juntava o "vício" de ser judeu. Na análise social e na consideração individual ambos os "vícios" se assemelhavam.⁶⁴

Disraeli havia descoberto que o vício é apenas o reflexo aristocrático daquilo que, quando é cometido entre as massas, é crime. A perversidade humana, quando é aceita pela sociedade, transforma-se, e o ato deliberado assume as feições da qualidade psicológica inerente, que o homem não pode escolher nem rejeitar, que lhe é imposta de fora e que o domina de modo tão compulsivo como a droga domina o viciado. Ao assimilar o crime e transformá-lo em vício, a sociedade nega toda responsabilidade e estabelece um mundo de fatalidades no qual os homens se vêem enredados. O julgamento que via no crime todo afastamento comportamental das normas espelhava pelo menos maior respeito pela dignidade humana. Aceito o crime como espécie de fatalidade, todos podem ser suspeitos de alguma inclinação por ele. "A punição é um direito do criminoso", do qual ele é privado se (nas palavras de Proust) "os juízes presumirem e estiverem inclinados a perdoar o assassínio nos homossexuais e a traição nos judeus, por motivos devidos a suposta (...) predestinação genética". Mas num certo momento essa tolerância pode desaparecer, substituída por uma decisão de liquidar não apenas os verdadeiros criminosos mas todos os que estão "racialmente" predestinados a cometer certos crimes, o que pode ocorrer quando a máquina legal e política, refletindo a sociedade, vier a ser transformada pelos critérios sociais em leis a pregarem essa necessidade de libertação social do perigo em potencial. Se for permitido estabelecer o código legal peculiar à aparente larqueza de espírito que liberta o homem de responsabilidade pelo crime tornado igual ao vício, ele será mais cruel e desumano do que as leis normativas, mesmo que severas, pois estas respeitam e reconhecem a responsabilidade do homem por sua conduta.

Contudo, o Faubourg Saint-Germain, descrito por Proust, estava ainda nos estágios iniciais desse desenvolvimento. Proust descreve de que modo *monsieur* de Charlus, tolerado "a despeito do seu vício", logo atingiu os cumes sociais graças ao seu encanto pessoal e nome tradicional. Não mais precisava viver uma vida dupla e esconder suas dúbias amizades, mas, sim, era até encorajado a trazê-las para as casas elegantes. Certos tópicos de conversação que, por medo de que alguém suspeitasse de sua anomalia, ele antes teria evitado — amor, beleza, ciúme — eram agora avidamente recebidos "em vista da experiência estranha, secreta, refinada e monstruosa sobre a qual ele baseava suas opiniões".⁶⁵

Algo muito semelhante aconteceu com os judeus. As "exceções" individuais e os judeus enobrecidos haviam sido tolerados e até bem recebidos mesmo na sociedade do Segundo Império, mas agora os judeus tornavam-se cada vez

---

Uma curiosa coincidência (ou seria mais do que uma coincidência?) ocorre no filme *Crossfire* [No Brasil, *Rancor*], que lida com a questão judaica. A história foi tomada de *The brick foxhole*, de Richard Brooks, em que o judeu assassinado de *Crossfire* era um homossexual.

(64) Para o texto que segue, ver especialmente *Sodome et Gomorrhe*, parte I.
(65) *Sodome et Gomorrhe*, parte II, capítulo iii.

mais populares como tais. Em ambos os casos, a sociedade não modificava as suas idéias e preconceitos: não se duvidava que os homossexuais eram "criminosos" nem que os judeus eram "traidores"; apenas revisava-se a atitude em relação ao crime e à traição em geral. O que é perturbador no tocante a essa aparente largueza de espírito não está no fato de as pessoas não se horrorizarem diante da rejeição das normas, mas que se tornavam indiferentes perante o crime. A doença mais bem escamoteada do século XIX, o tédio e o cansaço geral da burguesia, havia eclodido como abcesso. Ora, os marginais e os párias, a quem a sociedade recorria em busca do exótico, fossem quem fossem, jamais se deixavam dominar pelo tédio e, se dermos crédito à opinião de Proust, eram os únicos na sociedade do *fin-de-siècle* ainda capazes de sentir e externar paixão. Proust se encontra no labirinto das conexões e ambições sociais pela capacidade de amar de Charlus. A paixão pervertida de *monsieur* de Charlus por Morel, a devastadora lealdade do judeu Swann a sua cortesã, o próprio ciúme desesperado do autor por Albertine, que é, no romance, a própria personificação do vício, deixam bem claro que Proust considerava os marginalizados e os arrivistas, os habitantes de Sodoma e Gomorra, não somente mais humanos, mas também mais normais.

    A diferença existente entre o Faubourg Saint-Germain que havia descoberto a atração exercida pelos judeus e pelos homossexuais e a ralé que gritava "morte aos judeus" consistia no fato de que os salões ainda não se haviam associado abertamente ao crime. Isso significava que, por um lado, ainda não desejavam participar ativamente na matança, e, por outro, que ainda professavam antipatia pelos judeus e horror pelos sexualmente anormais. Naquela situação equívoca, os novos membros da sociedade não podiam ainda confessar abertamente a sua identidade, mas tampouco podiam escondê-la. Tais foram as condições que advieram do complicado jogo de exibição e ocultamento, de meias confissões e distorções mentirosas, da humildade exagerada e da exagerada arrogância, conseqüência do fato de que, se a esotérica qualidade de ser judeu (ou homossexual) havia a ambos aberto as portas dos salões, ao mesmo tempo tornava sua posição extremamente insegura. Nessa situação equívoca, a qualidade de judeu era para o judeu tanto uma mancha física como um misterioso privilégio pessoal, ambos inerentes a uma "predestinação racial".

    Proust descreve longamente como a sociedade, constantemente à espreita do estranho, do exótico, do perigoso, finalmente identifica o refinado com o monstruoso e se prontifica a admitir monstruosidades — reais ou imaginárias — como a estranha e desconhecida "peça russa ou japonesa representada por atores nativos".[66] A "personagem pintada, rechonchuda e apertada em seus botões lembra uma caixa de origem exótica e dúbia, da qual escapa um curioso aroma de frutos, de modo que só o pensamento de prová-los já excita o coração".[67] O "homem de gênio", supõe-se, transmitirá um "senso de sobrena-

---

(66) *Ibid.*
(67) *Ibid.*

tural" e em torno dele a sociedade "se reúne como em torno de távola giratória, para aprender o segredo do Infinito".[68] Na atmosfera dessa "necromancia", um cavalheiro judeu ou uma senhora turca poderiam parecer "como se fossem realmente criaturas invocadas pelo esforço de um médium".[69]

Obviamente, o papel do exótico, do estranho e do monstruoso não podia ser representado por aqueles "judeus-exceção" individuais que, durante quase um século, haviam sido admitidos e tolerados como "arrivistas estrangeiros", e de "cuja amizade ninguém sonharia orgulhar-se".[70] Muito mais adequados eram, naturalmente, aqueles judeus que ninguém até então havia conhecido e que, no estágio inicial de sua assimilação, não eram identificados com a comunidade judaica nem eram seus representantes, pois a identificação e certo grau de conhecimento teriam limitado severamente a imaginação e as expectativas da sociedade. Aqueles que, como Swann, revelavam uma inata inclinação pela sociedade e pelo bom gosto em geral eram admitidos; mais entusiasticamente aceitos, porém, eram aqueles que, como Bloch, pertenciam a "uma família de pouca reputação, (e) que tinham de suportar, como no fundo do oceano, a incalculável pressão do que lhes era imposto não apenas pelos cristãos, mas por todas as camadas intermediárias de castas judaicas superiores à sua, cada uma das quais esmagava com desprezo a que estava imediatamente abaixo". A disposição da sociedade em receber o estranho e o viciado — o mais estranho e o mais viciado possível — pôs fim à ascensão de várias gerações em que os recém-chegados tinham de "cavar o seu caminho em direção ao ar livre, erguendo-se de uma família judia à outra família judia".[71] Não foi por acidente que isso aconteceu pouco depois de a comunidade judaica nativa da França ter cedido ante a iniciativa e a falta de escrúpulos de alguns aventureiros judeus alemães, demonstradas durante o escândalo do Panamá; as exceções individuais, com ou sem título nobiliárquico, que ainda mais avidamente do que antes buscavam a sociedade de salões, já anti-semitas e monarquistas, onde julgavam poder sonhar com os bons velhos tempos do Segundo Império, encontravam-se na mesma categoria daqueles judeus que eles próprios jamais convidariam para uma visita em sua casa. Se a qualidade de ser judeu, como a qualidade de ser exceção, constituía a verdadeira razão para a aceitação dos judeus, então preferiam-se pelo menos aqueles que formavam claramente "uma tropa sólida, homogênea e completamente diferente das pessoas que a viam passar", aqueles que ainda não haviam "alcançado o mesmo estágio de assimilação" dos seus irmãos arrivistas.[72]

Embora Disraeli fosse um daqueles judeus que foram aceitos na sociedade por serem exceções, sua auto-representação secularizada de "eleito" prefigurou e esboçou as linhas ao longo das quais iria se dar a auto-interpretação

---

(68) *Le côté de Guermantes*, parte I, capítulo i.
(69) *Ibid.*
(70) *Ibid.*
(71) *A l'ombre des jeunes filles en fleurs*, II, "Noms de pays: le pays".
(72) *Ibid.*

judaica. Se esta, fantástica e crua como era, não houvesse sido tão estranhamente semelhante ao que a sociedade esperava dos judeus, eles jamais poderiam ter representado seu dúbio papel. Não, naturalmente, que adotassem de maneira conspícua as convicções de Disraeli ou deliberadamente elaborassem aquela auto-interpretação, ainda tímida, de seus predecessores prussianos do começo do século XIX; a maioria deles tinha a sorte de ignorar toda a história judaica. Mas, onde quer que os judeus fossem educados, secularizados e assimilados sob as condições ambíguas do Estado e sociedade na Europa central e ocidental, perdiam aquela medida de responsabilidade política que sua origem implicava e que os judeus banqueiros ainda haviam sentido, embora sob a forma de privilégio e domínio. A origem judaica, sem conotações religiosas e políticas, tornou-se por toda parte uma qualidade psicológica, transformou-se em "qualidade de judeus", e daí por diante podia ser considerada somente na categoria de virtude ou de vício. Se é verdade que a "qualidade de judeu" não se podia ter pervertido em vício interessante sem um preconceito que a considerasse um crime, também é verdade que tal perversão só foi possível graças àqueles judeus que a consideravam uma virtude inata.

Têm-se acusado os judeus assimilados de se alienarem do judaísmo, e freqüentemente se pensa no genocídio que os atingiu como um sofrimento tão horrível quanto insensato, na medida em que foi desprovido até da antiga qualidade de martírio. Esse argumento despreza o fato de que, no que concerne aos velhos modos de crença e de vida, a alienação era igualmente aparente nos países da Europa oriental. Mas a noção costumeira de que os judeus da Europa ocidental eram "desjudaizados" é enganadora por outra razão. O quadro pintado por Proust, em contraste com as afirmações obviamente unilaterais do judaísmo oficial, mostra que nunca o fato de se ter nascido judeu representou um papel tão decisivo na vida privada e na existência diária como entre os judeus assimilados. O reformador judeu que transformou a religião nacional em denominação religiosa, sabendo que a religião é um assunto privado; o revolucionário judeu que fingia ser um cidadão do mundo para desfazer-se da nacionalidade judaica; o judeu educado, que era "um homem na rua e judeu em casa" — todos eles conseguiram converter uma qualidade nacional em assunto privado. O resultado foi que suas vidas particulares, suas decisões e sentimentos se tornaram centro de seu "judaísmo". E, quanto mais o fato do nascimento "judaico" perdia seu significado religioso, nacional e econômico-social, mais obcecante se tornava esse "judaísmo"; os judeus se obcecavam por ele como se fosse um defeito ou uma qualidade física, e se atinham a ele como há quem se atenha a um vício.

A "disposição inata" de Proust nada mais é senão uma obsessão pessoal e particular, que era tão amplamente justificada por uma sociedade na qual o sucesso e o fracasso dependiam do fato de se ter nascido judeu. Proust viu nela, erradamente, a "predestinação racial", porque apenas enxergou e descreveu seu aspecto social e seus efeitos sobre o indivíduo. E é verdade que, para o observador que a registrasse, a conduta do grupo judaico mostrava a mesma obsessão que, nos padrões de conduta, adotavam os homossexuais.

Ambos sentiam-se superiores ou inferiores, mas em ambos os casos orgulhosamente diferentes dos outros seres normais; ambos acreditavam que a sua diferença era um fato natural adquirido por nascimento; ambos estavam constantemente justificando, não o que faziam, mas o que eram; e, finalmente, ambos hesitavam sempre entre a atitude de quem pede desculpas e a afirmação súbita e provocadora de quem se julga elite. Como se a natureza houvesse congelado para sempre suas posições sociais, nenhum dos dois podia sair do seu grupo e ingressar no outro. Também outros membros da sociedade sentiam a necessidade de pertencer a um grupo — "a questão não é, como era para Hamlet, ser ou não ser, mas sim pertencer ou não pertencer"[73] —, mas essa necessidade não era tão intensa. Uma sociedade que já se desintegrava em pequenos grupos e não mais tolerava como indivíduos nem estranhos nem judeus nem homossexuais, acolhendo-os apenas em virtude das circunstâncias peculiares que "permitiam" essa aceitação, parecia corporificar os sentimentos de clã.

Cada sociedade exige de seus membros uma certa dose de representação — a capacidade de apresentar, desempenhar, interpretar aquilo que se realmente é. Quando a sociedade se desintegra em grupos, essa exigência não se aplica mais aos homens como indivíduos, e sim como membros dos grupos. A conduta passa então a ser controlada por exigências silenciosas e não por capacidades individuais, exatamente do modo como o desempenho de um ator deve enquadrar-se no conjunto de todos os outros papéis da peça. Os salões do Faubourg Saint-Germain enquadravam-se nesse conjunto de grupos, cada qual exibindo um padrão extremo de conduta. O papel dos anormais sexuais era exibir sua anomalia, o dos judeus era representar a "magia negra", o dos aristocratas era mostrar que não eram como pessoas comuns, os burgueses. A despeito do sentimento de clã, era verdade que, como observou Proust, "exceto em dias de catástrofe geral, quando a maioria se agrupa em torno da vítima como os judeus se agruparam em torno de Dreyfus",[74] todos esses recém-chegados evitavam relações com os outros membros de sua espécie. Os sinais de distinção só sendo determinados pelo conjunto do grupo, os judeus — ou homossexuais — sentiam-se privados de sua distinção numa sociedade de judeus ou de homossexuais, onde a condição de judeu ou de homossexual era a mais natural, mais desinteressante e mais banal do mundo. O mesmo, contudo, era também verdadeiro com relação àqueles que os acolhiam, e que necessitavam de um conjunto de elementos em contraponto, diante dos quais eles próprios pudessem ser diferentes, os não-aristocratas que admiravam os aristocratas, como estes admiravam os judeus ou os homossexuais.

Embora esses grupos não tivessem nenhuma consistência própria, dissolvendo-se logo que os membros de outros grupos se afastavam, seus membros usavam de uma misteriosa linguagem de sinais, como se necessitassem de algo estranho que os identificasse uns aos outros. Proust trata com detalhes a importância desses sinais, especialmente para os recém-chegados. Contudo, ao con-

---

(73) *Sodome et Gomorrhe*, parte II, capítulo iii.
(74) *Sodome et Gomorrhe*, parte I.

trário dos homossexuais, mestres em linguagem de sinais, que pelo menos escondiam um segredo verdadeiro, os judeus usavam essa linguagem apenas para criar a esperada atmosfera de mistério. Seus sinais indicavam, de modo misterioso e ridículo, algo que todo o mundo sabia: que, no canto do salão da princesa de tal, estava sentado outro judeu que não podia abertamente revelar sua identidade mas que, sem essa qualidade no fundo desprovida de sentido, nunca teria galgado aquele lugar.

Vale notar que a nova sociedade mista do fim do século XIX, como os primeiros salões judeus de Berlim, girava em torno da nobreza. A essa altura, a aristocracia havia perdido quase toda a sua avidez pela cultura e a curiosidade pelos "novos espécimes da humanidade", mas conservava ainda o velho desprezo pela sociedade burguesa. Ansiava pela distinção social como resposta à igualdade política e à perda de posição e privilégios políticos que advieram com o estabelecimento da Terceira República. Após a breve e artificial ascensão durante o Segundo Império, a aristocracia francesa manteve-se apenas às custas de sentimento de clã e de pálidas tentativas de reservar os mais altos postos do Exército para seus filhos. Muito mais forte que a ambição política era o agressivo desdém pelos padrões da classe média, que, sem dúvida, foi um dos principais motivos da aceitação de indivíduos e de grupos inteiros de pessoas que haviam pertencido a classes socialmente rejeitadas. O mesmo motivo que havia levado os aristocratas prussianos a se reunirem socialmente com atores e judeus levou na França os invertidos ao prestígio social. Por outro lado, as classes médias não haviam adquirido a dignidade social, embora houvessem, entretanto, galgado riqueza e poder. A ausência de uma hierarquia política no Estado-nação e a vitória da igualdade tornou "a sociedade secretamente mais hierárquica à medida que se tornava externamente mais democrática".[75] Como os círculos sociais exclusivos do Faubourg Saint-Germain encarnavam o princípio da hierarquia, cada sociedade da França "reproduzia as características mais ou menos modificadas, mais ou menos em caricatura daquela sociedade do Faubourg Saint-Germain, que ela fingia, às vezes, (...) desdenhar, independentemente do *status* ou das idéias políticas de seus membros". A sociedade aristocrática pertencia ao passado apenas na aparência; na verdade, permeava todo o corpo social (e não apenas o povo) e tinha suas ramificações não só na França; assim impunha "o tom e a letra da vida social elegante".[76] Quando Proust sentiu a necessidade de uma *apologia pro vita sua* e reanalisou a sua vida, vivida em rodas dos aristocratas, analisou a sociedade.

O aspecto principal do papel dos judeus nessa sociedade *fin-de-siècle* foi paradoxal: foi o anti-semitismo do Caso Dreyfus que abriu aos judeus as portas da sociedade, e foi o fim do Caso, ou melhor, a descoberta da inocência de Dreyfus que pôs um fim à sua glória social.[77] Em outras palavras, não impor-

(75) *Le côté de Guermantes*, parte II, capítulo iii.
(76) Ramon Fernandez, "La vie sociale dans l'oeuvre de Marcel Proust", em *Les Cahiers Marcel Proust*, n.º 2, 1927, XVI.
(77) "Mas, era o momento em que, das conseqüências do Caso Dreyfus, nascera um movimento anti-semita, paralelo a um movimento mais intenso, de penetração dos israelitas na socie-

tava o que os judeus pensassem de si mesmos ou de Dreyfus; só podiam representar o papel que lhes fora ditado pela sociedade, enquanto essa mesma sociedade estivesse convencida de que pertenciam a uma raça de traidores. Quando se descobriu que o traidor era uma vítima assaz obtusa de uma conspiração ordinária, e se provou a inocência dos judeus, o interesse social pelos judeus murchou tão rapidamente quanto o anti-semitismo político. Os judeus passaram novamente a ser vistos como mortais comuns, e retornaram à insignificância, de onde haviam sido temporariamente guindados pelo suposto crime de um dos seus.

Imediatamente após a Primeira Grande Guerra, os judeus da Alemanha e Áustria gozaram, essencialmente, do mesmo tipo de glória social, embora sob circunstâncias muito mais severas. Na época, seu suposto crime era serem culpados da guerra, crime que, por não ser mais identificado como ato único de único indivíduo, não podia ser negado, de modo que o julgamento da ralé — para a qual a condição de judeu já era um crime — permaneceu inalterado, e a sociedade pôde continuar até o fim a divertir-se e sentir-se fascinada com os judeus. Se existe alguma verdade psicológica na teoria do bode expiatório, ela está no efeito da atitude social em relação aos judeus; pois, quando a legislação anti-semita forçou a sociedade a expulsar os judeus, foi como se esses "filo-semitas" tivessem de expurgar-se de alguma depravação secreta, limpar-se de algum estigma de que, misteriosa e perversamente, haviam gostado. É certo que essa psicologia não chega a explicar por que esses "admiradores" dos judeus tornaram-se finalmente seus verdugos, e pode-se mesmo duvidar que estivessem entre os principais dirigentes das fábricas de morte, embora seja espantosa a proporção das chamadas classes educadas entre aqueles que realmente assassinaram os judeus. Mas explica a incrível deslealdade exatamente daquelas camadas da sociedade que mais intimamente haviam conhecido os judeus e que mais se haviam deleitado e encantado com seus amigos judeus.

Para os judeus, a transformação do "crime" do judaísmo no "vício" elegante da condição de judeu era extremamente perigosa. Os judeus haviam podido escapar do judaísmo para a conversão; mas era impossível fugir da condição de judeu. Além disso, se um crime é punido com um castigo, um vício só pode ser exterminado. A interpretação dada pela sociedade ao fato de se nascer judeu e ao papel dos judeus na estrutura da vida social está intimamente ligada à catastrófica minuciosidade com que os mecanismos anti-semitas puderam ser postos a funcionar. O anti-semitismo tinha suas raízes nessas condições sociais, e não só nas circunstâncias políticas. E, embora o conceito de raça tivesse outros fins e funções, mais imediatamente políticos, sua aplicação à questão judaica em seu mais sinistro aspecto deveu muito do seu sucesso aos fenômenos e convicções sociais que virtualmente significavam o consentimento da opinião pública.

---

dade. Não erravam os políticos ao pensarem que a descoberta do erro judiciário constituiria um golpe no anti-semitismo. Mas, pelo menos provisoriamente, um anti-semitismo mundano seria assim, ao inverso, acrescido e exasperado." Ver *A fugitiva*, capítulo II.

As forças decisórias nesse processo de levar os judeus ao centro da tempestade de acontecimentos eram indubitavelmente políticas; mas as reações da sociedade ao anti-semitismo e o reflexo psicológico da questão judaica no indivíduo tiveram algo a ver com aquele tipo específico de crueldade, com aquela agressão premeditada contra todo indivíduo de origem judaica, que já caracterizavam o anti-semitismo do Caso Dreyfus. Essa caça apaixonada ao "judeu em geral", "judeu de toda parte e de parte nenhuma", não pode ser compreendida se se considera a história do anti-semitismo como entidade própria, como mero movimento político. Houve fatores sociais não explicados na história política ou econômica, ocultos sob a tona dos acontecimentos, nunca percebidos pelo historiador, e registrados apenas pela força mais penetrante e apaixonada dos poetas e romancistas — homens que a sociedade havia impelido à desesperada solidão e isolamento de uma *apologia pro vita sua* —, fatores que mudaram o rumo que o mero anti-semitismo político teria tomado, se fosse abandonado a si próprio, e que o teria levado a leis antijudaicas, e até à expulsão em massa, mas não ao coletivo extermínio indiscriminado.

Desde a época em que o Caso Dreyfus e a ameaça política que ele constituiu aos direitos dos judeus da França produziram uma situação social na qual os judeus gozavam de uma glória ambígua, o anti-semitismo apareceu na Europa como uma mistura indissolúvel de motivos políticos e elementos sociais. A primeira reação da sociedade a um forte movimento anti-semita era uma marcante preferência pelos judeus, de sorte que a observação de Disraeli, de que "não há raça atualmente (...) que tanto deleite e fascine e enalteça e enobreça a Europa como os judeus", se tornava particularmente verdadeira em tempo de perigo. O "filo-semitismo" social sempre terminava por dotar o anti-semitismo político daquele fanatismo misterioso sem o qual o anti-semitismo não poderia ter-se tornado o melhor lema para organizar as massas. Todos os *déclassés* da sociedade capitalista estavam finalmente prontos a unir-se e a estabelecer suas próprias organizações populares; sua propaganda e sua atração repousavam na premissa de que uma sociedade que havia demonstrado estar disposta a incorporar à sua estrutura o crime sob a forma de vício estaria agora pronta a purificar-se do mal, reconhecendo abertamente os criminosos para publicamente cometer os crimes.

4
O CASO DREYFUS

1. OS FATOS

Aconteceu na França no fim de 1894. Alfred Dreyfus, um oficial judeu do Estado-Maior francês, foi acusado e condenado por espionagem em favor da Alemanha. O veredicto — deportação perpétua para a Ilha do Diabo — foi unânime. O julgamento foi realizado a portas fechadas. De todo o volumoso dossiê da acusação, só foi exibido o chamado *bordereau*. Tratava-se de uma carta, supostamente escrita por Dreyfus, endereçada ao adido militar alemão, Schwartzkoppen. Em julho de 1895, o coronel Picquard tornou-se chefe da Seção de Estatística do Estado-Maior, na realidade encarregada de informações e contra-espionagem. Em maio de 1896, disse ao chefe do Estado-Maior, Boisdeffre, que estava convencido da inocência de Dreyfus e da culpabilidade de um outro oficial, major Walsin-Esterhazy. Seis meses mais tarde, Picquard foi removido para um perigoso posto na Tunísia. Ao mesmo tempo, Bernard Lazare, a pedido dos irmãos de Dreyfus, publicava o primeiro panfleto sobre o Processo: *Une erreur judiciaire: la vérité sur l'affaire Dreyfus*. Em junho de 1897, Picquard informou Scheurer-Kestner, vice-presidente do Senado, sobre o julgamento e a inocência de Dreyfus. Em novembro de 1897, Clemenceau iniciou a sua luta para reexaminar o caso. Quatro semanas mais tarde, Zola aderiu aos partidários de Dreyfus. *J'accuse* foi publicado pelo jornal de Clemenceau em janeiro de 1898. Ao mesmo tempo, Picquard era preso. Zola, levado em fevereiro a julgamento por calúnia contra o Exército, foi condenado tanto pelo tribunal comum como pelo Tribunal de Apelação. Em agosto de 1898, Walsin-Esterhazy foi reformado por crime de peculato. Imediatamente, contou a um jornalista inglês que ele — e não Dreyfus! — era o autor do *bordereau*, tendo forjado a letra de Dreyfus por ordem do coronel Sandherr, seu superior e antigo chefe da Seção de Estatística. Alguns dias mais tarde, o tenente-coronel Henry, outro membro do mesmo departamento, foi preso por ter forjado várias peças do dossiê secreto de acusação; ele se suicidou na prisão. Em seguida, o Tribunal de Apelação ordenou uma nova investigação do processo Dreyfus.

Em junho de 1899, o Tribunal de Apelação anulou a sentença de 1894 contra Dreyfus. Um novo processo foi realizado em Rennes em agosto. A 9 de setembro, a sentença foi mudada para dez anos de prisão, devido a "circunstâncias atenuantes". Dez dias mais tarde, Dreyfus foi indultado pelo presidente da República. A Exposição Mundial foi inaugurada em Paris em abril de 1900. Em maio, quando estava garantido o sucesso da Exposição, a Câmara de Deputados, por maioria absoluta, votou contra qualquer nova revisão do processo Dreyfus. Em dezembro do mesmo ano, todos os julgamentos ligados ao caso foram encerrados por anistia geral.

Em 1903, Dreyfus solicitou nova revisão. Sua petição foi ignorada até 1906, quando Clemenceau galgou o posto de primeiro-ministro. Em julho de 1906, o Tribunal de Apelação anulou a sentença de Rennes e absolveu Dreyfus de todas as acusações, embora, segundo as leis da França, não tivesse autoridade para absolver: só poderia ter ordenado novo julgamento. Nova revisão ante uma corte militar, porém, teria, provavelmente e a despeito de todas as provas esmagadoras a favor de Dreyfus, levado a nova condenação. Portanto, Dreyfus nunca foi absolvido de acordo com a lei, e o processo Dreyfus nunca foi realmente encerrado.[1] A reintegração do acusado nunca foi reconhecida pelo povo francês, e as paixões originalmente suscitadas nunca se acalmaram inteiramente. Ainda por volta de 1908, nove anos após o perdão e dois anos depois de ter sido inocentado, quando, a pedido de Clemenceau, o corpo de Emile Zola foi transferido para o Panteão, Alfred Dreyfus foi atacado na rua. Um tribunal de Paris absolveu o agressor, afirmando discordar da decisão que havia inocentado Dreyfus.

Mais estranho ainda é o fato de que nem a Primeira nem a Segunda Guerra Mundial fizeram esquecer o processo. Por iniciativa da Action Française, o *Précis de l'Affaire Dreyfus*[2] foi reeditado em 1924 e tornou-se, de lá para cá, o manual de referência oficial dos adversários de Dreyfus. Na estréia de *L'Affaire Dreyfus* (peça teatral escrita por Rehfisch e Wilhelm Herzog sob o pseudônimo de René Kestner), em 1931, reinava ainda a atmosfera dos anos 90 com discussões na platéia, bombas asfixiantes nas primeiras filas, tropas de choque da Action Française colocadas nos arredores para aterrorizar atores, platéia e curiosos. Aliás, o governo — de Laval — não agiu diferentemente dos seus predecessores de trinta anos antes: confessou de bom grado que não podia garantir uma única representação sem tumulto, oferecendo assim mais um triunfo tardio aos adversários de Dreyfus. A peça teve de ser suspensa. Quando

---

(1) A obra até hoje indispensável sobre o assunto é a de Joseph Reinach, *Histoire de l'Affaire Dreyfus*, Paris, 1903-11, 7 vols. Dentre os estudos recentes, o mais detalhado, escrito de um ponto de vista socialista, é de autoria de Wilhelm Herzog, *Der Kampf einer Republik* [Luta de uma república], Zurique, 1933. Suas completas tábuas cronológicas são muito valiosas. A melhor apreciação política e histórica do processo é encontrada em D. W. Brogan, *The development of modern France*, 1940, livros VI e VII. Breve e fidedigno é G. Charensol, *L'Affaire Dreyfus et la Troisième République*, 1930.

(2) Escrito por dois oficiais e publicado sob o pseudônimo de Henri Dutrait-Crozon.

Dreyfus morreu, em 1935, a imprensa, por medo, não comentou a questão.³ Só os jornais da esquerda retomaram os velhos termos para se referir à inocência de Dreyfus, enquanto os da direita voltaram à culpabilidade de Dreyfus. Ainda hoje, embora em menor escala, o Caso Dreyfus divide a política francesa. Quando Pétain foi condenado, o influente jornal de província, *Voix du Nord* (de Lille), comparou o processo Pétain ao de Dreyfus e afirmou que "o país permanece dividido como estava após o processo Dreyfus", porque o veredicto da corte não podia solucionar um conflito político e "trazer para todos os franceses a paz de espírito ou de coração".⁴

Enquanto o Caso Dreyfus em seu amplo aspecto político pertenceu ao século XX, o processo Dreyfus e os vários julgamentos do capitão judeu Alfred Dreyfus são bem típicos do século XIX, quando se seguiam com tanto interesse os processos legais, porque cada instância tentava testar a maior conquista do século, que era a completa imparcialidade da justiça. É peculiar daquele período que um erro judicial pudesse despertar tais paixões políticas e inspirar uma sucessão tão infindável de julgamentos e revisões, para não mencionar os duelos e as lutas corporais. A doutrina da igualdade perante a lei estava ainda tão firmemente implantada na consciência do mundo civilizado que um único erro da justiça era capaz de provocar a indignação pública, de Moscou a Nova York. Ninguém, exceto na própria França, era suficientemente "moderno" para associar o assunto a questões políticas.⁵ O mal causado a um único oficial judeu na França pôde provocar no resto do mundo reações mais veementes e mais unidas do que todas as perseguições a judeus alemães uma geração depois. Até a Rússia czarista pôde acusar a França de barbárie, enquanto na Alemanha os membros da *entourage* do *Kaiser* expressavam abertamente sua indignação.⁶

As *dramatis personal* do processo pareciam ter saído das páginas de Balzac: de um lado, os generais classistas procurando freneticamente acobertar

---

(3) O *Action Française* (19 de julho de 1935) louvou o autocontrole da imprensa francesa, enquanto expressava a opinião de que "os famosos campeões da justiça e da verdade de quarenta anos atrás não deixaram discípulos". [*Action Française* era o principal órgão de imprensa do mais ativo agrupamento francês, do mesmo nome. (N. E.)]

(4) Ver G. H. Archambault no *New York Times*, 18 de agosto de 1945, p. 5.

(5) Discutiremos adiante as únicas exceções, que foram os jornais católicos, a maioria dos quais promovia agitação contra Dreyfus em todos os países. A opinião pública norte-americana chegou a tal exacerbação que, além dos protestos, foi iniciado um boicote organizado contra a Exposição Mundial de Paris, a inaugurar-se em 1900. Essa ameaça teve o efeito que comentaremos a seguir. Para uma análise da situação, ver a tese de doutorado de Rose A. Halperin, "The American reaction to the Dreyfus Case", 1941, arquivada na Universidade Columbia. A autora deseja agradecer ao professor Salo W. Baron pela gentileza de colocar esse estudo à sua disposição.

(6) Assim, por exemplo, H. B. von Buelow, o *chargé-d'affaires* alemão em Paris, escreveu para o chanceler do Reich, Hohenlohe, que o veredicto de Rennes era uma "mistura de vulgaridade e covardia, que são os sinais mais evidentes do barbarismo", e que a França "com isso rompeu com a família de nações civilizadas" (citado por Herzog, *op. cit.*, com data de 12 de setembro de 1899). Na opinião de von Buelow, o *Affaire* era a "senha" do liberalismo alemão; ver suas *Denkwürdigkeiten* [Memórias], Berlim, 1930-1, I, p. 438.

os membros do seu próprio grupo e, de outro, o antagonista deles, Picquard, com sua honestidade calma, clarividente e levemente irônica. Ao lado deles a multidão indefinida dos homens do Parlamento, cada qual apavorado com o que o vizinho podia saber; o presidente da República, notório patrono dos bordéis de Paris, e os juízes encarregados do processo, que viviam unicamente em função da ascensão social. Depois, há o próprio Dreyfus, na verdade um arrivista, que se gabava junto aos seus amigos que altas somas da fortuna da família ele gastava com as mulheres; os seus irmãos, pateticamente oferecendo de início toda a sua riqueza, e depois reduzindo a oferta a 150 mil francos, para a soltura do parente, sem nunca revelarem ao certo se desejavam fazer um sacrifício ou simplesmente subornar o Estado-Maior; e o advogado Démange, realmente convencido da inocência do cliente, mas baseando a defesa em itens secundários para livrar-se de ataques e danos aos seus interesses pessoais. Por último, há o aventureiro Esterhazy, de antiga linhagem, tão completamente entediado por esse mundo burguês, que buscava alívio tanto no heroísmo como na velhacaria. Ex-segundo-tenente da Legião Estrangeira, impressionava seus colegas pelo arrojo altaneiro e pela imprudência. Sempre em dificuldades, vivia servindo de segundo aos oficiais judeus em duelos e chantageando seus ricos correligionários. Chegava mesmo a lançar mão dos bons ofícios do próprio rabino-mor para obter as necessárias apresentações. Mesmo em sua queda final, permaneceu fiel à tradição de Balzac. O que o levou à ruína não foi a traição nem o sonho ardente de uma grande orgia em que 100 mil ulanos prussos, embriagados, cavalgariam furiosos através de Paris,[7] mas sim o reles desfalque do dinheiro de um parente. E que falar de Zola, com seu apaixonado fervor moral, sua atitude patética um tanto fútil, e a sua declaração melodramática, à véspera da fuga para Londres, em que diz ter escutado a voz de Dreyfus implorando-lhe esse sacrifício?[8]

Tudo isso pertence tipicamente ao século XIX e, por si mesmo, jamais teria sobrevivido a duas guerras mundiais. O entusiasmo que o povo tinha por Esterhazy nos velhos tempos, tal como seu ódio por Zola, já virou cinzas há muito, mas o mesmo aconteceu com aquela ardente paixão antiaristocrática e anticlerical de Jaurès que — só ela — assegurou a libertação final de Dreyfus. Como o caso Cagoulard iria mostrar, os oficiais do Estado-Maior já não precisavam temer a ira do povo quando maquinavam seus planos para levar adiante um golpe de Estado. Desde a separação entre o Estado e a Igreja, a França, embora certamente não fosse mais clericalista, havia perdido grande parte de seu sentimento anticlerical, tal como a Igreja Católica havia perdido muito de sua aspiração política. A tentativa de Pétain de transformar a república num Estado católico foi bloqueada pela completa indiferença do povo e pela hostilidade do baixo clero ao fascismo clerical.

O Caso Dreyfus, em suas implicações políticas, pôde sobreviver porque

---

(7) Théodore Reinach, *Histoire sommaire de l'Affaire Dreyfus*, Paris, 1924, p. 96.
(8) Relatado por Joseph Reinach, através de citação de Herzog, *op. cit.*, com data de 18 de junho de 1898.

dois de seus elementos cresceram em importância no decorrer do século XX. O primeiro foi o ódio aos judeus; o segundo, a desconfiança geral para com a república, o Parlamento e a máquina do Estado. A maior parte do público podia ainda continuar a conceber, certa ou erradamente, que esta última estivesse sob a influência dos judeus e do poderio dos bancos. Ainda em nossos dias, o termo *antidreyfusard* pode definir na França, de modo aceitável, tudo o que é anti-republicano, antidemocrático e anti-semita. Há alguns anos, ele compreendia ainda o monarquismo da Action Française, o "bolchevismo nacional" de Doriot e o "fascismo social" de Déat. Não foi, porém, a esses grupos fascistas, numericamente insignificantes, que a Terceira República deveu o seu colapso. Pelo contrário, a verdade simples, embora paradoxal, é que a influência desses grupos anti-republicanos nunca foi tão insignificante quanto no momento em que o colapso da república realmente ocorreu. O que provocou a queda da França foi o fato de que ela não tinha mais nenhum verdadeiro partidário de Dreyfus, ninguém que acreditasse que a democracia e a liberdade, a igualdade e a justiça ainda pudessem ser defendidas ou realizadas sob a república.[9] A república caiu, finalmente, como um fruto meio podre no colo daquele velho grupo *antidreyfusard*[10] que sempre constituíra o âmago do seu Exército, e isso numa época em que ela tinha — é verdade — poucos inimigos, mas quase nenhum amigo. Até o grupo de Pétain era em grau muito reduzido produto do fascismo alemão, como claramente demonstrou a sua obstinada adesão às velhas fórmulas políticas de quarenta anos antes.

Enquanto a Alemanha nazista sagazmente mutilava a França e arruinava toda a sua economia através da linha de demarcação imposta pelo armistício, os líderes da França em Vichy entretinham-se com a velha fórmula das "províncias autônomas" de Barrès, paralisando-a ainda mais. Introduziram leis antijudaicas mais prontamente que qualquer Quisling, gabando-se por não precisarem importar o anti-semitismo da Alemanha e de que suas leis sobre os judeus diferiam em pontos essenciais das do Reich.[11] Procuraram mobilizar o clero ca-

---

(9) Que nem mesmo Clemenceau acreditava mais nisso no fim da vida é demonstrado claramente pelo comentário citado por René Benjamin em seu livro, *Clémenceau dans la retraite*, Paris, 1930, p. 249: "Esperança? Impossível! Como posso continuar esperando quando já não creio naquilo que me inspirou, ou seja, na democracia?"

(10) O general Weygand, membro da Action Française, foi em sua juventude um adversário de Dreyfus. Foi um dos subscritores do "Memorial Henry", criado pelo *Libre Parole* em homenagem ao infeliz coronel Henry, que pagou com o suicídio suas falsificações no Estado-Maior. A lista dos que assinaram o Memorial foi mais tarde publicada por Quillard, um dos editores de *L'Aurore* (o jornal de Clemenceau), sob o título *Le Monument Henry*, Paris, 1899. Quanto a Pétain, fez parte do Estado-Maior do governo militar de Paris de 1895 a 1899, época em que ninguém teria sido admitido se não fosse comprovadamente um inimigo de Dreyfus. Ver J. M. Bourget, "La légende du maréchal Pétain", em *Revue de Paris*, II, 1931, pp. 57-69. D. W. Brogan, *op. cit.*, p. 382, observa com propriedade que dos cinco marechais da Primeira Guerra Mundial, quatro (Foch, Pétain, Lyautey e Fayolle) eram maus republicanos, enquanto o quinto, Joffre, tinha inclinações clericais bem conhecidas.

(11) O mito, que enganou quase todos os judeus da França, de que a legislação antijudaica de Pétain lhe foi imposta pelo Reich foi desmascarado pelos próprios franceses. Ver especialmente

tólico contra os judeus, mas só conseguiram provar que os sacerdotes não apenas perderam suas influências políticas, como também não eram verdadeiramente anti-semitas. Pelo contrário, bispos e sínodos, que o governo de Vichy queria mais uma vez transformar em força política, protestaram mais enfaticamente contra a perseguição dos judeus do que qualquer outro grupo na França.

Não é o processo Dreyfus com seus julgamentos, mas o Caso Dreyfus em suas implicações, que traça a antevisão do século XX. Como disse Bernanos em 1931,[12] "o Caso Dreyfus já pertence àquela era trágica que certamente não terminou com a última guerra. O processo revela o mesmo caráter desumano, conservando, em meio ao tumulto de paixões desenfreadas e chamas de ódio, um coração inconcebivelmente frio e empedernido". Não foi certamente na França que ocorreu a seqüela exata do processo, mas, ao reler a história do caso, não é difícil de encontrar o motivo pelo qual a França foi uma presa tão fácil do nazismo. A propaganda de Hitler falava uma língua havia muito conhecida e jamais inteiramente esquecida. Se o "cesarismo"[13] da Action Française e o nacionalismo niilista de Barrès e Maurras nunca vingaram em sua forma original, isso se deve a uma variedade de causas, todas elas negativas. Careciam de visão social e não sabiam traduzir em termos populares aquelas fantasmagorias mentais que o seu desdém pelo intelecto havia engendrado.

Tratamos aqui essencialmente do significado político do Caso Dreyfus e não dos aspectos legais do processo. Percebem-se nele nitidamente vários traços característicos do século XX. Tênues e mal discerníveis durante as primeiras décadas do século, vieram finalmente à plena luz do dia, e vê-se hoje que pertencem às tendências principais dos tempos modernos. Após trinta anos de uma forma benigna e puramente social de discriminação antijudaica, era um pouco difícil lembrar que o grito "Morte aos judeus!" já havia ecoado uma vez de ponta a ponta de um Estado moderno, quando sua política doméstica se cristalizou ao redor da questão do anti-semitismo. Durante trinta anos, quando as velhas lendas de conspiração mundial constituíam apenas o ganha-pão dos pasquins e da subliteratura, o mundo não se lembrava mais que, havia pouco tempo, na época em que os "Protocolos dos sábios do Sião" ainda eram desconhecidos, toda uma nação culta quebrava a cabeça, querendo descobrir quem tinha nas mãos as rédeas da política mundial: se "Roma Secreta" ou o "Reino Secreto de Judá".[14]

Ao mesmo tempo, a filosofia veemente e niilista da auto-aversão espi-

---

Yves Simon, *La Grande Crise de La République Française: observations sur la politique des Français de 1918 a 1938*, Montreal, 1941, e Robert O. Paxton, *Vichy France*, Knopf, Nova York, 1972.

(12) Georges Bernanos, *La grande peur des bien-pensants, Edouard Drumont*, Paris, 1931, p. 262.

(13) Waldemar Gurian, *Der integrale Nationalismus in Frankreich: Charles Maurras und die Action Française*, Frankfurt-am-Main, 1931, p. 92, faz uma nítida distinção entre o movimento monarquista e outras tendências reacionárias. O mesmo autor discute o processo Dreyfus em *Die politischen und sozialen Ideen des französischen Katholizismus*. Gladbach, 1929.

(14) Sobre a criação desses mitos de ambos os lados, ver o estudo de Daniel Halévy, "Apologie pour notre passé", em *Cahiers de la Quinzaine*, série XL, n° 10, 1910.

ritual[15] sofreu certo eclipse, quando um mundo temporariamente em paz consigo mesmo não produziu uma safra de criminosos eminentes que justificasse a exaltação da brutalidade e da falta de escrúpulos. Os Jules Guérin tiveram de esperar quase quarenta anos, antes que a atmosfera estivesse novamente pronta para a ação de tropas de choque. Os *declassés*, produzidos pela economia do século XIX, tiveram de crescer numericamente até que formassem sólidas minorias nas nações, antes que aquele golpe de Estado, que não passara de uma conjura grotesca[16] na França, pudesse, quase sem esforço, tornar-se realidade na Alemanha. O prelúdio ao nazismo abrangeu todo o palco europeu. O processo Dreyfus, portanto, é mais do que um "crime"[17] bizarro e mal resolvido, um caso de oficiais de Estado-Maior disfarçados, com barbas postiças e óculos escuros, espalhando suas estúpidas falsificações à noite, nas ruas de Paris. Seu herói não é Dreyfus, mas sim Clemenceau, e o caso começa não com a prisão de um oficial judeu do Estado-Maior, mas com o escândalo do Panamá.

2. A TERCEIRA REPÚBLICA E OS JUDEUS DA FRANÇA

Entre 1880 e 1888 a Companhia do Panamá, sob a direção de Lesseps, que havia construído o canal de Suez, conseguiu muito pouco progresso prático em sua tarefa. Não obstante, chegou a levantar, na França, durante esse período, nada menos que 1.335.538.454 francos em empréstimos particulares.[18] Trata-se de um êxito tão significativo quanto é sabido que a classe média francesa era cautelosa em questões de dinheiro. O segredo do sucesso da companhia jaz no fato de que seus vários empréstimos públicos eram invariavelmente apoiados pelo Parlamento. A construção do canal era geralmente considerada como um serviço público e nacional, e não uma iniciativa privada. Portanto, quando a Companhia foi à falência, foi a política exterior da república que realmente sofreu o choque. Mas muito mais importante foi a ruína de cerca de meio milhão de franceses da classe média. Tanto a imprensa como a Comissão Parla-

---

(15) A *Carta à França*, escrita por Zola em 1898, soa perfeitamente moderna: "Ouvimos dizer por toda parte que o conceito de liberdade foi à falência. Quando surgiu o processo Dreyfus, esse ódio crescente à liberdade encontrou uma oportunidade extraordinária, e as paixões começaram a se inflamar mesmo entre os inconscientes. Não vêem que o único motivo pelo qual Scheurer-Kestner tem sido atacado com tanta fúria é que ele pertence a uma geração que acreditava na liberdade e trabalhava por ela? Hoje não se dá importância a essas coisas" (Herzog, *op. cit.*, datado de 6 de janeiro de 1898).

(16) A natureza farsante das várias tentativas de *coup d'état* feitas nos anos 90 na França foi claramente analisada por Rosa Luxemburg em seu artigo "Die sozialistische Krise in Frankreich" [A crise socialista na França], em *Die Neue Zeit*, vol. I, 1901.

(17) Não se sabe se o coronel Henry forjou o *bordereau* por ordens do chefe do Estado-Maior ou por iniciativa própria. Do mesmo modo, a tentativa de assassinato contra Labori, advogado de Dreyfus no tribunal de Rennes, nunca foi devidamente esclarecida. Cf. Emile Zola, *Correspondance: lettres à Maître Labori*, Paris, 1929, p. 32, nota 1.

(18) Walter Frank, *Demokratie und Nationalismus in Frankreich* [Democracia e nacionalismo na França], Hamburgo, 1933, p. 273.

mentar de Inquérito chegaram praticamente à mesma conclusão: a companhia já estava falida havia muitos anos. Afirmaram que Lesseps vivia com esperanças de milagre, acalentando o sonho de que novos fundos viriam de alguma forma permitir a continuação da obra. Para conseguir a aprovação de novos empréstimos, foi levado a subornar a imprensa, metade do Parlamento e todas as autoridades superiores. Isso, contudo, tinha exigido o emprego de intermediários que, por sua vez, haviam pedido comissões exorbitantes. Assim, o que havia inicialmente inspirado a confiança do público na empresa, ou seja, o apoio do Parlamento aos empréstimos, tornou-se no fim o fator que converteu um negócio particular não muito seguro em colossal falcatrua.

Não havia judeus entre os membros do Parlamento subornados, nem na diretoria da companhia. Contudo, foram Jacques Reinach e Cornélius Herz, judeus, que disputaram a honra de distribuir propinas entre os membros da Câmara, o primeiro atuando sobre a ala direita dos partidos burgueses, e o segundo sobre os radicais, que compreendiam os partidos anticlericais da pequena burguesia.[19] Reinach foi conselheiro financeiro do governo durante os anos 80[20] e, portanto, era encarregado de suas relações com a Companhia do Panamá, enquanto o papel de Herz era duplo: por um lado, servia a Reinach como elemento de ligação com as alas radicais do Parlamento, às quais o próprio Reinach não tinha acesso; por outro, esse ofício lhe dava um conhecimento tão grande do alcance da corrupção que ele podia constantemente chantagear o patrão e envolvê-lo cada vez mais.[21]

Naturalmente, havia um bom número de negociantes judeus menos importantes trabalhando tanto para Herz como para Reinach. Seus nomes, contudo, podem continuar a repousar no esquecimento em que merecidamente caíram. Quanto mais incerta era a situação da companhia, mais altas, naturalmente, eram as comissões, até que, no fim, a própria companhia recebia apenas uma pequena parte dos fundos que lhe eram destinados. Um pouco antes da falência, Herz recebeu, por uma única transação intraparlamentar, um adiantamento de nada menos que 600 mil francos. Esse adiantamento, porém, foi prematuro. O empréstimo não foi realizado, e os acionistas simplesmente haviam perdido 600 mil francos.[22] Toda a negociata terminou de modo desastroso para Reinach. Atormentado pela chantagem de Herz, acabou por cometer suicídio.[23]

Um pouco antes de morrer, contudo, havia tomado uma providência cujas conseqüências para a população judia da França foram das mais infelizes:

(19) Georges Suarez, *La vie orgueilleuse de Clémenceau*, Paris, 1930, p. 156.
(20) Tal, por exemplo, foi o testemunho do ex-ministro, Rouvier, perante a Comissão de Inquérito.
(21) Barrès (citado por Bernanos, *op. cit.*, p. 271) é sucinto a respeito do assunto: "Sempre que Reinach engolia alguma coisa, era Cornélius Herz quem sabia como fazê-lo vomitar".
(22) Cf. Frank, *op. cit.*, no capítulo intitulado "Panama"; cf. Suarez, *op. cit.*, p. 155.
(23) A briga entre Reinach e Herz dá ao escândalo do Panamá um ar de gangsterismo incomum no século XIX. Resistindo à chantagem de Herz, Reinach chegou a recrutar o auxílio de ex-inspetores de polícia para pôr um preço de 10 mil francos sobre a cabeça do rival; cf. Suarez, *op. cit.*, p. 157.

havia fornecido ao *Libre Parole*, diário anti-semita de Edouard Drumont, uma lista de membros do Parlamento subornados, os chamados "homens da remessa", impondo como única condição que o jornal deveria protegê-lo pessoalmente quando publicasse a denúncia. O *Libre Parole* transformou-se da noite para o dia, passando de pequena publicação politicamente insignificante a um dos mais influentes jornais do país, com circulação de 300 mil exemplares. A oportunidade proporcionada por Reinach foi usada com habilidade. A lista dos culpados foi publicada em pequenas doses, de modo que centenas de políticos tinham de viver sob tensão, dia após dia. O jornal de Drumont, e com ele toda a imprensa e movimentos anti-semitas, emergiu finalmente como força perigosa na Terceira República.

O escândalo do Panamá, que, no dizer de Drumont, tornava visível o invisível, trouxe consigo duas revelações. Primeiro, divulgou o fato de que membros do Parlamento e os funcionários públicos haviam se tornado negociantes. Segundo, mostrou que os intermediários entre a iniciativa privada (neste caso, a Companhia) e a máquina do Estado eram quase exclusivamente judeus.[24] O mais surpreendente era que todos esses judeus que trabalhavam em contato tão íntimo com a máquina do Estado eram recém-chegados à França. Até o estabelecimento da Terceira República, o manuseio das finanças do Estado tinha sido quase um monopólio dos Rothschild. A tentativa dos seus competidores, irmãos Pereire, de arrebatar de suas mãos parte desse monopólio, estabelecendo o Crédit Mobilier, havia terminado num acordo. E em 1882 o grupo Rothschild era ainda bastante poderoso para levar à falência a Union Général, banco católico, cujo alvo real era causar a ruína dos banqueiros judeus.[25] Imediatamente após a conclusão do tratado de paz de 1871, cujas cláusulas financeiras haviam sido negociadas, no lado francês, por Rothschild e, no lado alemão, por Bleichroeder, um antigo agente da mesma casa, os Rothschild adotaram uma política sem precedentes: declararam-se abertamente a favor dos monarquistas e contra a república.[26] A novidade disso não era a tendência monarquista, mas sim o fato de que, pela primeira vez, uma importante potência financeira judia se opunha ao regime em vigor. Até então, os Rothschild se acomodavam a qualquer sistema político que estivesse no poder. Parecia, portanto, que a república era a primeira forma de governo que não precisava deles.

Tanto a influência política dos judeus como a sua condição social resultavam do fato de que eles constituíam um grupo fechado, que trabalhava diretamente para o Estado, sendo protegidos por ele em virtude de serviços especiais

(24) Cf. Levaillant, "La genèse de l'antisémitisme sous la Troisième République", na *Révue des Études Juives*, vol. LIII (1907), p. 97.

(25) Ver Bernard Lazare, *Contre l'antisémitisme: histoire d'une polémique*, Paris, 1896, e Jeanine Verdés-Leroux, *Scandale financier et antisémitisme catholique*, 1969.

(26) Quanto à cumplicidade dos bancos no movimento orleanista, ver G. Charensol, *op. cit.* Um dos porta-vozes desse poderoso grupo era Arthur Meyer, editor do *Gaulois*. Judeu batizado, Meyer pertencia à mais virulenta facção dos adversários de Dreyfus. Ver Clemenceau, "Le spectacle du jour", em *L'Iniquité*, 1899; ver, ainda os registros no diário de Hohenlohe, em Herzog, *op. cit.*, com data de 11 de junho de 1898.

que prestavam. A ligação íntima e imediata com a máquina do governo só era possível enquanto o Estado permanecesse distanciado do povo e enquanto as classes dirigentes continuassem indiferentes a administrar o Estado. Em tais circunstâncias os judeus eram, do ponto de vista do Estado, o elemento mais digno de confiança na sociedade, exatamente porque não pertenciam realmente a ela. O sistema parlamentar permitiu à burguesia liberal ganhar o controle da máquina estatal. Contudo, os judeus nunca haviam pertencido a essa burguesia e, portanto, olhavam-na com suspeita não de todo injustificada. O regime já não precisava dos judeus tanto quanto antes, pois agora era possível atingir, através do Parlamento, uma expansão financeira além dos mais ousados sonhos dos antigos monarcas mais ou menos absolutos ou mesmo constitucionais. Assim, as principais casas judias desapareceram do cenário da política financeira, e transferiram-se para os salões anti-semitas da aristocracia, onde julgaram poder financiar movimentos reacionários, destinados a restaurar os velhos bons tempos.[27] Enquanto isso, outros círculos judeus, recém-chegados, começavam a tomar parte crescente na vida comercial da Terceira República. O que os Rothschild haviam quase esquecido, e isso quase lhes havia custado o poder, era o simples fato de que, uma vez que cessavam, por um momento sequer, de ter interesse ativo num determinado regime, imediatamente perdiam sua influência, não apenas sobre os círculos governamentais, mas também sobre os judeus. Os imigrantes judeus foram os primeiros a ver essa oportunidade.[28] Compreenderam demasiado bem que a república, tal como se havia desenvolvido, não era a seqüência lógica da rebelião de um povo unido. Do assassínio de cerca de 20 mil membros da Comuna de Paris em 1870, da derrota militar e do colapso econômico, o que de fato emergiu foi um regime cuja capacidade de governar era duvidosa desde a sua implantação. E isso era tão verdadeiro que, três anos depois, a França à beira da ruína clamava por um ditador. Quando julgou tê-lo encontrado na pessoa do presidente, general MacMahon (cuja única pretensão ao destaque foi sua derrota em Sedan), frustrou-se, pois esse indivíduo demonstrou ser um parlamentar da velha escola, renunciando depois de alguns anos de fracassos contínuos (1879). Enquanto isso, porém, a sociedade paulatinamente demonstrava que a única política que a interessava consistia na defesa dos capitais investidos, mesmo que o método certo fosse a corrupção.[29] Depois de 1881, a trapaça (para citar Léon Say) tornou-se a única lei.

(27) Quanto às inclinações bonapartistas da época, ver Frank, *op. cit.*, baseado em documentos inéditos tirados dos arquivos do Ministério do Exterior alemão.

(28) Jacques Reinach nasceu na Alemanha, recebeu um baronato italiano e naturalizou-se francês. Cornélius Herz nasceu na França, filho de pais bávaros. Emigrou para os Estados Unidos, onde adquiriu a cidadania norte-americana e fez fortuna. Para maiores detalhes, Brogan, *op. cit.*, p. 268ss. Característico do modo como os judeus nativos desapareceram do serviço público é o fato de que, assim que começaram a ir mal os negócios da Companhia do Panamá, Lévy-Crémieux, seu primeiro consultor financeiro, foi substituído por Reinach; ver Brogan, *op. cit.*, livro VI, capítulo 2.

(29) Georges Lachapelle, *Les finances de la Troisième République*, Paris, 1937, pp. 54ss, descreve em detalhe como a burocracia assumiu o controle dos fundos públicos e como a Comissão de Orçamento era inteiramente governada por interesses privados.

Já se observou com justiça que, nesse período da história francesa, todo partido político tinha "seu" judeu, do mesmo modo como antes cada casa real havia tido um judeu-da-corte.[30] No entanto, a diferença era profunda. O investimento de capital judeu no Estado havia contribuído para dar aos judeus um papel produtivo na economia da Europa. Sem sua ajuda, o desenvolvimento do Estado-nação no século XVIII e de seu serviço civil independente teria sido inconcebível. Era, afinal, a esses judeus-da-corte que a população judaica da Europa centro-ocidental devia sua emancipação. As duvidosas transações de Reinach e de seus cúmplices nem chegaram a levar à riqueza permanente.[31] Tudo o que fizeram foi envolver em trevas mais profundas as relações misteriosas e escandalosas existentes entre o negócio e a política. Esses parasitas de um corpo corrupto serviam para proporcionar a uma sociedade completamente decadente um álibi extremamente perigoso. Como eram judeus, tornava-se possível transformá-los em bodes expiatórios quando fosse mister aplacar a indignação do público. Depois, as coisas podiam continuar como dantes. Os anti-semitas podiam imediatamente apontar para os parasitas judeus de uma sociedade corrupta para "provar" que todos os judeus de toda parte não passavam de uma espécie de cupim que infestava o corpo do povo, o qual, de outro modo, seria sadio. A eles não importava que a corrupção do corpo político houvesse começado sem o auxílio dos judeus; que a política dos negociantes (numa sociedade burguesa à qual os judeus não haviam pertencido) e seu ideal de concorrência ilimitada houvessem levado à desintegração do Estado na política partidária; que as classes governantes houvessem demonstrado não serem capazes de proteger os seus próprios interesses e muito menos os do país como um todo. Os anti-semitas, que se diziam patriotas, introduziram essa nova espécie de sentimento nacional, que consiste primordialmente no completo encobertamento dos defeitos de um povo e na ampla condenação dos que a ele não pertencem.

Os judeus podiam permanecer como grupo separado fora da sociedade somente enquanto uma máquina estatal mais ou menos homogênea estável pudesse utilizá-los e estivesse interessada em protegê-los. A decadência da máquina estatal trouxe a dissolução das cerradas fileiras do povo judeu, que havia tanto tempo estava ligado a ela. O primeiro sinal disso surgiu nos negócios levados a efeito pelos judeus franceses recém-naturalizados, sobre os quais seus irmãos nativos haviam perdido o controle, de modo semelhante ao que ocorreu na Alemanha no período inflacionário. Os recém-chegados preencheram as lacunas entre o mundo comercial e o Estado.

Com relação à posição econômica dos membros do Parlamento, ver Bernanos, *op. cit.*, p. 192: "Muitos deles, como Gambetta, não tinham nem roupa de baixo para trocar".

(30) Como observa Frank (*op. cit.*, pp. 321ss), a direita tinha seu Arthur Meyer; o boulangerismo, seu Alfred Naquet; os oportunistas, seu Reinach; e os radicais, seu dr. Cornélio Herz.

(31) A esses recém-chegados aplica-se a acusação de Drumont (*Les trétaux du succès*, 1900, p. 237): "Esses grandes judeus que começam do nada e conseguem tudo (...) vêm sabe Deus de onde, vivem na miséria, morrem não se sabe como. (...) Eles não chegam: simplesmente acontecem. Não morrem, evanescem-se".

Muito mais desastroso foi outro processo que também começou nessa época, e que foi imposto de cima. A dissolução do Estado em facções, embora destruísse a fechada sociedade dos judeus, não os forçava para um vácuo onde pudessem continuar a vegetar, fora do Estado e da sociedade. Para isso, os judeus eram demasiado ricos e, numa época em que o dinheiro era um dos requisitos principais do poder, demasiado poderosos. Em vez disso, tendiam a ser absorvidos pela variedade de "círculos" sociais, de acordo com suas inclinações políticas ou, mais freqüentemente, suas conexões sociais. Esse fato, porém, não levou ao seu desaparecimento. Pelo contrário, mantiveram certas relações com a máquina do Estado e continuaram, embora de modo totalmente diferente, a manipular os negócios do Estado. Assim, a despeito de sua conhecida oposição à Terceira República, não foi outro senão Rothschild quem levou a cabo a colocação do empréstimo russo, enquanto Arthur Meyer, embora batizado e monarquista confesso, estava envolvido no escândalo do Panamá. Mas, se os judeus haviam antes constituído um grupo forte e coeso, cuja utilidade para o Estado era óbvia, estavam agora divididos em círculos mutuamente antagônicos, embora todos dedicados ao mesmo fim de ajudar a sociedade a enriquecer às custas do Estado.

3. EXÉRCITO E CLERO CONTRA A REPÚBLICA

Aparentemente distanciado de todos esses fatores, aparentemente imune a toda corrupção, estava o Exército, herança do Segundo Império. A república nunca ousara dominá-lo, mesmo quando as simpatias e intrigas monarquistas foram abertamente expressas na crise Boulanger. A classe dos oficiais consistia, então como antes, nos filhos daquelas velhas famílias aristocráticas, cujos ancestrais, como emigrados, haviam lutado contra seu país natal durante as guerras revolucionárias. Esses oficiais estavam sob forte influência do clero, que mesmo antes da Revolução havia feito questão de apoiar movimentos reacionários e anti-republicanos. Essa influência era talvez exercida com igual força sobre os oficiais de nascimento algo inferior, mas que, em conseqüência da antiga prática da Igreja de distinguir o talento sem atentar para o *pedigree*, esperavam promover-se com a ajuda do clero.

Em contraste com os círculos mutáveis e fluidos da sociedade e do Parlamento, onde a admissão era fácil e a fidelidade volúvel, o Exército caracterizava-se pela rigorosa exclusividade, tão característica do sistema de castas. Não era nem a vida militar, nem a honra profissional, nem o *esprit-de-corps* que mantinha unidos seus oficiais para formar um baluarte revolucionário contra a República e contra as influências democráticas; era simplesmente o laço da casta.[32] A recusa por parte do Estado de democratizar o Exército e submetê-lo a autoridades civis impôs sérias conseqüências: fez do Exército uma entidade

(32) Ver o excelente artigo anônimo, "The Dreyfus case: a study of French opinion", em *The Contemporary Review*, vol. LXXXIV (outubro de 1898).

separada da nação e criou uma força armada, cujas lealdades podiam enveredar por caminhos imprevisíveis. Que essa força dominada por casta, quando entregue a si mesma, não era nem a favor nem contra ninguém ficou claramente demonstrado na história dos golpes de Estado quase burlescos, nos quais, a despeito de afirmações do contrário, o Exército realmente relutou em tomar parte. Mesmo seu notório monarquismo era, afinal de contas, nada mais que um pretexto para preservar-se como grupo de interesses independentes, pronto a defender seus privilégios "sem consideração para com, a despeito de, ou mesmo contra a república".[33] Os jornalistas contemporâneos e historiadores pósteros esforçaram-se para explicar o conflito entre os poderes civil e militar durante o Caso Dreyfus em termos de antagonismo entre "comerciantes e soldados".[34] Contudo, sabemos quão injustificada é essa interpretação indiretamente anti-semita. O departamento de espionagem do Estado-Maior tinha uma razoável experiência comercial. Negociavam com despreocupação os *bordereaux* forjados, vendiam aos adidos militares estrangeiros informações com a facilidade de um comerciante de artigos de couro ao negociar peles, podendo depois (o que era impossível ao negociante de peles) tornar-se presidente da República, cujo genro, aliás, não deixava de negociar honrarias e distinções.[35] Na verdade, o zelo de Schwartzkoppen, o adido alemão, ansioso por descobrir mais segredos que a França tinha para esconder, deve ter causado embaraço àqueles cavalheiros do serviço de contra-espionagem, que, afinal, não podiam vender mais do que produziam.

Os políticos católicos, porém, cometeram grave erro ao imaginar que, para fins de sua política européia, podiam se utilizar do Exército francês simplesmente porque ele parecia ser anti-republicano. Na verdade, a Igreja iria pagar por esse erro a perda de toda a sua influência política na França.[36] Quando o departamento de espionagem emergiu finalmente como fábrica de fraudes comuns,[37] ninguém na França, nem mesmo o Exército, estava tão seriamente comprometido quanto a Igreja. No fim do século XIX, o clero católico buscava recuperar sua antiga força política exatamente naquelas áreas onde, por uma razão ou outra, a autoridade secular estava em declínio junto ao povo. Exemplos disso foram a Espanha, onde a aristocracia feudal decadente provocou a ruína econômica e cultural do país, e a Áustria-Hungria, onde o conflito de

---

(33) Ver Rosa Luxemburg, *loc. cit.*: "O motivo pelo qual o Exército relutava em agir era este: desejava mostrar sua oposição ao poder civil da república sem, ao mesmo tempo, perder a força dessa oposição comprometendo-se com a monarquia".

(34) Foi sob esse título que Maximilian Harden (um judeu alemão) descreveu o processo Dreyfus em *Die Zukunft* (1898). Walter Frank, o historiador anti-semita, emprega o mesmo lema no título do seu capítulo sobre Dreyfus, enquanto Bernanos (*op. cit.*, p. 413) observa no mesmo tom que "certa ou errada, a democracia vê no poder militar seu mais perigoso rival".

(35) O escândalo do Panamá foi precedido pelo chamado "caso Wilson". Verificou-se que o genro do presidente traficava abertamente com honrarias e condecorações.

(36) Ver o padre Edouard Lecanuet, *Les signes avant-coureurs de la séparation 1894-1910*, Paris, 1930.

(37) Ver Bruno Weil, *L'Affaire Dreyfus*, Paris, 1930, p. 169.

nacionalidades ameaçava destruir o Estado. E era este também o caso da França, onde a nação parecia afundar rapidamente no lamaçal dos interesses em conflito.[38] O Exército — abandonado num vácuo político pela Terceira República — aceitou de bom grado a orientação do clero católico, que pelo menos proporcionava liderança civil sem a qual os militares perdem sua *"raison d'être*, que é defender o princípio corporificado pela sociedade civil", como se expressou então Clemenceau.

A Igreja Católica, portanto, devia sua popularidade ao ceticismo disseminado entre o povo, que via na república e na democracia a falta da ordem, segurança e consciência política. Para muitos, o sistema hierárquico da Igreja parecia a única forma de evitar o caos. Era isso, realmente, e não qualquer revivescência religiosa, que fazia com que o clero fosse olhado com respeito.[39] Na verdade, os mais firmes partidários da Igreja nesse período eram os expoentes daquele catolicismo chamado "cerebral", os "católicos sem fé", que iriam daí por diante dominar todo o movimento monarquista e nacionalista extremo. Sem crerem em sua base extraterrena, esses católicos clamavam por maior poder para todas as instituições autoritárias. Essa é, de fato, a atitude primeiro assumida por Drumont e mais tarde endossada por Maurras.[40]

A grande maioria do clero católico, profundamente envolvida em manobras políticas, seguia a estratégia de acomodação. Nisso, como o Caso Dreyfus torna claro, foi praticamente bem-sucedida. Assim, quando Victor Basch abraçou a causa de um novo julgamento, sua casa em Rennes foi atacada sob a liderança de três padres,[41] enquanto uma figura tão eminente quanto o padre dominicano Didon exortou os estudantes do Collège d'Arcueil a "desembainhar a espada, cortar cabeças e atacar às cegas".[42] Semelhante também era o ponto de vista dos trezentos clérigos que se imortalizaram no "Memorial Henry", como era chamada a lista de subscritores, no *Libre Parole*, de um fundo em benefício de Madame Henry (viúva do coronel que se havia suicidado na prisão),[43] e que é certamente um monumento perpétuo da chocante corrupção das classes altas da França naquela época. Durante o período da crise Dreyfus, não foi o clero regular, nem as ordens religiosas comuns, e certamente não os *homines religiosi*, que influenciaram a linha política da Igreja Católica. No tocante à Europa, sua política reacionária na França, na Áustria e na Espanha e seu

---

(38) Cf. Clemenceau, "La croisade", *op. cit.*: "A Espanha contorce-se sob o jugo da Igreja Romana. A Itália parece haver sucumbido. Os únicos países restantes são a Áustria católica, já em sua agonia de morte, e a França da Revolução, contra a qual as hostes do papa estão em pé de guerra neste instante" (p. 152).

(39) Cf. Bernanos, *op. cit.*, p. 152: "Não há como repetir suficientemente este ponto: o verdadeiro beneficiário daquele movimento de reação que se seguiu à queda do império e à derrota foi o clero. Graças a ele, a reação nacional depois de 1873 assumiu o caráter de renovação religiosa".

(40) Quanto a Drumont e a origem do "catolicismo cerebral", ver Bernanos, *op. cit.*, pp. 127ss.

(41) Cf. Herzog, *op. cit.*, sob a data de 21 de janeiro de 1898.

(42) Ver Lecanuet, *op. cit.*, p. 182.

(43) Ver acima, nota 10.

apoio a tendências anti-semitas em Viena, Paris e Argel foram provavelmente a conseqüência da influência jesuíta. Foram os jesuítas que sempre melhor representaram, tanto na palavra escrita como na falada, a escola anti-semita do clero católico.[44] Isso provavelmente se deve em grande parte aos seus estatutos, de acordo com os quais cada noviço há de provar que não tem nenhum rastro de sangue judeu até a quarta geração.[45] E desde o começo do século XIX, a direção da política internacional da Igreja já havia passado às suas mãos.[46]

Já observamos como a dissolução da máquina estatal facilitou a entrada dos Rothschild nos círculos da aristocracia anti-semita. A roda elegante do Faubourg Saint-Germain abriu suas portas não apenas a alguns judeus nobres, mas também permitia que seus sicofantas batizados, os judeus anti-semitas, penetrassem juntamente com os imigrantes recentes.[47] É curioso terem sido os judeus da Alsácia que, como a família Dreyfus, se haviam mudado para Paris após a cessão daquele território pela França para a Alemanha, em 1870, que desempenharam papel especialmente proeminente nessa escalada social. Seu patriotismo exagerado era mais marcantemente visível no modo como procuravam desassociar-se dos novos imigrantes judeus, adotando um tipo especial de anti-semitismo.[48] Esse ajustamento à aristocracia francesa teve um resultado inevitável: os judeus tentaram lançar seus filhos nas mesmas carreiras militares superiores preferidas pelos filhos dos seus novos amigos. Foi aí que surgiu a

(44) A revista dos jesuítas, então órgão católico mais influente do mundo, *Civiltà cattolica*, foi durante décadas declaradamente anti-semita. Publicava propaganda antijudaica muito antes de a Itália ser fascista, e sua política não foi afetada pela atitude anticristã dos nazistas. Ver Joshua Starr, "Italy's antisemites", em *Jewish Social Studies*, 1939.

De acordo com L. Koch, S. J.: "De todas as ordens, a Sociedade de Jesus, devido à sua constituição, é a melhor protegida contra influência judaicas". Em *Jesuiten-Lexikon* [Enciclopédia jesuítica], Paderborn, 1934, artigo "Juden" [Judeus].

(45) Originalmente (1593), todos os cristãos de origem judaica eram excluídos da ordem. Um decreto de 1608 introduziu investigações até a quinta geração; o decreto de 1923 reduziu isso a quatro gerações. Essas exigências só podem ser revogadas pelo chefe da ordem e em casos individuais.

(46) Cf. H. Boehmer, *Les jésuites*, tradução do alemão, Paris, 1910, p. 284: "Desde 1820 (...) não tem havido igrejas nacionais independentes capazes de resistir às ordens papais ditadas pelos jesuítas. O clero superior de hoje armou suas tendas diante da Santa Sé e a Igreja se tornou o que Belarmino, o grande controversista jesuíta, sempre exigiu que ela fosse: uma monarquia absoluta cuja política pode ser dirigida pelos jesuítas e cujo funcionamento pode ser controlado com o apertar de um botão".

(47) Cf. Clemenceau, "Le spectacle du jour", em *op. cit.*: "Rothschild, amigo de toda a nobreza anti-semita (...) de braços dados a Arthur Meyer, que é mais papista que o papa".

(48) Quanto aos judeus alsacianos, aos quais Dreyfus pertencia, ver André Foucault, "Un nouvel aspect de l'Affaire Dreyfus", em *Les oeuvres libres*, 1938, p. 310: "Aos olhos da burguesia judaica de Paris, eles eram a encarnação da rigidez nacionalista (...) aquela atitude de remoto desdém que a gente de posição assume em relação aos seus colegas arrivistas. Seu desejo de se assimilar completamente aos modos gálicos, de viver em termos íntimos com as nossas famílias tradicionais, de ocupar as posições mais ilustres do Estado, e o desprezo que demonstrava pelos elementos comerciais da comunidade judaica, pelos '*polaks*' [judeus poloneses] da Galícia [província ex-polonesa da Áustria-Hungria], recém-naturalizados, davam-lhes quase a aparência de traidores de sua própria raça. (...) Os Dreyfus de 1894? Pois eram anti-semitas!".

primeira causa de fricção. A admissão dos judeus na alta sociedade havia sido relativamente tranqüila. As classes superiores, a despeito de sonharem com uma monarquia restaurada, careciam de fibra política; mas, quando os judeus começaram a procurar igualdade no Exército, esbarraram com a decidida oposição dos jesuítas, que não estavam dispostos a tolerar a existência de oficiais imunes à influência do confissionário.[49] Além disso, defrontaram-se com um inveterado espírito de casta, que a atmosfera condescendente dos salões os tinha feito esquecer, um espírito de casta que, já robustecido pela vocação, fortificava-se mais ainda pela inflexível hostilidade à Terceira República e à administração civil.

Um historiador moderno descreveu a luta entre os judeus e os jesuítas como uma "luta entre dois rivais", na qual o "clero jesuíta superior e a plutocracia judaica enfrentavam-se cara a cara no meio da França como duas linhas de combate invisíveis".[50] A descrição é verdadeira no sentido de que os judeus encontraram nos jesuítas seus primeiros inimigos implacáveis, enquanto estes prontamente compreenderam o valor da arma chamada anti-semitismo. Foi essa a primeira tentativa, e a única antes de Hitler, de explorar o "importante conceito político"[51] do anti-semitismo numa escala pan-européia. Por outro lado, contudo, se se presume que a luta era entre dois "rivais" que se equivaliam, a descrição é visivelmente falsa. Os judeus não procuravam poder maior do que era exercido por qualquer um dos outros grupos em que a república se havia fragmentado. Tudo o que queriam na época era manter a influência suficiente para cuidar de seus interesses sociais e comerciais. Não aspiravam a nenhum quinhão político na administração do Estado. O único grupo organizado que buscava isso eram os jesuítas. O julgamento de Dreyfus foi precedido por vários incidentes que mostravam quão resoluta e energicamente os judeus tentavam conquistar um lugar no Exército, e como era comum, mesmo naquela época, a hostilidade contra eles. Constantemente submetidos a pesados insultos, os poucos oficiais judeus eram sempre obrigados a duelar, enquanto seus camaradas gentios se recusavam a prestar-lhes o serviço de segundos. Nesse ponto aliás, o infame Esterhazy surge em cena como uma exceção à regra.[52]

(49) Cf. K. V. T. em *The Contemporary Review*, LXXIV, 598: "Pelo desejo da democracia, todos os franceses devem ser soldados; pelo desejo da Igreja, só nas mãos de católicos devem estar os comandos principais".

(50) Herzog, *op. cit.*, p. 35.

(51) Cf. Bernanos, *op. cit.*, p. 151: "Assim, despojado de hipérboles ridículas, o anti-semitismo mostrou o que realmente é: não simples ranzinzice ou sestro mental, mas um importante conceito político".

(52) Ver a carta de Esterhazy de 29.6.1894 a Edmond de Rothschild, citada por J. Reinach, *op. cit.*, II, pp. 93ss. "Não hesitei quando o capitão Crémieux não conseguiu encontrar um oficial cristão para servir-lhe de segundo". Cf. T. Reinach, *Histoire sommaire de l'Affaire Dreyfus*, pp. 60ss. Ver também Herzog, *op. cit.*, sob data de 1892 e junho de 1894, onde esses duelos são relacionados em detalhe, inclusive com os nomes de todos os intermediários de Esterhazy. A última vez foi em setembro de 1896, quando ele recebeu 10 mil francos. Essa generosidade mal dirigida teve mais tarde resultados inquietantes. Quando, na confortável segurança da Inglaterra, Esterhazy

Até hoje não se esclareceu completamente se a prisão e condenação de Dreyfus foi simplesmente um erro judicial que, por acaso, deu lugar a uma conflagração política, ou se o Estado-Maior deliberadamente forjou o *bordereau* e usou-o como embuste para o fim expresso de finalmente estigmatizar um judeu como traidor. Em apoio dessa última hipótese, há o fato de que Dreyfus foi o primeiro judeu a galgar um posto no Estado-Maior e, nas condições da época, isso podia ter causado não apenas aborrecimento, mas verdadeira fúria e consternação. De qualquer forma, o ódio antijudeu foi desencadeado antes mesmo de se anunciar o veredicto. Contrariamente ao costume, que exigia a retenção de toda informação num caso de espionagem ainda *sub judice*, os oficiais do Estado-Maior alegremente forneceram ao *Libre Parole* detalhes do caso e o nome do acusado. Receavam, aparentemente, que a influência judaica no governo levasse a uma supressão do julgamento e a um abafamento do assunto. O fato de que certos círculos da comunidade judaica preocupavam-se seriamente com as condições precárias dos oficiais judeus empresta plausibilidade a esse receio.

Convém ainda lembrar que o escândalo do Panamá estava naquela época bem vivo na mente do público e que, depois do empréstimo de Rothschild à Rússia, a desconfiança com relação aos judeus havia crescido consideravelmente.[53] O ministro da Guerra, Mercier, era não apenas elogiado pela imprensa burguesa a cada novo lance do julgamento, mas até o jornal de Jaurès, que era o órgão dos socialistas, deu-lhe parabéns por "haver oposto resistência à formidável pressão dos políticos corruptos e das altas finanças".[54] De modo característico, esse encômio arrancou do *Libre Parole* a aprovação irrestrita de "Bravo Jaurès!". Dois anos mais tarde, quando Bernard Lazare publicou seu primeiro panfleto sobre o erro da justiça, o jornal de Jaurès evitou cuidadosamente discutir o seu conteúdo, mas acusou o autor, embora socialista, de admirar Rothschild e de ser provavelmente seu agente pago.[55] Do mesmo modo, ainda em 1897, quando a luta pela reintegração de Dreyfus já havia começado, Jaurès via nesse esforço apenas o conflito entre dois grupos burgueses, os oportunistas e os clérigos. Finalmente, mesmo depois do novo julgamento de Rennes, Wilhelm Liebknecht, o social-democrata alemão, ainda acreditava na culpa de Dreyfus, porque não podia conceber que um membro das classes supe-

---

afinal fez suas revelações, e forçou assim uma revisão do caso, a imprensa anti-semita sugeriu naturalmente que ele havia sido pago pelos judeus para se autocondenar.

(53) Herzog, *op. cit.*, em data de 1892, mostra em detalhe como os Rothschild começaram a adaptar-se à república. É curioso que a política papal de coalicionismo, que representa uma tentativa de reaproximação por parte da Igreja Católica, date precisamente do mesmo ano. Não é impossível, portanto, que os Rothschild fossem influenciados pelo clero. Quanto ao empréstimo de 500 milhões de francos à Rússia, o conde Münster observou com pertinência: "A especulação morreu na França. (...) Os capitalistas não encontram meio de negociar seus títulos (...) e isso contribuirá para o sucesso do empréstimo. (...) Os judeus importantes crêem que, se ganharem dinheiro, poderão melhor ajudar seus irmãos pobres. O resultado é que, embora o mercado francês esteja abarrotado de títulos russos, os franceses ainda estão pagando bons francos por rublos inúteis"; Herzog, *ibid.*

(54) Cf. J. Reinach, *op. cit.*, I, 471.

(55) Cf. Herzog, *op.*, p. 212.

riores pudesse jamais ser vítima de um veredicto falso, emitido pelos juízes pertencentes à mesma classe.[56]

O ceticismo da imprensa radical e socialista, fortemente impregnado de sentimentos antijudaicos, era fortalecido pelas táticas bizarras da família Dreyfus em suas tentativas de iniciar um segundo julgamento. Ao tentar salvar um inocente, adotavam os métodos que geralmente se usam no caso de um culpado. Tinham horror mortal da publicidade, e confiavam exclusivamente em manobras clandestinas.[57] Eram pródigos com o dinheiro, e tratavam Lazare, um dos seus mais valiosos auxiliares e uma das maiores figuras do caso, como se fosse agente pago.[58] Clemenceau, Zola, Picquard e Labori — para citar apenas os mais ativos partidários de Dreyfus — só no fim puderam salvar sua boa reputação, desassociando seus esforços, com mais ou menos alvoroço e publicidade, dos aspectos mais concretos do caso.[59]

Dreyfus podia ou devia ter sido salvo apenas à base de uma coisa. As intrigas de um Parlamento corrupto, a estéril podridão de uma sociedade em colapso e a sede de poder do clero deveriam ter sido enfrentadas diretamente pelo austero conceito jacobino de uma nação baseada nos direitos humanos — essa visão republicana da vida comunal que afirma que (nas palavras de Clemenceau), quando se infringem os direitos de um, infringem-se os direitos de todos. Confiar no Parlamento ou na sociedade era perder a luta antes de começá-la. Primeiro porque os recursos dos judeus não eram, de modo algum, superiores aos da rica burguesia católica; segundo, porque todas as camadas da sociedade, desde as famílias clericais e aristocratas do Faubourg Saint-Germain até a pequena burguesia anticlerical e radical, estavam simplesmente demasiado desejosas de ver os judeus formalmente removidos do corpo político. Jul-

---

(56) Cf. Max J. Kohler, "Some new lights on the Dreyfus case", em *Studies in Jewish bibliography and related subjects in memory of A. S. Freidus*, Nova York, 1929.

(57) A família Dreyfus, por exemplo, rejeitou sumariamente a sugestão de Arthur Lévy, o escritor, e de Lévy-Bruhl, o erudito, de que devia circular uma petição de protesto entre todas as figuras mais importantes da vida pública. Em vez disso, encetou uma série de contatos pessoais com quaisquer políticos que viesse a encontrar; cf. Dutrait-Crozon, *op. cit.*, p. 51. Ver também Foucault, *op. cit.*, p. 309: "A esta distância, poderíamos nos perguntar por que os judeus franceses, em vez de examinar os documentos secretamente, não expressaram adequada e abertamente a sua indignação".

(58) Cf. Herzog, *op. cit.*, em dezembro de 1894 e janeiro de 1898. Ver também Charensol, *op. cit.*, p. 79, e Charles Péguy, "Le portrait de Bernard Lazare", em *Cahiers de la Quinzaine*, série XII, n? 2 (1910).

(59) O afastamento de Labori pela família Dreyfus causou grande escândalo. Um relato completo, se bem que exagerado, pode ser encontrado em Frank, *op. cit.*, p. 432. A declaração do próprio Labori, que fala alto de sua nobreza de caráter, foi publicado em *La Grande Revue* (fevereiro de 1900). Após o que aconteceu com o seu advogado e amigo, Zola rompeu imediatamente as relações com a família Dreyfus. Quanto a Picquard, o *Echo de Paris* (30 de novembro de 1901) disse que, depois disso, ele nada mais tinha a ver com os Dreyfus. Clemenceau, diante do fato de que toda a França, ou mesmo o mundo inteiro, compreendia melhor o significado real dos julgamentos que o acusado ou sua família, tendia mais a achar o incidente engraçado; cf. Weil, *op. cit.*, pp. 307-8.

gavam poder dessa forma livrar-se de uma possível contaminação. A supressão dos contatos sociais e comerciais com os judeus parecia-lhes um preço que bem valia a pena pagar. Além disso, como indicam as declarações de Jaurès, o Caso era visto pelo Parlamento como uma oportunidade ímpar para reabilitar, ou melhor, recuperar sua tradicional reputação de incorruptibilidade. Por último, mas certamente não menos importante, no apoio a *slogans* como "Morte aos judeus" ou "A França para os franceses", descobria-se uma fórmula quase mágica para reconciliar as massas com o tipo de governo e sociedade existentes.

4. O POVO E A RALÉ

Se o erro comum dos nossos tempos é imaginar que a propaganda pode conseguir tudo e que um homem pode ser persuadido a fazer qualquer coisa, contanto que a persuasão seja suficientemene forte e atraente, era crença comum naquela época que a "voz do povo era a voz de Deus", e que a tarefa de um líder era, como disse Clemenceau com tanto desdém,[60] seguir essa voz com esperteza. As duas atitudes derivam do mesmo erro fundamental de considerar-se a ralé idêntica do povo, e não uma caricatura dele.

A ralé é fundamentalmente um grupo no qual são representados resíduos de todas as classes. É isso que torna tão fácil confundir a ralé com o povo, o qual também compreende todas as camadas sociais. Enquanto o povo, em todas as grandes revoluções, luta por um sistema realmente representativo, a ralé brada sempre pelo "homem forte", pelo "grande líder". Porque a ralé odeia a sociedade da qual é excluída, e odeia o Parlamento onde não é representada. Os plebiscitos, portanto, com os quais os líderes modernos da ralé têm obtido resultados tão excelentes, correspondem à tática de políticos que se estribam na ralé. Um dos mais inteligentes líderes dos adversários de Dreyfus, Déroulède, clamava por uma "República através do plebiscito".

A alta sociedade e os políticos da Terceira República haviam apresentado à ralé francesa uma série de escândalos e fraudes públicas. Invadia-os agora um tenro sentimento de familiaridade paterna por seu rebento, um sentimento misto de admiração e medo. O menos que a sociedade podia fazer por sua filha era protegê-la com palavras. Enquanto a ralé tomava de assalto as lojas dos judeus e os agredia na rua, a linguagem da alta sociedade fazia com que a violência, intensa e verdadeira, parecesse inócua brincadeira de criança.[61] O mais impor-

---

(60) Cf. o artigo de Clemenceau de 2 de fevereiro de 1898, em *op. cit.* Quando à futilidade de tentar arrebanhar os trabalhadores com lemas anti-semitas, e principalmente sobre a tentativa de Léon Daudet, ver o escritor monarquista Dimier, *Vingt ans d'Action Française*, Paris, 1926.

(61) Muito característicos, nesse ponto, são os vários retratos da sociedade da época em J. Reinach, *op. cit.*, I, pp. 233ss; III, p. 141: "As senhoras da sociedade acompanhavam o passo de Guérin. A linguagem delas (que mal ia além de seus pensamentos) teria horrorizado uma amazona do Daomé (...)". De especial interesse a esse respeito é um artigo de André Chevrillon, "Huit jours à

tante dos documentos contemporâneos a esse respeito é o "Memorial Henry" e as várias soluções que propunha para a questão judaica: os judeus deviam ser despedaçados como Marsias na lenda grega; Reinach devia ser jogado vivo num caldeirão de água fervente; os judeus deviam ser cozidos em óleo ou furados com agulhas até morrerem; deviam ser "circuncidados até o pescoço". Um grupo de oficiais revelou-se muito impaciente de experimentar um novo tipo de canhão nos 100 mil judeus do país. Entre os subscritores havia mais de mil oficiais, inclusive quatro generais da ativa e o ministro da Guerra, Mercier. O número relativamente alto de intelectuais [62] e até de judeus que constavam da lista é surpreendente. As classes superiores sabiam que a ralé era a carne da sua própria carne, e o sangue do seu próprio sangue. Até um historiador judeu da época, embora houvesse visto com os próprios olhos que os judeus não têm nenhuma segurança quando a ralé impera nas ruas, falou com secreta admiração do "grande movimento coletivo".[63] Isso mostra apenas quão profundas eram as raízes dos judeus numa sociedade que estava procurando eliminá-los.

Ao descrever — referindo-se ao Caso Dreyfus — o anti-semitismo como um importante conceito político, Bernanos está com a razão no tocante à ralé. Havia sido experimentada anteriormente em Berlim e em Viena, por Ahlwardt e Stoecker, por Schoenerer e Lueger, mas em lugar nenhum sua eficácia foi demonstrada mais claramente do que na França. Não pode haver dúvida de que, aos olhos da ralé, os judeus passaram a representar tudo o que era detestável. Se odiavam a sociedade, podiam denunciar o modo como os judeus eram tolerados nela; e, se odiavam o governo, podiam denunciar como os judeus haviam sido protegidos pelo Estado, ou se confundiam com ele. Embora seja um erro presumir que a ralé caça apenas a judeus, estes estão certamente em primeiro lugar entre as suas vítimas favoritas.

Excluída, como é, da sociedade e da representação política, a ralé recorre necessariamente a ação extraparlamentar. Além disso, sente a inclinação de procurar as verdadeiras forças da vida política naqueles movimentos e influências que os olhos não vêem e que atuam por trás das cortinas. Não resta dúvida de que, durante o século XIX, o povo judeu incidiu nessa categoria, exatamente como os maçons e os jesuítas.[64] É falso que qualquer um desses grupos realmente constituísse uma sociedade secreta propensa a dominar o mundo por meio de uma gigantesca conspiração. Contudo, é verdade que sua influência,

---

Rennes", na *Grande Revue* de fevereiro de 1900. Conta ele, *inter alia*, o seguinte incidente revelador: "Um médico, falando a alguns amigos meus a respeito de Dreyfus, fez o comentário de que gostaria de torturá-lo. 'E eu quisera', acrescentou uma das senhoras, 'que ele fosse inocente, pois sofreria mais'".

(62) Entre os intelectuais encontrava-se, bastante estranhamente, Paul Valéry, que contribuiu com três francos, *non sans réflexion*.

(63) J. Reinach, *op. cit.*, I, 233.

(64) Um estudo da superstição européia demonstraria provavelmente que os judeus se tornaram objetos dessa modalidade de superstição típica do século XIX em data bastante recente. Foram precedidos pelos rosacruzes, templários, jesuítas e pela Livre-Maçonaria. O tratamento da história do século XIX ressente-se muito da falta de tal estudo.

por mais abstrata que fosse, era exercida além da esfera formal da política, e operava em grande escala nos corredores, nos bastidores e no confissionário. Desde a Revolução Francesa, esses três grupos têm dividido a honra duvidosa de serem, aos olhos da ralé européia, o pivô da política mundial. Durante a crise Dreyfus, cada um deles pôde explorar essa noção popular, jogando sobre o outro a acusação de conspirar pelo domínio do mundo. O termo "Judá Secreta" é devido, sem dúvida, à inventividade de certos jesuítas que decidiram ver no primeiro Congresso Sionista (1897) o núcleo de uma conspiração mundial judaica.[65] Do mesmo modo, o conceito de "Roma Secreta" se deve a maçons anticlericais e, talvez, também a calúnias indiscriminadas e impensadas de alguns judeus.

A volubilidade da ralé é proverbial, como os oponentes de Dreyfus iriam aprender amargamente quando, em 1899, tendo mudado os ventos, o pequeno grupo de verdadeiros republicanos, chefiados por Clemenceau, compreendeu de repente, um tanto confuso, que parte da ralé havia aderido a ele.[66] Para alguns observadores, os dois partidos da grande controvérsia pareciam agora "dois bandos rivais de charlatães disputando o reconhecimento da ralé".[67] Assim, o erudito Emile Duclaux pôde escrever: "Neste drama representado diante de todo um povo, e tão explorado pela imprensa que todo o país terminou por nele participar, vemos o coro e o anticoro da antiga tragédia, bradando um contra o outro. A cena é a França e o teatro é o mundo".

Chefiado pelos jesuítas e ajudado pela ralé, o Exército finalmente entrou na briga, certo da vitória. O contra-ataque do poder civil havia sido eficazmente anulado. A imprensa anti-semita havia fechado a boca de todos ao publicar a lista Reinach dos deputados envolvidos no escândalo do Panamá.[68] Tudo sugeria um triunfo fácil. A sociedade e os políticos da Terceira República, seus escândalos e aventuras, haviam criado uma nova classe de *déclassés*; não se podia esperar que lutassem contra a própria progênie; pelo contrário, iriam adotar a linguagem e os pontos de vista da ralé. Através do Exército, os jesuítas ganhariam o controle do poder civil corrupto, e o caminho estaria aberto para um golpe de Estado sem sangue.

Enquanto isso, apenas a família Dreyfus tentava, por meios bizarros, salvar da Ilha do Diabo o seu parente, e apenas alguns judeus preocupavam-se

---

(65) Vide "Il caso Dreyfus", em *Civiltà cattolica* (5 de fevereiro de 1898). Entre as exceções à afirmação anterior, a mais notável é o jesuíta Pierre Charles Louvain, que denunciou os "Protocolos dos sábios do Sião".

(66) Cf. Martin du Gard, *Jean Barois*, pp. 272ss, e Daniel Halévy, em *Cahiers de la Quinzaine*, série II, caderno 10, Paris, 1910.

(67) Cf. Georges Sorel, *La révolution dreyfusienne*, Paris, 1911, pp. 70-1.

(68) A que ponto os membros do Parlamento estavam de mãos atadas é demonstrado pelo caso de Scheurer-Kestner, um dos seus melhores elementos e vice-presidente do Senado. Assim que deu entrada em seu protesto contra o julgamento, o *Libre Parole* proclamou o fato de que seu genro tinha estado envolvido no escândalo do Panamá. Ver Herzog, *op. cit.*, sob data de novembro de 1897.

com sua posição nos salões anti-semitas e no Exército ainda mais anti-semita. Obviamente, não havia motivo de esperar que um ataque ao Exército ou à sociedade viesse *daquele* lado. Pois não era o desejo único dos judeus continuarem a ser aceitos na sociedade e tolerados nas forças armadas? Ninguém nos círculos militares ou civis precisava perder o sono por causa *deles*.[69] Foi embaraçoso, portanto, quando transpirou que, no gabinete de espionagem do Estado-Maior, existia um alto oficial que, embora dotado de uma boa formação católica, excelentes perspectivas militares, "adequada" dose da antipatia pelos judeus, ainda não havia adotado o princípio de que o fim justifica os meios. Esse homem, completamente divorciado do classicismo social e da ambição profissional, era Picquard, e a esse espírito simples, calmo e politicamente desinteressado o Estado-Maior iria em breve dizer um "basta". Picquard não era herói, e certamente não era um mártir. Era apenas aquele tipo comum de cidadão com interesse normal pelos negócios públicos que, na hora do perigo (mas não um minuto antes), se ergue para defender o país da mesma forma como cumpre seus deveres diários, sem discutir.[70] Contudo, a causa só se tornou séria quando, após muita demora e hesitação, Clemenceau finalmente se convenceu de que Dreyfus era inocente e de que a república estava em perigo. No começo da luta, apenas um punhado de escritores e eruditos de renome aderiram à causa: Zola, Anatole France, Emile Duclaux, o historiador Gabriel Monod e Lucien Herr, bibliotecário da Ecole Normale. A estes deve acrescentar-se o pequeno e, na época, insignificante círculo de jovens intelectuais que iriam mais tarde fazer história nos *Cahiers de la Quinzaine*.[71] Essa era a lista completa dos aliados de Clemenceau. Não havia um grupo político sequer, nem um único político de reputação, disposto a lutar ao seu lado. Clemenceau abordou a questão com grandeza porque não arremetia contra um determinado erro de justiça, mas se estribava em coisas "abstratas" como Justiça, Liberdade e Virtude Cívica. Estribava-se, enfim, naqueles mesmos conceitos que haviam sido a essência do antigo patriotismo jacobino, e contra os quais muita lama e insulto já haviam sido atirados. À medida que o tempo passava e, indiferente a ameaças e decepções, Clemenceau continuava anunciando as mesmas verdades; ao transformá-las em exigências, fazia os nacionalistas perderem terreno. Os seguidores de homens como Barrès, que havia acusado os partidários de Dreyfus de se perderem num "torvelinho de metafísica", vieram a compreender que as abstra-

---

(69) Cf. Brogan, *op. cit.*, livro VII, capítulo 1: "O desejo de esquecer o assunto [isto é, o Caso Dreyfus] não era raro entre os judeus franceses, especialmente entre os mais ricos".

(70) Imediatamente após ter feito suas descobertas, Picquard foi banido para um perigoso posto em Túnis. Fez então seu testamento, denunciou toda a trama, e depositou com o seu advogado uma cópia do documento. Alguns meses mais tarde, quando se descobriu que ele ainda estava vivo, começou a chegar uma enxurrada de cartas que o comprometiam e o acusavam de cumplicidade com o "traidor" Dreyfus. Foi tratado como um gângster que ameaçasse "soltar a língua". Quando se viu que tudo isso era inútil, ele foi preso, expulso do Exército ao som dos tambores e despojado de suas condecorações, tendo tudo suportado com serena equanimidade.

(71) A esse grupo, liderado por Charles Péguy, pertenciam o jovem Romain Rolland, Suarez, Georges Sorel, Daniel Halévy e Bernard Lazare.

ções do "Tigre" estavam, na verdade, mais próximas das realidades políticas que a limitada inteligência de comerciantes falidos ou o tradicionalismo estéril de intelectuais fatalistas.[72] A atitude concreta dos nacionalistas realistas terminou por levá-los a um fim que foi tão bem exemplificado naquela história impagável que conta como Charles Maurras teve "a honra e o prazer", durante a Segunda Guerra, ainda em 1939, de conhecer, em sua fuga para o sul, uma astróloga que lhe explicou o significado político dos acontecimentos recentes e o aconselhou a colaborar com os nazistas.[73]

Embora o anti-semitismo ganhasse terreno durante os três anos que se seguiram à prisão de Dreyfus, antes do início da campanha de Clemenceau, e embora a imprensa antijudaica atingisse uma circulação comparável à dos jornais principais, as ruas haviam permanecido calmas. Foi somente quando Clemenceau começou a publicar seus artigos em *L'Aurore*, quando Zola publicou *J'accuse*, e quando o tribunal de Rennes iniciou inabilmente a série de julgamentos e revisões, que a ralé entrou em ação. Cada lance dos partidários de Dreyfus (que se sabiam em minoria) era seguido de perturbação mais ou menos violenta nas ruas.[74] O modo como o Estado-Maior organizou a ralé foi notável. A pista leva diretamente do Exército ao *Libre Parole*, que, direta ou indiretamente, através de seus artigos ou da intervenção pessoal de seus editores, mobilizou estudantes, monarquistas, aventureiros e simples bandidos, e atirou-os nas ruas. Se Zola dizia uma palavra, imediatamente suas janelas eram apedrejadas. Se Scheurer-Kestner escrevia ao ministro das Colônias, era imediatamente agredido na rua, enquanto os jornais dirigiam indecentes ataques à sua vida privada. E todos os relatos concordam que se Zola, quando foi acusado, tivesse sido absolvido, nunca teria saído vivo do tribunal.*

O grito "Morte aos judeus!" varreu o país. Em Lyon, Rennes, Nantes, Tours, Bordeaux, Clermont-Ferrant e Marselha — na verdade, em toda parte —, explodiam tumultos anti-semitas, invariavelmente atribuíveis à mesma fonte. A indignação popular espoucava em todo canto, no mesmo dia e exatamente à mesma hora.[75] Sob a chefia de Guérin, a ralé assumia ares militares. Tropas de choque anti-semitas surgiam nas ruas para assegurar-se de que todo comício

---

(72) Cf. M. Barrès, *Scènes et doctrines du nationalisme*, Paris, 1902.

(73) Ver Yves Simon, *op. cit.*, pp. 54-5.

(74) As salas dos mestres na Universidade de Rennes foram arrasadas depois que cinco professores se declararam a favor de novo julgamento. Depois da publicação do primeiro artigo de Zola, estudantes monarquistas fizeram uma demonstração diante dos escritórios do *Figaro*, após a qual o jornal desistiu de publicar outros artigos do mesmo tipo. O editor do *La Bataille*, pró-Dreyfus, foi espancado na rua. Os juízes do Tribunal de Cassação, que finalmente revogaram o veredicto de 1894, declararam unanimemente que haviam sido ameaçados de agressão. Os exemplos poderiam multiplicar-se.

(*) Clemenceau foi mais contundente. "Se Zola fosse absolvido, *ninguém de nós* sairia vivo", disse no Senado a 11 de dezembro de 1906. (Nota do editor de tradução francesa.)

(75) Em 18 de janeiro de 1898, ocorreram demonstrações anti-semitas em Bordeaux, Marselha, Clermont-Ferrant, Nantes, Rouen e Lyon. No dia seguinte, eclodiram distúrbios estudantis em Rouen, Toulouse e Nantes.

pró-Dreyfus terminasse em sangreira. A cumplicidade da polícia era patente em toda parte.[76]

A figura mais moderna entre os adversários de Dreyfus era provavelmente Jules Guérin. Falido no comércio, havia iniciado sua carreira política como alcagüete da polícia, e adquiriu aquele instinto de disciplina e de organização que é a marca invariável do submundo. Mais tarde, iria canalizar esse instinto para fins políticos, tornando-se fundador e chefe da *Ligue Antisémite*. A alta sociedade teve nele seu primeiro herói criminoso. Em sua adulação de Guérin, a sociedade burguesa deixou bem claro que havia definitivamente rompido com os próprios padrões de moral e ética. Por trás da *Ligue* havia dois membros da aristocracia, o duque de Orléans e o marquês de Morès. Esse último havia perdido a fortuna na América, e tornou-se famoso por organizar os açougueiros de Paris numa brigada de rufiões.

A mais eloqüente dessas tendências modernas foi o ridículo ataque ao chamado Forte Chabrol. Foi aí que a elite da *Ligue Antisémite* se reuniu, quando a polícia finalmente decidiu prender o seu líder. As instalações eram de alta perfeição técnica. "As janelas eram protegidas por persianas de ferro. Havia um sistema de campainhas elétricas e telefones do porão ao teto. A mais ou menos cinco metros por trás da maciça porta da entrada, que estava sempre trancada e aferrolhada, havia forte grade de ferro fundido. À direita, entre a grade e a porta principal, havia pequena porta, também coberta por uma placa de ferro, atrás da qual as sentinelas, escolhidas a dedo dentre as legiões de açougueiros, montavam guarda dia e noite."[77]

Max Régis, instigador dos *pogroms* argelinos, é outro desses homens que representava as velhas idéias sob aspectos modernos. Foi o jovem Régis que uma vez incitou uma animada turba parisiense a "regar a árvore da liberdade com o sangue dos judeus". Régis representava aquele setor do movimento que esperava galgar o poder através de métodos legais e parlamentares. Seguindo essa orientação, fez-se eleger prefeito de Argel e usou de sua posição para desencadear os *pogroms* nos quais vários judeus foram mortos, mulheres judias foram violentadas e lojas de judeus foram pilhadas. Foi a ele também que o polido e culto Edouard Drumont, o mais famoso anti-semita francês, deveu sua cadeira no Parlamento.

O novo em tudo isso não era a atividade da ralé; esta tinha abundantes precedentes. O novo e surpreendente na época — embora demasiado comum para nós — era a organização da ralé e o fato de que adoravam seus líderes como heróis. A ralé tornou-se o agente direto daquele nacionalismo "concreto" esposado por Barrès, Maurras e Daudet, que, juntos, constituíam o que sem dúvida era uma espécie de elite de jovens intelectuais. Esses homens, que menosprezavam o povo e apenas recentemente haviam, eles próprios, emergido de

---

(76) O exemplo mais cru foi o do chefe de polícia de Rennes, que aconselhou o professor Victor Basch, quando sua casa foi assaltada por uma multidão de 2 mil pessoas, a pedir demissão, já que ele não lhe podia garantir segurança.

(77) Cf. Bernanos, *op. cit.*, p. 347.

um desastroso e decadente culto da estética, viram na ralé uma expressão viva da "força" viril e primitiva. Foram eles e suas teorias que primeiro identificaram a ralé com o povo e converteram seus líderes em heróis nacionais.[78] Foi a sua filosofia do pessimismo e o seu prazer da ruína que constituíram o primeiro sinal do iminente colapso da intelectualidade européia.

Nem mesmo Clemenceau estava imune à tentação de identificar a ralé com o povo. O que o tornava especialmente propenso a esse erro era a atitude, consistentemente ambígua, do Partido Socialista em relação à questão da justiça "abstrata". Nenhum partido, inclusive o socialista, estava disposto a lutar pela justiça *per se*, a "tomar posição, para o que der e vier, em favor da justiça, o único elo inquebrável de união entre homens civilizados".[79] Os socialistas defendiam os interesses dos trabalhadores; os oportunistas, os da burguesia liberal; os coligacionistas, os das classes católicas superiores; e os radicais, os da pequena burguesia anticlerical. Os socialistas tinham a grande vantagem de falar em nome de uma classe homogênea e unida. Diferentemente dos partidos burgueses, não representavam uma sociedade que se havia fragmentado em numerosos grupos. Contudo, preocupavam-se primária e essencialmente com os seus interesses de classe. Não os estorvava qualquer obrigação mais alta para com a solidariedade humana, e não tinham a menor idéia do que realmente fosse a vida comunal. Típica de sua atitude era a observação feita por Jules Guesde, principal líder socialista junto com Jaurès, de que "a lei e a honra são meras palavras".

O niilismo que caracterizava os nacionalistas não era monopólio dos *antidreyfusards*. Pelo contrário, grande parte dos socialistas e muitos dos que defendiam Dreyfus, como Guesde, falavam a mesma linguagem. Se o católico *La Croix* observava que "já não é mais uma questão de saber se Dreyfus é culpado ou inocente, mas apenas de quem irá vencer, os amigos do Exército ou os seus inimigos", semelhante ponto de vista bem poderia ter sido expresso, *mutatis mutandis*, pelos partidários de Dreyfus.[80] Não apenas a ralé, mas considerável segmento do povo francês, se declarou, na melhor das hipóteses, bastante desinteressado pelo fato — em si essencial — de um grupo da população ser excluído dos benefícios da lei.

Assim que a ralé começou sua campanha de terror contra os partidários de Dreyfus, encontrou diante de si o caminho aberto. Como atesta Clemenceau, os trabalhadores de Paris pouco se importavam com o caso. Se os vários elementos da burguesia discutiam entre si, isso, pensavam eles, pouco afetava seus interesses. "Com o consentimento aberto do povo", escreveu Clemenceau, "eles

---

(78) No tocante a essas teorias, ver especialmente Charles Maurras, *Au Signe de Flore: souvenirs de la vie politique; l'Affaire Dreyfus et la fondation de l'Action Française*, Paris, 1931; M. Barrès, *op. cit.*; Léon Daudet, *Panorama de la Troisième République*, Paris, 1936.

(79) Cf. Clemenceau, "À la dérive", em *op. cit.*, p. 158.

(80) Foi precisamente isso que tanto decepcionou os defensores de Dreyfus, especialmente o círculo em torno de Charles Péguy. Essa perturbadora semelhança entre os defensores e os adversários de Dreyfus é o assunto do romance de Martin du Gard, *Jean Barois*, 1913.

proclamaram diante do mundo a falência de sua 'democracia'. Graças a eles, um povo soberano é despojado do seu trono de justiça, privado de sua infalível majestade. Pois não há como negar que esse mal caiu sobre nós com a inteira cumplicidade do próprio povo. (...) O povo não é Deus. Qualquer um poderia ter previsto que essa nova divindade iria tombar do seu pedestal. Um tirano coletivo, dominando de ponta a ponta um país, não é mais aceitável que um tirano único refestelado no trono."[81]

Finalmente, Clemenceau convenceu Jaurès de que a violação dos direitos de um homem era a violação dos direitos de todos. Mas, se foi bem-sucedido quanto a Jaurès, é porque os transgressores eram inveterados inimigos do povo desde a Revolução: a aristocracia e o clero. Foi *contra* os ricos e o clero, e não *a favor* da república, não *a favor* da justiça e da liberdade, que finalmente os trabalhadores saíram às ruas. É verdade que tanto os discursos de Jaurès como os artigos de Clemenceau cheiravam à antiga paixão revolucionária pelos direitos humanos. Também é verdade que essa paixão era suficientemente forte para reagrupar o povo na luta, mas antes tiveram de convencer-se de que o que estava em jogo não era apenas a justiça e a honra da república, mas também seus próprios interesses de classe. Na verdade, grande número de socialistas, dentro e fora do país, ainda consideravam um erro imiscuir-se (como dizem) nas brigas intestinas da burguesia, ou cuidar de salvar a república.

O primeiro a fazer com que os trabalhadores abandonassem, pelo menos parcialmente, essa atitude de indiferença foi aquele grande amigo do povo, Emile Zola. Mas, em sua famosa acusação à república, ele foi também o primeiro a afastar-se da apresentação de fatos políticos precisos e ceder às paixões da ralé, evocando o fantasma da "Roma Secreta". Clemenceau relutou em adotar esse tom, embora Jaurès o fizesse com entusiasmo. A verdadeira façanha de Zola, cuja vida e obra haviam exaltado o povo a ponto de atingir os limites da idolatria, foi a coragem audaz e resoluta para desafiar, combater e finalmente conquistar as massas, nas quais, como Clemenceau, ele mal sabia distinguir a ralé do povo. "Já houve homens que resistiram aos mais poderosos monarcas e se recusaram a inclinar-se diante deles, mas tem havido poucos capazes de resistir à multidão, e sozinhos enfrentar as massas mal orientadas, de encarar desarmado o seu implacável frenesi e, de braços cruzados, ousar dizer *não!*, quando o que a massa exige é um *sim*. Esse homem foi Zola!"[82]

Mal havia aparecido *J'accuse*, os socialistas de Paris realizaram seu primeiro comício e votaram a favor de uma revisão do processo Dreyfus. Mas, apenas cinco dias mais tarde, 32 autoridades socialistas emitiram uma declaração no sentido de que a sorte de Dreyfus, "o inimigo da classe", não era de sua conta. Apoiavam essa declaração numerosos líderes do partido em Paris. Embora a dissensão em suas fileiras continuasse durante todo o Caso, o partido contou com número suficiente de defensores de Dreyfus para evitar que a *Ligue*

---

(81) Prefácio a *Contre la Justice*, 1900.
(82) Clemenceau, em discurso diante do Senado a 11 de dezembro de 1906; cf. Weil, *op. cit.*, pp. 112-3.

Antisémite controlasse as ruas daí por diante. Um comício socialista chegou ao ponto de estigmatizar o anti-semitismo como "nova forma de reação". Contudo, alguns meses depois, por ocasião das eleições parlamentares, Jaurès não foi reeleito e, logo depois, quando Cavaignac, ministro da Guerra, presenteou a Câmara com um discurso atacando Dreyfus e louvando o Exército como indispensável, os delegados socialistas resolveram, com apenas dois votos em contrário, colocar nos muros de Paris cartazes com o texto do discurso. Da mesma forma, quando a grande greve parisiense eclodiu em outubro do mesmo ano, Münster, o embaixador alemão, pôde confidencialmente informar Berlim de que, "no que concerne às massas, não se trata absolutamente de questão política. Os trabalhadores querem apenas aumento de salário, o que terminarão conseguindo. Quanto ao processo Dreyfus, nem pensavam em se envolver por ele".[83]

Em termos gerais, então, quem eram os defensores de Dreyfus? Quem foram aqueles 300 mil franceses que tão avidamente devoraram *J'accuse* de Zola e acompanharam religiosamente os editoriais de Clemenceau? Quem foram os homens que, na questão Dreyfus, terminaram por dividir cada classe, cada família da França em dois lados opostos? A resposta é simples: não constituíam qualquer partido ou grupo homogêneo. É certo que provinham mais das classes inferiores que das superiores, incluindo — o que comprova a afirmação — mais médicos que advogados e funcionários civis. De modo geral, porém, formavam uma mistura de vários elementos: homens tão diversos entre si como Zola e Péguy, ou Jaurès e Picquard, homens que no dia seguinte se separariam e tomariam caminhos diferentes. "Vêm de partidos políticos e grupos religiosos que nada têm em comum e, às vezes, estão até em conflito entre si. (...) Não se conhecem uns aos outros. Já se digladiaram e a qualquer dia lutarão de novo. Mas não se enganem: esses homens é que são a elite da democracia francesa."[84]

Se Clemenceau tivesse tido bastante autoconfiança, naquela época, para considerar que apenas aqueles que lhe davam ouvidos eram o verdadeiro povo da França, não teria sido presa daquele orgulho fatal que marcou o resto de sua carreira. O que ele experimentou durante o Caso Dreyfus motivou a sua descrença no povo, seu desprezo pelos homens e, finalmente, a certeza de que ele, e somente ele, poderia salvar a república. Nunca havia podido rebaixar-se a aplaudir as momices da ralé. Portanto, quando começou a identificar a ralé com o povo, o chão fugiu de seus pés, e ele submeteu-se àquele teimoso afastamento que o distinguiu daí por diante.

A desunião do povo francês era patente em cada família. Caracteristicamente, porém, encontrou expressão política apenas nas fileiras dos socialistas. Todos os outros, bem como todos os grupos parlamentares, eram unanimemente contra Dreyfus quando começou a campanha por um novo julgamento. Mas os partidos burgueses já não representavam os verdadeiros sentimentos do eleitorado, pois a mesma desunião, tão patente entre os socialistas, prevalecia entre quase todos os segmentos da população. Por toda parte uma minoria

---

(83) Ver Herzog, *op. cit.*, sob data de 10 de outubro de 1898.
(84) "K. V. T.", *op. cit.*, p. 608.

aceitava o apelo de Clemenceau por justiça, e nessa minoria heterogênea agrupavam-se os partidários de Dreyfus. Sua luta contra o Exército e contra a cumplicidade corrupta da República que o apoiava foi o fator dominante da política interna da França desde fins de 1897 até a inauguração da Exposição em 1900. Exerceu também considerável influência na política externa do país. Não obstante, todo esse esforço, que iria finalmente resultar num triunfo parcial, ocorreu exclusivamente fora do Parlamento. Nessa assembléia chamada representativa, que compreendia seiscentos delegados de toda cor e matiz da burguesia e das classes trabalhadoras, havia em 1898 apenas dois partidários de Dreyfus, e um deles, Jaurès, não foi reeleito.

O que mais nos perturba no Caso Dreyfus é que não foi apenas a ralé que teve de agir com métodos extraparlamentares. Toda aquela minoria, embora lutasse como lutava pelo Parlamento, pela democracia e pela república, era também forçada a travar sua luta fora da Câmara. Mas, enquanto uns usavam as ruas, os outros recorriam à imprensa e aos tribunais — e essa foi a única diferença entre os dois elementos. Em outras palavras, toda a vida política da França durante a crise Dreyfus se passou fora do Parlamento. Nem os vários votos parlamentares a favor do Exército e contra um novo julgamento invalidam de modo algum essa conclusão. É importante não esquecer que, quando o sentimento parlamentar começou a mudar, pouco antes da inauguração da Exposição Internacional de Paris, o ministro Gallifet pôde dizer com justeza que isso absolutamente não representava a atitude da nação.[85] Por outro lado, o voto contra o novo julgamento não deve ser interpretado como endosso da política de golpe de Estado que os jesuítas e certos anti-semitas estavam tentando realizar com o auxílio do Exército.[86] Devia-se, antes, à mera resistência contra qualquer mudança no *status quo*. Realmente, uma maioria igualmente esmagadora na Câmara teria rejeitado uma ditadura clérico-militar.

Os membros do Parlamento que haviam aprendido a ver a política como a representação profissional dos capitais investidos estavam naturalmente ansiosos por conservar aquele estado de coisas do qual dependiam tanto sua "vocação" quanto os seus lucros. O processo Dreyfus revelou, além disso, que também o povo desejava que seus representantes cuidassem dos interesses peculiares de todos, em vez de funcionarem como estadistas. Era positivamente insensato mencionar o caso na propaganda eleitoral. Se isso fosse devido unicamente ao anti-semitismo, a situação dos partidários de Dreyfus teria certamente

---

(85) Gallifet, ministro da Guerra, escreveu para Waldeck-Rousseau: "Não esqueçamos que a grande maioria do povo na França é anti-semita. Nesta situação, portanto, temos o Exército e a maioria dos franceses junto com os deputados e senadores e todos os agitadores; do outro lado, há o ministério, os *dreyfusards* e o estrangeiro (...)". Cf. J. Reinach, *op. cit.*, V, 580.

(86) A mais conhecida dessas tentativas foi a de Déroulède, que, enquanto assistia ao funeral do presidente Félix Faure, em fevereiro de 1899, procurou incitar ao motim o general Roget. Os embaixadores e encarregados de negócios alemães em Paris relatavam tentativas semelhantes de meses a meses. A situação é bem definida por Barrès, *op. cit.*, p. 4: "Em Rennes encontramos nosso campo de batalha. Só precisamos de soldados ou, mais precisamente, de generais — ou, ainda mais precisamente, de *um* general". Só que não foi por acaso que esse general não existia.

sido desesperadora. Na verdade, durante as eleições eles já contavam com apoio considerável entre a classe trabalhadora. No entanto, nem mesmo aqueles que apoiavam Dreyfus desejavam ver essa questão política imiscuída nas eleições. Foi realmente por insistir em fazer dela o pivô de sua campanha que Jaurès deixou de ser reeleito.

Se Clemenceau e os partidários de Dreyfus conseguiram convencer grandes segmentos de todas as classes a exigirem novo julgamento, os católicos reagiram em bloco; entre eles não houve divergências de opinião. O que os jesuítas fizeram ao manobrar a aristocracia e o Estado-Maior foi feito para as classes média e baixa pelos assuncionistas, cujo órgão, *La Croix*, tinha a maior circulação de todos os jornais católicos da França.[87] Ambos concentraram sua agitação contra a república em torno dos judeus. Ambos se apresentaram como defensores do Exército e do bem-estar público contra as maquinações do "judaísmo internacional". Mais extraordinário, porém, que a atitude dos católicos da França foi o fato de estar toda a imprensa católica do mundo unanimemente contra Dreyfus. "Todos os jornalistas marcharam e ainda estão marchando por ordem de seus superiores."[88] À medida que o caso avançava, tornava-se cada vez mais claro que a agitação contra os judeus na França seguia uma linha internacional. Assim, o *Civiltà cattolica* declarou que os judeus deviam ser excluídos da nação em toda parte, na França, na Alemanha, na Áustria e na Itália. Os políticos católicos foram os primeiros a compreender que a política do poder, em nossos dias, deve basear-se no jogo das ambições coloniais. Foram, portanto, os primeiros a ligar o anti-semitismo ao imperialismo, declarando que os judeus eram agentes da Inglaterra e, assim, identificavam com a anglofobia o antagonismo aos judeus.[89] O processo Dreyfus, no qual os judeus eram figuras centrais, deu-lhes, desta forma, uma boa oportunidade para que jogassem seu jogo. Se a Inglaterra havia tomado o Egito dos franceses, a culpa era dos judeus,[90] enquanto o movimento a favor de uma aliança anglo-americana se devia, naturalmente, ao "imperialismo dos Rothschild".[91] Que esse jogo não se limitava à França ficou bem claro quando o pano caiu sobre a cena. Em fins de 1899, quando Dreyfus havia sido indultado, e quando a opinião pública francesa havia recuado, receando um planejado boicote à Exposição, bastou uma entrevista com o papa Leão XIII para sustar a propagação do anti-semitismo no mundo.[92] Mesmo nos Estados Unidos, onde a defesa de Dreyfus era

(87) Brogan vai ao ponto de culpar os assuncionistas por toda a agitação clerical.
(88) "K. V. T.", em *op. cit.*, p. 597.
(89) "O estímulo inicial do Caso muito provavelmente veio de Londres, onde a missão do Congo-Nilo de 1896-1898 estava causando certo grau de inquietação"; é o que diz Maurras no *Action Française* (14 de julho de 1935). A imprensa católica de Londres defendia os jesuítas; ver "The Jesuits and the Dreyfus case", em *The Month*, vol. XVIII (1899).
(90) *Civiltà cattolica*, 5 de fevereiro de 1898.
(91) Ver o artigo particularmente característico do Rev. George McDermot, C. S. P., "Mr. Chamberlain's foreign policy and the Dreyfus case", na revista mensal americana *Catholic World*, vol. LXVI, setembro de 1898.
(92) Cf. Lecanuet, *op. cit.*, p. 188.

particularmente violenta entre os não-católicos, era possível discernir na imprensa católica, a partir de 1897, acentuado ressurgimento de sentimentos anti-semitas que, no entanto, se acalmaram dà noite para o dia após a entrevista de Leão XIII. [93]

5. OS JUDEUS E OS PARTIDÁRIOS DE DREYFUS

O caso do infeliz capitão Dreyfus havia mostrado ao mundo que, em cada judeu nobre e multimilionário, havia ainda algo do antigo pária sem nação, para quem os direitos humanos não existem, e de quem a sociedade teria prazer de retirar os seus privilégios. Ninguém, contudo, teve maior dificuldade em compreender esse fato que os próprios judeus emancipados. "Não lhes basta", escreveu Bernard Lazare, "rejeitar toda a solidariedade com seus irmãos estrangeiros; têm ainda de atacá-los com todos os males que sua covardia inventa. Não se contentam em ser mais jingoístas que os franceses nativos; como todos os judeus emancipados do mundo, romperam, por vontade própria, com todos os laços de solidariedade. De fato, eles foram a tal ponto que, para as três dúzias de homens na França dispostos a defender um dos seus irmãos mártires, haveria milhares dispostos a montar guarda na Ilha do Diabo, ao lado dos mais fanáticos patriotas do país."[94] Precisamente por haverem representado papel tão insignificante no desenvolvimento político dos países em que viviam, a igualdade jurídica transformou-se, para eles, num fetiche, parecendo-lhes constituir a base indiscutível de sua eterna segurança. Quando o Caso Dreyfus veio adverti-los de que essa segurança estava ameaçada, encontravam-se mergulhados num processo de assimilação desintegradora, durante o qual sua falta de sabedoria política havia aumentado em vez de diminuir. Assimilavam-se rapidamente àqueles elementos da sociedade nos quais todas as paixões políticas são sufocadas sob o peso morto do esnobismo social, dos grandes negócios e de oportunidades de lucro. Esperavam livrar-se da antipatia que essas tendências inspiravam, desviando-a contra os seus correligionários ainda não assimilados. Usando as mesmas táticas que a sociedade gentia havia empregado contra eles, empenharam-se em dissociar-se dos chamados *Ostjuden* [judeus da Europa oriental]. O anti-semitismo político, tal como se manifestara nos *pogroms* da Rússia e da Romênia, era levianamente desprezado por eles como fenômeno que sobreviveu à Idade Média mas que não acontecia nem aconteceria na política moderna do Ocidente. Nunca puderam compreender que, no Caso Dreyfus, o que estava em jogo era algo mais que o simples *status* social, pois se tratava de algo mais que o mero anti-semitismo social.

São essas, portanto, as razões pelas quais se encontraram tão poucos defensores sinceros de Dreyfus entre os judeus da França. Os judeus, inclusive a

---

(93) Cf. Rose A. Halperin, *op. cit.*, pp. 59, 77ss.
(94) Bernard Lazare, "Le nationalisme et l'emancipation juive", em *L'Echo Sioniste*, 20 de abril de 1901, p. 152.

própria família do acusado, abstiveram-se de iniciar uma luta política. Por isso mesmo, Labori, advogado de Zola, foi proibido de fazer a defesa no tribunal de Rennes, enquanto o segundo advogado de Dreyfus, Démange, foi forçado a basear sua defesa numa questão de dúvida. Esperava-se assim sufocar sob uma enxurrada de lisonjas qualquer ataque possível ao Exército ou a seus oficiais. O método que levaria à absolvição era o de fingir que tudo não passava de um erro judicial, cuja vítima, por acaso, era um judeu. O resultado foi o segundo veredicto, e Dreyfus, incapaz de encarar o peso da questão, em vez de outro julgamento pediu clemência, isto é, admitiu sua culpa.[95] Os judeus falharam por não enxergarem que se tratava de uma organizada luta política contra eles. Assim, opuseram-se à cooperação com aqueles que estavam dispostos a enfrentar o desafio nessas bases. Quão cega era a sua atitude ficou claro no caso de Clemenceau. A luta de Clemenceau pela justiça como fundamento do Estado certamente incluía a restauração de direitos iguais para os judeus. Mas, numa época de lutas de classe de um lado e de nacionalismo desenfreado de outro, isso não teria passado de abstração política se não fosse concebido, ao mesmo tempo, em termos de luta de oprimidos contra opressores. Clemenceau foi um dos poucos verdadeiros amigos que o povo conheceu nos tempos modernos, apenas porque reconheceu e proclamou perante o mundo que os judeus eram um dos povos oprimidos da Europa. O anti-semitismo tende a ver no *parvenu* judeu um pária; conseqüentemente, em cada vendedor ambulante receava ver um Rothschild em potencial e em cada subproletário judeu um arrivista. Mas Clemenceau, em sua atormentada paixão de justiça, via até nos Rothschild os membros de um povo humilhado. Sua angústia pela desventura nacional da França abriu-lhe os olhos e o coração até para aqueles "infelizes, que posam como líderes do seu povo, e logo o abandonam à própria sorte", para aqueles elementos intimidados e submissos que, em sua ignorância, fraqueza e medo, de tal modo se deslumbram pela admiração dos mais fortes que, excluindo a idéia de associarem-se a quem está em luta ativa, só conseguem "acorrer em auxílio do vencedor" quando a batalha já foi ganha.[96]

6. O INDULTO E SEU SIGNIFICADO

Só no ato final tornou-se claro que, na verdade, o drama de Dreyfus era uma comédia. O *deus ex machina* que uniu o país conturbado, que fez o Parlamento pronunciar-se a favor de novo julgamento e finalmente reconciliou os

---

(95) F. Labori, "Le mal politique et les partis", em *La Grande Revue*, outubro-dezembro de 1901: "A partir do momento, em Rennes, em que o acusado declarou-se culpado e a defesa renunciou ao recurso a um novo julgamento na esperança de ganhar um perdão, o processo Dreyfus como uma grande e universal questão humana estava defitivamente encerrado". Em seu artigo intitulado "Le spectacle du jour", Clemenceau fala dos judeus de Argel, "por cuja causa Rothschild não levantará o menor protesto".

(96) Ver os artigos de Clemenceau "Le Spectable du jour", "Et les Juifs!", "La farce du syndicat" e "Encore les Juifs!", em *L'Iniquité*.

elementos díspares do povo, da extrema direita aos socialistas, foi a Exposição de Paris de 1900. O que os editoriais diários de Clemenceau, o patético de Zola, os discursos de Jaurès e o ódio popular do clero e da aristocracia não conseguiram fazer, isto é, mudar a atitude parlamentar em favor de Dreyfus, foi finalmente alterado por medo a um boicote. O mesmo Parlamento que, um ano antes, havia unanimemente rejeitado uma revisão do julgamento, agora, com a maioria de dois terços, aprovava o voto de censura a um governo anti-Dreyfus. Em julho de 1899, o gabinete Waldeck-Rousseau subiu ao poder. O presidente Loubet indultou Dreyfus e acabou com o processo. A Exposição pôde ser inaugurada sob o mais radioso dos céus comerciais, seguindo-se-lhe uma confraternização geral: até os socialistas eram agora elegíveis para postos no governo; Millerand, o primeiro socialista a se tornar ministro da Europa, recebeu a pasta do Comércio.

O Parlamento virou defensor de Dreyfus! Era o cúmulo. Para Clemenceau, naturalmente, era uma derrota. Até o fim, ele denunciou como ambíguo o indulto. A anistia foi mais ambígua ainda. "Tudo o que se conseguiu", escreveu Zola, "foi agrupar num mesmo perdão malcheiroso homens honrados e bandidos. Todos foram jogados na mesma panela."[97] No começo, Clemenceau permaneceu inteiramente só. Os socialistas, principalmente Jaurès, receberam de bom grado tanto o perdão como a anistia. Não encontraram por fim um lugar no governo e maior representação de seus interesses? Alguns meses depois, em maio de 1900, quando o sucesso da Exposição estava assegurado, a verdade verdadeira veio finalmente à tona. Todas essas táticas de apaziguamento iriam custar caro aos partidários de Dreyfus. A moção em favor de nova revisão do julgamento foi derrotada por 425 votos contra sessenta, e nem mesmo o próprio governo de Clemenceau em 1906 pôde mudar a situação; não ousou confiar um novo julgamento a um tribunal normal. A absolvição (ilegal) no Tribunal de Apelação foi uma solução de meio-termo. Mas a derrota de Clemenceau não significou vitória para a Igreja e para o Exército. A separação entre a Igreja e o Estado e a proibição da educação confissional acabaram com a influência política do catolicismo na França. Da mesma forma, a subordinação do serviço de espionagem ao ministro da Guerra, isto é, à autoridade que na França é civil, privou o Exército de sua influência chantagista sobre o gabinete e sobre a Câmara, e tirou-lhe qualquer justificativa para conduzir inquéritos policiais por conta própria.

Em 1909, Drumont era candidato à Academia. Tempos antes, seu anti-semitismo fora louvado pelos católicos e aclamado pelo povo. Agora, porém, o "maior historiador desde Fustel", segundo Jules Lemaitre, cedia lugar a Marcel Prévost, autor do algo pornográfico *Demi-vierges*, e o novo "imortal" recebeu os parabéns do padre jesuíta Du Lac.[98] Até mesmo a Companhia de Jesus havia acertado suas diferenças com a Terceira República. O encerramento do

---

(97) Cf. carta de Zola de 13 de setembro de 1899, em *Correspondance: lettres à Maître Labori*. Em *Oeuvres completes*, Paris, 1966.
(98) Cf. Herzog, *op. cit.*, p. 97.

processo Dreyfus marcou o fim do anti-semitismo clerical. A solução adotada pela Terceira República inocentava o acusado sem lhe conceder julgamento normal, enquanto restringia as atividades das organizações católicas. Enquanto Bernard Lazare havia pedido direitos iguais para ambos os lados, o Estado havia permitido uma exceção para os judeus e outra — que ameaçava a liberdade de consciência — para os católicos.[99] As partes em conflito foram colocadas praticamente fora da lei, e tanto a questão judaica quanto o catolicismo político foram banidos daí por diante da arena política.

Assim termina o único episódio no qual as forças subterrâneas do século XIX vêm à plena luz nos registros da história. O único resultado visível foi o nascimento do movimento sionista — a única resposta política que os judeus encontraram para o anti-semitismo, e a única ideologia na qual chegaram a levar a sério o comportamento hostil, o qual os impeliria para o centro dos acontecimentos mundiais.

---

(99) A posição de Lazare no Caso Dreyfus é melhor descrita por Charles Péguy, "Notre jeunesse", em *Cahiers de la Quinzaine*, Paris, 1910. Encarando-o como o verdadeiro representante dos interesses judeus, Péguy assim formula as exigências de Lazare: "Ele era partidário da imparcialidade da lei. Imparcialidade da lei no processo Dreyfus, lei imparcial no caso das ordens religiosas. Isso parece pouco, mas pode ir longe. Levou-o ao isolamento na hora da morte". Lazare foi um dos primeiros *dreyfusards* a protestar contra a submissão das congregações ao Estado.

Parte II
IMPERIALISMO

Se eu pudesse, anexaria os planetas.
Cecil Rhodes

PREFÁCIO

Poucas vezes o começo de um período histórico pôde ser datado com tanta precisão, e raramente os observadores contemporâneos tiveram tanta possibilidade de presenciar o seu fim definitivo, como no caso da era imperialista. Porque foi só a partir de 1884 que o imperialismo — surgido do colonialismo e gerado pela incompatibilidade do sistema de Estados nacionais com o desenvolvimento econômico e industrial do último terço do século XIX — iniciou a sua política de expansão por amor à expansão, e esse novo tipo de política expansionista diferia tanto das conquistas de característica nacional, antes levadas adiante por meio de guerras fronteiriças, quanto diferia a política imperialista da verdadeira formação de impérios, ao estilo de Roma. Por outro lado, o seu fim parecia inevitável depois que a "liquidação do Império de Sua Majestade", a que Churchill não quis "presidir", se tornou fato consumado em conseqüência da declaração de independência da Índia. O fato de os ingleses haverem liquidado voluntariamente o seu domínio colonial ainda constitui um dos mais momentosos acontecimentos da história do século XX; depois disso, nenhuma outra nação européia poderia continuar a reter as suas possessões de ultramar. Portugal constituía a única exceção, e a estranha capacidade portuguesa de continuar uma luta, da qual todas as outras potências coloniais européias já haviam desistido, pode ter resultado do seu atraso nacional mais do que da ditadura salazarista. Pois não foi apenas mera fraqueza ou cansaço provocados por duas guerras sangrentas numa só geração, mas também os escrúpulos morais e as apreensões políticas dos Estados nacionais plenamente desenvolvidos, que desaconselharam tanto a introdução de medidas extremas como "massacres administrativos" (A. Carthill) para derrotar a rebelião pacífica da Índia, quanto a continuação do "governo sobre raças inferiores" (lorde Cromer), cada vez mais temido pelo efeito de bumerangue que poderia exercer sobre o país colonizador. Quando finalmente a França, graças à até então incólume autoridade de De Gaulle, ousou desfazer-se da Argélia, à qual antes considerava parte tão integrante do seu território quanto o Département de la Seine,*

(*) Denominação administrativa, oficial, do município de Paris. (N. E.)

o mundo em sua evolução política havia atingido um ponto de onde era impossível voltar.

Aparentemente, era dos mais válidos o caminho percorrido com tanta esperança. Mas, diante da "guerra fria" entre a União Soviética e os Estados Unidos que se seguiu à "guerra quente" contra a Alemanha nazista, é preciso considerar as últimas décadas como o período em que as duas nações mais poderosas da terra trataram de ocupar posições hegemônicas mais ou menos nas mesmas regiões em que as nações européias haviam imperado antes. Da mesma forma, somos tentados a ver a política de *détente* entre a Rússia e os Estados Unidos como a conseqüência do surgimento de uma terceira potência mundial, a China, e não como resultado natural da destotalitarização da Rússia após a morte de Stálin. E, se os eventos futuros derem razão a estas interpretações provisórias, isso significará, em termos históricos, que estaremos de volta ao mesmo ponto em que estávamos antes, isto é, na era imperialista e naquele desastroso caminho que levou o mundo à Primeira Guerra Mundial.

Já se disse muitas vezes que os ingleses adquiriram o seu império num momento de descuido, em conseqüência de tendências automáticas, cedendo ao que parecia factível e ao que era tentador, e não como resultado de uma política deliberada. Se isso é verdade, então o caminho que leva ao inferno pode muito bem ser construído pela ausência de intenções, em lugar das proverbiais boas intenções. E os fatos objetivos que convidam ao retorno à política imperialista são realmente tão graves hoje que somos inclinados a crer que a afirmação é, pelo menos, verdadeira pela metade, apesar das boas intenções de ambos os lados — a "acomodação" norte-americana com o inviável *status quo* da corrupção e da incompetência, e a arenga pseudo-revolucionária da Rússia quanto a guerras de libertação nacional. O processo de criar nações em áreas atrasadas, onde a ausência de todos os pré-requisitos para a independência nacional é tão marcante quanto é óbvio o chauvisnismo violento e estéril, leva a enormes vácuos de poder, pelos quais a competição entre as superpotências cresce em proporção tanto maior quanto, uma vez desenvolvidas as armas nucleares, parece estar definitivamente afastada a confrontação direta dos meios de violência que proporcionam um recurso para "resolver" todos os conflitos. Não apenas cada conflito entre as pequenas nações subdesenvolvidas nessas vastas áreas — seja uma guerra civil no Vietnã, seja um conflito nacional no Oriente Médio — atrai imediatamente a intervenção, potencial ou real, das superpotências, mas esses mesmos conflitos, ou pelo menos o momento em que são deflagrados, parecem estar sendo manipulados ou provocados diretamente por interesses e manobras que nada têm a ver com as lutas e interesses em jogo na própria região. Nada caracteriza melhor a política de poder da era imperialista do que a transformação de objetivos de interesse nacional, localizados, limitados e, portanto, previsíveis, em busca ilimitada de poder, que ameaça devastar e varrer o mundo inteiro sem qualquer finalidade definida, sem alvo nacional e territorialmente delimitado e, portanto, sem nenhuma direção previsível. Essa volta à antiga prática surge também no nível ideológico, pois a famosa teoria de dominó, segundo a qual a política externa norte-americana se julga obrigada a fazer a guerra em determinado país em prol da integridade de outros que nem ao menos são seus vizinhos, evidentemente não passa de nova versão do "Grande Jogo", cujas regras permitiam, e até mesmo exigiam, que nações inteiras fossem vistas como simples degraus para a conquista das riquezas e para o domínio de um terceiro país que, por sua vez, se tornava mero degrau no infindável processo de expansão e de acúmulo de poder. Foi a respeito dessa reação em cadeia, inerente à política imperialista de poder e tão bem representada no nível humano pela figura do agente secreto, que Kipling disse (em *Kim*): "Só quando todos estiverem mortos o Grande Jogo acabará: não antes". O único motivo pelo qual essa profecia não se realizou foi o freio constitucional dos Estados-nações, ao passo que hoje, se a nossa esperança de que não venha a realizar-se no futuro baseia-se em parte também na contenção constitucional da república norte-americana, ela decorre, simultaneamente, da autocoibição imposta pelo desenvolvimento tecnológico da era nuclear.

Não pretendemos negar que o ressurgimento da política e dos métodos imperialistas ocorre em condições e circunstâncias completamente diferentes. A iniciativa da expansão ultramarina transferiu-se na direção do oeste, da Inglaterra e da Europa ocidental para a América, e a iniciativa da expansão continental, em cerrada continuidade geográfica, já não parte da Europa central e oriental, mas se localiza exclusivamente na Rússia. Foi a política imperialista, mais que qualquer outro fator, que provocou o declínio da Europa, e parecem ter-se realizado as previsões dos estadistas e historiadores de que os dois gigantes localizados nos flancos leste e oeste das nações européias emergiriam finalmente como herdeiros do poder europeu. Hoje ninguém mais procura justificar a expansão com afirmações que a vêem como "a carga do homem branco" ou como a decorrência da "consciência tribal ampliada" que pretendia unir os povos de origem étnica semelhante; em vez disso, fala-se de "compromissos" com nações aliadas ou de responsabilidade do poder ou de solidariedade com os movimentos revolucionários "de libertação nacional". A própria palavra "expansão" desapareceu do vocabulário político, que agora emprega termos como "extensão" ou "união", o que diz quase a mesma coisa. Mais importantes politicamente, os investimentos privados em terras distantes, que originalmente constituíam a motivação básica do imperialismo, estão hoje superados pela ajuda externa, econômica e militar, fornecida diretamente aos governos pelos governos. (Apenas em 1966, o governo americano despendeu 4,6 bilhões de dólares em ajuda econômica e créditos para o exterior, mais 1,3 bilhão por ano em ajuda militar na década de 1956-65, enquanto o fluxo de capital privado foi de 3,69 bilhões de dólares em 1965 e de 3,91 bilhões em 1966.[1]) Isso significa que a era do chamado imperialismo do dólar, que foi a versão especificamente norte-americana, e politicamente menos perigosa, do imperialismo anterior à Segunda Guerra Mundial, terminou definitivamente. Os investimentos privados

---

(1) Esses números são retirados de Leo Model, "The politics of private foreign investment", e Kenneth M. Kauffman e Helena Stalson, "U. S. assistance to less developed countries, 1956-65", respectivamente, ambos em *Foreign Affairs*, julho de 1967.

— "as atividades de quase mil companhias norte-americanas que operam numa centena de países estrangeiros, concentradas nos setores mais modernos, mais estratégicos e de mais rápido crescimento da economia estrangeira" — criam muitos problemas políticos, mesmo que não sejam protegidos pelo poder da nação que os origina,[2] mas o auxílio externo, mesmo que seja fornecido por motivos puramente humanitários, é político por natureza, uma vez que desconhece a motivação do lucro. Bilhões de dólares têm sido gastos em desertos políticos e econômicos onde a corrupção e a incompetência fizeram-nos desaparecer antes que se pudesse dar início a algo produtivo, e esse dinheiro não é o capital "supérfluo", que não podia ser investido produtiva e lucrativamente no país de origem, mas o estranho produto da mera abundância que os países ricos podem dar-se ao luxo de perder. Em outras palavras, a motivação do lucro, cuja importância para a política imperialista foi freqüentemente exagerada, mesmo no passado, agora desapareceu, e somente os países muito ricos e muito poderosos podem suportar as enormes perdas que o imperialismo acarreta.

Provavelmente é muito cedo, e foge a estas considerações, analisar e definir com certa confiança essas tendências recentes. O que parece incomodamente claro, desde já, é a força de certos processos, aparentemente incontroláveis, que tendem a destruir todas as esperanças de evolução constitucional nos novos países e a solapar as instituições republicanas dos países mais velhos. Os exemplos são numerosos demais para permitirem uma enumeração mesmo sucinta, mas a intromissão do "governo invisível" de serviços secretos nos assuntos domésticos, nos setores culturais, educacionais e econômicos da vida, é um sinal por demais ominoso para passar desapercebido. Não há por que duvidar da declaração de Allan W. Dulles de que o serviço de espionagem dos Estados Unidos desde 1947 vem desfrutando de "uma posição mais influente em nosso governo do que a espionagem desfruta em qualquer outro governo do mundo",[3] nem há motivo para acreditar que essa influência tenha diminuído desde que ele fez essa declaração, em 1958. O perigo mortal do "governo invisível" para as instituições do "governo visível" já foi apontado muitas vezes; o que talvez seja menos conhecido é a íntima ligação que tradicionalmente existiu entre a política imperialista e o domínio por meio do "governo invisível" e dos agentes secretos. É um erro pensar que a criação de uma rede de serviços secretos nos Estados Unidos após a Segunda Guerra Mundial tenha sido a resposta a uma ameaça direta à sua sobrevivência nacional pela rede de espionagem da Rússia soviética; a guerra havia guindado os Estados Unidos à posição de maior potência mundial, e esse poder mundial, e não a existência nacional, é que era desafiado pelo poder revolucionário do comunismo dirigido por Moscou.[4]

(2) O artigo de L. Model citado acima (p. 641) fornece uma análise muito valiosa e pertinente desses problemas.

(3) Foi o que disse Allan Dulles num discurso na Universidade Yale em 1957, segundo David Wise e Thomas B. Ioss, *The invisibile government*, Nova York, 1946, p. 2.

(4) Dizia Allan Dulles que o governo tinha de combater "fogo com fogo" e, com a desconcertante franqueza que distinguia o ex-chefe da CIA dos seus colegas de outros países, passava a explicar o que isso queria dizer. Pelo visto, a CIA tinha de seguir o modelo do Serviço de Segu-

Quaisquer que tenham sido as causas da ascensão dos Estados Unidos à posição de potência mundial, certamente não foi a adoção deliberada de uma política estrangeira que a visasse, nem qualquer pretensão de domínio global. E o mesmo provavelmente se aplica aos passos recentes e ainda inseguros que esta nação tem dado na direção da política de poder imperialista, para a qual a sua forma de governo é menos adequada que a de qualquer outro país. O enorme abismo entre os países ocidentais e o resto do mundo, não só — e nem principalmente — em riqueza, mas em educação, *know-how* técnico e competência geral, constitui o grave problema das relações internacionais desde o começo da implantação da genuína política de coexistência. E esse abismo, longe de diminuir nas últimas décadas sob a pressão dos sistemas de comunicação em rápido desenvolvimento e o conseqüente encolhimento das distâncias da terra, tem constantemente aumentado e está agora assumindo proporções verdadeiramente alarmantes. "O crescimento populacional nos países menos desenvolvidos foi duas vezes maior que o dos países mais avançados";[5] e, embora esse fator os obrigue a se voltarem para os que dispõem de alimentos excedentes e de conhecimentos técnicos e políticos, ele inutiliza toda a ajuda. Obviamente, quanto maior a população de um país, menos ajuda será recebida *per capita*, e a verdade é que, após duas décadas de maciços programas de ajuda, todos aqueles países que não tinham a capacidade de se ajudarem a si mesmos — como fez o Japão — estão hoje mais pobres e mais distantes da estabilidade econômica ou política do que nunca. Isso aumenta assustadoramente as possibilidades do imperialismo pela simples razão de que os números, em si, nunca tiveram tão pouca importância; o domínio do branco na África do Sul, onde a minoria tirânica é superada em números numa proporção de um para dez nativos, provavelmente nunca foi tão seguro como hoje. E é essa situação objetiva que transforma toda ajuda externa em instrumento de domínio e coloca todos os países que necessitam desse auxílio para sua sobrevivência física em posição cada vez mais difícil, diante da alternativa entre a aceitação de alguma forma de "governo de raças superiores" e a probabilidade de afundar rapidamente na ruína da anarquia.

Este livro trata apenas do imperialismo colonial estritamente europeu, que terminou com a liquidação do domínio britânico na Índia. Conta a história da desintegração do Estado nacional, que continha quase todos os ingredientes necessários para gerar o subseqüente surgimento dos movimentos e governos totalitários. Antes da era imperialista não existia o fenômeno de política mundial, e sem ele a pretensão totalitária de governo global não teria sentido. Durante esse período, contudo, o sistema de Estados nacionais revelou-se incapaz de elaborar novas normas para o tratamento dos assuntos estrangeiros que se

---

rança do Estado Soviético, que é "mais que uma organização de polícia secreta, mais que uma organização de espionagem e contra-espionagem. É um instrumento para a *subversão, manipulação e violência, para a intervenção secreta nos assuntos de outros países*". (O grifo é do autor.) Ver Allan W. Dulles, *The craft of intelligence*, Nova York, 1963, p. 155.

(5) Ver o artigo de Orville L. Freeman, "Malthus, Marx and the North American breadbasket", em *Foreign Affairs*, julho de 1967.

haviam tornado assuntos globais e de impor a sua *pax romana* ao resto do mundo. Sua estreiteza ideológica e miopia política conduziram ao desastre do totalitarismo, cujos horrores sem precedentes anularam a gravidade dos eventos ominosos e a mentalidade ainda mais ominosa do período precedente. Assim, os estudiosos do período totalitário têm-se concentrado quase exclusivamente na Alemanha de Hitler e na Rússia de Stálin, esquecendo os seus predecessores menos nocivos, enquanto o domínio imperialista, a não ser para fins de insulto, parece semi-esquecido, o que é deplorável, principalmente porque é mais do que óbvia a sua relevância para todos os acontecimentos contemporâneos. Assim, a controvérsia sobre a guerra não declarada dos Estados Unidos contra o Vietnã tem sido conduzida, de ambos os lados, em termos de comparações com exemplos tomados aos anos 30, época em que o domínio totalitário era, realmente, o único perigo claro e presente — demasiado presente —; mas as ameaças e palavras têm semelhança muito mais agourenta com os atos e justificações verbais que precederam a eclosão da Primeira Grande Guerra, quando uma centelha em região periférica e de interesse secundário para todos os interessados serviu de estopim a uma conflagração de dimensões mundiais.

Acentuar a infeliz relevância desse período semi-esquecido para os eventos contemporâneos não significa, naturalmente, nem que a sorte esteja lançada e que estejamos entrando em novo período de política imperialista, nem que o imperialismo deva sempre terminar no desastre do totalitarismo. Por mais que possamos aprender com o passado, isso não nos torna capazes de conhecer o futuro.

Hannah Arendt
Julho de 1967

1
A EMANCIPAÇÃO POLÍTICA DA BURGUESIA

Três décadas — de 1884 a 1914 — separam o século XIX — que terminou com a corrida dos países europeus para a África e com o surgimento dos movimentos de unificação nacional na Europa — do século XX, que começou com a Primeira Guerra Mundial. É o período do Imperialismo, da quietude estagnante na Europa e dos acontecimentos empolgantes na Ásia e na África.[1] Certos aspectos fundamentais dessa época assemelham-se tanto aos fenômenos totalitários do século XX que se poderia considerar esse período como estágio preparatório para as catástrofes vindouras. Por outro lado, sua calmaria faz com que pareça ainda parte integrante do século XIX. Não podemos deixar de ver esse passado — tão próximo e, contudo, tão remoto — com os olhos demasiado bem informados de quem conhece o fim da estória e sabe que ele levou a uma interrupção quase completa do fluxo da história, pelo menos no que diz respeito ao Ocidente, como a conhecíamos havia mais de 2 mil anos. No entanto, devemos também confessar uma certa nostalgia pelo que ainda se pode chamar "idade de ouro da segurança", ou seja, por uma época em que mesmo os horrores eram ainda caracterizados por certa moderação e controlados por certa respeitabilidade e podiam, portanto, conservar alguma relação com a aparência geral de sanidade social. Em outras palavras, por mais historicamente próximo que esteja esse passado, a experiência ulterior de campos de concentração e fábricas de morte é tão alheia à sua atmosfera quanto o é de qualquer outro período anterior da história do Ocidente.

O principal evento intra-europeu do período imperialista foi a emancipação política da burguesia, a primeira classe na história a ganhar a proeminência econômica sem aspirar ao domínio político. A burguesia havia crescido dentro, e junto, do Estado-nação, que, quase por definição, governava uma sociedade dividida em classes, colocando-se acima e além delas. Mesmo quando

---

(1) J. A. Hobson, *Imperialism*, Londres, 1905, 1938, p. 19: "Embora, por conveniência, o ano de 1870 tenha sido tomado como indicativo do início de uma política consciente de Imperialismo, é evidente que esse movimento não atingiu o seu pleno ímpeto até meados da década de 80, [mais precisamente] a partir de cerca de 1884".

a burguesia já se havia estabelecido como classe dominante, delegara ao Estado todas as decisões políticas. Só quando ficou patente que o Estado-nação não se prestava como estrutura para maior crescimento da economia capitalista, a luta latente entre o Estado e a burguesia se transformou em luta aberta pelo poder. Durante o período imperialista, nem o Estado nem a burguesia conquistaram uma vitória definitiva. As instituições nacional-estatais resistiram à brutalidade e à megalomania das aspirações imperialistas dos burgueses, e as tentativas burguesas de usar o Estado e os seus instrumentos de violência para seus próprios fins econômicos tiveram apenas sucesso parcial. Isso mudou quando a burguesia alemã apostou tudo no movimento hitlerista para governar com o auxílio da escória, mas já era tarde demais para a total conquista do poder: a burguesia conseguiu destruir o Estado-nação que lhe perturbava o exercício da hegemonia, mas foi uma vitória de Pirro; a ralé mostrou-se perfeitamente capaz de cuidar da política por si mesma e liquidou a burguesia juntamente com todas as outras classes e instituições.

1. A EXPANSÃO E O ESTADO-NAÇÃO

"A expansão é tudo", disse Cecil Rhodes, deprimido ao ver no céu "essas estrelas (...) esses vastos mundos que nunca poderemos atingir. Se eu pudesse, anexaria os planetas".[2] Em menos de duas décadas, as possessões coloniais britânicas cresceram em 11,5 milhões de km^2 e 66 milhões de habitantes, a França ganhou 9 milhões de km^2 e 26 milhões de pessoas, os alemães formaram um novo império com 13 milhões de nativos, e a Bélgica adquiriu 2,5 milhões de km^2 com uma população de 8,5 milhões[3]. No entanto, num rasgo de sabedoria, Rhodes reconhecia ao mesmo tempo a inerente loucura dessa época e a sua contradição com a natureza humana. Naturalmente, nem essa sabedoria nem a tristeza dela decorrente alteraram o seu modo de agir. A ele pouco importavam esses rasgos de clarividência que o levavam muito além da capacidade normal de um comerciante ambicioso com fortes tendências de megalomania.

"A política mundial é para uma nação o que a megalomania é para um indivíduo",[4] disse no mesmo momento Eugen Richter, líder do Partido Progressista alemão. Mas a sua oposição no Reichstag à proposta de Bismarck de ajudar as companhias particulares a instalarem entrepostos marítimos e de comércio no ultramar demonstrou claramente que ele não conhecia as necessidades econômicas de uma nação burguesa daquela época. Parecia que aqueles que se opunham ou ignoravam o imperialismo — como Eugen Richter na Ale-

---

(2) S. Gertrude Millin, *Rhodes*, Londres, 1933, p. 138.

(3) Esses algarismos, citados por Carlton H. H. Hayes, *A generation of materialism*, Nova York, 1941, p. 237, referem-se ao período de 1871 a 1900. Ver também Hobson, *op. cit.*, p. 19.

(4) Ernst Hasse, *Deutsche Weltpolitik* [Política mundial alemã], *Flugschriften des Alldeutschen Verbandes* [Folhas da Liga Pangermânica], n.º 5, 1897, p. 1.

manha, Gladstone na Inglaterra, ou Clemenceau na França — haviam perdido contato com a realidade e não compreendiam que o comércio e a economia haviam envolvido todas as nações, atrelando-as à política mundial. O princípio nacionalista conduzia à ignorância provinciana, e a luta contra a loucura estava perdida.

A oposição dos estadistas à expansão imperialista gerava, ao lado da moderação, a confusão política. Em 1871 Bismarck rejeitou a oferta de possessões francesas na África em troca da Alsácia-Lorena, e vinte anos mais tarde adquiriu da Grã-Bretanha a pequena ilha de Heligoland, em troca de Uganda, Zanzibar e Vitu — dois reinos por um banho de mar, como os imperialistas alemães lhe disseram, não sem razão. E foi assim que, na década de 80 do século XIX, Clemenceau se opôs aos imperialistas da França quando quiseram enviar uma força expedicionária contra os ingleses no Egito, e trinta anos mais tarde cedeu à Inglaterra os campos de petróleo do Mossul em troca da aliança anglo-francesa. E foi por atitudes parecidas que Gladstone foi denunciado por Cromer como "um homem a quem os destinos do Império Britânico não podem ser confiados com segurança".

Não era sem motivo que os estadistas — homens que pensavam primariamente em termos do território nacional estabelecido — desconfiavam do imperialismo, mas este superava o que eles chamavam simploriamente de "aventuras de ultramar". Sabiam, mais por instinto que por discernimento, que esse movimento de expansão, no qual "o patriotismo (...) se mede mais pelos lucros" (Huebbe-Schleiden) e a bandeira nacional é um "trunfo econômico" (Rhodes), só podia destruir o corpo político do Estado-nação. A conquista de novas terras e a fundação de um império eram alvos que haviam perdido a respeitabilidade por motivos muito sólidos. Foram realizadas com êxito por governos que, como o da República Romana, eram primariamente baseados na lei, de modo que a conquista podia levar à integração de povos heterogêneos graças à imposição de uma lei comum. Contudo, baseado no ativo consentimento (*le plébiscite de tous les jours*[5]) dado ao governo pela população homogênea o Estado-nação ignorava esse princípio unificador e, em caso de conquista, teria de assimilar e não integrar, impor o consentimento e não a justiça, degenerando assim em tirania. Já Robespierre sabia disso muito bem quando exclamou: *Périssent les colonies si elles nous coutent l'honneur, la liberté*. [Morram as colônias se elas nos custam a honra e a liberdade.]

A expansão como objetivo permanente e supremo da política é a idéia central do imperialismo. Não implica a pilhagem temporária nem a assimilação duradoura, características da conquista. Parecia um conceito inteiramente novo na longa história do pensamento e ação políticos, embora na realidade não fosse um conceito político, mas econômico, já que a expansão visa ao permanente

---

(5) Ernest Renan, em seu clássico ensaio *Qu'est-ce qu'une nation?*, Paris, 1882, acentuava que "o real consentimento, o desejo de viver em comum, a vontade de preservar dignamente a herança indivisível que foi legada" eram os principais elementos que mantêm juntos os membros de um povo de modo a que eles constituam uma nação.

crescimento da produção industrial e das transações comerciais, alvos supremos do século XIX.

Na esfera econômica, a expansão correspondia ao crescimento industrial — realidade desejada e exeqüível, porquanto a expansão significava o aumento da produção de bens a serem consumidos. O processo de produção é tão ilimitado quanto a capacidade do homem de organizar, produzir, fornecer e consumir. Quando se reduzem a produção e o crescimento econômico, as causas são mais políticas do que econômicas, já que a produção depende de muitos povos diferentes, organizados em corpos políticos diversos que produzem e consomem de maneira incontrolavelmente desigual.

O imperialismo surgiu quando a classe detentora da produção capitalista rejeitou as fronteiras nacionais como barreira à expansão econômica. A burguesia ingressou na política por necessidade econômica: como não desejava abandonar o sistema capitalista, cuja lei básica é o constante crescimento econômico, a burguesia tinha de impor essa lei aos governos, para que a expansão se tornasse o objetivo final da política externa.

Com o lema "expansão por amor à expansão", a burguesia tentou — e parcialmente conseguiu — persuadir os governos nacionais a enveredarem pelo caminho da política mundial. Durante algum tempo, a política proposta parecia ter limites e equilíbrios decorrentes da simultaneidade da competição expansionista entre as nações. Em sua fase inicial, o imperialismo podia ainda ser descrito como uma luta de "impérios em concorrência", diferente "da idéia de império no mundo antigo e medieval, [que] era a de federação de Estados, sob uma hegemonia, cobrindo (...) todo o mundo conhecido".[6] Mas, de acordo com o princípio nacional ainda em voga, a humanidade constituía uma família de nações que disputavam a primazia e entre as quais a competição estabilizaria automaticamente seus limites antes que um competidor se impusesse sobre os demais. Esse feliz equilíbrio, no entanto, certamente não correspondia ao inevitável resultado de misteriosas leis econômicas; antes, dependia de instituições políticas e, ainda mais, de instituições policiais que não permitiam aos concorrentes o uso de revólveres. Dificilmente se pode compreender como a concorrência entre empresas comerciais — impérios — armadas até os dentes terminasse de outro modo que não a vitória para uma e morte para as outras. Em outras palavras, a concorrência — como a expansão — não é um princípio político: ambas se baseiam em força política.

Contrariamente à estrutura econômica, a estrutura política não pode expandir-se infinitamente, porque não se baseia na produtividade do homem, que é de certo modo ilimitada, pelo menos teoricamente. De todas as formas de governo e organização de povos, o Estado-nação é a que menos se presta ao crescimento ilimitado, porque a sua base, que é o consentimento genuíno da nação, não pode ser distendida além do próprio grupo nacional, dificilmente conseguindo o apoio dos povos conquistados. Nenhum Estado-nação pode, em sã consciência, tentar conquistar povos estrangeiros, a não ser que essa cons-

(6) Hobson, *op. cit.*

ciência advenha da convicção que a nação conquistadora tem de estar impondo uma lei superior — a sua — a um povo de bárbaros.[7] A nação, porém, concebe as leis como produto da sua substância nacional que é única, e não é válida além dos limites do seu próprio território, não correspondendo aos valores e anseios dos outros povos.

Sempre que o Estado-nação surgia como conquistador, despertava a consciência nacional e o desejo de soberania no povo conquistado, criando com esse ato um obstáculo para a execução da sua tentativa de construir um império. Assim foi que os franceses incorporaram a Argélia como província da nação-mãe, sem jamais conseguirem impor suas leis a um povo diferente. Ao contrário, acabaram respeitando a lei muçulmana e concedendo *status* especial aos cidadãos árabes nominalmente franceses, o que produzia a híbrida insensatez de um território juridicamente francês, que por lei era tão parte da França quanto o Département de la Seine, mas cujos habitantes, supostamente cidadãos franceses, não eram cidadãos franceses, pois adquiriram a consciência da sua diferenciação nacional quando a perderam legalmente, por imposição.

Os antigos "fundadores de impérios" britânicos, confiando na conquista como método permanente de domínio, jamais conseguiram incorporar à vasta estrutura do Império Britânico ou da Comunidade Britânica de Nações os seus vizinhos mais próximos, os irlandeses. Essa mais antiga "possessão" denunciou unilateralmente sua condição de domínio (em 1937) e rompeu todos os laços com a nação inglesa quando se recusou a participar da guerra. A conquista permanente — o fato de a Inglaterra ter "simplesmente deixado de destruir" a Irlanda (Chesterton) — despertou muito menos "o gênio do imperialismo"[8] nos ingleses do que havia despertado nos irlandeses o espírito de resistência nacional.

A estrutura nacional do Reino Unido tornara impossível a pronta assimilação e incorporação dos povos conquistados; a Comunidade Britânica nunca foi — apesar do nome — uma "Comunidade de Nações", mas sim um herdeiro multiterritorial do Reino Unido, em que os ingleses quiseram ver *uma* só nação espalhada pelo mundo. A dispersão e a colonização transplantavam, sem expandi-la, a estrutura política. Os ingleses visavam ligar por meio de leis comuns as nações membros do novo corpo federado ao seu país natal. Mas o exemplo irlandês mostra quão despreparado estava o Reino Unido para criar uma estrutura imperial na qual muitos povos diferentes pudessem viver juntos

---

(7) Essa má-consciência, florescendo da crença no consenso enquanto fundamento de toda organização política, é bem descrita por Harold Nicolson, *Curzon: the last phase 1919-1925*, Boston-Nova York, 1934, na discussão da política britânica no Egito: "A justificação de nossa presença no Egito permanece baseada, não no defensável direito de conquista, ou na força, mas na nossa própria crença no elemento do consenso. Esse elemento, em 1919, não existia em nenhuma forma articulada. Ele foi dramaticamente desafiado pela explosão egípcia de março de 1919".

(8) Como lorde Salisbury colocou a questão, regozijando-se com a derrota do primeiro *Home Rule Bill* de Gladstone. Durante os vinte anos seguintes de governo conservador, àquela época (1885-1905), imperialista, o conflito anglo-irlandês não apenas não se resolveu, mas também tornou-se muito mais agudo. Ver também Gilbert K. Chesterton, *The crimes of England*, 1915, pp. 57 ss.

a contento.⁹ A nação britânica revelou desconhecer a arte romana de criar um império, embora cultivasse o modelo grego de colonização. Em lugar de conquistar povos estrangeiros impondo-lhes a sua lei, os colonizadores ingleses estabeleciam-se nos territórios recém-conquistados mas, onde quer que estivessem, nos quatro cantos do mundo, permaneciam membros da mesma nação britânica.¹⁰ A estrutura federativa da Comunidade, admiravelmente baseada — em teoria — na realidade de uma nação espalhada sobre a terra, não foi suficientemente adequada para aceitar povos permanentemente não-britânicos como "sócios da empresa", igualmente habilitados para geri-la. A condição de Domínio da Índia, absolutamente rejeitada pelos nacionalistas indianos ainda durante a Segunda Guerra Mundial, foi considerada apenas uma solução temporária e transitória.¹¹

A inerente contradição entre o corpo político da nação e a conquista como mecanismo político tornou-se óbvia desde o fracasso do sonho napoleônico. Foi devido a essa experiência, e não por motivos humanitários, que a conquista foi desde então condenada como método de ação do Estado-nação, passando a ter importância insignificante mesmo no ajuste de conflitos fronteiriços. O fracasso de Napoleão na tentativa de unir a Europa sob a bandeira francesa indicou que a conquista leva o povo conquistado ao despertar da sua consciência nacional e à conseqüente rebelião contra o conquistador ou à tirania deste. E, embora

---

(9) É difícil entender por que, durante a fase inicial de desenvolvimento nacional inglês dos Tudor, a Irlanda não foi incorporada à Grã-Bretanha como os Valois haviam conseguido incorporar a Bretanha e a Borgonha à França. Pode ser, no entanto, que um processo semelhante tenha sido brutalmente interrompido pelo regime de Cromwell, que tratou a Irlanda como se fosse um simples despojo de guerra, a ser dividido entre os seus seguidores. De qualquer forma, após a Revolução de Cromwell, que foi tão crucial para a formação da nação britânica como a Revolução Francesa foi para os franceses, o Reino Unido já havia atingido aquele estágio de maturidade que é sempre seguido da perda de poder de assimilação e integração, que o corpo político da nação possui somente em seus estágios iniciais. O que se seguiu depois foi, realmente, uma longa e triste história de "coação imposta não para que o povo pudesse viver em paz, mas para que o povo pudesse morrer em paz" (Chesterton, *op. cit.*, p. 60).

Para um estudo histórico da questão irlandesa, ver o excelente e imparcial *Britain and Ireland*, de Nicholas Mansergh, *Longman's Pamphlets on the British Commonwealth*, Londres, 1942.

(10) Muito característica é a seguinte declaração de J. A. Froude, feita pouco antes do início da era imperialista: "Que fique estabelecido de uma vez que um inglês que emigrou para o Canadá, ou para o Cabo, ou para a Austrália, ou para a Nova Zelândia, não renunciou à sua nacionalidade, mas permaneceu em solo inglês como se estivesse em Devonshire ou Yorkshire, e permanecerá inglês enquanto durar o Império Britânico; e que, se gastássemos um quarto do dinheiro que foi atolado nos pântanos de Balaclava para enviar e estabelecer dois milhões de ingleses nessas colônias, isso contribuiria mais para a força do nosso país do que todas as guerras em que nos metemos, de Agincourt a Waterloo". Citado por Robert Livingston Schuyler, *The fall of the old colonial system*, Nova York, 1945, pp. 280-1.

(11) O eminente escritor sul-africano, Jan Disselboom, expressou com bastante crueza a atitude dos povos da Comunidade a esse respeito: "A Grã-Bretanha é meramente um sócio da firma (constituída de) descendentes da mesma estirpe. (...) As partes do Império não habitadas pelas raças a que isso se aplica, nunca foram sócias da firma. Eram a propriedade privada do sócio importante. (...) Pode-se ter o domínio branco, ou pode-se ter o Domínio da Índia, mas não a ambos". (Citado por A. Carthill, *The lost dominion*, 1924.)

a tirania, por não necessitar de consentimento, possa dominar com sucesso povos estrangeiros, só pode permanecer como forma de poder se destruir, antes de mais nada, as instituições nacionais do seu próprio povo.

Os franceses, em contraste com os britânicos e todas as outras nações da Europa, chegaram a tentar, ainda antes da Segunda Guerra Mundial, uma combinação de *ius* com *imperium*, para fundar um império no velho sentido romano. Procuraram transformar a estrutura política da nação numa estrutura política imperial, e acreditavam que "a nação francesa [estivesse] marchando (...) para disseminar os benefícios da civilização francesa". Queriam incorporar à estrutura nacional as possessões ultramarinas, tratando os povos conquistados como "irmãos e súditos — irmãos na fraternidade da civilização francesa comum, e súditos no sentido de serem discípulos da luz francesa e seguidores da liderança francesa".[12] Em parte, isso foi realizado quando representantes de populações africanas sentaram-se no Parlamento francês e quando a Argélia foi declarada departamento da França. Mas o resultado desse empreendimento foi uma exploração particularmente brutal das possessões de ultramar em benefício da nação. A despeito de todas as teorias em contrário, o Império Francês era realmente avaliado do ponto de vista da defesa nacional,[13] e as colônias eram consideradas terras de soldados, capazes de produzir uma *force noire* que protegesse os habitantes da França contra os seus inimigos naturais. A famosa frase de Poincaré de 1923 — "a França não é um país de 40 milhões; é um país de 100 milhões" — indicava simplesmente a descoberta de uma "forma econômica de dispor de carne para canhão".[14]

Quando Clemenceau insistiu, na mesa de conferência de paz em 1918, em que nada lhe importava senão "o direito ilimitado de recrutar tropas para ajudar a defesa do território francês na Europa, se a França viesse a ser atacada no futuro pela Alemanha",[15] não salvou a nação francesa da agressão alemã, embora o seu plano fosse posto em prática pelo Estado-Maior, mas assestou um golpe mortal na possibilidade ainda hipotética de um Império Francês.[16] Em

---

(12) Ernest Baker, *Ideas and ideals of the British Empire*, Cambridge, 1941, p. 4.

Ver também as observações introdutórias sobre os fundamentos do Império Francês em *The French Colonial Empire*, Information Department Papers, n.º 25, publicados pelo Royal Institute of International Affairs, Londres, 1941, pp. 9 ss. "O objetivo é assimilar ao povo francês os povos coloniais ou, quando isso não for possível nas comunidades mais primitivas, associá-los, de modo que cada vez mais a diferença entre *la France métropole* e *la France d'outremer* seja geográfica e não fundamental."

(13) Ver G. Hanotaux, "Le Général Mangin", em *Revue des Deux Mondes* (1925), t. 27.

(14) W. P. Crozier, "France and her "black empire'", em *New Republic*, 23 de janeiro de 1924.

(15) David Lloyd George, *Memoirs of the Peace Conference*, New Haven, 1939, I, 362 ss. [A presença das tropas africanas na Europa provocou uma veemente reação de Hitler, que, em *Mein Kampf*, acusa a França de "conspurcar" assim a pureza da raça branca na Europa. (N.E.)]

(16) Uma tentativa semelhante de exploração das possessões de ultramar em favor da nação foi feita pela Holanda nas Índias Orientais Holandesas, depois que a derrota de Napoleão devolveu as colônias holandesas à mãe-pátria muito empobrecida. Os nativos foram reduzidos à escravidão em benefício do governo da Holanda.

comparação com esse nacionalismo cego e desesperado, os imperialistas britânicos, aceitando o sistema de mandatos, pareciam guardiões da autodeterminação dos povos, apesar do fato de terem abusado do sistema através dos "governos indiretos", um método que permite ao administrador governar um povo "não diretamente, mas através das autoridades tribais e locais".[17]

Os britânicos procuraram criar o império abandonando os povos conquistados aos mecanismos de sua própria cultura, religião e lei, mantendo-se afastados e evitando disseminar a lei e a cultura britânicas. Isso não impediu que os nativos desenvolvessem o sentimento de consciência nacional e clamassem por soberania e independência, embora possa ter retardado o processo. Agindo assim, os britânicos fortaleciam o conceito imperialista baseado em superioridade fundamental de "elementos elevados" sobre os "inferiores". Por sua vez, tal conceito exacerbava a luta pela liberdade entre os povos dominados, e os impedia de aceitarem os indiscutíveis benefícios do domínio britânico. A atitude dos administradores que, "embora respeitassem os nativos como povo e em alguns casos sentissem até amor por eles (...) quase unanimemente descriam que eles fossem ou jamais viessem a ser capazes de se governarem sem supervisão",[18] levava os "nativos" a concluírem que o colonizador os excluía e separava para sempre do resto da humanidade.

Imperialismo não é construção de impérios, e expansão não é conquista. Os conquistadores britânicos, os velhos "infratores da lei na Índia" (Burke), tinham pouco em comum com os exportadores de dinheiro britânico ou com os administradores dos povos indianos. Se esses últimos elaborassem leis em vez de baixar decretos, poderiam ter-se tornado construtores de um império. O fato, contudo, é que a nação inglesa não estava interessada nisso, e dificilmente tê-los-ia apoiado. O que aconteceu é que os negociantes de mentalidade imperialista foram seguidos por funcionários desejosos de deixar "o africano perma-

---

O *Max Havelaar* de Multatuli, publicado pela primeira vez nos anos 60 do século passado, destinava-se ao governo na metrópole, e não aos serviços no exterior. (Ver De Kat Angelino, *Colonial policy*, vol. II, *The Dutch East India*, Chicago, 1931, p. 45.)

Esse sistema foi logo abandonado, e as Índias Holandesas, durante algum tempo, mereceram "a admiração de todas as nações colonizadoras" (*Sir* Hesketh Bell, ex-governador da Uganda, da Nigéria do Norte etc., em *Foreign colonial administration in the Far East*, 1928, parte I). Os métodos holandeses assemelham-se aos dos franceses: a outorga de *status* de europeus aos nativos que o "mereciam", introdução de um sistema escolar europeu, e de outros meios de assimilação. Com isso, os holandeses conseguiram o mesmo resultado: um forte movimento de independência nacional entre o povo dominado.

No presente estudo, deixamos de lado o imperialismo holandês e o belga. O primeiro é uma mistura curiosa e mutável de métodos franceses e ingleses; o segundo não é a história da expansão da nação belga, nem mesmo da burguesia belga, mas da expansão do rei belga, pessoalmente, irrefreada por qualquer instituição. Tanto o imperialismo holandês como o belga são atípicos. A Holanda não se expandiu durante os anos 80, mas apenas consolidou e modernizou suas antigas possessões. Por outro lado, as atrocidades sem paralelo cometidas no Congo Belga pela companhia colonizadora pertencente ao rei não espelham o que estava acontecendo de modo geral nas demais possessões européias de ultramar.

(17) Ernest Barker, *op. cit.*, p. 69.
(18) Selwyn James, *South of the Congo*, Nova York, 1943, p. 326.

necer africano", enquanto um bom número de outros, apegados ainda ao que Harold Nicolson chamou certa vez de "ideais de infância",[19] queriam ajudá-lo a "tornar-se um africano melhor"[20] — seja lá o que isso pudesse significar. mas de nenhum modo estavam "dispostos a aplicar o sistema administrador e político do seu país para governar as populações atrasadas"[21] e realmente unir as vastas possessões da Coroa Britânica à nação inglesa.

Contrariamente às verdadeiras estruturas imperiais, em que as instituições da nação-mãe se integram de várias maneiras às do império que criam, é característico do imperialismo permanecerem as instituições nacionais separadas da administração colonial, embora se lhes permita exercer controle. O verdadeiro motivo dessa separação estava na curiosa mistura de arrogância e respeito — a arrogância dos administradores que sabiam lidar com "populações atrasadas" ou "raças inferiores", contrabalançada pelo respeito dos estadistas antiquados no país de origem, que acalentavam as idéias de que nenhuma nação tinha o direito de impor sua lei sobre um povo estrangeiro. A arrogância veio a ser um meio de domínio, enquanto o respeito idealista, tornado negativo, não produziu nenhuma nova forma de convívio entre os povos, mal conseguindo conservar dentro de certos limites as autoridades imperialistas que governavam por decretos. Mas os serviços coloniais nunca cessaram de protestar contra a interferência da "maioria inexperiente" — isto é, a nação — que tentava forçar a "minoria experiente" — os administradores imperialistas — "na direção da imitação",[22] ou seja, na linha do governo norteado pelos padrões gerais de justiça e liberdade, válidos apenas no país de origem.

O surgimento de um movimento de expansão em Estados-nações que, mais que qualquer outro corpo político, eram definidos por fronteiras e pelas limitações de possíveis conquistas é um exemplo das disparidades aparentemente absurdas entre causa e efeito que assinalam a história moderna. A terrível confusão da terminologia histórica moderna é apenas um subproduto dessas disparidades. Fazendo comparações com os impérios antigos, os historiadores modernos confundem expansão com conquista, desprezam a diferença entre Comunidade e Império (como os historiadores pré-imperialistas confundiam a diferença entre plantações e possessões, ou colônias e dependências, ou, mais tarde, colonialismo e imperialismo[23]) e ignoram, em outras palavras, a

(19) Acerca desses "ideais de infância" e do papel que tiveram no imperialismo britânico, ver o capítulo 7. O modo como surgiram e foram cultivados é descrito em Rudyard Kipling, *Stalky and Company*.
(20) Ernest Barker, *op. cit.*, p. 150.
(21) Lorde Cromer, "The government of sùbject races", em *Edinburgh Review*, janeiro de 1908.
(22) *Ibid.*
(23) O primeiro erudito a usar o termo "imperialismo" para distinguir claramente entre o "Império" e a Comunidade foi J. A. Hobson. Mas a diferença essencial sempre foi bem conhecida. O princípio da "liberdade colonial", por exemplo, acalentado por todos os estadistas liberais ingleses depois da Revolução Americana, só seria válido se a colônia fosse "constituída de cidadãos britânicos ou (...) misturas da população britânica, que tornassem segura a introdução de institui-

diversificação essencial existente entre a exportação de gente (britânica) e a exportação de dinheiro (britânico).[24]

Os historiadores contemporâneos, diante do espetáculo proporcionado pelos capitalistas engajados em buscas predatórias empreendidas em todo o mundo por novas possibilidades de investimentos, atribuem ao imperialismo a antiga grandeza de Roma e de Alexandre, grandeza que tornaria as conseqüências do imperialismo mais toleráveis do ponto de vista humano.

A única grandeza do imperialismo está na batalha que a nação trava — e perde — contra ele. A tragédia dessa oposição hesitante não está apenas no fato de muitos representantes nacionais terem sido comprados pelos novos comerciantes imperialistas, pois pior do que a corrupção era a convicção dos incorruptos de que o imperialismo era a única maneira de conduzir a política mundial. Uma vez que os entrepostos marítimos e o acesso às matérias-primas eram realmente necessários a todas as nações, eles passaram a acreditar que a anexação e a expansão contribuíam para salvar o país. Foram os primeiros a confundir a diferença fundamental entre o estabelecimento de entrepostos marítimos e mercantis para fins de comércio e a nova política de expansão. Acreditaram em Cecil Rhodes quando ele lhes aconselhou que "acordassem para o fato de que não podiam viver sem o comércio mundial", "que seu comércio é o mundo, e sua vida é o mundo — e não a Inglaterra", e que, portanto, deviam "cuidar das questões de expansão e de retenção do mundo".[25] Sem querer, e às vezes mesmo sem o saber, tornavam-se não apenas cúmplices da política imperialista, mas também os primeiros a serem culpados e condenados por seu "imperialismo". Foi este o caso de Clemenceau, que, por preocupar-se desesperadamente com o futuro da nação francesa, virou "imperialista" na esperança de que a mão-de-obra colonial protegesse os cidadãos franceses contra a agressão.

A consciência da nação, representada pelo Parlamento e pela imprensa livre, funcionou e foi sentida pelos administradores coloniais em todos os países europeus colonizadores. Na Inglaterra, para diferenciar entre o governo imperialista, sediado em Londres e controlado pelo Parlamento, e os administradores coloniais, essa influência foi chamada de "fator imperial". Assim, creditaram-se ao imperialismo os méritos e o remanescente da justiça que ele tão ansiosamente buscava eliminar.[26] O "fator imperial" era expresso politicamente no

---

ções representativas". Ver Robert Livingston Schuyler, *op. cit.*, pp. 236 ss. No século XIX existiam três tipos de presença ultramarina britânica dentro do Império: as povoações (ou plantações, ou colônias), como a Austrália; os entrepostos comerciais e possessões, como a Índia; e os postos marítimos e militares, como o Cabo da Boa Esperança, mantidos para garantia dos primeiros.

(24) Ernest Barker, *op. cit.*
(25) Millin, *op. cit.*, p. 175.
(26) A origem dessa denominação imprópria está provavelmente na história do domínio inglês na África do Sul e data dos tempos em que os governadores locais, Cecil Rhodes e Jameson, envolveram o "Governo Imperial" de Londres, contra as intenções deste último, na guerra contra os bôeres. De fato, Rhodes, ou melhor, Jameson, era o senhor absoluto de um território três vezes maior que a Inglaterra, que podia ser administrado "sem ter de esperar pelo relutante consenti-

conceito de que os nativos eram não apenas protegidos mas, de certa forma, representados pelo Parlamento britânico, o "Parlamento Imperial". [27] Com esse conceito, os ingleses se aproximaram da experiência imperial francesa, embora nunca tivessem chegado a outorgar representação real aos povos conquistados. Contudo, esperavam que a nação como um todo soubesse agir como espécie de curador em relação ao povos dominados, e é verdade que sempre fizeram o possível para evitar o pior.

O conflito entre os representantes do "fator imperial" (que seria melhor chamar de fator nacional) e os administradores coloniais marca indelevelmente toda a história do imperialismo britânico. A "prece" que Cromer dirigiu a lorde Salisbury durante sua administração do Egito em 1896 — "Deus me livre dos Departamentos Ingleses"[28] — foi repetidamente ouvida, até que, na década dos 20 do século XX, a nação e tudo o que ela representava foram abertamente responsabilizados pelos imperialistas pela futura perda da Índia que já se esboçava. Os imperialistas nunca se haviam conformado com o fato de o governo colonial da Índia ter de "justificar sua existência e sua política perante a opinião pública da Inglaterra"; esse controle impossibilitava lançar mão daquelas medidas de "massacres administrativos"[29] que, imediatamente após a Primeira Guerra Mundial, haviam sido ocasionalmente experimentadas em toda parte como meio radical de pacificação,[30] e que realmente poderiam ter impedido a independência da Índia.

Hostilidade semelhante prevaleceu na Alemanha entre os representantes nacionais e os administradores coloniais da África. Em 1897, Carl Peters foi removido do seu posto no Sudeste Africano Alemão e teve de se demitir do serviço público devido a atrocidades ali cometidas contra os nativos. O mesmo

---

mento ou pela educada censura do alto-comissário", que era o representante de um Governo Imperial, detentor apenas de "controle nominal". (Reginald Ivan Lovell, *The struggle for South Africa, 1875-1899*, Nova York, 1934, p. 194.) E o que aconteceu com os territórios nos quais o governo britânico entregou sua jurisdição à população européia local, desprovida dos freios tradicionais e constitucionais dos Estados-nações, pode ser visto na trágica história da União da África do Sul desde a sua independência, isto é, desde quando o governo Imperial" deixou de ter o direito de interferência.

(27) A discussão entre Charles Dilke e o secretário das Colônias, na Câmara dos Comuns, em maio de 1908, é interessante a esse respeito. Dilke advertiu contra a concessão de autogoverno às colônias da Coroa, porque isso resultaria no domínio dos plantadores brancos sobre os trabalhadores de cor. Foi-lhe dito que os nativos também eram representados na Câmara dos Comuns da Inglaterra.

(28) Lawrence J. Zetland, *Lord Cromer*, 1923, p. 224.
(29) A. Carthill, *The lost dominion*, 1924, pp. 41-2, 93.
(30) Um exemplo de "pacificação" no Oriente Próximo foi descrito detalhadamente por T. E. Lawrence num artigo, "France, Britain and the Arabs", escrito para *The Observer* (1920): "Diante do sucesso preliminar dos árabes, os reforços britânicos são enviados em missão punitiva. O objetivo é bombardeado pela artilharia, aviões ou canhoneiras. Finalmente, incendeia-se uma aldeia e o distrito é pacificado. É estranho que não usemos gases venenosos nessas oportunidades. Bombardear as casas é um modo inadequado de matar as mulheres e as crianças. (...) Se atacássemos com gás, toda a população de distritos delinqüentes poderia ser eliminada completamente; e, como método de governo, não seria menos imoral que o sistema atual". Ver suas *Letters*, editadas por David Garnett, Nova York, 1939, pp. 311 ss.

sucedeu ao governador Zimmerer. E em 1905 os chefes tribais dirigiram suas queixas pela primeira vez ao Reichstag, de forma que, quando os administradores coloniais os aprisionaram, o governo alemão interveio.[31]

O mesmo ocorreu com o domínio francês. Os governadores-gerais nomeados pelo governo estavam sujeitos a fortes pressões dos colonos franceses, como na Argélia, ou simplesmente se recusavam a realizar reformas no tratamento dos nativos, inspiradas, segundo eles, nos "frágeis princípios democráticos de [seu] governo".[32] Em toda parte, os administradores imperialistas achavam que o controle da nação-mãe constituía uma carga insuportável e uma ameaça à dominação.

E estavam absolutamente certos. Conheciam bem as maneiras de subjugar os povos, melhor do que aqueles que, de um lado, protestavam contra o governo por meio de decretos e contra a burocracia arbitrária e, do outro, esperavam conservar para sempre suas possessões para a glória maior do país. Os imperialistas sabiam, melhor que os nacionalistas, que a estrutura política da nação era capaz de construir impérios. Sabiam perfeitamente que a marcha da nação e a conquista de outros povos, se seguissem o seu curso natural, terminariam com os povos conquistados constituindo-se em nações e derrotando o conquistador. Os métodos franceses, portanto, que sempre buscavam combinar as aspirações nacionais com o estabelecimento de um império, tiveram muito menos sucesso que os métodos ingleses, os quais, após a década de 80, eram abertamente imperialistas, embora refreados por uma nação-mãe que conservava suas instituições democráticas nacionais.

2. O PODER E A BURGUESIA

O que os imperialistas realmente desejavam era a expansão do poder político sem a criação de um corpo político. A expansão imperialista havia sido deflagrada por um tipo curioso de crise econômica: a superprodução de capital e o surgimento do dinheiro "supérfluo", causado por um excesso de poupança, que já não podia ser produtivamente investido dentro das fronteiras nacionais. Pela primeira vez o investimento de poderio não abria o caminho ao investimento de dinheiro, mas a exportação do poder acompanhava os caminhos do dinheiro exportado, seguindo-o de perto, visto que investimentos incontrolados nos países distantes ameaçavam transformar as vastas camadas da sociedade em meros jogadores, mudar toda a economia capitalista de sistema de produção para um sistema de especulação financeira, e substituir os lucros da produção por lucros de comissão. Na década imediatamente anterior à era imperialista,

---

(31) Por outro lado, em 1910, o secretário das Colônias Dernburg teve de renunciar ao cargo porque havia antagonizado os plantadores coloniais protegendo os nativos. Ver Bary E. Townsend, *Rise and fall of Germany's colonial Empire*, Nova York, 1930, e P. Leutwein, *Kämpfe um Afrika* [Lutas pela África], Luebeck, 1936.

(32) Como disse Léon Cayla, ex-governador-geral de Madagascar e amigo de Pétain.

os anos 70 do século XIX, aumentaram de fato — e sem precedentes — as falcatruas, os escândalos financeiros e a jogatina no mercado de ações. Os pioneiros desses eventos pré-imperialistas foram aqueles financistas judeus que haviam conseguido fortunas fora do sistema capitalista, após serem necessários para empréstimos internacionalmente garantidos aos Estados-nações em desenvolvimento.[33] Durante séculos, eles ganharam dinheiro em comissões e foram naturalmente os primeiros a serem tentados e convidados a investir no exterior o capital que já não podia ser investido com lucros no mercado doméstico, onde, ademais, o firme estabelecimento do sistema fiscal, que proporcionava aos governos uma situação financeira mais saudável, ameaçava esse grupo com a completa extinção. Os financistas judeus pareciam, de fato, especialmente adequados a operações comerciais de natureza essencialmente internacional.[34] Além do mais, os próprios governos, dos quais alguma forma de auxílio era necessária para investimentos em países distantes, tenderam de início a preferir os tradicionais financistas judeus, muito mais conhecidos, do que os neófitos das finanças internacionais, entre os quais ainda abundavam os aventureiros.

Depois que os financistas haviam aberto os canais da exportação de capital para a riqueza supérflua, condenada à ociosidade dentro da estreita estrutura da produção nacional, verificou-se que os acionistas ausentes não queriam correr os tremendos riscos relativos ao aumento dos seus lucros, embora este fosse igualmente tremendo. Mesmo dispondo da benevolente assistência do Estado, os financistas não eram bastante fortes para proteger-se contra esses riscos: só a força material do Estado poderia fazê-lo.

Logo que se tornou claro que a exportação de dinheiro teria de ser seguida pela exportação da força do governo, a posição dos financistas em geral, e dos financistas judeus em particular, enfraqueceu consideravelmente, e a liderança das transações e empreendimentos comerciais imperialistas passou gradualmente aos membros da burguesia autóctone. A esse respeito, é muita instrutiva a carreira de Cecil Rhodes na África do Sul: embora recém-chegado, pôde em

(33) Quanto a este item e ao que se segue, ver o capítulo 2.

(34) É interessante que todos os primeiros observadores do crescimento imperialista acentuam com ênfase esse elemento judaico, ao passo que ele mal aparece na literatura mais recente. Especialmente digna de nota, porquanto muito fiel em sua observação e muito honesta em sua análise, foi a maneira como J. A. Hobson tratou o assunto. No primeiro ensaio que escreveu a respeito, "Capitalism and imperialism in South Africa", em *Contemporary Review*, 1900, ele dizia: "A maioria dos [financistas] eram judeus, pois os judeus são os financistas internacionais *par excellence* e, embora falem inglês, a maioria é de origem continental. (...) Foram para lá [para o Transvaal] em busca de dinheiro, e aqueles que vieram mais cedo e ganharam mais geralmente já se retiraram, deixando suas garras econômicas na carcaça da presa. Aferraram-se ao Rand (...) da mesma forma como estão prontos a se aferrarem a qualquer outro lugar da terra. (...) São principalmente especuladores financeiros, que lucram não com os frutos genuínos da indústria, mesmo que seja a indústria alheia, mas com a construção, promoção e manipulação financeira de companhias". Contudo, no estudo posterior de Hobson, *Imperialism*, os judeus nem são mencionados: entre um trabalho e outro, havia se tornado óbvio que a influência e o papel dos judeus fora temporária e algo superficial. (Quando ao papel dos financistas judeus na África do Sul, ver o capítulo 7.)

poucos anos levar a melhor sobre os onipotentes financistas judeus. Na Alemanha, Bleichroeder, que, em 1885, havia ainda sido co-fundador da Ostafrikanische Gesellschaft (Companhia da África Oriental), foi suplantado, juntamente com o barão Hirsch, pelos futuros gigantes do empreendimento imperialista, a Siemens e o Deutsche Bank, quando a Alemanha iniciou a construção da estrada de ferro de Bagdá, catorze anos mais tarde. De certa forma, a hesitação do governo em delegar poder real aos judeus e a relutância destes em meter-se em negócios com implicações políticas coincidiram tão bem que, a despeito da grande riqueza do grupo judeu, não houve nenhuma luta pelo poder após o término do estágio inicial, quando os lucros provinham de especulações e comissões.

Vários governos nacionais viam com apreensão a crescente tendência de fazer dos negócios uma questão política e de identificar os interesses econômicos de grupos, mesmo pequenos, com os interesses nacionais. Mas parecia que a única alternativa à exportação do poder era o sacrifício deliberado de grande parte da riqueza nacional. Só a expansão dos instrumentos nacionais de violência poderia racionalizar o movimento de investimentos no estrangeiro e reintegrar na economia da nação as desenfreadas especulações com o capital supérfluo, desviado para um jogo que tornava arriscadas as poupanças. O Estado expandiu o seu poder porque, dada a escolha entre as perdas (maiores do que poderia agüentar a estrutura econômica de qualquer país) e os lucros (maiores do que qualquer povo sonharia obter), só podia escolher estes últimos.

A primeira conseqüência da exportação do poder foi esta: os instrumentos de violência do Estado, a polícia e o Exército — que na estrutura da nação, existindo ao lado das demais instituições nacionais, eram controlados por elas —, foram delas separados e promovidos à posição de representantes nacionais em países fracos ou não-civilizados. Aqui, em regiões atrasadas, sem indústria e sem organização política, onde a violência campeava mais livre que em qualquer país europeu, as chamadas leis do capitalismo tinham permissão de criar novas realidades. O desejo da burguesia de fazer com que o dinheiro gerasse dinheiro como homens geravam homens não passava de um sonho: o dinheiro tinha de percorrer longo caminho desde o investimento na produção; o dinheiro não gerava dinheiro — os homens é que faziam coisas e dinheiro. O segredo do sucesso estava precisamente no fato de terem sido eliminadas as leis econômicas para não barrarem o caminho à cobiça das classes proprietárias. O dinheiro podia, finalmente, gerar dinheiro porque a força, em completo desrespeito às leis — econômicas e éticas —, podia apoderar-se de riquezas. O dinheiro exportado só pôde realizar os desígnios de seus proprietários quando conseguiu estimular e concomitantemente exportar a força. Somente o acúmulo ilimitado de poder podia levar ao acúmulo ilimitado de capital.

Os investimentos estrangeiros — exportação de capital que havia começado como medida de emergência — tornaram-se característica permanente de todos os sistemas econômicos exportadores da força. O conceito imperialista de expansão, de acordo com o qual a expansão é por si mesma um fim e não um meio temporário, foi introduzido no pensamento político quando se tornou óbvio que uma das mais importantes funções permanentes do Estado-nação seria a expansão do poder. Os administradores da violência, empregados pelo Estado, logo formaram uma nova classe dentro das nações e, embora seu campo de atividade fosse tão distante do país de origem, eles chegaram a exercer importante influência no corpo político doméstico. Como não passavam realmente de funcionários da violência, só podiam pensar em termos de política de força. Foram os primeiros a proclamar, como classe e à base de sua experiência diária, que a força é a essência de toda estrutura política.

O novo enfoque dessa filosofia política, já imperialista, não está no destaque que ela dava à violência, nem na descoberta de que a força é uma das realidades políticas básicas. A violência sempre foi a *ultima ratio* na ação política, e a força sempre foi a expressão visível do domínio e do governo. Mas nem uma nem outra constituíram antes o objetivo consciente do corpo político ou o alvo final de qualquer ação política definida. Porque a força sem coibição só pode gerar mais força, e a violência administrativa em benefício da força — e não em benefício da lei — torna-se um princípio destrutivo que só é detido quando nada mais resta a violar.

Contudo, essa contradição, inerente em todas as conseqüências políticas de força, parece fazer sentido quando vista no contexto de um processo supostamente permanente sem outro fim ou objetivo a não ser ele próprio. Nesse caso, tudo perde o significado, a não ser a própria força como motor indestrutível e auto-alimentador de toda ação política, correspondente à lendária acumulação incessante de dinheiro que gera dinheiro. O conceito de expansão ilimitada como único meio de realizar a esperança de acúmulo ilimitado de capital, que traz um despropositado acúmulo de força, torna quase impossível a fundação de novos corpos políticos — que até a era do imperialismo sempre resultavam da conquista. De fato, sua conseqüência lógica é a destruição de todas as comunidades socialmente dinâmicas, tanto dos povos conquistados quanto do próprio povo conquistador. Porque, se toda a estrutura política, nova ou velha, desenvolve naturalmente as forças estabilizadoras que se opõem à sua transformação, todos os corpos políticos parecem obstáculos temporários, quando vistos como parte da eterna corrente do acúmulo de poder.

Os administradores do poder nessa era passada de imperialismo moderado nem ao menos tentaram incorporar os territórios conquistados, mas preservaram a organização política atrasada ali existente, como se mantêm ruínas carentes da vida palpitante; os seus sucessores totalitários, porém, dissolveram e destruíram todas as estruturas politicamente estabilizadas, as suas próprias e as desses outros povos. A mera exportação da violência transformava em senhores os servos — porque eram servos esses administradores — sem lhes dar a mais importante prerrogativa do senhor: a possível criação de algo novo. A concentração monopolista e o acúmulo de violência no país de origem tornavam os servos agentes ativos da destruição dos povos dominados, até que finalmente a expansão totalitária passou a ser uma força destruidora de povos e nações.

A força tornou-se a essência da ação política e o centro do pensamento político quando se separou da comunidade política à qual devia servir. É verdade que isso foi provocado por um fator econômico. Mas a resultante introdução da força como único conteúdo da política, e da expansão como seu único objetivo, dificilmente teria obtido aplauso tão universal, nem a conseqüente dissolução do corpo político do país teria encontrado tão pouca oposição, se não correspondessem de modo perfeito aos desejos ocultos e às convicções secretas das classes social e economicamente dominantes. A burguesia, que durante tanto tempo fora excluída do governo pelo Estado-nação e, por sua própria falta de interesse, das coisas públicas, emancipou-se politicamente através do imperialismo.

O imperialismo deve ser considerado o primeiro estágio do domínio político da burguesia e não o último estágio do capitalismo. Sabe-se muito bem do pouco interesse demonstrado em exercer o poder pelas classes proprietárias pré-burguesas, que se contentavam com qualquer tipo de Estado, desde que lhe pudessem confiar a proteção da sua propriedade. Na verdade, para elas o Estado havia sido sempre uma força policial bem organizada. Essa falsa modéstia, contudo, teve a curiosa conseqüência de manter toda a classe burguesa fora do corpo político; antes de serem súditos numa monarquia ou cidadãos numa república, eram essencialmente pessoas privadas. Essa privatividade e a preocupação principal de ganhar dinheiro haviam gerado uma série de padrões de conduta que encontram expressão nos provérbios — "nada é tão bem-sucedido como o sucesso", "a força é o direito", "o direito é a conveniência" etc. — que são necessariamente frutos da experiência de uma sociedade competitiva.

Quando, na era do imperialismo, os comerciantes se tornaram políticos e foram aclamados como estadistas, enquanto os estadistas só eram levados a sério se falassem a língua dos comerciantes bem-sucedidos e "pensassem em termos de continentes", essas práticas e mecanismos privados transformaram-se gradualmente em regras e princípios para a condução dos negócios públicos. É significativo que esse processo de reavaliação, iniciado no fim do século XIX e ainda em vigor, tenha começado com a aplicação de convicções burguesas aos negócios estrangeiros, e só lentamente tenha sido estendido à política doméstica. Assim, as nações interessadas mal perceberam que o desregramento que se introduzia na vida privada, e contra o qual a estrutura política sempre tivera de defender-se a si própria e aos seus cidadãos, estava a ponto de ser promovido ao posto de único princípio político publicamente reconhecido.

É importante observar que os modernos adeptos da força estão em completo acordo com a filosofia do único grande pensador que jamais tentou derivar o bem público a partir do interesse privado e que, em benefício deste bem privado, concebeu e esboçou um *Commonwealth* cuja base e objetivo final é o acúmulo do poder. Hobbes é, realmente, o único grande filósofo de que a burguesia pode, com direito e exclusividade, se orgulhar, embora os seus princípios não fossem reconhecidos pela classe burguesa durante muito tempo. O *Leviathan*[35] de Hobbes expôs a única teoria política segundo a qual o Estado não se baseia

(35) Todas as citações que se seguem e às quais corresponda uma nota são do *Leviathan*.

em nenhum tipo de lei construtiva — seja divina, seja natural, seja contrato social — que determine o que é certo ou errado no interesse individual com relação às coisas públicas, mas sim nos próprios interesses individuais, de modo que "o interesse privado e o interesse público são a mesma coisa".[36]

É difícil encontrar um único padrão moral burguês que não tenha sido previsto pela inigualável magnificência da lógica de Hobbes. Ele pinta um quadro quase completo não do Homem, mas do homem burguês, uma análise que em trezentos anos não se tornou antiquada nem foi suplantada. "A razão (...) é nada mais que cálculo"; "um súdito livre, uma vontade livre (...) [são] palavras (...) sem significado, isto é, um Absurdo". O homem é essencialmente uma função da sociedade e é, portanto, julgado de acordo com o seu "valor ou merecimento (...) seu preço; ou seja, aquilo que se lhe daria pelo uso da sua força". Esse preço é constantemente avaliado e reavaliado pela sociedade, fonte da "estima dos outros", de acordo com a lei da oferta e da procura.

O poder, segundo Hobbes, é o controle que permite estabelecer os preços e regular a oferta e a procura de modo que sejam vantajosas a quem detém este poder. O indivíduo de início isolado, do ponto de vista da minoria absoluta, compreende que só pode atingir e realizar seus alvos e interesses com a ajuda de certa espécie de maioria. Portanto, se o homem não é realmente motivado por nada além dos seus interesses individuais, o desejo do poder deve ser a sua paixão fundamental. É esse desejo e poder que regula as relações entre o indivíduo e a sociedade e todas as outras ambições, porquanto a riqueza, o conhecimento e a fama são as suas conseqüências.

Hobbes mostra que, na luta pelo poder, como na capacidade inata de desejá-lo, todos os homens são iguais, pois a igualdade do homem reside no fato de que cada um, por natureza, tem suficiente potencialidade para matar um outro, já que a fraqueza pode ser compensada pela astúcia. A igualdade coloca todos os homens na mesma insegurança; daí a necessidade do Estado. A *raison d'être* do Estado é a necessidade de dar alguma segurança ao indivíduo, que se sente ameaçado por todos os seus semelhantes.

O traço crucial do retrato que Hobbes pinta do homem não está no seu pessimismo realista, porque, se fosse verdade que o homem é um ser como Hobbes o quer, não seria capaz de fundar qualquer corpo político. Na verdade, Hobbes não consegue, nem realmente procura, incorporar definitivamente esse ser numa comunidade política. O Homem de Hobbes não deve qualquer lealdade ao seu país se este for derrotado, e é desculpado de qualquer traição caso venha a ser feito prisioneiro. Aqueles que vivem fora da comunidade (os escravos, por exemplo) não têm nenhuma obrigação para com os que a compõem

---

(36) É muito significativo que essa identificação de interesses coincida com a alegação totalitária de haver abolido as contradições entre os interesses públicos e os individuais (ver o capítulo 12). Contudo, não se deve esquecer que Hobbes estava interessado principalmente em proteger os interesses privados, alegando que, corretamente interpretados, eles eram também os interesses do corpo político, ao passo que, ao contrário, os regimes totalitários proclamam a não-existência da privatividade.

e podem matar tantos quantos quiserem; mas, ao contrário, "nenhum homem tem a liberdade de resistir à espada da comunidade em defesa de outro homem, culpado ou inocente", o que significa que não existe nem espírito de companheirismo nem responsabilidade entre os homens. O que os mantêm juntos é um interesse comum, como, por exemplo, "algum crime capital, pelo qual todos esperam ser punidos com a morte", tendo neste caso o direito "de se unirem, ajudando-se e defendendo-se uns aos outros. (...) Pois apenas defendem as suas vidas".

Assim, a participação em qualquer forma de comunidade é para Hobbes temporária e limitada, e essencialmente não muda o caráter solitário e privado do indivíduo (que não tem "prazer, mas, ao contrário, muito desgosto em manter companhia, quando não há força para obrigá-lo a tanto"), nem cria laços permanentes entre ele e seus companheiros. O resultado é a inerente e confessada instabilidade da comunidade — *Commonwealth* — de Hobbes, cuja própria concepção prevê a sua ulterior dissolução: "quando numa guerra (estrangeira ou intestina) os inimigos obtêm a vitória final (...) então o *Commonwealth* é dissolvido, e cada homem tem a liberdade de se proteger a si mesmo". Essa instabilidade é surpreendente na teoria de Hobbes, na medida em que o seu objetivo primário é assegurar um máximo de segurança e estabilidade.

Seria uma grave injustiça a Hobbes e à sua dignidade como filósofo considerar esse retrato do homem como tentativa de realismo psicológico ou verdade filosófica. O fato é que Hobbes não está interessado nem num nem noutra, mas se preocupa exclusivamente com a própria estrutura política e traça as feições do homem em função das necessidades do Leviatã. Para fins de argumento e convicção, apresenta seu esboço político partindo do desejo de poder pelo homem e passando para o plano do corpo político adaptado a essa sede de poder.

Esse corpo político foi concebido para o uso da nova sociedade burguesa que emergia no século XVII, e esse quadro do homem é um esboço do novo tipo de Homem que se adequava a ele. O *Commonwealth* é baseado na delegação da força, e não do direito. Adquire o monopólio de matar e dá em troca uma garantia condicional contra o risco de ser morto. A segurança é proporcionada pela lei, que emana diretamente do monopólio de força do Estado (e não é estabelecida pelo homem segundo padrões humanos de "certo" e "errado"). Porque na lei do Estado não existe a questão de "certo" ou "errado", mas apenas a obediência absoluta, o cego conformismo da sociedade burguesa. E, como essa lei flui diretamente do poder que ela torna absoluto, passa a representar a necessidade absoluta aos olhos do indivíduo que vive sob ela.

Despojado de direitos políticos, o indivíduo, para quem a vida pública e oficial se manifesta sob o disfarce da necessidade, adquire o novo e maior interesse por sua vida privada e seu destino pessoal. Excluído da participação na gerência dos negócios públicos que envolvem todos os cidadãos, o indivíduo perde tanto o lugar a que tem direito na sociedade quanto a conexão natural com os seus semelhantes. Agora, só pode julgar sua vida privada individual comparando-a com a dos outros, e suas relações com os companheiros dentro da sociedade tomam a forma de concorrência. Numa sociedade de indivíduos, todos dotados pela natureza de igual capacidade de força e igualmente protegidos uns dos outros pelo Estado, que regula os negócios públicos e os problemas de convívio sob o disfarce da necessidade, somente o acaso pode decidir quem vencerá.[37]

De acordo com os padrões burgueses, aqueles que são automaticamente destituídos de sorte e não têm sucesso são automaticamente excluídos da competição, que é a essência da vida da sociedade. A boa sorte é identificada com a honra e a má sorte com a vergonha. Transferindo ao Estado os seus direitos políticos, o indivíduo delega-lhe também suas responsabilidades sociais: pede ao Estado que o alivie do ônus de cuidar dos pobres, exatamente como pede proteção contra os criminosos. Não há mais diferença entre mendigo e criminoso — ambos estão fora da sociedade. Os que fracassam perdem a virtude que a civilização clássica lhes legou; os que são infelizes já não podem apelar à caridade cristã.

Hobbes isenta os que são excluídos da sociedade — os fracassados, os infelizes, os criminosos — de qualquer obrigação em relação ao Estado e à sociedade, se o Estado não cuida deles. Podem dar rédea solta ao seu desejo de poder, e são até aconselhados a tirar vantagem de sua capacidade elementar de matar, restaurando assim aquela igualdade natural que a sociedade esconde apenas por uma questão de conveniência. Hobbes prevê e justifica que os proscritos sociais se organizem em bandos de assassinos, como conseqüência lógica da filosofia moral burguesa.

Como a força é essencialmente apenas um meio para um fim, qualquer comunidade baseada unicamente na força entra em decadência quando atinge a calma da ordem e da estabilidade; sua completa segurança revela que ela é construída sobre a areia. O poder só é capaz de garantir o *status quo* adquirindo mais poder; só pode permanecer estável ampliando constantemente sua autoridade através do processo de acúmulo de poder. O *Commonwealth* de Hobbes é uma estrutura vacilante que está sempre precisando buscar novos esteios de fora; do contrário, ruiria imediatamente para a insensatez do caos de interesses privados de onde surgiu. Hobbes incorpora a necessidade de acumulação de poder à teoria do estado natural, à "condição de guerra perpétua" de todos

---

(37) A promoção do acaso à posição de árbitro final da vida iria atingir o seu ponto mais alto no século XIX. Como resultado, surgiu um novo gênero de literatura, a novela, que acompanhou o declínio do drama. Pois o drama perdeu o seu sentido num mundo sem ação, enquanto a novela podia tratar adequadamente os destinos de seres humanos que eram quer vítimas da necessidade, quer favoritos da sorte. Balzac demonstrou todo o alcance do novo gênero e chegou a apresentar as paixões humanas como o destino do homem, sem vício nem virtude, nem razão, nem livre arbítrio. Só a novela em sua completa maturidade, tendo interpretado e reinterpretado toda a gama dos temas humanos, podia pregar o novo evangelho da paixão do homem pelo seu próprio destino, que teve papel tão importante entre os intelectuais do século XIX. Através dessa paixão, o artista e o intelectual tentavam traçar uma distinção entre si mesmos e os outros, proteger-se contra a desumanidade da boa e da má sorte, e desenvolveram todos os dons da sensibilidade moderna — pronta para o sofrimento, a compreensão, o desempenho de determinado papel —, tão desesperadamente necessária à dignidade humana, que exige que um homem seja pelo menos uma vítima, se não puder ser outra coisa.

contra todos, na qual os vários Estados mantêm com relação aos outros a posição que caracterizava os seus súditos antes de se submeterem à autoridade do *Commonwealth*.[38] Essa perene possibilidade de guerra garante ao *Commonwealth* uma esperança de permanência, porque torna possível ao Estado aumentar o seu poder à custa de outros Estados.

Seria errôneo tomar por seu valor aparente a óbvia inconsistência entre o apelo de Hobbes em favor da segurança do indivíduo e a inerente instabilidade do seu *Commonwealth*. Novamente, ele tenta aqui persuadir, apelar a certos instintos básicos de segurança que, como ele sabia muito bem, podiam sobreviver nos súditos do *Leviathan* apenas sob a forma de absoluta submissão à força que "os intimida a todos", isto é, um medo esmagador e universal — que não é exatamente o sentimento básico do homem que se julga seguro. O ponto de partida de Hobbes é uma incomparável compreensão das necessidades políticas do novo corpo social da burguesia em ascensão, cuja crença fundamental num processo interminável de acúmulo de propriedade estava a ponto de eliminar toda segurança individual. Hobbes chegou às necessárias conclusões a partir da análise dos padrões de conduta social e econômica quando propôs mudanças revolucionárias na constituição política. Esboçou o novo corpo que corresponderia aos novos anseios e interesses da nova classe. O que realmente conseguiu foi retratar o homem segundo os padrões de conduta da futura sociedade burguesa.

A insistência de Hobbes quanto ao poder como motor de todas as coisas humanas e divinas (até o reino de Deus sobre os homens "não provém de tê-los criado (...) mas do Poder Irresistível") se devia à proposição, teoricamente indiscutível, de que o infindável acúmulo de propriedade deve basear-se no infindável acúmulo de poder. O correlativo filosófico da instabilidade inerente de uma comunidade baseada na força é a imagem de um processo histórico infindável que, para ser consistente com o constante aumento de poder, envolve inexoravelmente os indivíduos, os povos e, finalmente, toda a humanidade. O processo ilimitado de acúmulo de capital necessita de uma estrutura política de "poder tão ilimitado" que possa proteger a propriedade crescente, tornando-a cada vez mais poderosa. Dado o fundamental dinamismo da nova classe social, é perfeitamente verdadeiro que "ela não pode garantir o poder e os meios de viver bem, que alcança num determinado instante, sem adquirir mais". A coerência dessa conclusão não é absolutamente afetada pelo fato de que, durante cerca de trezentos anos, não houve um soberano que "convertesse esta verdade especulativa em utilidade prática", nem uma burguesia com suficiente consciência política e maturidade econômica para adotar abertamente a filosofia do poder de Hobbes.

(38) A noção liberal de um Governo Mundial baseia-se, como todas as noções liberais de poder político, no mesmo conceito de indivíduos que se submetem a uma autoridade central que "os intimida a todos", exceto que, no caso, as nações tomam o lugar dos indivíduos. O Governo Mundial deve sobrepujar e eliminar a política autêntica, que consiste na justaposição de povos diferentes vivendo uns com os outros em pleno exercício do seu próprio poder.

Esse processo de constante acúmulo de poder, necessário à proteção de um constante acúmulo de capital, criou a ideologia "progressista" de fins do século XIX e prenunciou o surgimento do imperialismo. Não a tola ilusão de um crescimento ilimitado de propriedade, mas a compreensão de que o acúmulo de poder era o único modo de garantir a estabilidade das chamadas leis econômicas, tornou irresistível o progresso. A noção de progresso do século XVIII, tal como era concebido na França pré-revolucionária, pretendia que a crítica do passado fosse um meio de domínio do presente e de controle do futuro; o progresso culminava com a emancipação do homem. Mas essa noção tinha pouco ou nada em comum com a infindável evolução da sociedade burguesa, que não apenas não desejava a liberdade e autonomia do homem, mas estava pronta a sacrificar tudo e todos a leis históricas supostamente supra-humanas. "O que chamamos de progresso é [o] vento (...) [que] impele [o anjo da história] irresistivelmente para o futuro, ao qual ele vira as costas enquanto o monte de ruínas diante de si ergue-se até os céus".[39] Somente no sonho de Marx de uma sociedade sem classes, que, nas palavras de Joyce, faria a humanidade despertar do pesadelo da história, é que surge um vestígio último, embora utópico, do conceito do século XVIII.

O negociante de mentalidade imperialista, a quem as estrelas aborreciam porque não podia anexá-las, sabia que o poder organizado como finalidade em si geraria mais poder. Quando o acúmulo de poder atingiu seus naturais limites nacionais, a burguesia percebeu que somente com uma ideologia de expansão e somente com um processo econômico que refletisse o do acúmulo de poder seria possível colocar novamente o motor em funcionamento. Ao mesmo tempo, porém, quando parecia que o verdadeiro moto perpétuo havia sido descoberto, a atitude especificamente otimista da ideologia do progresso foi abalada. Não que alguém duvidasse da irresistibilidade do processo, mas muitos começaram a perceber aquilo que havia assustado a Cecil Rhodes: que a condição humana e os limites do globo eram um sério obstáculo a um processo que, de um lado, não podia parar nem estabilizar-se e que, por outro lado, só podia provocar uma série de catástrofes destruidoras, quando atingisse esses limites.

Na época imperialista, a filosofia do poder tornou-se a filosofia da elite, que logo descobriu, e estava pronta a admitir, que a sede de poder só podia ser saciada pela destruição. Foi esta a causa essencial do seu niilismo (especialmente conspícuo na França do início do século XX e na Alemanha da década de 20), que substituía a superstição do progresso pela superstição da ruína, e pregava a aniquilação automática com o mesmo entusiasmo com que os fanáticos do progresso automático haviam pregado a irresistibilidade das leis econômicas.

---

(39) Walter Benjamin, em *Über den Begriff der Geschichte* [Sobre o conceito da história] (publicado pelo Institut für Sozialforschung, Nova York, 1942, mimeografado). Os próprios imperialistas conheciam muito bem as implicações do seu conceito de progresso. O autor que escrevia sob o pseudônimo de A. Carthill, funcionário inglês que havia servido na Índia e que é bem representativo da época, disse: "Deve-se sempre ter pena daqueles que são esmagados pelo carro triunfal do progresso" (*op. cit.*, p. 209).

Hobbes, o grande idólatra do Sucesso, tinha levado três séculos para ser bem sucedido. Isso foi em parte devido à Revolução Francesa, que, com a sua concepção do homem como legislador e *citoyen*, quase havia conseguido evitar que a burguesia desenvolvesse inteiramente sua noção de história como processo necessário. Mas em parte foi devido também às implicações revolucionárias do *Commonwealth*, seu intrépido rompimento com a tradição ocidental, coisas que Hobbes não deixou de apontar.

   Todo homem e todo pensamento que não é útil, e não se conforma ao objetivo final de uma máquina cujo único fim é a geração e o acúmulo de poder, é um estorvo perigoso. Hobbes achava que os livros dos "antigos gregos e romanos" eram tão "prejudiciais" quanto o ensinamento cristão do *"Summum bonum* (...) como é pronunciado nos livros dos velhos filósofos moralistas", ou a doutrina de que "tudo o que um homem faz contra a sua consciência é pecado", e de que as "leis são as regras do justo e do injusto". A profunda suspeita alimentada por Hobbes em relação a toda a tradição ocidental de pensamento político não nos surpreende, se lembrarmos que ele procurava nada menos que justificar a Tirania, que, embora houvesse ocorrido muitas vezes na história do Ocidente, nunca havia sido homenageada com um fundamento filosófico. Hobbes confessa orgulhosamente que o Leviatã é realmente um governo permanente de tirania: "a palavra Tirania significa nem mais nem menos que a palavra Soberania. (...) Acho que tolerar o ódio declarado à Tirania é tolerar o ódio à comunidade em geral".

   Por ser filósofo, Hobbes já podia perceber na ascensão da burguesia todas aquelas qualidades antitradicionalistas da nova classe, que iriam levar três séculos para desenvolver-se por completo. Seu *Leviathan* não se perdia em especulações ociosas a respeito de novos princípios políticos nem da velha busca da razão que governa a comunidade dos homens; era estritamente um "cálculo das conseqüências", que advêm da ascensão de uma nova classe na sociedade, cuja existência está essencialmente ligada à propriedade como um mecanismo dinâmico produtor de mais propriedade. O chamado acúmulo de capital que deu origem à burguesia mudou o próprio conceito de propriedade e riqueza: estes já não eram mais considerados como resultado do acúmulo e da aquisição, mas sim o seu começo; a riqueza tornou-se um processo interminável de se ficar mais rico. A classificação da burguesia como classe proprietária é apenas superficialmente correta, porquanto a característica dessa classe é que todos podem pertencer a ela, contanto que concebam a vida como um processo permanente de aumentar a riqueza e considerem o dinheiro como algo sacrossanto que de modo algum deve ser usado como simples instrumento de consumo.

   Contudo, a propriedade em si é sujeita ao uso e ao consumo e, portanto, diminui constantemente. A forma mais radical — e a única segura — de posse é a destruição, pois só possuímos para sempre e com certeza aquilo que destruímos. Os donos de propriedade que não consomem, mas continuamente procuram aumentar as suas posses, esbarram com um limite muito inconveniente: o fato lamentável de que os homens morrem. A morte é o verdadeiro motivo pelo qual a propriedade e a aquisição jamais podem tornar-se um princípio político verdadeiramente válido. Um sistema social baseado essencialmente na propriedade não pode levar a outra coisa senão à destruição final de toda a propriedade. A finitude da vida pessoal é um desafio tão sério à propriedade como fundamento social quanto os limites do globo são um desafio à expansão como fundamento do sistema político. Por transcender os limites da vida humana, o crescimento automático e contínuo da riqueza além das necessidades e possibilidades de consumo pessoais, que é a base da propriedade individual, vira assunto público e sai da esfera da simples vida privada. Os interesses privados, que, por sua própria natureza, são temporários, limitados pela duração natural da vida do homem, podem agora fugir para a esfera dos negócios públicos e pedir-lhes emprestado aquele tempo infinito necessário à acumulação contínua. Isso parece criar uma sociedade muito parecida com a das formigas e das abelhas, onde "o bem comum não difere do bem privado; e naturalmente inclinadas para o benefício privado, conseqüentemente procuram o benefício comum".

Como, porém, os homens não são formigas nem abelhas, tudo não passa de uma ilusão. A vida pública assume um aspecto enganador quando aparenta constituir a totalidade dos interesses privados, como se esses interesses pudessem criar uma qualidade nova pelo simples fato de serem somados. Todos os chamados conceitos liberais de política (isto é, todas as noções políticas pré-imperialistas da burguesia) — como a concorrência sem limites, regulada por um secreto equilíbrio que provém, de modo misterioso, da soma total das atividades concorrentes; a busca de um "esclarecido interesse próprio" como virtude política; o progresso limitado baseado na simples sucessão dos acontecimentos — têm isto em comum: simplesmente adicionam vidas privadas e padrões de conduta pessoais e apresentam o resultado como leis de história, de economia ou de política. Mas os conceitos liberais, embora expressem a instintiva suspeita da burguesia e a sua inata hostilidade com relação aos negócios públicos, são apenas uma acomodação temporária entre os velhos padrões de cultura ocidental e a crença da nova classe na propriedade como princípio dinâmico e automotivo. Os velhos padrões cedem à medida que a riqueza, crescendo automaticamente, passa realmente a substituir a ação política.

Embora nunca inteiramente reconhecido, Hobbes foi o verdadeiro filósofo da burguesia, porque compreendeu que a aquisição de riqueza, concebida como processo sem fim, só pode ser garantida pela tomada do poder político, pois o processo de acumulação violará, mais cedo ou mais tarde, todos os limites territoriais existentes. Previu que uma sociedade que havia escolhido o caminho da aquisição contínua tinha de engendrar uma organização política dinâmica capaz de levar a um processo contínuo de geração de poder. E, através de simples vôo da imaginação, pôde até esboçar tanto os principais traços psicológicos do novo tipo de homem que se encaixaria em tal sociedade, quanto a tirania da sua estrutura política. Previu como necessária a idolatria do poder que caracteriza esse novo tipo humano, e pressentiu que ele se sentiria lisonjeado ao ser chamado de animal sedento de poder, embora na verdade a sociedade o forçasse a renunciar a todas as suas forças naturais, suas virtudes e vícios, e fizesse dele o pobre sujeitinho manso que não tem sequer o direito de se erguer contra a tirania e que, longe de lutar pelo poder, submete-se a qualquer governo existente e não mexe um dedo nem mesmo quando o seu melhor amigo cai vítima de uma *raison d'état* incompreensível.

Assim, um *Commonwealth* baseado no poder acumulado e monopolizado de todos os seus membros individuais torna a todos necessariamente impotentes, privados de suas capacidades naturais e humanas. Degrada o indivíduo à condição de peça insignificante na máquina de acumular poder, livre para consolar-se, se quiser, com pensamentos sublimes a respeito do destino final dessa máquina, construída de forma a ser capaz de devorar o mundo, se simplesmente seguir a lei que lhe é inerente.

O objetivo final de destruição desse *Commonwealth* é pelo menos indicado na interpretação filosófica da igualdade humana como "igual capacidade" de matar. Vivendo com as outras nações "numa condição de guerra perpétua, sempre à beira do combate, com suas fronteiras armadas e canhões assestados contra os vizinhos", não tem outra lei de conduta senão "a que melhor leve ao [seu] benefício", e gradualmente devorará as estruturas mais fracas até que chegue a uma última guerra "que dê a todos os homens a vitória ou a morte".

Com "vitória ou morte", o Leviatã pode realmente suplantar todas as limitações políticas provenientes da existência de outros povos e envolver toda a terra em sua tirania. Mas, quando vier a última guerra e todos os homens tiverem recebido seu quinhão, nenhuma paz final terá sido estabelecida na terra: a máquina de acumular poder, sem a qual a expansão contínua não teria sido possível, precisará de novo material para devorá-lo em seu infindável processo. Se o último *Commonwealth* vitorioso não puder anexar os planetas, só poderá passar a devorar-se a si mesmo, para começar novamente o infinito processo da geração de poder.

3. A ALIANÇA ENTRE A RALÉ E O CAPITAL

Quando o imperialismo ocupou o cenário político a partir do início da corrida para a África, nos anos 80 do século XIX, foi promovido por comerciantes, combatido vigorosamente por governos, e aclamado por uma parte surpreendentemente grande das classes educadas.[40] A esses últimos parecia ser uma cura abençoada para todos os males, uma panacéia fácil para todos os conflitos. E a verdade é que o imperialismo, de certo modo, não deixou de corresponder a essas esperanças. Deu vida nova a estruturas políticas e sociais que estavam obviamente ameaçadas por novas forças sociais e políticas e que,

---

(40) "Os Serviços Coloniais proporcionam o apoio mais perfeito e mais natural a uma política externa agressiva; da expansão do império emana uma forte atração sobre a aristocracia e as classes profissionais porque oferece novos campos, mais amplos, para o emprego honrado e lucrativo dos seus filhos" (J. A. Hobson, "Capitalism and imperialism in South Africa", *op. cit.*). Foram principalmente "professores e publicistas patriotas, independentemente de afiliação política e sem olhar o interesse econômico pessoal", que patrocinaram "as investidas imperialistas dos anos 70 e 80" (Hayes, *op. cit.*, p. 220).

em outras circunstâncias, sem a intervenção dos acontecimentos imperialistas, dificilmente teriam precisado de duas guerras para desaparecer.

Do modo como se desenrolava a história, o imperialismo parecia levar à solução de todos os problemas, produzindo aquele falso sentido de segurança, tão universal na Europa de antes da guerra, e que só deixou de enganar os espíritos mais sensíveis. Péguy na França e Chesterton na Inglaterra sabiam instintivamente que viviam num mundo de faz-de-conta, e que a sua estabilidade era apenas fingida. Mas, até que tudo começasse a ruir, a estabilidade de estruturas políticas evidentemente obsoletas parecia ser um fato, e sua teimosia e indiferente longevidade pareciam desmentir aqueles que sentiam o solo tremer aos seus pés. A solução da charada era o imperialismo. A resposta à pergunta decisiva — por que a irmandade de nações européias permitiu que esse mal se espalhasse até que tudo viesse a ser destruído, o bom junto com o mau — é simples: todos os governos sabiam muito bem que seus países estavam se desintegrando ocultamente, que o corpo político estava sendo destruído por dentro, que estavam apenas ganhando tempo antes de morrer.

De modo bastante inocente, a expansão afigurava-se inicialmente como a válvula de escape para a produção excessiva de capital e oferecia um remédio: a exportação de capital.[41] A riqueza tremendamente ampliada, resultante da produção capitalista num sistema social baseado na má distribuição, havia resultado num "excesso de poupança" — isto é, no acúmulo de um capital que estava condenado à ociosidade dentro da capacidade nacional existente de produção e consumo. Esse dinheiro era realmente supérfluo; ninguém necessitava dele, embora pertencesse a uma classe crescente. As crises e depressões que sobrevieram nas décadas que precederam a era do imperialismo[42] haviam convencido os capitalistas de que todo o seu sistema econômico de produção dependia de uma oferta e procura que, de agora em diante, tinha de vir de "fora da sociedade capitalista".[43] Essa oferta e essa procura vinham de dentro da nação enquanto o sistema capitalista não controlasse todas as classes juntamente com toda a sua capacidade produtiva. Mas, quando o capitalismo havia

---

(41) A esse respeito e ao que se segue, ver J. A. Hobson, *Imperialism*, que já em 1905 fez uma magistral análise das forças e motivos econômicos que levaram à expansão, bem como de algumas de suas implicações políticas. Quando, em 1938, seu antigo estudo foi republicado, Hobson pôde dizer, com razão, na introdução do texto inalterado, que o seu livro era a verdadeira prova de "que os principais perigos e distúrbios (...) de hoje (...) estavam todos latentes e visíveis no mundo uma geração antes".

(42) A óbvia conexão entre as graves crises do século XIX que ocorreram nos anos 60 na Inglaterra e nos anos 70 no continente europeu e, do outro lado, o imperialismo é mencionada por Hayes, *op. cit.*, em apenas uma nota de pé de página (na p. 219), e por Schuyler, *op. cit.*, o qual acredita que "um renovado interesse pela emigração foi um fator importante no começo do movimento imperialista", e que esse interesse tinha sido causado por "uma séria depressão no comércio e na indústria da Inglaterra" no fim "da década de 60" [do século XIX] (p. 280). Schuyler descreve ainda em certo detalhe o forte "sentimento antiimperial em meados da era vitoriana". Infelizmente, Schuyler não diferencia entre o *Commonwealth* e o império propriamente dito, embora a discussão de assuntos pré-imperialistas pudesse facilmente sugerir essa diferenciação.

(43) Rosa Luxemburg, *Die Akkumulation des Kapitals*, Berlim, 1923, p. 273.

permeado toda a estrutura econômica, e todas as camadas sociais haviam entrado na órbita do seu sistema de produção e consumo, os capitalistas tinham claramente de decidir entre assistir ao colapso de todo o sistema ou procurar novos mercados, isto é, penetrar em outros países que ainda não estivessem sujeitos ao capitalismo e, portanto, pudessem proporcionar uma nova oferta-e-procura de características não-capitalistas.

As depressões dos anos 60 e 80, que deram início à era do imperialismo, forçaram a burguesia a compreender pela primeira vez que o pecado original do roubo, que séculos antes tornara possível o "original acúmulo de capital" (Marx) e gerara todas as acumulações posteriores, teria eventualmente de ser repetido, a fim de evitar que o motor da acumulação parasse de súbito.[44] Diante de tal perigo, que ameaçava a nação inteira com um colapso catastrófico da produção, os produtores capitalistas compreenderam que as formas e leis do seu sistema de produção "haviam desde o início sido previstas para *toda a terra*".[45]

A primeira reação a um mercado doméstico saturado, à falta de matérias-primas e a crises crescentes foi a exportação de capital. Os donos de riqueza supérflua tentaram primeiro o investimento sem expansão e sem controle político, que resultou numa orgia sem precedentes de falcatruas, escândalos financeiros e especulações no mercado de ações, alarmantes na medida em que os investimentos no exterior cresciam muito mais depressa que os investimentos domésticos.[46] O dinheiro graúdo, resultante do excesso de poupança, abriu o caminho para o dinheiro miúdo, que era o produto do trabalho dos pequeninos. As empresas domésticas, para acompanhar o ritmo dos altos lucros do investimento estrangeiro, recorreram também a métodos fraudulentos e atraíram um número crescente de pessoas que, na esperança de ganhos miraculosos, jogaram dinheiro fora. O escândalo do Panamá na França e o *Gründungsschwindel* na Alemanha e na Áustria tornaram-se exemplos clássicos. Os donos do dinheiro miúdo perderam tanto tão depressa que logo os donos do capital supérfluo ocupavam sozinhos o que era, de certa forma, um campo de batalha. Não tendo

---

(44) Rudolf Hilferding, *Das Finanzkapital*, Viena, 1910, p. 401, menciona — mas não analisa — o fato de que o imperialismo "de súbito emprega novamente os métodos do acúmulo original da riqueza capitalista".

(45) De acordo com o brilhante estudo de Rosa Luxemburg sobre a estrutura política do imperialismo (*op. cit.*, pp. 273 ss.), "o processo histórico do acúmulo de capital depende, em todos os seus aspectos, da existência de camadas sociais não-capitalistas", de modo que "o imperialismo é a expressão política do acúmulo de capital em sua competição pela posse dos restos do mundo não-capitalista". Essa dependência fundamental do capitalismo em relação a um mundo não-capitalista está na base de todos os outros aspectos da superpoupança e da má distribuição (Hobson, *op. cit.*), como resultado da superprodução e da conseqüente necessidade de novos mercados (Lênin, *Imperialismo, o último estágio do capitalismo*, 1917), como resultado de baixa oferta de matérias-primas (Hayes, *op. cit.*), ou como exportação de capital para a uniformização da taxa de lucros nacional (Hilferding, *op. cit.*).

(46) De acordo com Hilferding, *op. cit.*, p. 409, nota, entre 1865 e 1898 a renda britânica proveniente de investimentos estrangeiros aumentou nove vezes, enquanto a renda nacional apenas dobrava. O autor presume que tenha havido aumento semelhante, embora provavelmente menor, no caso dos investimentos alemães e franceses.

conseguido transformar toda a sociedade em uma comunidade de jogadores, voltaram a ser supérfluos, excluídos dos processos normais de produção para os quais, depois de algum tumulto, todas as outras classes voltaram mansamente, se bem que algo mais pobres e mais rancorosas.[47]

A exportação de dinheiro e o investimento no exterior não constituem, por si, o imperialismo e não levam necessariamente à expansão como mecanismo político. Ao se contentar em investir "grande parte de sua propriedade em terras estrangeiras", mesmo que essa tendência fosse "contra todas as tradições passadas do nacionalismo",[48] os donos do capital supérfluo apenas confirmavam a sua alienação do corpo nacional, onde, de qualquer modo, eram parasitas. Só tornaram a fazer parte da vida da nação quando exigiram que o governo protegesse seus investimentos (depois que a fase inicial de falcatruas lhes abriu os olhos para o possível uso da política contra o risco do jogo). Nessa exigência, contudo, seguiram as tradições estabelecidas da sociedade burguesa de sempre considerar as instituições políticas exclusivamente como instrumento de proteção da propriedade individual.[49] Só a afortunada coincidência do surgimento de uma nova classe de proprietários concomitantemente com a Revolução Industrial transformara a burguesia em produtores e estimuladores da produção. Enquanto exercia essa função básica na sociedade moderna, que é, essencialmente, uma comunidade de produtores, sua riqueza desempenhava uma função importante para a nação como um todo. Os donos do capital supérfluo foram o primeiro segmento dessa classe a desejar lucros sem exercer qualquer função social verdadeira — mesmo que se tratasse da função de um produtor que explorasse os outros — e, conseqüentemente, nenhuma polícia poderia jamais tê-los salvo da ira do povo.

A expansão, portanto, não foi apenas uma fuga para o capital supérfluo. O mais importante é que protegia os seus donos contra a ameaçadora perspec-

---

(47) No caso da França, ver George Lachapelle, *Les finances de la Troisième République*, Paris, 1937, e D. W. Brogan, *The development of Modern France*, Nova York, 1941. Para o que sucedeu na Alemanha, comparar os interessantes testemunhos contemporâneos, como o de Max Wirth, *Geschichte der Handelskrisen* [História das crises comerciais], 1873, capítulo 15, e A. Schaeffle, "Der 'grosse Boersenkrach' des Jahres 1873" [A grande quebra da bolsa no ano 1873], em *Zeitschrift für die gesamte Staatswissenschaft*, 1874, vol. 30.

(48) J. A. Hobson, "Capitalism and imperialism", *op. cit.*

(49) Ver Hilferding, *op. cit.*, p. 406. "Daí o clamor por um forte poder estatal por parte de todos os capitalistas que têm seus interesses em países estrangeiros. (...) O capital exportado sente-se mais seguro quando o poder estatal de seu próprio país governa completamente o novo domínio. (...) Seus lucros devem ser garantidos pelo Estado, se possível. Assim, a exportação do capital é a favor de uma política imperialista". E a p. 423: "A atitude da burguesia em relação ao Estado sempre sofre completa mudança quando o poder político do Estado torna-se um instrumento competitivo para o capital financeiro no mercado mundial. A burguesia havia sido hostil ao Estado em sua luta contra o mercantilismo econômico e o absolutismo político. (...) Teoricamente pelo menos, a vida econômica devia ser completamente livre da intervenção do Estado; o Estado deveria limitar-se politicamente à salvaguarda da segurança e ao estabelecimento da igualdade civil". Na p. 426: "Contudo, o desejo de uma política expansionista provoca uma mudança revolucionária na mentalidade da burguesia. Esta deixa de ser pacifista e humanista". P. 470: "Socialmente, a expansão é uma condição vital para a preservação da taxa de lucros e para o seu temporário aumento".

tiva de permanecerem inteiramente supérfluos e parasitários. Salvou a burguesia das conseqüências da má distribuição e revitalizou o seu conceito de propriedade numa época em que a riqueza já não podia ser usada como fator produtivo dentro do âmbito nacional, entrando em conflito com o ideal de produção da comunidade vista como um todo.

Mais antigo que o capital supérfluo era outro subproduto da produção capitalista: o lixo humano, que cada crise, seguindo-se invariavelmente a cada período de crescimento industrial, eliminava permanentemente da sociedade produtiva. Os elementos tornados permanentemente ociosos eram tão supérfluos para a comunidade como os donos do capital supérfluo. Durante todo o século XIX, reconheceu-se que ameaçavam a sociedade de tal modo que sua "exportação" foi promovida, ajudando, aliás, a povoar os domínios do Canadá e da Austrália, bem como os Estados Unidos. O fato novo da era imperialista foi que essas duas forças supérfluas — o capital supérfluo e a mão-de-obra supérflua — uniram-se e, juntos, abandonaram seus países. O conceito de expansão, a exportação da força do governo e a anexação de todo território em que cidadãos tivessem investido a sua riqueza ou seu trabalho, parecia a única alternativa para as crescentes perdas econômicas e demográficas. O imperialismo e a sua idéia de expansão ilimitada pareciam oferecer um remédio permanente para um mal permanente.[50]

É bastante irônico que o primeiro país em que se conjugaram a riqueza supérflua e homens supérfluos estava também se tornando supérfluo. Os britânicos apoderaram-se da África do Sul ainda no começo do século XIX, porque ela garantia um caminho marítimo para a Índia. A abertura do canal de Suez, porém, e a subseqüente conquista administrativa do Egito diminuíram a importância do velho entreposto marítimo da Cidade do Cabo. Tudo indicava que os ingleses se teriam retirado da África, tal como outras nações européias fizeram antes, sempre que perdiam suas possessões e interesses comerciais na Índia.

A particular ironia e, de certo modo, a circunstância simbólica que inesperadamente transformaram a África do Sul no "campo de cultura do imperialismo"[51] residem na própria natureza de sua súbita atração, quando havia perdido todo o valor para o Império propriamente dito: nos anos 70 descobriram-se jazidas de diamantes, e ricas minas de ouro nos anos 80. O novo desejo de lucro a qualquer preço coincidiu pela primeira vez com a velha caça à fortuna. Garim-

---

(50) Esses motivos foram claramente declarados no imperialismo alemão. As primeiras atividades do *Alldeutsche Verband* [Liga Pangermânica] (fundada em 1891) esforçavam-se para evitar que os emigrantes alemães mudassem de cidadania, e o primeiro discurso imperialista de Guilherme II, por ocasião do vigésimo quinto aniversário da fundação do Reich, continha a seguinte passagem, aliás muito típica: "O Império Alemão tornou-se um Império Mundial. Milhares de nossos compatriotas vivem em toda parte, em lugares distantes da terra. (...) Senhores, é vosso dever ajudar-me a unir esse Império Alemão, maior que o nosso país natal". Comparar também a declaração de J. A. Froude na nota 10.

(51) E. H. Damce, *The Victorian ilusion*, Londres, 1928, p. 164: "A África, que não havia sido incluída no itinerário da 'saxonidade' nem pelos filósofos profissionais da história imperial, tornou-se o campo da cultura do imperialismo britânico".

peiros, aventureiros e a escória das grandes cidades emigraram para o Continente Negro, juntamente com o capital dos países industrialmente desenvolvidos. De agora em diante, a ralé, gerada pela monstruosa acumulação de capital, acompanhava sua genitora ideológica nessas viagens de descoberta, nas quais nada era descoberto a não ser novas possibilidades de investimento. Os donos de capital supérfluo eram os únicos que podiam usar os homens supérfluos vindos dos quatro cantos do mundo. Juntos, estabeleceram o primeiro paraíso de parasitas, cujo sangue vital era o ouro. O imperialismo, produto de dinheiro supérfluo e de gente supérflua, iniciou sua surpreendente carreira produzindo bens dos mais supérfluos e irreais.

É duvidoso que a panacéia da expansão pudesse constituir uma tentação tão grande para os não-imperialistas, se a perigosa solução que apresentava se aplicasse apenas àquelas forças supérfluas que, de qualquer modo, já estavam fora do corpo da nação. A cumplicidade de todos os partidos parlamentares nos programas imperialistas é conhecida e registrada. A história do Partido Trabalhista britânico constitui, a esse respeito, uma série quase ininterrupta de justificativas da antiga predição de Cecil Rhodes: "Os operários vêem que, embora os americanos gostem muito deles, dedicando-lhes os sentimentos mais fraternos, barram, não obstante, a entrada dos seus produtos. Vêem que a Rússia, a França e a Alemanha também estão fazendo o mesmo em escala local, e que, se não tomarem cuidado, não lhes restará lugar algum no mundo onde possam comerciar [com o que produzem]. E assim os operários estão se tornando imperialistas, e o Partido Liberal segue a reboque".[52] Na Alemanha, foram os liberais (e não o Partido Conservador) que promoveram aquela famosa política naval que tanto contribuiu para a deflagração da Primeira Guerra Mundial.[53] O Partido Socialista vacilava entre o apoio ativo à política naval imperialista (tendo aprovado fundos para a construção de uma Marinha alemã, depois de 1906) e o completo desdém por todas as questões de política estrangeira. Advertências ocasionais contra o *Lumpenproletariat* e o possível suborno de segmentos da classe trabalhista com migalhas da mesa imperialista não contribuíam para ser compreendida a atração que os programas imperialistas exercem sobre as fileiras inferiores do partido. Em termos marxistas, o novo fenômeno da aliança entre a ralé e o capital parecia tão artificial, tão obviamente em conflito com a doutrina da luta entre as classes, que foram completamente esquecidos os verdadeiros perigos da tentativa imperialista de dividir a humanidade em raças dominantes e raças escravas, em raças inferiores e superiores, em homens negros e homens brancos, como meio de unificar o povo à base da ralé. Nem mesmo o colapso da solidariedade internacional no início da Primeira Guerra Mundial perturbou a complacência dos socialistas

---

(52) Citado por Millin, *op. cit.*

(53) Alfred von Tirpitz, *Erinnerungen* [Reminiscências], 1919. Ver também Daniel Frymann (pseudônimo de Heinrich Class), *Wenn ich der Kaiser wär* [Se eu fosse *Kaiser*], 1912: "O verdadeiro partido imperialista é o Partido Liberal Nacional". Frymann, um proeminente chauvinista alemão durante a Primeira Guerra Mundial, chega a acrescentar a respeito dos conservadores: "O alheamento dos meios conservadores no tocante às doutrinas raciais é também digno de nota".

e a sua fé no proletariado. Os socialistas ainda pesquisavam as leis econômicas do imperialismo muito depois de os imperialistas terem cessado de obedecê-las, sacrificando-as nos países de ultramar ao "fator imperial" ou ao "fator racial", e quando apenas alguns venerandos cavalheiros das altas finanças ainda acreditavam nos direitos inalienáveis da taxa de lucros.

A curiosa fraqueza da oposição popular ao imperialismo e as numerosas inconsistências e promessas, descaradamente quebradas, dos estadistas liberais, freqüentemente atribuídas ao oportunismo e ao suborno, têm causas mais profundas. Nem oportunismo nem suborno poderiam ter persuadido homens como Gladstone a quebrar a promessa, feita quando líder do Partido Liberal, de evacuar o Egito quando se tornasse primeiro-ministro. De modo semiconsciente e raramente declarado, esses homens compartilhavam, junto com o povo, a convicção de que o corpo nacional estava tão dividido em classes, e que a luta de classes caracterizava tão universalmente a vida política moderna, que a própria coesão do país estava em perigo. Novamente a expansão surgia como a tábua de salvação, se e enquanto pudesse proporcionar um interesse comum para a nação como um todo, e foi principalmente por esse motivo que se permitiu que os imperialistas se tornassem "parasitas do patriotismo".[54]

Naturalmente, essas esperanças ainda eram, em parte, afins da antiga prática daninha de "curar" conflitos nacionais com aventuras estrangeiras. Mas havia uma diferença. Por sua própria natureza, as aventuras são limitadas no tempo e no espaço; podem temporariamente resolver conflitos, mas geralmente falham e tendem mesmo a agravá-los. Desde o começo, a aventura do imperialismo — a expansão — pareceu uma solução eterna, porque a expansão era concebida como fenômeno ilimitado. Além disso, o imperialismo não era uma aventura no sentido comum, porque dependia menos de lemas nacionalistas que da base aparentemente mais sólida dos interesses econômicos. Numa sociedade de interesses em conflito, onde o bem comum era identificado com a soma total dos interesses individuais, a expansão como tal tinha a aparência de possível interesse comum da nação como um todo. Como as classes proprietárias e dominantes haviam persuadido a todos que o interesse econômico e a paixão pela propriedade formam uma base firme para o corpo político, até mesmo estadistas não-imperialistas eram facilmente persuadidos quando se divisava no horizonte um interesse econômico comum.

Por esses motivos, portanto, o nacionalismo descambou tão nitidamente para o imperialismo, apesar da contradição inerente aos dois princípios.[55] Quanto menos adequadas eram as estruturas das nações para a incorporação de povos estrangeiros (o que, aliás, contrariaria a constituição de seu próprio corpo político), mais se viam tentadas a oprimi-los. Teoricamente, existe um

---

(54) Hobson, *op. cit.*, p. 61.

(55) Hobson, *op. cit.*, foi o primeiro a reconhecer tanto a oposição fundamental entre imperialismo e nacionalismo quanto a tendência do nacionalismo a se tornar imperialista. Dizia que o imperialismo é uma perversão do nacionalismo "na qual as nações (...) transformam a sadia e estimulante rivalidade dos vários tipos nacionais na luta mortal dos impérios em competição" (p. 9).

abismo entre o nacionalismo e o imperialismo; na prática, esse abismo já foi transposto pelo nacionalismo tribal e pelo racismo desenfreado, pois desde o início os imperialistas de toda parte diziam-se "acima de todos os partidos" e ufanavam-se disso, julgando-se os únicos que podiam falar em nome da nação como um todo. Isso foi especialmente verdadeiro nos países da Europa oriental e central, que tinham poucas possessões — ou nenhuma — no alémmar; a aliança entre a ralé e o capital, nesses países, ocorreu dentro de casa, revelou seu ressentimento com maior amargura e atacou com maior violência as instituições nacionais e todos os partidos nacionais.[56]

Contudo, a desdenhosa indiferença dos políticos imperialistas em relação às questões domésticas era acentuada em toda parte, especialmente na Inglaterra. Enquanto "partidos acima de partidos", como a Liga da Primavera, tiveram influência secundária, o imperialismo foi o principal motivo pelo qual o sistema bipartidário degenerou no sistema da Bancada de Frente, que levou à "diminuição do poder da oposição" no Parlamento e ao aumento do "poder do Gabinete em relação à Câmara dos Comuns".[57] Naturalmente, isso foi realizado como política de lutas partidárias e interesses particulares, e por homens que diziam falar em nome da nação como um todo. Esse tipo de linguagem fatalmente atraía e iludia exatamente aqueles que ainda retinham uma centelha de idealismo político. O apelo à unidade assemelhava-se exatamente aos gritos de alerta que sempre haviam levado os povos à guerra; e, no entanto, ninguém — exceto Marx — percebeu que aquele instrumento universal e permanente de unidade escondia o germe da guerra permanente e universal.

Mais do que qualquer outro grupo, foram as autoridades governamentais que adotaram ativamente o imperialismo nacionalista, tornando-se assim responsáveis pela confusão que surgia entre o imperialismo e o nacionalismo. Os Estados-nações haviam criado serviços civis sob a forma de grupos permanentes de funcionários; servindo independentemente de interesses de classe e de mudanças de governo, os Estados dependiam deles. A integridade profissional e o amor-próprio desse grupo — especialmente na Inglaterra e na Alemanha — deviam-se exatamente ao fato de serirem ao país como um todo. Era esse o único grupo diretamente interessado em apoiar o Estado na sua alegação de não depender de classes nem de facções. Em nosso tempo, torna-se óbvio que a autoridade do próprio Estado-nação depende em grande parte da independência econômica e neutralidade política dos seus servidores públicos; o declínio das nações é gerado invariavelmente pela corrupção da sua administração permanente e pela convicção geral de que os servidores públicos estão a soldo das classes proprietárias e não do Estado. No fim do século XIX, as classes

---

(56) Ver capítulo 8.
(57) Hobson, *op. cit.*, pp. 146ss. "Não pode haver dúvida de que o poder do Gabinete, em contraposição à Câmara dos Comuns, tem aumentado constante e rapidamente, e parece que continua a aumentar", observou Brice em 1901, em *Studies in history and jurisprudence*, 1901, I, 177. Quanto ao funcionamento da Bancada de Frente, ver também Hilaire Belloc e Cecil Chesterton, *The party system*, Londres, 1911.

proprietárias eram de tal forma dominantes que era quase ridículo a um funcionário do Estado fingir que servia ao país. A divisão do país em classes deixava os funcionários públicos alienados do corpo político e forçava-os a formar o seu próprio círculo. Servindo nas colônias, escapavam à desintegração do corpo nacional. Dominando povos estrangeiros em países distantes, podiam muito melhor passar por heróicos servidores da nação que "com seus serviços glorificavam a raça"[58] do que se permanecessem no país de origem. As colônias já não eram simplesmente "um vasto sistema de recreio ao ar livre para as classes superiores", como James Mill ainda as descrevia: transformavam-se em espinha dorsal do nacionalismo britânico, que descobriu no domínio de países distantes e de povos estranhos a única forma de servir a interesses exclusivamente britânicos. Os serviços coloniais realmente acreditavam que "nada indicava mais claramente o gênio peculiar de uma nação do que o seu sistema de lidar com as raças dominadas".[59]

Na verdade, somente longe de casa um cidadão da Inglaterra, da Alemanha ou da França podia ser apenas inglês, alemão ou francês. Em seu país, enredava-se de tal forma em interesses econômicos ou lealdades sociais que se sentia mais como um membro de sua classe num país estranho do que um homem de outra classe em seu próprio país. A expansão deu nova vida ao nacionalismo e, portanto, foi aceita como instrumento de política nacional. Os membros das associações colonialistas e ligas imperialistas sentiam-se "bem distantes das lutas partidárias" e, quanto mais se afastavam da pátria, mais acreditavam "representar apenas o propósito nacional".[60] Isso mostra quão desesperada era a situação das nações européias antes do imperialismo, quão frágeis se haviam tornado as suas instituições e quão obsoleto o seu sistema social em face da crescente capacidade produtiva do homem. Os meios de sobrevivência eram também desesperados e, no fim, pior do que a doença foi o próprio remédio, que, por sinal, nada curou.

A aliança entre a ralé e o capital está na gênese de toda política imperialista. Em alguns países, particularmente na Grã-Bretanha, essa nova aliança entre os demasiado ricos e os demasiado pobres limitou-se às possessões de ultramar. A hipocrisia da política britânica resultava do bom senso de estadistas ingleses, que traçaram uma linha divisória bem definida entre os métodos coloniais e a política doméstica normal, evitando assim, com bastante sucesso, o temido efeito de bumerangue do imperialismo em seu torrão natal. Em outros

(58) Lorde Curzon na inauguração da placa em memória a lorde Cromer. Ver Lawrence J. Zetland, *Lord Cromer*, 1923, p. 362.

(59) *Sir* Hesketh Bell, *op. cit.*, parte I, p. 300.

O mesmo sentimento existia nos serviços coloniais holandeses. "A tarefa mais alta, a tarefa sem precedentes, é aquela que espera o funcionário do Serviço Público das Índias Orientais (...) servir em suas fileiras deve ser considerado a mais alta honra (...) o corpo seleto que cumpre a missão da Holanda no ultramar." Ver De Kat Angelino, *Colonial policy*, Chicago, 1931, II, 129.

(60) Palavras do presidente do Kolonialverein [Associação Colonial] alemão, Hohenlohe-Langenburg, em 1884. Ver Mary Townsend, *Origin of modern German colonialism, 1871-1885*, 1921.

países, particularmente na Alemanha e na Áustria, essa aliança realizou-se em casa sob a forma dos movimentos de unificação,* enquanto na França ela se refletia na chamada política colonial. O objetivo desses movimentos era, por assim dizer, "imperializar" toda a nação (e não apenas a sua parte "supérflua"), concatenar a política doméstica com a política externa de modo a organizar o país para a pilhagem de territórios alheios e a degradação permanente de povos estrangeiros.

O surgimento da ralé na organização capitalista foi observado desde cedo, e o seu crescimento foi notado por todos os grandes historiadores do século XIX. O pessimismo histórico, de Burckhardt a Spengler, deve-se essencialmente a essa observação. Mas o que os historiadores, tristemente preocupados com o fenômeno em si, deixaram de perceber é que a ralé não podia ser identificada com o crescimento da classe trabalhista industrial, e certamente não com o povo como um todo, composta que era do refugo de todas as classes. Essa composição fazia parecer que a ralé e seus representantes haviam abolido as diferenças de classe e que aqueles que se haviam alienado da nação dividida em classes eram o próprio povo (a *Volksgemeinschaft*, como a chamariam os nazistas) e não a sua distorção e caricatura. Os pessimistas históricos compreenderam a irresponsabilidade fundamental dessa nova camada social, e previram corretamente também a possibilidade de converter-se a democracia num despotismo, cujos tiranos surgiriam da ralé e dependeriam do seu apoio. O que eles não compreenderam é que a ralé não é apenas o refugo mas também o subproduto da sociedade burguesa, gerado por ela diretamente e, portanto, nunca separável dela completamente. E por isso deixaram de notar a admiração cada vez maior da alta sociedade pelo submundo (que tão bem se percebe no século XIX), seu recuo gradual e contínuo em todas as questões de moral e seu crescente gosto pelo cinismo anárquico, característico dos rebentos da ralé gerados pela sociedade. No começo do século XX, o Caso Dreyfus demonstrou que o submundo e a alta sociedade na França estavam tão intimamente ligados que era difícil situar quaisquer dos "heróicos" adversários de Dreyfus em uma dessas duas categorias.

Esse sentimento de parentesco, essa junção entre os genitores e a prole, já expressa de modo clássico nas novelas de Balzac, antecede a todas as considerações práticas de caráter econômico, político ou social, e faz lembrar aqueles traços psicológicos fundamentais do novo tipo de homem ocidental que Hobbes esboçou há trezentos anos. Mas foi principalmente devido à experiência adquirida pela burguesia durante as crises e depressões anteriores ao imperialismo que a alta sociedade finalmente confessou estar pronta a aceitar a mudança revolucionária de padrões morais sugeridas pelo "realismo" de Hobbes, ora novamente propostas pela ralé e por seus líderes. O fato de que o "pecado original" do "acúmulo original de capital" requeria novos pecados para manter

---

(*) Chamamos aqui *movimentos de unificação* (lingüística, nacional, etnocultural etc., p. ex.: pangermânica, pan-eslava) o que a autora denomina em inglês *pan-movements*. (N. T.)

o sistema em funcionamento foi mais eficaz, para persuadir a burguesia a abandonar as coibições da tradição ocidental, do que o seu filósofo ou o seu submundo. Foi esse fato que finalmente levou a burguesia alemã a arrancar a máscara da hipocrisia e a confessar abertamente seu parentesco com a escória, recorrendo expressamente a ela para defender os seus interesses de proprietários.

É significativo que isso tenha acontecido na Alemanha. Na Inglaterra e na Holanda, o crescimento da sociedade burguesa ocorrera de modo relativamente calmo, e a burguesia desses países gozou, durante séculos, de segurança isenta do medo. Na França, sua ascensão foi interrompida por uma revolução popular, cujas conseqüências interferiram no crescimento de sua supremacia. Na Alemanha, porém, onde a burguesia não atingiu o seu completo desenvolvimento até a última metade do século XIX, sua ascensão foi acompanhada desde o início pelo crescimento de um movimento revolucionário da classe trabalhadora, cuja tradição era quase tão antiga quanto a sua. Era natural que, quanto menos segura se sentisse a classe burguesa, mais fosse tentada a esconder seus alvos na hipocrisia. A afinidade da alta sociedade com a escória veio à luz na França mais cedo que na Alemanha, mas, no fim, era igualmente forte em ambos os países. A França, contudo, devido à sua tradição revolucionária e à relativa falta de industrialização, produziu uma escória numericamente pequena, de sorte que a burguesia francesa foi finalmente forçada a procurar auxílio além de suas fronteiras e a aliar-se à Alemanha de Hitler.

Qualquer que tenha sido a natureza precisa da longa evolução histórica da burguesia nos vários países europeus, os princípios políticos da ralé, tal como os vemos nas ideologias imperialistas e nos movimentos totalitários, denunciam uma afinidade surpreendentemente forte com as atitudes políticas da sociedade burguesa, uma vez expurgadas da hipocrisia e das concessões à tradição cristã. O fato de as atitudes niilistas da ralé terem atração intelectual tão grande para a burguesia demonstra um relacionamento de princípios que vai muito além do próprio nascimento da ralé.

Em outras palavras, a disparidade entre a causa e o efeito que caracteriza o surgimento do imperialismo tem suas razões. A conjuntura — riqueza supérflua criada por acúmulo excessivo, que precisou do auxílio da ralé para encontrar um investimento lucrativo e seguro — pôs em ação uma força que sempre havia estado latente na estrutura básica da sociedade burguesa, embora oculta pelas tradições mais nobres e por aquela abençoada hipocrisia que La Rochefoucauld qualificou de homenagem que o vício presta à virtude. Ao mesmo tempo, uma política de força completamente destituída de princípios não podia ser exercida antes que existisse uma massa igualmente isenta de princípios e numericamente tão grande que o Estado e a sociedade já não pudessem controlá-la. O fato de que essa ralé pudesse ser manuseada somente por políticos imperialistas e inspirada apenas por doutrinas raciais fez crer que somente o imperialismo podia resolver os graves problemas domésticos, sociais e econômicos dos tempos modernos.

É verdade que a filosofia de Hobbes nada contém das modernas doutrinas raciais, que não apenas incitam as massas mas, em sua forma totalitária, definem claramente o tipo de organização através da qual a humanidade pode levar o processo incessante de acúmulo de capital e de poder a seu fim lógico de autodestruição. Mas Hobbes pelo menos forneceu ao pensamento político o pré-requisito de todas as doutrinas raciais, isto é, a exclusão em princípio da idéia de humanidade como o único conceito regulador da lei internacional. Com a suposição de que a política estrangeira é necessariamente excluída do contrato humano, empenhada na guerra perpétua de todos contra todos, conforme a lei do "estado natural", Hobbes propicia o melhor fundamento teórico possível para todas as ideologias naturalistas, que vêem nas nações meras tribos, separadas umas das outras por natureza, sem qualquer tipo de conexão, ignorantes da solidariedade humana e tendo em comum apenas o instinto de autoconservação, como os animais. Se a idéia de humanidade, cujo símbolo mais convincente é a origem comum da espécie humana, já não é válida, então nada é mais plausível que uma teoria que afirme que as raças vermelha, amarela e negra descendem de macacos diferentes dos que originaram a raça branca, e que todas as raças foram predestinadas pela natureza a guerrearem umas contra outras até que desapareçam da face da terra.

Se for verdade que somos dominados pelo processo de Hobbes de infindável acúmulo de poder, então a organização da ralé levará inevitavelmente à transformação de nações em raças, pois nas condições da sociedade acumuladora não existe outro elo de ligação entre indivíduos, já que, no próprio processo de acúmulo de poder e expansão, os homens estão perdendo todas as demais conexões com os seus semelhantes.

O racismo pode destruir não só o mundo ocidental mas toda a civilização humana. Quando os russos se tornaram eslavos, quando os franceses assumiram o papel de comandantes da mão-de-obra negra, quando os ingleses viraram "homens brancos" do mesmo modo como, durante certo período, todos os alemães viraram arianos, então essas mudanças significaram o fim do homem ocidental. Pois, não importa o que digam os cientistas, a raça é, do ponto de vista político, não o começo da humanidade mas o seu fim, não a origem dos povos mas o seu declínio, não o nascimento natural do homem mas a sua morte antinatural.

2
O PENSAMENTO RACIAL ANTES DO RACISMO

Afirmou-se várias vezes que a ideologia racial foi uma invenção alemã. Se assim realmente fosse, então o "modo de pensar alemão" teria influenciado uma grande parte do mundo intelectual muito antes que os nazistas se engajassem na malograda tentativa de conquistar o mundo. Pois se o hitlerismo exerceu tão forte atração internacional e intereuropéia durante os anos 30, é porque o racismo, embora promovido a doutrina estatal só na Alemanha, refletia a opinião pública de todos os países. Se a máquina de guerra política dos nazistas já funcionava muito antes de setembro de 1939, quando os tanques alemães iniciaram a sua marcha destruidora invadindo a Polônia, é porque Hitler previa que na guerra política o racismo seria um aliado mais forte na conquista de simpatizantes do que qualquer agente pago ou organização secreta de quinta-colunas. Fortalecidos pela experiência de quase vinte anos, os nazistas sabiam que o melhor meio de propagar a sua idéia estava na sua política racial, da qual, a despeito de muitas outras concessões e promessas quebradas, nunca se haviam afastado por amor à conveniência.[1] O racismo não era arma nova nem secreta, embora nunca antes houvesse sido usada com tão meticulosa coerência.

A verdade histórica de tudo isso é que a ideologia racista, com raízes profundas no século XVIII, emergiu simultaneamente em todos os países ocidentais durante o século XIX. Desde o início do século XX, o racismo reforçou a ideologia da política imperialista. O racismo absorveu e reviveu todos os antigos pensamentos racistas, que, no entanto, por si mesmos, dificilmente teriam sido capazes de transformar o racismo em ideologia. Em meados do século XIX, as opiniões racistas eram ainda julgadas pelo critério da razão política: Tocqueville escreveu a Gobineau a respeito das doutrinas deste último que "elas são provavelmente erradas e certamente perniciosas".[2] Mas já no fim daquele sé-

---

(1) Mesmo após o pacto germano-soviético (agosto de 1939), quando a propaganda nazista suspendeu todos os ataques ao bolchevismo, nunca renunciou à sua linha racista.

(2) "Lettres de Alexis de Tocqueville et de Arthur de Gobineau", em *Revue des Deux Mondes*, 1907, tomo 199; carta de 17 de novembro de 1853.

culo concederam-se ao pensamento racista dignidade e importância, como se ele fosse uma das maiores contribuições espirituais do mundo ocidental.[3]

Até o período da "corrida para a África", o pensamento racista competia com muitas idéias livremente expressas que, dentro do ambiente geral de liberalismo, disputavam entre si a aceitação da opinião pública.[4] Somente algumas delas chegaram a tornar-se ideologias plenamente desenvolvidas, isto é, sistemas baseados numa única opinião suficientemente forte para atrair e persuadir um grupo de pessoas e bastante ampla para orientá-las nas experiências e situações da vida moderna. Pois a ideologia difere da simples opinião na medida em que se pretende detentora da chave da história, e em que julga poder apresentar a solução dos "enigmas do universo" e dominar o conhecimento íntimo das leis universais "ocultas", que supostamente regem a natureza e o homem. Poucas ideologias granjearam suficiente proeminência para sobreviver à dura concorrência da persuasão racional. Somente duas sobressaíram-se e praticamente derrotaram todas as outras: a ideologia que interpreta a história como uma luta econômica de classes, e a que interpreta a história como uma luta natural entre raças. Ambas atraíram as massas de tal forma que puderam arrolar o apoio do Estado e se estabelecer como doutrinas nacionais oficiais. Mas, mesmo além das fronteiras dentro das quais a ideologia racial e a ideologia de classes formaram moldes obrigatórios de pensamento, a opinião pública livre as adotou de tal modo que não apenas os intelectuais, mas até grandes massas, rejeitam apresentações de fatos, passados ou presentes, que não se ajustem a uma delas.

A extraordinária força de persuasão decorrente das principais ideologias do nosso tempo não é acidental. A persuasão não é possível sem que o seu apelo corresponda às nossas experiências ou desejos ou, em outras palavras, a necessidades imediatas. Nessas questões, a plausibilidade não advém nem de fatos científicos, como vários cientistas gostariam que acreditássemos, nem de leis históricas, como pretendem os historiadores em seus esforços de descobrir a lei que leva as civilizações ao surgimento e ao declínio. Toda ideologia que se preza é criada, mantida e aperfeiçoada como arma política e não como doutrina teórica. É verdade que, às vezes, como ocorreu no caso do racismo, uma ideologia muda o seu rumo político inicial, mas não se pode imaginar nenhuma delas sem contato imediato com a vida política. Seu aspecto científico é secundário. Resulta da necessidade de proporcionar argumentos aparentemente coesos, e assume características reais, porque seu poder persuasório fascina também a cientistas, desinteressados pela pesquisa propriamente dita e atraídos pela possibilidade de pregar à multidão as novas interpretações da vida e do mundo.[5] É

---

(3) A melhor análise histórica do pensamento racista, apresentada sob forma de "história de idéias", é de Erich Voegelin. (*Rasse und Staat* [Raça e Estado], Tuebingen, 1933.)

(4) Sobre as muitas opiniões conflitantes do século XIX, ver Carlton J. H. Hayes, *A generation of materialism*, Nova York, 1941, pp. 111-2.

(5) "Huxley abandonou a sua própria pesquisa científica a partir dos anos 70, tão ocupado estava em seu papel de 'buldogue de Darwin', de latir e morder os teólogos" (Hayes, *op. cit.*, p. 126). A paixão de Ernest Haeckel de popularizar os resultados científicos, tão forte quanto a sua

graças a esses pregadores "científicos", e não a quaisquer descobertas científicas, que não há praticamente uma única ciência cujo sistema não tenha sido profundamente afetado por cogitações raciais.[6] Isso, por sua vez, levou vários historiadores, alguns dos quais se viram tentados a responsabilizar a ciência pela ideologia racista, a tomarem como causas certos resultados da pesquisa filológica ou biológica, quando se tratava de conseqüências da ideologia racista. A doutrina do "Direito da Força" precisou de vários séculos (do XVII ao XIX) para conquistar a ciência natural e formular a "lei" da sobrevivência dos mais aptos. E, se, para dar outro exemplo, a teoria de De Maistre e Schelling, que dizia serem as tribos selvagens resíduos em decomposição dos antigos povos, se houvesse ajustado tão bem aos mecanismos políticos do século XIX quanto a teoria do progresso, provavelmente pouco teríamos ouvido falar de "seres primitivos", e nenhum cientista teria perdido seu tempo à procura do "elo que faltava" entre o macaco e o homem. A culpa não é da ciência em si, mas de certos cientistas não menos hipnotizados pelas ideologias que os seus concidadãos menos cultos.

Embora seja óbvio que o racismo é a principal arma ideológica da política imperialista, ainda se crê na antiga e errada noção de que o racismo é uma espé-

---

paixão pela ciência, foi acentuada por um escritor nazista que o aplaudia, H. Bruecher, "Ernest Haeckel, ein Wegbereiter biologischen Staatsdenkens", em *Nationalsozialistische Monatshefte*, 1935, vol. 69.

Dois exemplos um tanto extremos mostram do que são capazes os cientistas. Ambos eram reputados eruditos e escreveram durante a Primeira Guerra Mundial. O historiador de arte alemão, Josef Strzygowski, em seu *Altai, Iran und Volkerwanderung* (Leipzig, 1917), "descobriu" que a raça nórdica era constituída de alemães, ucranianos, armênios, persas, húngaros e turcos (pp. 306-7). A Sociedade de Medicina de Paris não apenas publicou um relatório sobre a "poliquesia" (defecação excessiva) e "bromidose" (cheiro de corpo) na raça alemã, mas propunha a análise da urina para a descoberta de espiões alemães; "verificava-se" que a urina alemã continha 20% de nitrogênio não-úrico contra 15% das outras raças! (Ver Jacques Barzun, *Race*, Nova York, 1937, p. 239.)

(6) Esse *quid pro quo* foi, em parte, resultado do zelo de estudiosos que queriam registrar cada circunstância na qual a raça tenha sido mencionada. Dessa forma, confundiam autores relativamente inofensivos, para quem a explicação pela raça era uma opinião possível e às vezes fascinante, com racistas completos. Tais opiniões, em si inócuas, eram propostas pelos primeiros antropólogos como pontos de partida para suas investigações. Um exemplo típico é a ingênua hipótese de Paul Broca, destacado antropólogo francês de meados do século passado, o qual afirmava que o "cérebro tem algo a ver com a raça, e a mensuração do formato do crânio é a melhor maneira de determinar o conteúdo do cérebro". (Citado por Jacques Barzun, *op. cit.*, p. 162.) É óbvio que tal assertiva, sem o apoio de uma concepção da natureza do homem, é simplesmente ridícula.

Quanto aos filólogos do início do século XIX, cujo conceito de "arianismo" levou quase todos os estudiosos do racismo a contá-los entre os propagandistas ou até mesmo os inventores do pensamento racial, eles são tão inocentes quanto se possa ser. Se ultrapassaram os limites da pesquisa pura, foi porque desejavam incluir na mesma irmandade cultural o maior número de nações possível. Nas palavras de Ernest Seillière, *La philosophie de l'imperialisme*, 4 vols., 1903-6: "Houve uma espécie de intoxicação: a civilização moderna acreditava ter recuperado seu *pedigree* (...) e nasceu um organismo que abraçou numa única e mesma fraternidade todas as nações cuja língua mostrasse alguma afinidade com o sânscrito". (*Préface*, tomo I, p. XXXV.) Em outras palavras, esses homens ainda pertenciam à tradição humanística do século XVIII, e compartilhavam seu entusiasmo por povos estranhos e culturas exóticas.

cie de exagerado nacionalismo. Contudo, valiosos trabalhos de estudiosos, especialmente na França, provaram que o racismo não é apenas um fenômeno a-nacional, mas tende a destruir a estrutura política da nação. Diante da gigantesca competição entre a ideologia racial e a ideologia de classes pelo domínio do espírito do homem moderno, já houve quem se inclinasse a ver numa a expressão de tendências nacionais, que preparavam mentalmente para guerras civis, e na outra a expressão de tendências internacionais, isto é, a preparação mental para a guerra entre as nações. Essa confusão foi possível porque a Primeira Guerra Mundial continha uma curiosa mistura de antigos conflitos nacionais e novos conflitos imperialistas, mistura na qual os antigos lemas nacionais demonstraram ter ainda, para as massas dos países envolvidos, uma atração que superava qualquer objetivo imperialista. Contudo, a última guerra, com seus Quislings e colaboracionistas em toda parte, deveria ter provado que o racismo engendra conflitos civis em qualquer país, e que é um dos métodos mais engenhosos já inventados para preparar uma guerra civil.

Porque a verdade é que as ideologias racistas ingressaram no palco da política ativa no momento em que os povos europeus já haviam preparado, e até certo ponto haviam realizado, o novo corpo político da nação. O racismo deliberadamente irrompeu através de todas as fronteiras nacionais, definidas por padrões geográficos, lingüísticos, tradicionais ou quaisquer outros, e negou a existência político-nacional como tal. A ideologia racial, e não a de classes, acompanhou o desenvolvimento da comunidade das nações européias, até se transformar em arma que destruiria essas nações. Historicamente falando, os racistas, embora assumissem posições aparentemente ultranacionalistas, foram piores patriotas que os representantes de todas as outras ideologias internacionais; foram os únicos que negaram o princípio sobre o qual se constroem as organizações nacionais de povos — o princípio de igualdade e solidariedade de todos os povos, garantido pela idéia de humanidade.

*1. UMA "RAÇA" DE ARISTOCRATAS
CONTRA UMA "NAÇÃO" DE CIDADÃOS*

O crescente interesse pelos povos "diferentes", estranhos e até mesmo selvagens caracterizou a França intelectual do século XVIII. As pinturas chinesas eram admiradas e imitadas nessa época, uma das obras mais famosas intitulava-se *Lettres persanes* e as narrativas de viajantes eram a leitura favorita da sociedade. A honestidade e a simplicidade dos povos selvagens e não-civilizados opunham-se à sofisticação e frivolidade da cultura. Muito antes que o século XIX, com o aumento das oportunidades de viajar, trouxesse o mundo não-europeu ao alcance de qualquer cidadão médio, a sociedade francesa do século XVIII já havia tentado espiritualmente compreender o conteúdo de culturas e países distantes das fronteiras européias. Um fervoroso entusiasmo por "novos espécimes da humanidade" (Herder) orgulhava os heróis da Revolução

Francesa que, juntamente com a nação francesa, levaram liberdade aos povos de todas as cores que viviam sob a bandeira da França. Esse entusiasmo por países estranhos e por estrangeiros culminou na mensagem da fraternidade, porque se inspirava no desejo de demonstrar, em cada novo e surpreendente "espécime da humanidade", o velho ditado de La Bruyère: *La raison est de tous les climats*.

No entanto, é nesse século criador de nações e é nesse país amante da humanidade que vamos encontrar o germe daquilo que mais tarde viria a ser o poderio racista destruidor das nações e aniquilador da humanidade.[7] É notável o fato de que o primeiro autor que preconizou a coexistência, na França, de diversos povos de diferentes origens fosse, ao mesmo tempo, o primeiro a desenvolver um modo definido de pensar em termos de classe. O conde de Boulainvilliers, nobre francês que escreveu no começo do século XVIII e cujas obras foram publicadas após sua morte, interpretava a história da França como a história de duas nações diferentes, das quais uma, de origem germânica, havia conquistado os habitantes mais antigos, os gauleses, impondo-lhes suas leis, tomando suas terras e estabelecendo-se como classe governante, a "nobreza", cujos direitos supremos se baseavam no "direito da conquista" e na "necessidade da obediência que sempre é devida ao mais forte".[8] Preocupado principalmente em encontrar argumentos contra o crescente poder político do *Tiers État* e de seus porta-vozes, que eram o *nouveau corps* formado pelas *gens de lettres et de lois*, Boulainvilliers passou a combater também a monarquia, porque o rei da França já não queria representar a nobreza como *primus inter pares*, e sim a nação como um todo; durante algum tempo, a nova classe em ascensão chegou a ter nele o seu mais poderoso protetor. A fim de recuperar para a nobreza a primazia inconteste, Boulainvilliers propôs que seus companheiros de nobreza negassem ter origem comum com o povo francês, quebrassem a unidade da nação e alegassem uma distinção peculiar e eterna.[9] Mais ousado que a maioria dos defensores da nobreza depois dele, Boulainvilliers negava qualquer conexão predestinada entre os homens e o solo. Assim, admitia que os gauleses estivessem na França havia mais tempo e que os francos eram estranhos e bárbaros. Mas baseava sua doutrina exclusivamente no eterno direito de conquista e não tinha dificuldade em afirmar que "a Frísia (...) constituía o verdadeiro berço da nação francesa". Séculos antes do surgimento do genuíno racismo imperialista e seguindo apenas a lei inerente ao seu conceito, considerava os habitantes originais da França como nativos no sentido mo-

---

(7) François Hotman, francês do século XVI, autor de *Franco-Gallia*, é às vezes apontado, como o faz Ernest Seillère, *op. cit.*, como um precursor das doutrinas raciais do século XVIII. Contra essa concepção errônea, protestou com justiça Théophile Simar: "Hotman surge não como apologista dos teutões, mas como defensor do povo que foi oprimido pela monarquia" (*Etude critique sur la formation de la doctrine des race au 18e et son expansion au 19e siècle*, Bruxelas, 1922, p. 20).

(8) *Histoire de l'ancien gouvernement de la France*, 1727, tomo I, p. 33.

(9) Montesquieu, *Esprit des lois*, 1748, XXX, capítulo 7, afirma que a visão da história do conde Boulainvilliers era uma arma política contra o *Tiers Etat*.

derno, ou, em seu próprio dizer, "súditos" — não do rei, mas daqueles cujo privilégio era descenderem dos conquistadores e que, por direito de nascimento, mereciam o nome de "franceses".

Boulainvilliers foi fortemente influenciado pelas doutrinas do "direito da força" do século XVII e foi certamente um dos discípulos contemporâneos mais aplicados de Spinoza, cuja *Ética* ele traduziu e cujo *Tratado teológico-político* analisou. Porém, ao aceitar e aplicar as idéias políticas de Spinoza, transformou a força em conquista, e esta aparecia como qualidade natural, como privilégio inato dos homens e das nações.

Contudo, a teoria de Boulainvilliers ainda se refere a pessoas, e não a raças; baseia o direito do povo superior num dado histórico, a conquista, e não num fato físico — embora o dado histórico já resultasse das "qualidades naturais" do povo conquistado. Inventa dois povos diferentes na França para atacar a idéia nacional, representada pela monarquia absoluta aliada ao *Tiers État*. Boulainvilliers é antinacional numa época em que a idéia de nação era tomada por nova e revolucionária; a Revolução Francesa demonstraria quão intimamente era aparentada a uma forma democrática de governo. Boulainvilliers preparou seu país para a guerra civil sem saber o que uma guerra civil significava. Representava muitos daqueles nobres que não se consideravam partícipes da nação, mas sim de uma casta governante à parte, que se sentia mais próxima de estrangeiros, desde que da "mesma sociedade e condição", do que de seus compatriotas. Na verdade, foram essas tendências antinacionais que exerceram significativa influência entre os *émigrés* pós-revolucionários, para serem finalmente absorvidas pelas doutrinas raciais, expostas com franqueza já no século XIX.

De fato, só quando a Revolução forçou grande parte da nobreza da França a procurar refúgio na Alemanha e na Inglaterra as idéias de Boulainvilliers demonstraram sua utilidade como arma política. Até lá, sua influência sobre a aristocracia francesa manteve-se viva, como se pode ver pela obra de um outro nobre, o conde Dubuat-Nançay,[10] que sublinhava com força ainda maior a ligação entre a nobreza da França e seus pares nos demais países do continente europeu. Às vésperas da Revolução, esse porta-voz do feudalismo francês sentiu-se tão inseguro que preconizava "a criação de uma espécie de *Internationale* da aristocracia de origem bárbara"[11] e, como a nobreza alemã era a única da qual se podia esperar uma eventual ajuda, não hesitou em identificar a origem da nação francesa com a dos alemães. Assim, segundo ele, as classes inferiores da França, embora já não fossem escravas, não eram livres por nascimento mas por *affranchissement*, ou seja, pela graça daqueles que — estes sim — eram livres por nascimento: a nobreza. Alguns anos mais tarde, os exilados franceses realmente tentaram organizar uma *Internationale* de aristocratas para estrangular de antemão a revolta daqueles que desprezavam, considerando-os um grupo estrangeiro escravizado. E, embora o lado mais prático dessas tentativas

---

(10) *Les Origines de l'ancien gouvernement de la France, de l'Allemagne et de l'Italie*, 1789.
(11) Seillière, *op. cit.*, p. XXXII.

sofresse o espetacular desastre de Valmy,* os *émigrés* não admitiram derrota, como — entre outros — Charles François Dominique de Villiers, que, por volta de 1800, distinguia entre os galo-romanos inferiores e os germânicos superiores, ou William Alter, que uma década mais tarde sonhou com uma federação de todos os povos germânicos,[12] nobres franceses inclusive. Provavelmente nunca lhes havia ocorrido que eram, na realidade, traidores, tão firmemente estavam convencidos de que a Revolução Francesa era uma "guerra entre dois povos estrangeiros", como disse François Guizot mais tarde.

Enquanto Boulainvilliers, com a calma equanimidade de um tempo menos perturbado, baseou os direitos da nobreza unicamente nos direitos de conquista, sem depreciar diretamente a própria natureza da outra nação conquistada, o conde de Montlosier, uma das personagens mais dúbias entre os exilados franceses, expressou francamente o seu desprezo por esse "povo que veio de escravos (...) [uma mistura] de todas as raças e de todos os tempos".[13] Os tempos obviamente haviam mudado, e os nobres, que já não pertenciam mais a uma "raça" inconquistável, também tinham de mudar. Assim, acabaram abandonando a velha idéia, tão cara a Boulainvilliers e até a Montesquieu, de que somente a conquista, *fortune des armes*, determinava os destinos dos homens. A derrota das ideologias da nobreza parecia ter chegado quando o abade Siéyès, em seu famoso panfleto, conclamou o *Tiers Etat* a "mandar de volta para as florestas da Francônia todas essas famílias que conservavam a absurda pretensão de descenderem da raça conquistadora e de terem herdado os seus direitos".[14]

É um fato bastante curioso que, desde o momento em que os nobres franceses, em sua luta de classe contra a burguesia, descobriram pertencer a uma outra nação, descender de outra origem genealógica e estar mais intimamente ligados a uma casta internacional do que ao solo da França, todas as teorias raciais francesas tenham apoiado o germanismo ou, pelo menos, a suposta superioridade dos povos nórdicos em relação aos seus próprios compatriotas. Assim, os homens da Revolução Francesa se identificavam mentalmente com Roma, não porque combatiam o "germanismo" da nobreza francesa opondo-lhe o "latinismo" do *Tiers Etat*, mas porque se sentiam como herdeiros espirituais dos republicanos romanos. Essa pretensão histórica, em contraste com a identificação tribal da nobreza, pode ter sido uma das causas que impediram o "latinismo" de surgir como doutrina racial. De qualquer modo, por mais

---

(*) Na Batalha de Valmy (20 de setembro de 1792), o exército prussiano — enviado à França para pôr um fim na Revolução e reinstalar o antigo regime — foi fragorosamente derrotado pelo exército revolucionário. (N. E.)

(12) Ver René Maunier, *Sociologie coloniale*, Paris, 1932, tomo II, p. 115.

(13) Montlosier, mesmo no exílio, mantinha íntimas relações com o chefe da polícia francesa, Fouché, que o ajudou a melhorar sua triste condição financeira de refugiado. Mais tarde, serviu como agente secreto de Napoleão na alta sociedade francesa. Ver J. Brugerette, *Le Comte de Montlosier*, 1931, e Simar, *op. cit.*.

(14) *Qu'est-ce-que le Tiers Etat?* (1789), publicado pouco antes do início da Revolução. Citado por J. H. Clapham, *The Abbé Siéyès*, Londres, 1912, p. 62.

paradoxal que seja, o fato é que foram os franceses a insistirem, antes dos alemães e dos ingleses, nessa *idée fixe* de superioridade germânica.[15] Nem o nascimento da consciência racial alemã após a derrota de 1806, dirigida desde então contra os franceses, alterou o curso das ideologias racistas na França. Nos anos 40 do século XIX, Augustin Thierry ainda aderia à identificação de classes e raças, e distinguia a "nobreza germânica" da "burguesia celta",[16] enquanto outro nobre francês, o conde Rémusat, proclamava a origem germânica de toda a aristocracia européia. Finalmente, o conde Gobineau transformou em elaborada doutrina histórica uma opinião, já aceita de modo geral entre a nobreza francesa, dizendo haver descoberto a lei secreta da queda das civilizações e elevado a história à dignidade de ciência natural. Com ele, a ideologia racista completou o seu primeiro estágio, iniciando o segundo, cujas influências seriam sentidas até a década dos anos 20 do século XX.

2. UNIDADE RACIAL COMO SUBSTITUTO DA EMANCIPAÇÃO NACIONAL

A ideologia racista na Alemanha só se desenvolveu após a derrota do velho exército prussiano ante Napoleão. Seu surgimento foi obra dos patriotas prussianos e do romantismo político, e não da nobreza e de seus porta-vozes. Em contraste com o tipo francês de ideologia racista forjada como arma para a guerra civil e para a divisão do país, o pensamento racial dos alemães resultou do esforço de unir o povo contra o domínio estrangeiro. Seus autores não procuraram aliados além das fronteiras: buscaram despertar no povo a consciência de uma origem comum. Isso na verdade excluía a nobreza, por causa das suas relações notoriamente cosmopolitas, embora estas fossem menos acentuadas entre os *Junkers* prussianos do que entre o resto da nobreza européia; de qualquer forma, excluía a possibilidade de basear o racismo na classe mais exclusiva do povo.

A ideologia racista alemã acompanhou as longas e frustradas tentativas de unir os numerosos Estados alemães; permaneceu — pelo menos em seus estágios iniciais — tão intimamente ligada a sentimentos nacionais que se tornou difícil distinguir na Alemanha o mero nacionalismo do racismo declarado. Sentimentos nacionais inofensivos eram expressos em termos que hoje sabemos racistas, de modo que até mesmo os historiadores que identificaram o racismo alemão do século XX com a linguagem peculiar do nacionalismo alemão são levados a confundir o nazismo com o nacionalismo alemão, contribuindo desse modo para que se subestime a extraordinária atração que a propaganda de Hitler exerceu internacionalmente. As peculiares condições do nacionalismo alemão só mudaram após 1870, quando o país se unificou e o racismo alemão,

---

(15) "O arianismo histórico tem sua origem no feudalismo do século XVIII e foi apoiado pelo germanismo do século XIX", observa Seillière, *op. cit.*, p. II.
(16) *Lettres sur l'histoire de France*, 1840.

juntamente com o imperialismo alemão, pôde se manifestar integralmente. Desde então, porém, várias características diferentes modificaram o pensamento racista na Alemanha, tornando-o ideologicamente específico.

Contrariamente ao que ocorreu na França, a nobreza prussiana sentia que os seus interesses estavam estreitamente ligados à posição da monarquia absoluta e, pelo menos desde os tempos de Frederico II, almejava ser reconhecida como legítima representante da nação como um todo. Com exceção do período das reformas prussianas (de 1808 a 1812), a nobreza da Prússia não se assustou com a ascensão da burguesia, nem receou uma coligação entre as classes médias e a casa governante, já que o rei da Prússia era o maior latifundiário do país, permanecendo *primus inter pares* a despeito dos esforços dos reformadores. Portanto, foi fora da nobreza que surgiu a ideologia da raça que, na Alemanha, transformou-se em arma para os nacionalistas. Desejando a união de todos os povos de língua alemã, eles insistiam na importância da origem étnica (racial) comum. Eram liberais na medida em que se opunham ao domínio exclusivo dos *Junkers* prussianos. Enquanto essa origem comum era definida pela língua comum, não se podia chamá-la de ideologia racial propriamente dita.[17]

Somente a partir de 1814 essa origem comum passa a ser freqüentemente descrita em termos de "parentesco de sangue", de laços familiares, de unidade tribal, de origem pura sem "misturas". Essas definições, que surgem quase simultaneamente nas obras do católico Josef Goerres e de liberais nacionalistas como Ernst Moritz Arndt e F. L. Jahn, comprovam o fracasso das esperanças de despertar verdadeiros sentimentos nacionais no povo alemão por outros meios culturais — como idioma ou história. Por causa dessa impossibilidade de transformar o povo alemão em nação, da ausência de reminiscências históricas comuns e da aparente apatia popular pelo futuro destino comum, nasceu uma exortação nacionalista dirigida a instintos tribais como eventual substituto daquela aparente unidade nacional que constituía, aos olhos de todo mundo, a esplêndida força da nação francesa. A idéia apresentada como doutrina orgânica da história, e segundo a qual "cada raça é um todo separado e completo",[18] foi inventada por homens que necessitavam de definições ideológicas de unidade nacional para substituir o conceito de nacionalidade política (inexistente na Alemanha). Esse nacionalismo frustrado levou Arndt a afirmar que os alemães — os últimos a adquirirem "a unidade orgânica" — tinham pelo menos a sorte de formarem uma raça pura e sem mistura, um "povo genuíno".[19]

A definição orgânica e naturalista da origem dos povos é uma das principais características das ideologias historicistas alemãs. Não obstante, não

---

(17) Esse era o caso, por exemplo, da *Philosophische Vorlesungen aus den Jahren 1804-1806*, II, 357, de Friedrich Schlegel. O mesmo se aplica a Ernst Moritz Arndt. Ver Alfred P. Pundt, *Arndt and the national awakening in Germany*, Nova York, 1935, pp. 116 ss.

(18) Joseph Goerres, em *Rheinischer Merkur*, 1814, n.º 25.

(19) Em *Phantasien zur Berichtigung der Urteile über Künftige deutsche Verfassungen*, [Fantasias para a retificação dos juízos sobre as condições futuras da Alemanha], 1815.

constitui ainda o verdadeiro racismo, pois mesmo aqueles que se utilizavam da terminologia racial defendiam com ela o conceito da genuína nacionalidade, que é o princípio da igualdade dos povos. Assim, no mesmo artigo em que compara as leis dos povos com as leis do mundo animal, Jahn insiste em que na genuína e equitativa pluralidade dos povos e em sua completa multitude se encontra a única forma de realização dos anseios da humanidade.[20] E Arndt, que mais tarde expressaria forte simpatia pelos movimentos de libertação nacional dos poloneses e italianos, exclamou: "Maldito aquele que subjugar e dominar povos estrangeiros".[21] Uma vez que os sentimentos nacionais alemães não haviam resultado do genuíno desenvolvimento nacional, mas foram simples reações contra a ocupação estrangeira,[22] as doutrinas nacionais tinham um caráter negativo peculiar, destinavam-se a erguer um muro em torno do povo, a atuar como substitutos de fronteiras que não podiam ser definidas com clareza pela geografia ou pela história.

Enquanto a forma primitiva da ideologia racista da aristocracia francesa servia como instrumento de divisão interna e como arma para a guerra civil, a forma inicial da doutrina racista alemã criava-se como arma de unidade interna, vindo a transformar-se, depois, em arma para a guerra entre as nações. Assim como o declínio da nobreza francesa como classe importante na França teria anulado essa arma se os inimigos da Terceira República não a houvessem ressuscitado, também a realização da unidade nacional alemã teria roubado o significado da doutrina orgânica da história, se os maquinadores do imperialismo moderno não a houvessem restaurado, com o fito de atrair o povo e esconder a realidade de seus interesses sob a respeitável máscara do nacionalismo. O mesmo não se pode dizer, porém, de outra fonte do racismo alemão que, embora aparentemente afastada do âmbito político, teve influência bem mais forte sobre as ideologias posteriores.

O romantismo político tem sido acusado de haver gerado a ideologia racista, como foi e sempre poderia vir a ser acusado de inventar qualquer outra opinião irresponsável, desde que se queira. Adam Mueller e Friedrich Schlegel representam a frivolidade geral do pensamento moderno, onde praticamente qualquer opinião pode entrar em voga durante certo tempo. Nenhuma verdade,

---

(20) "Os animais de raça mista carecem de verdadeira potência geradora; da mesma forma, pessoas híbridas não se propagam, como um povo, por si mesmas. O ancestral da humanidade está morto e a raça original está extinta. É por isso que cada povo moribundo é um infortúnio para a humanidade. (...) A nobreza humana não pode ser expressa num povo só." Em *Deutsches Volkstum*, 1810. A mesma posição é expressa por Goerres, que, a despeito de sua definição naturalista de povo ("todos os membros são unidos por um laço sanguíneo comum"), adota um verdadeiro princípio nacional quando diz: "Nenhum ramo tem o direito de dominar o outro" (*op. cit.*).

(21) *Blick aus der Zeit auf die Zeit* [Olhar do tempo sobre o tempo], 1814. Citado por Alfred P. Pundt, *op. cit.*

(22) "Só depois que a Áustria e a Prússia haviam caído após uma luta vã, é que realmente comecei a amar a Alemanha. (...) Quando a Alemanha sucumbiu diante da conquista e da dominação, tornou-se para mim única e indissolúvel", escreve E. M. Arndt em seu *Erinnerungen aus Schweden* [Lembranças da Suécia], 1818, p. 82. Citado por Pundt, *op. cit.*, p. 151.

nenhum evento histórico, nenhuma idéia política estava a salvo da mania, que a tudo podia atingir e a tudo destroçar, desde que fossem novas e originais as maneiras de emitir novas e fascinantes opiniões. "O mundo deve ser romantizado", disse Novalis, querendo "conferir alto sentido ao que era comum, aparência misteriosa ao que era ordinário e dignidade de incógnita ao que era conhecido".[23] Um dos objetos romantizados — o povo — podia, de um momento para o outro, transformar-se em Estado, em família, em nobreza ou em qualquer outro elemento que — pelo menos no começo — passasse pela cabeça de um desses intelectuais ou que, mais tarde — quando, já maduros, haviam aprendido a realidade do pão de cada dia —, lhe fosse encomendado por algum freguês pagante.[24] É, portanto, quase impossível estudar-se a evolução de qualquer das opiniões que competiam livremente entre si, e das quais o século XIX é tão assombrosamente rico, sem que se analise o romantismo em sua forma alemã.

O que esses primeiros intelectuais modernos realmente prepararam não foi tanto a evolução de qualquer opinião particular quanto a mentalidade genérica dos modernos eruditos alemães; estes já provaram mais de uma vez que não existe ideologia a que não se submetam de bom grado, quando está em jogo a única realidade que nem mesmo um romântico poderia dar-se ao luxo de ignorar: a realidade das posições pessoais. Para esse tipo de conduta, o romantismo serviu de excelente pretexto em sua ilimitada idolatria da "personalidade" do indivíduo, cuja própria arbitrariedade era prova de gênio. Qualquer coisa que servisse à assim chamada produtividade do indivíduo, ou seja, ao jogo totalmente arbitrário de suas "idéias", podia tornar-se o centro de todo um modo de encarar a vida e o mundo.

Esse cinismo peculiar ao culto romântico da personalidade tornou possíveis certas atitudes modernas entre os intelectuais, atitudes estas razoavelmente bem representadas por Mussolini, um dos últimos herdeiros desse movimento, quando ele dizia ser, ao mesmo tempo, "aristocrata e democrata, revolucionário e reacionário, proletário e antiproletário, pacifista e antipacifista". O implacável individualismo do romantismo nunca significou algo mais sério do que isto: "todos têm o direito de criar a sua própria ideologia". O que havia de novo na experiência de Mussolini era a "tentativa de pô-la em prática com toda a energia possível".[25]

Devido a esse "relativismo", a contribuição direta do romantismo para a evolução do sentimento racista foi quase nula. Do jogo anárquico que a qualquer instante permite a qualquer um ter pelo menos uma opinião pessoal e arbitrária, decorre quase naturalmente o direito à formulação e divulgação de qualquer opinião concebível. Muito mais característica do que esse caos era a

(23) "Neue Fragmentensammlung" [Nova coletânea dos fragmentos] (1798), em *Schriften* [Escritos], Leipzig, 1929, tomo II, p. 335.
(24) A respeito da atitude romântica na Alemanha, ver Carl Schmitt, *Politische Romantik*, Munique, 1925.
(25) Mussolini, "Relativismo e fascismo", em *Diuturna*, Milão, 1924. Tradução citada por F. Neumann, *Behemoth*, 1942, pp. 462-3.

crença fundamental na personalidade como fim último. Na Alemanha, onde o conflito entre a nobreza e a classe média em ascensão nunca foi travado no campo político, o culto da personalidade tornou-se o único meio de alcançar pelo menos certa forma de emancipação social. A classe governante do país mostrava tão abertamente seu tradicional desprezo pelo comércio e seu desgosto por associações com os comerciantes, a despeito da riqueza e da importância crescentes desses últimos, que não lhes era fácil encontrar um meio de atingir certa dignidade. O clássico *Bildungsroman* alemão, *Wilhelm Meister*, no qual o herói da classe média é educado por nobres e atores, porque o burguês de sua própria esfera social é desprovido de "personalidade", prova suficientemente a irremediabilidade da situação então reinante para a classe média.

Os intelectuais alemães, embora raramente promovessem lutas políticas em prol da classe média à qual pertenciam, travaram uma batalha amarga e, infelizmente, muito bem-sucedida em prol de sua própria posição social. Até mesmo aqueles que haviam escrito em defesa da nobreza sentiam que os seus próprios interesses estavam em jogo quando se tratava da ascensão social. Para poderem competir com direitos e qualidades de nascimento, formularam o novo conceito de "personalidade inata", que iria obter a aprovação geral da sociedade burguesa. A "personalidade inata", exatamente como o título de herdeiro de uma família antiga, passou a decorrer do nascimento, sem ser adquirida pelo mérito. Assim como a falta de história comum para a formação da nação havia sido artificialmente sanada pela implantação do conceito naturalista de desenvolvimento orgânico, também na esfera social supunha-se que a natureza proporcionava ao indivíduo o título que a realidade política lhe havia negado. Cedo, escritores liberais passaram a vangloriar-se de serem os "verdadeiros nobres", em contraposição aos surrados títulos de barão e quejandos, que afinal podiam ser concedidos e cancelados, e afirmavam, implicitamente, que seus privilégios naturais — a força ou o gênio — não podiam ser atribuídos a qualquer feito humano.[26]

Logo ficou patente o aspecto discriminatório desse novo conceito social. Durante o período de anti-semitismo social, que introduziu e preparou a descoberta do ódio aos judeus como arma política, foi o conceito da falta da "personalidade inata" — ou da inata falta de tato, da inata falta de produtividade, da inata vocação para o comércio etc. — que distinguiu a conduta do comerciante judeu da dos seus colegas em geral. Em sua febril tentativa de invocar algum orgulho próprio contra a arrogância de classe dos *Junkers*, sem, contudo, ousar bater-se por liderança política, a burguesia buscou, desde o início, olhar com desprezo não tanto as classes inferiores, mas simplesmente os outros povos. Muito típica disso é a pequena obra literária de Clemens Brentano,[27]

---

(26) Ver o interessante panfleto contra a nobreza do escritor liberal Buchholz, *Untersuchungen ueber den Geburtsadel* [Pesquisas sobre a nobreza de nascença], Berlim, 1807, p. 68: "A verdadeira nobreza não pode ser dada ou tomada; pois, como a força e o gênio, estabelece-se a si mesma e existe por si mesma".

(27) Clemens Brentano, *Der Philister vor, in und nach der Geschichte* [O filisteu antes, durante e na história], 1811.

escrita para o clube ultranacionalista antinapoleônico — e lida por seus membros que se reuniram em 1808 sob o nome de "Die Christlich-Deutsche Tischgesellschaft" [A Sociedade Alemã e Cristã de Reuniões]. Em sua maneira, altamente sofisticada e espirituosa, Brentano mostra o contraste entre a "personalidade inata", o indivíduo genial, e o "filisteu", que ele identificava com franceses e judeus. Doravante, a burguesia alemã tentaria pelo menos atribuir a outros povos — inicialmente aos franceses, mais tarde aos ingleses e sempre aos judeus — todas as qualidades que a nobreza desprezava como tipicamente burguesas. Quanto às misteriosas qualidades que uma "personalidade inata" recebia ao nascer, eram exatamente as mesmas que os verdadeiros *Junkers* diziam possuir.

Embora os padrões da nobreza contribuíssem, desse modo, para o surgimento do pensamento racista, não se pode atribuir aos próprios *Junkers* a culpa pela formação dessa mentalidade. O único *Junker* desse período a desenvolver uma teoria política própria, Ludwig von der Marwitz, nunca fez uso de termos racistas. Segundo ele, as nações eram separadas pelos idiomas — uma diferença espiritual e não física — e, embora fosse violento inimigo da Revolução Francesa, falava como Robespierre quando se tratava de possível agressão de uma nação contra outra: "Aquele que planeja expandir suas fronteiras deveria ser considerado um pérfido traidor em meio a toda a república européia de Estados".[28] Foi Adam Mueller quem insistiu na descendência pura como teste de nobreza, e foi Haller que, indo além do fato óbvio de que os poderosos dominam os que não têm poder, disse ser da lei natural que os fracos fossem dominados pelos fortes. Os nobres, naturalmente, aplaudiram com entusiasmo quando souberam que sua usurpação do poder era não somente legal, como também estava de acordo com as leis naturais, e foi em decorrência das definições burguesas que, no decorrer do século XIX, foram mais cautelosos do que antes em evitar "mésalliances".[29]

Essa insistência na origem tribal comum como essência da nacionalidade, formulada pelos nacionalistas alemães durante e após a guerra de 1814, e a ênfase que os românticos davam à personalidade inata e à nobreza natural prepararam a Alemanha intelectualmente para pensar em termos racistas. Da primeira idéia, surgiu a doutrina orgânica da história com as suas leis naturais; da outra, surgiu no fim do século XIX a grotesca imitação de super-homem, com o destino "natural" de dominar o mundo. Enquanto essas tendências evoluíam paralelamente, representavam apenas meios temporários de fuga da realidade política. Mas, fundidas numa só, constituíram a própria base do racismo como ideologia plenamente desenvolvida. Isso, contudo, não veio a acontecer primeiramente na Alemanha, e sim na França, e não foi obra de intelectuais da

(28) "Entwurf eines Friedenspaktes" [A elaboração de um tratado de paz], em Gerhard Ramlow, *Ludwig von der Marwitz und die Anfänge konservativer Politik und Staatsauffassung in Preussen* [Marwitz e o início da política conservadora e organização estatal da Prússia], *Historische Studien*, vol. 185, p. 92.

(29) Vide Sigmund Neumann, *Die Stufen des preussischen Konservatismus* [Primórdios do conservadorismo prussiano], Historische Studien, vol. 190, 1930. Quanto a Adam Mueller é importante a leitura de seu *Elemente der Staatskunst* [Elementos da arte de Estado], 1809.

classe média, mas de um nobre altamente talentoso e frustrado, o conde de Gobineau.

3. A NOVA CHAVE DA HISTÓRIA

Em 1853, o conde Arthur de Gobineau publicou seu *Essai sur l'inégalité des races humaines*, que, somente cerca de cinqüenta anos mais tarde, já no início do século XX, se tornaria fundamental para as teorias racistas da história. A frase inicial dessa obra de quatro volumes — "O declínio da civilização é o fenômeno mais notável e, ao mesmo tempo, o mais obscuro da história"* — revela claramente o interesse essencialmente novo e moderno do autor e o tom pessimista que domina sua obra, gerando a força ideológica capaz de unir todos os fatores ideológicos anteriores e as opiniões em conflito. De fato, desde tempos imemoriais, a humanidade tem desejado saber tanto quanto possível sobre culturas passadas, impérios derrubados e povos extintos; mas ninguém antes de Gobineau cuidou de encontrar uma *única* razão, uma força *única* que rege as civilizações em sua ascensão e declínio. As doutrinas da decadência parecem ter alguma conexão ideológica íntima com o sentimento racista. Certamente não foi por coincidência que outro dos primeiros apologistas do racismo, Benjamin Disraeli, sentia igual fascínio pelo declínio das culturas, enquanto, por outro lado, Hegel, cuja filosofia cuidava, em grande parte, da lei dialética da evolução aplicada à história, nunca se interessou pela ascensão e declínio das culturas em si, nem por lei alguma que explicasse as causas da extinção das nações. Foi precisamente essa a lei que Gobineau formulou. Sem o darwinismo ou qualquer outra teoria evolucionista a influenciá-lo, esse historiador jactava-se de haver colocado a história na categoria das ciências naturais, detectado a lei natural que regia o curso de todos os acontecimentos e reduzido todas as manifestações espirituais e fenômenos culturais a algo que, "graças à ciência exata, nossos olhos podem ver, nossos ouvidos podem ouvir, nossas mãos podem tocar".

O aspecto mais surpreendente da teoria, apresentada em pleno otimismo do século XIX, está no fato de o autor sentir-se fascinado pelo declínio das civilizações sem interessar-se por sua ascensão. Ao escrever o *Essai*, Gobineau não previu o possível uso de sua teoria como arma da política prática, e assim teve a coragem de chegar às conseqüências, inteiramente sinistras, da sua "lei do declínio". Em contraste com Spengler, que prediz o declínio apenas da cultura ocidental, Gobineau prevê, com precisão "científica", nada menos que o desaparecimento definitivo do homem — ou, em suas palavras, da raça humana — da face da terra. Após reescrever a história humana em quatro volumes, ele conclui: "Somos tentados a atribuir uma duração total de 12 a 14 mil anos ao

---

(*) As citações de Gobineau, em inglês no original, foram confrontadas com *Essai sur l'inégalité des races humaines*, Ed. Librairie de Paris Firmin-Didot, Paris, 1933, e traduzidas diretamente do francês. (N. E.)

domínio do homem na Terra, sendo esse tempo dividido em dois períodos: o primeiro já passou, e pertenceu à juventude (...) o segundo já começou, para testemunhar o declínio em direção à decrepitude".

Já se observou que Gobineau, trinta anos antes de Nietzsche, se interessava pelo problema da *décadence*.[30] Há, contudo, uma diferença: Nietzsche vivia a experiência da decadência européia, escrevendo no ápice desse movimento concomitantemente com as atividades de Baudelaire na França, Swinburne na Inglaterra e Wagner na Alemanha; Gobineau, porém, mal conhecia essa variação, então moderna, de *taedium vitae*, e deve ser considerado o último herdeiro de Boulainvilliers e da nobreza francesa exilada que, sem complicações psicológicas, simplesmente (e corretamente) temia pelo futuro da aristocracia como casta. Com certa ingenuidade, aceitava quase literalmente as doutrinas do século XVIII acerca da origem do povo francês: os burgueses descendem de escravos galo-romanos, os nobres são germânicos.[31] O mesmo se aplica à sua insistência no caráter internacional da nobreza. Embora, em termos nobiliárquicos, Gobineau fosse possivelmente um impostor (seu título francês é mais do que duvidoso), exagerava e levava além dos limites as doutrinas genealógicas, expondo-as ao ridículo quando afirmava descender, por intermédio de pirata escandinavo, do deus germânico Odim e gabava-se por "também pertencer à raça dos deuses".[32] Mas sua real importância reside no fato de que, em meio a ideologias que louvavam o progresso, ele profetizava a ruína e o fim da humanidade numa lenta catástrofe natural. Quando Gobineau iniciou sua obra, nos dias do rei burguês Luís Filipe, o destino da nobreza parecia estar traçado. A nobreza não precisava mais recear a vitória do *Tiers Etat*: esta já havia ocorrido, e aos nobres só restava lastimarem-se em vão. Seu infortúnio, expresso por Gobineau, é muito semelhante ao profundo desespero dos poetas da decadência que, um decênio mais tarde, cantavam a fragilidade de todas as coisas humanas, comparando-as com *les neiges d'antan*, as neves de antanho. No tocante a Gobineau, essa afinidade é perfeitamente acidental; mas é interessante notar que, uma vez estabelecida, nada podia evitar que intelectuais muito respeitáveis do fim do século XIX, como Robert Dreyfus na França ou Thomas Mann na Alemanha, levassem a sério esse descendente de Odim. Muito antes que o horrível e o ridículo se conjugassem, nessa mistura humanamente incompreensível que caracteriza nosso século, o ridículo já havia perdido o seu poder de matar.

Foi também à peculiar atmosfera pessimista e ao desespero das últimas décadas do século XIX que Gobineau deveu a sua fama tardia. Isso, contudo, não significa necessariamente que ele tenha sido um precursor da geração da "alegre dança da morte e do comércio", como a define Joseph Conrad. Ele não era nem um estadista que acreditasse em negócios, nem um poeta que louvasse

---

(30) Ver Robert Dreyfus, "La vie et les prophéties du Comte de Gobineau", Paris, 1905, em *Cahiers de la Quinzaine*, série VI, cad. 16, p. 56.

(31) *Essai*, tomo II, livro IV, e o artigo "Ce qui est arrivé à la France en 1870", em *Europe*, 1923.

(32) L. Duesberg, "Le Comte de Gobineau", em *Revue Générale*, 1939.

a morte. Era apenas uma curiosa mistura de nobre frustrado e intelectual romântico, que inventou o racismo quase por acaso, quando, em lugar de aceitar simplesmente as antigas doutrinas dos "dois povos franceses", percebeu que era mais sensato e preferível reformular a idéia de que os melhores homens galgam necessariamente o topo da sociedade. Cabia-lhe, porém, obviamente, explicar por que os melhores homens — os nobres — não tinham mais esperanças de recuperar sua antiga posição social. Assim, passo a passo, identificou a queda do seu próprio castelo com a queda da França, com a queda da civilização ocidental e, finalmente, com a de toda a humanidade, chegando à descoberta (pela qual foi tão admirado por escritores e biógrafos pósteros) de que a queda das civilizações se deve à degenerescência da raça, e de que esta, ao conduzir ao declínio, é causada pela mistura de sangue. Isso implica — logicamente — que, qualquer que seja a mistura, é a raça inferior que acaba preponderando. Mas essa argumentação, quase lugar-comum no fim do século XIX, encontrou entre os contemporâneos de Gobineau uma outra *idée fixe*, a da "sobrevivência dos mais aptos". O otimismo liberal da burguesia ainda triunfante preferia reformular a teoria do direito da força, rechaçando "a chave da história" e a prova do declínio inevitável. Em vão Gobineau tentou granjear um público maior tomando partido na questão da escravatura americana, e construindo jeitosamente todo um sistema próprio para explicar o conflito básico entre negros e brancos. Teve de esperar quase cinqüenta anos pelo sucesso que só alcançaria junto à "elite", e suas obras conquistaram grande popularidade só em decorrência da Primeira Guerra Mundial, que permitiu o surgimento de tantas "escolas" de filosofia da destruição.[33]

O que Gobineau realmente procurou na política foi a definição e a criação de uma "elite" que substituísse a aristocracia. Em lugar de príncipes, propunha uma "raça de príncipes", os arianos, que, segundo dizia, corriam o risco de serem engolfados, através do sistema democrático, pelas classes não-arianas inferiores. O conceito de raça tornava possível organizar as "personalidades inatas" do romantismo alemão e defini-las como membros de uma aristocracia natural, destinada a dominar todos os outros. Se a raça e a mistura de raças são os fatores que tudo determinam num indivíduo — e Gobineau não pressupunha a existência de raças "puras" —, é possível encontrar a viabilidade do surgimento de superioridades físicas em qualquer indivíduo, independentemente de sua situação social do momento, sendo lógico para Gobineau que todo homem excepcional pertença aos "verdadeiros sobreviventes (...) dos merovíngios", os "filhos dos reis". Graças à raça, podia ser formada uma "elite" com direito às antigas prerrogativas das famílias feudais, e isso apenas pela afirmação de que

(33) Ver a revista francesa *Europe*, 1923, número dedicado à memória de Gobineau, especialmente o artigo de Clément Serpeille de Gobineau, "Le gobinisme et la pensée moderne": "Foi só em (...) meados da guerra que achei que o *Essai sur les races* era inspirado por uma hipótese produtiva, a única que podia explicar certas coisas que estavam acontecendo debaixo dos nossos olhos. (...) Fiquei surpreso ao verificar que esta opinião era quase unânime. Após a guerra, notei que, para quase toda a geração mais moça, as obras de Gobineau haviam se tornado uma revelação".

se *sentiam* como nobres; e bastava aceitar a ideologia racial para provar o fato de ser "bem nascido" e de ter "sangue azul" em suas veias: a origem superior recebida pelo nascimento implicava direitos superiores. A partir, portanto, de um só evento político — o declínio da nobreza —, o conde tirou duas conseqüências contraditórias: a decadência da raça humana e a formação de uma nova aristocracia natural. Mas não sobreviveu para assistir à aplicação prática dos seus ensinamentos, com a qual a nova aristocracia racial resolveu as contradições de sua teoria, quando realmente iniciou o "inevitável" declínio da humanidade num supremo esforço de destruí-la.

Seguindo o exemplo de seus precursores, isto é, dos nobres franceses exilados, Gobineau viu nessa elite racial não apenas um baluarte contra a democracia, mas também contra a "monstruosidade canaanita" do patriotismo.[34] E, como sucedia que a França era a *"patrie" par excellence*, pois o seu governo — fosse reino, império ou república — baseava-se sempre na igualdade essencial dos homens, e como, pior ainda, a França era o único país de sua época onde mesmo gente de cor preta gozava de direitos civis, era natural que Gobineau declarasse sua lealdade não ao povo francês, mas ao inglês e, mais tarde, após a derrota francesa de 1871, aos alemães.[35] Não se pode chamar de acidental essa falta de dignidade, nem de infeliz coincidência esse oportunismo. O velho ditado de que "nada é tão bem-sucedido como o sucesso" aplica-se principalmente a pessoas afeitas a opiniões arbitrárias. Os ideólogos que pretendem dispor da chave da verdade são forçados a alterar e torcer suas opiniões sobre casos específicos de acordo com os acontecimentos, e jamais podem dar-se ao luxo de entrar em conflito com o seu deus mutável, a realidade. Seria absurdo exigir fidelidade daqueles que, por suas próprias convicções, são forçados a justificar qualquer situação.

É preciso admitir que, até a época em que os nazistas, ao se estabelecerem como elite racial, admitiram com franqueza o seu desprezo por todos os povos, inclusive pelo povo alemão, o racismo francês foi o mais consistente, pois jamais caiu na fraqueza do patriotismo. Mesmo durante a última guerra essa atitude não mudou; é verdade que a "essência ariana" já não era monopólio dos alemães, e sim dos anglo-saxões, suecos e normandos; mas a nação, o patriotismo e a lei eram tidos como "preconceitos, valores fictícios e nominais".[36] Até

---

(34) *Essai*, tomo II, livro IV: "A palavra *patrie* (...) recuperou sua importância somente depois da ascensão das camadas galo-romanas que assumiram um papel político. Com o seu triunfo, o patriotismo novamente se tornou uma virtude".

(35) Ver Seillière, *op. cit.*, vol. I: *"Le Comte de Gobineau et l'aryanisme historique*, p. 32: "No *Essai*, a Alemanha mal é germânica; a Grã-Bretanha é muito mais germânica. (...) Certamente Gobineau mudou de opinião mais tarde, mas sob a influência do sucesso". É interessante notar que para Seillière, que, durante os seus estudos, se tornou adepto ardoroso do gobinismo — "o clima intelectual ao qual provavelmente os pulmões do século XX terão de se adaptar" —, o sucesso parecia razão suficiente para que Gobineau subitamente mudasse de opinião.

(36) Poderíamos multiplicar os exemplos. A citação é tirada de Camille Spiess, *Impérialismes. Gobinisme en France*, Paris, 1917.

mesmo Taine acreditava firmemente no gênio superior da "nação germânica",[37] e Ernest Renan foi provavelmente o primeiro a opor os "semitas" aos "arianos", numa definitiva "divisão do gênero humano", embora afirmasse ao mesmo tempo que a civilização era a força superior destruidora das especificidades locais e diferenças raciais.[38] Todo o linguajar racista — tão típico dos escritores franceses após 1870,[39] mesmo que não fossem racistas num sentido estrito deste termo — segue um padrão antinacional e pró-germânico.

Enquanto a consistente tendência antinacional do gobinismo serviu para aliciar aliados reais ou fictícios além das fronteiras aos inimigos da democracia francesa e, mais tarde, da Terceira República, o amálgama dos conceitos de raça e de "elite" deu à *intelligentsia* internacional novos e excitantes jogos psicológicos com que brincar no grande parque de diversões da história. Os *fils des rois* de Gobineau eram parentes chegados dos heróis, santos, gênios e super-homens do fim do século XIX, todos românticos de indisfarçável origem germânica. A inerente irresponsabilidade das opiniões românticas encontrou na mistura de raças de Gobineau um novo alento, porque essa mistura mostrava grandiosos eventos históricos que podiam ser reconhecidos no íntimo de cada um. Isso significava que as experiências íntimas podiam ter importância histórica, e que a história se desenrolava no íntimo de cada pessoa. "Desde que li o *Essai*, sempre que algum conflito perturbava as fontes ocultas do meu ser, sentia como se uma batalha interminável se travasse em minha alma, a batalha entre o negro, o amarelo, os semitas e os arianos".[40] Por mais significativas que sejam esta e outras confissões semelhantes que revelavam o estado de espírito de intelectuais modernos, verdadeiros herdeiros do romantismo, independentemente das opiniões que professem, ressalta delas a inocuidade espiritual e a inocência política de homens que, provavelmente, poderiam ter sido facilmente persuadidos a adotar toda e qualquer ideologia.

4. OS "DIREITOS DOS INGLESES" vs. OS DIREITOS DO HOMEM

Enquanto as sementes da ideologia racial alemã foram plantadas durante as guerras napoleônicas, o início do racismo inglês data da Revolução Francesa. Pode ser atribuído ao homem que a denunciou violentamente como "a mais espantosa (crise) que jamais ocorreu no mundo" — a Edmund Burke.[41] É bem conhecida a profunda influência que a sua obra exerceu não apenas sobre o

---

(37) Quanto à posição de Taine, ver John S. White: "Taine on race and genius", em *Social Research*, fevereiro de 1943.

(38) Na opinião de Gobineau, os semitas eram uma raça branca híbrida, abastardada por uma mistura com os negros. Quanto a Renan, ver a *Histoire générale et système comparé des langues*, 1863, parte I, pp. 4, 503 e *passim*. A mesma distinção em seu *Langues sémitiques*, I, 15.

(39) Isso foi muito bem exposto por Jacques Barzun, *op. cit.*

(40) Esse surpreendente cavalheiro é ninguém mais que o conhecido escritor e historiador Elie Faure, "Gobineau et le problème des races", em *Europe*, 1923.

(41) *Reflections on the revolution in France*, 1790, Everyman's Library Edition, Nova York, p. 8.

pensamento político inglês, mas também sobre o alemão. Convém sublinhar esse fenômeno, dadas as semelhanças entre os sentimentos raciais alemão e inglês, em oposição ao francês. Essas semelhanças decorrem do fato de ambas as nações terem derrotado a França, tendendo, em conseqüência, à classificação negativa das idéias de *Liberté-Egalité-Fraternité* como resultantes do pensamento estrangeiro. Como a desigualdade social era a base da sociedade inglesa, os conservadores britânicos não se sentiam muito à vontade quando se tratava dos "direitos do homem". Ao contrário, segundo a opinião geral que emitiam no século XIX, a desigualdade fazia parte do caráter nacional inglês. Para Disraeli, "nos direitos dos ingleses existia algo melhor que os Direitos do Homem", e para *sir* James Stephen "poucos fatos da história [eram] mais deploráveis do que a maneira pela qual os franceses se deixavam empolgar por essas questões".[42] Esse é um dos motivos pelos quais os ingleses foram capazes de desenvolver pensamentos racistas numa base nacional antes do fim do século XIX, quando, na França, as mesmas opiniões revelaram desde o começo seu caráter antinacional.

O principal argumento de Burke contra os "princípios abstratos" da Revolução Francesa está contido na seguinte frase: "A constante política da nossa constituição consiste em afirmar e assegurar as nossas liberdades como *herança vinculada*, que recebemos dos nossos antepassados e que devemos transmitir à nossa posteridade; como um patrimônio pertencente especialmente ao povo deste reino, sem qualquer referência a outros direitos mais genéricos e anteriores". O conceito de herança, aplicado à natureza da liberdade, foi a base ideológica da qual o nacionalismo inglês recebeu um curioso toque de sentimentos raciais desde a Revolução Francesa. Formulado por um escritor da classe média, significava a aceitação do conceito feudal de liberdade, vista como soma de privilégios herdados juntamente com o título e a terra sem infringir os direitos da classe privilegiada dentro da nação inglesa, Burke estendeu o princípio desses privilégios a todo o povo inglês, elevando-o, como todo, ao nível de nobreza entre as nações. Daí o seu desprezo por aqueles que davam à liberdade o nome de "direitos do homem", quando esses direitos, em sua opinião, só tinham sentido como os "direitos dos ingleses".

Na Inglaterra, o nacionalismo surgiu sem que houvesse sérias ameaças às antigas classes feudais. Isso foi possível porque a pequena fidalguia inglesa a partir do século XVIII havia assimilado as camadas superiores da burguesia, de forma que, às vezes, até mesmo o homem comum podia atingir a posição de um lorde. Esse processo permitiu eliminar grande dose da habitual arrogância dos nobres, criando considerável senso de responsabilidade pela nação como um todo; mas, ao mesmo tempo, a mentalidade feudal e seus conceitos influenciavam mais facilmente que em outros países as idéias políticas das classes inferiores, sempre passíveis de ascensão. Assim, o conceito de herança foi aceito quase sem contestação e aplicado a toda a "estirpe" britânica. Resultou dessa

---

(42) *Liberty, equality, fraternity*, 1873, p. 254. Quanto a lorde Beaconsfield, ver Benjamin Disraeli, *Lord George Bentinck*, 1853, p. 184.

assimilação de valores por todas as classes a preocupação quase obsessiva da ideologia racial inglesa com as teorias de hereditariedade e com o seu equivalente moderno, a eugenia.

Desde o momento em que os europeus tentaram incluir todos os povos da terra no conceito de "humanidade ampla", começaram a irritar-se com a descoberta das substanciais diferenças físicas que os distinguiam dos homens dos outros continentes.[43] O entusiasmo que se manifestava no século XVIII pela diversidade em que se consubstanciava a natureza, na realidade idêntica e onipresente, do homem e da razão deparava com a seguinte questão crucial: se o dogma cristão da unidade e igualdade de todos os homens baseava-se na descendência comum de um casal original, como poderiam reagir os homens diante das tribos que, ao que se sabia, nunca haviam engendrado, por si mesmas, qualquer expressão da razão ou paixão humanas, quer em atos culturais, quer em costumes populares, e cujas instituições nunca haviam ultrapassado um nível muito baixo? Esse novo problema, que surgiu na cena histórica da Europa e da América em conseqüência do conhecimento mais profundo das tribos africanas, já havia provocado, especialmente na América e em algumas possessões britânicas, um retrocesso a formas de organização social que se acreditavam definitivamente ultrapassadas pelo cristianismo. Mas nem mesmo a escravidão, embora estabelecida em base estritamente racial, engendrou ideologias racistas entre os povos escravizadores antes do século XIX. Durante todo o século XVIII, até os senhores-de-escravos americanos consideravam a escravidão uma instituição provisória e pensavam em aboli-la gradualmente. Mas muito deles provavelmente repetiram com Jefferson: "Aterroriza-me pensar que Deus é justo".

Na França, onde o problema das tribos negras havia provocado o desejo de assimilá-las e educá-las, o grande cientista Leclerc de Buffon elaborou uma classificação de raças que, catalogando todos os outros povos segundo as diferenças com relação aos europeus, transmitia a idéia de igualdade através de justaposição de vários elementos.[44] O século XVIII, para usar a frase de Tocqueville, admiravelmente precisa, "acreditava na variedade das raças, mas na unidade da espécie humana".[45] Na Alemanha, Herder se recusara a aplicar aos homens a "ignóbil palavra" *raça*, e mesmo o primeiro historiador da cultura humana a usar a classificação de espécies diferentes, Gustav Klemm,[46] ainda respeitava a idéia da humanidade como o escopo geral dos seus estudos. Mas na América e na Inglaterra, onde os povos tinham de resolver um problema de

---

(43) Encontram-se ecos significantes, se bem que moderados, dessa perplexidade em muitas narrativas de viagens do século XVIII. Voltaire achou que ela valia uma nota especial em seu *Dictionnaire philosophique*: "Além disso, já vimos como são diferentes as raças que habitam este planeta, e quão grande deve ter sido a surpresa do primeiro negro e do primeiro branco ao se encontrarem" (artigo: "Homme").
(44) *Histoire Naturelle*, 1769-89.
(45) *Op. cit.*, carta de 15 de maio de 1852.
(46) *Allgemeine Kulturgeschichte der Menschheit* [A história geral da cultura da humanidade], 1843-52.

convivência após a abolição da escravatura, as coisas se afiguravam bem mais difíceis. Com a exceção da África do Sul — nação que só influenciou o racismo ocidental depois da "corrida para a África" na década de 80 —, esses países foram os primeiros a lidar com o problema racial na política prática. A abolição da escravatura acirrou os conflitos internos em vez de solucionar as dificuldades existentes. Isso ocorreu especialmente na Inglaterra, onde os "direitos dos ingleses" não foram substituídos por uma nova orientação política que pudesse ter proclamado os direitos do homem. Assim, a abolição da escravatura nas possessões britânicas em 1834 e a discussão que precedeu a Guerra Civil Americana encontraram na Inglaterra uma opinião pública altamente confusa — solo fértil para as várias doutrinas "naturalistas" que surgiram nessas décadas.

A primeira delas foi representada pelos poligenistas que, acusando a Bíblia de ser um livro de piedosas mentiras, negavam qualquer relação entre as raças humanas; seu principal feito foi a destruição da idéia da lei natural como elo de ligação entre todos os homens e todos os povos. Embora sem estipular uma superioridade racial predestinada, o poligenismo isolou arbitrariamente todos os povos, resultado do profundo abismo gerado pela impossibilidade física da compreensão e comunicação humanas. O poligenismo, ao explicar porque "o Leste é o Leste e o Oeste é o Oeste, e nunca os dois se encontrarão", ajudou a evitar casamentos inter-raciais nas colônias e a promover a discriminação contra indivíduos de origem mista, que, segundo o poligenismo, não são verdadeiros seres humanos, pois não pertencem a raça alguma; ao contrário, cada homem "misto" é uma espécie de monstro porque nele "cada célula é o palco de uma guerra civil".[47]

Por mais duradoura que, a longo prazo, tenha sido a influência do poligenismo sobre a ideologia racial inglesa, ele foi derrotado e substituído por uma outra doutrina, o darwinismo, que também partia do princípio da hereditariedade, mas acrescentava-lhe o princípio político peculiar ao século XIX — o progresso. Assim, chegava à conclusão oposta, mas muito mais convincente, de que o homem é aparentado não apenas com os outros homens, mas também com a vida animal, que a existência de raças inferiores mostra claramente que somente diferenças graduais separam o homem do animal, e que uma forte luta pela existência domina todos os seres vivos. O darwinismo devia sua força especialmente ao fato de seguir o caminho da antiga doutrina do direito da força. Mas, enquanto essa doutrina, quando usada por aristocratas, expressava-se em orgulhosos termos de conquista, agora era traduzida na amarga linguagem de pessoas que apenas haviam conhecido a luta pelo pão de cada dia e que, se batalhavam, era só para conseguir a relativa segurança dos arrivistas.

O esmagador sucesso do darwinismo resultou também do fato de ter fornecido, a partir da idéia de hereditariedade, as armas ideológicas para o domínio de uma raça ou de uma classe sobre outra, podendo ser usado tanto a favor como contra a discriminação racial. Do ponto de vista político, o darwinismo era neutro em si: servia como base tanto ao pacifismo e cosmopolitismo,

---

(47) A. Carthill, *The lost dominion*, 1924, p. 158.

como às formas mais agudas de ideologias imperialistas.[48] Nas décadas de 70 e 80 do século XIX, o darwinismo era ainda quase exclusivamente manejado na Inglaterra pelos anticolonialistas. E o primeiro filósofo da evolução, Herbert Spencer, que tratou a sociologia como parte da biologia, acreditava que a seleção natural era benéfica à evolução da humanidade e que dela resultaria a paz eterna. Para a discussão política, o darwinismo oferecia dois conceitos importantes: a luta pela existência, com a otimista afirmação da necessária e automática "sobrevivência dos mais aptos", e as infinitas possibilidades que pareciam haver na evolução do homem a partir da vida animal, e que deram origem à nova "ciência" da eugenia.

A doutrina da necessária sobrevivência do mais apto, com a implicação de que as camadas superiores da sociedade são eventualmente as mais "aptas", morreu, como havia morrido a doutrina da conquista, no momento em que as classes dominantes da Inglaterra e a hegemonia inglesa nas colônias já não estavam absolutamente seguras, isto é, quando se tornou altamente duvidoso que os mais "aptos" hoje continuariam ainda os mais aptos amanhã. Mas a outra parte do darwinismo, a evolução do homem a partir da vida animal, infelizmente sobreviveu. A eugenia prometia vencer as incômodas incertezas da doutrina da sobrevivência, segundo a qual era tão impossível prever quem viria a ser o mais apto quanto proporcionar a uma nação os meios de desenvolver aptidão eterna. Essa possível conseqüência da eugenia aplicada foi enfatizada na Alemanha nos anos 20, como uma reação ao *Declínio do Ocidente* de Spengler.[49] Bastava transformar o processo de seleção natural, que funcionava às ocultas do homem, em instrumento racional conscientemente empregado. A bestialidade sempre esteve inerente na eugenia, e é bem característica a velha observação de Haeckel, de que a eutanásia pouparia muitas "despesas inúteis à família e ao governo".[50] Finalmente, os últimos discípulos do darwinismo na Alemanha decidiram abandonar inteiramente o campo da pesquisa científica, esquecer a busca do elo que faltava entre o homem e o macaco e, em contrapartida, dar início aos esforços práticos para transformar o homem naquilo que os darwinistas acreditavam que o macaco fosse.

Mas, antes que o nazismo, no decurso de sua política totalitária, tentasse transformar o homem em animal, houve numerosos esforços de transformá-lo num deus por meios estritamente hereditários.[51] Não somente Herbert Spencer

---

(48) Ver Friedrich Brie, *Imperialistische Strömungen in der englischen Literatur* [Correntes imperialistas na literatura inglesa], Halle, 1928.

(49) Ver, por exemplo, Otto Bangert, *Gold oder Blut* [Ouro ou sangue], 1927. "Assim, a civilização pode ser eterna", p. 17.

(50) Em *Lebenswunder* (O milagre da vida), 1904, pp. 128 ss.

(51) Quase um século antes que o evolucionismo tivesse vestido o manto de ciência, vozes alertadoras previram as conseqüências inerentes de uma loucura que estava, então, apenas no estágio da pura imaginação. Voltaire, mais de uma vez, havia entretido opiniões evolucionistas — ver principalmente "Philosophie générale: métaphysique, morale et théologie", em *Oeuvres complètes*, 1785, tomo 40, pp. 16 ss. Em seu *Dictionnaire philosophique*, artigo "Chaîne des êtres créés", ele escreveu: "De início, nossa imaginação se compraz com a imperceptível transição da matéria

mas todos os primeiros evolucionistas e darwinistas "acreditavam tão fortemente no futuro angelical da humanidade como na origem simiesca do homem".⁵² Acreditava-se que a hereditariedade selecionada resultaria do "gênio hereditário",⁵³ e voltava-se a afirmar que a aristocracia era o produto natural não da política, mas da seleção natural de raças puras. Transformar toda a nação numa aristocracia natural, da qual exemplares seletos viriam a ser gênios e super-homens, era uma das muitas "idéias" produzidas por intelectuais liberais frustrados, em seus sonhos de substituir as antigas classes governantes por uma nova "elite" através de meios não-políticos. No fim do século XIX, escritores tratavam de assuntos políticos em termos de biologia e zoologia, e zoólogos escreviam "Observações biológicas sobre nossa política externa", como se houvessem descoberto um guia infalível para os estadistas.⁵⁴ Todos eles apresentavam novas maneiras de controlar e regular a "sobrevivência dos mais aptos" segundo os interesses nacionais do povo inglês.⁵⁵

O aspecto mais perigoso dessas doutrinas evolucionistas estava no fato de aliarem o conceito da hereditariedade à insistência nas realizações pessoais e nos traços de caráter individuais, tão importantes para o amor-próprio da classe

---

bruta para a matéria organizada, das plantas aos zoófitos, desses zoófitos aos animais, destes ao homem, do homem para os espíritos, destes espíritos envoltos num pequeno corpo aéreo para as substâncias imateriais: e (...) para o próprio Deus. (...) Mas pode tornar-se Deus o mais perfeito espírito criado pela Entidade Suprema? Não há um infinito entre Deus e ele? (...) Não existe obviamente um vazio entre o macaco e o homem?"

(52) Hayes, *op. cit.*, p. 11. Hayes corretamente acentua a forte moralidade prática de todos esses primeiros materialistas. Explica "esse curioso divórcio entre a moral e a crença" pelo "que sociólogos descreveram, mais tarde, com uma defasagem no tempo" (p. 130). Essa explicação, contudo, parece bastante débil quando se recorda que outros materialistas, que, como Haeckel na Alemanha ou Vacher de Lapouge na França, haviam abandonado a calma dos seus estudos e pesquisa para se dedicarem a atividades de propaganda, não foram muito afetados por essa defasagem de tempo; que, por outro lado, os seus contemporâneos não imbuídos de doutrinas materialistas, como Barrès & Cia., na França, eram adeptos muito práticos da perversa brutalidade que varreu a França durante o Caso Dreyfus. A súbita decadência da moral no mundo ocidental parece ter sido causada menos pelo desenvolvimento de certas "idéias" do que por uma série de novos eventos políticos e problemas sociais com os quais se defrontou uma humanidade surpresa.

(53) Era esse o título de um livro muito lido, de autoria de F. Galton, publicado em 1869, que provocou um dilúvio literário sobre o assunto nas décadas seguintes.

(54) "A biological view of our foreign policy" foi publicado por P. Charles Michel no *Saturday Review*, Londres, fevereiro de 1896. As obras mais importantes desse tipo são: Thomas Huxley, *The struggle for existence in human society*, 1888 (sua tese principal: a queda das civilizações só é necessária quando a taxa de nascimento não é controlada); Benjamin Kidd, *Social evolution*, 1894; John B. Crozier, *History of intellectual development on the lines of modern evolution*, 1897-1901; Karl Pearson (*National Life*, 1901), professor de eugenia na Universidade de Londres e um dos primeiros a descrever o progresso como uma espécie de monstro impessoal que devora tudo o que encontra pelo caminho; Charles H. Harvey, em *The biology of British politics*, 1904, argumenta que, por meio de um rígido controle da "luta pela existência" dentro de um país, esse país pode se tornar todo-poderoso para a luta pela existência com os outros povos.

(55) Ver K. Pearson, *op. cit.* Mas Fr. Galton já havia afirmado: "Desejo acentuar o fato de que o aperfeiçoamento dos dons naturais das gerações futuras da raça humana está, em grande parte, sob o nosso controle" (*op. cit.*, ed. 1892, p. xxvi).

média do século XIX. Essa classe média queria cientistas que provassem que os "grandes homens" e não os aristocratas eram os verdadeiros representantes da nação em que se personificava o "gênio da raça". Esses cientistas proporcionaram uma fuga ideal da responsabilidade política quando "provaram" a verdade da antiga afirmação de Benjamim Disraeli de que o "grande homem" é "a personificação da raça, o seu exemplar seleto". O desenvolvimento desse gênio teve o seu fim lógico quando outro discípulo do evolucionismo simplesmente declarou: "O inglês é o Homem Superior (*Overman*), e a história da Inglaterra é a história da sua evolução".[56]

É significativo que o pensamento racial inglês, como, aliás, aconteceu na Alemanha, se tenha originado entre os escritores da classe média e não entre a nobreza, que tenha nascido do desejo de estender os benefícios dos padrões de nobreza a todas as classes, e que se nutrisse de sentimentos verdadeiramente nacionais. A esse respeito, as idéias de Carlyle referentes ao gênio e ao herói correspondiam mais às armas de um "reformador social" do que às doutrinas do "pai do imperialismo britânico", como foi acusado com injustiça.[57] A idolatria do herói, que lhe granjeou vastas platéias tanto na Inglaterra como na Alemanha, tinha as mesmas origens que a idolatria da personalidade do romantismo alemão. Tratava-se da mesma afirmação e glorificação da grandeza inata do caráter individual, independentemente do ambiente social. Entre os homens que influenciaram o movimento colonial a partir de meados do século XIX até o surgimento do verdadeiro imperialismo no fim desse século, nenhum escapou à influência de Carlyle, mas nenhum pode ser acusado de pregar um racismo declarado. O próprio Carlyle, em seu ensaio "A questão do negro", preocupa-se com os meios de ajudar as Índias Ocidentais a produzirem "heróis". Charles Dilke, cujo *Greater Britain* (1869) é apontado às vezes como o início do imperialismo,[58] era um radical avançado que glorificava os colonizadores ingleses como parte da nação britânica, discordando dos que, desdenhando-os, viam em suas terras meras colônias. J. R. Seeley, cujo *Expansion of England* (1883) vendeu 80 mil exemplares em menos de dois anos, ainda respeita os hindus como um povo estrangeiro e faz clara distinção entre eles e os "bárbaros". Mesmo Froude — cuja admiração pelos bôeres, o primeiro povo branco a aceitar abertamente a filosofia tribal do racismo, pode parecer suspeita — opunha-se à concessão de direitos excessivos à África do Sul, porque o "autogoverno na África do Sul significaria o governo dos nativos pelos colonizadores europeus, e isso não era autogoverno".[59]

De modo semelhante ao que ocorreu na Alemanha, o nacionalismo inglês foi estimulado por uma classe média que nunca se havia emancipado inteiramente da nobreza e que, portanto, trazia em si o germe da ideologia racial.

---

(56) *Testament of John Davidson*, 1908.
(57) C. A. Bodelsen, *Studies in mid-Victorian Imperialism*, 1924, pp. 22 ss.
(58) E. H. Damce, *The Victorian illusion*, 1928. "O imperialismo começou com um livro. (...) O *Greater Britain*, de Dilke".
(59) "Two lectures on South Africa", em *Short Studies on great subjects*, 1867-82.

Mas, diferentemente da Alemanha, cuja falta de unidade nacional tornara necessário erguer uma muralha ideológica que unisse o povo carente de história comum e de unificação geográfica, as Ilhas Britânicas eram completamente separadas do mundo por fronteiras naturais, e a Inglaterra como nação teve de formular uma teoria de unidade entre homens que viviam em colônias distantes, no além-mar, separados do país de origem por mares e oceanos. O elo que os unia era a descendência comum, a origem comum, a língua comum. A separação dos Estados Unidos havia demonstrado que esses elos, por si só, não garantiam o domínio; e não só a América, mas também outras colônias, embora não com a mesma violência, evidenciaram forte tendência de adotar uma orientação constitucional diferente da do país de origem. Para salvar esses antigos cidadãos britânicos, Dilke, influenciado por Carlyle, falou de "saxonidade", palavra que parecia ter o dom de seduzir e trazer de volta à pátria até mesmo o povo dos Estados Unidos, ao qual ele devota um terço do seu livro. Como radical, Dilke podia agir como se a Guerra de Independência não houvesse sido uma guerra entre duas nações, e sim uma espécie de guerra civil inglesa do século XVIII. E uma das razões que explicam o surpreendente fato de os reformadores sociais e os radicais promoverem o nacionalismo na Inglaterra é esta: desejavam manter as colônias não apenas por acharem que eram uma válvula de escape necessária às classes baixas; queriam, na verdade, conservar sobre o país natal a influência exercida por esses filhos mais radicais das Ilhas Britânicas. Essa motivação transparece em Froude, que desejava "manter as colônias, porque achava possível reproduzir nelas um estado social simples e um modo de vida mais nobre do que seria possível na Inglaterra industrial",[60] e influiu definitivamente no *Expansion of England*, de Seeley: "Quando nos habituarmos a contemplar todo o Império reunido e chamarmos *todo ele* de Inglaterra, veremos que também existem os Estados Unidos". Qualquer que tenha sido o sentido que escritores pósteros deram à palavra "saxonidade", esta levava na obra de Dilke um genuíno sentido político para uma nação que já não era coesa num país limitado. "No decurso de todas as minhas viagens, a idéia que foi ao mesmo tempo minha companheira e guia — a chave que iria revelar-me as coisas ocultas das terras novas e estranhas — era o conceito (...) da grandeza de nossa raça que já envolvia a terra, e cujo destino era, talvez, vir a cobri-la no futuro", escreve. Para Dilke, a origem comum, a hereditariedade, a "grandeza da raça" não eram fatos físicos nem a chave da história, mas um guia muito necessário no mundo atual, o único laço digno de confiança num espaço sem limites.

Como os colonizadores ingleses se haviam espalhado por toda a terra, acontecia que o conceito de nacionalismo mais perigoso, a idéia de "missão nacional", era forte em especial na Inglaterra. Embora a idéia de missão nacional em si tenha crescido durante muito tempo desprovida de influências raciais nos países cujos povos aspiravam à nacionalidade, ela veio finalmente de-

(60) C. A. Bodelsen, *op. cit*., p. 199.

monstrar sua afinidade com a ideologia racial. Os nacionalistas ingleses que citamos acima podem ser considerados casos extremos à luz dos conhecimentos mais recentes; não causaram mais danos que, por exemplo, Auguste Comte, na França, quando manifestou a esperança de uma humanidade unida, organizada e regenerada sob a liderança — a *présidence* — da França.[61] Não abandonavam a idéia da humanidade, embora só na Inglaterra vissem a sua suprema garantia. Não podiam afastar-se da ênfase dada a esse conceito nacionalista, já que a dissolução dos laços entre o solo e o povo, implícita na idéia de missão, não era uma simples ideologia para a política inglesa, mas sim um fato consumado que qualquer estadista tinha de levar em conta. O que os distingue definitivamente dos racistas que os sucederam é que nenhum deles jamais se preocupou seriamente em discriminar outros povos como raças inferiores, e isso, senão por outros motivos, pelo menos devido ao fato de que os países a que se referiam, o Canadá e a Austrália, eram quase desabitados e não tinham qualquer problema sério de população.

Assim, não foi por acaso que o primeiro estadista inglês a acentuar repetidamente a sua crença nas raças e na superioridade racial como fator determinante na história e na política tenha sido um homem que, sem qualquer interesse particular com relação às colônias e aos colonizadores ingleses — que chamou de "peso morto das colônias que não governamos" —, quis estender o poder imperial britânico até a Ásia e, na verdade, fortaleceu consideravelmente a posição da Grã-Bretanha na única colônia que se defrontava com um problema populacional e cultural. Foi Benjamin Disraeli quem fez da rainha da Inglaterra a imperatriz da Índia; foi ele o primeiro estadista inglês a considerar a Índia como pedra fundamental de um Império e a querer cortar os laços que uniam o povo inglês às nações do continente.[62] Construiu assim um dos alicerces de uma mudança básica no domínio inglês da Índia. A colônia havia sido governada com a crueldade habitual dos conquistadores — homens a quem Burke havia chamado de "transgressores das leis na Índia". Agora, ela iria ter uma administração cuidadosamente planejada, cujo objetivo era o estabelecimento de um corpo permanente que governaria por meio de medidas administrativas. Essa experiência aumentou para a Inglaterra o perigo contra o qual Burke havia alertado: o perigo de que os "transgressores das leis na Índia" viessem a ser "os fazedores da lei na Inglaterra".[63] Pois todos eles, para os quais não existia "transação na história da Inglaterra que mais nos orgulhe que o estabelecimento

---

(61) Em seu *Discours sur l'ensemble du positivisme*, 1848, pp. 384 ss.

(62) "Devemos ter poder e influência na Ásia; conseqüentemente, na Europa ocidental" (W. F. Monypenny e G. E. Buckle, *The life of Benjamin Disraeli, Earl of Beaconsfield*, Nova York, 1929, II, 210). Mas, "se a Europa, por sua miopia, vier a decair para um estado inferior e exausto, restará para a Inglaterra um futuro ilustre" (*ibid.*, I, livro IV). Porque "a Inglaterra já não é mais uma simples potência européia (...) é mais uma potência asiática do que européia" (*ibid.*, II, 201).

(63) Burke, *op. cit.*, pp. 42-3: "O poder da Câmara dos Comuns (...) é realmente grande; e possa ela preservar a sua grandeza durante muito tempo (...) e o fará, enquanto puder evitar que o infrator da lei na Índia se torne o legislador da Inglaterra".

do Império da Índia", afirmavam que a liberdade e a igualdade eram "grandes nomes para pequenas coisas".[64]

A política introduzida por Disraeli significou o estabelecimento de uma casta exclusiva num país estrangeiro cuja única função era o domínio e não a colonização. Para que esse conceito se materializasse — e Disraeli não sobreviveu para vê-lo realizado —, o racismo iria ser realmente um instrumento indispensável. Vislumbrava a ameaçadora transformação do povo de uma nação em "raça pura" primorosamente organizada, que se considerava "a aristocracia da natureza" — para repetir as palavras do próprio Disraeli.[65]

O que traçamos até aqui foi a história de uma opinião na qual só agora podemos ver, depois de todas as terríveis experiências do nosso tempo, os primeiros albores do racismo. Mas, embora o racismo tenha introduzido novos componentes ideológicos em todos os países, não se trata de uma idéia dotada de "lógica inerente". O pensamento racial constituía uma fonte de argumentos de conveniência para diversos conflitos políticos, mas nunca monopolizou a vida política dos respectivos países; acirrou e explorou interesses opostos ou conflitos políticos, mas jamais criou novos conflitos, nem produziu novas categorias de pensamento político. O racismo surgiu de experiências e constelações políticas que eram desconhecidas e teriam sido completamente estranhas, até mesmo para ardorosos defensores da "raça" como Gobineau e Disraeli. Entre homens de idéias brilhantes e ágeis e homens de ações brutais e bestiais, existe um abismo que nenhuma explicação intelectual pode transpor. É provável que esse racismo tivesse desaparecido a tempo, juntamente com outras opiniões irresponsáveis do século XIX, se a corrida para a África e a nova era do imperialismo não houvessem exposto a população da Europa ocidental a novas e chocantes experiências. O imperialismo teria exigido a invenção do racismo como única "explicação" e justificativa de seus atos, mesmo que nunca houvesse existido uma ideologia racista no mundo civilizado.

Mas, como existiu, o racismo recebeu considerável substância "teórica". A própria existência de uma opinião, até certo ponto tradicional, serviu para ocultar a essência destruidora da nova doutrina que, sem essa aparência de respeitabilidade nacional, ou sem a aparente sanção da tradição, teria revelado de imediato a incompatibilidade com todos os padrões morais e políticos ocidentais, antes que lhe fosse permitido destruir a comunidade das nações européias.

---

(64) *Sir* James F. Stephen, *op. cit.*, p. 253 e *passim*; ver também seu "Foundations of the government of India", 1883, em *The Nineteenth Century*, LXXX.

(65) Quanto ao racismo de Disraeli, compare o capítulo 3.

3
RAÇA E BUROCRACIA

Dois novos mecanismos de organização política e de domínio dos povos estrangeiros foram descobertos durante as primeiras décadas do imperialismo. Um foi a raça como princípio da estrutura política; o outro, a burocracia como princípio do domínio no exterior. Sem a raça para substituir a nação, a corrida para a África e a febre dos investimentos poderiam ter-se reduzido — para usar a expressão de Joseph Conrad — à desnorteada "dança da morte e do comércio" das corridas do ouro. Sem a burocracia para substituir o governo, a possessão britânica da Índia poderia ter sido abandonada à temeridade dos "infratores da lei na Índia" (Burke), sem que isso alterasse o clima político de toda uma época.

Ambas as descobertas foram realizadas no Continente Negro. A raça foi uma tentativa de explicar a existência de seres humanos que ficavam à margem da compreensão dos europeus, e cujas formas e feições de tal forma assustavam e humilhavam os homens brancos, imigrantes ou conquistadores, que eles não desejavam mais pertencer à mesma comum espécie humana. Na idéia da raça encontrou-se a resposta dos bôeres à "monstruosidade" esmagadora descoberta na África — todo um continente povoado e abarrotado de selvagens — e a justificação da loucura que os iluminou como "o clarão de um relâmpago num céu sereno" no brado: "Exterminemos todos esses brutos!"[1] Dessa idéia resultaram os mais terríveis massacres da história: o extermínio das tribos hotentotes pelos bôeres, as selvagens matanças de Carl Peters no Sudeste Africano Alemão, a dizimação da pacata população do Congo reduzida de uns 20 milhões para 8 milhões; e, o que é pior, a adoção desses métodos de "pacificação" pela política externa européia comum e respeitável. Foi um chefe de Estado civilizado, o *Kaiser* Guilherme II, que ousou pronunciar a exortação dirigida a um contingente expedicionário alemão em luta contra a insurreição dos *boxers** em 1900:

---

(1) Joseph Conrad, "Heart of Darkness" [O coração das trevas] em *Youth and Other Tales*, 1902, é a obra mais elucidativa quanto a experiências raciais na África.

(*) Chineses nacionalistas que combatiam a influência ocidental, os *boxers* massacraram missionários estrangeiros em 1900, o que provocou a intervenção de um corpo expedicionário internacional comandado por Waldersee, um general alemão. (N. E.)

"Tal como os hunos, ha mil anos, sob o comando de Átila, ganharam uma reputação que ainda hoje vive na história, assim também possa o nome da Alemanha tornar-se de tal modo conhecido na China que nenhum chinês jamais ouse novamente olhar com desdém um alemão".[2]

A raça, quer sob forma de conceito ideológico gerado na Europa, ou como explicação de emergência para experiências chocantes e sangrentas, sempre atraiu os piores elementos da civilização ocidental. Já a burocracia foi descoberta pelas mais elevadas e, por vezes, as mais esclarecidas camadas da *intelligentsia* européia, às quais atraía a princípio. O administrador que governava por relatórios[3] e decretos, num sigilo pior que o de qualquer déspota oriental, surgiu de uma tradição de disciplina militar introduzida em meio a homens sem compaixão e sem lei. Vivendo de acordo com os ideais sinceros e honestos da infância, sentia-se como moderno cavaleiro enviado em missão para proteger a povos desamparados e primitivos. E cumpriu essa tarefa de um modo ou de outro, enquanto vivia num mundo dominado pela velha "trindade — guerra, comércio e pirataria" (Goethe). Porém, o complicado jogo de políticas de investimento de longo alcance exigia a subjugação de um povo, não em virtude das suas riquezas, como anteriormente, mas das riquezas de um outro país. Foi a burocracia a base organizacional do grande jogo da expansão, no qual cada zona era considerada um degrau para envolvimentos futuros, e cada povo era um instrumento para futuras conquistas.

Embora fossem múltiplas as relações entre o racismo e a burocracia, ambos foram descobertos e se desenvolveram independentemente. E, entre aqueles que, de um modo ou de outro, tiveram algo a ver com o seu aperfeiçoamento, ninguém chegou jamais a perceber todo o potencial de acúmulo de poder e de destruição oferecido por essa combinação. Lorde Cromer, que no Egito passou de mero *chargé d'affaires* britânico a burocrata imperialista, não teria sonhado em misturar administração com massacre ("massacres administrativos", como Carthill francamente os chamou quarenta anos mais tarde), do mesmo modo que os racistas fanáticos da África do Sul jamais pensaram em organizar massacres com o fito de estabelecer comunidades políticas circunscritas e racionais (como os nazistas fizeram nos campos de extermínio).

1. O MUNDO FANTASMA DO CONTINENTE NEGRO

Até o fim do século XIX, os empreendimentos coloniais dos povos marítimos da Europa produziram duas formas principais de realizações: nos territórios recém-descobertos e escassamente povoados, a colonização por meio da

---

(2) Citado por Carlton J. Hayes, *A generation of materialism*, Nova York, 1941, p. 338. Um caso ainda pior é o de Leopoldo II da Bélgica, responsável pelas páginas mais negras da história da África. "Só havia um homem que podia ser acusado das atrocidades que reduziram a população nativa do Congo de cerca de 20 a 40 milhões em 1890 para 8 500 000 em 1911: Leopoldo II". Ver Selwyn James, *South of the Congo*, Nova York, 1943, p. 305.

(3) Ver A. Carthill e sua descrição do "sistema indiano de governo por meio de relatórios", em *The lost dominion*, 1924, p. 70.

fundação de centros populacionais, que adotavam as instituições políticas e legais do país de origem; e nos países bem conhecidos, embora exóticos, entre povos estrangeiros, o estabelecimento de entrepostos marítimos e comerciais, cuja função única era a de facilitar a troca, nem sempre muito pacífica, das riquezas do mundo. A colonização ocorreu na América e na Austrália, dois continentes que, sem cultura ou história próprias, haviam caído nas mãos dos europeus. Já os entrepostos comerciais foram característicos da Ásia, onde, durante séculos, os europeus não haviam demonstrado qualquer ambição de domínio permanente ou de conquista, não pretendendo dizimar a população nativa nem estabelecer-se de modo duradouro.[4] Ambas as formas desses empreendimentos ultramarinos surgiram ao cabo de um longo processo, que começou no século XVI. Desde então, alguns povos gradualmente conseguiram conquistar a sua independência, enquanto os entrepostos comerciais passavam das mãos de uma nação para as de outra, de acordo com o seu relativo poder ou fraqueza na Europa.

O único continente que a Europa não havia tocado no decurso de sua história colonial era a África. Só seu litoral norte, habitado desde o século VIII por povos e tribos arabizados, era bem conhecido, por ter pertencido na Antiguidade à área de influência européia. Demasiado povoadas para atrair colonizadores e demasiado pobres para serem exploradas, essas regiões sofreram todas as modalidades de domínio estrangeiro e todos os tipos de abandono anárquico, mas, por mais estranho que pareça, desde o declínio do império egípcio e a destruição de Cartago, nunca, até a década 60 do século XX, alcançaram independência genuína ou organização política estável. É certo que os países europeus tentavam, volta e meia, atravessar o Mediterrâneo e impor o seu domínio às terras árabes e o cristianismo aos povos muçulmanos, mas sem tratar os territórios da África do Norte como possessões ultramarinas: pelo contrário, aspiraram muitas vezes a incorporá-los aos respectivos países colonizadores. Essa antiga tradição, seguida ainda em tempos recentes pela Itália e pela França, foi quebrada na década de 80 do século XIX, quando a Inglaterra dominou o Egito para proteger o canal de Suez, mas, ainda assim, sem qualquer intenção de conquista ou de incorporação política do país, já que a Inglaterra, não se situando nas praias do Mediterrâneo, como a França ou a Itália, não podia de forma alguma estar interessada no Egito [como esses dois países se interessaram pela Argélia ou Líbia, respectivamente], precisando dele tão-só por causa das riquezas da Índia.

Enquanto o imperialismo transformava o Egito de país ocasionalmente cobiçado em entreposto militar a caminho da Índia e ponto de apoio para as

---

(4) É importante ter em mente que a colonização da América e da Austrália desenrolou-se concomitantemente com a rápida e cruel liquidação dos nativos, talvez em parte devido à fraqueza numérica destes, enquanto, "para compreender a gênese da sociedade sul-africana moderna, é muito importante saber que a terra que se situava além do Cabo não era aberta, como a que se estendia diante do colonizador australiano. Era uma área povoada — e povoada por uma grande população bantu". Ver C. W. de Kiewiet, *A history of South Africa, social and economic* (Oxford, 1941), p. 59.

eventuais expansões futuras, com a África do Sul ocorria exatamente o oposto. Desde o século XVII, a importância do cabo da Boa Esperança dependia da Índia, centro da riqueza colonial: por conseguinte, qualquer país que estabelecesse ali seus entrepostos comerciais precisava de um apoio logístico no Cabo, que de fato só foi abandonado quando acabou o comércio unilateralmente explorado com a Índia. No fim do século XVIII, a Companhia das Índias Orientais britânica derrotou Portugal, Holanda e França e conquistou o monopólio do comércio com a Índia; logicamente, seguiu-se a essa vitória a ocupação da África do Sul. Se o imperialismo simplesmente continuasse as tradicionais tendências do comércio colonial (que é tão freqüentemente confundido com o imperialismo), a Inglaterra teria liquidado a sua posição na África do Sul após a abertura do canal de Suez em 1869.[5] Mesmo quando a África do Sul pertencia à Comunidade Britânica, sempre foi diferente dos outros domínios da coroa; seu solo não sendo fértil e a população não sendo escassa, o país carecia de dois pré-requisitos para o estabelecimento definitivo do colonizador. O único esforço para instalar ali mil colonos — 5 mil ingleses desempregados — ocorreu ainda no começo do século XIX e acabou em fracasso. Não somente as correntes migratórias britânicas evitaram a África do Sul durante todo o século XIX, mas, curiosamente, a África do Sul era o único domínio do qual emigrantes retornavam para a Inglaterra ainda em tempos recentes.[6] A África do Sul, que se tornou "solo de cultivo do imperialismo" (Damce), não foi reclamada nem sequer pelos mais radicais defensores ingleses da "saxonidade" e não fazia parte das visões dos mais românticos sonhadores de um Império Asiático. Isso demonstra quão pequena foi a influência da empresa colonial pré-imperialista no desenvolvimento do próprio imperialismo. Se a política pré-imperialista houvesse prevalecido, a colônia do Cabo teria sido abandonada justamente quando era maior a sua importância.

As descobertas de minas de ouro e de jazidas de diamantes nos anos 70 e 80 teriam tido conseqüências insignificantes, se não tivessem servido de agente catalisador para as forças imperialistas. É notável a alegação dos imperialistas

(5) "Ainda em 1884, o governo britânico havia estado disposto a diminuir a sua autoridade e influência na África do Sul" (Kiewiet, *op. cit.*, p. 113).

(6) Os seguintes dados de imigração e emigração britânicas na África do Sul entre 1924 e 1928 mostram que os ingleses eram mais inclinados a deixar o país do que outros imigrantes e que, com uma exceção, cada ano mostrava um número maior de ingleses deixando o país que chegando:

Ano	Imigração britânica	Imigração total	Emigração britânica	Emigração total
1924	3.724	5.265	5.275	5.857
1925	2.400	5.426	4.019	4.483
1926	4.094	6.575	3.512	3.799
1927	3.681	6.595	3.717	3.988
1928	3.285	7.050	3.409	4.127
	17.184	30.911	19.932	22.254

(Cf. L. Barnes, *Caliban in Africa. An impression of colour madness*, 1931, Filadélfia, p. 59.)

de terem encontrado numa corrida em busca da matéria-prima mais supérflua da terra a solução permanente para o problema da superfluidade. A importância do ouro é mínima quando comparada à do ferro, do carvão, do petróleo e da borracha; por outro lado, é o mais antigo símbolo da riqueza. Em sua inutilidade para a produção industrial, o ouro se assemelha ao dinheiro supérfluo que financiou a sua mineração e aos homens supérfluos que cavaram as suas minas. À pretensão dos imperialistas de haverem descoberto a salvação permanente para uma sociedade decadente e uma organização política antiquada, acrescentava-se outra suposição: a da perene estabilidade gerada pelo ouro e sua independência de todos os outros fatores funcionais. É significativo que uma sociedade, às vésperas de romper com todos os tradicionais valores absolutos, começasse a buscar um valor absoluto no mundo da economia, onde, na verdade, não existe nem pode existir valor absoluto, já que tudo é funcional e mutável por definição. Essa ilusão do valor absoluto fez com que a produção do ouro desde os tempos antigos fosse a atividade de aventureiros, jogadores e criminosos, de elementos alheios à sociedade normal e sadia. A novidade na corrida do ouro sul-africano era que os aventureiros não eram de todo alheios à sociedade civilizada, mas, ao contrário, constituíam o seu subproduto, um resíduo inevitável do sistema capitalista, representantes de uma economia que originava e produzia incessantemente homens e capital supérfluos.

Os homens supérfluos, "os boêmios dos quatro continentes"[7] que acorreram ao Cabo, ainda tinham muito em comum com os antigos aventureiros. Eles também diziam, como Kipling: "Ponham-me num navio que vá para leste de Suez, onde o bom é como o mau, onde não existem os Dez Mandamentos e onde todos os desejos são permitidos". A diferença não estava na sua moralidade ou imoralidade, mas sim no fato de que, se se uniam a esse bando de homens "de todas as nações e de todas as cores",[8] não era por escolha própria; não se haviam retirado voluntariamente da sociedade, mas sim tinham sido cuspidos por ela; eram suas vítimas sem função e sem uso. Sua única escolha havia sido negativa: haviam optado contra os movimentos operários, onde os rejeitados da sociedade criavam uma espécie de contra-sociedade através da qual podiam voltar ao mundo da camaradagem e do bom senso. Não resultavam de realizações próprias: eram símbolos vivos do que lhes havia acontecido, testemunhas vivas do absurdo das instituições humanas. Ao contrário dos antigos aventureiros, eram sombras de acontecimentos com os quais nada tinham a ver. Como o sr. Kurtz, em "Heart of Darkness" de Conrad, eram "ocos por dentro", "arrojados sem atrevimento, cobiçosos sem audácia e cruéis sem coragem". Em nada acreditavam, mas "podiam chegar a crer em tudo". Expulsos de um mundo com valores sociais estabelecidos e jogados à mercê de si mesmos, sequer tinham onde se apoiar, a não ser lampejos de talento que os tornariam tão perigosos quanto Kurtz, se um dia lhes fosse permitido voltar aos

---

(7) J. A. Froude, "Leaves from a South African journal" (1874), em *Short studies on great subjects*, 1867-82, vol. IV.

(8) *Ibid.*

seus países. Pois o único talento que germinava em suas almas vazias era o dom do fascínio que marca o "esplêndido líder de um partido extremista". Os mais talentosos eram encarnações vivas do ressentimento, como o alemão Carl Peters (possível modelo de Kurtz), que confessava abertamente estar "farto de ser considerado pária", ele que "queria pertencer a uma raça de senhores".[9] Mas, talentosos ou não, "topavam tudo, desde jogar cara-e-coroa até matar alguém", e para eles a vida do próximo "tanto fazia como tanto fez". Assim, trouxeram consigo ou logo aprenderam o código de boas maneiras ajustado ao futuro tipo de assassino, que só conhecia um pecado imperdoável: perder a calma.

É verdade que entre eles havia cavalheiros autênticos, como o sr. Jones do *Victory* de Conrad, que, por enfado, pagavam de bom grado o preço de viver no "mundo do perigo e da aventura", ou como o sr. Heyst, cheio de desprezo por tudo o que era humano, até que foi levado na correnteza "como uma folha solta (...) sem jamais se agarrar a nada". Sentiam-se irresistivelmente atraídos por um mundo onde tudo era uma piada que lhes podia ensinar o gracejo máximo que é "controlar o desespero". O cavalheiro perfeito e o canalha perfeito vieram a conhecer muito bem um ao outro na "grande selva selvagem sem lei", e verificaram ser "parecidos em sua dissimilitude, almas idênticas em disfarces diferentes". Conhecemos a conduta da alta sociedade francesa durante o Caso Dreyfus e vimos Disraeli descobrir a relação social entre o vício e o crime; mais uma vez estamos diante da alta sociedade que se apaixona por seu próprio submundo, e do criminoso que se sente enaltecido quando, desde que com frieza civilizada, sem esforço desnecessário e com boas maneiras, lhe é permitido criar uma atmosfera de refinado vício em torno de seus crimes. Esse refinamento, o próprio contraste entre a brutalidade do crime e a maneira de cometê-lo, cria um laço de profunda compreensão entre o criminoso perfeito e o cavalheiro perfeito. Mas aquilo que, afinal, levou décadas para surgir na Europa, dado o efeito retardador dos valores éticos sociais, explodiu subitamente como um curto-circuito no mundo fantasma da aventura colonial.

Longe de qualquer controle e da hipocrisia social, tendo como pano de fundo só o mundo dos nativos, o cavalheiro e o criminoso sentiam não apenas a afinidade de homens da mesma cor e origem, mas também o impacto de um mundo que oferecia possibilidades infinitas para crimes em nome da diversão, para uma mistura de horror e de riso, ou seja, para a plena realização de suas existências fantasmas. A vida nativa forrava esses eventos fantasmagóricos com aparente garantia contra quaisquer conseqüências, uma vez que os nativos pareciam a esses homens "mero movimento de sombras. Sombras em movimento, a raça dominante podia caminhar entre elas impunemente e sem ser percebida, em busca de seus incompreensíveis propósitos e necessidades" ("Heart of darkness").

O mundo dos selvagens nativos compunha perfeito cenário para homens

---

(9) Citado por Paul Ritter, *Kolonien im deutschen Schriftum* [As colônias na literatura alemã], 1936, prefácio.

que haviam fugido da realidade da civilização. Sob o sol inclemente, rodeados pela natureza hostil, deparavam com seres humanos que, vivendo sem um determinado alvo para o futuro e sem um passado que incorporasse as suas realizações, pareciam-lhes tão incompreensíveis como os loucos de um hospício. "Esse homem pré-histórico nos amaldiçoava, implorava ou dava as boas-vindas? Quem poderia saber? Entre nós e o meio ambiente não havia qualquer entendimento; passávamos entre eles como fantasmas, cheios de espanto mas secretamente apavorados, como homens são diante da exaltada rebeldia de loucos. (...) A terra parecia aqui um outro mundo (...), e os homens. (...) Não, não eram inumanos. Mas isso era o pior, essa suspeita que me invadia aos poucos de que não eram inumanos. Porque, ao urrarem e pularem, e darem cambalhotas, e fazerem trejeitos horríveis, o que nos impressionava era justamente a idéia de que fossem humanos como nós, e foi difícil pensar em nosso remoto parentesco com esse tumulto selvagem e violento" ("Heart of darkness").

É estranho que, do ponto de vista histórico, a existência de "homens préhistóricos" tenha tido tão pouca influência sobre o homem ocidental antes da corrida para a África. No entanto, o fato é que nada aconteceu enquanto tribos selvagens, apesar da desvantagem numérica dos colonizadores, eram exterminadas, enquanto navios negreiros levavam-nas como escravos, enquanto eram apenas alguns indivíduos que se embrenhavam no interior do Continente Negro, onde os selvagens eram suficientemente numerosos para constituírem seu mundo próprio, um mundo de loucura ao qual o aventureiro europeu acrescentava a loucura da caça ao marfim. Muitos desses aventureiros haviam enlouquecido na vastidão silenciosa daquele continente, onde a presença de seres humanos somente agravava a enorme solidão, e onde uma natureza intacta, avassaladoramente hostil, que jamais ninguém se dispusera a transformar em ambiente humano, parecia aguardar com sublime paciência que "acabasse a fantástica invasão" do homem. Mas, enquanto não passava de experiências individuais, essa loucura era sem conseqüências.

Isso mudou com os homens que chegaram durante a corrida colonialista para a África. Já não se tratava de indivíduos solitários: toda a Europa contribuía para a corrida. Concentraram-se na parte sul do continente, onde encontraram os bôeres, um grupo de holandeses desgarrados, já quase esquecidos pela Europa, mas que agora serviam como guias naturais no desafio do novo ambiente. A reação dos homens supérfluos foi, em grande parte, determinada pela reação do único grupo europeu que jamais tivera de viver num mundo de selvagens negros, embora em completo isolamento.

Os bôeres descendem de colonos holandeses que, em meados do século XVII, habitavam um posto marítimo no Cabo, destinado a fornecer carne e legumes aos navios que demandavam a Índia. Um pequeno grupo de huguenotes franceses os seguiu no decorrer do século XVIII. Graças à alta taxa de natalidade, o pequeno bando de holandeses pôde chegar à categoria de modesto grupo populacional. Completamente isolados da corrente da história européia, escolheram um caminho que "poucas nações haviam percorrido antes deles, e quase nenhuma com sucesso".[10]

Os dois principais fatores materiais do desenvolvimento dos bôeres foram o solo de péssima qualidade, que só podia ser usado para a criação de gado, e a numerosa população negra, organizada em tribos nômades que viviam da caça.[11] O solo adverso tornava inviável a construção de povoados, impedindo que aqueles camponeses holandeses imitassem a organização urbana de sua terra natal. As grandes famílias, isoladas umas das outras por vastas regiões incultiváveis, formaram uma espécie de organização clânica, e somente a constante ameaça de um inimigo comum, muito mais numeroso que os colonos brancos, impedia que esses clãs guerreassem entre si. A solução para a falta de fertilidade do solo foi a pecuária; e para a abundância de nativos, a escravidão.[12]

Contudo, escravidão é uma palavra insuficiente para descrever o que realmente aconteceu. Em primeiro lugar, a escravidão, embora domesticasse certa parte da população selvagem, nunca atingiu a todos, de sorte que os bôeres jamais puderam esquecer o primeiro horrível susto diante de homens que seu orgulho e seu senso de dignidade não permitiam aceitar como semelhantes. Esse pavor de algo semelhante a nós que, contudo, não devia, de modo algum, ser semelhante a nós justificou em termos ideológicos a escravidão e constituiu a base da sociedade racista.

A humanidade conhece a história dos povos, mas seu conhecimento de tribos pré-históricas é apenas lendário. O termo "raça" só chega a ter um significado preciso, quando e onde os povos com história conhecida se defrontam com tribos das quais não têm nenhum registro histórico e que ignoram a sua própria história. E não sabemos se essas tribos representam o "homem préhistórico", os espécimes das primeiras formas de vida humana na terra que por acaso sobreviveram, ou se são os sobreviventes "pós-históricos" de algum desastre desconhecido que pôs fim a alguma civilização. Parecem, sem dúvida, sobreviventes de alguma grande catástrofe seguida de desastres menores, até que a monotonia catastrófica passou a ser a condição natural da sua vida. De qualquer modo, só se encontravam raças desse tipo em regiões onde a natureza era particularmente hostil. O que os fazia diferentes dos outros seres humanos não era absolutamente a cor da pele, mas o fato de se portarem como se fossem parte da natureza; tratavam-na como sua senhora inconteste; não haviam

---

(10) Lorde Selbourne em 1907: "Os povos brancos da África do Sul escolheram um caminho que poucas nações trilharam antes deles, e quase nenhuma com sucesso". Ver Kiewiet, *op. cit.*, cap. 6.

(11) Ver especialmente o cap. iii de Kiewiet, *op. cit.*

(12) "Juntos, os escravos e os hotentotes provocaram notáveis mudanças no pensamento e nos hábitos dos colonizadores, pois o clima e a geografia não foram os únicos fatores formadores das características da raça dos bôeres. Os escravos e as secas, os hotentotes e o isolamento, a mão-de-obra e a terra barata combinaram-se para criar as instituições e os hábitos da sociedade sul-africana. Os filhos e filhas dos robustos holandeses e huguenotes aprenderam a ver o trabalho do campo e todo esforço físico intenso como funções de uma raça servil" (Kiewiet, *op. cit.*, p. 21).

criado um mundo de domínio humano, uma realidade humana, e, portanto, a natureza havia permanecido, em toda a sua majestade, como a única realidade esmagadora, diante da qual os homens pareciam meros fantasmas, irreais e espectrais. Pareciam tão amalgamados com a natureza que careciam de caráter especificamente humano, de realidade especificamente humana; de sorte que, quando os europeus os massacravam, de certa forma não sentiam que estivessem cometendo um crime contra homens.

Além disso, os insensatos massacres das tribos do Continente Negro pelos brancos não destoavam das próprias tradições dessas mesmas tribos. O extermínio de grupos hostis foi norma em todas as guerras entre os nativos africanos, que não foi abolida nem mesmo quando um líder negro veio a unir várias tribos sob o seu comando. O rei Tchaka, que no início do século XIX uniu as tribos zulus para formar uma organização extraordinariamente disciplinada e guerreira, não chegou na realidade a estabelecer uma nação de zulus. Conseguiu apenas exterminar mais de 1 milhão de membros das tribos mais fracas.[13] Como a disciplina e a organização militar, por si sós, não podem estabelecer uma estrutura política, a destruição ficou como um episódio não registrado num processo irreal e incompreensível, que não pôde ser aceito pelo homem e, portanto, não é relembrado pela história humana.

A escravidão, no caso dos bôeres, foi uma forma de ajustamento de um povo europeu a uma raça negra;[14] apenas superficialmente lembra fenômenos históricos resultantes da conquista ou do comércio escravo. Nenhuma estrutura política, nenhuma organização comunitária unia os bôeres, nenhum território delimitado foi definitivamente colonizado por eles, e os escravos negros não serviam a nenhuma civilização branca. Os bôeres haviam perdido tanto a sua relação de camponeses com o solo quanto o seu sentimento civilizado de solidariedade humana. A regra do país preconizava a necessidade de "cada um fugir da tirania da presença do vizinho",[15] e assim cada família bôer repetia em completo isolamento a mesma experiência geral dos bôeres que viviam entre selvagens negros e os dominavam em completo desrespeito às leis, sem serem impedidos por "bondosos vizinhos, prontos a te aplaudir ou cair em cima de ti, interpondo-se delicadamente entre o assassino e o policial, num santo horror de escândalo, de cadeia e asilo de lunáticos" (Joseph Conrad). Dominando tribos e vivendo aparasitados ao seu trabalho, passaram a ocupar uma posição muito semelhante à dos chefes tribais nativos, cujo poder haviam liquidado. Fosse como fosse, os nativos reconheciam neles uma forma superior de liderança tribal, uma espécie de deidade natural à qual era mister obedecer, de sorte que o divino papel dos bôeres não foi imposto apenas pela escravização dos negros,

---

13) Ver James, *op. cit.*, p. 28.

(14) "A verdadeira história da colonização da África do Sul é a história da evolução não de uma povoação de europeus, mas de uma sociedade inteiramente nova e singular de raças, cores e culturas diferentes, caracterizada por conflitos de herança racial e pela luta entre grupos sociais desiguais" (Kiewiet, *op. cit.*, p. 19).

(15) Kiewiet, *op. cit.*, p. 19.

mas também livremente assumido por eles. E, para esses deuses brancos de escravos negros, lei significava apenas a redução da própria liberdade, e governo significava apenas restrições à desenfreada arbitrariedade do seu clã.¹⁶ Os bôeres descobriram nos nativos a única "matéria-prima" que a África lhes oferecia em abundância, e a usaram não para produzir riqueza mas apenas para a satisfação das suas necessidades básicas.

Os escravos negros da África do Sul tornaram-se rapidamente a única parte da população que trabalhava. Seus esforços portavam a marca de todas as desvantagens do trabalho escravo: falta de iniciativa, preguiça, desleixo com as ferramentas e ineficiência geral. Suas atividades, portanto, mal permitiam manter vivos os seus senhores e nunca produziram a abundância que sustenta a civilização. Essa absoluta dependência do trabalho alheio e o completo desprezo por qualquer forma de produtividade e pelo trabalho transformaram o holandês no bôer e deram ao seu conceito de raça um significado primordialmente econômico.¹⁷

Os bôeres foram o primeiro grupo europeu a alienar-se completamente do orgulho que o homem ocidental sentia em viver num mundo criado e fabricado por ele mesmo.¹⁸ Tratavam os nativos como matéria-prima e viviam à custa deles como se vive dos frutos de uma árvore. Preguiçosos e improdutivos, concordaram em vegetar mais ou menos no mesmo nível em que as tribos negras haviam vegetado durante milhares de anos. O grande horror que se apossara dos europeus por ocasião de sua primeira confrontação com a vida nativa foi inspirado exatamente por essa qualidade que transformava os seres humanos em parte da natureza, tanto quanto os animais. Mas os bôeres viviam à custa dos escravos do mesmo modo como os nativos viviam à custa da natureza, despreparada e inculta. Quando os bôeres, em seu pavor e miséria, decidiram usar esses selvagens como se eles fossem apenas uma forma de vida animal como qualquer outra, deram início a um processo que só podia terminar fazendo-os degenerar num grupo racial branco que vivia ao lado — em separação, mas em conjunto — com as raças negras, das quais finalmente iriam diferir apenas na cor da pele.

(16) "A sociedade [dos bôeres] era rebelde, mas não revolucionária" (*ibid.*, p. 58).

(17) "Pouco esforço foi feito para elevar o padrão de vida ou aumentar as oportunidades dos escravos e dos servos. Assim, a limitada riqueza da colônia era o privilégio da população branca. (...) Cedo, portanto, a África do Sul aprendeu que um grupo consciente de si mesmo pode fugir aos piores males da vida numa terra pobre e nefasta, transformando as distinções de raça e de cor em meios de discriminação social e econômica" (*ibid.*, p. 22).

(18) Enquanto "nas Índias Ocidentais um número tão grande de escravos como o que existia no Cabo teria sido um sinal de riqueza e uma fonte de prosperidade", "no Cabo, a escravidão era sinal de economia estagnada (...) cujo trabalho era usado com desperdício e ineficiência" (*ibid.*). Isso levou Barnes (*op. cit.*, p. 107) e muitos outros observadores à conclusão de que "a África do Sul é um país estrangeiro, não apenas no sentido de que tem pontos de vista definitivamente alheios aos da Inglaterra, mas também no sentido muito mais radical de que sua própria *raison d'être*, como tentativa de sociedade organizada, está em contradição com os princípios sobre os quais se baseiam os países cristãos".

Os brancos pobres da África do Sul, que em 1923 constituíam 10% de toda a população branca,[19] e cujo padrão de vida não diferia muito dos membros das tribos bantus, são um claro exemplo desta afirmação. Sua pobreza resulta quase exclusivamente do desprezo pelo trabalho e, também, da adaptação ao modo de vida das tribos negras. Como os negros, abandonavam as terras quando o solo deixava de produzir o pouco que lhes era necessário, ou quando haviam exterminado os animais da região.[20] Juntamente com os seus antigos escravos, iam para os centros auríferos e diamantíferos, abandonando as fazendas quando os trabalhadores negros partiam. Mas, ao contrário dos nativos, que eram imediatamente empregados como mão-de-obra barata e não-qualificada, exigiam e recebiam caridade como um direito naturalmente decorrente de sua pele branca, tendo perdido a noção de que normalmente um homem não ganha a vida às custas da cor de sua pele.[21] Seus sentimentos raciais são hoje violentos, não apenas porque nada têm a perder exceto sua associação com outros brancos, mas também porque o conceito de raça parece definir a sua condição bem melhor que a dos seus antigos escravos, que estão gradualmente se tornando trabalhadores, ou seja, parte normal da civilização humana.

O racismo como instrumento de domínio foi usado nessa sociedade de brancos e negros antes que o imperialismo o explorasse como idéia política. Sua base e sua justificativa ainda eram a própria experiência, uma terrível experiência de algo tão estranho que ficava além da compreensão e da imaginação: para os brancos foi mais fácil negar que os pretos fossem seres humanos. No entanto, a despeito de todas as explicações ideológicas, o homem negro teimosamente insistia em conservar suas características humanas, só restando ao homem branco reexaminar a sua própria humanidade e concluir que, nesse caso, ele era mais do que humano, isto é, escolhido por Deus para ser o deus do homem negro. Era uma conclusão lógica e inevitável no caminho da radical negação de qualquer laço comum com os selvagens; na prática, significou que o cristianismo não pôde atuar como força repressiva contra as perigosas perversões da consciência humana, o que prenunciava sua ulterior ineficácia em outras sociedades raciais.[22] Os bôeres simplesmente negavam a doutrina cristã

---

(19) Isso correspondia a cerca de 160 mil indivíduos (Kiewiet, *op. cit.*, p. 181). James (*op. cit.*, p. 43) calculava o número de brancos pobres em cerca de 500 mil em 1943, o que corresponderia a cerca de 20% da população branca.

(20) "O branco pobre, vivendo no mesmo nível de subsistência dos bantus, é o resultado da incapacidade, ou da obstinada recusa dos bôeres de aprenderem a ciência da agricultura. Como o bantu, o bôer gosta de vagar de uma área para outra, trabalhando o solo até que deixe de ser fértil, matando a caça até que deixe de existir" (*ibid.*).

(21) "A raça era a sua garantia de superioridade sobre os nativos, e executar trabalhos manuais não condizia com a dignidade que a raça lhes outorgava. (...) Essa aversão degenerou, entre os mais desmoralizados, na exigência da caridade como um direito" (Kiewiet, *op. cit.*, p. 216).

(22) A Igreja Reformada Holandesa está à vanguarda da luta dos bôeres contra a influência dos missionários cristãos no Cabo. Em 1944, ela adotou, "sem uma voz em contrário", uma moção que se opunha aos casamentos de bôeres com cidadãos de língua inglesa. (Segundo o *Times* do Cabo, editorial de 18 de julho de 1944. Citado pelo *New Africa*, Council on African Affairs, boletim mensal, outubro de 1944.)

da origem comum dos homens; e aquelas passagens do Antigo Testamento que ainda não transcendiam os limites da velha religião nacional israelita, eles as transformaram numa superstição que nem poderia ser chamada de heresia.[23] Como os judeus, acreditavam firmemente que eram o povo escolhido,[24] com a diferença fundamental de que haviam sido escolhidos não para a divina salvação da humanidade, mas para a ociosa dominação de outra espécie, condenada a um trabalho forçado não menos ocioso.[25] Esta é a vontade de Deus na Terra, segundo a Igreja Reformada Holandesa, que diverge dos missionários de todas as outras denominações cristãs.[26]

O racismo bôer, em contraste com outros tipos de racismo, caracteriza-se por uma certa autenticidade. A completa ausência de literatura local e de outras realizações intelectuais é a melhor prova desta afirmação.[27] Resultou de uma reação desesperada a condições de vida desesperadoras, e era mudo e inconseqüente enquanto o mundo o ignorava. A situação mudou após a chegada dos ingleses, que demonstravam pouco interesse por sua mais nova colônia à qual, em 1849, ainda chamavam de posto militar. Mas a sua presença e a sua atitude diferente em relação aos nativos, nos quais não viam mera espécie diferente de animais, bem como suas tentativas posteriores de abolir a escravidão e seus esforços de fixar limites às terras particulares, tudo isso levou a estagnada sociedade bôer a reações violentas. É típico dos bôeres reagirem segundo o padrão que repetiam durante todo o século XIX: os fazendeiros bôeres escapavam à lei britânica fugindo em carros de boi para o interior do país, abandonando sem remorsos os seus lares e as suas fazendas. A aceitar limitações de suas posses, preferiam abandoná-las de todo.[28] Isso não significa que os bôeres não se sen-

---

(23) Kiewiet (*op. cit.*, p. 181) menciona "a doutrina de superioridade racial extraída da Bíblia e reforçada pela interpretação popular que o século XIX dava às teorias de Darwin".

(24) "O Deus do Velho Testamento tem sido para eles uma figura nacional, quase tanto quanto o foi para os judeus. (...) Lembro-me de uma cena memorável num clube da Cidade do Cabo, onde um ousado inglês, jantando por acaso com três ou quatro holandeses, observou que Cristo, não sendo europeu, teria sido, do ponto de vista legal, proibido de imigrar para a União da África do Sul. Os holandeses ficaram tão chocados com essa observação que quase caíram das cadeiras." (Barnes, *op. cit.*, p. 33.)

(25) "Para a família bôer, a separação e a degradação dos nativos resultam de mandamento de Deus, e é crime e blasfêmia dizer o contrário." (Norman Bentwich, "South Africa. Dominion of racial problems", em *Political Quartely*, 1939, vol. X, n.º 3.)

(26) "Até hoje o missionário é, para o bôer, o traidor fundamental, o homem branco que defende o preto contra o branco." (S. Gertrude Millin, *Rhodes*, Londres, 1933, p. 38.)

(27) "Como tinham pouca arte, menos arquitetura e nenhuma literatura, dependiam de suas fazendas, suas bíblias e seu sangue para se distinguirem dos nativos e dos estrangeiros." (Kiewiet, *op. cit.*, p. 121.)

(28) "O verdadeiro *Vortrekker* [nome que se aplicava ao bôer que emigrava para o interior em carros de boi] detestava fronteiras. Quando o governo inglês insistiu em limites fixos para a colônia e suas fazendas, o bôer sentiu como se lhe roubassem algo. (...) Sentia-se mais seguro além do limite do poder inglês, onde havia água e terra livre e nenhum governo inglês para revogar as Leis de Vagabundagem, e onde o homem branco não seria arrastado aos tribunais para responder a queixas de seus servos" (*ibid.*, pp. 54-5). "A Grande Fuga [em carros de boi], movimento único na

tissem em casa onde quer que estivessem; sentiam-se e ainda se sentem muito mais em casa na África do que quaisquer imigrantes depois deles — mas na África, e não em qualquer território especificamente limitado. Suas fantásticas jornadas em carros de boi demonstraram claramente que eles haviam virado uma tribo, tendo perdido o apego europeu a um território, a uma *pátria* própria. Portavam-se exatamente como as tribos negras que haviam vagado pelo Continente Negro durante séculos, sentindo-se à vontade onde quer que o grupo estivesse, e fugindo, como quem foge da morte, de qualquer tentativa de permanência.

O desarraigamento é característico de todas as organizações raciais. O que os movimentos racistas europeus conscientemente almejavam — a transformação do povo numa horda — pode ser estudado, como num teste de laboratório, na velha e triste tentativa dos bôeres. O desarraigamento como objetivo consciente baseava-se principalmente no ódio a um mundo onde não havia lugar para homens "supérfluos", de sorte que a destruição desse mundo podia tornar-se supremo objetivo político; mas o desarraigamento dos bôeres foi o resultado normal de uma prematura emancipação do trabalho e da completa ausência de um meio ambiente construído por seres humanos. A mesma semelhança existe entre os "movimentos" e a interpretação bôer do conceito de "escolha". Mas, enquanto nos movimentos pangermânicos, pan-eslavos ou poloneses messiânicos o conceito de escolha era um instrumento mais ou menos consciente para fins de domínio, a perversão do cristianismo dos bôeres era solidamente enraizada na terrível realidade em que miseráveis "homens brancos" eram adorados como divindades por "homens negros" igualmente infelizes. Vivendo num ambiente que não podiam transformar em mundo civilizado, não conseguiram encontrar nenhum valor que fosse superior à imagem de si mesmos. Não obstante, quer o racismo resulte de uma catástrofe, quer seja instrumento consciente para provocá-la, está sempre intimamente ligado ao desprezo pelo trabalho, à rejeição de limitações de posse, ao desarraigamento geral e à fé na divina escolha do seu grupo.

Os primeiros conquistadores britânicos da África do Sul, com os seus missionários, soldados e exploradores, não compreenderam que a atitude dos bôeres era baseada até certo ponto na realidade. Não compreenderam que a absoluta supremacia européia — na qual eles, afinal, estavam tão interessados quanto os bôeres — não poderia ser mantida senão através do racismo, na medida em que a população européia era irremediavelmente suplantada em

---

história da colonização" (p. 58) "foi a derrota de uma política de colonização mais intensa. A prática que exigia a área de todo um município canadense para o estabelecimento de dez famílias foi estendida a toda a África do Sul. Ela impossibilitou para sempre a segregação das raças branca e negra em áreas diferentes de fixação. (...) Ao colocar os bôeres além do alcance da lei britânica, a Grande Fuga possibilitou-lhes estabelecer relações 'adequadas' com a população nativa" (p. 56). "Nos anos seguintes, a Grande Fuga iria ser mais que um protesto: tornar-se-ia uma revolta contra a administração britânica e a pedra fundamental do racismo anglo-bôer do século XX" (James, *op. cit.*, p. 28).

quantidade de homens,[29] e ficavam chocados ao ver "europeus radicados na África agindo como selvagens, pelo fato de ser esse o costume do país".[30] Para seu espírito simples e utilitário, parecia tolice sacrificar a produtividade e o lucro por amor a um mundo fantasma de deuses brancos que comandavam sombras negras. Somente com o estabelecimento colonial dos ingleses e outros europeus durante a corrida do ouro na África do Sul é que se adaptaram gradualmente a uma população que não podia ser atraída de volta à civilização européia, nem mesmo com a motivação do lucro, e que havia perdido contato até com os mais simples incentivos do homem europeu ao renunciar às suas motivações mais elevadas, porque tudo perde seu sentido e atração numa sociedade em que ninguém quer realizar nada e todos são deuses.

2. OURO E RAÇA

As jazidas de diamantes de Kimberley e as minas de ouro do Witwatersrand estavam por acaso localizadas nesse fantasmagórico mundo. Aquela terra, a cujo largo passaram indiferentes centenas de navios de emigrantes com destino à Nova Zelândia e à Austrália, "via agora um turbilhão de recém-chegados, que partiam apressados terra a dentro em direção às minas. A maioria vinha da Inglaterra, mas entre eles havia gente de Riga e Kiev, Hamburgo e Frankfurt, Rotterdam e San Francisco".[31] Todos pertenciam a "um tipo de pessoas que prefere a aventura e a especulação à indústria organizada e não se dá bem com as limitações da vida comum. (...) [Havia] escavadores da América e da Austrália, especuladores alemães, comerciantes, taberneiros, jogadores profissionais, advogados (...), ex-oficiais do Exército e da Marinha, rapazotes filhos de boas famílias (...), um maravilhoso conjunto heterogêneo, onde o dinheiro corria como água graças à espantosa produtividade das minas". A essa gente uniam-se milhares de nativos que a princípio vinham para "roubar diamantes e gastar seus lucros em rifles e pólvora",[32] mas que logo começaram a trabalhar por um salário e se transformaram em fonte de mão-de-obra barata, aparentemente inesgotável, quando a "mais estagnada das regiões explodiu subitamente em atividade".[33]

A abundância de nativos, ou seja, da mão-de-obra barata, foi a primeira e talvez a mais importante diferença entre esta corrida do ouro e as outras. Logo tornou-se claro que a ralé dos quatro cantos da terra não teria nem de cavar; de qualquer forma, a atração permanente da África do Sul, o recurso que seduziu

---

(29) Em 1939, a população total da União Sul-Africana era de 9,5 milhões de habitantes, dos quais 7 milhões eram nativos e 2,5 milhões europeus. Desses últimos, mais de 1,25 milhão era bôeres, cerca de um terço eram ingleses e 100 mil eram judeus. Ver Norman Bentwich, *op. cit.*

(30) J. A. Froude, *op. cit.*, p. 375.

(31) Kiewiet, *op. cit.*, p. 119.

(32) Froude, *op. cit.*, p. 400.

(33) Kiewiet, *op. cit.*, p. 119.

os aventureiros a ali ficarem permanentemente, não foi o ouro, mas sim essa matéria-prima humana que prenunciava uma vida para sempre livre de trabalho.[34] Os europeus serviam apenas como supervisores, e nem ao menos tentaram produzir engenheiros e operários qualificados, que tinham de ser constantemente importados da Europa.

Essa corrida do ouro não se processava ao acaso. Através da riqueza supérflua acumulada e com o auxílio de financistas, principalmente judeus, a corrida era financiada, organizada e ligada à economia européia. Desde o início, "os mercadores judeus, quase uma centena, reunidos como águias sobre a presa",[35] agiram como intermediários entre o capital europeu investido e as indústrias de mineração de ouro e diamantes.

A única parte da população da África do Sul que não compartilhava nem queria compartilhar as atividades do país em súbita explosão econômica eram os próprios bôeres. Detestavam todos aqueles *uitlanders* (forasteiros), que não pretendiam tornar-se cidadãos, mas que necessitavam da proteção britânica e a obtinham, desse modo fortalecendo a influência do governo britânico no Cabo. Os bôeres reagiram como sempre haviam reagido: venderam as suas terras abarrotadas de diamantes em Kimberley e as suas fazendas cheias de minas de ouro perto de Johannesburgo, e novamente se foram de carro de boi pelo sertão adentro. Não compreenderam que aquela nova invasão era diferente do influxo de missionários britânicos, funcionários do governo ou colonos comuns, e somente quando era tarde demais, e quando já haviam perdido o seu quinhão de lucros na corrida de ouro, perceberam que o novo ídolo do ouro não era de forma alguma irreconciliável com o seu ídolo de sangue; que o novo populacho era tão refratário ao trabalho e tão incapaz de criar uma civilização quanto eles próprios; e que, portanto, seriam poupados da aborrecida insistência dos ingleses no que se referia à lei, e do conceito irritante dos missionários cristãos no que se referia à igualdade humana.

Os bôeres temiam o que de fato nunca aconteceu, ou seja, a industrialização do país. E estavam certos, no sentido de que a civilização e a produção normal teriam realmente destruído, de modo automático, a maneira de vida de uma sociedade racial. Um mercado normal para mercadorias e trabalho teria acabado com os privilégios raciais. Mas o ouro e os diamantes, que cedo passaram a ser o sustento de metade da população sul-africana, não eram mercadorias no mesmo sentido e não eram produzidos do mesmo modo como a lã na Austrália, a carne na Nova Zelândia ou o trigo no Canadá. O papel irracional e não-funcional do ouro na economia tornava-o independente de métodos racionais de produção que, naturalmente, jamais poderiam tolerar as fantásticas

---

(34) "O que a abundância de chuva e relva era para os carneiros da Nova Zelândia, o que a fartura de pasto era para a lã da Austrália, o que os hectares de campinas férteis eram para o trigo canadense, a mão-de-obra barata dos nativos era para a mineração e indústrias da África do Sul" (*op. cit.*, p. 96).

(35) J. A. Froude, *ibid*.

disparidades entre os salários de brancos e pretos. O ouro, objeto de especulação, tornou-se o "sangue" da África do Sul,[36] mas não podia constituir — nem constituiu — a base da nova ordem econômica.

Os bôeres temiam também a simples presença dos *uitlanders* porque os tomavam por colonos britânicos. Contudo, os *uitlanders* haviam vindo apenas para ficar ricos depressa, e só permaneceram aqueles que não obtiveram sucesso ou que, como os judeus, não tinham país para onde voltar. Nem uns nem outros estavam muito propensos a fundar uma comunidade segundo o modelo dos países europeus, como os colonos britânicos haviam feito na Austrália, no Canadá e na Nova Zelândia. De fato, o "governo do Transvaal não se parecia com nenhum outro governo do mundo. Na verdade, não se tratava absolutamente de governo, mas de uma companhia ilimitada de cerca de 120 mil acionistas".[37] Uma série de mal-entendidos levou finalmente os bôeres à guerra contra os ingleses, a qual eles erradamente julgaram ser "o ponto culminante da longa campanha do governo britânico em prol de uma África do Sul unida", quando na verdade o que a provocou foi o interesse no dinheiro investido.[38] Quando os bôeres perderam a guerra, e com ela o que já haviam abandonado deliberadamente, isto é, o seu quinhão nos lucros, ganharam definitivamente o consentimento de todos os outros elementos europeus, inclusive do governo britânico, para a instauração de uma sociedade racial regida pela falta de direito.[39] Hoje, todas as camadas da população sul-africana branca — ingleses e africânderes, trabalhadores organizados e capitalistas — concordam quanto à questão racial.[40] E, se a ascensão de uma Alemanha nazista e sua tentativa de

---

(36) "As minas de ouro são o sangue da União. (...) Metade da população vivia direta ou indiretamente da indústria da mineração, e (...) metade das finanças do governo vinha direta ou indiretamente da mineração do ouro" (Kiewiet, *op. cit.*, p. 155).

(37) Ver Paul H. Emden, *Jews of Britain, a series of biographies*, Londres, 1944, capítulo "From Cairo to the Cape".

(38) Kiewiet (*op. cit.*, pp. 138-9) menciona, contudo, mais um "conjunto de circunstâncias": "Qualquer tentativa por parte do governo inglês de obter concessões ou reformas do governo do Transvaal tornava-o, inevitavelmente, agente dos magnatas da mineração. (...) A Grã-Bretanha deu o seu apoio aos investimentos de capitais e de mineração, com ou sem o claro consentimento de Downing Street".

(39) "Muito da conduta evasiva e hesitante dos estadistas britânicos antes da Guerra dos Bôeres pode ser atribuído à indecisão do governo britânico entre a sua obrigação para com os nativos e sua obrigação em relação às comunidades brancas. (...) Agora, contudo, a Guerra dos Bôeres obrigava a uma decisão quanto à política em relação aos nativos. Nos tempos de paz, o governo inglês prometeu que não seria feita qualquer tentativa de alterar o *status* político dos nativos antes que fosse concedido governo autônomo às ex-repúblicas brancas. Assim, o governo inglês recuava de sua posição humanitária, permitindo que os bôeres obtivessem uma importante vitória nas negociações de paz que se seguiram à sua derrota militar. A Grã-Bretanha abandonou o seu esforço de exercer controle sobre as relações entre o branco e o negro, e Downing Street havia-se rendido à lei da selva" (Kiewiet, *op. cit.*, pp. 143-4).

(40) "Há (...) uma noção completamente errada de que os africânderes [de língua holandesa] e os sul-africanos de língua inglesa discordam quanto ao tratamento que deve ser dado aos nativos. Pelo contrário, esta é uma das poucas coisas em que eles concordam" (James, *op. cit.*, p. 47).

transformar o povo alemão numa raça fortaleceram consideravelmente a posição política dos bôeres, a derrota alemã em 1945 não a enfraqueceu.

Mais do que aos outros estrangeiros, os bôeres odiavam e temiam os financistas. De certo modo, compreendiam que o financista era uma figura-chave na combinação da riqueza supérflua com homens supérfluos, e que a sua função era transformar a corrida do ouro, essencialmente transitória, num negócio muito mais amplo e permanente.[41] Além disso, a guerra contra os ingleses demonstrou ter sido provocada por investidores que exigiam, como se isto lhes fosse devido, que o governo protegesse seus tremendos lucros obtidos nos países distantes — como se os exércitos que lutavam contra povos estrangeiros não passassem de forças policiais em luta contra criminosos nativos. Aos financistas que introduziam esse tipo de violência nos escusos negócios da produção do ouro e diamantes, os bôeres preferiam os que, de um modo ou de outro, haviam saído da própria ralé e que, como Cecil Rhodes, não acreditavam tanto nos lucros como na expansão por amor à expansão.[42] Os financistas, na maioria judeus, representantes apenas, e não donos, do capital supérfluo, não tinham nem a necessária influência política nem o poder econômico suficiente para introduzir alvos políticos e o uso de violência no que era especulação e jogo.

É fora de dúvida que os financistas, embora não constituíssem o fator decisivo do imperialismo, foram no início os seus notáveis representantes.[43] Haviam tirado proveito da superprodução de capital e da completa reversão de valores econômicos e morais que a acompanhou. As transações de bens e os lucros da produção foram substituídos pelas transações de capital em escala sem precedentes. Isso teria sido suficiente para lhes dar uma posição importante; acresce que os lucros do investimento em países estrangeiros aumentavam muito mais rapidamente que os lucros do comércio, de sorte que os comerciantes e mercadores cederam sua primazia ao financista.[44] A principal característica econômica do financista está em que ele não recebe o seu lucro nem da produção nem da exploração, nem da troca de mercadorias nem da operação bancária comum, mas apenas da comissão. Isso é importante em nosso con-

---

(41) Isso se deveu em grande parte aos métodos de Alfred Beit, que havia chegado em 1875 para comprar diamantes para uma firma de Hamburgo. "Até então, somente especuladores haviam sido acionistas das companhias de mineração. (...) O método de Beit atraiu também o investidor genuíno" (Emden, *op. cit.*).

(42) A esse respeito, é muito típica a atitude de Barnato no caso da fusão de seu negócio com o grupo de Rhodes. "Para Barnato, a fusão nada mais era que uma transação financeira para ganhar dinheiro. Queria, portanto, que a companhia nada tivesse a ver com a política. Mas Rhodes não era um simples homem de negócios" (*ibid.*).

(43) Ver capítulo 5, notas 34 e 35.

(44) O aumento dos lucros dos investimentos estrangeiros e um relativo declínio dos lucros com o comércio exterior caracterizam o lado econômico do imperialismo. Em 1899, estimava-se que todo o comércio exterior e colonial da Grã-Bretanha lhe havia proporcionado uma renda de 18 milhões de libras, enquanto no mesmo ano os lucros provenientes dos investimentos estrangeiros foram de 90 a 100 milhões de libras. Ver J. A. Hobson, *Imperialism*, Londres, 1938, pp. 53 ss. É óbvio que o investimento exigia uma política de longo alcance muito mais consciente do que o simples comércio.

texto, porque lhe dá aquele caráter de irrealidade, de existência fantasma, de futilidade que é essencial mesmo numa economia normal, e que são fatores típicos de tantos fatos que ocorreram na África do Sul. Os financistas certamente não exploravam ninguém, e o que menos controlavam era o desenrolar dos seus negócios, viessem estes a ser simples falcatruas ou sólidos investimentos tardiamente confirmados.

É significativo, também, que foi precisamente o elemento mais baixo do povo judeu que virou financista. É verdade que a descoberta do ouro na África do Sul coincidira com os primeiros *pogroms* na Rússia, de modo que algumas levas de judeus começaram a emigrar da Rússia para a África do Sul. Sua importância, porém, entre as hordas internacionais de desesperados e de caçadores de fortuna, teria sido quase nula, se um punhado de financistas judeus não houvesse chegado lá antes, interessando-se por aqueles correligionários recém-chegados na medida em que pudessem representá-los entre a população.

Os financistas judeus vieram de quase todos os países da Europa, onde eram, em termos de classe, tão supérfluos quanto os outros imigrantes sul-africanos. Eram muito diferentes das poucas famílias estabelecidas de notáveis judeus, cuja influência havia decrescido rapidamente depois de 1820, e em cujo meio não poderiam mais ser assimilados. Pertenciam àquela nova casta de financistas judeus que, a partir da década dos 70 do século XIX, encontramos em todas as capitais européias, aonde tinham ido, geralmente após deixar seus países de origem, para tentar a sorte no jogo das bolsas de valores internacionais. Foi o que fizeram em toda parte, para a consternação das tradicionais famílias judias, cuja influência não era suficiente para pôr paradeiro à falta de escrúpulo dos recém-chegados. Assim, esses judeus tradicionais, principalmente banqueiros, se davam por felizes quando os recém-chegados transferiam para o ultramar o seu campo de atividades. Em outras palavras, os financistas judeus haviam se tornado tão supérfluos na atividade bancária judaica normal quanto a riqueza que representavam era supérflua no empreendimento industrial legítimo, e como eram supérfluos os caçadores de fortuna no mundo da mão-de-obra legítima. Na própria África do Sul, onde o comerciante logo perderia a sua posição na economia do país para o financista, os recém-chegados — os Barnatos, os Beits, os Sammy Marks — alijaram os colonos judeus mais antigos muito mais facilmente que na Europa.[45] Na África do Sul, embora em nenhum outro país, eles foram o terceiro fator da aliança inicial entre o capital e a ralé; em grande parte, foram responsáveis pela dinamização dessa aliança, dirigiram o influxo de capital e o seu investimento em minas de ouro e diamantes, e logo se tornaram mais conspícuos do que todos os outros.

---

(45) Os primeiros colonos judeus da África do Sul no século XVIII e na primeira metade do século XIX eram aventureiros; negociantes e mercadores seguiram-nos na segunda metade, entre os quais os mais proeminentes dedicaram-se a indústrias como a pesca e a caça de focas e baleias (os irmãos De Pass) e criação de avestruzes (a família Mosenthal). Mais tarde, foram praticamente forçados a entrarem nas indústrias de diamantes de Kimberley, onde, contudo, nunca atingiram a proeminência dos Barnato e Beit.

A origem judaica acrescentava uma qualidade indefinível ao papel dos financistas — uma ausência de pátria e de raízes que introduzia um elemento de mistério e simbolizava o que estava acontecendo. Além disso, as conexões internacionais estimulavam as ilusões populares relativas ao poder político dos judeus no mundo. É fácil compreender que as fantásticas noções de um secreto poder judeu internacional — noções que resultaram originalmente da intimidade entre o capital bancário judeu e a esfera de negócios do Estado — tenham se tornado mais virulentas na África do Sul do que no continente europeu. Aqui, pela primeira vez, os judeus se viam em meio a uma sociedade racial e foram quase automaticamente escolhidos pelos bôeres, entre todos os demais brancos, para objeto de ódio especial, como "raça" diferente a encarnar um princípio diabólico introduzido no mundo normal de "pretos" e "brancos". A violência desse ódio era em parte devida à suspeita de que os judeus, com a sua pretensão messiânica mais antiga e mais autêntica, dificilmente aceitariam a idéia de serem os bôeres um povo eleito por Deus. O cristianismo simplesmente rejeitava essa idéia, mas o judaísmo surgia como uma ameaça ideológica e um rival direto na área messiânica. Muito antes que os nazistas promovessem conscientemente um movimento anti-semita na África do Sul, a questão racial já tomara conta do conflito entre os estrangeiros e os bôeres sob a forma do anti-semitismo,[46] apesar de a importância dos judeus na economia aurífera e diamantífera sul-africana não ter sobrevivido ao fim do século XIX.

Logo que as indústrias de ouro e diamantes atingiram o estágio de desenvolvimento imperialista em que os acionistas exigem a proteção política de seus governos, verificou-se que os judeus não podiam conservar a sua importante posição econômica. Não tinham governo nacional a que apelar e a sua posição na sociedade sul-africana era tão insegura que, para eles, estava em jogo muito mais que a simples perda de influência. Só podiam garantir a segurança econômica e a fixação permanente na África do Sul (da qual necessitavam mais que qualquer outro grupo de *uitlanders*) se galgassem alguma posição na sociedade — o que, no caso, significava admissão aos exclusivos clubes ingleses. Foram forçados a trocar a sua influência pela posição de cavalheiros, como disse Cecil Rhodes ao comprar sua admissão ao Barnato Diamond Trust depois de haver fundido sua De Beers Company com a companhia de Alfred Beist.[47] Mas esses judeus tinham mais a oferecer que o simples poder econômico; foi graças a eles que Cecil Rhodes, tão recém-chegado e tão aventureiro quanto eles, foi finalmente aceito no respeitável mundo bancário da Inglaterra, com o qual, afinal de contas, os judeus mantinham relações melhores do que ninguém.[48] "Nenhum

---

(46) Ernst Schultze, "Die Judenfrage in Süd-Afrika" [A questão judaica na África do Sul], em *Der Weltkampf*, outubro de 1938, vol. XV, n.º 178.

(47) Barnato vendeu suas ações a Rhodes para ser apresentado ao Kimberley Club. "Não se trata de mera transação financeira", Rhodes teria dito a Barnato, "pretendo fazer de você um cavalheiro." Barnato desfrutou sua vida de cavalheiro durante oito anos; depois, suicidou-se. Ver Millin, *op. cit.*, pp. 14, 85.

(48) "A passagem de um judeu [no caso, Alfreid Beit, de Hamburgo] para outro era fácil. Rhodes foi à Inglaterra para ver lorde Rothschild, e lorde Rothschild o aprovou" (*ibid.*).

dos bancos ingleses teria emprestado um único xelim pela segurança das ações do ouro. Foi a confiança ilimitada dos homens do diamante de Kimberley que operou como um magneto sobre seus correligionários em casa."[49]

A corrida do ouro só se tornou empresa capitalista completa depois que Cecil Rhodes desapossou os judeus, transferiu a política de investimentos das mãos da Inglaterra para as suas próprias e se tornou a principal figura do Cabo. Setenta e cinco por cento dos dividendos pagos aos acionistas iam para o exterior, em sua maioria para a Grã-Bretanha. Rhodes conseguiu que o governo britânico se interessasse por seus negócios pessoais, persuadiu-o de que a expansão e a exportação dos instrumentos de violência eram necessárias para proteger os investimentos e de que tal política era um dever sagrado de qualquer governo nacional. Por outro lado, introduziu no próprio Cabo aquela política econômica tipicamente imperialista de desprezo a qualquer empreendimento industrial que não pertencesse a acionistas ausentes, de modo que, ao final, não apenas as companhias de mineração mas o próprio governo desencorajavam a exploração de abundantes jazidas de metais não-preciosos e a produção de bens de consumo.[50] Dando início a essa política, Rhodes introduziu o fato mais poderoso para a eventual pacificação dos bôeres: desprezar toda empresa industrial autêntica era a mais forte garantia de evitar a normal evolução capitalista e, portanto, a morte natural de uma sociedade racista.

Os bôeres levaram várias décadas para entender que não precisavam temer o imperialismo, porquanto este nem desenvolveria o país, como a Austrália e o Canadá haviam sido desenvolvidos, nem tiraria proveito do país como um todo, contentando-se apenas com um alto rodízio de investimentos num campo específico. Assim, o imperialismo estava disposto a abandonar as chamadas leis da produção capitalista e suas tendências igualitárias, contanto que fossem assegurados os lucros de investimentos específicos. Isso levou, por fim, à abolição da lei da simples rentabilidade, e a África do Sul tornou-se o primeiro exemplo do fenômeno que ocorre quando a ralé passa a ser o fator dominante na aliança que mantém com o capital.

Num plano particular — o mais importante de todos — os bôeres permaneceram donos incontestes do país: sempre que as normas racionais do trabalho e da produção entravam em conflito com os interesses raciais, estes últimos saíam vitoriosos. Os lucros eram constantemente sacrificados às exigências da sociedade racista, muitas vezes a um preço enorme. A rentabilidade das estradas de ferro foi destruída da noite para o dia quando o governo despediu

---

(49) Emden, *op. cit.*

(50) "A África do Sul concentrava na produção do ouro quase toda a sua energia industrial dos tempos de paz. O investidor médio empregava o seu dinheiro no ouro porque este lhe proporcionava lucros maiores e mais rápidos. Mas a África do Sul tem também tremendos depósitos de minério de ferro, cobre, asbestos, manganês, estanho, chumbo, platina, cromo, mica e grafite. Essas indústrias, juntamente com as minas de carvão e a meia dúzia de fábricas que produziam artigos de consumo, eram chamadas de indústrias 'secundárias'. O público investidor tinha por elas um interesse limitado. E o desenvolvimento dessas indústrias secundárias era desencorajado pelas companhias de mineração de ouro e, em grande parte, pelo governo (James, *op. cit.*, p. 333).

17 mil empregados bantus para pagar aos brancos salários que eram 200% mais altos;[51] as despesas do governo municipal tornaram-se proibitivas quando os empregados municipais nativos foram substituídos por brancos; e finalmente a Lei da Barreira de Cor excluiu das tarefas mecânicas todo trabalhador negro, levando a empresa industrial a um tremendo aumento em seus custos de produção. O mundo racista dos bôeres não tinha mais a quem temer, e menos ainda os trabalhadores brancos, cujos sindicatos queixavam-se amargamente de que a Lei da Barreira de Cor não tinha ido suficientemente longe.[52]

À primeira vista, é surpreendente que um violento anti-semitismo tenha sobrevivido aos financistas judeus e à bem-sucedida doutrinação racista de toda a população européia, já que os próprios judeus certamente ajustaram-se ao racismo tão bem quanto quaisquer outros, e a sua conduta em relação aos negros era irrepreensível em termos da África do Sul.[53] Não obstante, sem o pressentir, os judeus tinham quebrado uma das mais fortes tradições do país.

O primeiro sintoma de sua conduta "anormal" surgiu logo depois que os financistas judeus perderam sua posição nas indústrias do ouro e do diamante. Em vez de deixarem o país, instalaram-se permanentemente,[54] o que constituía uma atitude nova para um grupo branco, já que não faziam parte nem da aristocracia branca da África nem do "pobre lixo branco". Em lugar disso, passaram quase imediatamente a fundar indústrias e ingressar em profissões que, de acordo com a opinião sul-africana, eram "secundárias", porque não se relacionavam com o ouro.[55] Os judeus se tornaram fabricantes de móveis e de roupas, lojistas e profissionais liberais, médicos, advogados e jornalistas. Em outras palavras, por mais que julgassem haver-se adaptado às condições da ralé do país e à sua atitude racial, os judeus acabaram violando a sua norma mais importante ao introduzirem na economia sul-africana um fator de normalidade e produtividade, com o resultado de que, quando o sr. Malan apresentou ao

(51) James, *op. cit.*, pp. 111-2. "O governo achou que esse era um bom exemplo para os empregadores privados (...) e a opinião pública logo forçou mudanças nas políticas de contratação de muitos empregadores."

(52) James, *op. cit.*, p. 108.

(53) Aqui, mais uma vez, uma diferença nítida entre os primeiros imigrantes e os financistas pode ser identificada até o fim do século XIX. Saul Salomon, por exemplo, um amigo dos negros e membro do Parlamento do Cabo, descendia de uma família que se estabelecera na África do Sul no início do século XIX. Emden, *op. cit.*

(54) Entre 1924 e 1930, 12.319 judeus imigraram para a África do Sul, enquanto apenas 491 deixaram o país. São algarismos muito surpreendentes, quando se considera que a imigração total, no mesmo período, após a dedução de emigrantes, foi de 14.241 pessoas. (Ver Schultze, *op. cit.*) Se compararmos estes algarismos com os dados de imigração (nota 6), vê-se que os judeus constituíram perto de um terço de toda a imigração da África do Sul nos anos 20, e que eles, em grande contraste com todas as outras categorias de *uitlanders*, ficaram lá permanentemente.

(55) "Líderes nacionalistas africânderes deploraram o fato de que existem 102 mil judeus na União; a maioria deles são escriturários, empregados industriais, lojistas ou profissionais livres. Os judeus contribuíram em muito para as indústrias secundárias da África do Sul — isto é, indústrias que não as de mineração de ouro e diamantes —, concentrando-se especialmente na fabricação de roupas e de móveis" (James, *op. cit.*, p. 46).

Parlamento um projeto de lei para expulsar todos os judeus da União, teve o apoio entusiástico de todos os brancos pobres e de toda a população africânder.[56]

Essa mudança de função econômica dos judeus sul-africanos, e a sua transformação de nebulosas personagens do sombrio mundo do ouro e da raça na única parte produtiva da população, veio como tardia confirmação dos antigos receios do bôeres. Eles odiavam os judeus não tanto como intermediários da riqueza supérflua ou representantes do mundo do ouro; haviam-nos odiado e desprezado como a própria imagem dos *uitlanders*, que procurariam transformar o país em mais uma área produtiva da civilização ocidental, e cuja motivação de lucro ameaçaria mortalmente o mundo fantasma da raça. E, quando os judeus foram finalmente afastados do negócio do ouro e não puderam deixar o país como o teriam feito quaisquer outros estrangeiros nas mesmas condições, mas se dedicaram a indústrias "secundárias", ficou patente que os bôeres tinham razão. Os judeus, inteiramente sozinhos e sem constituírem reflexo de ninguém ou de coisa alguma, haviam se tornado verdadeira ameaça à sociedade racista. Assim, os judeus concentraram contra si as hostilidades de todos os que acreditam em raça e em ouro — ou seja, de quase toda a população européia da África do Sul. Contudo, não podem e não querem unir a sua causa à do único outro grupo que, lenta e gradualmente, está se libertando da sociedade racial: os trabalhadores negros, que se tornam cada vez mais conscientes de sua humanidade, exatamente sob o impacto do trabalho industrial e da vida urbana. Embora esses negros, em contraste com os "brancos", tenham uma origem racial genuína, não fizeram da raça um fetiche, e a abolição da sociedade racista significa somente a promessa de sua libertação.

Em contraste com os nazistas, para os quais o racismo e o anti-semitismo foram armas políticas importantes para a destruição da civilização e para o estabelecimento de uma nova estrutura, o racismo e o anti-semitismo da África do Sul são conseqüências naturais do *status quo*. Não precisaram do nazismo para nascer, e só indiretamente influenciaram o nazismo.

Não obstante, a sociedade racista da África do Sul teve efeitos de bumerangue sobre a conduta dos povos europeus: em conseqüência da importação da barata mão-de-obra indiana e chinesa pela África do Sul, verificou-se uma mudança de atitude também em relação aos nativos na Ásia, quando pela primeira vez as pessoas de cor passaram a ser tratadas quase do mesmo modo como os assustados europeus tratavam os selvagens africanos.[57] Mas dessa vez não havia desculpas ou razões logicamente compreensíveis para que tratassem indianos e chineses como se não fossem seres humanos. De certo modo, o verdadeiro crime nasceu nesse momento, pois agora o homem branco não tinha motivos para

---

(56) *Ibid.*, pp. 67-8.

(57) Mais de 100 mil *coolies* [trabalhadores não-especializados] indianos foram "importados" no século XIX para as plantações de cana-de-açúcar situadas na província de Natal. Foram seguidos por trabalhadores chineses nas minas, que eram cerca de 55 mil em 1907. Em 1910, o governo britânico ordenou o repatriamento de todos os trabalhadores chineses das minas e, em 1913, proibiu a imigração de indianos e de outros povos da Ásia. Em 1931, 142 mil asiáticos que ainda viviam na União eram tratados como nativos africanos. (Ver também Schultze, *op. cit.*)

ignorar o que estava fazendo. É certo que, na Ásia, a noção de raça foi ligeiramente modificada: "estirpes superiores e inferiores" ainda indicavam uma diferença de grau e uma possibilidade de evolução, idéia que, de certa forma, escapava ao conceito de duas espécies animais inteiramente diferentes. Por outro lado, como o princípio racial suplantava a noção de povos estrangeiros e exóticos na Ásia, tornou-se uma arma que, com relação a eles, foi aplicada muito mais conscientemente para o domínio e para a exploração do que na África.

De significado menos imediato mas de maior importância para os governos totalitários foi outra experiência da sociedade racista da África: a motivação do lucro não é algo sagrado e pode ser suplantada, as sociedades podem funcionar segundo princípios não-econômicos, e tais circunstâncias podem favorecer aqueles que, nas condições de produção racional e de sistema capitalista, seriam subprivilegiados. A sociedade racista da África do Sul ensinou à ralé a grande lição da qual sempre tivera uma noção confusa — de que, por meio de mera violência, um grupo subprivilegiado podia criar uma classe ainda inferior a si próprio; que para isso não era necessária uma revolução, mas bastava que ele se unisse aos grupos das classes dominantes; e que os povos estrangeiros ou atrasados ofereciam as melhores oportunidades para o emprego dessas táticas.

Os primeiros a perceber todo o impacto da experiência africana foram os líderes da ralé como Carl Peters, que se julgavam legitimamente pertencentes à raça de senhores. As possessões coloniais africanas tornaram-se o solo mais fértil para que florescesse o grupo que viria a ser mais tarde a elite nazista. Viram ali como era possível transformar povos em raças e como, pelo simples fato de tomarem a iniciativa desse processo, podiam elevar o seu próprio povo à posição de raça dominante. A África serviu para curá-los da ilusão de que o processo histórico é necessariamente "progresssista", pois se o destino dos antigos colonos era a marcha em alguma direção, os "holandeses na África do Sul fugiam de toda direção — e não deixaram de conquistar a hegemonia";[58] e, se "a história econômica havia ensinado que o homem progredira gradualmente do estágio da caça à condição de pastores e finalmente à vida sedentária e agrícola", a história dos bôeres demonstrava claramente que também era possível vir "de uma terra que fora a pioneira da agricultura próspera e intensiva (...) [e] gradualmente voltar a ser pastor e caçador".[59] Esses líderes compreendiam muito bem que, precisamente por terem descido ao nível das tribos selvagens, os bôeres eram agora seus senhores absolutos. Conscientes disso, estavam perfeitamente dispostos a pagar o preço necessário, a retroceder ao nível de uma organização racista, desde que com isso pudessem conseguir o domínio de outras "raças". E sabiam, pelo contato com indivíduos dos quatro cantos do mundo que acorreram à África do Sul, que toda a ralé do mundo ocidental civilizado estaria com eles.[60]

(58) Barnes, *op. cit.*, p. 13.
(59) Kiewiet, *op. cit.*, p. 13.
(60) "Quando os economistas declararam que salários mais altos eram uma forma de subvenção, e que o trabalho protegido era antieconômico, respondeu-se que o sacrifício seria benéfico,

3. O CARÁTER IMPERIALISTA

Dos dois principais mecanismos políticos do domínio imperialista, a raça foi descoberta na África do Sul e a burocracia na Argélia, Egito e Índia; a primeira foi inicialmente a reação quase inconsciente diante de tribos cuja humanidade atemorizava e envergonhava o homem europeu, enquanto a segunda resultou da aplicação de princípios administrativos através dos quais os europeus haviam tentado dominar povos estrangeiros considerados inferiores e carentes de sua proteção especial. Em outras palavras, a raça foi a fuga para a irresponsabilidade desprovida de qualquer aspecto humano, e a burocracia foi a conseqüência da tentativa de assumir uma responsabilidade que, na verdade, nenhum homem pode assumir por outro homem e nenhum povo por outro povo.

O exagerado senso de responsabilidade dos administradores britânicos da Índia, que sucederam os "transgressores da lei" de Burke, resultava do fato de que o Império Britânico havia sido adquirido "num momento de descuido". Assim, aqueles que se defrontavam com o fato consumado e com a tarefa de conservar aquilo que haviam herdado acidentalmente tinham de encontrar uma interpretação que transformasse o acaso em ato consciente. Desde os tempos antigos, as lendas servem para alterar fatos históricos dessa natureza: e as lendas fabricadas pelos intelectuais britânicos tiveram um papel decisivo na formação do burocrata e do agente secreto dos serviços ingleses.

As lendas sempre influenciaram fortemente a feitura da história. O homem, que não tem o poder de modificar o passado, que herda as ações alheias sem consulta prévia e sente o peso da responsabilidade resultante de uma série infinita de acasos e não de atos conscientes, exige uma explicação e uma interpretação do passado, onde parece esconder-se a misteriosa chave do seu destino futuro. As lendas foram o alicerce espiritual dos povos antigos, uma promessa de guia seguro para a vastidão do amanhã. Sem jamais relatar fielmente os fatos, mas expressando sempre o seu verdadeiro significado, oferecem uma verdade que transcende a realidade, uma lembrança além da memória.

As explicações lendárias da história sempre serviram como tardias correções de fatos e eventos reais, necessárias precisamente porque a própria história iria responsabilizar o homem por atos que ele não havia cometido e por conseqüências que não tinha previsto. A veracidade das lendas antigas — aquilo que lhes empresta uma fascinante atualidade muitos séculos após a destruição das cidades, impérios e povos a que serviram — estava na forma a que eram redu-

---

se os elementos menos afortunados da população branca finalmente encontrassem um lugar seguro na vida moderna." "Mas não tem sido apenas na África do Sul que a voz do economista convencional não é mais ouvida, desde o fim da Grande Guerra. (...) Numa geração que viu a Inglaterra abandonar o livre comércio, a América deixar o padrão-ouro, o Terceiro Reich abraçar a autarquia, (...) a insistência da África do Sul em que sua vida econômica se organize de forma a assegurar a posição dominante da raça branca não está realmente fora de lugar." (Kiewiet, *op. cit.*, pp. 224 e 225.)

zidos os fatos passados, para ajustá-los à condição humana em geral e a determinadas aspirações políticas em particular. Somente através das narrativas francamente inventadas o homem consentia em assumir a responsabilidade pelos acontecimentos e em considerar os eventos passados como o *seu* passado. As lendas davam-lhe o domínio sobre o que não fora obra sua, e a capacidade de lidar com o que não podia desfazer. Nesse sentido, as lendas não são apenas as primeiras lembranças da humanidade, mas também o verdadeiro começo da história humana.

O florescimento das lendas históricas e políticas terminou de modo bastante abrupto após o nascimento do cristianismo. A interpretação cristã da história, desde os tempos de Adão até o Juízo Final, como uma estrada única para a redenção e a salvação ofereceu a mais poderosa e completa explicação lendária do destino humano. Somente depois que a unidade espiritual dos povos cristãos cedeu à pluralidade das nações, quando a estrada da salvação tornou-se um artigo incerto da fé individual e não mais a teoria universal aplicável a todos os casos, é que surgiram novos tipos de explicações históricas. O século XIX ofereceu-nos o curioso espetáculo do nascimento quase simultâneo das mais diversas e contraditórias ideologias, cada uma das quais pretendia conhecer a verdade a respeito de fatos que, de outra forma, seriam incompreensíveis. As lendas, porém, não são ideologias; não visam a explicações universais: interessam-se por fatos concretos. Parece-nos bastante significativo que o surgimento de estruturas nacionais não tenha, em parte alguma, sido reforçado por lendas que legitimassem a sua fundação e que, somente quando era óbvio o declínio da entidade nacional e quando o imperialismo parecia substituir o nacionalismo antiquado, surgisse a lenda do imperialismo.

O autor da lenda imperialista é Rudyard Kipling, seu tema é o Império Britânico, seu resultado é o homem imperialista (o imperialismo foi a única escola formadora de caráter na política moderna). E, embora a lenda do Império Britânico tenha pouco a ver com as realidades do imperialismo inglês, conseguiu levar para os serviços do Império, por força ou por ilusão, os melhores filhos da Inglaterra. Pois as lendas atraem a elite como as ideologias atraem os homens comuns, e como as descrições de "terríveis" forças ocultas atraem a ralé e a escória. Nenhuma estrutura política é mais evocativa de lendas e justificações que o Império Britânico ou o povo inglês, que passava de consciente fundador de colônias a dominador de povos estrangeiros em todo o mundo.

A lenda da fundação, contada por Kipling, começa com a realidade fundamental do povo das Ilhas Britânicas.[61] Cercados pelo mar, necessitam do auxílio dos três elementos — Água, Vento e Sol — e o obtêm com a invenção do Navio. O navio tornou possível a sempre perigosa aliança com os elementos e fez do inglês o senhor do mundo. "Conquistarás o mundo", diz Kipling, "sem que ninguém se *importe* como; conservarás o mundo em teu poder sem que ninguém *saiba* como; e levarás o mundo em tuas costas sem que ninguém se *aperceba* como. Mas nem tu nem teus filhos ganharão coisa alguma por esse

---

(61) Rudyard Kipling, "The first sailor", em *Humorous tales*, 1891.

pequeno feito, a não ser os Quatro Dons — um do Mar, um do Vento, um do Sol e um do Navio que te leva. (...) Pois conquistando o mundo e conservando o mundo, e levando o mundo às tuas costas — na terra, no mar ou no ar —, os teus filhos terão sempre Quatro Dons. Serão intelectualmente astutos, macios no falar e terão a mão pesada — terrivelmente pesada —; e estarão sempre um pouco a barlavento do inimigo, para que possam salvaguardar os que cruzam os mares para fins lícitos."

O que torna essa pequena história de "The first sailor" tão próxima das antigas lendas de fundação é o fato de apresentar o povo britânico como o único politicamente amadurecido e preocupado com a lei e encarregado do bem-estar do mundo, em meio aos bárbaros que não sabem nem querem saber o que faz o mundo girar. Infelizmente, da história de Kipling não emana a verdade inata das lendas antigas; o mundo se importava, e sabia, e viu como eles fizeram tudo, e nenhuma lenda podia jamais convencer a ninguém que os ingleses "não haviam ganho coisa alguma com aquele pequeno feito". Existia, contudo, uma certa realidade na própria Inglaterra que correspondia à lenda de Kipling e que a tornara possível: a existência de virtudes como cavalheirismo, nobreza, bravura, embora completamente deslocadas numa realidade política dominada por Cecil Rhodes ou por lorde Curzon — símbolos de um mundo e de um tipo de domínio.

O racismo e a hipocrisia escondida na definição do "fardo do homem branco" não impediram que alguns dos melhores homens da Inglaterra a aceitassem seriamente, transformando-se em trágicos e quixotescos bobos do imperialismo. Existe na Inglaterra outra tradição, menos óbvia do que a tradição da hipocrisia, que poderíamos chamar de tradição de "matadores-de-dragões". São os que partem entusiasmados para países distantes e exóticos, ao encontro de povos estranhos e ingênuos, para matar os numerosos dragões que os atormentam há séculos. Há uma boa dose de verdade na outra história de Kipling, "The tomb of his ancestors",[62] na qual a família Chinn "serve a Índia, geração após geração, como uma fileira de golfinhos a cruzar o mar aberto". Matam o cervo que devora a plantação do pobre, a quem ensinam os mistérios de métodos agrícolas melhores, livrando-o de algumas superstições em que crê; trucidam leões e tigres; e sua única recompensa é um "túmulo de ancestrais" e uma lenda familiar, aceita por toda a tribo indiana, segundo a qual "o respeitado ancestral (...) tem o seu próprio tigre — um tigre de sela que ele monta para andar pelo mato sempre que tem vontade". Infelizmente, esses passeios são "sinal certo de guerra ou peste ou ... ou de algo", que no caso do conto revela-se ser sinal de vacina. De modo que Chinn, o Moço, subalterno sem importância na hierarquia do Exército, mas de suma importância para os indianos, tem de matar a montaria do seu ancestral para que o povo possa ser vacinado sem medo de "guerras ou peste ou algo".

Se levarmos em conta a vida moderna, os Chinn são realmente "mais afortunados que a maioria". Têm a sorte de nascer para uma carreira que,

---

(62) Em *The day's work*, 1898.

suave e naturalmente, os leva a realizar os melhores sonhos da juventude. Quando outros jovens têm de esquecer seus "nobres sonhos", eles se encontram na idade certa para transformá-los em ação. E, quando se aposentam após trinta anos de serviço, seu navio cruza com "o carregamento de tropas que parte, levando para o Oriente o filho que vai cumprir o dever da família", de modo que o vigor da existência do velho Chinn, como matador-de-dragão eleito pelo governo e pago pelo Exército, pode ser transmitido à próxima geração. É certo que o governo britânico recompensa-lhes os serviços, mas não se sabe ao certo a quem terminam servindo. É muito provável que sirvam realmente a essa tribo indiana, geração após geração, e é sem dúvida um consolo o fato de que pelo menos a própria tribo pensa assim. Se os serviços superiores nada sabem dos estranhos deveres e aventuras do pequeno tenente Chinn e ignoram que ele é a reencarnação vitoriosa do seu avô, isso dá à sua dupla vida onírica uma tranqüila base de realidade. Ele simplesmente se sente à vontade nos dois mundos separados por muralhas à prova d'água e à prova de mexericos. Nascido "no coração da floresta mirrada e feroz" e educado entre o seu próprio povo na Inglaterra pacata, equilibrada e mal informada, está pronto a viver permanentemente com dois povos, e é bem entrosado e versado na tradição, língua, superstição e preconceitos de ambos. De um momento para outro, pode mudar de obediente e subalterno soldado de Sua Majestade para a excitante e nobre figura do mundo nativo, protetor bem-amado dos fracos e matador-de-dragões das velhas histórias.

Mas esses curiosos e quixotescos protetores dos fracos, que desempenhavam seu papel por trás dos bastidores do domínio oficial britânico, não eram tanto o produto da ingênua imaginação de um povo primitivo quanto de sonhos que encerravam as melhores tradições européias e cristãs, mesmo quando estas já se haviam deteriorado na futilidade de ideais de infância. Nenhum soldado de Sua Majestade, nenhum oficial superior britânico podia ensinar aos nativos algo da grandeza do mundo ocidental; só aqueles que nunca tinham podido desfazer-se de seus ideais de infância e que, portanto, haviam se alistado nos serviços coloniais estavam à altura da tarefa. O imperialismo era para eles somente uma oportunidade acidental de fugirem de uma sociedade na qual, para crescer, o homem tinha de esquecer sua mocidade. Para a sociedade inglesa era um alívio vê-los partirem para países distantes, circunstância que permitia que se tolerassem e até se estimulassem os ideais de infância no sistema de *public schools* [internatos particulares]; os serviços coloniais levavam-nos para longe da Inglaterra e evitavam que transformassem seus ideais infantis nas idéias maduras de um homem. As terras estranhas e curiosas atraíram os melhores jovens da Inglaterra desde o fim do século XIX, privaram sua sociedade dos elementos mais honestos e mais perigosos, e garantiram uma certa conservação, ou talvez petrificação, da nobreza dos jovens que preservou *e* infantilizou os padrões morais do Ocidente.

Lorde Cromer, secretário do vice-rei e membro financeiro do governo pré-imperialista da Índia, pertencia ainda à categoria dos matadores-de-dragões ingleses. Guiado apenas pelo "senso de sacrifício" em relação às populações atrasadas e pelo "senso de dever"⁶³ para com a glória da Grã-Bretanha que "fez surgir uma classe de funcionários com o desejo e a capacidade de governar",⁶⁴ declinou em 1894 do posto de vice-rei e recusou dez anos mais tarde o lugar de secretário de Estado dos Negócios Exteriores. Em lugar de tais honrarias, que teriam satisfeito a um homem de menor calibre, tornou-se o pouco conhecido mas todo-poderoso cônsul-geral britânico no Egito de 1883 a 1907. Lá, veio a ser o primeiro administrador imperialista, certamente "não inferior a nenhum dos que glorificaram a raça inglesa com os seus serviços"⁶⁵ e talvez o último a morrer com tranqüilo orgulho: *Let these suffice for Britain's Meed — / No nobler price was ever won, / The blessings of a people freed, / The consciousness of duty done.*⁶⁶

Cromer foi para o Egito porque compreendia que "o inglês que se esforça em conservar sua amada Índia [tem de] ter um pé firme nas margens do Nilo". ⁶⁷ O Egito, para ele, não passava de um meio para atingir um fim, uma expansão necessária em prol da segurança da Índia. Sucedeu que quase ao mesmo tempo outro inglês assentou o pé no continente africano, embora no extremo oposto e por motivos opostos: Cecil Rhodes foi para a África do Sul e salvou a colônia do Cabo quando esta havia perdido toda a importância para a "amada Índia" dos ingleses. As idéias expansionistas de Rhodes eram muito mais avançadas que as do seu colega mais respeitável do norte; para ele, a expansão não precisava ser justificada por motivos sensatos como a necessidade de preservar o que já se possuía. "A expansão é tudo", dizia, e nesse sentido a Índia, a África do Sul e o Egito eram igualmente importantes ou desimportantes como degraus numa expansão a que só o tamanho da terra impunha limites. Havia por certo um abismo entre Rhodes, o vulgar megalômano, e Cromer, o culto homem do dever e do sacrifício; contudo, alcançaram resultados mais ou menos idênticos e foram igualmente responsáveis pelo "Grande Jogo" do segredo, que não foi menos insano nem menos nocivo para a política do que o mundo fantasma das raças.

A principal semelhança entre o governo de Rhodes na África do Sul e o domínio de Cromer no Egito era esta: ambos olhavam os seus países não como fins, mas simplesmente como meios para uma finalidade supostamente mais elevada. Igualavam-se, portanto, em sua indiferença e alheamento, em sua genuína falta de interesse pelos súditos, atitude tão distinta da crueldade e arbitrariedade dos déspotas nativos da Ásia como da incúria exploradora dos conquistadores ou da anárquica e louca opressão de uma tribo por outra. Assim

---

(63) Lawrence J. Zetland, *Lord Crommer*, 1932, p. 16.

(64) Lorde Cromer, "The government of subject races", em *Edinburgh Review*, janeiro de 1908.

(65) Lorde Curzon, na inauguração da placa em memória de Cromer. Ver Zetland, *op. cit.*, p. 362.

(66) "Que a Inglaterra se contente com este prêmio, —/ jamais outro mais nobre foi conseguido / as bênçãos de um povo libertado, / a consciência do dever cumprido." Citado de um longo poema de Cromer. Ver Zetland, *op. cit.*, pp. 17-8.

(67) De uma carta escrita por lorde Cromer em 1882. *Ibid.*, p. 87.

que Cromer começou a governar o Egito por amor à Índia, perdeu o seu papel de protetor de "povos atrasados" e já não podia crer sinceramente que "a defesa do interesse pelas raças subjugadas é o principal fundamento de toda a estrutura imperial".[68]

O alheamento passou a ser a atitude de todos os membros da administração britânica, numa forma de governo mais perigosa que o despotismo e a arbitrariedade, porque nem ao menos tolerava aquele último elo de ligação entre o déspota e seus súditos, que eram o suborno e os presentes. A própria integridade da administração britânica tornou seu governo mais desumano e mais inacessível aos seus súditos que o de qualquer dominador ou conquistador.[69] A integridade e o alheamento simbolizavam uma absoluta separação de interesses, a ponto de nem poderem entrar em conflito. Comparada a eles, a exploração, a corrupção ou a opressão parece salvaguardar a dignidade humana, porque o explorador e o explorado, o opressor e o oprimido, o corruptor e o corrupto ainda vivem no mesmo mundo, ainda têm objetivos comuns, ainda se batem pela posse das mesmas coisas; e era isso que o alheamento destruía. E o pior era que o administrador alheado mal percebia ter inventado uma nova forma de governo: acreditava realmente que a sua atitude era condicionada pelo "contato forçado com pessoas que viviam num plano inferior". Assim, em vez de crer na sua superioridade individual, com algum rastro de vaidade inofensiva, sentia-se como membro de "uma nação que havia atingido um nível relativamente alto de civilização"[70] e, portanto, podia manter a sua posição por direito de nascimento, independentemente de realizações pessoais.

A carreira de lorde Cromer é fascinante porque personifica o ponto de transição entre os antigos serviços coloniais e os serviços imperialistas. Sua primeira reação às funções que desempenharia no Egito foi certa inquietude e preocupação com um estado de coisas que, sem ser "anexação", era "uma forma híbrida de governo à qual não se pode dar nome e para a qual não há precedente".[71] Em 1885, depois de dois anos de serviço, ainda alimentava sérias dúvidas a respeito de um sistema no qual ele era, normalmente, o cônsul-geral inglês e, na prática, o governante do Egito, e escreveu que um "mecanismo altamente delicado, [cujo] funcionamento eficaz depende muito do julgamento e da habilidade de alguns indivíduos (...), pode (...) ser justificado [somente] se pudermos ter sempre em vista a possibilidade de evacuação. (...) Se essa possibilidade se tornar tão remota a ponto de ser quase inexistente (...) ser-nos-á preferível (...) acertar (...) com as outras potências que assumiremos o governo do país, garantindo sua dívida etc.".[72] Não há dúvida de que Cromer tinha razão, e que tanto a ocupação como a evacuação teriam normalizado aquele estado de

---

(68) Lorde Cromer, *op. cit.*

(69) O suborno "era talvez a instituição mais humana na trama de arame farpado da ordem russa". Olgin, *The soul of the Russian revolution*, Nova York, 1917.

(70) Zetland, *op. cit.*, p. 89.

(71) De uma carta de lorde Cromer de 1884. *Ibid.*, p. 117.

(72) Numa carta a lorde Granville, membro do Partido Liberal, em 1885. *Ibid.*, p. 219.

coisas. Mas aquela "forma híbrida de governo" sem precedentes iria marcar todo o empreendimento imperialista de tal modo que, algumas décadas depois, ninguém se lembrava da sensata opinião de Cromer quanto a formas possíveis e impossíveis de governo, da mesma maneira como foi esquecido o que lorde Selbourne percebera havia muito tempo quando disse que uma sociedade racista como modo de vida era um fenômeno sem precedentes. Nada caracteriza melhor o estágio inicial do imperialismo do que a combinação dessas duas opiniões sobre as condições existentes na África: um modo de vida sem precedentes no sul e um governo sem precedentes no norte.

Nos anos que se seguiram, Cromer reconciliou-se com a "forma híbrida de governo"; começou a justificá-la em suas cartas e expôs a necessidade de um governo sem denominação e sem precedentes. No fim da vida, traçou (em seu ensaio sobre "O governo de raças dominadas") as linhas mestras do que se pode chamar a filosofia do burocrata.

De início Cromer reconhecia que a "influência pessoal" sem qualquer tratado político escrito podia bastar para uma "supervisão suficientemente eficaz dos negócios públicos"[73] nos países estrangeiros. Esse tipo de influência informal era preferível a uma política bem definida, porque podia ser alterada de um momento para outro e não envolvia necessariamente o governo inglês em caso de dificuldade. Exigia um corpo de assistentes altamente treinados e dignos de confiança, cuja lealdade e patriotismo não estivessem ligados à ambição e à vaidade pessoal, e que teriam de renunciar até mesmo à aspiração tão humana de verem o nome que portavam associado às suas façanhas. Sua maior paixão teria de ser o sigilo ("quanto menos se falar dos funcionários britânicos, melhor")[74] e uma função por trás dos bastidores; seu maior desprezo seria pela publicidade e por aqueles que a apreciavam.

O próprio Cromer caracterizava-se em alto grau por todas estas qualidades; nunca ficou mais furioso do que quando o "tiraram do esconderijo", quando "a realidade que antes só uns poucos conheciam [tornou-se] patente aos olhos de todos".[75] Seu orgulho era realmente "permanecer mais ou menos oculto [e] puxar os cordões".[76] Em contrapartida, e para que possa executar o seu trabalho, o burocrata tem de se sentir a salvo de controles — tanto de louvor como de reprovação — de todas as instituições públicas, seja o Parlamento, os "Departamentos Ingleses" ou a imprensa. Cada avanço da democracia, ou mesmo o simples funcionamento das instituições democráticas existentes, só pode tornar-se uma ameaça, pois é impossível governar "um povo por intermédio de outro povo — o povo da Índia através do povo da Inglaterra".[77] A burocracia é sempre um governo de peritos, de uma "minoria experiente",

---

(73) De uma carta a lorde Rosebery em 1886. *Ibid.*, p. 134.
(74) *Ibid.*, p. 352.
(75) De uma carta a Lord Rosebery em 1893. *Ibid.*, pp. 204-5.
(76) *Ibid.*, p. 192.
(77) De um discurso de Cromer no Parlamento após 1904. *Ibid.*, p. 311.

que tem de resistir da melhor forma possível à constante pressão da "maioria inexperiente". Todo povo é basicamente formado por uma maioria inexperiente e, portanto, não se lhe pode confiar um assunto tão altamente especializado como política e negócios públicos. Além disso, os burocratas não devem absolutamente ter idéias gerais a respeito de assuntos políticos; seu patriotismo não deve desorientá-los a ponto de acreditarem na virtude intrínseca dos princípios políticos do seu próprio país; isto apenas resultaria numa vulgar aplicação "imitativa" desses princípios "ao governo das populações atrasadas", o que, na opinião de Cromer, era o principal defeito do sistema francês.[78]

Ninguém jamais dirá que Cecil Rhodes sofria de falta de vaidade. Segundo Jameson, ele esperava ser lembrado durante pelo menos 4 mil anos. No entanto, a despeito de todo o seu apetite de autoglorificação, teve a mesma idéia de governo sigiloso que o supermodesto lorde Cromer. Extremamente dado a redigir testamentos, Rhodes insistiu em todos eles (no decorrer de duas décadas de vida pública) em que o seu dinheiro deveria ser usado para fundar "uma sociedade secreta (...) que realizasse os seus planos", sociedade que devia ser organizada "como a de Loyola, com o apoio da riqueza acumulada daqueles cuja aspiração é o desejo de fazer algo", de sorte que, eventualmente, existiriam "de 2 a 3 mil homens na flor da vida espalhados pelo mundo, cada um dos quais levaria gravado na alma, desde os anos mais tenros, o sonho do fundador e, além disso, teriam sido especialmente — matematicamente — escolhidos para a finalidade prevista pelo Fundador".[79] Possuidor de visão mais larga que a de Cromer, Rhodes abriu desde logo a sociedade a todos os membros da "raça nórdica",[80] de sorte que o seu objetivo não era tanto a expansão ou a glória da Grã-Bretanha — e a ocupação por ela de "todo o continente africano, da Terra Santa, do vale do Eufrates, das ilhas de Chipre e Creta, de toda a América do Sul, das ilhas do Pacífico, (...) de todo o arquipélago malaio, dos litorais da China e do Japão [e] a recuperação final dos Estados Unidos"[81] — quanto a expansão da "raça nórdica", a qual, unida em sociedade secreta, fundaria um governo burocrático para dominar todos os povos da terra.

O que venceu a monstruosa vaidade inata de Rhodes e o fez descobrir os atrativos do sigilo foi o mesmo que venceu o senso do dever inato de Cromer: a descoberta de uma expansão que não era motivada pelo apetite específico por um país específico, mas sim concebida como processo infindável no qual cada

---

(78) No decorrer das negociações e considerações das normas administrativas para a anexação do Sudão, Cromer insistiu em que o assunto fosse mantido fora da esfera de influência francesa: fez isso porque sentia "a mais completa falta de confiança no sistema administrativo [francês] aplicado às raças dominadas" (de uma carta a Salisbury em 1899. *Ibid.*, p. 248).

(79) Rhodes escreveu seis testamentos (o primeiro foi redigido em 1877), todos os quais mencionam a "sociedade secreta". Para maiores detalhes, ver Basil Williams, *Cecil Rhodes*, Londres, 1921, e Millin, *op. cit.*, pp. 128 e 331. As citações são feitas por W. T. Stead.

(80) A "sociedade secreta" de Rhodes terminou sendo a mui respeitável Rhodes Scholarship Association, à qual ainda hoje são admitidos só os ingleses e membros das demais "raças nórdicas", como alemães, escandinavos e norte-americanos.

(81) Basil Williams, *op. cit.*, p. 51.

país serviria de degrau para expansões futuras. Diante de tal conceito, o desejo de glória já não era saciado pelo glorioso triunfo sobre determinado povo, nem o senso do dever era apaziguado pela consciência de determinados serviços ou pelo cumprimento de determinadas tarefas. Não importam as qualidades ou defeitos individuais que um homem possa ter: uma vez mergulhado no turbilhão de um processo expansionista sem limites, cessa, por assim dizer, de ser o que era e obedece às leis do processo, identifica-se com as forças anônimas a que deve servir para manter o processo em andamento; concebe a si próprio como mera função e chega a ver nessa função, nessa encarnação da tendência dinâmica, a sua mais alta realização. A essa altura, como o próprio Rhodes foi suficientemente louco para dizer, não pode realmente "fazer nada errado", e assim tudo o que fizer "passa a ser certo. Era seu dever fazer o que quisesse. Sentia-se como um deus — nem mais nem menos".[82] Mas lorde Cromer apontou, com sensatez, o mesmo fenômeno — homens que baixavam voluntariamente à condição de meros instrumentos ou meras funções — quando chamou os burocratas de "instrumentos de incomparável valor na execução da política do imperialismo".[83]

É óbvio que esses agentes secretos ou anônimos da força expansionista não tinham o menor senso de obediência às leis humanas. A única "lei" que seguiam era a "lei" da expansão, e a única prova de sua "legalidade" era o sucesso. Tinham de estar perfeitamente dispostos a desaparecer no completo esquecimento em caso de fracasso, sumir, se por algum motivo deixassem de ser "instrumentos de incomparável valor". Enquanto alcançavam o sucesso, a sensação de forças incorporadoras, maiores do que eles próprios, tornava relativamente fácil dispensar e mesmo desprezar o aplauso e a glorificação. Eram monstros de presunção no sucesso e monstros de modéstia no fracasso.

Essa superstição de uma possível identificação mágica do homem com as forças da história está na base da burocracia como forma de governo e da definitiva substituição da lei por decretos provisórios e mutáveis. Para tal estrutura política, o ideal será sempre o homem que puxa os cordões da história por trás da cortina. Cromer finalmente chegou a evitar todo "instrumento escrito ou qualquer coisa tangível"[84] em suas relações com o Egito — até mesmo uma proclamação de anexação — para ter a liberdade de obedecer somente à lei da expansão, sem se sujeitar a tratados redigidos por homens. Do mesmo modo, o burocrata evita toda lei geral e trata cada caso separadamente, por meio de decreto, porque a estabilidade da lei gera a ameaça de formar uma comunidade na qual ninguém pode vir a ser um deus, porque todos têm de obedecê-la.

As duas figuras centrais desse sistema, cuja própria essência é o processo sem fim, são, de um lado, o burocrata e, do outro, o agente secreto. Enquanto serviam apenas o imperialismo britânico, nem um nem outro chegaram a negar

---

(82) Millin, *op. cit.*, p. 92.
(83) Cromer, *op. cit.*
(84) De uma carta de lorde Cromer a lorde Rosebery em 1886. Zetland, *op. cit.*, p. 134.

que descendessem de matadores-de-dragões e protetores dos fracos e, portanto, nunca levaram os regimes burocráticos aos seus naturais extremos. Quase vinte anos depois da morte de Cromer, um burocrata inglês sabia que os "massacres administrativos" podiam forçar a Índia a permanecer parte do Império Britânico, mas sabia também como era utópico tentar obter o apoio da administração em Londres para esse tipo de planos, embora fossem bastante realistas.[85] Lorde Curzon, o vice-rei da Índia, não mostrou nada da nobreza de Cromer e era produto bem típico de uma sociedade cada vez mais tendente a aceitar os padrões raciais da ralé, se estes lhe fossem oferecidos sob a forma de esnobismo elegante.[86] Mas o esnobismo é incompatível com o fanatismo e, portanto, nunca é realmente eficaz.

O mesmo se aplica aos membros do Serviço Secreto Britânico. Sua origem também é ilustre — o que o matador-de-dragões era para o burocrata, o aventureiro é para o agente secreto —, e também eles tinham o direito de reclamar sua lenda fundamental, a lenda do Grande Jogo como é narrada em *Kim* por Rudyard Kipling.

Todo aventureiro sabe, naturalmente, o que Kipling queria dizer quando louvava Kim porque "ele amava o jogo pelo próprio jogo". Toda pessoa ainda capaz de admirar-se ante "este grande e maravilhoso mundo" sabe que não é nenhum argumento contra o jogo o fato de que "missionários e secretários de beneficências não podiam compreender a sua beleza". E aqueles que julgam "um pecado beijar a boca de uma branca e uma virtude beijar o sapato de um negro"[87] têm ainda menos razão de falar. Uma vez que a própria vida, afinal, tem de ser vivida e amada pelo que é, a aventura e o amor ao jogo pelo próprio jogo facilmente parecem simbolizar a vida de um modo intensamente humano. É esse apaixonado senso de humanidade em *Kim* que faz dele o único romance da era imperialista no qual uma genuína fraternidade une as "estirpes superiores e inferiores", e *Kim*, um "sahib e filho de um sahib", pode legitimamente dizer "nós" quando fala de "escravos encadeados", "todos puxados por uma corda só". Esse "nós" — expressão estranha na boca de um adepto do impe-

---

(85) "O sistema indiano de governo por meio de relatórios era (...) suspeito [na Inglaterra]. Na Índia, não havia julgamento por júri, e todos os juízes eram servidores pagos da Coroa, muitos dos quais podiam ser removidos à vontade. (...) Certos legisladores formais não viam com muito bons olhos o sucesso da experiência indiana. 'Se', diziam eles, 'o despotismo e a burocracia funcionam tão bem na Índia, não virá isso a ser usado como argumento para a introdução do mesmo sistema aqui?'" De qualquer modo, o governo da Índia "sabia muito bem que teria de justificar a sua política perante a opinião pública da Inglaterra, e também sabia que a opinião pública jamais toleraria a opressão" (A. Carthill, *op. cit.*, pp. 70 e 41-2).

(86) Harold Nicolson, em seu *Curzon: the last phase, 1919-1925*, Boston-Nova York, 1934, conta a seguinte história: "Por trás das linhas de combate em Flandres havia uma grande cervejaria, em cujos tonéis os soldados se banhavam ao regressar das trincheiras. Levaram Curzon para assistir a essa dantesca exibição. Ele olhou, interessado, aquela centena de corpos nus saracoteando nas nuvens de vapor. 'Ora esta!', exclamou, 'não tinha a menor idéia que a gente das classes inferiores tivesse pele tão branca.' Curzon negava a autenticidade dessa história, mas, não obstante, gostava dela" (pp. 47-8).

(87) Carthill, *op. cit.*, p. 88.

rialismo — tem mais conteúdo que o completo anonimato dos que se orgulham de "não ter um nome, mas apenas um número e uma letra", mais que o orgulho comum de ter "um preço sobre a cabeça". O que os torna camaradas — no perigo, no medo, na constante surpresa, na completa ausência de tradição e na constante disposição de trocar de identidade — é a experiência comum de serem símbolos da própria vida, símbolos do que acontecia por toda a Índia, onde participavam de toda aquela vida no momento mesmo em que ela ocorria "passando como um comboio que atravessa o Hind de ponta a ponta"; portanto, não se sentiam "sozinhos, pessoas isoladas no meio de tudo aquilo", enclausurados na limitação de sua própria individualidade e nacionalidade. Jogando o Grande Jogo, o homem pode sentir que vive a única vida que vale a pena, porque se despe de tudo o que ainda pode ser considerado acessório. A própria vida parece ficar para trás, numa pureza fantasticamente intensa, quando ele se liberta de todos os laços sociais comuns — família, ocupação regular, objetivo definido, ambições e o lugar numa comunidade à qual pertence por nascimento. "Só quando todos estão mortos é que o Grande Jogo acaba. Não antes." Só quando se morre é que a vida acaba e não antes, não quando se vem a conseguir tudo o que se desejou. O que faz o jogo tão perigosamente semelhante à própria vida é o fato de não ter um objetivo final.

A ausência de objetivos é exatamente o encanto da existência de Kim. Não foi pela Inglaterra que ele aceitou os seus estranhos encargos, nem pela Índia, nem por qualquer outra causa digna ou indigna. Noções imperialistas como a expansão por amor à expansão, ou o poder por amor ao poder, poderiam tê-lo contentado, mas eram fórmulas que não o atraíam muito, e ele certamente não as teria inventado. Adotou o seu peculiar modo de vida de "não perguntar a razão, mas apenas agir ou morrer", sem ao menos ter feito a primeira pergunta. Foi tentado apenas pela interminabilidade do jogo e pelo segredo em si. E o segredo também parece simbolizar o mistério básico da vida.

De certa forma, não foi culpa dos aventureiros natos, daqueles que por sua própria natureza viviam fora da sociedade e de todas as estruturas políticas, terem encontrado no imperialismo um jogo político que era interminável por definição; como iriam saber que, na política, jogos intermináveis só podem terminar em catástrofe, e que o segredo político raramente termina em algo melhor que a vulgar duplicidade do espião? O logro desses jogadores do Grande Jogo é que os seus patrões sabiam o que eles buscavam, e usavam o seu amor pelo anonimato para fins de mera espionagem. No entanto, esse triunfo dos investidores famintos de lucro foi temporário: foram logrados, a seu turno, quando, algumas décadas depois, enfrentaram os que jogavam o jogo do totalitarismo, um jogo sem motivos ulteriores como o lucro e, portanto, jogado com eficiência tão mortal que devorou até mesmo aqueles que o financiaram.

Antes, porém, que isso acontecesse, os imperialistas haviam destruído o melhor homem que, em todos os tempos, passou de aventureiro (com uma forte dose de matador-de-dragões) a agente secreto: Lawrence da Arábia. Nunca mais a experiência da política secreta foi levada a cabo de maneira mais pura por um homem mais decente. Lawrence fez, sem medo, a experiência em si próprio, para depois retornar e acreditar que pertencia à "geração perdida". Julgou que isso aconteceu porque "os velhos se ergueram de novo e nos roubaram a vitória" para "refazer [o mundo] à semelhança do mundo antigo que conheciam".[88] Na realidade, os velhos foram bem ineficazes até nisso, e entregaram sua vitória, juntamente com o poder, a outros homens da mesma "geração perdida", nem mais velhos que Lawrence nem muito diferentes dele. A única diferença era que Lawrence ainda se apegava firmemente a uma moralidade que, no entanto, já havia perdido toda a sua base objetiva e não passava de cavalheirismo quixotesco.

Lawrence foi levado a tornar-se agente secreto na Arábia pelo forte desejo de abandonar o mundo da respeitabilidade insípida, cuja continuidade tornara-se simplesmente sem sentido, e por seu desgosto com o mundo e consigo mesmo. O que mais o atraiu na civilização árabe foi o seu "evangelho da pobreza (...) [que] também parece incluir uma espécie de pobreza moral", que "se limpou completamente de seus deuses domésticos".[89] Depois que voltou para a civilização inglesa, o que ele mais evitou foi viver uma vida própria, de sorte que terminou alistando-se, de maneira aparentemente incompreensível, como soldado raso do Exército britânico, obviamente a única instituição onde a honra de um homem podia identificar-se com a perda de sua personalidade individual.

Quando a deflagração da Primeira Guerra Mundial levou T. E. Lawrence ao Oriente Próximo, com o encargo de fazer com que os árabes se rebelassem contra os dominadores turcos e lutassem ao lado dos ingleses, ele se viu engolfado pelo Grande Jogo. Só podia atingir o seu objetivo se um movimento nacional irrompesse entre as tribos árabes, um movimento nacional destinado a servir ao imperialismo inglês. Lawrence tinha de fingir que aquele movimento nacional árabe era o seu principal interesse, e o fez tão bem que terminou acreditando nele. Mas novamente se sentia deslocado: não podia, afinal de contas, "pensar como eles" e "assumir o seu caráter".[90] Fingindo ser árabe, podia apenas perder sua "natureza inglesa"[91] e o que o fascinou foi o completo segredo da anulação de si mesmo, não se deixando enganar pela óbvia justificativa de um governo benevolente sobre um povo atrasado, que lorde Cromer teria preferido. Apenas uma geração mais velho e mais triste do que Cromer, Lawrence encontrou profunda satisfação num papel que exigia um recondicionamento de toda a sua personalidade até que se adaptasse ao Grande Jogo, até que se tornasse a encarnação da força do movimento nacional árabe, até que perdesse toda vaidade natural em sua misteriosa aliança com forças necessariamente superiores a ele próprio, por maior que ele fosse, até que adquirisse um

---

(88) T. E. Lawrence, *Seven pillars of wisdom*, introdução (primeira edição, 1926) que foi omitida por conselho de George Bernard Shaw da edição posterior. Ver T. E. Lawrence, *Letters*, editado por David Garnett, Nova York, 1939, pp. 262 ss.
(89) De uma carta escrita em 1918, *Letters*, p. 224.
(90) T. E. Lawrence, *Seven pillars of wisdom*, Garden City, 1938, cap. i.
(91) *Ibid.*

mortal "desprezo não pelos outros homens, mas por tudo o que eles fazem" por iniciativa própria e não em concerto com as forças da história.

Quando, ao fim da guerra, Lawrence teve de abandonar a falsa aparência do agente secreto e recuperar de algum modo a sua "natureza inglesa"[92] viu com outros olhos "o Ocidente e as suas convenções: destruíram tudo para mim".[93] Do Grande Jogo de incalculável grandeza, que nenhuma publicidade havia glorificado ou limitado, e que o havia erigido, em sua mocidade, acima de reis e de primeiros-ministros, porque ele "os fizera ou se divertira com eles",[94] Lawrence voltou para casa com um desejo obsessivo de anonimato e com a profunda convicção de que jamais o satisfaria o que ainda pudesse fazer em sua vida. Essa conclusão advinha de sua perfeita consciência de que a grandeza não tinha sido sua, mas apenas do papel que havia eficientemente assumido, que a sua grandeza havia sido o resultado do Jogo e não produto de si próprio. Agora "já não queria ser grande" e, decidido a não "ser respeitável de novo", curou-se de vez de "qualquer desejo de fazer algo por si mesmo".[95] Havia sido o fantasma de uma força, e tornou-se um fantasma entre os vivos quando lhe tiraram a força e a função. O que ele buscava desesperadamente era outro papel a desempenhar — e isso, por sinal, era a essência do "jogo" a respeito do qual George Bernard Shaw indagou, com tanta bondade mas com tanta incompreensão, como se a sua indagação viesse de outro século, sem compreender por que um homem de tão grandes realizações não se mantinha à altura delas.[96] Somente outro papel, outra função, seria capaz de evitar que ele próprio e todo o mundo o identificasse com o que havia feito na Arábia, que substituísse sua antiga natureza por uma nova personalidade. Não queria tornar-se "Lawrence da Arábia", uma vez que, basicamente, não queria retomar uma nova natureza após haver perdido a anterior. Sua grandeza reside no fato de ter sido suficientemente arrebatado para recusar concessões baratas e saídas fáceis para a realidade e a respeitabilidade, e de nunca haver perdido a consciência de que havia sido apenas uma função, representado um papel, e que, portanto, "não devia beneficiar-se de forma alguma pelo que havia feito na Arábia. Recusou as honrarias que havia ganho. Rejeitou os empregos oferecidos em virtude de sua repu-

---

(92) Como esse processo deve ter sido ambíguo e difícil é exemplificado pela seguinte ocorrência: "Lawrence havia aceito um convite para jantar no Claridge e, depois, para uma festa em casa da sra. Harry Lindsay. Deixou de ir ao jantar, mas foi à festa vestido de árabe". Isso aconteceu em 1919, *Letters*, p. 272, nota 1.

(93) Lawrence, *op. cit.*, cap. I.

(94) Lawrence escreveu em 1929: "Quem tivesse subido tão rápido como eu e tivesse visto como é por dentro o topo do mundo, poderia muito bem perder suas aspirações e cansar-se dos motivos comuns da ação, que o impeliram até que alcançasse o topo. Eu não era rei nem primeiro-ministro, mas eu os fizera, ou brincara com eles; depois disso, que mais poderia eu fazer?" (*Letters*, p. 653).

(95) *Ibid.*, pp. 244, 447, 450. Compare-se especialmente a carta de 1918 (p. 244) com as duas cartas a George Bernard Shaw de 1923 (p. 447) e 1928 (p. 616).

(96) George Bernard Shaw, ao perguntar a Lawrence em 1928 "O que é que você pretende realmente?", sugeriu que não eram autênticos nem o seu papel no Exército, nem o fato de ele estar procurando emprego como vigia noturno (para o que podia "conseguir boas referências").

tação e recusou-se a explorar seus sucessos escrevendo uma única contribuição jornalística remunerada sob o nome de Lawrence".[97]

A história de T. E. Lawrence, em toda a sua comovente amargura e grandeza, não foi apenas a história de um funcionário pago ou espião assalariado, mas precisamente a história de um autêntico agente ou funcionário, de alguém que realmente acreditava haver penetrado — ou ter sido atirado — na correnteza da necessidade histórica e que se tornou funcionário ou agente das forças secretas que governam o mundo. "Eu havia empurrado o meu barco ao sabor da corrente eterna, de modo que ele ia mais rápido que os que tentavam cortá-la ou ir contra ela. No fim, eu já não acreditava no movimento árabe, mas achava-o necessário em seu tempo e lugar."[98] Do mesmo modo como Cromer havia governado o Egito por causa da Índia e Rhodes a África do Sul pela necessidade de expansão, Lawrence havia agido para algum fim ulterior e imprevisível. A única satisfação que podia derivar disso, na falta da consciência tranqüila por alguma realização limitada, advinha do próprio senso de haver funcionado, de ter sido abraçado e dirigido por algum movimento grandioso. De regresso a Londres, desesperado, procurava encontrar algum substituto para esse tipo de "satisfação própria", e "só o achava na velocidade de uma motocicleta".[99] Embora Lawrence não houvesse ainda sucumbido ao fanatismo de uma ideologia de movimento, provavelmente por ser demasiado educado para as superstições do seu tempo, já havia experimentado aquele fascínio, baseado no desespero de toda responsabilidade humana possível, exercido pela corrente eterna e por seu eterno movimento. Afogou-se nessa corrente, e dele nada restou senão certa decência inexplicável e o orgulho de se haver "esforçado na direção certa". "Ainda não sei quanto valor tem o indivíduo: muito, acho eu, se se esforçar na direção certa."[100] Eis, portanto, o fim do verdadeiro orgulho do homem ocidental que já não tem valor como um fim em si próprio, que já não faz "nada de si próprio nem tem a decência de ser ele mesmo"[101] dotando o mundo de leis, e que só tem chance se "se esforçar na direção certa", em uníssono com as forças secretas da História e da necessidade — das quais é mera função.

Quando a ralé européia descobriu a "linda virtude" que a pele branca podia ser na África,[102] quando o conquistador inglês da Índia se tornou um administrador que já não acreditava na validez universal da lei mas em sua própria capacidade inata de governar e dominar, quando os matadores-de-dragões se transformaram em "homens brancos" de "raças superiores" ou em burocratas e espiões, jogando o Grande Jogo de infindáveis motivos ulteriores num movimento sem fim; quando os Serviços de Informações Britânicos (espe-

---

(97) Garnett, *op. cit.*, p. 264.
(98) *Letters*, em 1930, p. 693.
(99) *Ibid.*, em 1924, p. 456.
(100) *Ibid.*, p. 693.
(101) Lawrence, *op. cit.*, p. 15.
(102) Millin, *op. cit.*, p. 15.

cialmente depois da Primeira Guerra Mundial) começaram a atrair os melhores filhos da Inglaterra, que preferiam servir a forças misteriosas no mundo inteiro a servir o bem comum de seu país, o cenário parecia estar pronto para todos os horrores possíveis. Sob o nariz de todos estavam muitos dos elementos que, reunidos, podiam criar um governo totalitário à base do racismo. Burocratas indianos propunham "massacres administrativos", enquanto funcionários africanos declaravam que "nenhuma consideração ética, tal como os Direitos do Homem, poderá se opor" ao domínio do homem branco.

Afortunadamente, embora o governo imperialista britânico descesse a certo nível de vulgaridade, a crueldade teve um papel secundário entre uma Grande Guerra e outra, e sempre se preservou um mínimo de direitos humanos. Foi essa moderação em meio à pura loucura que preparou o caminho para o que Churchill chamou de "liquidação do Império de Sua Majestade" e que pode vir a transformar a nação inglesa numa Comunidade de povos ingleses.

(103) Como disse *sir* Thomas Watt, cidadão da África do Sul, de origem inglesa. Ver Barnes, *op. cit.*, p. 230.

4
O IMPERIALISMO CONTINENTAL: OS MOVIMENTOS DE UNIFICAÇÃO

O nazismo e o bolchevismo devem mais ao pangermanismo e ao paneslavismo (respectivamente) do que a qualquer outra ideologia ou movimento político. Isso se torna mais evidente na política externa, onde as estratégias da Alemanha nazista e da Rússia soviética seguiram tão de perto os programas de conquistas traçados, antes e durante a Primeira Guerra Mundial, por esses dois movimentos unificadores que certos objetivos totalitários são muitas vezes erradamente interpretados como interesses permanentes alemães ou russos. Embora nem Hitler nem Stálin jamais reconhecessem o que deviam ao imperialismo quando elaboraram os seus métodos de domínio, ambos confessaram sem hesitação o quanto deviam à ideologia dos movimentos de unificação e até que ponto imitavam os seus *slogans*.[1]

O nascimento dos movimentos de unificação não coincidiu com o nascimento do imperialismo; por volta de 1870, o pan-eslavismo já se havia libertado das vagas e confusas teorias dos eslavófilos,[2] e já em meados do século XIX o sentimento pangermânico era corrente na Áustria. Contudo, somente após a triunfal expansão imperialista das nações ocidentais nos anos 80 cristalizaram-se em movimentos, seduzindo a imaginação de camadas mais amplas. As nações da Europa central e oriental, que não tinham possessões coloniais e mal

---

(1) Hitler escreveu em *Mein Kampf* [Minha luta]: em Viena, "lancei as bases de um conceito do mundo em geral, e um modo de pensamento político em particular, que mais tarde tive apenas de completar em detalhe, mas que depois nunca me abandonaram" (p. 129). Stálin voltou aos *slogans* pan-eslavos durante a Segunda Guerra Mundial. O Congresso Pan-Eslavo de Sofia, convocado pelos russos vitoriosos, adotou uma resolução declarando ser "não apenas uma necessidade política internacional mas uma necessidade moral declarar o russo a língua de comunicação geral e a língua oficial de todos os países eslavos". Ver *Aufbau*, Nova York, 6 de abril de 1945.) Pouco depois, a rádio da Bulgária transmitiu uma mensagem do metropolita Stefan, vigário do Santo Sínodo búlgaro, na qual ele exortava o povo russo "a lembrar a sua missão messiânica" e profetizava a próxima "unidade dos povos eslavos". (Em *Politics*, janeiro de 1945.)

(2) Para uma apresentação e discussão completa dos eslavófilos, ver Alexandre Koyré, *La philosophie et le problème national en Russie au début du 19e siècle* (Institut Français de Leningrad, vol. X, Paris, 1929).

podiam almejar a uma presença no ultramar, decidiram então que "tinham o mesmo direito à expansão que os outros grandes povos e que, se não [lhes] fosse concedida essa possibilidade no além-mar, [seriam] forçadas a fazê-lo na Europa".[3] Pangermanistas e pan-eslavistas concordavam em que, vivendo em "Estados continentais" e sendo "povos continentais", tinham de procurar colônias no continente[4] e expandir-se de modo geograficamente contínuo a partir de um determinado centro de poder;[5] que contra "a idéia da Inglaterra — expressa nas palavras: Dominarei o mar — está a idéia da Rússia expressa nas palavras: Dominarei a terra";[6] e que, mais cedo ou mais tarde, a "tremenda superioridade da terra sobre o mar (...) e o significado maior do poder terrestre em relação ao poder marítimo" se tornariam evidentes.[7]

O imperialismo continental é mais importante quando comparado com o imperialismo de ultramar, porque o seu conceito de expansão é amalgamador, eliminando qualquer distância geográfica entre os métodos e instituições do colonizador e os do colonizado, de modo que não foi preciso haver efeito de bumerangue para que as suas conseqüências fossem sentidas em toda a Europa. O imperialismo continental de fato começa em casa.[8] Se compartilhava com o imperialismo ultramarino o desprezo pela estreiteza do Estado-nação, combatia-o não tanto com argumentos econômicos, que, afinal de contas, freqüente-

---

(3) Ernst Hasse, *Deutsche Politik* [A política alemã], vol. 4: *Die Zukunft des deutschen Volkstums* [O futuro do povo alemão], 1907, p. 132.

(4) *Ibid.*, vol. 3, *Deutsche Grenzpolitik* [A política fronteiriça da Alemanha], pp. 167-8. As teorias geopolíticas dessa natureza eram correntes entre os membros da Liga Pangermânica. Comparavam sempre as necessidades geopolíticas da Alemanha com as da Rússia. Caracteristicamente, os pangermanistas austríacos nunca fizeram tal paralelo.

(5) O escritor eslavófilo russo Danilewski, cujo *Rússia e Europa* (1871) se tornou a obra padrão do pan-eslavismo, louvava a "capacidade política" dos russos devido ao seu "extraordinário Estado milenar, que continua a crescer e cujo poder não se expande, como o poder europeu, de maneira colonial, mas permanece sempre concentrado em torno do seu núcleo que é Moscou". Ver K. Staehlin, *Geschichte Russlands von den Anfängen bis zur Gegenwart* [A história da Rússia desde os primórdios até o presente], 1923-39, 5 vol., IV/1, 274.

(6) A citação é de Juliusz Slowacki, publicista polonês que escrevia nos meados do século XIX. Ver N. O. Lossky, *Three chapters from the history of Polish Messianism*, Praga, 1936, International Philosophical Library, II, 9.

O pan-eslavismo, o primeiro dos pan-ismos (ver Hoetzsch, *Russland*, Berlim, 1913, p. 349), expressou essas teorias geopolíticas quase quarenta anos antes que o pangermanismo começasse a "pensar em continentes". O contraste entre o poder naval inglês e o poder terrestre continental era tão conspícuo que seria desnecessário procurar por influências.

(7) Reismann-Grone, *Ueberseepolitik oder Festlandspolitik?* [Política ultramarina ou territorial?], 1905, Alldeutsche Flugschriften, n? 22, p. 17.

(8) Ernst Hasse, da Liga Pangermânica, propôs que, na Europa, certas nacionalidades (poloneses, tchecos, judeus, italianos etc.) fossem tratadas do mesmo modo como o imperialismo de ultramar tratava os nativos em continentes não-europeus. Ver *Deutsche Politik*, vol. 1: *Das Deutsche Reich als Nationalstaat* [O Reich alemão como Estado nacional], 1905, p. 62. Essa é a principal diferença entre a Liga Pangermânica fundada em 1886 e as sociedades coloniais anteriores, como a Central-Verein fur Handelsgeographie [Associação Central para a Geografia Comercial] (fundada em 1863). Uma descrição muito fiel das atividades da Liga Pangermânica é feita por Mildred S. Wertheimer, *The Pan-German League, 1890-1914*, 1924.

mente expressavam autênticas necessidades nacionais, mas com a formulação da "ampliada consciência tribal",[9] a qual, segundo julgavam, devia unir todos os povos de origem étnica semelhante, independentemente da história ou do lugar em que residissem.[10] Destarte, o imperialismo continental partiu de uma afinidade muito mais íntima com os conceitos raciais e absorveu com entusiasmo a tradição de ideologia racial.[11] Seus conceitos de raça eram exclusivamente ideológicos e se tornaram armas políticas muito mais rapidamente que teorias afins expressas por imperialistas ultramarinos com base na experiência autêntica.

Geralmente, quando se debate o imperialismo, presta-se pouca atenção aos movimentos de unificação pangermânica e pan-eslava. Os sonhos de impérios continentais foram eclipsados pelos resultados mais tangíveis da expansão no além-mar, enquanto o desinteresse desses movimentos pela economia[12] contrastava ridiculamente com os tremendos lucros conseguidos inicialmente pelo imperialismo ultramarino. Ademais, numa época em que quase todos acreditavam que política e economia eram mais ou menos a mesma coisa, era fácil perder de vista as semelhanças entre os dois tipos de imperialismo — um ultramarino, de características aparentemente apenas econômicas, outro continental, de aspectos políticos. Contudo, os protagonistas dos movimentos de unificação compartilhavam com os imperialistas ocidentais o conhecimento das questões de política externa que haviam sido esquecidas pelos grupos dominantes mais antigos do Estado-nação.[13]

---

(9) Emil Deckert, *Panlatinismus, Panslavismus und Panteutonismus in ihrer Bedeutung für die politische Weltage* [Panlatinismo, pan-eslavismo e pangermanismo e sua importância para a situação política do mundo], Frankfurt a. M., 1914, p. 4.

(10) Já antes da Primeira Guerra Mundial, os pangermanistas falavam da diferença entre *Staatsfremde*, pessoas de origem germânica que viviam sob a autoridade de um outro Estado, e *Volksfremde*, pessoas de origem não-germânica que viviam na Alemanha. Ver Daniel Frymann (pseudônimo de Henrich Class), *Wenn ich der Kaiser wär. Politische Wahrheiten und Notwendigkeiten* [Se eu fosse *Kaiser*. Verdades e necessidades políticas], 1912.

Quando a Áustria foi incorporada ao Terceiro Reich, Hitler se dirigiu ao povo alemão da Áustria com *slogans* tipicamente pangermanistas: "Onde quer que tenhamos nascido, somos todos filhos do povo alemão". *Hitler's speeches*, editados por N. H. Baynes, 1942, II, 1408.

(11) T. G. Masaryk, [futuro primeiro presidente da Tchecoslováquia independente, 1918], em *Zur russischen Geschichtes- und Religions-philosophie* [Da história e filosofia religiosa russa] (1913), descreve o "nacionalismo zoológico" dos eslavófilos desde Danilewski. Otto Bonhard, o historiador oficial da Liga Pangermânica, deixou clara a íntima relação entre a sua ideologia e o racismo de Gobineau de H. S. Chamberlain. (*Geschichte des alldeutschen Verbandes* [História da Liga Pangermânica], 1920, p. 95).

(12) Uma exceção é Friedrich Naumann, *Central Europe* (Londres, 1916), que queria substituir as numerosas nacionalidades da Europa Central por um "povo econômico" (*Wirtschaftsvolk*) unido sob a liderança alemã. Embora seu livro alcançasse sucesso durante toda a Primeira Guerra Mundial, só chegou a influenciar o Partido Social-Democrata austríaco; ver Karl Renner, *Oesterreichs Erneuerung. Politisch-programmatische Aufsätze* [Renovação da Áustria. Esboço do programa político], Viena, 1916, pp. 37 ss.

(13) "Pelo menos antes da guerra, o interesse dos grandes partidos pela política estrangeira havia sido completamente ofuscado pelas questões domésticas. A atitude da Liga Pangermânica é

Foi ainda mais pronunciada a influência dos movimentos unificadores sobre os intelectuais — a *intelligentsia* russa, com apenas algumas exceções, era pan-eslava, e o pangermanismo começou na Áustria praticamente como um movimento estudantil.[14] A principal diferença entre esses dois movimentos continentais e o imperialismo mais respeitável das nações ocidentais estava na falta de apoio capitalista; suas tentativas de expansão não foram nem podiam ser precedidas pela exportação de dinheiro supérfluo e homens supérfluos, porque a Europa centro-oriental onde agiam não oferecia oportunidades coloniais. Assim, não se encontram entre os seus líderes quase nenhum comerciante e somente poucos aventureiros. Por outro lado, há muitos membros das profissões liberais, professores e servidores públicos.[15]

Enquanto o imperialismo ultramarino, não obstante suas tendências antinacionais, conseguiu dar vida nova às antiquadas instituições do Estado-nação, o imperialismo continental era e permaneceu inequivocamente hostil a todas as estruturas políticas existentes. Assim, a sua atitude era muito mais rebelde e os seus líderes muito mais adeptos da retórica revolucionária. O imperialismo de ultramar havia oferecido panacéias bastante reais aos resíduos de todas as classes, mas o imperialismo continental nada tinha a oferecer além de uma ideologia e de um movimento. Isso, porém, era bastante numa época que preferia uma chave da história à ação política, quando os homens, em meio à desintegração da comunidade e à atomização social, precisavam ater-se a alguma coisa a qualquer preço. De modo análogo, a visível diferença da pele branca, cujas vantagens num país negro ou pardo são facilmente compreendidas, podia ser perfeitamente igualada por uma diferença puramente imaginária entre uma alma oriental e ocidental, ou ariana e não-ariana. O fato é que uma ideologia bastante complicada e uma organização que não servia a nenhum interesse imediato demonstraram ser mais atraentes do que certas vantagens tangíveis e convicções comuns.

A despeito de sua falta de sucesso, com o seu proverbial apelo à ralé, os movimentos de unificação étnica exerceram desde o início uma atração muito mais forte do que o imperialismo ultramarino. Essa atração popular, que suportou sensíveis fracassos e constantes mudanças de programa, prenunciava futuros grupos totalitários igualmente vagos quanto a objetivos reais, e sujeitos a mudanças constantes em sua linha política. O que mantinha coesos os mem-

---

diferente, e isso é sem dúvida uma vantagem propagandística" (Martin Wenck, *Alldeutsche Taktik* [Tática pangermânica], 1917).

(14) Ver Paul Molisch, *Geschichte der deutschnazionalen Bewegung in Oesterreich* [História do movimento nacional alemão na Áustria], Jena, 1926, p. 90: é um fato "que o corpo estudantil não refletia apenas a constelação política geral; pelo contrário, fortes opiniões pangermânicas geralmente originavam-se do corpo estudantil e dali afluíam à política geral".

(15) Pode-se encontrar informação útil a respeito da composição social dos membros da Liga Pangermânica, suas autoridades locais e executivas, em Wertheimer, *op. cit.* Ver também Lothar Werner, *Der alldeutsche Verband 1890-1918*, Historische Studien, vol. 278, Berlim, 1935, e Gottfried Nippold, *Der deutsche Chauvinismus*, 1913, pp. 179 ss.

bros dos movimentos de unificação étnica era muito mais um estado de espírito geral do que um objetivo claramente definido. É verdade que o imperialismo ultramarino também colocava a expansão em si acima de qualquer programa de conquista e, portanto, se apossava de qualquer território que se oferecesse como presa fácil. No entanto, enquanto a exportação de dinheiro supérfluo serviu para delimitar a expansão dela resultante, aos objetivos dos movimentos de unificação étnica faltava até mesmo esse elemento, que, por anárquico que fosse, levava ao planejamento humano e à limitação geográfica. Mas, mesmo sem um programa específico de conquista mundial, esses movimentos assumiram um ar de total predomínio, de inclusão universal de todas as questões humanas, de "pan-humanismo", como disse Dostoiévski certa vez.[16]

Na aliança imperialista entre a ralé e o capital, a iniciativa ficava principalmente com os representantes do comércio — exceto na África do Sul, onde muito cedo se desenvolveu uma política definida da ralé. O contrário ocorria com os movimentos de unificação étnica, nos quais a iniciativa pertencia exclusivamente à ralé, guiada, então como hoje, por certo tipo de intelectuais, que ainda não tinham a ambição de dominar o globo nem sonhavam com as possibilidades da hegemonia total, mas já sabiam como organizar a ralé e conheciam os usos organizacionais e não meramente ideológicos e propagandísticos dos conceitos raciais. Percebe-se a sua importância de modo apenas superficial nas teorias relativamente modestas de política externa, quando preconizavam uma Europa central germanizada ou uma Europa meridional e oriental russificada, mas foram essas idéias que serviram de pontos de partida para os programas de conquista mundial do nazismo e do bolchevismo.[17] Os "povos germânicos" fora do Reich e "nossos irmãos menores eslavos" fora da Rússia Sagrada criavam uma conveniente cortina de fumaça de direitos nacionais de autodeterminação, que abria acesso para maior expansão. Contudo, foi muito mais importante o fato de que os governos totalitários herdaram uma auréola de santidade: bastava-lhes invocar o passado da "Rússia Sagrada" ou do "Santo Império Romano" para atiçar toda espécie de superstição nos intelectuais russos ou alemães.[18] Tolices pseudomísticas, enriquecidas por inúmeras e arbitrárias "memórias" históricas, forneciam um apelo emocional que parecia transcender, em profundidade e amplitude, as limitações do nacionalismo. De qualquer forma, foi desse apelo que surgiu um novo tipo de sentimento nacionalista, cuja vio-

(16) Citado de Hans Kohn, "The permanent mission", em *The Review of Politics*, julho, 1948.

(17) Danilewski, *op. cit.*, incluía num futuro império russo todos os países bálticos, Turquia, Hungria, Tchecoslováquia, Galícia [então parte oriental do Império Austro-húngaro, depois Polônia oriental, hoje Ucrânia soviética ocidental], e a Ístria com Trieste.

(18) O eslavófilo K. S. Aksakov, escrevendo em meados do século XIX, tomava literalmente a expressão "Rússia Sagrada", como o fizeram outros pan-eslavos depois dele. Ver T. G. Masaryk, *op. cit.*, pp. 234 ss. Muito típico da vaga tolice do pangermanismo é Moeller van der Bruck, *Germany's Third Empire* (Nova York, 1934), que proclama: "Só existe um Único Império, como só existe uma Igreja Única. Qualquer outra coisa que se arrogue esse título pode ser um Estado ou uma comunidade ou uma seita. Só existe o Império" (p. 263).

lência movimentava as massas e podia substituir o antigo patriotismo nacional como centro de emoções.

Esse novo tipo de nacionalismo tribal, característico das nações e nacionalidades da Europa central e oriental, era diferente em conteúdo e importância — embora não em violência — dos excessos nacionalistas do Ocidente. O chauvinismo — geralmente concebido hoje em conexão com o *nationalisme intégral* de Maurras e Barrès do fim do século XIX, com a sua romântica glorificação do passado e o seu mórbido culto dos mortos — mesmo em suas manifestações mais loucamente fantásticas nunca afirmou que homens de origem francesa, nascidos e criados em outro país, sem qualquer conhecimento da língua ou da cultura francesa, eram "franceses natos" em virtude de certas intrínsecas e misteriosas qualidades do corpo ou da alma. Só com a "consciência tribal ampliada" é que surgiu essa peculiar identificação da nacionalidade do indivíduo com a sua "alma" ou origem, esse orgulho introvertido que já não se relaciona apenas com os negócios públicos, mas permeia cada etapa da vida privada até que, como se dizia na Polônia do século XIX: "A vida privada de cada verdadeiro polonês (...) [correspondia] à vida pública da *polonidade*".[19]

Em termos psicológicos, a principal diferença entre o mais violento chauvinismo e esse nacionalismo tribal era esta: o primeiro é extrovertido, interessado nas evidentes realizações espirituais e materiais da nação; o segundo, mesmo em suas formas mais benignas (por exemplo, o movimento da juventude alemã), é introvertido, concentrado na própria alma do indivíduo, que é tida como a encarnação intrínseca de qualidades nacionais. A mística chauvinista ainda aponta algo que de fato existiu no passado (como no caso do *nationalisme intégral*) e busca elevá-lo a um plano fora do controle humano; o tribalismo, por outro lado, parte de elementos pseudomísticos inexistentes, que se propõe realizar inteiramente no futuro. Reconhece-se esse tribalismo facilmente por uma tremenda arrogância que ousa avaliar um povo, seu passado e seu presente, em termos de exaltadas qualidades interiores inatas, enquanto rejeita sua existência, tradição, instituições e cultura visíveis.

Do ponto de vista político, o nacionalismo tribal insiste sempre em que o povo está rodeado por "um mundo de inimigos", "um contra todos", e que há uma diferença fundamental entre esse povo e todos os outros. Afirma que o povo é único, individual, incompatível com todos os outros, e nega teoricamente a própria possibilidade de uma humanidade comum, muito antes de ser usado para destruir a humanidade do homem.

1. NACIONALISMO TRIBAL

Do mesmo modo como o imperialismo continental nasceu das ambições frustradas de países que não participaram da súbita expansão dos anos 80 do século XIX, o tribalismo surgiu como o nacionalismo daqueles povos que não

---

(19) George Cleinow, *Die Zukunft Polens* [O futuro da Polônia], Leipzig, 1914, II, pp. 93 ss.

haviam participado da emancipação nacional e não haviam alcançado a soberania de Estado-nação. Onde as duas frustrações existiam lado a lado — como ocorria em países multinacionais como a Áustria-Hungria e a Rússia —, os movimentos de unificação étnica encontravam naturalmente o solo mais fértil. Além disso, como a Monarquia Dual abrigava as nacionalidades irredentistas eslavas e alemã, o pan-eslavismo e o pangermanismo concentraram-se desde o início em sua destruição, e a Áustria-Hungria se tornou o real centro desses movimentos. Os pan-eslavistas russos já em 1870 diziam que o melhor ponto de partida possível para um império pan-eslavo seria a desintegração da Áustria,[20] e os pangermanistas austríacos eram tão violentamente agressivos em relação ao seu próprio governo que até mesmo o Alldeutsche Verband na Alemanha se queixava freqüentemente dos "exageros" dos seus correligionários austríacos.[21] O plano para a união econômica da Europa central sob a égide da Alemanha, concebido pelos alemães, bem como todos os projetos semelhantes dos pangermanistas alemães para criar um império continental, transformou-se subitamente, tão logo caiu nas mãos dos pangermanistas austríacos, numa estrutura que viria a ser o "centro da vida alemã em toda a terra, aliado a todos os outros Estados germânicos".[22]

É claro que as tendências expansionistas do pan-eslavismo eram tão embaraçosas para o czar quanto eram para Bismarck os gratuitos protestos de lealdade ao Reich e a deslealdade à Áustria dos pangermanistas austríacos.[23] Pois, por mais que fossem ocasionalmente exaltados os sentimentos nacionais, ou por mais ridículas que se tornassem as alegações nacionalistas em tempos de crise, permaneciam dentro de certos limites, uma vez que se cingiam a um território nacional definido e eram controlados pelo orgulho num Estado nacional limitado, enquanto os movimentos de unificação logo ultrapassavam esse limites.

(20) Durante a Guerra da Criméia (1853-6), Michael Pagodin, folclorista e filólogo russo, escreveu uma carta ao czar na qual chamava os povos eslavos de únicos fortes e fiéis aliados da Rússia (Staehlin, *op. cit.*, p. 35); pouco depois, o general Nikolai Muravyev Amursky, "um dos grandes construtores de império da Rússia", fazia votos pela "liberação dos eslavos da Turquia e da Áustria" (Hans Kohn, *op. cit.*); e já em 1870 surgia um panfleto militar que exigia "a destruição da Áustria como condição necessária para uma federação pan-eslava" (ver Staehlin, *op. cit.*, p. 282).

(21) Ver Otto Bonhard, *op. cit.*, pp. 58 ss., e Hugo Grell, *Der alldeutsche Verban, seine Geschichte, seine Bestrebungen, seine Erfolge* [A Liga Pangermânica, sua história, seus sucessos], Alldeutsche Flugschriften, n? 8.

(22) Segundo o programa pangermanista austríaco de 1913, citado por Eduard Pichl, *Georg Schoenerer*, 1938, 6 vols., VI, 375.

(23) Enquanto Schoenerer, com a sua admiração por Bismarck, declarou em 1876 que "a Áustria como grande potência deve deixar de existir" (Pichl, *op. cit.*, I, 90), Bismarck achava e dizia aos seus admiradores austríacos que "uma Áustria poderosa é uma necessidade vital para a Alemanha". Ver F. A. Neuschafer, *Georg Ritter von Schoenerer* (tese), Hamburgo, 1935. A atitude do czar em relação ao pan-eslavismo era muito mais ambígua, porque o pan-eslavismo tinha uma concepção de Estado que incluía forte apoio popular ao governo despótico. Contudo, mesmo em circunstâncias tão tentadoras, o czar não apoiou as exigências expansionista dos eslavófilos e dos seus sucessores. Ver Staehlin, *op. cit.*, pp. 30 ss.

Pode-se melhor avaliar a modernidade dos movimentos de unificação por sua posição inteiramente nova em relação ao anti-semitismo. As minorias reprimidas, como os eslavos na Áustria e os poloneses na Rússia czarista, em virtude do antagonismo que as apartava dos seus respectivos governos, estavam predispostas a descobrir as relações ocultas entre as comunidades judaicas e os Estados-nações europeus, e essa descoberta podia facilmente levá-las à hostilidade. Nos países em que o antagonismo ao Estado não era identificado com falta de patriotismo, como na Polônia (então incorporada à Rússia), onde a deslealdade ao czar era sinônimo de lealdade à nação polonesa, ou como na Áustria, onde a população de língua alemã via em Bismarck sua grande figura nacional, o anti-semitismo assumia formas mais violentas, porque os judeus aparentavam ser não só agentes de uma máquina estatal opressora, mas de um opressor estrangeiro. O papel fundamental do anti-semitismo nos movimentos de unificação não se justifica nem pela posição das minorias, nem pelas experiências específicas que Schoenerer, o líder do pangermanismo austríaco, havia tido no início da sua carreira, quando, ainda membro do Partido Liberal, viera a saber das ligações entre a monarquia dos Habsburgos e o domínio dos Rothschild sobre a rede ferroviária da Áustria.[24] Isso não o teria levado a declarar que "nós, os pangermanistas, consideramos o anti-semitismo como o esteio de nossa ideologia nacional",[25] como nenhum evento similar poderia ter induzido Rozanov, o escritor pan-eslavo russo, a pretender que "não existe problema na vida russa no qual, como uma vírgula na frase, não exista também a questão de como enfrentar o judeu".[26]

A chave do súbito aparecimento do anti-semitismo como centro de todo um conceito de vida e de mundo — em contraposição ao seu papel meramente político na França durante o Caso Dreyfus, ou como mero instrumento de propaganda no movimento alemão de Stoecker — está na natureza do tribalismo e não em fatos e circunstâncias políticas. A verdadeira importância do anti-semitismo dos movimentos de unificação étnica está nisto: o ódio aos judeus foi pela primeira vez isolado de toda experiência real — política, social ou econômica —, seguindo apenas a lógica peculiar de uma ideologia.

O nacionalismo tribal, a força motora do imperialismo continental, tinha pouco em comum com o nacionalismo do Estado-nação ocidental plenamente desenvolvido. O Estado-nação, com a sua reivindicação de representação popular e soberania nacional, tal como havia evoluído desde a Revolução Francesa até o século XIX, resultava da combinação de dois fatores que, ainda separados no século XVIII, permaneceram separados na Rússia e na Áustria-Hungria até 1919: nacionalidade e Estado. As nações adentravam a história e se emancipavam quando os povos adquiriam a consciência de serem entidades culturais e históricas e a de ser o seu território um lar permanente marcado pela história

(24) Ver o capítulo 2.
(25) Pichl, *op. cit.*, I, 26.
(26) Vassilif Rozanov, *Fallen leaves*, 1929, pp. 163-4.

comum, fruto do trabalho dos ancestrais, e cujo futuro dependeria do desenvolvimento de uma civilização comum. Onde quer que surgissem, os Estados-nações cessavam quase que por completo os movimentos migratórios; enquanto na Europa oriental e meridional, onde fracassou a fundação de Estados-nações, isso ocorreu porque faltava ainda o apoio de classes rurais firmemente enraizadas.[27]

Do ponto de vista sociológico, o Estado-nação era o corpo político das classes camponesas européias emancipadas — isto é, dos proprietários rurais — e é por isso que os exércitos nacionais só puderam conservar sua posição permanente nesses Estados enquanto constituíam a verdadeira representação da classe rural, ou seja, até o fim do século XIX. "O Exército", como disse Marx, "era o ponto de honra dos fazendeiros: transformados em senhores, o Exército os corporificava, defendendo no exterior sua propriedade recém-adquirida. (...) O uniforme era a sua roupa de gala, a guerra era a sua poesia; o seu lote de terra era a pátria, e o patriotismo era a forma ideal da propriedade."[28] O nacionalismo ocidental, que culminou no recrutamento geral, foi produto de classes firmemente enraizadas *e* emancipadas.

Enquanto a consciência da nacionalidade é comparativamente recente, a estrutura do Estado é fruto da secular evolução da monarquia e do despotismo esclarecido. Fosse sob forma de nova república ou de monarquia constitucional reformada, o Estado herdou como função suprema a proteção de todos os habitantes do seu território, independentemente de nacionalidade, e devia agir como instituição legal suprema. A tragédia do Estado-nação surgiu quando a crescente consciência nacional do povo interferiu com essas funções. Em nome da vontade do povo, o Estado foi forçado a reconhecer como cidadãos somente os "nacionais", a conceder completos direitos civis e políticos somente àqueles que pertenciam à comunidade nacional por direito de origem e fato de nascimento. Isso significa que o Estado foi parcialmente transformado de instrumento da lei em instrumento da nação.

A conquista do Estado pela nação[29] foi facilitada pela queda da monarquia absoluta e pelo subseqüente surgimento de classes. O monarca absoluto devia servir aos interesses da nação como um todo e ser expoente e prova visível da existência de tal interesse comum. O despotismo esclarecido baseava-se no que disse Rohan: "Os reis comandam os povos e o interesse comanda os reis".[30] Abolidos os reis, esse interesse comum corria o perigo de ser substituído por um permanente conflito entre numerosos interesses de classes e por uma luta pelo controle da máquina estatal, ou seja, por uma guerra civil permanente. O único laço comum que restava aos cidadãos do Estado-nação, sem um monarca que

---

(27) Ver C. A. Macartney, *National states and national minorities*, Londres, 1935, pp. 432 ss.

(28) Karl Marx, *O 18 Brumário de Luís Bonaparte*.

(29) Ver J. T. Delos, *La nation*, Montreal, 1944, importante estudo sobre o assunto.

(30) Ver o duque de Rohan, *De l'intérêt des princes et états de la chrétienté*, 1638, dedicado ao cardeal Richelieu.

simbolizasse a essência do grupo, era a origem comum. Assim, num século em que cada classe e cada segmento da população eram dominados por interesses próprios, o interesse da nação como um todo era supostamente garantido pela origem comum, que encontrou sua expressão sentimental no nacionalismo.

O conflito latente entre o Estado e a nação veio à luz por ocasião do próprio nascimento do Estado-nação moderno, quando a Revolução Francesa, ao declarar os Direitos do Homem, expôs a exigência da soberania nacional. De uma só vez, os mesmos direitos essenciais eram reivindicados como herança inalienável de todos os seres humanos e como herança específica de nações específicas; a mesma nação era declarada, de uma só vez, sujeita a leis que emanariam supostamente dos Direitos do Homem, e soberana, isto é, independente de qualquer lei universal, nada reconhecendo como superior a si própria.[31] O resultado prático dessa contradição foi que, daí por diante, os direitos humanos passaram a ser protegidos e aplicados somente sob a forma de direitos nacionais, e a própria instituição do Estado, cuja tarefa suprema era a de proteger e garantir ao homem os seus direitos como homem, como cidadão — isto é, indivíduo — e como membro de grupo, perdeu a sua aparência legal e racional e podia agora ser interpretada pelos românticos como a nebulosa representação de uma "alma nacional" que, pelo próprio fato de existir, devia estar além e acima da lei. Conseqüentemente, a soberania nacional perdeu a sua conotação original de liberdade do povo e adquiriu uma aura pseudomística de arbitrariedade fora da lei.

Em sua essência, o nacionalismo é a expressão dessa perversa transformação do Estado em instrumento da nação e da identificação do cidadão com o membro da nação. A relação entre o Estado e a sociedade foi determinada pela luta de classes, que havia suplantado a antiga ordem feudal. Permeou a sociedade um liberalismo individual que acreditava, erradamente, que o Estado governava meros indivíduos, quando na realidade governava classes, e que via no Estado uma espécie de entidade suprema, diante da qual todos os indivíduos tinham de curvar-se.

Parecia ser o desejo da nação que o Estado a protegesse das conseqüências de sua atomização social e, ao mesmo tempo, garantisse a possibilidade de permanecer nesse estado de atomização. Para poder enfrentar essa tarefa, o Estado teve de reforçar todas as antigas tendências de centralização, pois só uma administração fortemente centralizada, que monopolizasse todos os instrumentos de violência e possibilidades de poder, poderia contrabalançar as forças centrífugas constantemente geradas por uma sociedade dominada por classes. A essa altura, o nacionalismo tornou-se o precioso aglutinante que iria unir um Estado centralizado a uma sociedade atomizada e, realmente, demonstrou ser a única ligação operante e ativa entre os indivíduos formadores do Estado-nação.

(31) Uma das mais esclarecedoras discussões do princípio da soberania é ainda Jean Bodin, *Six livres de la république*, 1576. Para um bom relato e discussão das principais teorias de Bodin, ver George H. Sabine, *A history of political theory*, 1937.

O nacionalismo sempre conservou essa íntima lealdade ao governo e nunca chegou a perder a sua função de manter um precário equilíbrio entre a nação e o Estado, de um lado, e entre os cidadãos de uma sociedade atomizada, do outro. Os cidadãos nativos de um Estado-nação freqüentemente olhavam com desprezo os cidadãos naturalizados, aqueles que haviam recebido seus direitos por lei e não por nascimento, do Estado e não da nação; mas nunca chegaram ao extremo de propor a distinção pangermanista entre *Staatsfremde*, alienígenas do Estado, e *Volksfremde*, alienígenas da nação, que foi mais tarde incorporada à legislação nazista. Como o Estado permaneceu instituição legal mesmo em sua forma pervertida, a lei controlava o nacionalismo; e, como este havia surgido da identificação dos cidadãos com o seu território, era delineado por fronteiras definidas.

Muito diferente foi a primeira reação nacional de povos cuja nacionalidade não havia ainda ultrapassado o estágio de mal definida consciência étnica, cujo idioma não havia ainda saído daquela fase de dialetos por que passaram todas as línguas européias antes de se prestarem a fins literários, cuja classe camponesa não havia assentado raízes e não estava à beira da emancipação, e para os quais, conseqüentemente, a qualidade nacional parecia ser muito mais um sentimento privado e portátil, inerente à própria personalidade do indivíduo, do que uma questão do interesse público e da civilização.[32] Se tentavam igualar o orgulho nacional das nações do Ocidente, constatavam não ter país nem Estado — nem sequer realizações nacionais — e podiam apenas apontar para si mesmos, ou seja, para o seu idioma — como se a língua, em si, já fosse uma realização — ou para a sua alma — eslava, germânica ou sabe Deus o quê. No entanto, num século que ingenuamente julgava que todos os povos eram virtualmente nações, só isso restava aos povos oprimidos da Áustria-Hungria e da Rússia czarista, onde não existiam condições para a realização da trindade ocidental de povo-território-Estado, onde as fronteiras mudavam constantemente durante séculos e as populações permaneciam em movimento migratório mais ou menos contínuo. Essas massas não tinham a menor idéia do significado dos conceitos *pátria* e *patriotismo*, nem a mais vaga noção de responsabilidade comunitária limitada. Era este o problema do "cinturão de populações mistas" (Macartney) que, estendendo-se do Báltico ao Adriático, de Danzig a Trieste, encontrou a sua melhor expressão da Monarquia Dual.

O nacionalismo tribal surgiu dessa atmosfera de desarraigamento. Alastrou-se não apenas entre os povos da Áustria-Hungria, mas também, embora

---

(32) Interessante nesse contexto são as proposições socialista de Karl Renner e Otto Bauer, na Áustria, de separar a nacionalidade inteiramente de sua base territorial e torná-la uma espécie de *status* pessoal; isso, naturalmetne, correspondia a uma situação em que grupos étnicos se disseminavam por todo o império sem perder suas características nacionais. Ver Otto Bauer, *Die Nationalitätenfrage und die österreichische Sozialdemokratie* [A questão nacional e a social-democracia austríaca], Viena, 1907, quanto ao princípio pessoal (em oposição ao territorial) da nacionalidade (pp. 332 ss, 353 ss). "O princípio pessoal deseja organizar as nações não como entidades territoriais, mas como meras associações de pessoas."

em nível mais alto, entre os membros da infeliz *intelligentsia* da Rússia czarista. O desarraigamento foi a verdadeira fonte daquela "consciência tribal ampliada", que, na verdade, significava que os indivíduos desses povos não tinham um lar definido, mas sentiam-se em casa onde quer que vivessem outros membros de sua "tribo". "Somos diferentes", dizia Schoenerer, "(...) por não gravitarmos em direção a Viena, mas por gravitarmos para onde quer que vivam outros alemães."[33] O que caracterizou os movimentos de unificação étnica é que nunca tentaram ao menos alcançar a emancipação nacional mas, imediatamente, em seus sonhos de expansão, transcenderam os estreitos limites da comunidade nacional e proclamaram a comunidade de um povo que permaneceria como fator político ainda que os seus membros estivessem espalhados por toda a terra. Do mesmo modo, e em contraste com os verdadeiros movimentos de libertação nacional de povos pequenos, que sempre começavam com uma exploração do passado nacional, não se detiveram para "explorar" o passado, mas projetaram a base de sua comunidade num futuro, em cuja direção o movimento deveria marchar.

O nacionalismo tribal, alastrando-se entre todas as nacionalidades oprimidas da Europa oriental e meridional, assumiu novo aspecto organizacional — os movimentos de unificação — entre aqueles povos que dispunham, ao mesmo tempo, de alguma forma de país natal, como a Alemanha e a Rússia, e de grandes populações dispersas no exterior, como era o caso dos alemães e eslavos em outros países.[34] Em contraste com o imperialismo de ultramar, que se contentava com a relativa superioridade da missão nacional ou da tarefa do homem branco, os movimentos de unificação étnica partiam da reivindicação absoluta de escolha divina. Já se disse muitas vezes que o nacionalismo é um substituto emocional da religião, mas só o tribalismo dos movimentos de unificação étnica ofereceu nova teoria religiosa e novo conceito de santidade. A função e a posição religiosa do czar na Igreja greco-ortodoxa não seriam suficientes para levar os pan-eslavos russos a descobrir a natureza e a essência cristãs do povo russo, o qual, segundo Dostoiévski, era o próprio "são Cristóvão das nações" que levava Deus diretamente aos problemas deste mundo.[35] Foi devido às

---

(33) Pichl, *op. cit.*, I, 152.

(34) Somente nessas condições é que surgia um movimento de unificação étnica, completamente organizado. O panlatinismo foi a denominação errada de certas tentativas frustradas das nações latinas de entrarem em alguma aliança contra o perigo alemão, e o messianismo polonês nunca exigiu outra coisa senão o que foi no passado território dominado pela Polônia. Ver também Deckert, *op. cit.*, que disse em 1914: "o panlatinismo tem declinado cada vez mais, e o nacionalismo e a consciência estatal têm se tornado mais fortes e conservado um potencial maior aqui do que em qualquer outra parte da Europa" (p. 7).

(35) Nicolas Berdyaev, *The origin of Russian communism*, 1937, p. 102. K. S. Aksakov chamava o povo russo de "único povo cristão na terra" em 1855 (ver Hans Ehrenberg e N. V. Bubnoff, *Oestliches Christentum* [Cristandade oriental], parte I, pp. 92 ss), e o poeta Tyutchev dizia, na mesma época, que "o povo russo é cristão não apenas pela ortodoxia de sua fé, mas também por algo mais íntimo. É cristão por aquela capacidade de renúncia e sacrifício que é o fundamento de sua natureza moral". Citado por Hans Kohn, *op. cit.*

pretensões de serem os russos o "único povo divino dos tempos modernos"[36] que os pan-eslavistas abandonaram suas antigas tendências liberais e, apesar da oposição e de certa perseguição do governo, tornaram-se fiéis defensores da Rússia Sagrada.

Os pangermanistas austríacos formulavam reivindicações semelhantes quanto à divina escolha, embora, com igual passado liberal, permanecessem anticlericais e se tornassem anticristãos. Quando Hitler, discípulo confesso de Schoenerer, disse durante a Segunda Guerra Mundial: "Deus todo-poderoso construiu nossa nação. Ao defendermos sua existência, estamos defendendo o Seu trabalho",[37] a resposta que veio do outro lado, de um seguidor do pan-eslavismo, foi no mesmo tom: "Os monstros alemães não são apenas nossos inimigos, são os inimigos de Deus".[38] Essas formulações não decorriam de necessidades propagandísticas do momento; esse fanatismo é algo mais que simples abuso de linguagem religiosa: por trás dele há uma infra-estrutura teológica, responsável pelo ímpeto dos primeiros movimentos de unificação étnica, e que teve considerável influência na evolução dos modernos movimentos totalitários.

Os movimentos de unificação étnica pregavam a origem divina dos seus próprios povos, em contraposição à fé judaico-cristã na origem divina do Homem. Segundo eles, o homem, por pertencer inevitavelmente a algum povo, só através desse povo podia receber sua qualidade divina. O indivíduo, portanto, só tem valor divino enquanto pertence ao povo escolhido, cuja origem é divina. Perde-a, quando decide mudar de nacionalidade, pois com este ato destrói todos os laços através dos quais fora dotado de origem divina, e cai num estado de apatria metafísica. Era dupla a vantagem política desse conceito. Fazia da nacionalidade uma qualidade permanente que já não era afetada pela história, não importando o que acontecesse a determinado povo — emigração, conquista ou dispersão. Mas de impacto ainda mais imediato era o fato de que, no contraste absoluto entre um povo de origem divina e todos os outros povos, desapareciam todas as diferenças entre os indivíduos desse povo — econômicas, sociais ou psicológicas. A origem divina transformava o povo numa massa uniforme "escolhida" de robôs arrogantes.[39]

A inverdade dessa teoria é tão notável quanto a sua utilidade política. Deus não criou nem os homens — cuja origem é obviamente a procriação —

---

(36) Segundo Chaadayev, cujas *Cartas filosóficas 1829-1831* constituem a primeira tentativa sistemática de apresentar a história do mundo evoluindo ao redor do povo russo como seu centro. Ver Ehrenberg, *op. cit.*, I, 5ss.

(37) Discurso de 30 de janeiro de 1945. *New York Times*, 31 de janeiro de 1945.

(38) Palavras de Lucas, arcebispo de Tambov, citadas no *Jornal do Patriarcado de Moscou*, nº 2, 1944.

(39) Isso já era reconhecido pelo jesuíta russo, príncipe Ivan S. Gagarin, em seu panfleto *La Russie sera-t-elle catholique?* (1856), no qual atacava os eslavófilos porque "querem estabelecer a mais completa uniformidade religiosa, política e nacional. Em sua política exterior, querem fundir todos os cristãos ortodoxos, de qualquer nacionalidade, e todos os eslavos de qualquer nacionalidade, num grande império eslavo e ortodoxo". (Citado por Hans Kohn, *op. cit.*)

nem os povos — que passaram a existir como resultado da organização humana em grupos sociais. Os homens são desiguais segundo sua origem natural, sua diferente organização e seu destino na história. Sua igualdade é apenas uma igualdade de direitos, isto é, uma igualdade de objetivo humano; contudo, atrás dessa igualdade de objetivo humano, existe, segundo a tradição judaico-cristã, uma outra igualdade, expressa no conceito de uma origem comum que está além da história humana, da natureza humana e dos objetivos humanos — a origem comum do Homem místico e inidentificável, o único que foi criado por Deus. Essa origem divina é o conceito metafísico no qual pode basear-se a igualdade de objetivo político, o objetivo de estabelecer a humanidade na terra. O positivismo e o progressismo do século XIX perverteram a finalidade dessa igualdade humana quando tentaram demonstrar o que não pode ser demonstrado, isto é, que os homens são iguais por natureza e diferem apenas pela história e pelas circunstâncias, de modo que podem ser igualados, não por direitos, mas por circunstâncias e pela educação. O nacionalismo e o seu conceito de "missão nacional" perverteram, por sua vez, o conceito nacional da humanidade como família de nações, transformando-a numa estrutura hierárquica onde as diferenças de história e de organização eram tidas como diferenças entre homens, resultantes de origem natural. O racismo, que negava a origem comum do homem e repudiava o objetivo comum de estabelecer a humanidade, introduziu o conceito da origem divina de um povo em contraste com todos os outros, encobrindo assim com uma nuvem pseudomística de eternidade e finalidade o que era resultado temporário e mutável do engenho humano.

É essa finalidade que age como denominador comum entre a filosofia dos movimentos de unificação étnica e os conceitos raciais, e explica sua afinidade intrínseca no que tange à teoria. Politicamente, não importa que Deus ou a natureza venham a constituir a origem de um povo; num caso ou no outro, por mais elevadas que sejam suas reivindicações, os povos se transformam em espécies animais, de modo que um russo parece tão diferente de um alemão quanto um lobo difere de uma raposa. Um "povo divino" vive num mundo no qual é o perseguidor inato de todas as outras espécies mais fracas, ou a vítima inata de todas as outras espécies mais fortes. Só as regras do mundo animal podem aplicar-se aos seus destinos políticos.

O tribalismo dos movimentos de unificação, com seu conceito da "origem divina" de um povo, deve parte da atração que exerceu ao desprezo com que via o individualismo liberal,[40] o ideal de humanidade e a dignidade do homem. Nenhuma igualdade subsiste quando o indivíduo deve o seu valor apenas ao fato de ter nascido russo ou alemão; mas fica em seu lugar uma nova coerência, um sentido de confiança mútua entre todos os membros do povo que, realmente, é capaz de aplacar as justificadas apreensões dos homens modernos quanto ao

---

(40) "Todos reconhecerão que o homem não tem outro destino neste mundo senão trabalhar pela destruição de sua personalidade e sua substituição por uma existência social e impessoal." Chaadayev, *op. cit.*, p. 60.

que lhes poderia acontecer se, como indivíduos isolados numa sociedade atomizada, não fossem protegidos pelo próprio número e pela imposição de uma coerência uniforme. Analogamente, o "cinturão de populações mistas", mais exposto que outras partes da Europa às tormentas da história e menos enraizado na tradição ocidental, sentiu, antes de outros povos europeus, o terror do ideal de humanidade e da fé judaico-cristã na origem comum do homem. Esses povos não alimentavam quaisquer ilusões quanto ao "nobre selvagem", pois conheciam bastante a potencialidade do mal sem precisarem pesquisar os hábitos dos canibais. Quanto mais um povo aprende a respeito de outro, menos quer reconhecê-lo como seu igual, e mais se afasta do ideal de humanidade.

A tendência para o isolamento tribal e para a ambição de raça dominante resultava em parte do sentimento instintivo de que o conceito de humanidade como ideal religioso ou humanístico implica a responsabilidade comum.[41] O encurtamento das distâncias geográficas transformava isso em realidade política de primeira grandeza.[42] E transformou em coisa do passado a discussão idealista sobre a humanidade e dignidade do homem, pelo simples fato de que todas essas idéias excelsas mas oníricas, com as suas tradições consagradas *pelo* tempo, perdiam repentina e assustadoramente o sentido *de* tempo. Nem mesmo a insistência sobre a natureza pecadora dos homens, naturalmente omitida da fraseologia dos representantes liberais da humanidade, bastava para a aceitação do fato de que a idéia de humanidade, despida de sentimentalismo, tem a gravíssima conseqüência de tornar os homens, de um modo ou de outro, responsáveis por todos os crimes cometidos pelos homens e eventualmente forçar todas as nações a responderem pelo mal cometido pelas outras.

O tribalismo e o racismo são maneiras muito realistas — se bem que muito destrutivas — de fugir a essa situação de responsabilidade comum. Seu desarraigamento metafísico, que correspondia tão bem ao desarraigamento territorial das primeiras nacionalidades que vieram a seduzir, amoldava-se igualmente bem às necessidades das massas flutuantes das cidades modernas e foi, portanto, absorvido prontamente pelo totalitarismo. E até mesmo a fanática adoção do marxismo — a maior das doutrinas antinacionais — pelos bol-

(41) O seguinte trecho de Frymann, *op. cit.*, p. 186, é característico: "Conhecemos o nosso próprio povo, suas qualidades e seus defeitos — não conhecemos a humanidade, e nos recusamos a ter alguma preocupação ou entusiasmo por ela. Onde começa e onde termina aquilo a que devemos amar porque pertence à humanidade (...)? O camponês russo do *mir* [comuna], decadente e semi-animalesco, o negro da África, o mestiço do Sudoeste Africano ou os insuportáveis judeus da Galícia e da Romênia são todos membros da humanidade? (...) É possível crer na solidariedade dos povos germânicos — e não importa para nós quem estiver fora dessa esfera".

(42) Foi esse encurtamento das distâncias geográficas que Friedrich Naumann expressou em *Central Europe*: "Ainda está longe o dia em que haverá 'um só rebanho e um só pastor', mas já se foi o tempo em que um sem-número de pastores, maiores ou menores, dirigiam os seus rebanhos livremente pelos pastos da Europa. O espírito da indústria em larga escala e da organização supranacional tomou conta da política. As pessoas pensam, como disse certa vez Cecil Rhodes, 'em termos de continentes'". Estas poucas frases foram citadas em inúmeros artigos e panfletos da época.

chevistas foi depois contra-atacada pela propaganda pan-eslavista reintroduzida na União Soviética, tal o valor isolacionista dessas teorias.[43]

É verdade que o sistema de governo na Áustria-Hungria e na Rússia czarista, baseado na opressão de nacionalidades, servia como verdadeiro aprendizado de nacionalismo tribal. Na Rússia, essa opressão era monopolizada exclusivamente pela burocracia, que também oprimia o povo russo, de sorte que somente a *intelligentsia* russa veio a ser pan-eslavista. A Monarquia, pelo contrário, dominava as nacionalidades indóceis outorgando-lhes liberdade suficiente para que oprimissem outras nacionalidades, de modo que estas se transformaram na verdadeira base para a ideologia dos movimentos de unificação. O segredo da sobrevivência da casa dos Habsburgos no século XIX está no cuidadoso equilíbrio de uma máquina supranacional, proporcionado pelo mútuo antagonismo e pela exploração dos tchecos pelos alemães, dos eslovacos pelos húngaros, dos rutênios pelos poloneses, e assim por diante. Todos aceitavam com naturalidade o fato de que cada grupo poderia ser promovido a nação à custa dos outros grupos nacionais, e renunciaria com prazer à liberdade se a opressão viesse de um governo nacional próprio.

Os dois movimentos unificadores [pan-eslavo e pangermânico] surgiram sem qualquer ajuda dos governos russo ou alemão. Isto não evitou que os seus adeptos austríacos se entregassem ao prazer da alta traição contra o governo de seu país. Foi a possibilidade de educar as massas no espírito da alta traição que deu aos movimentos austríacos de unificação étnica o considerável apoio popular que nunca tiveram na Alemanha e na Rússia propriamente ditas. Era muito mais fácil induzir o trabalhador alemão a atacar a burguesia alemã do que a atacar o governo, como era muito mais fácil na Rússia "levantar os camponeses contra os proprietários rurais do que contra o czar".[44] As diferenças entre as atitudes dos trabalhadores alemães e dos camponeses russos eram, sem dúvida, tremendas: os primeiros olhavam um monarca, embora não muito querido, como símbolo da unidade nacional, enquanto os últimos viam no governo o verdadeiro representante de Deus na terra. Essas diferenças, contudo, eram menos significativas do que o fato de que, nem na Rússia nem na Alemanha, o governo era tão fraco como na Áustria; nem sua autoridade havia caído em tal descrédito que os movimentos de unificação étnica pudessem capitalizar politicamente a agitação revolucionária. Somente na Áustria o ímpeto revolucionário encontrou essa válvula de escape natural nos movimentos de unificação. O expediente de *divide et impera*, não muito habilmente conduzido pelo governo,

---

(43) Muito interessantes a esse respeito são as teorias genéticas da Rússia soviética que surgiram na década dos 50. A herança de caracteres adquiridos significa claramente que as populações que vivem sob condições desfavoráveis transferem a seus descendentes uma hereditariedade inferior, e vice-versa. "Em uma palavra, teríamos raças dominantes e dominadas inatas." Ver H. S. Muller, "The soviet master race theory", em *New Leader*, 30 de junho de 1949.

(44) G. Fedotov, "Russia and Freedom", em *The Review of Politics*, vol. VIII, n.º 1, janeiro de 1946. Trata-se de verdadeira obra-prima em matéria de trabalho histórico; dá um resumo de toda a história da Rússia.

pouco contribuiu para diminuir as tendências centrífugas dos sentimentos nacionais, mas criou complexos de superioridade e levou a uma atmosfera geral de deslealdade.

A hostilidade do Estado como instituição é parte das teorias de todos os movimentos de unificação étnica. Já se disse, com razão, que a oposição dos eslavófilos ao Estado é "inteiramente diferente de tudo que é encontrável na atitude do sistema do nacionalismo oficial".[45] O Estado, por sua própria natureza, era declarado estranho ao povo. Assim, a superioridade eslava, segundo se pensava, jazia na indiferença com que o povo russo via o Estado, no fato de o povo se manter como um *corpus separatum* do seu próprio governo. É isso o que os eslavófilos queriam dizer quando chamaram o povo russo de "povo sem Estado". Mas isso também possibilitou a esses "liberais" reconciliarem-se com o despotismo, pois o fato de o povo não "interferir com o poder estatal", isto é, com o absolutismo desse poder,[46] estava de acordo com a exigência do despotismo. Os pangermanistas, politicamente mais articulados, sempre insistiam na prioridade do interesse nacional sobre o interesse do Estado[47] e geralmente argumentavam que "a política mundial transcende a estrutura do Estado", que o único fator permanente no decorrer da história era o povo e não o Estado, e que, portanto, as necessidades nacionais, mudando com as circunstâncias, deviam sempre determinar os atos políticos do Estado.[48] Mas o que na Alemanha e na Rússia não passou de frases altissonantes até o fim da Primeira Guerra Mundial tornou-se real e efetivo na Monarquia Dual cuja decadência gerou um permanente desprezo pelo governo.

Seria erro grave presumir que os líderes dos movimentos de unificação eram reacionários ou "contra-revolucionários". Embora não estivessem, via de regra, muito interessados em questões sociais, nunca cometeram o equívoco de se aliar à exploração capitalista; a maioria havia pertencido, e alguns continuavam a pertencer, a partidos liberais e progressistas. De certo modo, é fato que a Liga Pangermânica "concretizou uma verdadeira tentativa de controle popular no campo da política estrangeira. Acreditava firmemente na eficiência de uma opinião pública forte, voltada para a nação (...) para ditar a política nacional pela força da exigência popular".[49] Mas a ralé, que se agrupava nos movimentos de unificação inspirados por ideologias raciais, não era a mesma

---

(45) N. Berdyaev, *op. cit.*, p. 29.

(46) K. S. Aksakov, em *Ehrenberg, op. cit.*, p. 97.

(47) Ver, por exemplo, a queixa de Schoenerer de que o "Verfassungspartei" [partido da situação] austríaco ainda subordinava os interesses nacionais aos interesses do Estado (Pichl, *op. cit.*, I, 151). Ver também os trechos característicos do *Judas Kampf und Niederlage in Deutschland*, 1937, pp. 39ss do pangermanista conde E. Reventlow. O autor via no nazismo a realização do pangermanismo, dada a sua recusa de "idolatrar" o Estado, considerado apenas como uma das funções da vida do povo.

(48) Ernst Hasse, *Deutsche Weltpolitik* [A política mundial alemã], 1897, Alldeutsche Flugschriften, nº 5, e *Deutsche Politik*, vol. I: *Das deutsche Reich als Nationalstaat* [O Reich alemão como Estado nacional], 1905, p. 50.

(49) Wertheimer, *op. cit.*, p. 209.

massa cujas ações revolucionárias haviam levado à criação do governo constitucional e cujos verdadeiros representantes, àquela altura, só se podiam encontrar nos movimentos trabalhistas; essa ralé, com a sua "consciência tribal ampliada" e com a sua notável falta de patriotismo, se assemelhava mais a uma "raça".

Em contraste com o pangermanismo, o pan-eslavismo foi formado pela *intelligentsia* russa, à qual impregnou totalmente. Muito menos desenvolvido como organização e muito menos consistente em sua programação política, manteve por um tempo surpreendentemente longo um nível muito alto de sofisticação literária e especulação filosófica. Enquanto Rozanov analisava as misteriosas diferenças entre a força sexual de judeus e cristãos e chegava à surpreendente conclusão de que os judeus estão "unidos a essa força, enquanto os cristãos estão separados dela",[50] o líder os pangermanistas da Áustria descobria as maneiras de "atrair o interesse do homem do povo através de músicas de propaganda, cartões-postais, canecas de cerveja, bengalas e caixas de fósforos".[51] Mas finalmente as filosofias de "Schelling e Hegel foram abandonadas e a ciência natural foi convocada a fornecer a munição teórica" também aos pan-eslavistas.[52]

O pangermanismo, fundado por um só homem, Georg von Schoenerer, e apoiado principalmente pelos estudantes austro-alemães, empregou desde o início uma linguagem extraordinariamente vulgar, destinada a atrair camadas sociais mais vastas e diferentes. Conseqüentemente, Schoenerer foi também "o primeiro a perceber as possibilidades do anti-semitismo como instrumento para forçar a direção da política externa e destruir (...) a estrutura interna do Estado".[53] Algumas das razões pelas quais o povo judeu se prestava a essa finalidade são óbvias: sua posição muito proeminente em relação à monarquia dos Habsburgos, aliada ao fato de que, num país multinacional, era mais fácil reconhecê-los como nacionalidade à parte do que nos Estados-nações, cujos cidadãos, pelo menos teoricamente, tinham origem homogênea. Isso, contudo, embora explique a violência do anti-semitismo austríaco e revele a sagacidade política de Schoenerer na exploração da questão, não ajuda a compreender o papel ideológico central que o anti-semitismo desempenhou em ambos os movimentos.

A "consciência tribal ampliada" como motor emocional dos movimentos de unificação já era madura quando o anti-semitismo tornou-se questão central e centralizadora. O pan-eslavismo, com a sua tradição mais duradoura e mais respeitável de especulação filosófica, e com a sua ineficácia política mais notável, só virou anti-semita nas últimas décadas do século XIX; Schoenerer, o

---

(50) Rozanov, *op. cit.*, pp. 56-7.
(51) Oscar Karbach, *op. cit.*
(52) Louis Levine, *Pan-Slavism and European politics*, Nova York, 1914, descreve essa transformação dos eslavófilos antigos.
(53) Oscar Karbach, *op. cit.*

pangermanista, já havia anunciado abertamente sua hostilidade às instituições estatais quando muitos judeus ainda eram membros do seu partido.⁵⁴ Na Alemanha, onde o movimento de Stoecker havia demonstrado a utilidade do anti-semitismo como arma de propaganda política, a Liga Pangermânica teve, de início, certa tendência anti-semita, mas, antes de 1918, nunca chegou a excluir os seus membros judeus.⁵⁵ A ocasional antipatia dos eslavófilos pelos judeus transformou-se em anti-semitismo no seio de toda a *intelligentsia* russa quando, após o assassínio do czar em 1881, uma onda de *pogroms* organizados pelo governo focalizou a atenção pública na questão judaica.

Schoenerer, que descobriu o anti-semitismo na mesma época, provavelmente percebeu suas possibilidades quase por acaso: como o que desejava acima de tudo era destruir o império dos Habsburgos, não era difícil calcular o efeito da exclusão de uma nacionalidade da estrutura estatal, que se apoiava numa multitude de nacionalidades. Toda a textura dessa constituição peculiar e o precário equilíbrio de sua burocracia podiam ser destruídos se os movimentos populares sabotassem a moderada opressão sob a qual todas as nacionalidades tinham certa igualdade. Essa finalidade poderia ter sido igualmente atingida pelo furioso ódio que os pangermanistas sentiam com relação às nacionalidades eslavas, ódio que, arraigado antes que o movimento se tornasse anti-semita, era também aprovado por seus membros judeus.

O que tornou o anti-semitismo dos movimentos de unificação étnica tão eficaz, a ponto de ter sobrevivido ao declínio da propaganda anti-semita durante a enganadora calma que precedeu a deflagração da Primeira Guerra Mundial, foi sua fusão com o nacionalismo tribal da Europa oriental. Pois havia uma afinidade inerente entre as teorias daqueles movimentos a respeito dos povos e a existência sem raízes do povo judeu. Os judeus pareciam ser o único exemplo perfeito de um povo no sentido tribal; sua organização tornou-se modelo que os movimentos de unificação procuravam copiar; sua sobrevivência e suposta força pareciam a melhor prova da correção das teorias raciais.

Se outras nacionalidades na Monarquia Dual tinham apenas débeis raízes no solo e pouca noção do significado de um território comum, os judeus eram o exemplo de um povo que, sem país de qualquer espécie, havia podido manter sua identidade no decorrer dos séculos e, portanto, podia ser citado como prova de que não havia necessidade de território para que se constituísse uma nacionalidade.⁵⁶ Se os movimentos de unificação étnica insistiam na importância secundária do Estado e na suprema importância do povo, organizado em vários países e não necessariamente representado por instituições visíveis, os judeus

---

(54) O Programa de Linz, que ficou sendo o programa dos pangermanistas da Áustria, foi originalmente redigido sem o parágrafo sobre os judeus; havia até três judeus no comitê que o esboçou em 1882. O parágrafo sobre os judeus foi acrescentado em 1885. Ver Oscar Karbach, *op. cit.*

(55) Otto Bonhard, *op. cit.*, p. 45.

(56) Como o foi pelo socialista Otto Bauer, *op. cit.*, p. 373, que certamente não era anti-semita.

eram o modelo perfeito de uma nação sem Estado e sem essas instituições.[57] Se as nacionalidades tribais apontavam para si mesmas como o centro de seu orgulho nacional, independentemente de realizações históricas e de participação em acontecimentos registrados, se acreditavam que alguma qualidade inerente misteriosa, psicológica ou física, fazia delas a encarnação, não da Alemanha, mas do germanismo, não da Rússia, mas da alma russa, sentiam de alguma forma, mesmo que não soubessem expressá-lo, que a "judeidade" dos judeus assimilados correspondia exatamente ao mesmo tipo de encarnação individual e pessoal do judaísmo, e que o orgulho peculiar dos judeus secularizados, que não haviam desistido de sua antiga qualidade de "escolhidos", realmente significava que acreditavam ser diferentes e melhores pelo simples fato de terem nascido judeus, independentemente das realizações e tradição judaicas.

É bem verdade que essa atitude judaica — esse tipo judaico de nacionalismo tribal, por assim dizer — fora resultado da posição anormal dos judeus nos Estados modernos, fora do âmbito da sociedade e da nação. Mas a posição daqueles grupos étnicos flutuantes, que só tomaram consciência de sua nacionalidade através do exemplo de outras nações ocidentais e, mais tarde, a posição das massas desarraigadas das grandes cidades, que o racismo mobilizou com tanta eficácia, eram semelhantes em muitos aspectos. Também se situavam fora do âmbito social e também estavam fora do corpo político do Estado-nação, que parecia ser a única organização política satisfatória para um povo. Logo reconheceram nos judeus os seus concorrentes mais felizes, mais protegidos pela sorte, pois, em sua opinião, os judeus haviam encontrado um meio de constituir uma sociedade própria que, precisamente por não ter representação visível nem escoadouro político normal, podia vir a substituir a nação.

Mas o que arrastou os judeus para o centro dessas ideologias racistas, mais que qualquer outro fato, foi a pretensão judaica ser de um povo eleito — único obstáculo sério à igual pretensão que emanava dos movimentos de unificação étnica. Não importava que o conceito judaico nada tivesse em comum com as teorias tribais acerca da origem divina de um povo. A ralé não estava muito interessada nessas sutilezas de correção histórica, e mal percebia a diferença que havia entre uma histórica missão judaica de realizar o estabelecimento da humanidade na terra e a sua própria "missão" de dominar todos os outros povos da terra. Mas os líderes dos movimentos sabiam muito bem que os judeus haviam dividido o mundo — exatamente como eles o preconizavam — em duas partes: eles próprios e todos os outros.[58] Nessa dicotomia, os judeus

---

(57) Muito elucidativo quanto à auto-interpretação judaica é o ensaio de A. S. Steinberg, "Die weltanschaulichen Voraussetzungen der jüdischen Geschichtsschreibung" [Os pressupostos ideológicos da escrita histórica judaica], em *Dubnow Festschrift*, 1930: "Se um homem (...) se convence do conceito da vida conforme é expresso na história judaica (...) então a questão do Estado perde o seu significado, sem que importe como se venha a defini-lo".

(58) A similaridade que existe entre esses conceitos pode ser vista na seguinte coincidência, à qual se poderiam ajuntar muitos outros exemplos: Steinberg, *op. cit.*, diz dos judeus: a sua história ocorre fora de todas as leis históricas comuns; Chaadayev chama os russos de povo-exceção. Ber-

surgiam mais uma vez como os concorrentes mais afortunados, que haviam herdado algo e eram reconhecidos por algo que os gentios tinham de construir a partir do nada.[59]

É um "truísmo", que não se tornou mais verdadeiro com a repetição, que o anti-semitismo seja apenas uma forma de inveja. Mas, no tocante à escolha dos judeus ele é bastante verdadeiro. Sempre que um povo é apartado da ação e da realização, sempre que esses laços naturais com o mundo comum são rompidos ou não existem por um motivo ou outro, ele tende a voltar-se para dentro de si mesmo, em sua elementaridade nua e natural, e a alegar divindade e uma missão de redimir a terra. Quando isso acontece na civilização ocidental, tal povo encontra a antiga pretensão dos judeus a barrar-lhe o caminho messiânico. Foi isso que perceberam os porta-vozes dos movimentos de unificação étnica, e é por isso que se incomodaram tão pouco com a questão realista de saber se o problema judeu, em termos de números e de poder, era suficientemente importante para fazer do ódio aos judeus o esteio de suas ideologias. Do mesmo modo como o seu próprio orgulho nacional independia de qualquer realização, também o seu ódio pelos judeus independia de qualquer coisa que os judeus houvessem feito, de bom ou de mau. Nesse ponto, todos os movimentos de unificação concordavam plenamente, embora nenhum deles soubesse como utilizar esse esteio ideológico para fins de organização política.

A defasagem entre a formulação da ideologia dos movimentos e a possibilidade de sua aplicação séria na política é demonstrada pelo fato de que os "Protocolos dos sábios do Sião" — forjados por volta de 1900 por agentes da polícia secreta russa em Paris, mediante sugestão de Pobiedonostzev, conselheiro político de Nicolau II e o único pan-eslavista a galgar uma posição influente — ficaram como um panfleto semi-esquecido até 1919, quando iniciaram sua marcha verdadeiramente triunfal em todos os países e idiomas europeus;[60] trinta anos mais tarde, sua circulação só era inferior à do *Mein Kampf* de Hitler. Nem o falsificador nem o seu patrão sabiam que viria um tempo em que a polícia seria realmente a instituição central de uma sociedade, e toda a força do país se organizaria de acordo com os princípios, supostamente judeus, expostos nos Protocolos. Talvez tenha sido Stalin o primeiro a descobrir todo o potencial de domínio da polícia; certamente foi Hitler quem, mais sagaz que o seu pai espiritual Schoenerer, soube como usar o princípio hierárquico do racismo; como explorar a afirmação anti-semita da existência de um povo que era "o pior de todos" a fim de organizar devidamente "o melhor de todos", ficando entre estes dois extremos todos os outros povos conquistados e oprimidos; como

---

dyaev disse claramente (*op. cit.*, p. 135): "O messianismo russo é semelhante ao messianismo judaico".

(59) Ver o anti-semita E. Reventlow, *op. cit.*, mas também o filósofo russo filo-semita Vladimir Slovyov, *O judaísmo e a questão cristã* (1884): entre as duas nações religiosas, os russos e os poloneses, a história introduziu um terceiro povo religioso, os judeus. Ver Ehrenberg, *op. cit.*, p. 314ss. Ver também Cleinow, *op. cit.*, pp. 44ss.

(60) Ver John S. Curtiss, *The protocols of Zion*, Nova York, 1942.

generalizar o complexo de superioridade dos movimentos de unificação de modo que cada povo, com a necessária exceção dos judeus, pudesse olhar com desprezo aquele povo que era ainda pior que ele próprio.

Foram necessárias mais algumas décadas de caos encoberto e de franco desespero, antes que muitas pessoas confessassem alegremente que iriam realizar justamente aquilo que, segundo pensavam, somente os judeus em seu diabolismo inato tinham conseguido fazer até então. De qualquer forma, os líderes dos movimentos de unificação, embora já tivessem uma vaga noção da questão social, foram muito unilaterais em sua ênfase na política externa — e não conseguiram ver que o anti-semitismo poderia constituir o necessário elo de ligação entre os métodos domésticos e externos; não sabiam ainda como estabelecer uma "comunidade popular", isto é, uma horda completamente desarraigada e racialmente doutrinada.

O fato de que o fanatismo dos movimentos de unificação étnica tenha escolhido os judeus para seu centro ideológico, que foi o começo do fim das comunidades judaicas européias, constitui uma das mais lógicas e mais amargas vinganças de toda a história. Porque há certa dose de verdade nas afirmações "esclarecidas", desde Voltaire até Renan e Taine, de que o conceito de escolha divina dos judeus, o modo como identificavam a religião com a nacionalidade, sua reivindicação de uma posição absoluta na história e uma relação especial com Deus trouxeram para a civilização ocidental, por um lado, um elemento de fanatismo até então desconhecido (e que foi herdado pelo cristianismo em sua pretensão de posse exclusiva da Verdade) e, por outro lado, um elemento de orgulho tão perigosamente próximo da perversão racial.[61]

Politicamente, não teve a menor importância o fato de que o judaísmo e a devoção judaica, ainda intacta, houvessem sido sempre isentos da imanência direta da Divindade, e até hostis a esse conceito. Porque o nacionalismo tribal é a perversão da religião que fez com que Deus escolhesse uma nação entre as demais; e, somente porque esse velho mito e o único povo sobrevivente da Antiguidade tinham raízes profundas na civilização ocidental, o líder da moderna ralé podia, com certa plausibilidade e imprudência, trazer Deus para a luta mesquinha entre os povos e pedir o Seu consentimento para outra eleição, que ele, líder, em nome dos potencialmente elegíveis, já havia manipulado.[62] O ódio dos racistas aos judeus advinha da supersticiosa apreensão de que Deus

(61) Ver Berdyaev, *op. cit.*, p. 5: "A religião e a nacionalidade desenvolveram-se juntas no reino moscovita, como ocorreu na consciência do antigo povo hebreu. E, do mesmo modo como a consciência messiânica era um atributo do judaísmo, foi também um atributo da ortodoxia russa".

(62) Um fantástico exemplo de toda essa loucura é a seguinte passagem de Léon Bloy — que, felizmente, não é típica do nacionalismo francês: "A França está colocada tão acima das outras nações que todas elas, não importa quais sejam, devem sentir-se honradas se tiverem a permissão de comer as migalhas dos seus cães. Se a França for feliz, então o resto do mundo pode dar-se por satisfeito, mesmo que tenha de pagar pela felicidade da França com a escravidão e a destruição. Mas, se a França sofrer, então o próprio Deus, o terrível Deus, sofre também. (...) Isto é tão absoluto e inevitável como o segredo da predestinação". Citado por R. Nadolny, *Germanisierung oder Slavisierung?* [Germanização ou eslavização?], 1928, p. 55.

poderia ter realmente escolhido os judeus e não a eles, de que a divina providência realmente houvesse concedido o sucesso aos judeus. Havia um certo ressentimento indeciso contra um povo que, ao que se receava, tinha recebido uma garantia racionalmente incompreensível de que surgiria finalmente, e a despeito de todas as aparências, como vencedor final na história do mundo.

Pois, para a mentalidade da ralé, o conceito judeu de uma missão divina de realizar o reino de Deus só podia ser entendido em termos vulgares de sucesso e fracassso. O temor e o ódio eram alimentados e, até certo ponto, racionalizados pelo fato de que o cristianismo, religião de origem judaica, já havia conquistado a humanidade ocidental. Levados por suas próprias superstições ridículas, os líderes dos movimentos de unificação descobriram aquela pequena mola oculta na mecânica da devoção judaica que possibilitava uma completa reversão e perversão, de modo que a escolha já não correspondia mais ao mito da realização final do ideal de uma humanidade comum — mas da sua destruição final.

2. A HERANÇA DA ILEGALIDADE

O franco desrespeito à lei e às instituições legais e a justificação ideológica da ilegalidade foram muito mais típicos do imperialismo continental do que do imperialismo ultramarino. Em parte, isso se deveu ao fato de que o imperialismo continental não podia se valer daquela distância geográfica que separava a ilegalidade de domínio de continentes estrangeiros da legalidade das instituições do país dominador. Igualmente importante foi o fato de que os movimentos de unificação étnica originaram-se nos países que jamais haviam conhecido governo constitucional, de modo que a concepção que os seus líderes tinham de governo e de poder correspondia à visão de decisões arbitrárias vindas de cima.

O desprezo pela lei foi a característica de todos esses movimentos. Embora encontrasse maior expressão no pan-eslavismo do que no pangermanismo, refletia as verdadeiras condições do governo na Rússia e na Áustria-Hungria. Descrever esses dois despotismos, os únicos remanescentes na Europa quando da eclosão da Primeira Guerra Mundial, só em termos de Estados multinacionais é apresentar apenas um lado da questão. Eles se distinguiam dos outros Estados por governarem (e não apenas explorarem) os povos por meio de uma burocracia; o papel dos partidos era insignificante, e os parlamentos careciam de quaisquer funções legislativas; o Estado governava através de uma administração que aplicava decretos. Para a Monarquia Dual, o Parlamento era pouco mais que uma associação de debates — e não muito inteligente. Na Rússia como na Áustria de antes da Primeira Guerra, muito pouca oposição séria partia de lá; era exercida por grupos externos que sabiam que, se ingressassem no sistema parlamentar, só podiam perder a atenção e o apoio do povo.

Legalmente, governar por meio de burocracia é governar por decreto, o que significa que a força, que no governo constitucional apenas faz cumprir a lei, se torna a fonte direta de toda legislação. Além disso, os decretos têm um aspecto de anonimato (enquanto as leis podem ser atribuídas a determinados homens ou assembléias) e, portanto, parecem emanar de algum supremo poder dominante que não precisa justificar-se. O desprezo de Pobiedonostzev pelas "armadilhas" da lei era o eterno desprezo do administrador pela suposta falta de liberdade do legislador, que é tolhido por princípios, e pela inação dos executantes da lei, que são limitados pela necessidade de interpretá-los. O burocrata que, sendo mero administrador de decretos, tem a ilusão de ação permanente sente-se tremendamente superior a esses homens "pouco práticos", eternamente emaranhados em "sutileza legais" e, portanto, fora da esfera do poder, que, para ele, é a fonte de tudo.

Para o administrador, a lei é impotente porque, por definição, ela é isolada de sua aplicabilidade. Por outro lado, o decreto só existe e vale se e quando aplicado; a única justificação que o decreto requer é a possibilidade de ser aplicado. É verdade que todos os governos usam decretos numa emergência, mas, nesse caso, a própria emergência é uma nítida justificação e uma automática limitação. No governo burocrático, os decretos surgem em sua pureza nua, como se já não fossem obras de homens poderosos, mas encarnassem o próprio poder, sendo o administrador seu mero agente acidental. Não existem princípios gerais por trás do decreto que a simples razão possa entender, mas apenas circunstâncias que mudam constantemente e só um perito pode conhecer em detalhe. Os povos governados por decretos nunca sabem o que os governa, dada não só a impossibilidade de compreender os decretos em si mesmos, mas também a ignorância cuidadosamente organizada no que se refere a circunstâncias específicas e seu significado prático, ignorância em que os administradores, na medida em que desempenham o papel de fonte de poder, conservam os seus súditos. O imperialismo colonial, que também governava por decretos e era às vezes definido como o *regime des décrets*,[62a] já era suficientemente perigoso; contudo, o próprio fato de que os administradores de populações nativas eram importados e tidos como usurpadores diminuía a sua influência sobre os povos dominados. Somente em países como a Rússia e a Áustria, onde os governantes nativos e uma burocracia nativa eram aceitos como governo legítimo, pôde o regime de decretos criar uma atmosfera de arbitrariedade e de segredo que ocultasse com sucesso o seu oportunismo.

Era amplamente vantajoso o regime de decretos no domínio de territórios extensos com populações heterogêneas e na política de opressão. Sua eficiência é superior simplesmente porque ele ignora todos os estágios intermediários entre a fonte emissora e o meio de aplicação, e porque impede o raciocínio político do povo graças à retenção de informações. Pode suplantar facilmente os costumes locais e não precisa depender do processo necessariamente lento do desenvolvimento da lei. É muito útil na implantação de uma administração centralizada porque suprime automaticamente toda a autonomia local. Se o go-

---

(62a) Ver M. Larcher, *Traité elémentaire de législation algérienne*, vol. II, pp. 150-2: "O governo de todas as colônias francesas é o *régime des decrets*".

verno de boas leis já foi chamado de governo de sabedoria, o governo de decretos adequados pode ser corretamente chamado de governo da esperteza. Porque levar em conta motivos e objetivos ulteriores é esperteza, enquanto compreender e criar algo por dedução, a partir de princípios geralmente aceitos, é sabedoria.

O governo pela burocracia não deve ser tomado por mero produto dos serviços públicos, que freqüentemente acompanharam o declínio do Estado-nação, como foi, principalmente, o caso da França. Lá, a administração sobreviveu a todas as mudanças do regime desde a Revolução, entrincheirou-se como um parasita na estrutura política, desenvolveu seus próprios interesses de classe e tornou-se um organismo inútil, cuja única finalidade parece ser dificultar e impedir o desenvolvimento econômico e político normal. Há, naturalmente, muitas semelhanças superficiais entre os dois tipos de burocracia, principalmente se se der muita atenção à notável similaridade psicológica, dos pequenos funcionários de todos os países. Mas, se o povo francês cometeu o grave erro de aceitar a sua administração como um mal necessário, jamais cometeu o erro fatal de permitir que ela governasse o país — embora o resultado tenha sido que ninguém o governa. A atmosfera governamental francesa é uma atmosfera de ineficiência e dificuldade; mas nunca criou uma aura de pseudomisticismo.

É esse pseudomisticismo que caracteriza a burocracia quando ela se torna forma de governo. Como o povo que ela governa nunca sabe realmente por que algo acontece, e como não existe uma interpretação racional das leis, subsiste apenas uma coisa que importa: o próprio evento brutal e nu. O que acontece com o indivíduo fica, então, sujeito a uma interpretação de possibilidades infinitas, sem que a razão as limite e sem que o conhecimento o estorve. Na estrutura dessa ilimitada especulação interpretativa, que caracteriza toda a literatura russa pré-revolucionária, toda a textura da vida e do mundo assume um misterioso segredo e uma misteriosa profundidade. Dessa aura emana um perigoso encanto devido à sua riqueza aparentemente inesgotável; a interpretação do sofrimento tem um alcance muito maior que a interpretação da ação, porque a primeira ocorre no interior da alma e liberta todas as possibilidades da imaginação humana, enquanto a segunda é constantemente refreada, e possivelmente reduzida ao absurdo, pelas conseqüências externas e pela experiência controlável.

É facilmente perceptível uma das diferenças mais berrantes entre o antigo governo pela burocracia e o moderno governo totalitário: os governantes russos e austríacos de antes da Primeira Guerra Mundial contentavam-se com a ociosa irradiação de poder e, satisfeitos em controlar seus destinos exteriores, deixavam intacta toda a vida espiritual interior. A burocracia totalitária, conhecendo melhor o significado do poder absoluto, interfere com igual brutalidade com o indivíduo e com a sua vida interior. Como resultado dessa radical eficiência, extinguiu-se a espontaneidade dos povos sob o domínio totalitário juntamente com as atividades sociais e políticas, de sorte que a simples esterilidade política, que existia nas burocracias mais antigas, foi seguida de esterilidade total sob o regime totalitário.

A era em que nasceram os movimentos de unificação tinha, porém, a felicidade de ignorar essa esterilização total. Pelo contrário, para o observador inocente (como o é a maioria dos ocidentais), a chamada alma oriental parecia ser incomparavelmente mais rica, sua psicologia mais profunda, sua literatura mais significativa do que as das "ocas" democracias ocidentais. Essa aventura psicológica e literária nas "profundezas" do sofrimento não veio a ocorrer na Áustria-Hungria porque a sua literatura era principalmente em língua alemã e, por isso, era e permaneceu parte integrante da literatura alemã em geral. Em lugar de inspirar imposturas profundas, a burocracia austríaca levou o seu maior escritor moderno a ridicularizar e criticar tudo aquilo. Franz Kafka conhecia muito bem a superstição de destino que toma conta daqueles que vivem sob o domínio perpétuo do acaso, a inevitável tendência a encontrar um significado sobre-humano especial em eventos cujo significado racional fica além do conhecimento e da compreensão dos interessados. Tinha plena consciência da estranha atração dessa gente, das estórias populares e melancólicas, lindamente tristes, que pareciam tão superiores à literatura mais leve e mais alegre das pessoas mais felizes. Denunciou o orgulho da necessidade, até mesmo da necessidade do mal, e a repugnante vaidade que identifica a desventura e o mal com o destino. O que nos espanta é que ele tenha conseguido fazer isso num mundo em que os elementos dessa atmosfera ainda não estavam inteiramente articulados; confiou no grande poder de sua imaginação para tirar todas as conclusões necessárias e completar o que a realidade havia deixado de focalizar inteiramente.[63]

Só o Império Russo da época oferecia um quadro completo do governo pela burocracia. As condições caóticas do país — grande demais para ser governado, povoado por gente primitiva sem experiência em organização política de qualquer espécie, que vegetava sob o incompreensível domínio da burocracia czarista — criavam uma atmosfera de anarquia e de acaso na qual os caprichos conflitantes dos pequenos funcionários e as ocorrências diárias da incompetência e da incoerência inspiravam uma filosofia que via no Acidente o verdadeiro Senhor da Vida, algo como a aparição da Divina Providência.[64] Para o pan-eslavista, que sempre insistia nas condições muito mais "interessantes" da

---

(63) Ver especialmente a magnífica história de *O castelo*, que parece o estranho arremedo de uma obra da literatura russa. A família vive sob uma maldição, sendo seus membros tratados como leprosos até o ponto de se sentirem como tais, apenas porque uma de suas bonitas filhas teve uma vez a ousadia de rejeitar as propostas indecentes de uma autoridade importante. Os aldeões modestos, controlados no mínimo detalhe pela burocracia, e escravos até em pensamento dos caprichos de suas autoridades todo-poderosas, já tinham, havia muito, chegado à conclusão de que estar certos ou errados era uma questão de mero "destino" que não podiam alterar. Não é o remetente de uma carta obscena que é denunciado, como K. ingenuamente presume, e sim o destinatário, que se torna marcado e contaminado. E é a isso que os aldeões se referem quando falam do seu "destino".

(64) A deificação do acaso serve, naturalmente, como racionalização para o povo que não é o senhor do próprio destino. Ver, por exemplo, Steinberg, *op. cit.*: "Pois o Acaso é que foi decisivo para a estrutura da história judaica. E o Acaso (...) na língua da religião se chama Providência" (p. 34).

Rússia em contraste com o tédio vazio dos países civilizados, parecia que a Divindade havia encontrado uma imanência íntima na alma do infeliz povo russo, sem igual em toda a terra. Numa torrente infindável de variações literárias, os pan-eslavistas mostravam a profundeza e a violência da Rússia em oposição à banalidade superficial do Ocidente, que não conhecia o sofrimento nem o significado do sacrifício, e sob cuja superfície civilizada e estéril escondiam-se a frivolidade e a banalidade.[65] Grande parte da atração dos movimentos totalitários foi ainda devida à vaga e amargurada atitude antiocidental que esteve em moda especialmente na Alemanha antes de Hitler e na Áustria, mas que nos anos 20 havia tomado conta também da *intelligentsia* européia em geral. Até o momento em que tomaram o poder, os movimentos totalitários puderam tirar proveito dessa paixão pelo "irracional"; e, durante os anos em que os intelectuais russos exerceram considerável influência sobre o estado de espírito de uma Europa inteiramente conturbada, verificou-se que essa atitude puramente literária era um forte fator emocional na abertura do caminho para o totalitarismo.[66]

Em contraposição aos partidos, os movimentos unificadores não degeneraram simplesmente em máquinas burocráticas,[67] mas viram nos regimes burocráticos possíveis modelos de organização. O pan-eslavista Pogodin descreveu a máquina burocrática da Rússia czarista com admiração compartilhada por quase todos: "Uma tremenda máquina, construída segundo os princípios mais simples, guiada pela mão de um só homem (...) que a aciona a cada instante com um único movimento, na direção e na velocidade que deseja. E não se trata de um movimento puramente mecânico: a máquina é inteiramente ativada por emoções herdadas: subordinação, confiança sem limites e devoção pelo czar, que é o seu Deus na terra. Quem ousaria atacar-nos, e quem não poderíamos forçar à obediência?"[68]

Os pan-eslavistas faziam menos oposição ao Estado que os seus colegas

---

(65) Um escritor russo disse certa vez que o pan-eslavismo "engendra um ódio implacável ao Ocidente, um culto mórbido de tudo o que é russo; (...) a salvação do universo ainda é possível, mas só pode vir por intermédio da Rússia. (...) Os pan-eslavistas, vendo inimigos de sua idéia por toda parte, perseguem todos aqueles que não concordam com eles (...)" (Victor Bérard, *L'empire russe et le tsarisme*, 1905). Ver também N. V. Bubnoff, *Kultur und Geschichte im russischen Denken der Gegenwart* [Cultura e história no pensamento russo contemporâneo], 1927, Osteuropa: Quellen und Studien, vol. 2, cap. V.

(66) Ehrenberg, *op. cit.*, acentua isso no epílogo: as idéias de um Kireievski, Chomiakov, Leontiev, "podem ter morrido na Rússia após a revolução. Mas agora se espalharam por toda a Europa e vivem hoje em Sofia, Constantinopla, Berlim, Paris, Londres. Os russos, e precisamente os discípulos desses autores, (...) publicam livros e editam revistas que são lidos em todos os países europeus; através deles, essas idéias — as idéias dos seus pais espirituais — são representadas. O espírito russo tornou-se europeu" (p. 334).

(67) Para a burocratização das máquinas partidárias, Robert Michels, *Political parties: a sociological study of the oligarchial tendencies of modern democracy* (tradução inglesa Glencoe, 1949, da edição alemã de 1911), ainda é a obra padrão.

(68) K. Staehlin, "Die Entstehung des Panslawismus" [O surgimento do pan-eslavismo], em *Germano-Slavica*, 1936, vol. 4.

pangermanistas. Por vezes, chegaram a tentar convencer o czar a encabeçar o movimento. A razão dessa tendência era, naturalmente, que a posição do czar diferia consideravelmente daquela de qualquer monarca europeu, sem a exceção do imperador da Áustria-Hungria, e que o despotismo russo nunca chegou a ser um Estado racional no sentido ocidental, mas permaneceu fluido, anárquico e desorganizado. Assim, o czarismo parecia às vezes, aos olhos dos pan-eslavistas, simbolizar uma gigantesca força motora com uma auréola de singular santidade.[69] Em contraste com o pangermanismo, o pan-eslavismo não precisou inventar uma ideologia nova que satisfizesse as necessidades da alma eslava e do seu movimento, mas pôde interpretar — e transformar em mistério — o czarismo como a expressão antiocidental, anticonstitucional e antiestatal do próprio movimento. Essa mistificação do poder anárquico inspirou ao pan-eslavismo suas mais perniciosas teorias a respeito da natureza transcendental e da inerente virtude de todo poder. Concebia o poder como uma emanação divina, que permeava toda atividade natural e humana. Não constituía mais um meio para a realização de alguma coisa: simplesmente existia, os homens dedicavam-lhe seu serviço por amor a Deus, e qualquer lei que viesse a regular ou reprimir sua "força terrível e sem limites" era evidentemente sacrílega. Em sua completa arbitrariedade, o poder em si era considerado sagrado, fosse o poder do czar ou o poder do sexo. As leis não somente eram incompatíveis com ele: eram pecado, "armadilhas" feitas pelo homem para impedir a completa realização do "divino".[70] Fizesse o que fizesse, o governo era sempre o "Supremo Poder em ação",[71] e bastava ao movimento pan-eslavo aderir a esse poder e organizar-lhe o apoio popular para santificar todo o povo — uma horda colossal, obe-

---

(69) M. N. Katkov: "Todo poder deriva de Deus; o czar da Rússia, porém, recebeu uma importância especial que o distingue de todo o resto dos governantes do mundo. (...) Ele é sucessor dos Césares do Império Oriental, (...) fundadores do próprio credo da Fé de Cristo. Reside nisto o mistério da profunda diferença entre a Rússia e todas as nações do mundo". Citado por Salo W. Baron, *Modern nationalism and religion*, 1947.

(70) Pobiedonostzev em *Reflections of a Russian statesman*, Londres, 1898: "O poder existe não apenas por si mas pelo amor a Deus. É um serviço ao qual os homens se dedicam. Daí a força terrível e ilimitada do poder e o seu ônus terrível e ilimitado" (p. 254). Ou: "A lei torna-se uma armadilha não apenas para o povo, mas (...) para as próprias autoridades que cuidam da sua administração (...) se a cada passo o executor da lei encontra restrições na própria lei (...) então toda a autoridade se perde na dúvida, é enfraquecida pela lei (...) e esmagada pelo medo da responsabilidade" (p. 88).

(71) Segundo Katkov, "o governo na Rússia significa uma coisa totalmente diferente do que se entende por governo em outros países. (...) Na Rússia o governo, em sua mais alta acepção, é o Supremo Poder em ação (...)" (Moissaye J. Olgin, *The soul of the Russian Revolution*, Nova York, 1917, p. 57). Numa forma mais racionalizada, encontramos a teoria de que "as garantias legais eram necessárias em Estados baseados em conquista e ameaçados pelo conflito de classes e raças; eram supérfluas na Rússia, onde havia harmonia de classes e amizade entre as raças" (Hans Kohn, *op. cit.*).

Embora a idolatria do poder fosse menos acentuada no pangermanismo, houve sempre certa tendência antilegal, evidente em Frymann, *op. cit.*, que já em 1912 propôs a instituição daquela "custódia protetora" (*Sicherheitshaft*), isto é, prisão sem qualquer razão legal, que os nazistas depois usaram para encher os campos de concentração.

diente ao desejo arbitrário de um só homem, que não era governada pela lei nem pelo interesse, mas se mantinha coesa unicamente pela força do seu número e pela convicção de sua própria santidade.

Desde o início, os movimentos carentes da "força das emoções herdadas" tiveram de diferenciar-se do modelo já existente do despotismo russo em dois aspectos. Tiveram de fazer propaganda, da qual a burocracia estabelecida mal precisava, e o fizeram com a introdução de um elemento de violência;[72] e encontraram um substituto para a função das "emoções herdadas" nas ideologias que os partidos continentais já haviam desenvolvido consideravelmente. Nesse emprego de ideologia havia, porém, uma diferença: não apenas acrescentavam a justificação ideológica à representação de interesses, mas usavam as ideologias como princípios organizacionais. Se os partidos haviam sido entidades para a organização de interesses de classes, os movimentos se tornaram corporificações de ideologias. Em outras palavras, os movimentos estavam "carregados de filosofia" e proclamavam haver posto em marcha "a individualização do universo moral dentro de um coletivo".[73]

A concretização das idéias, originalmente concebida na teoria hegeliana do Estado e da história, foi desenvolvida por Marx, que deu ao proletariado o papel de protagonista da humanidade. Não foi por acaso, naturalmente, que o pan-eslavismo russo foi tão influenciado por Hegel quanto o bolchevismo foi influenciado por Marx. Contudo, nem Marx nem Hegel supunham que seres humanos reais, e partidos ou países existentes, chegassem a encarnar as idéias; ambos acreditavam no processo histórico, em que as idéias só se podiam concretizar num complicado movimento dialético. Foi preciso que a vulgaridade da ralé descobrisse as extraordinárias possibilidades dessa concretização para a organização das massas. Seus líderes começaram a dizer ao populacho que cada um dos seus membros podia tornar-se essa sublime e importantíssima encarnação viva do ideal, desde que fizesse parte do movimento. Assim, ninguém mais precisaria ser leal ou generoso ou corajoso — pois automaticamente seria a própria encarnação da Lealdade, Generosidade e Coragem. O pangermanismo demonstrou ser superior em teoria organizacional, pois espertamente privava o indivíduo alemão de todas essas extraordinárias qualidades se não aderisse ao movimento (prenunciando já o rancoroso desprezo que o nazismo mais tarde expressou pelos membros não-partidários do povo alemão); enquanto o pan-eslavismo, profundamente absorvido em suas infindáveis especulações a res-

---

(72) Há, naturalmente, uma patente semelhança entre a organização da ralé francesa durante o Caso Dreyfus (ver parte I, cap. IV) e os grupos russos promotores de *pogroms*, nos quais — como na "Centúria Negra" — "a escória mais violenta e menos culta da velha Rússia se agrupava sob a égide da maioria do episcopado ortodoxo" (Fedotow, *op. cit.*), enquanto a "Liga do Povo Russo", com os seus Esquadrões de Combate secretos, recrutava os seus adeptos entre os agentes inferiores da polícia, pagos pelo governo e liderados por intelectuais. Ver E. Cherikover, "Novos materiais acerca dos *pogroms* na Rússia no começo dos anos 80", em *Historische Schriftn* (Vilna), II, 463; e N. M. Gelber, "Os *pogroms* russos no início dos anos 80 à luz da correspondência diplomática austríaca", *ibid.*

(73) Delos, *op. cit.*

peito da alma eslava, supunha que todo eslavo, consciente ou inconscientemente, possuía tal alma, fosse ele devidamente organizado ou não. Foi necessária a desumanidade de Stálin para introduzir no bolchevismo o mesmo desdém pelo povo russo que os nazistas demonstraram pelos alemães.

É esse absolutismo dos movimentos que, mais que qualquer outro elemento, os separa das estruturas e da parcialidade dos partidos, e serve para justificar sua pretensão de invalidar todas as objeções da consciência individual. A realidade particular do indivíduo é posta contra o pano de fundo da realidade espúria do geral e do universal, reduz-se a uma quantidade insignificante ou desaparece na corrente do movimento dinâmico do próprio universal. Nessa corrente, a diferença entre os fins e os meios evapora-se juntamente com a personalidade, e o resultado é a monstruosa imoralidade da política ideológica. Tudo o que é pertinente é encarnado pelo próprio movimento em ação; toda idéia e todo valor desaparecem na confusão da imanência pseudocientífica e supersticiosa.

3. PARTIDO E MOVIMENTO

A principal diferença entre o imperialismo continental e o ultramarino é que os sucessos e os fracassos iniciais dos dois foram exatamente opostos. Enquanto o imperialismo continental, mesmo em seu começo, conseguiu realizar sua hostilidade contra o Estado-nação, organizando vastas camadas do povo fora do sistema partidário, mas sem jamais obter resultados em termos de expansão perceptível, o imperialismo ultramarino, em sua louca e bem-sucedida carreira para a anexação de um número crescente de territórios extensos, nunca teve muito sucesso em mudar a estrutura política do seu país de origem. A ruína do sistema de Estados-nações, preparada por seu próprio imperialismo de ultramar, foi finalmente levada a cabo por aqueles movimentos que se haviam originado fora do seu próprio âmbito. E, quando os movimentos começaram a competir vitoriosamente com o sistema partidário do Estado-nação, verificou-se também que eles só podiam debilitar países que tivessem um sistema multipartidário e que a mera tradição imperialista não era suficiente para lhes dar "apelo de massa". A Grã-Bretanha, o clássico país do governo bipartidário, não chegou a produzir um movimento de orientação fascista ou comunista de qualquer importância fora do seu sistema de partidos.

O *slogan* "acima dos partidos", o apelo a "homens de todos os partidos" e a bazófia de se manterem "bem longe de lutas partidárias" e de representarem "somente um objetivo nacional" eram características de todos os grupos imperialistas,[74] parecendo conseqüência natural do seu interesse exclusivo em polí-

---

(74) Como disse o presidente da Kolonialverein [Associação Colonial] alemã em 1884. Ver Mary E. Townsend, *Origin of modern German colonialism: 1871-1885*, Nova York, 1921. A Liga Pangermânica sempre insistiu em que estava "acima dos partidos; isto era e é uma condição vital para a Liga" (Otto Bonhard, *op. cit.*). O primeiro partido verdadeiro que alegou ser mais de um partido, ou seja, um "partido imperial", foi o Partido Nacional Liberal da Alemanha, sob a liderança de Ernest Bassermann (Frymann, *op. cit.*).

tica externa, esfera em que a nação, de qualquer modo, devia agir como um todo, independente de classes e de partidos.[75] Além disso, como nos sistemas continentais essa representação da nação como um todo havia sido o monopólio do Estado,[76] poderia até parecer que os imperialistas colocavam os interesses do Estado acima de tudo, ou que o interesse da nação como um todo finalmente encontrara neles o apoio popular que buscava havia tanto tempo. Contudo, a despeito de todas essas pretensões de verdadeira popularidade, os "partidos acima de partidos" não passavam de pequenas sociedades de intelectuais que, como a Liga Pangermânica, só encontravam maior apoio em horas de emergência nacional.[77]

A invenção decisiva dos movimentos de unificação, portanto, não foi o alegarem estar fora e acima do sistema partidário, mas sim o fato de se chamarem de "movimentos", sua própria denominação refletindo a profunda desconfiança nos partidos, tão corrente na Europa desde o fim do século XIX que, nos dias da República de Weimar, "cada novo grupo achava que a melhor maneira de se legitimizar e apelar às massas era insistir em que não era um 'partido', e sim um 'movimento'".[78]

Na verdade, a real desintegração do sistema partidário europeu não foi provocada pelos movimentos de unificação, mas pelos movimentos totalitários. Os movimentos de unificação, porém, que se situavam entre as pequenas e relativamente inofensivas sociedades imperialistas e os movimentos totalitários, foram precursores destes últimos, no sentido de já terem abandonado o elemento de esnobismo tão marcante de todas as ligas imperialistas — fosse o esnobismo da riqueza e da linhagem dos ingleses, ou da educação na Alemanha —, podendo portanto tirar partido do profundo ódio do povo contra essas insti-

---

Na Rússia, bastava que os pan-eslavos pretendessem ser apenas uma fonte do apoio popular ao governo para deixarem de competir com os partidos; pois o governo como "o Supremo poder em ação (...) não pode ser concebido como tendo relação com os partidos". Esta é a opinião de M. N. Katkov, íntimo colaborador jornalístico de Pobiedonostzev. Ver Olgin, *op. cit.*, p. 57.

(75) Evidentemente, esse era ainda o propósito dos primeiros grupos "acima de partidos", entre os quais, até 1918, a Liga Pangermânica se deve ainda incluir. "Permanecendo fora de todos os partidos políticos organizados, podemos agir à nossa maneira puramente nacional. Não perguntamos: você é conservador? É liberal? (...) A nação alemã é o ponto de encontro onde todos os partidos podem ter causa comum". Lehr, *Zwecke und Ziele des alldeutschen Verbandes* [Fins e alvos da Liga Pangermânica], Flugschriften [Folhas], n.º 14. Tradução citada por Wertheimer, *op. cit.*, p. 110.

(76) Carl Schmitt, *Staat, Bewegung, Volk* [Estado, movimento, povo] (1934), fala do "monopólio da política que o Estado adquiriu durante os séculos XVII e XVIII".

(77) Wertheimer, *op. cit.*, descreve bastante corretamente a situação quando diz: "É completamente absurdo que tenha havido qualquer ligação vital antes da guerra entre a Liga Pangermânica e o governo imperial". Por outro lado, era perfeitamente verdadeiro que a política alemã, durante a Primeira Guerra Mundial, era decisivamente influenciada pelos pangermanistas, porque o corpo de oficiais superiores se haviam tornado pangermanista". Ver Hans Delbrück, *Ludendorffs Selbstportrait* [O auto-retrato de Ludendorff], Berlim, 1922. Compare também seu artigo anterior sobre o assunto, "Die Alldeutschen" [Os pangermanistas], em *Preussische Jahrbücher* [Anais prussianos], 154, dezembro de 1913.

(78) Sigmund Neumann, *Die deutschen Parteien* [Os partidos alemães], 1932.

tuições, que supostamente o representavam.[79] Não é surpreendente que a atração dos movimentos na Europa pouco tenha diminuído com a derrota do nazismo e com o crescente medo do bolchevismo. Atualmente, a Grã-Bretanha é o único país da Europa em que o Parlamento não é desprezado e onde o sistema partidário não desperta a animosidade do povo.[80]

Diante da estabilidade das instituições políticas nas Ilhas Britânicas e o simultâneo declínio de todos os Estados-nações do continente europeu, é preciso concluir que a diferença entre o sistema partidário anglo-saxão e o continental deve ter sido fator importante. Porque não era tão grande a diferença meramente material entre uma Inglaterra fortemente empobrecida e uma França não-destruída após a Segunda Guerra Mundial; o desemprego, importante fator gerador de revoluções na Europa antes da guerra, havia atingido a Inglaterra com maior gravidade que a muitos países continentais; e os choques aos quais foi submetida a estabilidade política da Inglaterra, logo depois da guerra, quando o governo trabalhista liquidava a presença imperialista na Índia, tentando construir uma política externa em bases não-imperialistas, devem ter sido tremendos. Nem a simples diferença de estrutura social explica a relativa força da Grã-Bretanha, pois a base econômica do seu sistema foi profundamente alterada pelo governo socialista, sem que surgisse qualquer mudança decisiva nas instituições políticas.

Por trás da diferença externa entre o sistema bipartidário anglo-saxônico e o sistema multipartidário da Europa continental, existe uma distinção fundamental, e de profundas conseqüências para a atitude do partido em relação ao poder, entre a função do partido dentro do corpo político e a posição do cidadão dentro do Estado. No sistema bipartidário, um partido sempre representa o governo e realmente governa o país, de sorte que, temporariamente, o partido no poder identifica-se com o Estado. O Estado, como garantia permanente da unidade do país, é representado apenas pela permanência da função do rei.[81] Como ambos os partidos são planejados e organizados para governarem alternadamente,[82] todos os setores da administração são planejados e

(79) Moeller van den Bruck, *Das dritte Reich* [O Terceiro Reich], 1923, pp. vii-viii, descreve a situação: "Quando a Guerra Mundial terminou em derrota (...) encontrávamos alemães por toda parte que diziam estar fora de todos os partidos, que falavam de se 'libertarem dos partidos', que buscavam um ponto de vista 'acima de partidos'. (...) Uma completa falta de respeito pelos Parlamentos (...) que nunca sabem o que realmente se passa no país (...) é muito comum entre o povo".

(80) A insatisfação inglesa com certos fenômenos parlamentares nada tem a ver com esse sentimento antiparlamentar; os ingleses só se opõem ao que impede o Parlamento de funcionar devidamente.

(81) O sistema partidário inglês, que é o mais antigo de todos, "começou a tomar forma (...) somente quando os negócios do Estado deixaram de ser a exclusiva prerrogativa da Coroa (...)", isto é, depois de 1688. "O papel do rei tem sido, historicamente, o de representar a nação como unidade em contraposição com a luta faccional dos partidos." Ver o artigo "Political parties" 3, "Great Britain", de W. A. Rudin, na *Encyclopedia of the social sciences*.

(82) No livro que parece ser a primeira história do "partido", George W. Cooke, *The history of party*, Londres, 1836, define o assunto, no prefácio, como um sistema pelo qual "duas classes de estadistas (...) governam alternadamente um poderoso império".

organizados para essa alternação. E, como o governo de cada partido é limitado no tempo, o partido da oposição exerce um controle cuja eficiência é fortalecida pela certeza de que governará amanhã. De fato, é a oposição, e não a posição simbólica do rei, que garante a integridade do todo contra a ditadura unipartidária. As vantagens desse sistema são óbvias: elimina as diferenças essenciais entre o governo e o Estado; mantém tanto o poder como o Estado ao alcance do cidadão organizado em partido, que representa o Estado de hoje ou de amanhã; e, conseqüentemente, não dá azo a especulações grandiosas a respeito do Poder e do Estado como se fossem algo fora do alcance humano, entidades metafísicas independentes da vontade e da ação do cidadão.

O sistema partidário do continente pressupõe que cada partido se defina conscientemente como parte do todo, e este "todo", por sua vez, é representado por um Estado acima dos partidos,[83] enquanto o governo unipartidário só pode significar o domínio ditatorial de um partido sobre todos os outros. Já os governos formados por alianças entre líderes partidários são apenas governos partidários, claramente distintos do Estado, que permanece acima e além de todos eles. Uma das desvantagens desse sistema é que os membros do gabinete não podem ser escolhidos segundo sua competência, pois, quando há muitos partidos representados, os ministros são necessariamente escolhidos segundo as alianças partidárias;[84] o sistema britânico, por outro lado, permite a escolha dos homens mais capazes dentre os vastos escalões de um só partido. Muito mais importante, contudo, é o fato de que o sistema multipartidário nunca permite que um só homem ou um só partido assuma inteira responsabilidade. Assim, é perfeitamente natural que nenhum governo formado por alianças entre partidos se sinta inteiramente responsável. Mas, se acontecer o improvável e a maioria absoluta de um partido dominar o Parlamento, e formar um governo unipartidário, resultará em uma ditadura, pois o sistema não está preparado para esse tipo de governo, ou em problemas para a liderança, que, ainda que democrata e acostumada a exercer o poder apenas em parte, reluta em usá-lo plenamente. Essa consciência funcionou de modo quase exemplar quando, após a Primeira Guerra Mundial, os partidos social-democratas da Alemanha e da Áustria fo-

---

(83) A melhor descrição da essência do sistema partidário continental é dada pelo jurista suíço Johann Caspar Bluntschli, *Charakter und Geist der politischen Parteien* [Caráter e espírito dos partidos políticos], 1869. Diz ele: "É verdade que um partido é apenas parte de um todo maior, nunca o próprio todo. (...) Nunca deve identificar-se com o todo, o povo ou o Estado. (...) Portanto, um partido pode lutar contra outros partidos, mas não deve nunca ignorá-los e geralmente não deve querer destruí-los. Nenhum partido pode existir apenas por si mesmo" (p. 3). A mesma idéia é expressa por Karl Rosenkrantz, filósofo hegeliano alemão, cujo livro sobre os partidos políticos surgiu antes que existissem partidos na Alemanha: *Ueber den Begrieff der politischen Partei* [Do alcance dos partidos políticos] (1843): "O partido é a parcialidade consciente" (p. 9).

(84) Ver John Gilbert Heinberg, *Comparative major European governments*, Nova York, 1937, capítulo vii e viii. "Na Inglaterra, um dos partidos políticos geralmente tem uma maioria na Câmara dos Comuns, e os líderes dos partidos são membros do Gabinete. (...) Na França, nenhum partido político ativo jamais chegou a alcançar a maioria da Câmara de Deputados e, conseqüentemente, o Conselho de Ministros é formado de líderes de vários grupos partidários" (p. 158).

ram guindados, por breve tempo, à posição de partidos de maioria absoluta e, no entanto, repudiaram o poder que essa posição lhes dava.[85]

Desde o surgimento do sistema patidário, é corriqueiro identificar os partidos com interesses particulares, econômicos ou de outra natureza;[86] todos os partidos continentais, e não apenas grupos trabalhistas, admitiam-no com franqueza, seguros de que o Estado, acima dos partidos, exerceria o seu poder mais ou menos no interesse de todos. O partido anglo-saxão, ao contrário, baseado em "princípios" para servir ao "interesse nacional",[87] representa o atual ou futuro Estado do país; os interesses particulares têm a sua representação dentro do próprio partido, sob forma de ala direita ou esquerda, e são refreados pelas próprias necessidades do governo. E, como no sistema bipartidário um partido não pode existir durante tempo algum se não tem força suficiente para assumir o poder, não há necessidade de qualquer justificativa teórica, não se criam ideologias e não existe o fanatismo peculiar à luta partidária do continente, que resulta não tanto do conflito de interesses quanto de ideologias antagônicas.[88]

Separados do governo e do poder, os partidos continentais estavam presos à mesquinhez dos interesses particulares; mais do que isso: envergonhavam-se desses interesses e, assim, criaram justificativas que levariam cada um a uma ideologia que alegava que os seus interesses particulares coincidiam com os interesses gerais da humanidade. O partido conservador não se contentava em defender os interesses da propriedade rural; necessitava de uma filosofia segundo a qual Deus havia criado o homem para trabalhar a terra com o suor do

---

(85) Ver a introdução a *Demokratie und Partei* [Democracia e partido], editado por Peter R. Rohden, Viena, 1932: "Os partidos alemães se caracterizam pelo fato de os grupos parlamentares não aceitarem a representação da *volonté générale*. (...) Por isso os partidos ficaram tão embaraçados quando a Revolução de Novembro [de 1918] os trouxe ao poder. Cada um deles era organizado de modo a só poder fazer uma reivindicação relativa, ou seja, reconhecia sempre a existência dos outros partidos, que representavam outros interesses parciais e eram, assim, naturalmente limitados em suas próprias ambições" (pp. 13-4).

(86) O sistema partidário continental é muito recente. Com exceção dos partidos franceses, que datam da Revolução Francesa, nenhum país europeu conhecia a representação partidária antes de 1848. Os partidos vieram a existir através da formação de facções no Parlamento. Na Suécia, o Partido Social-Democrata foi o primeiro (em 1889) a ter um programa completamente formulado (*Encyclopedia of social sciences, loc. cit.*). Quanto à Alemanha, ver Ludwig Bergstraesser, *Geschichte der politischen Parteien* [A história dos partidos políticos], 1921. Todos os partidos se baseavam abertamente na defesa de interesses; o Partido Conservador Alemão, por exemplo, surgiu da "Associação para a defesa dos interesses dos proprietários de terra" fundada em 1848. Contudo, os interesses não eram necessariamente econômicos. Os partidos holandeses, por exemplo, foram formados "em redor das duas questões que tanto preocupam a política holandesa — a ampliação do direito de voto e o subsídio da educação privada (principalmente confessional)" (*Encyclopedia of the social science, loc. cit.*).

(87) Esta é a definição de partido de Edmund Burke: "O partido é um grupo de homens unidos para promoverem o interesse nacional pelo trabalho conjunto, de acordo com algum princípio particular que todos [os seus membros] aceitam" (*Upon party*, 2ª edição, Londres, 1850).

(88) Arthur N. Holcombe (*Encyclopedia of the social sciences, loc. cit.*) acentuou, com razão, que no sistema bipartidário os princípios dos dois partidos "tem tido a tendência de serem idênticos. Se não fossem substancialmente os mesmos, a submissão ao vencedor teria sido intolerável para o vencido".

seu rosto. O mesmo se aplica à ideologia do progresso dos partidos da classe média e à asserção dos partidos trabalhistas de que o proletariado é o líder da humanidade. Essa estranha combinação de alta filosofia e comezinhos interesses só é paradoxal à primeira vista. Uma vez que esses partidos não organizavam os seus adeptos (nem educavam os seus líderes) para o fim de cuidarem dos negócios públicos, mas os representavam apenas como indivíduos privados com interesses privados, tinham de atender a todas as necessidades privadas, tanto espirituais como materiais. Em outras palavras, a principal diferença entre o partido anglo-saxônico e o partido continental é que o primeiro é uma organização política de cidadãos que precisam agir em conjunto para poderem agir com eficácia,[89] enquanto o segundo é a organização de indivíduos privados que querem proteger os seus interesses contra a interferência dos negócios públicos.

Coerente com esse sistema, a filosofia estatal do continente europeu reconhecia o homem como cidadão somente enquanto ele não fosse membro de um partido, ou seja, em seu relacionamento individual e não organizado com o Estado (*Staatsbürger*), ou em seu entusiasmo patriótico em casos de emergência (*citoyens*).[90] Esse foi o infeliz resultado da transformação do *citoyen* da Revolução Francesa no *bourgeois* do século XIX, e do antagonismo entre o Estado e a sociedade. Os alemães tendiam a considerar o patriotismo como um obediente auto-esquecimento diante das autoridades, e os franceses, como uma entusiástica lealdade ao fantasma da "França eterna". Em ambos os casos, o patriotismo consistia no abandono dos interesses partidários e parciais do homem em favor dos interesses do governo e da nação. O fato é que essa deformação nacionalista era quase inevitável num sistema que criava partidos políticos a partir de interesses privados, de sorte que o bem público dependia da força que emanava de cima e de um vago e generoso auto-sacrifício vindo de baixo, o qual só podia ser conseguido através da exaltação de paixões nacionalistas. Na Ingla-

---

(89) Burke, *op. cit.*: "Eles acreditavam que os homens não podem agir com eficácia se não agirem em concerto; que não podem agir em concerto se não agirem com confiança; que não podem agir com confiança se não forem ligados por opiniões comuns, afeições comuns e interesses comuns".

(90) Quanto ao conceito centro-europeu de cidadão (*Staatsbürger*) em contraposição ao membro do partido, ver Bluntschli, *op. cit.*: "Os partidos não são instituições estatais, (...) não fazem parte de um organismo do Estado, mas são associações sociais livres, cuja formação depende de um corpo de membros mutável, unido para a ação política comum por uma convicção definida". A diferença entre o Estado e o partido é repetidamente acentuada: "O partido nunca deve colocar-se acima do Estado e nunca deve colocar o seu interesse partidário acima do interesse do Estado" (pp. 9 e 10).

Burke, pelo contrário, argumenta contra o conceito segundo o qual os interesses partidários ou o fato de pertencer a um partido fazem do homem um cidadão pior. "As comunidades são feitas de famílias, as comunidades livres são feitas de partidos; e afirmar que nossas preocupações naturais e nossos laços de sangue tendem a transformar o homem em mau cidadão é como dizer que os laços dos nossos partidos enfraquecem os laços que nos ligam à nação" (*op. cit.*). Lorde John Russel, *On party* (1850), vai um passo adiante quando afirma que o melhor dos efeitos dos partidos é que "dão substância às vagas opiniões dos políticos e os prendem a princípios constantes e duradouros".

terra, pelo contrário, o antagonismo entre os interesses privados e nacionais nunca teve papel decisivo na política. Assim, quanto mais o sistema pluripartidário refletia os interesses de classe, mais a nação necessitava do nacionalismo, de algum apoio por parte do povo aos interesses nacionais, apoio do qual a Inglaterra, com seu governo direto baseado em partido e oposição, nunca precisou muito.

Quando consideramos a diferença entre o sistema multipartidário do Continente e o sistema bipartidário britânico no que tange à predisposição para a criação de movimentos, parece mais fácil a uma ditadura unipartidária assenhorear-se da máquina estatal em países onde o Estado está acima dos partidos, e, portanto, acima dos cidadãos, do que em países onde os cidadãos, por agirem "em conjunto", isto é, através da organização de um partido, podem galgar legalmente o poder e se sentem como donos do Estado, seja o de hoje, seja de amanhã. Mais plausível ainda é que a mistificação do poder, inerente aos movimentos, cresça com facilidade diretamente proporcional ao afastamento dos cidadãos das fontes do poder, ou seja, o misticismo do poder ocorre mais facilmente nos países governados por burocracia, onde o poder positivamente transcende a capacidade de compreensão do governado, do que nos países governados constitucionalmente, onde a lei se coloca acima do poder, e o poder é apenas um meio de fazê-la cumprir; e ainda mais facilmente nos países em que o poder estatal fica além do alcance dos partidos, isto é, fora do alcance da ação do cidadão, mesmo que permaneça ao alcance de sua inteligência.

A alienação das massas em relação ao governo, que originou o seu ódio ao Parlamento, foi diferente na França e em outras democracias do Ocidente de um lado, e nos países da Europa central, principalmente na Alemanha, de outro. Na Alemanha, onde o Estado se colocava, por definição, acima dos partidos, os líderes partidários geralmente abandonavam sua fidelidade partidária assim que se tornavam ministros e recebiam encargos oficiais. A deslealdade ao próprio partido era o dever de quem quer que assumisse um cargo público.[91] Na França, governada por coligações partidárias desde o estabelecimento da Terceira República, com seu recorde fantástico de gabinetes, não foi possível formar um verdadeiro governo. A fraqueza da França era o oposto da fraqueza alemã: os franceses haviam liquidado o Estado, que se colocava acima dos partidos e acima do Parlamento, sem reorganizarem seu sistema partidário num corpo capaz de governar. O governo tornou-se necessariamente um expoente ridículo das atitudes do Parlamento e da opinião pública em constante mu-

---

(91) Compare-se com essa atitude o marcante fato de que, na Grã-Bretanha, Ramsay Mac Donald nunca conseguiu que sua "traição" ao Partido Trabalhista fosse esquecida. Na Alemanha, o espírito do serviço público exigia que um ocupante de cargo público estivesse "acima dos partidos". Contra esse espírito do velho serviço público prussiano os nazistas afirmaram a prioridade do partido, porque almejavam a ditadura. Goebbels exigiu explicitamente: "Cada membro do Partido que se tornar um funcionário do Estado tem de permanecer, em primeiro lugar, um nacional-socialista (...) e cooperar intimamente com a administração do Partido" (citado por Gottfried Neesse, *Partei und Staat* [Partido e Estado], 1939).

tação. Por outro lado, o sistema alemão transformou o Parlamento num campo de batalha mais ou menos útil a interesses e opiniões em conflito, sendo sua principal função a de influenciar o governo, embora sua utilidade prática na condução dos negócios estatais fosse discutível. Na França, os partidos sufocaram o governo; na Alemanha, o governo emasculou os partidos.

Desde o fim do século XIX, a reputação desses parlamentos e partidos constitucionais declinara constantemente; para o povo em geral, pareciam instituições caras e desnecessárias. Bastava este motivo para que um grupo que alegasse apresentar alguma coisa acima dos interesses de partidos e de classe, e que surgisse fora do Parlamento, tivesse muita chance de se tornar popular. Esses grupos pareciam màis competentes, mais sinceros e mais interessados nos negócios públicos do que os partidos. Mas isso era assim apenas na aparência, pois o verdadeiro objetivo de todo "partido acima dos partidos" era promover um interesse particular até subjugar todos os outros, e fazer com que um grupo particular se apossasse da máquina do Estado. Foi isso o que finalmente ocorreu na Itália sob o fascismo de Mussolini, que até 1938 não era totalitário, mas apenas uma ditadura nacionalista comum, que havia evoluído logicamente a partir de uma democracia multipartidária. Porque, se há realmente um grão de verdade no velho truísmo acerca da afinidade entre o governo majoritário e a ditadura, essa afinidade nada tem a ver com o totalitarismo. É óbvio que, após muitas décadas de governo multipartidário ineficiente e confuso, a tomada do poder por um só partido pode parecer um alívio, pois garante pelo menos, se bem que por tempo limitado, certa coerência, certa permanência e um pouco menos de contradição.

O fato de que a tomada do poder pelos nazistas foi tida geralmente como uma dessas ditaduras unipartidárias demonstrou simplesmente até que ponto o pensamento político ainda estava arraigado nos velhos padrões estabelecidos, e quão pouco estava o povo preparado para o que realmente estava por vir. É verdade que também o partido fascista insistiu em que era um movimento. Mas não o era; havia meramente usurpado a expressão "movimento" para atrair as massas, como se evidenciou logo que se apossou da máquina do Estado sem mudar drasticamente a estrutura de poder do país, contentando-se em preencher todas as posições governamentais com os membros do partido. Exatamente por identificar-se com o Estado, o que tanto os nazistas como os bolchevistas sempre evitaram cuidadosamente, o partido fascista deixou de ser "movimento", já que os movimentos caracterizavam-se pela luta contra a estrutura do Estado, enquanto o fascismo o aceitou na sua imobilidade estrutural.

Embora os movimentos totalitários e os seus predecessores, os movimentos de unificação, não fossem "partidos acima de partidos" que aspirassem à tomada da máquina estatal, e sim formações que visavam à destruição do Estado, os nazistas lucraram fingindo que constituíam um partido, e que seguiriam fielmente o modelo italiano do fascismo. Puderam assim granjear o apoio da elite da classe alta e do mundo dos negócios, que julgaram tratar-se de um daqueles antigos grupos parapartidários que eles mesmos haviam fundado tantas vezes, e cuja única e modesta pretensão era conquistar a máquina estatal para um só partido.⁹² Os negociantes que ajudaram Hitler a galgar o poder acreditavam ingenuamente estarem apenas apoiando um ditador, um ditador feito por eles mesmos e que naturalmente governaria em proveito de sua própria classe e em detrimento de todas as outras.

Os "partidos acima de partidos", de inspiração imperialista, nunca souberam como capitalizar o ódio popular ao sistema partidário em si; o frustrado imperialismo alemão de antes da Primeira Guerra, a despeito dos seus sonhos de expansão continental e de sua violenta denúncia das instituições democráticas do Estado-nação, jamais chegou a constituir movimento. Certamente não bastava a arrogância de deixar de lado os interesses de classe, que eram a própria base do sistema partidário da nação, pois isso os tornava ainda menos atraentes que os partidos comuns. O que faltava aos imperialistas alemães, apesar do seu altissonante fraseado nacionalista, era uma ideologia verdadeira, quer nacionalista, quer de outra natureza. Após a Primeira Guerra Mundial, quando os pangermanistas alemães, especialmente Ludendorff, reconheceram esse erro e tentaram corrigi-lo, fracassaram a despeito de sua notável capacidade de apelar às crenças mais supersticiosas da massa, porque se apegavam a um culto estatal desatualizado e não-totalitário, e não compreendiam que o furioso interesse das massas pelos chamados "poderes supra-estatais" (*überstaatliche Mächte*) — como jesuítas, judeus e maçons — não provinha do apreço ao Estado ou à nação, mas, ao contrário, da inveja e do desejo de se tornarem também uma "força supra-estatal".⁹³

Os únicos países onde, ao que tudo indicava, a idolatria do Estado e o culto da nação ainda estavam em moda, e onde os *slogans* nacionalistas contra as forças supra-estatais ainda correspondiam ao interesse do povo, eram aquelas nações latino-européias como a Itália e, em menor intensidade, a Espanha e Portugal, cujo desenvolvimento nacional havia sido seriamente prejudicado pelo poder da Igreja. Em parte devido a esse fator de atraso no desenvolvimento nacional, e em parte graças à sabedoria da Igreja (que sensatamente reconheceu não ser o fascismo nem anticristão nem totalitário em seus princípios, e apenas estabeleceu uma separação entre Igreja e Estado que já existia em outros países), a atitude inicialmente anticlerical do nacionalismo fascista rapidamente deu lugar a um *modus vivendi*, como na Itália, ou a uma aliança, como na Espanha e em Portugal.

A interpretação de Mussolini da idéia do Estado corporativo era uma tentativa de vencer os notórios perigos nacionais de uma sociedade dominada por

---

(92) Como o Kolonialverein, o Centralverein für Handelsgeographie, o Flottenverein [Liga Naval], ou mesmo a Liga Pangermânica, que, embora anterior à Primeira Guerra Mundial, não tinha qualquer conexão com os grandes negócios. Ver Wertheimer, *op. cit.*, p. 73. Típicos desses "partidos acima dos partidos" da burguesia eram, naturalmente, os *Nationalliberalen* [nacional-liberais]; ver nota 74.

(93) Erich Ludendorff, *Die überstaatlichen Mächte im letzten Jahre des Weltkrieges* [As forças supra-estatais no último ano da Guerra Mundial], Leipzig, 1927. Ver também *Feldherrnworte*, 1938, 2 vols.; I, 43, 55; II, 80.

classes graças a uma nova organização social integrada,[94] para assim solucionar o antagonismo entre o Estado e a sociedade, sobre a qual o Estado-nação se havia baseado, incorporando a sociedade ao Estado.[95] O movimento fascista, que era um "partido acima de partidos" na medida em que dizia representar o interesse da nação como um todo, apoderou-se da máquina estatal, identificou-se com a mais alta autoridade nacional e tentou transformar todo o povo em "parte do Estado". Não se considerava, contudo, "acima do Estado", e os seus líderes não se julgavam "acima da nação".[96] No tocante aos fascistas, seu movimento havia terminado com a tomada do poder pelo menos no que se referia à política doméstica; agora, só podiam manter o seu ímpeto em assuntos de política externa, no sentido de expansão imperialista e aventuras tipicamente imperialistas. Quanto aos nazistas, mesmo antes de tomarem o poder, mantiveram-se claramente alheios a essa forma fascista de ditadura, na qual o "movimento" serve apenas para trazer o partido ao poder, e conscientemente usaram o partido para "levar adiante o movimento", que, ao contrário do partido, não deve ter quaisquer "objetivos definidos, rigorosamente determinados".[97]

O melhor exemplo da diferença entre o movimento fascista e os movimentos totalitários é a sua atitude em relação ao Exército, isto é, em relação à instituição nacional *par excellence*. Ao contrário dos nazistas e dos bolchevistas, que destruíram o espírito do Exército, subordinando-o aos comissários políticos ou às formações totalitárias de elite, os fascistas se utilizavam do Exército, com o qual se identificavam, como se haviam identificado com o Estado. Queriam um Estado fascista e um Exército fascista, mas que ainda fossem um Exército e um Estado; só na Alemanha nazista e na Rússia soviética é que Exército e

---

(94) A principal finalidade do Estado corporativo era "a de corrigir e neutralizar uma condição provocada pela revolução industrial do século XIX, que desassociou o capital do trabalho, fazendo surgir, de um lado, uma classe capitalista de empregadores de mão-de-obra e, de outro, uma grande classe sem propriedades, o proletariado industrial. A justaposição dessas classes levava inevitavelmente ao choque dos seus interesses opostos" (*A era fascista*, publicado pela Confederação Fascista das Indústrias, Roma, 1939, cap. iii).

(95) "Se o Estado deve realmente representar a nação, então o povo que compõe a nação deve ser parte do Estado.

"Como conseguir isto?

"A resposta fascista é: organizando o povo em grupos segundo suas respectivas atividades, grupos que através dos seus líderes (...) ascendem por estágios, como numa pirâmide, em cuja base estão as massas e em cujo vértice está o Estado.

"Nenhum grupo fora do Estado, nenhum grupo contra o Estado, todos os grupos dentro do Estado, [que é] a nação articulada." (*Ibid.*)

(96) Quanto à relação entre o partido e o Estado nos países totalitários, e especialmente a incorporação do partido fascista pelo Estado italiano, ver Franz Neumann, *Behemoth*, 1942, capítulo 1.

(97) Ver a apresentação, extremamente interessante, da relação entre partido e movimento no "Dienstvorschrift für die Parteiorganisation der NSDAP" [Normas de serviço para a organização partidária do NSDAP], 1932, pp. II ss, e a apresentação de Werner Best em *Die deutsche Polizei* [A polícia alemã], 1941, p. 107, que tem a mesma orientação: "É a tarefa do Partido (...) manter o movimento unido e dar-lhe apoio e direção".

Estado se tornaram funções subordinadas ao movimento. O ditador fascista — mas não Hitler nem Stálin — era, no sentido da teoria política clássica, o verdadeiro usurpador, e o seu governo unipartidário era, em certo sentido, o único que ainda permanecia intimamente ligado ao sistema multipartidário. Realizou aquilo que as ligas, sociedades e "partidos acima de partidos" de orientação imperialista haviam almejado, de sorte que o fascismo italiano veio a ser, particularmente, o único exemplo de um movimento de massa moderno organizado dentro da estrutura de um Estado existente, inspirado exclusivamente pelo extremo nacionalismo, e que transformou o povo permanentemente naqueles *Staatsbürger* ou *patriotes* que o Estado-nação só havia conseguido mobilizar em horas de emergência e de *union sacrée*.[98]

Não existem movimentos sem ódio ao Estado, e este ódio era virtualmente desconhecido dos pangermanistas alemães na relativa estabilidade da Alemanha antes da Primeira Guerra. Os movimentos partiram da Áustria-Hungria, onde o ódio ao Estado era uma expressão de patriotismo das nacionalidades oprimidas, e onde os partidos — com a exceção do Partido Social-Democrata (que, junto com o Partido Social-Cristão, era o único sinceramente leal à Áustria) — tinham uma orientação nacional e não de classes. Isso havia sido possível porque, na Áustria, os interesses econômicos e de nacionalidades eram quase idênticos, e porque a posição econômica e social do indivíduo dependia grandemente da nacionalidade; o nacionalismo, portanto, que havia sido uma força unificadora nos Estados-nações, tornou-se ali um elemento de destruição interna, o que resultou numa diferença decisiva na estrutura dos partidos nos Estados-nações em relação aos partidos na Áustria-Hungria. O que unia os membros dos partidos na Áustria-Hungria multinacional não era um interesse particular, como nos outros sistemas partidários continentais, ou um princípio particular de ação organizada, como no sistema anglo-saxão, mas principalmente, o sentimento de pertencer à mesma nacionalidade. A rigor, isso deveria ter sido, e foi, uma grande fraqueza dos partidos austríacos, porque não é possível deduzir objetivos ou programas definidos a partir do sentimento de se pertencer a uma tribo. Os movimentos de unificação étnica fizeram dessa desvantagem uma virtude, transformando os partidos em movimentos, e descobrindo aquela forma de organização que, em contraste com todas as outras, nunca teria necessidade de um objetivo ou programa, podendo mudar sua política de um dia para outro, sem com isso perder os seus membros. Muito antes que o nazismo orgulhosamente anunciasse que, embora tivesse um programa, não precisava tê-lo, o pangermanismo descobriu o quanto uma atitude geral era mais importante para a conquista das massas do que plataformas ideológicas e programas escritos. Pois a única coisa que importa num movimento é precisa-

(98) Mussolini, em seu discurso de 14 de novêmbro de 1933, defende o seu governo unipartidário com os mesmos argumentos usados em todos os Estados-nações durante uma guerra: um único partido político é necessário para "que possa existir disciplina política (...) e para que o laço de um destino comum possa unir a todos contra interesses conflitantes" (Benito Mussolini, *Quatro discursos sobre o Estado corporativo*, Roma, 1935).

mente manter-se em constante movimento.[99] Assim, os nazistas costumavam referir-se aos catorze anos da República de Weimar como a "era do Sistema" — *Systemzeit* —, querendo dizer com isso que fora uma época estéril, sem dinamismo, que não se "movia" enquanto a deles seria a "era do movimento".

O Estado, mesmo como ditadura unipartidária, era considerado um estorvo às necessidades em contínua mutação de um movimento em constante crescimento. A diferença mais característica entre o grupo imperialista "acima de partidos" da Liga Pangermânica, na própria Alemanha, e o movimento pangermânico da Áustria estava exatamente nas suas atitudes em relação ao Estado:[100] enquanto o "partido acima de partidos" queria apenas apoderar-se da máquina estatal, o verdadeiro movimento visava a sua destruição; enquanto o primeiro ainda reconhecia no Estado a sua mais alta autoridade quando a representação do Estado caía nas mãos dos membros de um partido (como na Itália de Mussolini), o último via o movimento independente do Estado e superior a ele em autoridade.

A hostilidade dos movimentos de unificação étnica contra o sistema partidário adquiriu significado prático quando, depois da Primeira Guerra Mundial, o sistema partidário deixou de ser um mecanismo operante e o sistema de classes da sociedade européia entrou em colapso sob o peso crescente das massas, inteiramente marginalizadas pelos acontecimentos. A essa altura, o que veio à tona já não eram simples movimentos de unificação, mas os seus sucessores totalitários, que, em poucos anos, determinaram a política dos demais partidos, a tal ponto que todos se tornaram antifascistas, antibolchevistas ou ambos.[101] Com essa atitude negativa, aparentemente imposta por forças externas, os partidos mais antigos demonstraram claramente que também já não eram capazes de funcionar como representantes de interesses específicos de classe, e que se haviam transformado em meros defensores do *status quo*. A rapidez com que os pangermanistas alemães e austríacos aderiram ao nazismo tem um paralelo no modo, muito menos rápido e mais complicado, pelo qual os pan-eslavistas descobriram, finalmente, que a liquidação da Revolução Russa de Lênin havia sido suficientemente completa para que eles pudessem dar a Stálin seu entusiástico apoio. Não foi culpa dos pangermanistas nem dos pan-eslavos — e mal serviu para refrear o seu entusiasmo — o fato de que o nazismo e o bolchevismo, no

---

(99) É digna de nota a seguinte ocorrência registrada por Berdyaev: "Um jovem soviético foi à França (...) [e] lhe perguntaram que impressão a França lhe havia deixado. Respondeu: 'Não há liberdade neste país'. (...) O jovem explicou sua idéia de liberdade: (...) A chamada liberdade (francesa) era do tipo que deixava tudo inalterado; cada dia era como os dias anteriores; (...) e assim o jovem que viera da Rússia estava entediado na França" (*op. cit.*, pp. 182-3).

(100) A hostilidade austríaca ao Estado às vezes aparecia também entre os pangermanistas alemães, especialmente se se tratasse de *Auslandsdeutsche* [alemães no exterior], como Moeller van den Bruck.

(101) Hitler descreveu a situação corretamente quando disse durante as eleições de 1932: "Contra o nacional-socialismo só existem na Alemanha as maiorias negativas" (citado por Konrad Heiden, *Der Führer*, 1944, p. 564).

auge do poder, superaram o mero nacionalismo tribal e pouco se interessaram por aqueles que ainda acreditavam nele, em vez de o reconhecerem como mero instrumento de propaganda.

A decadência do sistema partidário continental acompanhou o declínio do prestígio do Estado-nação. A homogeneidade nacional foi severamente abalada por migrações, e a França, a *nation par excellence*, tornou-se em poucos anos dependente da mão-de-obra estrangeira; a política imigratória restritiva, inadequada às novas necessidades, por mais genuinamente "nacional" que fosse, tornava óbvio o fato de que o Estado-nação não tinha mais condições de enfrentar as principais questões políticas da época.[102] Mais grave ainda foi a malfadada tentativa dos tratados de paz de 1919 de introduzir organizações estatais nacionais na Europa oriental e meridional, onde o grupo nacional que formava o Estado dispunha, muitas vezes, apenas de maioria relativa e era sobrepujado numericamente pelas "minorias" reunidas dentro das fronteiras do país. Essa nova situação bastaria para solapar gravemente a base classista do sistema partidário; em toda parte, organizavam-se partidos de orientação nacional, como se a liquidação da Monarquia Dual tivesse servido apenas para desencadear experiências semelhantes, embora em escala reduzida.[103] Em outros países, onde o Estado-nação e a base classista dos partidos não haviam sido afetados pelas migrações e pela heterogeneidade da população, foram a inflação e o desemprego que levaram ao colapso; e é evidente que, quanto mais rígido era o sistema de classes de um país e quanto mais consciente de classes era o seu povo, tanto mais dramático e mais perigoso era esse colapso.

Tal era a situação entre as duas guerras, quando cada movimento tinha mais oportunidade que qualquer partido, porque o movimento atacava a instituição do Estado, desprezando os apelos de classes. O fascismo e o nazismo sempre alardearam que o seu ódio não era dirigido contra determinadas classes, mas contra o sistema de classes em si, o qual denunciavam como invenção marxista. Mais significativo ainda foi que até os comunistas, a despeito de sua ideologia marxista, tiveram de abandonar a rigidez dos seus apelos de classe quando, após 1935, a pretexto de ampliarem sua base de massa, formaram Frentes Populares por toda parte e se puseram a apelar às massas dos que não pertenciam a classe alguma e que até então haviam sido presa natural dos movimentos fascistas. Nenhum dos partidos mais antigos estava preparado para receber essas massas e não avaliou corretamente a crescente importância do seu número e a crescente influência política dos seus líderes. Esse erro de julgamento dos partidos mais antigos explica-se pelo fato de que sua posição segura no Parla-

---

(102) Quando eclodiu a Segunda Guerra Mundial, pelo menos 10% da população da França era composta de estrangeiros não-naturalizados. Nas minas do Norte trabalhavam principalmente poloneses e belgas, na agricultura do Sul, espanhóis e italianos. Ver Carr-Saunders, *World population*, Oxford, 1936, pp. 145-58.

(103) "Desde 1918 nenhum dos [Estados sucessórios] produziu (...) um partido que pudesse abranger mais de uma raça, uma religião, uma classe social ou uma região. A única exceção é o Partido Comunista da Tchecoslováquia" (*Encyclopedia of the social sciences*, *loc. cit.*).

mento e sua representação garantida nos cargos e instituições do Estado faziam com que se sentissem muito mais próximos das fontes do poder do que das massas; julgavam que o Estado permaneceria sempre senhor inconteste de todos os instrumentos de violência, e que o Exército, a suprema instituição do Estado-nação, seria sempre o elemento decisivo em todas as crises domésticas. Sentiam-se, portanto, perfeitamente à vontade para ridicularizar as numerosas formações paramilitares que surgiam sem qualquer apoio oficial. Pois, quanto mais o sistema partidário se enfraquecia sob a pressão dos movimentos alheios ao Parlamento e às classes, mais depressa desaparecia todo o antigo antagonismo dos partidos em relação ao Estado. Os partidos, em seu equívoco de um "Estado acima de partidos", interpretavam essa harmonia, erradamente, como fonte de força, como portentoso relacionamento com algo que pertencia a uma ordem superior. Mas a pressão dos movimentos revolucionários era uma ameaça para o Estado como o era para o sistema partidário, e o Estado não podia dar-se ao luxo de manter uma posição necessariamente impopular, acima das lutas domésticas internas. O Exército havia muito deixara de ser baluarte seguro contra a agitação revolucionária, não porque simpatizasse com a revolução, mas porque havia perdido a sua posição. Por duas vezes, em tempos recentes, e ambas as vezes na França, o Exército havia demonstrado sua absoluta relutância ou incapacidade de ajudar aos que estavam no poder ou de tomar o poder em suas mãos: em 1850, quando havia permitido que a turba da "Sociedade 10 de Dezembro" levasse Napoleão III ao poder;[104] e, novamente, no fim do século XIX, durante o Caso Dreyfus, quando nada teria sido mais fácil que estabelecer uma ditadura militar. A neutralidade do Exército, sua disposição de servir a qualquer senhor, deixou finalmente o Estado numa posição de "mediador entre interesses partidários organizados. Já não estava *acima*, mas *entre* as classes da sociedade".[105] Em outras palavras, o Estado e os partidos, juntos, defendiam o *status quo* sem se aperceberem de que nessa mesma aliança já estava o embrião da mudança do *status quo*.

O colapso do sistema partidário europeu ocorreu de modo espetacular com a subida de Hitler ao poder. Hoje, muitas vezes esquece-se que, quando eclodiu a Segunda Guerra Mundial, a maioria dos países europeus já havia adotado alguma forma de ditadura e se afastado do sistema partidário, e que essa revolucionária mudança de governo ocorrera na maioria dos países sem qualquer agitação revolucionária. A ação revolucionária na maioria das vezes não refletia verdadeira luta pelo poder, mas era uma concessão teatral aos desejos das massas violentamente descontentes. Afinal, não importava muito que alguns milhares de pessoas, sem armas, marchassem sobre Roma e tomassem o governo da Itália, ou que, na Polônia (em 1934), um chamado "bloco sem partido", com um programa de apoio a um governo semifascista e com a participação de gente vinda da nobreza e das mais pobres massas camponesas, trabalhadores e ho-

---

(104) Ver Karl Marx, *op. cit.*
(105) Carl Schmitt, *op. cit.*, p. 31.

mens de negócios, católicos e judeus ortodoxos, conquistasse legalmente dois terços das cadeiras do Parlamento.[106]

Na França, a subida de Hitler ao poder, acompanhada pelo crescimento do comunismo e do fascismo, rapidamente anulou as antigas relações entre os partidos e alterou, da noite para o dia, as antigas linhas partidárias. A direita francesa, até então fortemente antialemã e a favor da guerra, tornou-se, após 1933, a vanguarda do pacifismo e do entendimento com a Alemanha. Com a mesma rapidez, a esquerda abandonou o pacifismo a qualquer preço por uma firme posição contra a Alemanha, e logo foi acusada de ser um partido de fomentadores de guerra pelos mesmos partidos que, apenas alguns anos antes, haviam denunciado o seu pacifismo como traição nacional.[107] Os anos que se seguiram à subida de Hitler ao poder foram ainda mais desastrosos para a integridade do sistema partidário francês. Na crise de Munique, todos os partidos, da direita à esquerda, dividiram-se internamente quanto à única questão política relevante: quem era a favor e quem era contra a guerra com a Alemanha.[108] Cada partido tinha uma ala da paz e uma ala da guerra; nenhum conseguia permanecer unido no tocante a decisões políticas de importância, e nenhum resistiu ao teste do fascismo ou do nazismo sem se dividir em antifascistas, de um lado, e simpatizantes do nazismo, de outro. Que Hitler tenha podido escolher livremente em todos os partidos os elementos para a formação de regimes fantoches foi conseqüência dessa situação anterior à guerra, e não de alguma manobra nazista particularmente esperta. Não houve um único partido na Europa que não produzisse colaboracionistas.

Contra a desintegração dos partidos mais antigos destacava-se a clara unidade dos movimentos fascistas e comunistas de toda parte — os primeiros, fora da Alemanha e da Itália, lealmente advogando a paz, mesmo ao preço da dominação externa, e os últimos pregando a guerra, mesmo ao preço da ruína nacional. Contudo, o que importa não é o fato de a extrema direita, em toda a Europa, ter abandonado o seu tradicional nacionalismo em favor da submissão a Hitler, enquanto a extrema esquerda esquecia o seu tradicional pacifismo em favor de velhos *slogans* nacionalistas, mas, sim, que ambos os movimentos puderam contar com a lealdade de associados e líderes que não se deixaram perturbar pelas súbitas mudanças políticas. Isso ficou dramaticamente evidente no pacto de não-agressão germano-soviético, quando os nazistas tiveram de abandonar o seu principal *slogan* contra o bolchevismo e os comunistas tiveram de voltar a um pacifismo que sempre haviam denunciado como pequeno-burguês. Tais guinadas não os afetaram de modo algum. Os comunistas permaneceram fortes, mesmo após sua segunda *volte-face*, ocorrida menos de dois anos depois,

---

(106) Vaclav Fiala, "Les partis politiques polonais", em *Monde Slave*, fevereiro de 1935.

(107) Ver a cuidadosa análise de Charles A. Micaud, *The French Right and Nazi Germany, 1933-1939*, 1943.

(108) O exemplo mais famoso foi a ruptura do Partido Socialista Francês em 1938, quando a facção de Blum ficou em minoria contra o grupo pró-Munique de Déat durante o congresso do partido no Département de la Seine.

quando a União Soviética foi atacada pela Alemanha nazista — e isso a despeito de ambas as linhas políticas terem envolvido o povo em atividades políticas sérias e perigosas, que exigiam reais sacrifícios e constante ação.

Diferente na aparência mas muito mais violento na realidade foi o colapso do sistema partidário da Alemanha antes de Hitler. Isso ficou patente durante as últimas eleições presidenciais de 1932, quando todos os partidos adotaram formas complicadas e inteiramente novas de propaganda de massa.

A própria escolha dos candidatos foi peculiar. Enquanto era natural que os dois movimentos, situados fora do sistema parlamentar e combatendo-o de lados opostos, apresentassem candidatos próprios (Hitler pelos nazistas, e Thälmann pelos comunistas), foi surpreendente ver que todos os outros partidos subitamente concordavam em relação a um só candidato. E não deixou de ser sério o fato de que esse candidato viesse a ser o velho Hindenburg, que gozava da popularidade sem igual que, desde os tempos de MacMahon na França, parece aguardar um general derrotado que volta ao seu país; esse fato demonstrava o quanto os velhos partidos desejavam meramente identificar-se com o Estado dos velhos tempos, Estado acima dos partidos, cujo símbolo mais forte havia sido o Exército nacional. Em outras palavras, os partidos já haviam desistido do próprio sistema partidário. Pois, em presença dos movimentos, as diferenças entre os partidos haviam realmente perdido todo o seu significado; a existência de todos eles estava em jogo e, conseqüentemente, ajuntaram-se uns aos outros e esperavam manter um *status quo* que garantisse a sua existência. Hindenburg tornava-se o símbolo do Estado-nação e do sistema partidário, enquanto Hitler e Thälmann disputavam a primazia de se tornar, cada qual, o verdadeiro símbolo do povo.

Tão significativos quanto a escolha dos candidatos foram os cartazes eleitorais. Nenhum deles louvava o candidato por méritos próprios; os cartazes a favor de Hindenburg proclamavam simplesmente que "um voto para Thälmann é um voto para Hitler", advertindo os trabalhadores a não desperdiçarem o seu voto num candidato que certamente seria derrotado (Thälmann), desse modo levando Hitler ao poder. Foi assim que os social-democratas se reconciliaram com Hindenburg, a quem nem ao menos mencionavam. Os partidos da direita jogavam o mesmo jogo e acentuavam que "um voto para Hitler era um voto para Thälmann". Além disso, ambos os lados aludiam claramente às ocasiões em que nazistas e comunistas haviam lutado por uma causa comum, de modo a convencer todos os membros leais dos partidos, da esquerda ou da direita, de que a preservação do *status quo* exigia Hindenburg.

Em contraste com a propaganda a favor de Hindenburg, que apelava àqueles que desejavam o *status quo* a qualquer preço — e, em 1932, esse preço era o desemprego de quase a metade do povo alemão —, os candidatos dos movimentos tinham de levar em conta aqueles que desejavam uma mudança a qualquer preço (mesmo ao preço da destruição de todas as instituições legais), e estes eram pelo menos tão numerosos quanto os crescentes milhões de desempregados e suas famílias. Os nazistas, portanto, não recuaram diante do absurdo de que "um voto para Thälmann é um voto para Hindenburg", e os comunistas não hesitaram em responder que "um voto para Hitler é um voto para Hindenburg", ambos ameaçando os seus eleitores com a permanência do *status quo*, da mesma maneira como os seus oponentes haviam ameaçado os seus seguidores com o espectro da revolução.

Por trás da curiosa uniformidade do método dos que apoiavam os candidatos, estava a tácita suposição de que o eleitorado iria às urnas por estar amedrontado — com medo dos comunistas, com medo dos nazistas, ou com medo do *status quo*. Nesse medo geral, todas as divisões de classe desapareciam do cenário político: enquanto a aliança dos partidos para a defesa do *status quo* fazia esvaecer a estrutura de classes mantida nos diferentes partidos, os escalões inferiores dos movimentos eram completamente heterogêneos e tão dinâmicos e flutuantes como o próprio desemprego.[109] Enquanto, dentro da estrutura das instituições nacionais, a esquerda parlamentar se havia unido à direita parlamentar, os dois movimentos estavam ocupados em organizar, conjuntamente, a famosa greve dos transportes nas ruas de Berlim em novembro de 1932.

Quando se considera o declínio extraordinariamente rápido do sistema partidário europeu, deve-se ter em mente que essa instituição teve vida muito curta. Não existia em parte alguma antes do século XIX; na maioria dos países europeus, a formação de partidos políticos ocorreu somente depois de 1848, de sorte que o seu reinado como instituição incontestado em política nacional mal chegou a durar quarenta anos. Durante as últimas duas décadas do século XIX, todos os acontecimentos políticos importantes na França, como na Áustria-Hungria, ocorreram fora do âmbito dos partidos parlamentares e em oposição a eles; enquanto, em toda parte, os "partidos acima de partidos", que eram menores e imperialistas, desafiavam o sistema partidário em busca de apoio popular para uma política externa agressiva e expansionista.

Ao passo que as ligas imperialistas se colocavam acima dos partidos para se identificarem com o Estado-nação, os movimentos de unificação atacavam esses mesmos partidos como parte integrante de um sistema geral que incluía o Estado-nação; não se colocavam tanto "acima de partidos" como "acima do Estado", a fim de se identificarem diretamente com o povo. No fim, os movimentos totalitários foram levados a se descartarem também do povo, ao qual, não obstante, usaram para fins de propaganda, seguindo de perto o rastro dos movimentos de unificação. O "Estado totalitário" é Estado apenas na aparência, e o movimento não mais se identifica verdadeiramente nem mesmo com as necessidades do povo. O movimento, a essa altura, está acima do Estado e do povo, pronto a sacrificar a ambos por amor à sua ideologia: "o Movimento (...)

---

(109) O partido socialista alemão sofreu uma mudança típica desde o início do século XX até 1933. Antes da Primeira Guerra Mundial, somente 10% dos seus membros pertenciam à classe trabalhadora, enquanto cerca de 25% dos seus votos vinham das classes médias. Contudo, em 1930, apenas 60% dos seus membros eram trabalhadores e pelo menos 40% dos seus votos eram votos da classe média. Ver Sigmund Neumann, *op. cit.*, pp. 28 ss.

é o Estado, assim como é o Povo, e nem o atual Estado (...) nem o atual povo alemão pode ser concebido sem o Movimento".[110]

Nada demonstra melhor o irreparável declínio do sistema partidário do que os esforços feitos após a Segunda Guerra para ressuscitá-lo no continente europeu, os parcos resultados alcançados, a renovada atração dos movimentos após a derrota do nazismo e a óbvia ameaça do bolchevismo às independências nacionais. O resultado de todos os esforços para restaurar o *status quo* foi apenas a restauração de uma situação política na qual os movimentos destrutivos tomaram a forma de "partidos" que funcionam devidamente. Sua liderança vem mantendo a autoridade nas circunstâncias mais adversas, apesar de mudarem constantemente as linhas partidárias. Para que possamos avaliar corretamente as probabilidades de sobrevivência do Estado-nação europeu, não devemos prestar demasiada atenção aos *slogans* nacionalistas que os movimentos ocasionalmente adotam com o fito de ocultar suas verdadeiras intenções, mas sim considerar que, agora, todos sabem que eles são ramificações regionais de organizações internacionais, que os seus escalões inferiores absolutamente não se perturbam quando se evidencia que a sua política serve aos interesses da política externa de outra potência, mesmo que seja hostil, e que o fato de os seus líderes serem denunciados como quinta-colunas, traidores do país etc. em nada impressiona os seus membros. Em contraste com os antigos partidos, os movimentos sobreviveram à última guerra e são hoje os únicos "partidos" que permanecem vivos e significativos para os seus seguidores.

(110) Schmitt, *op. cit.*

5
O DECLÍNIO DO ESTADO-NAÇÃO E
O FIM DOS DIREITOS DO HOMEM

Ainda hoje é quase impossível descrever o que realmente aconteceu na Europa a 4 de agosto de 1914. Os dias que antecedem e os que se seguem à Primeira Guerra Mundial não são como o fim de um velho período e o começo de um novo, mas como a véspera de uma explosão e o dia seguinte. Contudo, esta figura de retórica é tão inexata como todas as outras, porque a calma dolorosa que sobrevém à catástrofe perdura até hoje. A primeira explosão parece ter provocado uma reação em cadeia que, desde então, nos engolfou e que ninguém tem o poder de estancar. A Primeira Guerra Mundial foi uma explosão que dilacerou irremediavelmente a comunidade dos países europeus, como nenhuma outra guerra havia feito antes. A inflação destruiu toda a classe de pequenos proprietários a ponto de não lhes deixar esperança de recuperação, o que nenhuma crise financeira havia feito antes de modo tão radical. O desemprego, quando veio, atingiu proporções fabulosas, sem se limitar às classes trabalhadoras mas alcançando nações inteiras, com poucas exceções. As guerras civis que sobrevieram e se alastraram durante os vinte anos de paz agitada não foram apenas mais cruéis e mais sangrentas do que as anteriores: foram seguidas pela migração de compactos grupos humanos que, ao contrário dos seus predecessores mais felizes, não eram bem-vindos e não podiam ser assimilados em parte alguma. Uma vez fora do país de origem, permaneciam sem lar; quando deixavam o seu Estado, tornavam-se apátridas; quando perdiam os seus direitos humanos, perdiam todos os direitos: eram o refugo da terra. Nada do que estava sendo feito, por mais incrível que fosse e por mais numerosos que fossem os homens que conheciam e previam as conseqüências, podia ser desfeito ou evitado. Cada evento era definitivo como um julgamento final, um julgamento que não era passado nem por Deus nem pelo Diabo, mas que parecia a expressão de alguma fatalidade irremediavelmente absurda.

Antes que a política totalitária conscientemente atacasse e destruísse a própria estrutura da civilização européia, a explosão de 1914 e suas graves conseqüências de instabilidade haviam destruído a fachada do sistema político — o bastante para deixar à mostra o seu esqueleto. Ficou visível o sofrimento de um número cada vez maior de grupos de pessoas às quais, subitamente, já não se aplicavam as regras do mundo que as rodeava. Era precisamente a aparente estabilidade do mundo exterior que levava cada grupo expulso de suas fronteiras, antes protetoras, parecer uma infeliz exceção a uma regra sadia e normal, e que, ao mesmo tempo, inspirava igual cinismo tanto às vítimas quanto aos observadores de um destino aparentemente injusto e anormal. Para ambos, esse cinismo parecia sabedoria em relação às coisas do mundo, mas na verdade todos estavam mais perplexos e, portanto, mais ignorantes do que nunca. O ódio, que certamente não faltara ao mundo, antes da guerra começou a desempenhar um papel central nos negócios públicos de todos os países, de modo que o cenário político, nos anos enganadoramente calmos da década de 20, assumiu uma atmosfera sórdida e estranha de briga em família *à Strindberg*. Nada talvez ilustre melhor a desintegração geral da vida política do que esse ódio universal vago e difuso de todos e de tudo, sem um foco que lhe atraísse a atenção apaixonada, sem ninguém que pudesse ser responsabilizado pelo estado de coisas — nem governo, nem burguesia, nem potência estrangeira. Partia, conseqüentemente, em todas as direções, cega e imprevisivelmente, incapaz de assumir um ar de indiferença sadia em relação a coisa alguma sob o sol.

Essa atmosfera de desintegração, embora característica de toda a Europa entre as duas guerras, era mais visível nos países derrotados que nos vitoriosos, e atingiu o seu ponto mais alto nos Estados recém-estabelecidos após a liquidação da Monarquia Dual e do império czarista. Os últimos restos de solidariedade entre as nacionalidades não emancipadas do "cinturão de populações mistas" evaporaram-se com o desaparecimento de uma despótica burocracia central, que também havia servido para centralizar e desviar uns dos outros os ódios difusos e as reivindicações nacionais em conflito. Agora todos estavam contra todos, e, mais ainda, contra os seus vizinhos mais próximos — os eslovacos contra os tchecos, os croatas contra os sérvios, os ucranianos contra os poloneses. E isso não resultava do conflito entre as nacionalidades e os povos formadores de Estados, ou entre minorias e maiorias: os eslovacos não apenas sabotavam constantemente o governo democrático de Praga como, ao mesmo tempo, perseguiam a minoria húngara em seu próprio solo, enquanto semelhante hostilidade contra o "povo estatal", por um lado, e entre si mesmas, por outro, animava as minorias insatisfeitas da Polônia.

À primeira vista, esses distúrbios no velho centro nevrálgico da Europa pareciam ser apenas mesquinhas querelas nacionalistas, sem conseqüência para os destinos políticos do continente. Contudo, nessas regiões, e como resultado da liquidação dos dois Estados multinacionais europeus de antes da guerra — a Rússia e a Áustria-Hungria — surgiram dois grupos de vítimas, cujos sofrimentos foram muito diferentes dos de todos os outros grupos, no intervalo entre as duas guerras mundiais; ambos estavam em pior situação que as classes médias desapossadas, os desempregados, os pequenos *rentiers*, os pensionistas aos quais os eventos haviam privado da posição social, da possibilidade de trabalhar e do direito de ter propriedades: eles haviam perdido aqueles direitos que até então eram tidos e até definidos como inalienáveis, ou seja, os Direitos do Homem. Os apátridas e as minorias, denominados com razão "primos em primeiro grau",¹ não dispunham de governos que os representassem e protegessem e, por isso, eram forçados a viver ou sob as leis de exceção dos Tratados das Minorias — que todos os governos (com exceção da Tchecoslováquia) haviam assinado sob protesto e nunca reconheceram como lei —, ou sob condições de absoluta ausência da lei.

Com o surgimento das minorias na Europa oriental e meridional e com a incursão dos povos sem Estado na Europa central e ocidental, um elemento de desintegração completamente novo foi introduzido na Europa do após-guerra. A desnacionalização tornou-se uma poderosa arma da política totalitária, e a incapacidade constitucional dos Estados-nações europeus de proteger os direitos humanos dos que haviam perdido os seus direitos nacionais permitiu aos governos opressores impor a sua escala de valores até mesmo sobre os países oponentes. Aqueles a quem haviam escolhido como refugo da terra — judeus, trotskistas etc. — eram realmente recebidos como o refugo da terra em toda parte; aqueles a quem a perseguição havia chamado de indesejáveis tornavam-se de fato os *indésirables* da Europa. O jornal oficial da SS, o *Schwartze Korps*, disse explicitamente em 1938 que, se o mundo ainda não estava convencido de que os judeus eram o refugo da terra, iria convencer-se tão logo, transformados em mendigos sem identificação, sem nacionalidade, sem dinheiro e sem passaporte, esses judeus começassem a atormentá-los em suas fronteiras.² E o fato é que esse tipo de propaganda factual funcionou melhor que a retórica de Goebbels, não apenas porque fazia dos judeus o refugo da terra, mas também porque a incrível desgraça do número crescente de pessoas inocentes demonstrava na prática que eram certas as cínicas afirmações dos movimentos totalitários de que não existiam direitos humanos inalienáveis, enquanto as afirmações das democracias em contrário revelavam hipocrisia e covardia ante a cruel majestade de um mundo novo. A própria expressão "direitos humanos" tornou-se para todos os interessados — vítimas, opressores e espectadores — uma prova de idealismo fútil ou de tonta e leviana hipocrisia.

---

(1) S. Lawford Childs, "Refugees — a permanent problem in international organization", em *War is not inevitable. Problems of peace*. 13.ª série, Londres, 1938, publicado pelo Internacional Labor Office.

(2) O início da perseguição dos judeus alemães pelos nazistas deve ser considerado uma tentativa de espalhar o anti-semitismo entre "aqueles povos que simpatizam com os judeus, principalmente as democracias ocidentais", e não um esforço de se descartar dos judeus. Uma circular do Ministério das Relações Exteriores para todas as autoridades alemãs no exterior, logo depois dos *pogroms* de novembro de 1938, dizia: "O movimento imigratório de apenas cerca de 100 mil judeus já foi suficiente para despertar o interesse de muitos países para o perigo judaico. (...) A Alemanha está muito interessada em manter a dispersão dos judeus; (...) o influxo de judeus em todas as partes do mundo desperta a oposição da população nativa e, assim, se constitui na melhor propaganda para a política judaica alemã (...) Quanto mais pobre for o imigrante judeu e, portanto, quanto mais incômodo para o país que o absorve, mais fortemente reagirá o país". Ver *Nazi conspiracy and agression*. Washington, 1946, publicado pelo governo norte-americano, VI, 87 ss.

1. A "NAÇÃO DE MINORIAS" E OS POVOS SEM ESTADO

As modernas condições do poder, que, exceto para os Estados gigantes, transformam a soberania nacional em pilhéria, junto com o advento do imperialismo e dos movimentos de unificação étnica, foram fatores externos que solaparam a estabilidade do sistema europeu de Estados-nações. Nenhum deles adviera diretamente da tradição e das instituições dos próprios Estados-nações. Sua desintegração interna só começou após a Primeira Guerra Mundial, em conseqüência do surgimento das minorias criadas pelos Tratados de Paz, e do movimento crescente de refugiados, resultado de revoluções.

A inadequação dos Tratados de Paz tem sido freqüentemente explicada pelo fato de que os seus autores pertenciam a uma geração formada pelas experiências da era anterior à guerra, e jamais chegaram a compreender inteiramente todo o impacto da guerra cujo armistício tiveram de assinar. A melhor prova disso é a tentativa de resolver o problema da Europa oriental e meridional criando Estados-nações e introduzindo tratados de minorias. Se já se podia colocar em dúvida a prudência de estender uma forma de governo que, mesmo nos países de antiga e estabelecida tradição nacional, não sabia como resolver os novos problemas da política mundial, era ainda mais duvidoso que ela pudesse ser transplantada para uma área onde sequer existiam as condições básicas para o surgimento de Estados-nações, ou seja, a homogeneidade da população e a fixação ao solo. Mas pensar que fosse possível criar Estados-nações pelos métodos dos Tratados de Paz era simplesmente absurdo. De fato, "basta um olhar ao mapa etnográfico da Europa para mostrar que o princípio do Estado-nação não pode ser introduzido na Europa oriental".[3] Os Tratados aglutinaram vários povos num só Estado, outorgaram a alguns o *status* de "povos estatais" e lhes confiaram o governo, supuseram silenciosamente que os outros povos nacionalmente compactos (como os eslovacos na Tchecoslováquia ou os croatas e eslovenos na Iugoslávia) chegassem a ser parceiros no governo, o que naturalmente não aconteceu,[4] e, com igual arbitrariedade, criaram com os povos que sobraram um terceiro grupo de nacionalidades chamadas minorias, acrescentando assim aos muitos encargos dos novos Estados o problema de observar regulamentos especiais, impostos de fora, para uma parte de sua população.[5] Como resultado, os povos não agraciados com Estados, fossem "minorias na-

---

(3) Kurt Tramples, "Volkerbund und Völkerfreiheit" [União dos povos e liberdade dos povos], em *Süddeutsche Monatshefte*, 26. Jahrgang, julho de 1929.

(4) A luta dos eslovacos contra o governo tcheco de Praga terminou com a independência da Eslováquia apoiada por Hitler; a Constituição iugoslava de 1921 foi aceita pelo Parlamento dominado pelos sérvios contra os votos de todos os representantes croatas e eslovenos. Um bom resumo da história da Iugoslávia entre as duas guerras se encontra em *Propyläen Weltgeschichte. Das Zeitalter des Imperialismus*, 1933, vol. 10, p. 471 ss.

(5) Mussolini tinha toda a razão quando escreveu, após a crise de Munique: "Se a Tchecoslováquia se encontra hoje no que se pode chamar de situação delicada, é porque ela não era apenas Tchecoslováquia, mas Tcheco-germano-polono-magiaro-ruteno-romeno-eslováquia". (Citado por Hubert Ripka, *Munich: before and after*, Londres, 1939, p. 117).

cionais" ou "nacionalidades", consideraram os Tratados um jogo arbitrário que dava poder a uns, colocando em servidão os outros. Os Estados recémcriados, por sua vez, que haviam recebido a independência com a promessa de plena soberania nacional, acatada em igualdade de condições com as nações ocidentais, olhavam os Tratados das Minorias como óbvia quebra de promessa e, como prova de discriminação, uma vez que somente os novos Estados, e nem mesmo a Alemanha derrotada [com exceção do território da Silésia oriental, dividida em 1920 com a Polônia em decorrência de plebiscito], ficavam subordinados a eles.

O desconcertante vácuo de poder deixado pela dissolução da Monarquia Dual e pela libertação da Polônia e dos países bálticos do despotismo da Rússia não foi o único fator que levou os estadistas a essa desastrosa experiência. Muito mais importante era a impossibilidade de continuar ignorando mais de 100 milhões de europeus que nunca haviam atingido o estágio de liberdade nacional e de autodeterminação a que já aspiravam até os povos coloniais, mas que lhes era negada [a esses europeus] pela manutenção de tradições políticas. Na Europa ocidental e central, o papel do proletariado, ou seja, do grupo oprimido e historicamente sofredor, cuja emancipação era uma questão de vida ou de morte para todo o sistema social europeu, era representado no Leste pelos "povos sem história".[6] Os movimentos de libertação nacional do Leste europeu eram revolucionários no mesmo sentido em que os movimentos trabalhistas do Oeste: ambos refletiam os anseios das camadas "não-históricas" da população européia, e ambos lutavam por reconhecimento e participação dos grupos marginais nos negócios públicos. Como o objetivo de todos era preservar o *status quo* europeu, a concessão do direito à autodeterminação nacional e à soberania a todos os povos europeus parecia realmente inevitável: a alternativa seria condená-los impiedosamente à posição de povos coloniais (coisa que os movimentos de unificação étnica sempre propuseram), introduzindo assim métodos coloniais na convivência européia.[7]

---

(6) Essa expressão foi cunhada primeiro por Otto Bauer, *Die Nationalitätenfrage und die österreischische Sozialdemokratie* [O problema das nacionalidades e a social-democracia austríaca], Viena, 1907.

A consciência histórica tinha papel importante na formação da consciência nacional. A emancipação das nações do domínio dinástico e da soberania de uma aristocracia internacional nascia da emancipação da literatura nacional da língua "internacional" dos eruditos (latim e, mais tarde, francês), desenvolvendo-se as línguas nacionais a partir do vernáculo popular. Aqueles povos cuja língua chegava a ser usada na literatura eram considerados como tendo atingido a maturidade nacional. Portanto, os movimentos de liberação das nacionalidades da Europa oriental começavam impondo a seus membros a renovação filológica, com resultados que iam do grotesco ao sério e útil. A função política dessa "ascensão" de idioma consistia em provar que o povo que possuía uma literatura e uma história próprias tinha o direito à soberania nacional.

(7) Essa não era, naturalmente, uma alternativa muito clara. Até hoje ninguém se deu ao trabalho de descobrir as semelhanças entre a exploração colonial e a exploração da minoria. Somente Jacob Robinson, "Staatsbürgerliche und wirtschaftliche Gleichberechtigung" (Igualdade cívico-estatal e econômica), em *Süddeutsche Monatshefte*, 26. Jahrgang, julho de 1929, observa de passagem: "Surgiu um tipo peculiar de protecionismo econômico, não dirigido contra outros países,

Na verdade, porém, o *status quo* europeu não podia ser mantido. Só após a queda dos últimos remanescentes da autocracia européia ficou claro que a Europa havia sido governada por um sistema que nunca levou em conta as necessidades de pelo menos 25% da sua população. Esse mal, contudo, não foi sanado pela criação dos Estados sucessores dos impérios desmembrados, porque cerca de 30% dos seus quase 100 milhões de habitantes eram oficialmente reconhecidos como exceções a serem especialmente protegidas por tratados de minorias. Além disso, esse algarismo de modo nenhum conta toda a história; apenas indica a diferença entre povos com governo próprio e aqueles que supostamente eram pequenos ou dispersos demais para obterem o direito de atingir o *status* pleno de nação. Assim mesmo, os Tratados das Minorias protegiam apenas nacionalidades das quais existia um número considerável em pelo menos dois Estados sucessórios, mas não mencionaram, deixando-as à margem de direito, todas as outras nacionalidades sem governo próprio, concentradas num só país, de sorte que, em alguns desses Estados, os povos nacionalmente frustrados constituíam 50% da população total.[8] O pior aspecto dessa situação não era o fato de que se tornava natural às nacionalidades serem desleais com o governo que lhes fora imposto, e aos governos oprimirem suas nacionalidades do modo mais eficiente possível, e sim que a população nacionalmente frustrada estava firmemente convencida — como, aliás, todo o mundo — de que a verdadeira liberdade, a verdadeira emancipação e a verdadeira soberania popular só podiam ser alcançadas através da completa emancipação nacional, e que os povos privados do seu próprio governo nacional ficariam sem a possibilidade de usufruir dos direitos humanos. Essa convicção, baseada no conceito da Revolução Francesa que conjugou os Direitos do Homem com a soberania nacional, era reforçada pelos próprios Tratados das Minorias, os quais não confiavam aos respectivos governos a proteção das diferentes nacionalidades do país, mas entregavam à Liga das Nações a salvaguarda dos direitos daqueles que, por motivos de negociações territoriais, haviam ficado sem Estados nacionais próprios, ou deles separados, quando existiam.

Mas as minorias não confiavam na Liga das Nações mais do que haviam confiado ou confiariam nos povos estatais. A Liga, afinal, era composta de estadistas nacionais, cujas simpatias obviamente estavam com os governos e principalmente com os governos novos, que sofriam oposição de cerca de 25% a 50%

---

mas contra certos grupos da população. É surpreendente que se pudessem observar certos métodos de exploração colonial na Europa central".

(8) Calcula-se que, antes de 1914, existiam cerca de 100 milhões de pessoas cujas aspirações nacionais não haviam sido realizadas. (Ver Charles Kingsley Webster, "Minorities: history", em *Encyclopedia britannica*, 1929.) A população das minorias foi calculada em cerca de 25 a 30 milhões. (P. de Azcarate, "Minorities: League of Nations", *ibid.*). A situação real na Tchecoslováquia e na Iugoslávia era muito pior. Na primeira, o "povo estatal" tcheco constituía, com 7.200.000 pessoas, cerca de 50% da população; na última, os 5 milhões de sérvios compunham apenas 42% do total. Ver W. Winkler, *Statistisches Handbuch der europäischen Nationalitäten* [Manual estatístico das nacionalidades européias], Viena, 1931; Otto Junghann, *National minorities in Europe*, 1932. Algarismos ligeiramente diferentes são apresentados por Tramples, *op. cit.*

dos seus habitantes. Os criadores dos Tratados das Minorias, portanto, logo tiveram de formular as suas reais intenções e dar uma interpretação mais precisa dos deveres das minorias em relação aos novos Estados;[9] verificou-se, então, que os Tratados haviam sido concebidos meramente como método indolor e supostamente humano de assimilação, e isso enfureceu as minorias.[10] Mas não se podia esperar outra coisa de um sistema de Estados-nações soberanos; se os Tratados das Minorias tivessem sido concebidos como algo mais do que mero remédio temporário para uma situação caótica, sua restrição implícita à soberania nacional teria afetado a própria soberania nacional das potências européias mais antigas. Os representantes das grandes nações sabiam demasiado bem que as minorias existentes num Estado-nação deviam, mais cedo ou mais tarde, ser assimiladas ou liquidadas. E não importa se foram movidos por considerações humanitárias de proteger contra a perseguição as nacionalidades minoritárias, ou se as considerações políticas os levaram a opor-se a tratados bilaterais entre os Estados onde havia minorias e os países nacionais dessas minorias (afinal, os alemães residentes fora da Alemanha constituíam a mais forte de todas as minorias oficialmente reconhecidas, tanto em número como em posição econômica); o fato é que não quiseram nem puderam revogar as leis às quais os Estados-nações deviam a sua existência.[11]

Nem a Liga das Nações nem os Tratados das Minorias teriam evitado que os Estados recém-estabelecidos assimilassem as suas minorias mais ou menos à força. O fator mais poderoso contra a assimilação era a fraqueza numérica e cultural dos chamados povos estatais. A minoria russa ou judaica da Polônia não considerava a cultura polonesa superior à sua, e nem uma nem outra se impressionava muito com o fato de os poloneses constituírem cerca de 60% da população da Polônia.

Amarguradas, e ignorando completamente a Liga das Nações, as nacionalidades minoritárias logo decidiram tratar do assunto por conta própria. Agruparam-se num congresso de minorias que, já pelo nome, contradizia a própria idéia geradora dos tratados da Liga, pois se denominou "Congresso dos

---

(9) P. de Azcarate, op. cit.: "Os Tratados não estipulavam os 'deveres' das minorias em relação aos Estados dos quais faziam parte. Mas a Terceira Assembléia Ordinária da Liga [das Nações], em 1922, (...) adotou (...) resoluções a respeito dos deveres das minorias (...)".

(10) Os delegados franceses e ingleses foram bem claros a esse respeito. Disse Briand: "O processo que devemos ter em mente não é o desaparecimento das minorias, mas uma espécie de assimilação". E sir Austen Chamberlain, representante inglês, chegou a dizer que "o objetivo dos Tratados das Minorias [é] (...) assegurar (...) o tipo de proteção e justiça que gradualmente as preparação para se fundirem à comunidade à qual pertencem" (C. A. Macartney, National states and national minorities, Londres, 1934, pp. 276, 277).

(11) É verdade que alguns estadistas tchecos, os mais liberais e democratas dos líderes dos movimentos nacionais, chegaram a sonhar com uma república tcheca como a da Suíça. O motivo pelo qual nem Benes tentou seriamente levar a cabo essa solução é que a Suíça não era um modelo que pudesse ser imitado, mas sim uma exceção particularmente feliz que comprovava a regra estabelecida. Os Estados recém-formados não tinham a segurança suficiente para abandonar uma aparelhagem estatal centralizada, e não podiam criar da noite para o dia aquelas pequenas comunas e cantões autônomos, sobre cujos vastos poderes se baseia o sistema federativo suíço.

Grupos Nacionais Organizados nos Estados Europeus", anulando assim o esforço dos estadistas despendido durante as negociações de paz para evitar a expressão "Nacional".[12] Em conseqüência, todas as nacionalidades — mesmo oficialmente iguais ao povo estatal —, e não apenas as "minorias", aderiram ao Congresso, e o número de "nações de minorias" cresceu de modo tão considerável que, somadas, as nacionalidades minoritárias dos Estados sucessórios superavam em número os povos estatais. Mas também sob outro aspecto o "Congresso dos Grupos Nacionais" assestou um golpe decisivo nos tratados da Liga. Um dos mais desconcertantes aspectos do problema das nacionalidades da Europa oriental (mais desconcertante que o pequeno tamanho e o grande número dos povos envolvidos, ou o "cinturão de populações mistas"[13]) era o caráter inter-regional das nacionalidades que, quando colocavam seus interesses nacionais acima dos interesses de seus próprios governos, constituíam óbvio perigo à segurança de seus países.[14] Os tratados da Liga haviam tentado ignorar o caráter interestatal das minorias, assinando com cada país um tratado separado, bilateral e não multilateral, como se não existissem minorias judaica ou germânica fora das fronteiras dos respectivos Estados. O "Congresso dos Grupos Nacionais" não apenas colocou de lado o princípio territorial da Liga; ele foi naturalmente dominado pelas duas nacionalidades que, representadas em todos os Estados sucessórios dos antigos impérios, estavam em posição de fazer sentir o seu peso em toda a Europa oriental e meridional. Esses dois grupos foram os alemães e os judeus. As minorias alemãs da Romênia e da Tchecoslováquia votavam naturalmente junto com as minorias alemãs da Polônia e da Hungria, da Letônia ou Lituânia, e ninguém podia esperar que os judeus poloneses, por exemplo, permanecessem indiferentes às práticas discriminatórias antijudaicas do governo romeno. Em outras palavras, a verdadeira base da associação no Congresso eram os interesses nacionais de cada minoria, e não o interesse comum de todas as minorias.[15] A harmoniosa relação entre os judeus e os alemães — até o advento de Hitler — mantinha o congresso coeso. Mas,

(12) Wilson, ardente defensor da idéia de se concederem "direitos raciais, religiosos e lingüísticos às minorias", "receava que 'direitos nacionais' podiam ser danosos, porquanto os grupos minoritários caracterizados como entidades nacionalmente separadas poderiam ficar 'sujeitos a inveja e ataques'" (Oscar J. Janowsky, *The Jews and minority rights*, Nova York, 1933, p. 351).

(13) O termo é de Macartney's, *op. cit.*, *passim*.

(14) "Como resultado da negociação da Paz, cada Estado situado no cinturão de populações mistas (...) se considerava agora um Estado nacional. Mas os fatos contrariavam essa asserção. (...) Nenhum desses Estados era realmente uninacional, da mesma forma como não havia, por outro lado, nação alguma da qual todos os membros vivessem num único Estado" (Macartney, *op. cit.*, p. 210).

(15) Em 1933, o presidente do Congresso fez questão de acentuar: "Uma coisa é certa: não nos reunimos em nossos congressos apenas como membros de minorias abstratas; cada um de nós pertence de corpo e alma a um povo específico, o seu próprio povo, e se sente ligado ao destino desse povo para mal ou para bem. Conseqüentemente, cada um de nós está aqui, se me permitem dizer, como um alemão puro ou um judeu puro, como um húngaro puro ou como um ucraniano puro". Em *Sitzungsbericht des Kongresses der oganisierten nationalen Gruppen in den Staaten Europas* [Relatório da Assembléia do Congresso dos Grupos Nacionais Organizados nos Estados Europeus], 1938, p. 8.

quando em 1933 a delegação judaica exigiu um protesto contra o tratamento dos judeus no Terceiro Reich (moção que, a rigor, não tinha o direito de fazer, pois os judeus alemães não eram considerados e não constituíam uma minoria),* os alemães nacionalmente minoritários anunciaram sua solidariedade com a Alemanha, já nazista, e conseguiram o apoio da maioria das delegações dos grupos minoritários, que abraçaram o anti-semitismo, florescente em todos os Estados sucessórios. O Congresso, abandonado para sempre pela delegação judaica, mergulhou desde então em completa insignificância.

A verdadeira importância dos Tratados das Minorias não está na sua aplicação prática, mas no fato de que eram garantidos por uma entidade internacional, a Liga das Nações. Minorias haviam existido antes,[16] mas a minoria como instituição permanente, o reconhecimento de que milhões de pessoas viviam fora da proteção legal normal e normativa, necessitando de uma garantia adicional dos seus direitos elementares por parte de uma entidade externa, e a admissão de que esse estado de coisas não era temporário, mas que os Tratados eram necessários para criar um *modus vivendi* duradouro — tudo isso constituía novidade na história européia, pelo menos em tal escala. Os Tratados das Minorias diziam em linguagem clara aquilo que até então era apenas implícito no sistema operante dos Estados-nações, isto é, que somente os "nacionais" podiam ser cidadãos, somente as pessoas da mesma origem nacional podiam gozar de toda a proteção das instituições legais, que os indivíduos de nacionalidade diferente precisavam de alguma lei de exceção até que, ou a não ser que, estivessem completamente assimilados e divorciados de sua origem. Os discursos interpretativos sobre os tratados da Liga das Nações, pronunciados por estadistas de países sem obrigações com as minorias, eram ainda mais claros: aceitavam como natural que a lei de um país não pudesse ser responsável por pessoas que insistiam numa nacionalidade diferente.[17] Confessavam assim — e logo tiveram oportunidade de demonstrá-lo na prática, com o surgimento dos povos sem Estado — que havia sido consumada a transformação do Estado de

---

(*) Os judeus alemães — ao contrário dos poloneses, romenos, lituanos etc. — tinham cidadania alemã e nacionalidade alemã, que lhes seriam retiradas por Hitler. Os judeus dos países sucessórios dos impérios russo e austro-húngaro tinham a cidadania do país em que viviam, mas a nacionalidade judaica definida, indicada em todos os seus documentos. (N. E.)

(16) As primeiras minorias surgiram quando o princípio protestante de liberdade de consciência conseguiu suprimir o princípio *cuius regio eius religio* [de tal região, sua religião]. O Congresso de Viena em 1815 (realizado vinte anos após a partilha da Polônia) já havia tomado medidas para assegurar certos direitos às populações polonesas incorporadas à Rússia, Prússia e Áustria, direitos esses que certamente não eram apenas "religiosos"; contudo, é bem característico o fato de que todos os tratados posteriores — o que garantia a independência da Grécia em 1830, o que garantia a independência da Moldávia e da Valáquia (precursoras da Romênia) em 1856, e o Congresso de Berlim, em 1878, que tratou especificamente da Romênia — falam de minorias "religiosas" e não "nacionais", que receberiam direitos "civis" mas não "políticos".

(17) Afrânio de Mello Franco, representante do Brasil no Conselho da Liga das Nações, definiu o problema claramente: "Quer-me parecer óbvio que aqueles que conceberam esse sistema de proteção não sonhavam criar dentro de certos Estados um grupo de habitantes que se consideraria permanentemente estranho à organização geral do país" (Macartney, *op. cit.*, p. 277).

instrumento da lei em instrumento da nação; a nação havia conquistado o Estado, e o interesse nacional chegou a ter prioridade sobre a lei muito antes da afirmação de Hitler de que "o direito é aquilo que é bom para o povo alemão". Mais uma vez, a linguagem da ralé era apenas a linguagem da opinião pública, expurgada da hipocrisia e do comedimento.

Certamente, o perigo desse desfecho já era inerente à estrutura do Estado-nação. Mas, como a sua criação coincidia com a de governos constitucionais, os Estados-nações sempre haviam representado o domínio da lei, e nele se baseavam, em contraste com o domínio da burocracia administrativa e do despotismo — ambos arbitrários. De modo que, ao se romper o precário equilíbrio entre a nação e o Estado, entre o interesse nacional e as instituições legais, ocorreu com espantosa rapidez a desintegração dessa forma de governo e de organização espontânea de povos. E a desintegração, por mais curioso que pareça, começou precisamente no momento em que o direito à autodeterminação era reconhecido em toda a Europa, e quando a convicção fundamental da supremacia da nação sobre todas as instituições legais e "abstratas" do Estado tornava-se universalmente aceita.

Por ocasião dos Tratados das Minorias, poder-se-ia dizer a seu favor — e de fato se disse, quase como desculpa — que as nações mais antigas gozavam de constituições que, implícita ou explicitamente (como no caso da França, a *nation par excellence*), se fundamentavam nos Direitos do Homem; que, mesmo se existisse outras nacionalidades em seu território, não precisariam de leis adicionais; e que somente nos Estados criados como sucessórios aos impérios desintegrados tornava-se necessária a excepcional imposição temporária dos direitos humanos.[18] Essa ilusão acabou ao surgirem os povos sem Estado.

Na realidade, as minorias eram povos sem Estado apenas parcialmente; *de jure*, pertenciam a algum corpo político, embora necessitassem de proteção adicional sob forma de tratados e garantias especiais; certos direitos secundários, tais como o uso do seu próprio idioma e a preservação da sua própria cultura, estavam ameaçados e só relutantemente eram protegidos por uma entidade estatal externa, habitada em sua maioria pela mesma etnia (nação), cuja parte constituía uma minoria num outro Estado, mas os direitos elementares, como o de residir, viver e trabalhar, sempre permaneciam intactos. Os arquitetos dos Tratados das Minorias não previram a possibilidade de transferências maciças de população, nem o problema de pessoas tornadas "indeportáveis" por falta de um país que as quisesse acolher. As minorias podiam ser olhadas ainda como fenômeno excepcional, peculiar a certos territórios que diferiam da "norma". Era um argumento sempre tentador, pois deixava intacto o próprio

(18) "O regime de proteção das minorias destinava-se a remediar aqueles casos em que a negociação territorial era inevitavelmente imperfeita do ponto de vista da nacionalidade" (Joseph Roucek, *The minority principle as a problem of political science*, Praga, 1928, p. 29). O problema é que a imperfeição dos acordos territoriais não existia apenas nos acordos das minorias, mas também no próprio estabelecimento dos Estados sucessórios, porquanto não havia território naquela região que não pudesse ser reivindicado por várias nacionalidades ao mesmo tempo e sob várias alegações igualmente válidas.

sistema; e, de certa forma, sobreviveu à Segunda Guerra Mundial, cujos pacificadores, convencidos da impraticabilidade dos tratados de minorias, puseramse a "repatriar" o maior número possível de nacionalidades, a fim de desembaralhar o "cinturão de populações mistas".[19] Essa tentativa de repatriação em massa não resultou diretamente das desastrosas experiências com os Tratados das Minorias; representava, antes, a esperança de que tal providência resolvesse finalmente o problema dos povos sem Estado, que, nas décadas anteriores, assumira proporções cada vez mais agudas e para o qual simplesmente não existia método internacionalmente reconhecido e aceito.

Muito mais persistentes na realidade e muito mais profundas em suas conseqüências têm sido a condição de apátrida, que é o mais recente fenômeno de massas da história contemporânea, e a existência de um novo grupo humano, em contínuo crescimento, constituído de pessoas sem Estado, grupo sintomático do mundo após a Segunda Guerra Mundial.[20] A culpa da sua existência não pode ser atribuída a um único fator, mas, se considerarmos a diversidade grupal dos apátridas, parece que cada evento político, desde o fim da Primeira Guerra Mundial, inevitavelmente acrescentou uma nova categoria aos que já viviam fora do âmbito da lei, sem que nenhuma categoria, por mais que se houvesse alterado a constelação original, jamais pudesse ser devolvida à normalidade.[21]

(19) Uma prova quase simbólica dessa mudança de atitude é encontrada em declarações do presidente Eduard Benes, da Tchecoslováquia, o único país que após a Primeira Guerra Mundial havia aceito de bom grado as obrigações dos Tratados das Minorias. Pouco depois de irromper a Segunda Guerra Mundial, Benes começou a dar o seu apoio ao princípio da transferência de populações, que finalmente levou à expulsão da minoria alemã da região dos Sudetos. Quanto à posição de Benes, ver Oscar I. Janowsky, *Nationalities and national minorities*, Nova York, 1945, pp. 136 136 ss.

(20) "O problema dos apátridas tornou-se de extrema importância depois da Segunda Grande Guerra. Antes da guerra, existiam leis em alguns países, principalmente nos Estados Unidos, segundo as quais a naturalização podia ser revogada nos casos em que a pessoa naturalizada deixasse de manter uma ligação genuína com o país de adoção. Aqueles que eram desnaturalizados dessa forma tornavam-se apátridas. Durante a guerra, os principais Estados europeus acharam necessário reformar suas leis para poderem cancelar a naturalização" (John Hope Simpson, *The refugee problem*, Institute of International Affairs, Oxford, 1939, p. 231). O grupo de apátridas criado pela revogação da naturalização era ínfimo; contudo, esse precedente expôs os cidadãos naturalizados ao perigo de se tornarem apátridas. O cancelamento de naturalizações em massa, como foi introduzido pela Alemanha nazista em 1933, quando atingiu todos os alemães naturalizados de origem judaica, geralmente precedia a desnacionalização de cidadãos natos pertencentes a categorias semelhantes; e a introdução de leis que permitiam a desnaturalização por simples decreto, como as da Bélgica e de outras democracias do Ocidente nos anos 30, geralmente precedia a desnaturalização em massa; um bom exemplo é a prática do governo grego com relação aos refugiados armênios: de 45 mil refugiados armênios, mil foram naturalizados entre 1923 e 1928. Depois de 1928, uma lei que visava à naturalização de todos os refugiados com menos de 22 anos de idade foi suspensa e, em 1936, todas as naturalizações foram canceladas pelo governo. (Ver Simpson, *op. cit.*, p. 41.)

(21) Vinte e cinco anos após o regime soviético ter repudiado 1,5 milhão de russos, calculava-se que pelo menos 350 mil a 450 mil ainda eram apátridas — o que é uma porcentagem elevadíssima, quando se considera o tempo decorrido desde a fuga inicial. (Ver Simpson, *op. cit.*, p.

Entre eles, viam-se ainda os mais antigos entre os apátridas, os *Heimatlosen* [apátridas], produzidos pelos Tratados de Paz de 1919, pela dissolução da Áustria-Hungria e pelo estabelecimento dos Estados bálticos. Em certos casos foi impossível determinar a sua verdadeira origem, especialmente se, ao terminar a guerra, não estavam residindo em sua cidade natal;[22] outras vezes, o seu lugar de origem mudara de mãos tantas vezes no burburinho de disputas do pós-guerra que a nacionalidade de seus habitantes alterava-se de ano para ano (como acontecia com Vilna, que um funcionário francês uma vez chamou de *la capitale des apatrides*);* e, mais freqüentemente do que se imagina, certas pessoas se refugiaram na situação de apátridas após a Primeira Guerra Mundial para permanecer onde estavam, e evitar a deportação para uma "pátria" onde seriam estranhos (como no caso de muitos judeus poloneses e romenos residentes na França e na Alemanha, que, como apátridas, tinham ali mais direitos do que teriam como cidadãos nos países em que nasceram, onde eram excluídos do convívio social por serem judeus. Nessas tentativas foram misericordiosamente ajudados pela atitude anti-semita dos seus respectivos consulados).

Desprovido de importância, aparentemente apenas uma anomalia legal, o *apatride* recebeu atenção e consideração tardias quando, após a Segunda Guerra Mundial, sua posição legal foi aplicada também aos refugiados que, expulsos de seus países pela revolução social, eram desnacionalizados pelos governos vitoriosos. A esse grupo pertencem milhões de russos e de alemães, centenas de milhares de armênios, romenos, húngaros e espanhóis — para citar apenas as categorias mais importantes. A conduta desses governos pode hoje parecer apenas conseqüência natural da guerra; mas, na época, as desnacionalizações em massa constituíam fenômeno inteiramente novo e imprevisto. Pressupunham uma estrutura estatal que, se não era ainda inteiramente totalitária, já demonstrava a incapacidade de tolerar qualquer oposição, preferindo perder os seus cidadãos a abrigá-los com opiniões diferentes da vigente. Revelavam, além disso, que não era necessária uma guerra para que as soberanias de países vizinhos entrassem em conflito, e que este podia se desenvolver em termos ideológicos não só no caso extremo da guerra, mas também durante a paz. Tornava-se claro

---

559; Eugene M. Kulischer, *The displacement of population in Europe*, Montreal, 1943; Winifred N. Hadsel, "Can Europe's refugees find new homes?", em *Foreign Policy Reports*, agosto de 1943, vol. X, n.º 10)

É verdade que os Estados Unidos haviam colocado os imigrantes apátridas em pé de igualdade com os outros estrangeiros, mas isso só havia sido possível porque esse país, o país da imigração *par excellence*, sempre considerou quaisquer recém-chegados como seus próprios cidadãos em potencial, independentemente de sua nacionalidade anterior.

(22) O *American Friends Service Bulletin* (General Relief Bulletin, março de 1943) publica o relato de um de seus colaboradores na Espanha que havia deparado com o problema de "um homem que havia nascido em Berlim, na Alemanha, mas é considerado de origem polonesa, porque seus pais nasceram na Polônia, e é, portanto (...) apátrida, mas que alega ser de nacionalidade ucraniana e que foi, portanto, reclamado pelo governo russo para ser repatriado e servir no Exército Vermelho".

(*) Vilna — atual Vilnius, capital da Lituânia soviética — fez, até 1919, parte da Rússia; depois, até 1939, da Polônia; depois da Lituânia; e agora da URSS.

que a completa soberania nacional só era possível enquanto existisse uma convivência supranacional de nações européias, porque só o espírito de solidariedade podia impedir o exercício por algum governo de todo o poder potencialmente soberano. Em teoria, a lei internacional admitia que em questões de "emigração, naturalização, nacionalidade e expulsão" a soberania é mais absoluta.[23] Na verdade, as considerações práticas e o reconhecimento tácito de interesses recíprocos restringiram a soberania nacional mesmo nessa área, até o surgimento dos regimes totalitários. Somos quase tentados a medir o grau de infecção totalitária de um governo pelo grau em que usa o seu soberano direito de desnacionalização (e, se o fizéssemos, seria interessante verificar que a Itália de Mussolini relutou muito em tratar os seus refugiados dessa forma[24]). Mas, ao mesmo tempo, devemos lembrar que mal restava um país no continente europeu que não houvesse aprovado, entre as duas guerras, alguma legislação formulada de modo a permitir a rejeição de elevado número de seus habitantes a qualquer momento oportuno,[25] mesmo que este direito não chegasse a ser usado.

Nenhum paradoxo da política contemporânea é tão dolorosamente irônico como a discrepância entre os esforços de idealistas bem-intencionados, que persistiam teimosamente em considerar "inalienáveis" os direitos desfrutados pelos cidadãos dos países civilizados, e a situação de seres humanos sem direito algum. Essa situação deteriorou-se, até que o campo de internamento — que, antes da Segunda Guerra Mundial, era exceção e não regra para os grupos apátridas — tornou-se uma solução de rotina para o problema domiciliar dos "deslocados de guerra".

(23) Lawrence Preuss, "La dénationalisation imposée pour des motifs politiques", em *Revue Internationale Française du Droit des Gens*, 1937, vol. IV, nºs 1, 2, 5.
(24) Uma lei italiana de 1926 contra "emigração abusiva" parecia prenunciar medidas de desnaturalização contra refugiados antifascistas; contudo, a partir de 1929, a política de desnaturalização foi abandonada e estabeleceram-se organizações fascistas no exterior. Dos 40 mil membros da Unione Popolare Italiana da França, pelo menos 10 mil eram autênticos refugiados antifascistas, mas apenas 3 mil não tinham passaporte. Ver Simpson, *op. cit.*, pp. 122 ss.
(25) A primeira lei desse tipo foi uma medida francesa, tomada durante a guerra em 1915, que se relacionava apenas a cidadãos naturalizados de origem inimiga que houvessem conservado sua nacionalidade original. Portugal foi muito mais longe num decreto de 1916 que desnaturalizava automaticamente todas as pessoas nascidas de pai alemão. A Bélgica emitiu uma lei em 1922 que cancelava a naturalização de pessoas que houvessem cometido atos contra a nação durante a guerra, e a reafirmou com um novo decreto de 1934, tipicamente vago, que falava de pessoas *manquant gravement à leurs devoirs de citoyen belge*. Na Itália, desde 1926, qualquer pessoa que não fosse "digna da cidadania italiana" ou constituísse ameaça à ordem pública podia ser desnaturalizada. O Egito e a Turquia, em 1926 e 1928 respectivamente, aprovaram leis segundo as quais as pessoas que constituíssem ameaça à ordem social podiam perder sua naturalização. A França ameaçou desnaturalizar os seus novos cidadãos que cometessem atos contrários aos interesses da França (1927). A Áustria, em 1933, podia privar da nacionalidade austríaca qualquer um dos seus cidadãos que cometesse atos hostis à Áustria no exterior, ou deles participassem. Finalmente, a Alemanha, em 1933, seguiu de perto os vários decretos russos sobre nacionalidade emitidos desde 1921, declarando que qualquer pessoa "residente no exterior" podia, a critério das autoridades, ser privada da nacionalidade alemã.

Até a terminologia aplicada ao apátrida deteriorou-se. A expressão "povos sem Estado" pelo menos reconhecia o fato de que essas pessoas haviam perdido a proteção do seu governo e tinham necessidade de acordos internacionais que salvaguardassem a sua condição legal. A expressão *displaced persons* [pessoas deslocadas] foi inventada durante a guerra com a finalidade única de liquidar o problema dos apátridas de uma vez por todas, por meio do simplório expediente de ignorar a sua existência. O não-reconhecimento de que uma pessoa pudesse ser "sem Estado" levava as autoridades, quaisquer que fossem, à tentativa de repatriá-la, isto é, de deportá-la para o seu país origem, mesmo que este se recusasse a reconhecer o repatriado em perspectiva como cidadão ou, pelo contrário, desejasse o seu retorno apenas para puni-lo. Como os países não-totalitários, a despeito do clima de guerra, geralmente têm evitado repatriações em massa, o número de pessoas sem Estado era substancialmente elevado — ainda doze anos após o fim da guerra. A decisão dos estadistas de resolver o problema do apátrida ignorando-o é revelada ainda pela falta de quaisquer estatísticas dignas de confiança sobre o assunto. Contudo, sabe-se pelo menos que, enquanto existia 1 milhão de apátridas "reconhecidos", havia mais de 10 milhões de apátridas *de facto*, embora ignorados. O pior é que o número de pessoas que são apátridas em potencial continua a aumentar. Antes da última guerra, somente os países totalitários ou as ditaduras semitotalitárias recorriam à arma da desnaturalização contra pessoas que eram cidadãos por nascimento; mas chegou-se ao ponto em que até as democracias livres, como, por exemplo, os Estados Unidos, pensaram seriamente em privar da cidadania os americanos natos que fossem comunistas. O aspecto sinistro dessas medidas é que são estudadas com toda a inocência. No entanto, para que se compreendam as verdadeiras implicações da condição do apátrida, basta lembrar o extremo zelo dos nazistas, que insistiam em que todos os judeus de nacionalidade não-alemã "deviam ser privados de sua cidadania antes da deportação ou, ao mais tardar, no dia em que fossem deportados"[25a] (para os judeus alemães, esse decreto não era necessário, porque existia uma lei no Terceiro Reich segundo a qual todo judeu que deixasse o território — inclusive se fosse deportado — perdia automaticamente a cidadania).

O primeiro e grave dano causado aos Estados-nações pela chegada de centenas de milhares de apátridas foi a abolição tácita do direito de asilo, antes símbolo dos Direitos do Homem na esfera das relações internacionais. Sua longa e sagrada história data do começo da vida política organizada. Desde os tempos antigos, com esse direito protegeu-se o refugiado — e a área que o acolhia — contra situações que o forçassem a colocar-se fora da lei por circunstâncias alheias ao seu controle. Assim, o asilo era o único remanescente mo-

---

(25a) De uma ordem do *Hauptsturmführer* Dannecker, de 10 de março de 1943, referente à "deportação de 5 mil judeus da França, cota de 1942". O documento (cópia fotostática no Centro de Documentation Juive de Paris) é parte dos *Nuremberg Documents* n.º RF 1216. Medidas semelhantes foram tomadas contra os judeus búlgaros. Cf. *ibidem* o relevante memorando de L. R. Wagner, datado de 3 de abril de 1943, Documento NG 4180.

derno do princípio de que *quid est in territorio est de territorio*, pois em todos os outros casos o Estado moderno tendia a proteger os seus cidadãos além de suas fronteiras para que, graças a tratados recíprocos, permanecessem sujeitos às leis do seu país, mesmo morando fora dele. Mas, embora o direito de asilo continuasse a funcionar num mundo organizado em Estados-nações e em certos casos, tenha até sobrevivido às duas guerras mundiais, tornou-se paulatinamente anacrônico, entrando até em conflito com os direitos internacionais do Estado. Assim, não se encontra esse direito na lei escrita, em nenhuma constituição ou acordo internacional, e o Pacto da Liga das Nações nem ao menos o menciona.[26] A esse respeito, tem o mesmo destino da Declaração dos Direitos do Homem, que também nunca em lugar algum foi transformada em lei, levando uma existência mais ou menos irreal, como recurso em certos casos excepcionais em que as instituições legais normais não eram suficientes.[27]

O segundo choque que o mundo europeu sofreu com o surgimento dos refugiados[28] decorria da dupla constatação de que era impossível desfazer-se deles e era impossível transformá-los em cidadãos do país de refúgio, principalmente porque todos concordavam em que só havia duas maneiras de resolver o problema: repatriação ou naturalização.[29] Quando o exemplo das primeiras

---

(26) S. Lawford Childs (*op. cit.*) deplora o fato de que o Pacto da Liga das Nações não contenha "nenhuma concessão para os refugiados políticos, nenhum alívio para os exilados". A tentativa das Nações Unidas de obter, pelo menos para um pequeno grupo de apátridas — os chamados "apátridas *de jure*" —, uma melhora de *status* legal não passou de um simples gesto de reunir os representantes de pelo menos vinte países, mas com a garantia explícita de que a participação na conferência não implicaria quaisquer obrigações. Mesmo assim, ainda era extremamente duvidoso que a conferência pudesse ser realizada. Ver a notícia no *New York Times*, 17 de outubro de 1954, p. 9.

(27) As únicas defensoras do direito de asilo eram aquelas poucas sociedades cujo objetivo especial era a proteção dos direitos humanos. A mais importante delas, a *Ligue des Droits de l'Homme*, patrocinada pela França e com ramificações em todos os países democráticos da Europa, agia como se a questão ainda fosse simplesmente a salvação de indivíduos perseguidos em virtude de suas convicções e atividades políticas. Essa suposição não tinha sentido, por exemplo, no caso de milhões de refugiados russos e era simplesmente absurda para os judeus e armênios. A Ligue não estava equipada, ideológica ou administrativamente, para enfrentar esses problemas. Como não queria enfrentar a nova situação, tropeçava ao tentar exercer as funções que eram muito melhor resolvidas por qualquer uma das muitas agências de caridade que os próprios refugiados haviam criado com o auxílio dos seus compatriotas. Ao se tornarem objeto de uma organização de caridade ineficaz, os Direitos do Homem caíram em descrédito ainda maior.

(28) Os numerosos e diferentes esforços dos legisladores no sentido de simplificar o problema declarando uma diferença entre o apátrida e o refugiado — como argumentar "que o *status* do apátrida é caracterizado pelo fato de não ter nacionalidade, enquanto o do refugiado é determinado por sua perda de proteção diplomática" (Simpson, *op. cit.*, p. 232) — foram sempre anulados pelo fato de que "todos os refugiados são apátridas para fins práticos" (Simpson, *op. cit.*, p. 4).

(29) A formulação mais irônica dessa expectativa geral foi feita por R. Yewdall Jermings, "Some international aspects of the refugee question", em *British Yearbook of International Law*, 1939: "O *status* do refugiado naturalmente não é permanente. O objetivo é que ele se liberte dessa condição o mais depressa possível, ou pela repatriação, ou pela naturalização no país de refúgio".

ondas de refugiados armênios e russos demonstrou que nem uma coisa nem outra levavam a resultados tangíveis, os países de refúgio simplesmente se recusaram a reconhecer a condição de apátrida nos que vieram depois, tornando assim ainda mais intolerável a situação dos refugiados.[30] Do ponto de vista dos governos interessados, era bastante compreensível que constantemente lembrassem à Liga das Nações "que [o seu] trabalho sobre os refugiados devia ser concluído com a maior rapidez possível";[31] tinham muita razão de recear que os expulsos da velha trindade Estado-povo-território constituíssem apenas o começo de um movimento crescente, primeira gota de um dilúvio que se prenunciava cada vez maior. Era óbvio, e até mesmo a Conferência de Evian o reconheceu em 1938, que todos os judeus alemães e austríacos eram apátridas em potencial; e era natural que os países com numerosos grupos minoritários se sentissem encorajados pelo exemplo da Alemanha a livrar-se de algumas dessas populações minoritárias.[32] Dentre as minorias, judeus e armênios corriam o risco maior, e logo exibiram a mais alta proporção de apátridas; mas também demonstraram que os tratados de minorias não eram necessariamente uma proteção, podendo servir de instrumento de escolha de certos grupos para futura expulsão coletiva.

Quase tão assustador quanto esses novos perigos, que provinham do antigo centro nevrálgico da Europa, era o tipo inteiramente novo de conduta de todos os cidadãos europeus nas lutas "ideológicas". Não apenas se expulsavam pessoas de um país e se lhes roubava a cidadania, mas crescia o número de pessoas que, em todos os países, inclusive nas democracias ocidentais, se apresentavam para lutar em guerras civis estrangeiras (o que, até então, só pertencia ao campo de ação de poucos idealistas ou aventureiros), mesmo que isso significasse a sua separação das comunidades nacionais a que pertenciam. Essa foi a

---

(30) Apenas os russos, sob todos os aspectos a aristocracia dos apátridas, e os armênios, que foram equiparados ao *status* russo, chegaram a ser reconhecidos oficialmente como "apátridas", colocados sob a proteção da Agência Nansen da Liga das Nações, e contemplados com documentos que lhes permitiam viajar livremente.

(31) Childs, *op. cit.* O motivo dessa desesperada exigência de rapidez era o temor de todos os governos de que o menor gesto positivo "pudesse encorajar os países a se descartarem de seus residentes indesejáveis e de que muitos daqueles que, de outra forma, permaneceriam em seus países, mesmo em condições de séria desvantagem, pudessem emigrar" (Louise W. Holborn, "The legal status of political refugees, 1920-38", em *American Journal of International Law*, 1939).

Ver também Georges Mauco (em *Esprit*, ano 7, n.º 82, julho de 1939, p. 590): "A equiparação dos refugiados alemães ao *status* de outros refugiados sob os cuidados da Agência Nansen teria solucionado melhor o problema. (...) Mas os governos não queriam estender os privilégios já concedidos a uma nova categoria de refugiados, o que, além do mais, ameaçaria aumentar o seu número indefinidamente".

(32) Aos 600 mil judeus da Alemanha e da Áustria que eram apátridas em potencial em 1938, devem ser acrescentados os judeus da Romênia (o presidente da Comissão Federal Romena de Minorias, professor Dragomir, havia acabado de anunciar ao mundo a iminente revisão da cidadania de todos os judeus romenos) e da Polônia (cujo ministro do Exterior, Beck, havia oficialmente declarado que a Polônia tinha o excesso de 1 milhão de judeus). Ver Simpson, *op. cit.*, p. 235.

lição da Guerra Civil Espanhola e uma das razões pelas quais os governos se assustaram tanto com a Brigada Internacional. O fenômeno não teria sido tão negativo se apenas significasse que os homens já não se apegavam tanto a nacionalidade e estavam dispostos a serem eventualmente assimilados por outra comunidade nacional. Mas este não era absolutamente o caso. As pessoas sem Estado haviam demonstrado surpreendente teimosia em reter a sua nacionalidade; os refugiados pertencentes a minorias estrangeiras evitavam a sua diluição e nem sequer se agrupavam às outras, como as minorias haviam feito temporariamente, para defender interesses comuns.[33] A Brigada Internacional dividia-se em batalhões nacionais, nos quais os alemães pensavam estar lutando contra Hitler e os italianos contra Mussolini, da mesma forma que, apenas alguns anos depois, na Resistência, os refugiados espanhóis julgavam estar lutando contra Franco, quando ajudavam os franceses contra o governo colaboracionista de Vichy. O que os governos europeus temiam tanto nesse processo era que os povos apátridas já não pudessem mais ser declarados de nacionalidade dúbia ou duvidosa (*de nationalité indeterminée*). Mesmo que tivessem renunciado à sua cidadania, deixando de lado qualquer conexão ou lealdade em relação ao país de origem, e sem se identificarem com uma nacionalidade legalmente oriunda do governo reconhecido, retinham um forte apego à sua nacionalidade de fato. Já não era apenas o Leste europeu que possuía grupos nacionais minoritários, sem raízes no território do Estado e sem qualquer lealdade a esse Estado. Agora, sob a forma de refugiados e apátridas, esses grupos se haviam infiltrado também nos países da Europa ocidental.

A dificuldade surgiu em conseqüência de fracassos da aplicação dos dois remédios reconhecidos como válidos: a repatriação e a naturalização. As me-

---

(33) É difícil saber o que ocorreu primeiro, se a relutância dos Estados-nações em naturalizar os refugiados (com a chegada destes, a prática de naturalização tornou-se cada vez mais limitada e a prática da desnaturalização cada vez mais comum), ou a relutância dos refugiados em aceitar outra cidadania. Em países com populações minoritárias, como a Polônia, os refugiados russos e ucranianos tinham uma clara tendência de se incorporarem às minorias russa e ucraniana sem, contudo, exigirem cidadania polonesa. (Ver Simpson, *op. cit.*, p. 364).

A conduta dos refugiados russos é bem típica. O passaporte Nansen descrevia o portador como *personne d'origine russe*, porque "ninguém ousaria dizer ao emigrante russo que ele não tinha nacionalidade ou era de nacionalidade duvidosa". (Ver Marc Vichniac, "Le status international des apatrides", em *Recueil des Cours de l'Académie de Droit International*, vol. XXXIII, 1933.) Uma tentativa de dar a todos os apátridas cartões de identidade uniformes foi contestada pelos portadores de passaportes Nansen, que alegavam que o seu passaporte era "um símbolo do reconhecimento legal de seu *status* peculiar". (Ver Jermings, *op. cit.*). Antes do início da guerra, nem mesmo os refugiados da Alemanha estavam ansiosos por se incorporar à massa dos apátridas e prefeririam a descrição *réfugié provenant d'Allemagne*, com o seu vestígio de nacionalidade.

Mais convincentes do que as queixas de países europeus acerca das dificuldades de assimilar refugiados são as declarações de países de ultramar, que concordam com os primeiros quanto ao fato de que "de todos os imigrantes europeus, os menos fáceis de serem assimilados são os que vêm da Europa meridional, oriental e central". "Canada and the doctrine of peaceful changes", editado por H. F. Angus em *International studies conference: demographic questions: peaceful changes*, 1937, pp. 75-6).

didas de repatriação falharam, pois nenhum país aceitou admitir aquelas pessoas. E falharam não porque os apátridas se recusassem a regressar à pátria que rejeitavam (como pode parecer hoje, quando a Rússia soviética reclama seus ex-cidadãos e os países democráticos têm de protegê-los contra uma repatriação que eles não desejam), e não em virtude de sentimentos humanitários por parte dos países abarrotados de refugiados, mas sim porque nem o país de origem nem qualquer outro concordavam em recebê-los. Pode parecer que essa ineportabilidade de uma pessoa sem Estado impedisse um governo de expulsá-la; mas, como o homem sem Estado — um fora-da-lei por definição — era uma "anomalia para a qual não existia posição apropriada na estrutura da lei geral",[34] ficava completamente à mercê da polícia, que, por sua vez, não hesitava muito em cometer atos ilegais para diminuir a carga de *indésirables* no país.[35] Em outras palavras, o Estado, insistindo em seu soberano direito de expulsão, era forçado, pela natureza ilegal da condição de apátrida, a cometer atos confessadamente ilegais.[36] Os apátridas assim expulsos eram contrabandeados para os países vizinhos, com o resultado de que esses últimos retribuíam do mesmo modo. A solução ideal da repatriação — contrabandear o refugiado de volta ao seu país de origem — só teve sucesso em poucos casos, em parte porque uma polícia não-totalitária ainda era refreada por certas considerações éticas rudimentares, e em parte porque todo esse tráfico só podia realizar-se entre países vizinhos. Em conseqüência desse contrabando eclodiam conflitos entre polícias fronteiriças, que não contribuíam exatamente para melhorar as relações internacionais, e cresciam as sentenças de prisão para os apátridas que, com auxílio da polícia de um país, haviam entrado "ilegalmente" em outro.

Todas as tentativas das conferências internacionais no sentido de estabelecer alguma condição legal para os apátridas falharam, porque nenhum acordo poderia jamais substituir o território para o qual um estrangeiro, dentro da estrutura da lei existente, poderia ser deportado. Enquanto a discussão do problema do refugiado girava em torno da questão de como podia o refugiado tornar-se deportável novamente, o campo de internamento tornava-se único substi-

(34) Jermings, *op. cit.*
(35) Uma circular das autoridades holandesas (7 de maio de 1938) chama expressamente cada refugiado de "estrangeiro indesejável" e define o refugiado como um "estrangeiro que deixou o país pela força das circunstâncias" ("L'emigration, problème révolutionnaire", em *Esprit*, n.º 82, julho de 1939, p. 602).
(36) Lawrence Preuss, *op. cit.*, descreve nestes termos a difusão da ilegalidade: "O ato ilegal inicial do país que desnacionaliza [uma pessoa] (...) coloca a nação expulsora na posição de infratora da lei internacional, uma vez que suas autoridades violam a lei do país para o qual o apátrida é expulso. Esse país, por sua vez, não pode descartar-se dele (...) a não ser violando (...) a lei de um terceiro país. (...) [O apátrida depara com a seguinte alternativa]: ou viola a lei do país onde reside (...) ou viola a lei do país para o qual é expulso".
Sir John Fischer Williams ("Denationalisation", em *British YearBook of International Law*, VII, 1927) conclui dessa situação que a desnacionalização é contrária à lei internacional; contudo, na Conférence pour Codification du Droit International realizada em Haia, em 1930, o governo finlandês foi o único a afirmar que "a perda da nacionalidade (...) jamais deve constituir punição (...) nem ser usada para que um país se desfaça de uma pessoa indesejável através da expulsão".

tuto prático de uma pátria. De fato, desde os anos 30 esse era o único território que o mundo tinha a oferecer aos apátridas.[37]

Por outro lado, a naturalização também resultou em fracasso. Todo o sistema de naturalização dos países europeus desmoronou pelo mesmo motivo que levou ao abandono o direito de asilo, quando teve de defrontar-se com os povos sem Estado. Fundamentalmente, a naturalização era um apêndice à legislação do Estado-nação que levava em conta tão-somente os "nacionais", isto é, as pessoas nascidas em seu território e cidadãs por nascimento. A naturalização nos países europeus previa casos excepcionais, para indivíduos a quem as circunstâncias haviam levado a um território estrangeiro. O processo falhou, porém, quando foi preciso atender a pedidos de naturalização em massa;[38] mesmo do ponto de vista meramente administrativo, nenhum serviço público europeu estava em condições de lidar com o problema. Em lugar de naturalizar pelo menos parte dos recém-chegados, os países começaram a cancelar naturalizações concedidas no passado, em parte devido ao pânico geral, em parte porque a chegada de grandes massas realmente alterava a posição sempre precária dos cidadãos naturalizados da mesma origem.[39] O cancelamento de naturalizações ou a introdução de novas leis que obviamente abriam o caminho para a desnaturalização em massa[40] destruíram a pouca confiança que os refugiados ainda pudessem ter na possibilidade de se ajustarem a uma vida normal; se a assimilação a um novo país havia, no passado, parecido um tanto vergonhosa e desleal, agora era simplesmente ridícula. A diferença entre um cidadão natura-

(37) Childs, *op. cit.*, chegou à triste conclusão de que "a verdadeira dificuldade em receber um refugiado é esta: se ele demonstrar ser um mau elemento (...) não há maneira de o país livrar-se dele". Depois propôs a criação de "centros de transição", que, em outras palavras, substituiriam a pátria, mas só para fins de deportação.

(38) Dois casos de naturalização em massa no Oriente Próximo foram claramente excepcionais: um envolveu os gregos expulsos da Turquia que o governo grego naturalizou em bloco em 1922, porque se tratava realmente de um minoria grega, mesmo que formada por cidadãos juridicamente estrangeiros; o outro beneficiou os refugiados armênios da Turquia estabelecidos na Síria, Líbano e outros países ex-otomanos, isto é, uma população com a qual todo o Oriente Próximo compartilhava a cidadania turco-otomana ainda poucos anos antes.

(39) Quando uma onda de refugiados encontrava membros de sua própria nacionalidade já estabelecidos no país para o qual haviam imigrado — como foi o caso dos armênios e italianos na França, por exemplo, e dos judeus por toda parte —, ocorria um certo retrocesso na assimilação daqueles que haviam estado lá havia mais tempo. Pois o seu auxílio e solidariedade só podiam ser mobilizados por um apelo à nacionalidade original que tinham em comum com os refugiados. Isso era do interesse imediato dos países inundados de refugiados, mas incapazes, ou não desejosos, de lhes dar auxílio direto ou o direito de trabalhar. Em todos esses casos, os sentimentos nacionais do grupo mais antigo foi "um dos principais fatores da bem-sucedida fixação dos refugiados" (Simpson, *op. cit.*, pp. 45-6), mas, apelando para essa consciência e solidariedade nacional, os países receptores naturalmente aumentavam o número de elementos não-assimilados, que assim prolongavam a sua condição real de estrangeiros. Para citar apenas um caso: 10 mil refugiados italianos bastaram para que se adiasse indefinidamente a assimilação de quase 1 milhão de imigrantes italianos na França.

(40) O governo francês, seguido por outros países ocidentais, introduziu nos anos 30 um número cada vez maior de restrições para os cidadãos naturalizados: eram eliminados de certas profissões por até dez anos da naturalização, não tinham direitos políticos etc.

lizado e um residente apátrida não era suficientemente grande para justificar o esforço de se naturalizar, pois o primeiro era freqüentemente privado de direitos civis e ameaçado a qualquer momento com o destino do segundo. As pessoas naturalizadas eram, em geral, equiparadas aos estrangeiros comuns, e, como o naturalizado já havia perdido a sua cidadania anterior, essas medidas simplesmente ameaçavam tornar apátrida um outro grupo considerável.

Era quase patético verificar quão impotentes eram os governos europeus, a despeito da sua consciência do perigo que era a condição do apátrida para as suas instituições legais e políticas, e a despeito de todos os seus esforços no sentido de deter o dilúvio. Já não havia necessidade de acontecimentos explosivos. Uma vez que dado número de pessoas sem Estado era admitido num país, o "despatriamento" se alastrava como doença contagiosa. Não apenas os cidadãos naturalizados corriam o risco de reverter ao estado de apátridas, mas as condições de vida de todos os estrangeiros deterioravam visivelmente. Nos anos 30 tornou-se cada vez mais difícil distinguir claramente entre refugiados sem Estado — isto é, apátridas — e estrangeiros residentes — isto é, cidadãos de um outro país. Sempre que o governo tentava usar o seu direito, repatriando um estrangeiro residente contra a sua vontade, este fazia o máximo para se refugiar na condição de apátrida. Durante a Primeira Guerra Mundial, estrangeiros "inimigos" (isto é, cidadãos de um país inimigo) já haviam descoberto as vantagens dessa condição. Mas aquilo que, na época, fora a esperteza de indivíduos que encontravam uma brecha na lei agora constituía a reação instintiva das massas. A França — a maior área de recepção de imigrantes da Europa,[41] pois controlava o caótico mercado de mão-de-obra ao apelar para trabalhadores estrangeiros em tempos de necessidade e deportando-os em tempos de desemprego e de crise — ensinou aos "seus" estrangeiros uma lição sobre as vantagens da condição do apátrida que eles não iriam esquecer facilmente. Depois de 1935, ano da repatriação em massa empreendida pelo governo de Laval, da qual só os apátridas escaparam, os assim chamados "imigrantes econômicos" e outros grupos que haviam vindo antes — balcânicos, italianos, poloneses e espanhóis — misturaram-se às ondas de refugiados numa mixórdia que jamais pôde ser destrinçada novamente.

Muito pior que o dano causado pela condição de apátrida às antigas e necessárias distinções entre nacionais e estrangeiros e ao direito soberano dos Estados em questões de nacionalidade e expulsão, foi aquele sofrido pela própria estrutura das instituições legais da nação, quando um crescente número de residentes teve de viver fora da jurisdição dessas leis, sem ser protegido por quaisquer outras. O apátrida, sem direito à residência e sem o direito de trabalhar, tinha, naturalmente, de viver em constante transgressão à lei. Estava sujeito a ir para a cadeia sem jamais cometer um crime. Mais do que isso, toda a hierarquia de valores existente nos países civilizados era invertida no seu caso. Uma vez que ele constituía a anomalia não-prevista na lei geral, era melhor que se convertesse na anomalia que ela previa: o criminoso.

(41) Simpson, *op. cit.*, p. 289.

A melhor forma de determinar se uma pessoa foi expulsa do âmbito da lei é perguntar se, para ela, seria melhor cometer um crime. Se um pequeno furto pode melhorar a sua posição legal, pelo menos temporariamente, podemos estar certos de que foi destituída dos direitos humanos. Pois o crime passa a ser, então, a melhor forma de recuperação de certa igualdade humana, mesmo que ela seja reconhecida como exceção à norma. O fato — importante — é que a lei prevê essa exceção. Como criminoso, mesmo um apátrida não será tratado pior que outro criminoso, isto é, será tratado como qualquer outra pessoa nas mesmas condições. Só como transgressor da lei pode o apátrida ser protegido pela lei. Enquanto durem o julgamento e o pronunciamento da sua sentença, estará a salvo daquele domínio arbitrário da polícia, contra o qual não existem advogados nem apelações. O mesmo homem que ontem estava na prisão devido à sua mera presença no mundo, que não tinha quaisquer direitos e vivia sob ameaça de deportação, ou era enviado sem sentença e sem julgamento para algum tipo de internação por haver tentado trabalhar e ganhar a vida, pode tornar-se quase um cidadão completo graças a um pequeno roubo. Mesmo que não tenha um vintém, pode agora conseguir advogado, queixar-se contra os carcereiros e ser ouvido com respeito. Já não é o refugo da terra: é suficientemente importante para ser informado de todos os detalhes da lei sob a qual será julgado. Ele torna-se pessoa respeitável.[42]

Um modo muito menos seguro e muito mais difícil de passar de anomalia não-reconhecida à posição de exceção reconhecida seria tornar-se gênio. Assim como a lei só conhece uma diferença entre seres humanos, a diferença entre o não-criminoso normal e o criminoso anômalo, também a sociedade conformista reconhece apenas uma forma de individualismo determinado, o gênio. A sociedade burguesa européia queria que o gênio permanecesse além das leis humanas, que fosse uma espécie de monstro cuja principal função social fosse criar excitamento, e não importava realmente que fosse um fora-da-lei. Além do mais, a perda da cidadania privava a pessoa não apenas de proteção, mas também de qualquer identidade claramente estabelecida e oficialmente reconhecida, fato cujo símbolo exato era o seu eterno esforço de obter pelo menos certidão de nascimento do país que a desnacionalizava. Mas o seu problema só estava resolvido quando conseguia aquele grau de distinção que separa o homem da multidão gigantesca e anônima. Somente a fama podia vir a atender a repetida queixa dos refugiados de todas as camadas sociais de que "ninguém

(42) Na prática, qualquer sentença a que for condenado será insignificante, comparada com um mandado de expulsão, cancelamento do direito de trabalhar ou um decreto que o mande para um campo de internamento. Um nipo-americano da costa ocidental dos Estados Unidos, que estivesse na prisão quando o Exército ordenou o internamento de todos os americanos de ascendência japonesa, não teria sido forçado a desfazer-se dos seus bens a qualquer preço; teria permanecido onde estava, munido de um advogado para cuidar dos seus interesses; e, se tivesse a sorte de receber uma sentença longa, voltaria honesta e tranqüilamente ao seu antigo negócio ou profissão, mesmo que esta fosse a de ladrão. Sua sentença condenatória garantia-lhe os direitos constitucionais que nenhuma atitude, mesmo de total lealdade, lhe poderia garantir, uma vez que a sua cidadania fosse posta em dúvida.

aqui sabe quem eu sou"; e a verdade é que as chances de um refugiado famoso aumentam, da mesma forma que um cachorro perdido com *pedigree* sobrevive mais facilmente que um outro cachorro perdido, que é apenas um cão como os demais.[43]

O Estado-nação, incapaz de prover uma lei para aqueles que haviam perdido a proteção de um governo nacional, transferiu o problema para a polícia. Foi essa a primeira vez em que a polícia da Europa ocidental recebeu autoridade para agir por conta própria, para governar diretamente as pessoas; nessa esfera da vida pública, já não era um instrumento para executar e fazer cumprir a lei, mas se havia tornado autoridade governante independente de governos e de ministérios.[44] A sua força e a sua independência da lei e do governo cresceram na proporção direta do influxo de refugiados. Quanto maior era o número de apátridas e de apátridas em potencial — e na França antes da Segunda Guerra Mundial esse grupo atingiu 10% da população total —, maior era o perigo da gradual transformação do Estado da lei em Estado policial.

Não é preciso dizer que os regimes totalitários, onde a polícia havia galgado o auge do poder, ansiavam particularmente pela consolidação desse poder através do domínio de vastos grupos de pessoas que, independentemente de quaisquer ofensas cometidas por indivíduos, estavam de qualquer modo fora do âmbito da lei. Na Alemanha nazista, as leis de Nuremberg, com a sua distinção entre os cidadãos do Reich (*Reichsbürger* — cidadãos completos) e nacionais (*Volksbürger* — cidadãos de segunda classe sem direitos políticos), haviam aberto o caminho para um estágio final no qual os "nacionais" de "sangue estrangeiro" podiam perder a nacionalidade por decretos; só a deflagração da guerra evitou a promulgação de uma legislação nesse sentido, que havia sido detalhadamente preparada.[44a] Por outro lado, os crescentes grupos de apátridas

---

(43) O fato de que o mesmo princípio de formação das elites funcionou muitas vezes nos campos de concentração totalitários, onde a "aristocracia" era constituída de criminosos e alguns "gênios", isto é, artistas ou escritores, mostra quão intimamente são relacionadas as posições sociais desses grupos.

(44) Na França, por exemplo, ficou comprovado que uma ordem de expulsão que emanasse da polícia era muito mais grave do que outra que viesse "apenas" do Ministério do Interior, e que o ministro do Interior só raramente podia cancelar uma expulsão ordenada pela polícia, enquanto o processo oposto dependia, muitas vezes, somente de suborno. Constitucionalmente, a polícia está subordinada ao Ministério do Interior.

(44a) Em fevereiro de 1939, o Ministério do Interior do Reich e da Prússia apresentou o "projeto de uma lei referente à aquisição e à perda da nacionalidade alemã" que ia muito além da legislação de Nuremberg. Segundo esse projeto, todos os filhos de "judeus, judeus de sangue misto ou pessoas de outro sangue estrangeiro" (que nunca poderiam vir a ser cidadãos do Reich de qualquer forma) também não tinham mais o direito à nacionalidade, "mesmo que o pai tivesse nacionalidade alemã por nascimento". Essas medidas já não estavam interessadas na legislação antijudaica, como ficou evidenciado por uma opinião emitida a 19 de julho de 1939 pelo ministro da Justiça, que sugeriu que "as palavras judeu e judeu de sangue misto fossem omitidas da lei e substituídas por 'pessoas de sangue estrangeiro', ou 'pessoas de sangue não-alemão ou não-germânico' [*nicht artverwandt*]". Uma interessante faceta desse plano de aumentar extraordinariamente a população apátrida da Alemanha nazista diz respeito aos enjeitados, que são considerados explicitamente apátridas, "até que uma investigação de suas características raciais possa ser feita". Eis

nos países não totalitários levaram a uma forma de ilegalidade, organizada pela polícia, que praticamente resultou na coordenação do mundo livre com a legislação dos países totalitários. O fato de virem a existir campos de concentração para os mesmos grupos em todos os países, embora houvesse diferenças consideráveis no tratamento dos internos, foi característico da época: se os nazistas confinavam uma pessoa num campo de concentração e ela conseguisse fugir, digamos, para a Holanda, os holandeses a colocavam num campo de internação. Assim, muito antes do início da guerra, as polícias em muitos países ocidentais, a pretexto da "segurança nacional", haviam, por iniciativa própria, estabelecido íntimas ligações com a Gestapo e a GPU, de modo que se poderia dizer que existia uma política estrangeira policial independente. Essa política estrangeira dirigida pela polícia funcionava à margem das diretrizes dos governos oficiais; as relações entre a Gestapo e a polícia francesa, por exemplo, nunca foram tão cordiais como na época do governo da Frente Popular de Léon Blum, que determinou uma política decididamente antigermânica. Em contraste com os governos, as organizações policiais não nutriam "preconceitos" contra os regimes totalitários; as informações e denúncias recebidas de agentes da GPU eram tão bem-vindas quanto a dos agentes fascistas e da Gestapo. Conheciam o papel do aparelho policial em todos os regimes totalitários, sabiam da sua elevada posição social e importância política, e nunca se preocuparam em esconder as suas simpatias. O fato de que os alemães encontraram tão pouca resistência por parte das polícias dos países que haviam ocupado, e de que os alemães puderam organizar o terror com a ajuda das polícias locais, foi em parte devido à poderosa posição que a polícia havia conquistado no decorrer dos anos em seu irrestrito e arbitrário domínio sobre os apátridas e os refugiados.

Os judeus tiveram papel importante tanto na história da "nação de minorias" como na formação dos povos apátridas. Estiveram à frente do chamado movimento de minorias, não só em virtude de sua necessidade de proteção (somente igualada pela necessidade dos armênios) e da capacidade de aproveitamento de suas excelentes conexões internacionais, mas, acima de tudo, porque não constituíam maioria em país algum e, portanto, podiam ser considerados a *minorité par excellence*, isto é, a única minoria cujos interesses só podiam ser defendidos por uma proteção garantida internacionalmente.[45]

As necessidades especiais do povo judeu constituíam o melhor pretexto

---

aqui, deliberadamente invertido, o princípio de que todo indivíduo nasce com direitos inalienáveis garantidos por sua nacionalidade: agora todo indivíduo nasce sem direitos, a não ser que mais tarde se possa determinar o contrário.

O dossiê original referente ao projeto dessa legislação, incluindo as opiniões de todos os ministérios e do Alto Comando da Wehrmacht, encontra-se nos arquivos do Yiddish Scientific Institute, Nova York.

(45) Quanto ao papel dos judeus na formulação dos Tratados das Minorias, ver Macartney, *op. cit.*, pp. 4, 213, 281 e *passim*; David Erdstein, *Le status juridique des minorités en Europe*, Paris, 1932, pp. 11 ss; Oscar J. Janowsky, *op. cit.*

para que se negasse que os Tratados fossem uma solução entre a tendência das novas nações de assimilarem povos estrangeiros e a situação de nacionalidades às quais, tão-só por questões de conveniência, não se podia conceder o direito de autodeterminação nacional.

Aliás, os primeiros *Heimatlosen* ou *apatrides*, como foram denominados pelos Tratados de Paz, eram, na maioria, exatamente judeus que vinham dos Estados sucessórios e não podiam ou não queriam colocar-se sob a proteção da maioria que havia sido levada ao poder nos seus países de origem. Somente quando a Alemanha forçou os judeus alemães a emigrar, tornando-os apátridas, é que os judeus passaram a constituir uma parte realmente significativa dos grupos apátridas. Mas, nos anos que se seguiram à bem-sucedida perseguição de Hitler aos judeus, todos os países com minorias começaram a pensar em se desfazer de algum modo de seus grupos minoritários, e era natural que começassem a realizar essas idéias a partir da *minorité par excellance*, a única nacionalidade que realmente não tinha qualquer outra proteção além de um sistema de minorias que, a essa altura, não era mais que simples zombaria.

A noção de que o problema do apátrida era primariamente judeu[46] foi um pretexto usado por todos os governos que tentavam resolver o problema ignorando-o. Nenhum dos estadistas se apercebia de que a solução de Hitler para o problema judaico — primeiro, reduzir os judeus alemães a uma minoria não-reconhecida na Alemanha; depois, expulsá-los como apátridas; e, finalmente, reagrupá-los em todos os lugares em que passassem a residir para enviá-los aos campos de extermínio — era uma eloqüente demonstração para o resto do mundo de como realmente "liquidar" todos os problemas relativos às minorias e apátridas. Depois da guerra, viu-se que a questão judaica, considerada a única insolúvel, foi realmente resolvida — por meio de um território colonizado e depois conquistado —, mas isso não resolveu o problema geral das minorias nem dos apátridas. Pelo contrário, a solução da questão judaica meramente produziu uma nova categoria de refugiados, os árabes, acrescentando assim cerca de 700 mil a 800 mil pessoas ao número dos que não têm Estado nem direitos. E o que aconteceu na Palestina, em território menor e em termos de poucas centenas de milhares de pessoas, foi repetido depois na Índia em larga escala, envolvendo muitos milhões de homens. Desde os Tratados de Paz de 1919 e 1920, os refugiados e os apátridas têm-se apegado como uma maldição aos Estados recém-estabelecidos, criados à imagem do Estado-nação.

Para esses novos Estados, essa maldição contém o germe de uma doença mortal. Pois o Estado-nação não pode existir quando o princípio de igualdade perante a lei é quebrado. Sem essa igualdade legal, que originalmente se desti-

---

(46) Essa noção não é, de modo algum, privilégio da Alemanha nazista, embora somente um autor nazista ousasse expressá-la: "É verdade que continuará a existir uma questão dos refugiados mesmo quando já não exista a questão dos judeus; mas, como os judeus constituem uma porcentagem tão alta dos refugiados, a questão dos refugiados será bem mais simples" (Kabermann, "Das internationale Flüchtlingsproblem" [O problema internacional dos refugiados], em *Zeitschrift für Politik*, vol. 29, 3, 1939).

nava a substituir as leis e ordens mais antigas da sociedade feudal, a nação se dissolve numa massa anárquica de indivíduos super e subprivilegiados. As leis que não são iguais para todos transformam-se em direitos e privilégios, o que contradiz a própria natureza do Estado-nação. Quanto mais clara é a demonstração da sua incapacidade de tratar os apátridas como "pessoas legais", e quanto mais extenso é o domínio arbitrário do decreto policial, mais difícil é para os Estados resistir à tentação de privar todos os cidadãos da condição legal e dominá-los com uma polícia onipotente.

2. AS PERPLEXIDADES DOS DIREITOS DO HOMEM

A Declaração dos Direitos do Homem, no fim do século XVIII, foi um marco decisivo na história. Significava que doravante o Homem, e não o comando de Deus nem os costumes da história, seria a fonte da Lei. Independente dos privilégios que a história havia concedido a certas camadas da sociedade ou a certas nações, a declaração era ao mesmo tempo a mostra de que o homem se libertava de toda espécie de tutela e o prenúncio de que já havia atingido a maioridade.

Mas havia outra implicação que os autores da Declaração apenas perceberam pela metade. A Declaração dos Direitos Humanos destinava-se também a ser uma proteção muito necessária numa era em que os indivíduos já não estavam a salvo nos Estados em que haviam nascido, nem — embora cristãos — seguros de sua igualdade perante Deus. Em outras palavras, na nova sociedade secularizada e emancipada, os homens não mais estavam certos daqueles direitos sociais e humanos que, até então, independiam da ordem política, garantidos não pelo governo ou pela constituição, mas pelo sistema de valores sociais, espirituais e religiosos. Assim, durante todo o século XIX, o consenso da opinião era de que os direitos humanos tinham de ser invocados sempre que um indivíduo precisava de proteção contra a nova soberania do Estado e a nova arbitrariedade da sociedade.

Como se afirmava que os Direitos do Homem eram inalienáveis, irredutíveis e indeduzíveis de outros direitos ou leis, não se invocava nenhuma autoridade para estabelecê-los; o próprio Homem seria a sua origem e seu objetivo último. Além disso, julgava-se que nenhuma lei especial seria necessária para protegê-los, pois se supunha que todas as leis se baseavam neles. O Homem surgia como o único soberano em questões de lei, da mesma forma como o povo era proclamado o único soberano em questões de governo. A soberania do povo (diferente da do príncipe) não era proclamada pela graça de Deus, mas em nome do Homem, de sorte que parecia apenas natural que os direitos "inalienáveis" do Homem encontrassem sua garantia no direito do povo a um autogoverno soberano e se tornassem parte inalienável desse direito.

Em outras palavras, mal o homem havia surgido como ser completamente emancipado e isolado, que levava em si mesmo a sua dignidade, sem referência a alguma ordem superior que o incorporasse, diluía-se como membro do povo. Desde o início, surgia o paradoxo contido na declaração dos direitos humanos inalienáveis: ela se referia a um ser humano "abstrato", que não existia em parte alguma, pois até mesmo os selvagens viviam dentro de algum tipo de ordem social. E, se uma comunidade tribal ou outro grupo "atrasado" não gozava de direitos humanos, é porque obviamente não havia ainda atingido aquele estágio de civilização, o estágio da soberania popular e nacional, sendo oprimida por déspotas estrangeiros ou nativos. Toda a questão dos direitos humanos foi associada à questão da emancipação nacional; somente a soberania emancipada do povo parecia capaz de assegurá-los — a soberania do povo a que o indivíduo pertencia. Como a humanidade, desde a Revolução Francesa, era concebida à margem de uma família de nações, tornou-se gradualmente evidente que o povo, e não o indivíduo, representava a imagem do homem.

A total implicação da identificação dos direitos do homem com os direitos dos povos no sistema europeu de Estados-nações só veio à luz quando surgiu de repente um número inesperado e crescente de pessoas e de povos cujos direitos elementares eram tão pouco salvaguardados pelo funcionamento dos Estados-nações em plena Europa como o teriam sido no coração da África. Os Direitos do Homem, afinal, haviam sido definidos como "inalienáveis" porque se supunha serem independentes de todos os governos; mas sucedia que, no momento em que seres humanos deixavam de ter um governo próprio, não restava nenhuma autoridade para protegê-los e nenhuma instituição disposta a garanti-los. Ou, quando, como no caso das minorias, uma entidade internacional se investia de autoridade não-governamental, seu fracasso se evidenciava antes mesmo que suas medidas fossem completamente tomadas; não apenas os governos se opunham mais ou menos abertamente a essa usurpação de sua soberania, mas as próprias nacionalidades interessadas deixaram de reconhecer uma garantia não-nacional, desconfiando de qualquer ato que não apoiasse claramente os seus direitos "nacionais" (em contraposição aos meros direitos "lingüísticos, religiosos e étnicos"), e preferiam voltar-se para a proteção de sua mãe-pátria "nacional", como os alemães e húngaros que viviam fora da Alemanha ou Hungria, ou para alguma espécie de solidariedade internacional, como os judeus.[47]

Os apátridas estavam tão convencidos quanto as minorias de que a perda de direitos nacionais era idêntica à perda de direitos humanos e que a primeira

---

(47) Exemplos patéticos dessa confiança exclusiva em direitos nacionais foram o consentimento, antes da Segunda Guerra Mundial, de quase 75% da minoria alemã do Tirol italiano em deixar os seus lares e se reinstalarem na Alemanha; a transferência voluntária para a Alemanha de uma comunidade alemã da Eslovênia, ali presente desde o século XIV; e, imediatamente após o término da guerra, a unânime rejeição, por parte dos refugiados judeus de um campo de refugiados de guerra situado na Itália, de oferta de naturalização em massa feito pelo governo italiano. Ante a experiência dos povos europeus entre as duas guerras, seria grave erro interpretar essa conduta simplesmente como mais um exemplo de fanático sentimento nacionalista; essas pessoas já não se sentiam seguras com os seus direitos elementares se não fossem protegidas por um governo de Estado-nação à qual pertenciam por nascimento. Ver Eugene M. Kulischer, *op. cit.*

levava à segunda. Quanto mais se lhes negava o direito sob qualquer forma, mais tendiam a buscar a reintegração numa comunidade nacional, em sua própria comunidade nacional. Os refugiados russos foram apenas os primeiros a insistir em sua nacionalidade e a se defender contra as tentativas de aglutinação com outros povos apátridas. Desde então, nenhum grupo de refugiados ou *displaced persons* deixou de desenvolver uma violenta campanha em prol da manutenção da consciência grupal, exigindo os seus direitos na qualidade de poloneses, judeus, alemães etc. — e somente nessa qualidade.

O pior é que as sociedades formadas para a proteção dos Direitos do Homem e as tentativas de se chegar a uma nova definição dos direitos humanos eram patrocinadas por figuras marginais — por alguns poucos juristas internacionais sem experiência política, ou por filantropos apoiados pelos incertos sentimentos de idealistas profissionais. Os grupos que formavam e as declarações que faziam tinham uma estranha semelhança de linguagem e composição com os das sociedades protetoras dos animais. Nenhum estadista, nenhuma figura de certa importância podia levá-los a sério; e nenhum dos partidos liberais ou radicais da Europa achava necessário incorporar aos seus programas uma nova declaração dos direitos humanos. Nem sequer as próprias vítimas, em suas numerosas tentativas de escapar do labirinto de arame farpado no qual haviam sido atiradas pelos acontecimentos, invocaram — nem antes nem depois da Segunda Guerra Mundial — esses direitos fundamentais, que tão evidentemente lhes eram negados. Pelo contrário, as vítimas compartilhavam o desdém e a indiferença das autoridades constituídas em relação a qualquer tentativa das sociedades marginais de impor os direitos humanos em qualquer sentido elementar ou geral.

Certamente não era devido à má vontade o fracasso de todos os responsáveis em atender à calamidade de um grupo cada vez mais numeroso de pessoas forçadas a viver fora do âmbito de toda lei tangível. Os Direitos do Homem, solenemente proclamados pelas revoluções francesa e americana como novo fundamento para as sociedades civilizadas, jamais haviam constituído questão prática em política. Durante o século XIX esses direitos haviam sido invocados de modo bastante negligente, para defender certos indivíduos contra o poder crescente do Estado e para atenuar a insegurança social causada pela Revolução Industrial. Nessa época, o significado dos direitos humanos adquiriu a conotação de *slogans* usados pelos protetores dos subprivilegiados, um direito de exceção para quem não dispunha de direitos usuais.

O conceito dos direitos humanos foi tratado de modo marginal pelo pensamento político do século XIX, e nenhum partido liberal do século XX houve por bem incluí-los em seu programa, mesmo quando havia urgência de fazer valer esses direitos. O motivo para isso parece óbvio: os direitos civis — isto é, os vários direitos de que desfrutava o cidadão em seu país — supostamente personificavam e enunciavam sob forma de leis os eternos Direitos do Homem, que, em si, se supunham independentes de cidadania e nacionalidade. Todos os seres humanos eram cidadãos de algum tipo de comunidade política: se as leis do seu país não atendiam às exigências dos Direitos do Homem, esperava-se que nos países democráticos eles as mudassem através da legislação, e nos despóticos, por meio da ação revolucionária.

Os Direitos do Homem, supostamente inalienáveis, mostraram-se inexeqüíveis — mesmo nos países cujas constituições se baseavam neles — sempre que surgiam pessoas que não eram cidadãos de algum Estado soberano. A esse fato, por si já suficientemente desconcertante, deve acrescentar-se a confusão criada pelas numerosas tentativas de moldar o conceito de direitos humanos no sentido de defini-los com alguma convicção, em contraste com os direitos do cidadão, claramente delineados.

A primeira perda que sofreram essas pessoas privadas de direito não foi a da proteção legal mas a perda dos seus lares, o que significava a perda de toda a textura social na qual haviam nascido e na qual haviam criado para si um lugar peculiar no mundo. Essa calamidade tem precedentes, pois na história são corriqueiras as migrações forçadas, por motivos políticos ou econômicos de indivíduos ou de povos inteiros. O que era sem precedentes não era a perda do lar, mas a impossibilidade de encontrar um novo lar. De súbito revelou-se não existir lugar algum na terra aonde os emigrantes pudessem se dirigir sem as mais severas restrições, nenhum país ao qual pudessem ser assimilados, nenhum território em que pudessem fundar uma nova comunidade própria. Além do mais, isso quase nada tinha a ver com qualquer problema material de superpopulação, pois não era um problema de espaço ou de demografia. Era um problema de organização política. Ninguém se apercebia de que a humanidade, concebida durante tanto tempo à imagem de uma família de nações, havia alcançado o estágio em que a pessoa expulsa de uma dessas comunidades rigidamente organizadas e fechadas via-se expulsa de toda a família das nações. [48]

A segunda perda sofrida pelas pessoas destituídas de seus direitos foi a perda da proteção do governo, e isso não significava apenas a perda da condição legal no próprio país, mas em todos os países. Os tratados de reciprocidade e os acordos internacionais teceram uma teia em volta da terra, que possibilita ao cidadão de qualquer país levar consigo a sua posição legal, para onde quer que vá (de modo que, por exemplo, um cidadão alemão sob o regime nazista não poderia nem no exterior contrair um casamento racialmente misto devido às leis de Nuremberg). No entanto, quem está fora dessa teia está fora de toda legalidade (assim, durante a última guerra, os apátridas estavam em posição invariavelmente pior que os estrangeiros inimigos, que ainda eram de certo modo protegidos por seus governos através de acordos internacionais).

A perda da proteção do governo foi um fenômeno tão sem precedentes quanto a perda do lar. Os países civilizados ofereciam o direito de asilo àqueles que, por motivos políticos, haviam sido perseguidos por seus governos, e essa

---

(48) As poucas oportunidades de integração que restavam à maioria dos emigrantes eram, geralmente, baseadas em sua nacionalidade de origem: os refugiados espanhóis, por exemplo, eram até certo ponto bem-vindos no México. Os Estados Unidos, no início da década dos 20, adotaram um sistema de cotas segundo o qual cada nacionalidade já representada no país tinha, por assim dizer, o direito de receber um número de compatriotas proporcional à sua fração da população.

prática, embora nunca fosse incorporada oficialmente a qualquer constituição, funcionou bem no século XIX e ainda no início do século XX. A dificuldade surgiu quando se verificou que as novas categorias de perseguidos eram demasiado numerosas para serem atendidas por uma prática oficiosa destinada a casos excepcionais. Além disso, a maioria dos refugiados sequer poderia invocar o direito de asilo, na medida em que ele implicitamente pressupunha convicções políticas e religiosas que, ilegais ou combatidas no país de origem, não o eram no país de refúgio. Mas os novos refugiados não eram perseguidos por algo que tivessem feito ou pensado, e sim em virtude daquilo que imutavelmente eram — nascidos na raça errada (como no caso dos judeus na Alemanha), ou na classe errada (como no caso dos aristocratas na Rússia), ou convocados pelo governo errado (como no caso dos soldados do Exército Republicano espanhol).[49]

Quanto mais elevado era o número de pessoas sem direitos, maior era a tentação de olhar menos para o procedimento dos governos opressores que para a condição dos oprimidos. E era clamoroso que essas pessoas, embora perseguidas por algum pretexto político, já não constituíssem, como sempre acontecia com os perseguidos no decorrer da história, um risco e uma imagem vergonhosa para os opressores; não eram consideradas, nem pretendiam ser, inimigos ativos, mas eram e não pareciam ser outra coisa senão seres humanos cuja própria inocência — de qualquer ponto de vista e especialmente do ponto de vista do governo opressor — era o seu maior infortúnio. A inocência, no sentido de completa falta de responsabilidade, era a marca da sua privação de direitos e o selo da sua perda de posição política.

Portanto, só aparentemente a necessidade da imposição dos direitos humanos se relaciona com o destino dos autênticos refugiados políticos. Estes, necessariamente pouco numerosos, ainda gozam do direito de asilo em muitos países, e esse direito age, de maneira informal, como genuíno substituto da lei nacional.

Um dos aspectos surpreendentes da nossa experiência com os apátridas que podem beneficiar-se legalmente com a perpetração de um crime é o fato de que parece mais fácil privar da legalidade uma pessoa completamente inocente do que alguém que tenha cometido um crime. Assumiu uma horrível realidade o famoso chiste de Anatole France — "se eu for acusado de roubar as torres de Notre Dame, a única coisa que posso fazer é fugir do país". Os juristas habituaram-se a pensar na lei em termos de castigo, que realmente nos priva de certos direitos; para eles pode ser mais difícil que para um leigo reconhecer que a privação da legalidade, isto é, de *todos* os direitos, já não se relaciona com crimes específicos.

---

(49) Quão perigosa pode ser a inocência do ponto de vista do governo opressor ficou claro quando, durante a guerra passada, o governo americano ofereceu asilo a todos os refugiados alemães ameaçados de extradição segundo o armistício assinado pela França de Pétain e a Alemanha de Hitler. Naturalmente, a condição era que o proponente pudesse provar que havia feito algo contra o regime nazista. Mas a proporção dos refugiados alemães que podiam satisfazer esta condição era muito pequena, e, por estranho que pareça, não eram esses os que corriam o maior perigo.

Essa situação é um exemplo das muitas perplexidades inerentes ao conceito dos direitos humanos. Não importa como tenham sido definidos no passado (o direito à vida, à liberdade e à procura da felicidade, de acordo com a fórmula americana; ou a igualdade perante a lei, a liberdade, a proteção da propriedade e a soberania nacional, segundo os franceses); não importa como se procure aperfeiçoar uma fórmula tão ambígua como a busca da felicidade, ou uma fórmula antiquada como o direito indiscutível à propriedade; a verdadeira situação daqueles a quem o século XX jogou fora do âmbito da lei mostra que esses são direitos cuja perda não leva à absoluta privação de direitos. O soldado durante a guerra é privado do seu direito à vida; o criminoso, do seu direito à liberdade; todos os cidadãos, numa emergência, do direito de buscarem a felicidade; mas ninguém dirá jamais que em qualquer desses casos houve uma perda de direitos humanos. Por outro lado, esses direitos podem ser concedidos (se não usufruídos) mesmo sob condições de fundamental privação de direitos.

A calamidade dos que não têm direitos não decorre do fato de terem sido privados da vida, da liberdade ou da procura da felicidade, nem da igualdade perante a lei ou da liberdade de opinião — fórmulas que se destinavam a resolver problemas dentro de certas comunidades — mas do fato de já não pertencerem a qualquer comunidade. Sua situação angustiante não resulta do fato de não serem iguais perante a lei, mas sim de não existirem mais leis para eles; não de serem oprimidos, mas de não haver ninguém mais que se interesse por eles, nem que seja para oprimi-los. Só no último estágio de um longo processo o seu direito à vida é ameaçado; só se permanecerem absolutamente "supérfluos", se não se puder encontrar ninguém para "reclamá-los", as suas vidas podem correr perigo. Os próprios nazistas começaram a sua exterminação dos judeus privando-os, primeiro, de toda condição legal (isto é, da condição de cidadãos de segunda classe) e separando-os do mundo para ajuntá-los em guetos e campos de concentração; e, antes de acionarem as câmaras de gás, haviam apalpado cuidadosamente o terreno e verificado, para sua satisfação, que nenhum país reclamava aquela gente. O importante é que se criou uma condição de completa privação de direitos antes que o direito à vida fosse ameaçado.

O mesmo se aplica, com certa ironia, em relação ao direito de liberdade, que é, às vezes, tido como a própria essência dos direitos humanos. Não há dúvida de que os que estão fora do âmbito da lei podem ter mais liberdade de movimento do que um criminoso legalmente encarcerado, ou de que gozam de mais liberdade de opinião nos campos de internação dos países democráticos do que gozariam sob qualquer regime despótico comum, para não falar de países totalitários.[50] Mas nem a sua segurança física — como o fato de serem alimentados por alguma instituição beneficiente estatal ou privada — nem a liberdade

---

(50) Mesmo nas condições do terror totalitário, os campos de concentração foram, às vezes, o único lugar onde ainda existia algum vestígio de liberdade de pensamento e de discussão. Ver David Rousset, *Les jours de notre mort*, Paris, 1947, *passim*, quanto à liberdade de discussão em Buchenwald, e Anton Ciliga, *The Russian enigma*, Londres, p. 200, acerca de "ilhas de liberdade", "a liberdade espiritual" que reinava em alguns locais soviéticos de detenção.

de opinião alteram a sua situação de privação de direitos. O prolongamento de suas vidas é devido à caridade e não ao direito, pois não existe lei que possa forçar as nações a alimentá-los; a sua liberdade de movimentos, se a têm, não lhes dá nenhum direito de residência, do qual até o criminoso encarcerado desfruta naturalmente; e a sua liberdade de opinião é uma liberdade fútil, pois nada do que pensam tem qualquer importância.

Estes últimos pontos são cruciais. A privação fundamental dos direitos humanos manifesta-se, primeiro e acima de tudo, na privação de um lugar no mundo que torne a opinião significativa e a ação eficaz. Algo mais fundamental do que a liberdade e a justiça, que são os direitos do cidadão, está em jogo quando deixa de ser natural que um homem pertença à comunidade em que nasceu, e quando o não pertencer a ela não é um ato da sua livre escolha, ou quando está numa situação em que, a não ser que cometa um crime, receberá um tratamento independente do que ele faça ou deixe de fazer. Esse extremo, e nada mais, é a situação dos que são privados dos seus direitos humanos. São privados não do seu direito à liberdade, mas do direito à ação; não do direito de pensarem o que quiserem, mas do direito de opinarem. Privilégios (em alguns casos), injustiças (na maioria das vezes), bênçãos ou ruínas lhes serão dados ao sabor do acaso e sem qualquer relação com o que fazem, fizeram ou venham a fazer.

Só conseguimos perceber a existência de um direito de ter direitos (e isto significa viver numa estrutura onde se é julgado pelas ações e opiniões) e de um direito de pertencer a algum tipo de comunidade organizada, quando surgiram milhões de pessoas que haviam perdido esses direitos e não podiam recuperá-los devido à nova situação política global. O problema não é que essa calamidade tenha surgido não de alguma falta de civilização, atraso ou simples tirania, mas sim que ela não pudesse ser reparada, porque já não há qualquer lugar "incivilizado" na terra, pois, queiramos ou não, já começamos realmente a viver num Mundo Único. Só com uma humanidade completamente organizada, a perda do lar e da condição política de um homem pode equivaler à sua expulsão da humanidade.

Antes que isso ocorresse, aquilo que hoje devemos chamar de "direito humano" teria sido concebido como característica geral da condição humana que nenhuma tirania poderia subtrair. Sua perda envolve a perda da relevância da fala (e o homem, desde Aristóteles, tem sido definido como um ser que comanda o poder da fala e do pensamento) e a perda de todo relacionamento humano (e o homem, de novo desde Aristóteles, tem sido concebido como o "animal político", isto é, que por definição vive em comunidade), isto é, a perda, em outras palavras, das mais essenciais características da vida humana. Este era, até certo ponto, o caso dos escravos, a quem Aristóteles, portanto, não incluía entre os seres humanos. A ofensa fundamental com que a escravidão atingia os direitos humanos não consistia na eliminação de sua liberdade (o que pode ocorrer em muitas outras situações), mas no fato de ter tirado de uma categoria de pessoas até mesmo a possibilidade de lutarem pela liberdade — luta que ainda era possível sob a tirania, e mesmo sob as condições desesperadas do terror moderno (mas não nas condições de vida dos campos de concentração). O crime de instituir a escravidão não começou quando um povo derrotou e escravizou os seus inimigos (embora, naturalmente, isso já fosse bastante), mas quando a escravidão se tornou uma instituição na qual alguns homens "nasciam" livres, e outros escravos; quando foi esquecido que foi o homem que privara os seus semelhantes da liberdade, e quando se atribuiu à natureza a aprovação do crime. Contudo, à luz de eventos recentes, é possível dizer que mesmo os escravos ainda pertenciam a algum tipo de comunidade humana; seu trabalho era necessário, usado e explorado, e isso os mantinha dentro do âmbito da humanidade. Ser um escravo significava, afinal, ter uma qualidade diferente, mas sempre com um lugar na sociedade; portanto, algo mais que a abstrata nudez de ser unicamente humano e nada mais. Assim, a calamidade que se vem abatendo sobre um número cada vez maior de pessoas não é a perda de direitos específicos, mas a perda de uma comunidade disposta e capaz de garantir quaisquer direitos. O homem pode perder todos os chamados Direitos do Homem sem perder a sua qualidade essencial de homem, sua dignidade humana. Só a perda da própria comunidade é que o expulsa da humanidade.

O direito que corresponde a essa perda, e que nunca foi sequer mencionado entre os direitos humanos, não pode ser expresso em termos das categorias do século XVIII, pois estas presumem que os direitos emanam diretamente da "natureza" do homem — e, portanto, faz pouca diferença se essa natureza é visualizada em termos de lei natural ou de um ser criado à imagem de Deus, se se refere a direitos "naturais" ou a mandamentos divinos. O fator decisivo é que esses direitos, e a dignidade humana que eles outorgam, deveriam permanecer válidos e reais mesmo que somente existisse um único ser humano na face da terra; não dependem da pluralidade humana e devem permanecer válidos mesmo que um ser humano seja expulso da comunidade humana.

Quando os Direitos do Homem foram proclamados pela primeira vez, foram considerados independentes da história e dos privilégios concedidos pela história a certas camadas da sociedade. Essa nova independência constituía a recém-descoberta dignidade do homem. Desde o início, a natureza dessa nova dignidade era um tanto ambígua. Os direitos históricos foram substituídos por direitos naturais, a "natureza" tomou o lugar da história, e se supunha tacitamente que a natureza era menos alheia à essência do homem que a história. A própria linguagem da Declaração da Independência americana e da *Déclaration des Droits de l'Homme* — "inalienáveis", "recebidos por nascimento", "verdades evidentes por si mesmas" — implica a crença em certa "natureza" humana que seria sujeita às mesmas leis de evolução que a do indivíduo, e da qual os direitos e as leis podiam ser deduzidos. Hoje estamos, talvez, em melhor posição para julgar o que é exatamente essa "natureza" humana; pelo menos, ela demonstrou potencialidades não reconhecidas e nem mesmo suspeitadas pela filosofia e pela religião do Ocidente, que a definiram por mais de 3 mil anos. Mas não é apenas o aspecto, por assim dizer, humano da natureza que se tornou duvidoso para nós. O homem alienou-se da natureza desde que aprendeu a dominá-la a tal ponto que a destruição de toda a vida orgânica da terra com instrumentos feitos por ele se tornou concebível e tecnicamente possível. Desde que um conhecimento mais profundo dos processos naturais instilou sérias dúvidas quanto à existência de quaisquer leis naturais, a própria natureza assumiu um aspecto sinistro. Como deduzir leis e direitos de um universo que aparentemente os desconhece?

O homem do século XX se tornou tão emancipado da natureza como o homem do século XVIII se emancipou da história. A história e a natureza tornaram-se, ambas, alheias a nós, no sentido de que a essência do homem já não pode ser compreendida em termos de uma nem de outra. Por outro lado, a humanidade, que para o século XVIII, na terminologia kantiana, não passava de uma idéia reguladora, tornou-se hoje de fato ineutável. Esta nova situação, na qual a "humanidade" assumiu de fato um papel antes atribuído à natureza ou à história, significaria nesse contexto que o direito de ter direitos, ou o direito de cada indivíduo de pertencer à humanidade, deveria ser garantido pela própria humanidade. Nada nos assegura que isso seja possível. Pois, contrariamente às tentativas humanitárias das organizações internacionais, por melhor intencionadas que sejam ao formular novas declarações dos direitos humanos, é preciso compreender que essa idéia transcende a atual esfera da lei internacional, que ainda funciona em termos de acordos e tratados recíprocos entre Estados soberanos; e, por enquanto, não existe uma esfera superior às nações. Além disso, o dilema não seria resolvido pela criação de um "governo mundial". Esse governo mundial está, realmente, dentro dos limites do possível, mas há motivos para suspeitar que, na realidade, seria muito diferente daquele que é promovido por organizações idealistas. Os crimes contra os direitos humanos, especialidade dos regimes totalitários, podem sempre justificar-se pela desculpa de que o direito equivale ao que é bom ou útil para um todo, em contraste com as suas partes. (O lema de Hitler, de que "o direito é aquilo que é bom para o alemão", é apenas a forma vulgar de uma concepção da lei que pode ser encontrada em toda parte e que, na prática, só não permanecerá eficaz se as tradições mais antigas, ainda em vigor nas constituições, o evitarem.) Uma concepção da lei que identifica o direito com a noção do que é bom — para o indivíduo, ou para a família, ou para o povo, ou para a maioria — torna-se inevitável quando as medidas absolutas e transcendentais da religião ou da lei da natureza perdem a sua autoridade. E essa situação de forma alguma se resolverá pelo fato de ser a humanidade a unidade à qual se aplica o que é "bom". Pois é perfeitamente concebível, e mesmo dentro das possibilidades políticas práticas, que, um belo dia, uma humanidade altamente organizada e mecanizada chegue, de maneira democrática — isto é, por decisão da maioria —, à conclusão de que, para a humanidade como um todo, convém liquidar certas partes de si mesma. Aqui, nos problemas da realidade concreta, confrontamo-nos com uma das mais antigas perplexidades da filosofia política, que pôde permanecer desapercebida somente enquanto uma teologia cristã estável fornecia a estrutura de todos os problemas políticos e filosóficos, mas que, há muito tempo atrás, levou Platão a dizer: "Não o homem, mas um deus, deve ser a medida de todas as coisas".

Estes fatos e reflexões constituem o que parece uma confirmação irônica, amarga e tardia dos famosos argumentos com que Edmund Burke se opôs à Declaração dos Direitos do Homem feita pela Revolução Francesa. Parecem dar alento à sua afirmação de que os direitos humanos eram uma "abstração", que seria muito mais sensato confiar na "herança vinculada" dos direitos que o homem transmite aos seus filhos, como transmite a própria vida, e afirmar que os seus direitos são os "direitos de um inglês" e não os direitos inalienáveis do homem.[51] De acordo com Burke, os direitos de que desfrutamos emanam "de dentro da nação", de modo que nem a lei natural, nem o mandamento divino, nem qualquer conceito de humanidade como o de "raça humana" de Robespierre, "a soberana da terra", são necessários como fonte da lei.[52]

A validade pragmática do conceito de Burke parece estar fora de dúvida, à luz de nossas muitas experiências. Não apenas a perda de direitos nacionais levou à perda dos direitos humanos, mas a restauração desses direitos humanos, como demonstra o exemplo do Estado de Israel, só pôde ser realizada até agora pela restauração ou pelo estabelecimento de direitos nacionais. O conceito de direitos humanos, baseado na suposta existência de um ser humano em si, desmoronou no mesmo instante em que aqueles que diziam acreditar nele se confrontaram pela primeira vez com seres que haviam realmente perdido todas as outras qualidades e relações específicas — exceto que ainda eram humanos. O mundo não viu nada de sagrado na abstrata nudez de ser unicamente humano. E, em vista das condições políticas objetivas, é difícil dizer como teriam ajudado a resolver o problema os conceitos do homem sobre os quais se baseiam os direitos humanos — que é criado à imagem de Deus (na fórmula americana), ou que representa a humanidade, ou que traz em si as sagradas exigências da lei natural (na fórmula francesa).

Os sobreviventes dos campos de extermínio, os internados nos campos de concentração e de refugiados, e até os relativamente afortunados apátridas, puderam ver, mesmo sem os argumentos de Burke, que a nudez abstrata de serem unicamente humanos era o maior risco que corriam. Devido a ela, eram considerados inferiores e, receosos de que podiam terminar sendo considerados animais, insistiam na sua nacionalidade, o último vestígio da sua antiga cidadania, como o último laço remanescente e reconhecido que os ligaria à humanidade. Sua desconfiança em relação aos direitos naturais e sua preferência pelos direitos nacionais advêm precisamente da sua compreensão de que os direitos naturais são concedidos até aos selvagens. Burke já havia temido que os direitos naturais "inalienáveis" somente confirmariam o "direito do selvagem nu",[53] e, portanto, reduziriam as nações civilizadas à condição de selvageria. Uma vez que somente os selvagens nada têm em que se apoiar senão o fato mínimo de sua

---

(51) Edmund Burke, *Reflections on the revolution in France*, 1790, editado por E. J. Payne, Everyman's Library.
(52) Discurso de Robespierre do dia 24 de abril de 1793.
(53) Introdução de Payne ao livro de Burke, *op. cit.*

origem humana, as pessoas se apegam à sua nacionalidade tão desesperadamente quando perdem os direitos e a proteção que essa nacionalidade lhes outorgou no passado. Somente esse passado, com a sua "herança vinculada", parece atestar o fato de que ainda pertencem ao mundo civilizado.

Se um ser humano perde o seu *status* político, deve, de acordo com as implicações dos direitos inatos e inalienáveis do homem, enquadrar-se exatamente na situação que a declaração desses direitos gerais previa. Na realidade, o que acontece é o oposto. Parece que o homem que nada mais é que um homem perde todas as qualidades que possibilitam aos outros tratá-lo como semelhante. Este é um dos motivos pelos quais é muito mais difícil destruir a personalidade legal de um criminoso, isto é, de um homem que assumiu a responsabilidade de um ato cujas conseqüências agora determinarão o seu destino, que a de um homem a quem foram negadas todas as responsabilidades humanas comuns.

Os argumentos de Burke, portanto, assumem novo significado quando olhamos apenas a condição humana geral daqueles que foram expulsos de todas as comunidades políticas. Independentemente de tratamento, de liberdades ou de opressão, de justiça ou de injustiça, perderam todos aqueles elementos do mundo e todos aqueles aspectos da existência humana que são o resultado do nosso trabalho comum, produto do artifício humano. Se a tragédia das tribos selvagens é que habitam uma natureza inalterada que não são capazes de dominar, mas de cuja abundância ou fragilidade dependem para viver, que vivem e morrem sem deixar vestígio algum, sem terem contribuído em nada para um mundo comum, então essas pessoas sem direitos retrocedem realmente ao estado da natureza. Certamente não são bárbaros; na verdade, alguns deles pertencem às camadas mais educadas dos seus respectivos países; contudo, num mundo que já quase extinguiu a selvageria, são como os primeiros sinais de um possível retrocesso da civilização.

Quanto mais altamente desenvolvida a civilização, quanto mais perfeito o mundo que ela produziu, quanto mais à vontade os homens se sentem dentro do artifício humano — mais ressentem tudo aquilo que não produziram, tudo o que lhes é dado simples e misteriosamente. Para o ser humano que perdeu o seu lugar na comunidade, a condição política na luta do seu tempo e a personalidade legal que transforma num todo consistente as suas ações e uma parte do seu destino, restam apenas aquelas qualidades que geralmente só se podem expressar no âmbito da vida privada, e que necessariamente permanecerão ineptas, simples existência, em qualquer assunto de interesse público. Essa simples existência, isto é, tudo o que nos é misteriosamente dado por nascimento, e que inclui a forma do nosso corpo e os talentos da nossa mente, só pode ser aceita pelo acaso imprevisível da amizade e da simpatia, ou pela grande e incalculável graça do amor que diz, como santo Agostinho, *Volu ut sis* (quero que sejas), sem poder oferecer qualquer motivo particular para essa suprema e insuperável afirmação.

Desde o tempo dos gregos, sabemos que a vida política altamente desenvolvida gera uma suspeita profunda em relação a essa esfera privada, um profundo ressentimento contra o incômodo milagre contido no fato de que cada um de nós é feito como é — único, singular, intransponível. Toda essa esfera do que é meramente dado, relegada à vida privada na sociedade civilizada, é uma permanente ameaça à esfera pública, porque a esfera pública é tão consistentemente baseada na lei da igualdade como a esfera privada é baseada na lei da distinção e da diferenciação universal. A igualdade, em contraste com tudo o que se relaciona com a mera existência, não nos é dada, mas resulta da organização humana, porquanto é orientada pelo princípio da justiça. Não nascemos iguais; tornamo-nos iguais como membros de um grupo por força da nossa decisão de nos garantirmos direitos reciprocamente iguais.

Nossa vida política baseia-se na suposição de que podemos produzir igualdade através da organização, porque o homem pode agir sobre o mundo comum e mudá-lo e construí-lo juntamente com os seus iguais, e somente com os seus iguais. O cenário obscuro do que é simplesmente dado, o pano de fundo constituído por nossa natureza imutável, adentra a cena política como elemento alheio que, em sua diferença demasiado óbvia, nos lembra as limitações da atividade humana — que são exatamente as mesmas limitações da igualdade humana. A razão pela qual comunidades políticas altamente desenvolvidas, como as antigas cidades-Estados ou os modernos Estados-nações, tão freqüentemente insistem na homogeneidade étnica é que esperam eliminar, tanto quanto possível, essas distinções e diferenciações naturais e onipresentes que, por si mesmas, despertam silencioso ódio, desconfiança e discriminação, porque mostram com impertinente clareza aquelas esferas onde o homem não pode atuar e mudar à vontade, isto é, os limites do artifício humano. O "estranho" é um símbolo assustador pelo fato da diferença em si, da individualidade em si, e evoca essa esfera onde o homem não pode atuar nem mudar e na qual tem, portanto, uma definida tendência a destruir. Se um negro numa comunidade branca é considerado nada mais do que um negro, perde, juntamente com o seu direito à igualdade, aquela liberdade de ação especificamente humana: todas as suas ações são agora explicadas como conseqüências "necessárias" de certas qualidades do "negro"; ele passa a ser determinado exemplar de uma espécie animal, chamada homem. Coisa muito semelhante sucede aos que perderam todas as suas qualidades políticas distintas e se tornaram seres humanos e nada mais. Sem dúvida, onde quer que a vida pública e a sua lei da igualdade se imponham completamente, onde quer que uma civilização consiga eliminar ou reduzir ao mínimo o escuro pano de fundo das diferenças, o seu fim será a completa petrificação; será punida, por assim dizer, por haver esquecido que o homem é apenas o senhor, e não o criador do mundo.

O grande perigo que advém da existência de pessoas forçadas a viver fora do mundo comum é que são devolvidas, em plena civilização, à sua elementaridade natural, à sua mera diferenciação. Falta-lhes aquela tremenda equalização de diferenças que advém do fato de serem cidadãos de alguma comunidade, e no entanto, como já não se lhes permite participar do artifício humano, passam a pertencer à raça humana da mesma forma como animais pertencem a uma dada espécie de animais. O paradoxo da perda dos direitos humanos é que essa perda coincide com o instante em que a pessoa se torna um ser humano em geral — sem uma profissão, sem uma cidadania, sem uma opinião, sem uma ação pela qual se identifique e se especifique — *e diferente em geral*, representando nada além da sua individualidade absoluta e singular, que, privada da expressão e da ação sobre um mundo comum, perde todo o seu significado.

O perigo da existência dessas pessoas é duplo: primeiro, e mais óbvio, o seu número cada vez maior ameaça a nossa vida política, o nosso artifício humano, o mundo que é o resultado do nosso esforço comum e coordenado, da mesma forma — e talvez de forma ainda mais terrível — que a violência dos elementos da natureza ameaçaram no passado a existência das cidades e dos países construídos pelo homem. Já não é provável que venha de fora algum perigo mortal à civilização. A natureza já foi domada, e não há bárbaros ameaçando destruir o que não podem compreender, como os mongóis ameaçaram a Europa durante séculos. Até mesmo o surgimento de governos totalitários é um fenômeno interno, e não externo, da civilização. O perigo é que uma civilização global, universalmente correlata, possa produzir bárbaros em seu próprio seio por forçar milhões de pessoas a condições que, a despeito de todas as aparências, são as condições da selvageria.[54]

---

(54) Essa moderna expulsão da humanidade tem conseqüências muito mais radicais que o costume antigo e medieval da proscrição. A proscrição (ostracismo na Grécia, excomunhão na Europa cristã), certamente "o mais terrível destino que a lei primitiva podia infligir", colocando a vida do proscrito à mercê de quem deparasse com ele, desapareceu com o estabelecimento de um sistema eficaz de execução da lei, e foi finalmente substituída pelos tratados de extradição entre os países. Havia sido principalmente um substituto da força policial, destinada a fazer com que os criminosos se entregassem à justiça. A Idade Média, em sua fase inicial, parece ter estado bem consciente do perigo relacionado com a "morte civil". A excomunhão, nos últimos anos do Império Romano, significava morte eclesiástica, mas deixava à pessoa que havia perdido sua participação na igreja plena liberdade em todos os outros aspectos. A morte civil e a morte eclesiástica só se tornaram idênticas na era merovíngia, época em que a excomunhão "geralmente [era] limitada à retirada ou suspensão temporária de direitos de participação que podiam ser recuperados". Ver os artigos "Outlawry" e "Excommunication", em *Encyclopedia of social sciences*. Também o artigo "Friedlosigkeit" no *Schweizer Lexikon*.

Parte III
TOTALITARISMO

Os homens normais não sabem que tudo é possível.
David Rousset

PREFÁCIO

1

O manuscrito original de *As origens do totalitarismo* foi terminado no outono de 1949, mais de quatro anos depois da derrota da Alemanha de Hitler e menos de quatro anos antes da morte de Stálin. A primeira edição do livro veio à luz em 1951. Os anos em que foi redigido, de 1945 em diante, pareciam ser o primeiro período de relativa calma após décadas de tumulto, confusão e horror — desde as revoluções que se seguiram à Primeira Guerra Mundial até o surgimento de toda sorte de novas tiranias, fascistas e semifascistas, unipartidárias e militares, e, por fim, o firme estabelecimento de governos totalitários baseados no apoio das massas:[1] na Rússia em 1929, ano do que se costuma chamar de "segunda revolução", e na Alemanha em 1933.

A derrota da Alemanha nazista pôs fim a um capítulo da história. O momento parecia apropriado para olhar os eventos contemporâneos com a retrospecção do historiador e com o zelo analítico do cientista político, a primeira oportunidade para tentar narrar e compreender o que havia acontecido — não ainda *sine ira et studio*, e sim com desgosto e pesar e, portanto, com certa tendência à lamentação, mas já sem a cólera muda e sem o horror impotente. Era, pelo menos, o primeiro momento em que se podia elaborar e articular as perguntas com as quais a minha geração havia sido obrigada a viver a maior parte da sua vida adulta: *O que havia acontecido? Por que havia acontecido?*

---

(1) É muito perturbador o fato de o regime totalitário, malgrado o seu caráter evidentemente criminoso, contar com o apoio das massas. Embora muitos especialistas neguem-se a aceitar essa situação, preferindo ver nela o resultado da força da máquina de propaganda e de lavagem cerebral, a publicação, em 1965, dos relatórios, originalmente sigilosos, das pesquisas de opinião pública alemã dos anos 1939-44, realizadas então pelos serviços secretos da SS (*Meldungen aus dem Reich Auswahl aus den Geheimen Lageberichten des Sicherheitsdienstes der S. S. 1939-1945* [Relatórios do Reich. Seleção dos relatórios sigilosos colhidos pelo Serviço de Segurança da SS], Neuwied & Berlin, 1965), demonstra que a população alemã estava notavelmente bem informada sobre o que acontecia com os judeus ou sobre a preparação do ataque contra a Rússia, sem que com isso se reduzisse o apoio dado ao regime.

Como pôde ter acontecido? Porque, da derrota alemã, que havia deixado para trás um país em ruínas e uma nação que sentia haver retornado ao "ponto zero" da sua história, haviam emergido montanhas de papéis virtualmente intactos, uma superabundância de documentação a respeito de todos os aspectos dos doze anos que durou o Reich milenar de Hitler. As primeiras e ricas seleções desse *embarras de richesses*, que até hoje não foram adequadamente divulgadas e investigadas, começaram a aparecer em decorrência do Julgamento de Nuremberg dos Principais Criminosos de Guerra, em 1946, nos doze volumes de *Nazi conspiracy and aggression*.[2]

Contudo, muitos outros documentos e as mais diversas contribuições sobre o regime nazista haviam chegado às bibliotecas e arquivos quando a segunda edição deste livro apareceu em 1958. O que então aprendi foi muito interessante e, embora não chegasse a exigir mudanças substanciais na análise nem no argumento da minha tese original, tornava necessárias numerosas adições e substituições do material citado nas notas e considerável aumento do texto. Além disso, com um certo número de adendos, levei em consideração alguns dos eventos mais importantes ocorridos depois da morte de Stálin — como a crise da sucessão e o discurso de Khrushchev perante o Vigésimo Congresso do Partido — bem como novas informações sobre o regime de Stálin fornecidas em publicações mais recentes. Fiz, assim, uma revisão da Parte III e do último capítulo da Parte II, enquanto a Parte I, sobre o anti-semitismo, e os primeiros quatro capítulos da Parte II, sobre o imperialismo, permaneceram inalterados. Ademais, havia certos conhecimentos de natureza estritamente teórica, intimamente ligados à minha análise dos elementos do domínio total, de que eu não dispunha quando terminei o manuscrito original. O último capítulo desta edição, "Ideologia e terror", substituiu as "Conclusões" da primeira edição, que foram incorporadas a outros capítulos. A segunda edição trazia ainda um "Epílogo", no qual se discutia a introdução do sistema russo-soviético nos países satélites e a Revolução Húngara [de 1956]. Superado em muitos detalhes, esse "Epílogo" foi eliminado.

Obviamente, o fim da guerra em 1945 não trouxe o fim do governo totalitário na Rússia. Pelo contrário, foi seguido pela bolchevização da Europa oriental, ou seja, pela expansão do regime totalitário, e a paz nada mais era que uma oportunidade de analisar as semelhanças e diferenças nos métodos e instituições dos dois regimes totalitários. Decisivo nesse sentido não foi o fim da guerra, mas a morte de Stálin, oito anos depois. Retrospectivamente, parece que essa morte foi seguida não apenas de uma crise de sucessão e de um temporário "degelo", até que um novo líder se houvesse afirmado, mas de um autêntico, se bem que sinuoso e equívoco, processo de destotalitarização. Do ponto de vista

---

(2) Desde o início, a investigação e a publicação de material documental têm-se guiado pelo interesse quanto a atividades criminosas, e usualmente a seleção tem sido feita para fins de acusação de criminosos de guerra. Como resultado, uma grande quantidade de material altamente interessante foi negligenciada. O livro mencionado na nota 1 é uma exceção muito bem-vinda à regra.

dos acontecimentos, portanto, não havia por que atualizar essa parte do meu livro; e, no tocante ao nosso conhecimento daquele período, nada sofreu mudanças suficientemente drásticas para exigir extensas revisões e adições. Em contraste com a Alemanha, onde Hitler usou a guerra conscientemente para desenvolver e aperfeiçoar o governo totalitário, o período da guerra na Rússia foi uma época de suspensão temporária do domínio total. Para fins do meu estudo, os anos de 1929 a 1941 e de 1945 a 1953 são de interesse fundamental, e, para esses períodos, nossas fontes de informações são da mesma natureza e tão escassas como o eram em 1958 ou mesmo em 1949. Nada aconteceu, nem parece provável que aconteça no futuro, que nos apresente o mesmo inequívoco fim da história ou as mesmas provas horríveis, claras e irrefutáveis desse fim, como foi o caso da Alemanha nazista.

A única contribuição nova para o nosso conhecimento — o conteúdo dos Arquivos de Smolensk (publicados em 1958 por Merle Fainsod) — demonstrou a que ponto a escassez da mais elementar documentação e estatística prejudicará todos os estudos desse período da história russa. Porque, embora os arquivos (descobertos no quartel-general do partido em Smolensk pelos alemães e depois capturados, na Alemanha derrotada, pela força de ocupação norte-americana) contenham cerca de 200 mil páginas de documentos e estejam virtualmente intactos no tocante ao período de 1917 a 1938, a quantidade de informação que eles claramente deixam de fornecer é realmente espantosa. Apesar da abundância de material sobre os expurgos de 1929 a 1937, não contêm indicação alguma do número de vítimas nem quaisquer outros dados estatísticos vitais. Os algarismos, quando surgem, são irremediavelmente contraditórios; cada uma das organizações fornece dados diferentes, e tudo o que ficamos sabendo com certeza é que muitos deles foram retidos "na fonte" por ordem do governo.[3] Além disso, os arquivos não informam das relações entre os vários setores de autoridade, "entre o Partido, os militares e a NKVD", ou entre o partido e o governo, e silenciam quanto aos canais de comunicação e comando. Enfim, nada nos ensinam quanto à estrutura organizacional do regime, da qual tanto sabemos no que tange à Alemanha nazista.[4] Em outras palavras, embora sempre se tenha sabido que as publicações oficiais soviéticas serviam a fins de propaganda e eram completamente indignas de confiança, agora parece claro que nunca existiram, em parte alguma, fontes dignas de fé e material estatístico em que se pudesse confiar.

Mais séria ainda é outra questão: um estudo do totalitarismo pode ignorar o que aconteceu e está acontecendo na China? Aqui, o nosso conhecimento é ainda menos seguro do que era em relação à Rússia dos anos 30, em parte porque esse país conseguiu isolar-se muito mais radicalmente contra os estrangeiros após a vitória da Revolução, e em parte porque ainda não tivemos o auxílio de desertores dos escalões superiores do Partido Comunista Chinês — o

---

(3) Ver Merle Fainsod, *Smolensk under Soviet rule*, Cambridge, 1958, pp. 210, 306, 365 etc.
(4) *Ibid.*, pp. 73, 93.

que, aliás, é bem significativo. Durante dezessete anos, as poucas informações claras que possuíamos indicavam diferenças muito importantes: após o período inicial de sangrentos expurgos, cujas vítimas são estimadas em cerca de 15 milhões, ou cerca de 3% da população de 1949 (isto é, em termos percentuais, muito menos que as perdas populacionais devidas à "segunda revolução" de Stálin), não houve recrudescimento do terror, nem massacres de pessoas inocentes, nem categorias de "inimigos objetivos", nem julgamentos para fins de propaganda (embora tenha havido muitas confissões e "autocríticas" públicas). O famoso discurso de Mao em 1957, "Sobre o modo correto de tratar as contradições do povo", conhecido sob o título "Que mil flores floresçam", certamente não era nenhuma declaração de liberdade, mas reconhecia as contradições não-antagônicas entre as classes e, o que era mais importante, entre o povo e o governo comunista. O modo de lidar com os oponentes era a "retificação do pensamento", um complicado processo de constante moldagem e remoldagem dos espíritos, ao qual aparentemente quase toda a população estava sujeita. Nunca soubemos muito bem como isso funcionava na vida de cada dia e quem era isento — isto é, quem procedia à "remoldagem" dos outros —, e não tínhamos a menor idéia dos resultados da "lavagem cerebral", se era duradoura e se realmente produzia mudanças de personalidade. Se era isso terror, como certamente era, tratava-se de um terror diferente e, quaisquer que tenham sido os seus resultados, não dizimou a população. Reconhecia claramente o interesse nacional, permitiu que o país se desenvolvesse em paz, utilizou a competência dos descendentes das antigas classes governantes e não destruiu os critérios acadêmicos e profissionais — pelo menos até a Revolução Cultural, cujo alvo e métodos nos escapam. Enfim, era óbvio que os "pensamentos" de Mao Tse-Tung não seguiam as linhas estabelecidas por Stálin (ou Hitler), que ele não era um assassino instintivo, e que o sentimento nacionalista, tão proeminente em todos os levantes revolucionários nos países que tinham sido colônias, era suficientemente forte para impor limites ao domínio total. Tudo isso parece contrariar certos receios expressos neste livro.

Por outro lado, o Partido Comunista Chinês, após a vitória, procurou logo ser "internacional em sua organização, universal em sua ideologia e global em suas aspirações políticas", evidenciando o caráter totalitário que se tornou mais nítido durante o desenvolvimento do conflito sino-soviético, embora o próprio conflito possa ter sido provocado por questões nacionais e não ideológicas. A insistência dos chineses em reabilitar Stálin e denunciar as tentativas russas de destotalitarização como um desvio "revisionista" era, por si, bastante ominosa e, para tornar as coisas piores, foi seguida de uma política internacional que visava a infiltrar com agentes chineses todos os movimentos revolucionários. É difícil julgar todos esses acontecimentos neste instante, em parte porque não sabemos o suficiente, e em parte porque tudo está ainda em estado de fluidez. A essas incertezas, inerentes à situação, acrescentamos infelizmente nossos próprios preconceitos. Pois o fato de havermos herdado do período da guerra fria uma "contra-ideologia" oficial — o anticomunismo — não facilita as coisas, nem na teoria nem na prática; e esse anticomunismo tende também a tornar-se global em sua aspiração, e nos leva a construir uma ficção nossa, de sorte que nos recusamos, em princípio, a distinguir entre as várias ditaduras unipartidárias comunistas, com as quais nos defrontamos na realidade, e o autêntico governo totalitário que possa vir a surgir, mesmo sob formas diferentes, na China. O que importa, naturalmente, não é que a China comunista seja diferente da Rússia comunista, como não importava que a Rússia de Stálin fosse diferente da Alemanha de Hitler. A embriaguez e a incompetência, tão comuns em qualquer descrição da Rússia dos anos 20 e 30 e tão comuns ainda hoje, não representaram qualquer papel importante na Alemanha nazista, enquanto a indescritível crueldade gratuita dos campos de concentração e de extermínio alemães parece ter estado geralmente ausente dos campos russos, onde os prisioneiros morriam de abandono e não de tortura. A corrupção, que foi desde o início a maldição da administração russa, esteve também presente nos últimos anos do regime nazista, mas parece estar completamente ausente da China após a revolução. Poderíamos dar muitos exemplos dessas diferenças, que são muito significativas e fazem parte da história nacional dos respectivos países, mas não influem diretamente sobre a forma de governo. Sem dúvida, a monarquia absoluta foi muito diferente na Espanha do que foi na França, na Inglaterra ou na Prússia; mas em todos esses países a forma de governo era a mesma. O que é importante em nosso contexto é que o governo totalitário é diferente das tiranias e das ditaduras; a distinção entre eles não é de modo algum uma questão acadêmica que possa ser deixada, sem riscos, aos cuidados dos "teóricos", porque o domínio total é a única forma de governo com a qual não é possível coexistir. Assim, temos todos os motivos para usar a palavra "totalitarismo" com cautela.

Em absoluto contraste com a escassez e a incerteza das novas fontes de informação sobre os governos totalitários, vemos uma enorme afluência de estudos sobre as novas ditaduras, totalitárias ou não. Isso se aplica de modo especial à Alemanha nazista e à Rússia soviética. Existem hoje muitas obras realmente indispensáveis para posteriores consultas e estudos do assunto, e fiz o possível para fazê-las constar de minha bibliografia. O único tipo de literatura que, com raras exceções, propositadamente omito são as diversas memórias publicadas por antigos generais e altos funcionários nazistas após o fim da guerra, pois é perfeitamente compreensível que esse tipo de apologia não prime pela honestidade. Se isso não deve eliminá-la de nossas considerações, a falta de compreensão que essas reminiscências demonstram quanto ao que estava realmente acontecendo e ao papel que os seus autores representaram no curso dos acontecimentos é verdadeiramente espantosa e rouba-lhes todo o interesse, a não ser, talvez, para os psicólogos.

2

No tocante às provas em si, o fato de este livro haver sido concebido e escrito há tanto tempo não foi tão desvantajoso como se poderia supor, e isto se aplica ao que escrevemos tanto a respeito do totalitarismo nazista como do bolchevista. Uma das estranhezas da literatura sobre o totalitarismo é que as tentativas prematuras por parte de contemporâneos de escrever a sua "história" — que, segundo as regras acadêmicas, deveriam esbarrar na ausência de fontes impecáveis de documentação e no superenvolvimento individual — resistem relativamente bem à prova do tempo. A biografia de Hitler por Konrad Heiden e a biografia de Stálin por Boris Souvarine, ambas escritas e publicadas nos anos 30, são em alguns aspectos mais precisas, e em quase todos os aspectos mais relevantes, que as biografias clássicas de Alan Bullock e Isaac Deutscher, respectivamente. Haverá muitas razões para isso, mas uma delas certamente é o simples fato de que o material documentário, em ambos os casos, tendeu a confirmar e a acrescentar ao que já se sabia há muito tempo, através de proeminentes desertores e relatos de outras testemunhas oculares.

Podemos dizer um tanto drasticamente: não foi preciso o discurso secreto de Nikita Khrushchev para que soubéssemos que Stálin havia cometido crimes, nem que esse homem, que se supunha "loucamente desconfiado", havia decidido confiar em Hitler. Quanto a esse último fato, é a melhor prova de que Stálin não era louco. Tinha razão de suspeitar de todos os que desejava ou se preparava para eliminar, e estes eram sempre os que ocupavam posição de destaque nos escalões superiores do partido e do governo, e confiava naturalmente em Hitler porque não lhe desejava mal. Quanto ao primeiro fato, as surpreendentes confissões de Khrushchev escondiam muito mais do que revelavam — pela óbvia razão de que tanto ele como os seus ouvintes estavam totalmente envolvidos na verdadeira história. Em conseqüência, indivíduos eruditos, com o seu amor profissional pelas fontes oficiais, minimizaram a gigantesca criminalidade do regime de Stálin, que, afinal de contas, não consistiu meramente na calúnia e no assassinato de uns poucos milhares de figuras importantes do campo político e literário, "reabilitáveis" postumamente, mas no extermínio de um número literalmente sem conta de milhões de pessoas que ninguém, nem mesmo Stálin, podia acusar de atividades "contra-revolucionárias". Foi precisamente por admitir alguns crimes que Khrushchev escondeu a criminalidade do regime como um todo, e é contra essa camuflagem e contra a hipocrisia dos atuais dirigentes russos — todos treinados e promovidos por Stálin — que as gerações mais jovens de intelectuais russos entraram em rebelião quase aberta. Estes sabem tudo o que se pode saber a respeito de "expurgos em massa, e deportação e aniquilação de povos inteiros".[5] Além disso, a explicação de Khrushchev para os crimes que confessou era simplória: a demência de Stálin;

---

(5) Às vítimas do Primeiro Plano Qüinqüenal (*Piatiletka*: 1928-33), estimadas em 9 a 12 milhões de pessoas, é preciso adicionar aproximadamente 3 milhões de executados durante os Grandes Expurgos e de 5 a 9 milhões de deportados. Mas todas essas estimativas ainda parecem situar-se aquém da realidade factual. Prova disso são diversas execuções maciças (como a de milhares de pessoas, descoberta pelos alemães em Vinitsa, que data de 1937 ou 1938) e das quais nada se sabia no Ocidente. Isso reforça a semelhança existente entre os regimes nazista e bolchevista, a despeito das variantes entre esses dois modelos.

mas escondia o aspecto mais característico do terror totalitário, que é desencadeado quando toda a oposição organizada já desapareceu e quando o governante totalitário sabe que já não precisa ter medo. Stálin iniciou os seus gigantescos expurgos não em 1928, quando admitia que "temos inimigos internos", e quando realmente tinha motivos de receio — pois sabia que Bukharin, convencido de que sua política "estava levando o país à fome, à ruína e a um regime policial",[6] como realmente levou, o comparava a Gengis Khan —, mas em 1934, quando todos os antigos oponentes haviam "confessado os seus erros", e o próprio Stálin, no Décimo Sétimo Congresso do Partido, que ele também chamou de "Congresso dos Vencedores", havia declarado: "Neste Congresso (...) já não há o que provar e, ao que parece, não há ninguém mais a combater".[7]

No que tange ao nosso conhecimento da era de Stálin, o arquivo de Smolensk, citado acima e publicado por Fainsod, é ainda sem dúvida o mais importante documento, e é deplorável que a primeira seleção, feita ao acaso, não tenha sido ainda seguida de outra mais extensa. A julgar pelo livro de Fainsod, há muito o que aprender no tocante ao período da luta de Stálin pelo poder em meados da década de 20: sabemos agora como era precária a posição do Partido,[8] não somente porque prevalecia no país um ânimo de franca oposição, mas também porque infestavam-no a corrupção e a embriaguez, que quase todas as exigências de liberalização eram acompanhadas de um anti-semitismo declarado[9] e que o esforço de coletivização e eliminação dos *kulaks*, de 1928 em diante, na verdade interrompeu a NEP, a Nova Política Econômica de Lênin, e com ela a embrionária reconciliação entre o povo e o seu governo.[10] Sabemos também como era feroz a oposição solidária de toda a classe camponesa, que achava "melhor não ter nascido do que aderir aos *kolkhoz*",[11] e condenava essas medidas, recusando-se a ser classificada em camponeses ricos, médios e pobres, para ser a seguir recrutada para a luta contra os *kulaks*,[12] pois havia "alguém pior do que os *kulaks*, sentado em alguma parte, planejando a

---

(6) Tucker, *op. cit.*, pp. XVII-XVIII.

(7) Citado por Merle Fainsod em *How Russia is ruled*, Cambridge, 1959, p. 516. Segundo Abdurakham Avtorkhanov (que, sob o pseudônimo de Uralov, publicou, em 1953, em Londres, o livro *The reign of Stalin*), numa reunião secreta do Comitê Central do Partido, realizada em 1936, Bukharin teria acusado Stálin de transformar o partido de Lênin em um Estado policial. De qualquer modo, segundo Fainsod (*op. cit.*, pp. 449 ss.), o descontentamento geral era particularmente forte entre os componentes e, até 1928, as greves não eram raras na União Soviética.

(8) "O curioso não é que o Partido fosse vitorioso, mas que ele conseguiu simplesmente sobreviver" (Fainsod, *op. cit.*, p. 38).

(9) Um relato de 1929 menciona violentas manifestações anti-semitas durante uma reunião, estando os jovens do Komsomol tacitamente solidários com os atacantes dos judeus (*ibid.*, pp. 49 ss.).

(10) Os relatórios de 1926 falam da diminuição dos participantes nas manifestações "contra-revolucionárias", o que corresponde "à trégua que o regime deu ao campesinato". Comparados aos de 1926, os relatórios de 1929-30 "parecem-se com os comunicados de uma frente de batalha" (*ibid.*, p. 177).

(11) *Ibid.*, pp. 252 ss.

(12) *Ibid.*, especialmente pp. 240 ss. e 446 ss.

campanha de perseguição contra o povo";[13] e que a situação não era muito melhor nas cidades, onde os trabalhadores se recusavam a cooperar com os sindicatos controlados pelo partido, chamando a gerência de "diabos bem-alimentados", "espiões hipócritas", entre outros epítetos.[14]

Fainsod aponta, com razão, que esses documentos mostram claramente não apenas "o descontentamento geral", mas também a falta de qualquer "oposição suficientemente organizada" contra o regime como um todo. O que ele deixa de observar, e o que, em minha opinião, é igualmente corroborado pelas provas, é que existia uma alternativa óbvia para a tomada do poder por Stálin e a sua transformação da ditadura unipartidária em domínio total, e essa alternativa era a continuação da Nova Política Econômica tal como havia sido iniciada por Lênin.[15] Além disso, as medidas tomadas por Stálin com a introdução do Primeiro Plano Qüinqüenal, de 1928, quando o seu controle do partido era quase completo, demonstram que a transformação das classes em massas e a concomitante eliminação da solidariedade grupal são condições *sine qua non* do domínio total.

Com relação ao período de inconteste domínio de Stálin, de 1929 em diante, o arquivo de Smolensk tende a confirmar o que já sabíamos antes através de fontes menos irrefutáveis. Isso se aplica até a algumas de suas estranhas lacunas, especialmente quanto a dados estatísticos. Pois essa falta de dados prova apenas, neste ponto como em outros, que o regime de Stálin era cruelmente coerente: eram tratados como mentiras todos os fatos que não concordassem, ou pudessem discordar, com a ficção oficial, fossem dados sobre as colheitas de trigo, a criminalidade ou as reais ocorrências de atividades "contra-revolucionárias". Todas as regiões e todos os distritos da União Soviética recebiam os seus dados estatísticos oficiais como recebiam as normas, não menos fictícias, que lhes eram destinadas pelos Planos Qüinqüenais.[16]

Enumerarei brevemente alguns dos pontos mais importantes que antes apenas podíamos adivinhar, e que agora são confirmados pela prova documentária. Sempre suspeitamos, e agora sabemos, que o regime nunca foi "monolítico", mas "conscientemente construído em torno de funções superpostas, du-

---

(13) *Ibid.* Todas as declarações desse tipo provêm dos relatórios da GPU; ver especialmente pp. 248 ss. Mas é bastante característico que tais observações tenham se tornado muito menos freqüentes após 1934, o começo do Grande Expurgo.

(14) *Ibid.*, p. 310.

(15) A literatura sobre esse assunto negligencia em geral tal alternativa, por causa da convicção — compreensível, embora historicamente insustentável — de que houve, de Lênin a Stálin, uma evolução normal. É verdade que Stálin se utilizava de terminologia leninista, mas, como lembra Tucker, "Stálin preencheu os velhos conceitos leninistas com o conteúdo novo, eminentemente stalinista" (Robert C. Tucker: "Stálin, Bukharin and history as conspiracy", em *The Great Purge trial*, Nova York, 1965, p. XVI). A diferença não consiste apenas na brutalidade — na "loucura" — de Stálin, mas também na insistência totalmente antileninista, por parte dele, de que a história se desenrola atualmente sob o signo da conspiração constante contra a revolução.

(16) Ver Fainsod, *op. cit.*, especialmente pp. 365 ss.

plicadas e paralelas", e que o que segurava essa estrutura grotescamente amorfa era o mesmo princípio de liderança — o chamado "culto da personalidade" — que encontramos na Alemanha nazista;[17] que o ramo executivo desse governo não era o partido, mas a polícia, cujas "atividades operacionais não eram reguladas através de canais do partido";[18] que as pessoas inteiramente inocentes, as quais o regime liquidava aos milhões, os "inimigos objetivos" na linguagem bolchevista, sabiam que eram "criminosos sem crime";[19] que foi precisamente essa nova categoria, e não os antigos e verdadeiros inimigos do regime — assassinos de autoridades, incendiários ou terroristas —, que reagiu com a mesma "completa passividade"[20] que vimos tão bem na conduta das vítimas do terror nazista. Nunca duvidamos de que o "dilúvio de denúncias mútuas" durante o Grande Expurgo foi tão desastroso para o bem-estar econômico e social do país como foi eficaz para fortalecer o governante totalitário, mas só agora sabemos quão deliberadamente Stálin colocou essa "ominosa cadeia de denúncias em movimento",[21] quando proclamou oficialmente a 29 de julho de 1936: A qualidade inalienável de cada bolchevista nas condições atuais deve ser a capacidade de reconhecer um inimigo do Partido, não importa como ele se disfarce.[22] Pois, tal como a "solução final" de Hitler significava tornar realmente obrigatório para a elite do partido nazista o mandamento "Matarás", o pronunciamento de Stálin recomendava como regra de conduta para todos os membros do partido bolchevista: "Levantarás falso testemunho". Finalmente, todas as dúvidas que ainda se poderiam alimentar quanto à verdade da teoria segundo a qual o terror dos anos 20 e 30 foi "o alto preço da dor", exigido pela industrialização e pelo progresso econômico, dissipam-se com esse primeiro documento do verdadeiro

---

(17) *Ibid.*, pp. 93 e 71. É característico constatar que todas as mensagens, em todos os níveis, se referiam às obrigações para com "o camarada Stálin" e jamais para com o regime, o partido ou o país. A semelhança entre os dois sistemas — o nazista e o comunista — transparece da comparação entre as declarações dos chefes nazistas logo após a derrota alemã ("Hitler de nada sabia, os culpados eram os líderes locais, chefes de polícia" etc.) e dos escritores e intelectuais que, como Ilia Ehrenburg, compactuaram com o stalinismo, dizendo depois (cf. Tucker, *op. cit.*, p. XIII) que "Stálin de nada sabia" quanto às atrocidades cometidas, a culpa sendo de tal ou qual chefe de polícia local.

(18) *Ibid.*, pp. 166 ss.

(19) As palavras são tiradas do apelo de "um elemento individualista" de 1936: "Não quero ser criminoso sem crime" (p. 229).

(20) Um relatório da GPU, de 1931, sublinha a "completa apatia" e passividade resultantes do terror exercido sobre os inocentes. Ele menciona a diferença entre a resistência inicial, quando um homem, "inimigo do regime", mobilizava dois milicianos no seu aprisionamento, e os aprisionamentos maciços, quando "um miliciano pode conduzir grandes grupos que marcham tranqüilamente sem que ninguém sequer tente fugir" (p. 248).

(21) *Ibid.*, p. 135.

(22) *Ibid.*, pp. 57-8. No tocante à histeria crescente e às denúncias maciças, ver também as pp. 222 e 229 ss. e a deliciosa história da p. 235, onde ficamos sabendo como um dos camaradas estava convicto de que "o camarada Stálin havia tido uma atitude conciliatória frente ao grupo trotskista-zinovievista", uma acusação que, na época, implicava no mínimo a expulsão imediata do partido. Mas ele não teve tal sorte. O orador seguinte acusou-o de ser "politicamente desleal" ao criticar o camarada Stálin, após o que ele prontamente "confessou" seu erro.

estado de coisas, relativo a uma região em particular.[23] O terror não produziu industrialização nem progresso. O que a eliminação dos *kulaks*, a coletivização e o Grande Expurgo produziram foi a fome, as caóticas condições da produção de alimentos e o despovoamento. As conseqüências têm sido uma perpétua crise na agricultura, uma interrupção do crescimento populacional e a incapacidade de desenvolver e colonizar o interior da Sibéria. Além disso, como o arquivo de Smolensk mostra em detalhes, os métodos stalinistas de governo conseguiram acabar com toda a competência e *know-how* técnico que o país havia adquirido após a Revolução de Outubro. Tudo isso é realmente um "preço" incrivelmente alto, cobrado não apenas em dor, pela abertura de vagas no partido e na burocracia do governo para setores da população que, muitas vezes, não eram apenas *"politicamente* analfabetos".[24] Na verdade, o preço do regime totalitário foi tão alto que ainda não foi inteiramente pago na Alemanha pós-nazista nem na Rússia pós-stalinista.

3

Mencionei antes o processo de destotalitarização que se seguiu à morte de Stálin. Em 1958, eu ainda não estava certa de que o "degelo" fosse mais que um relaxamento temporário, uma espécie de medida de emergência devida à crise de sucessão, não muito diferente do afrouxamento dos controles totalitários durante a Segunda Guerra Mundial. Ainda hoje não podemos saber se este processo é final e irreversível, mas já não podemos chamá-lo de temporário ou provisório. Pois, como quer que interpretemos a linha sinuosa e freqüentemente desnorteante da política soviética desde 1953, é inegável que o enorme império policial foi liquidado, que a maioria dos campos de concentração foi dissolvida, que não houve mais expurgos de "inimigos objetivos", e que os conflitos entre os membros da nova "liderança coletiva" são agora resolvidos pela remoção e pelo exílio, e não por julgamentos ostensivos, confissões e assassinatos. É verdade que os métodos usados pelos governantes, nos anos que se seguiram à morte de Stálin, ainda obedeciam aos padrões estabelecidos por este após a morte de Lênin: surgiu novamente um triunvirato chamado de "liderança coletiva", termo cunhado por Stálin em 1925 e, após quatro anos de intrigas e de luta pelo poder, houve uma repetição do *coup d'état* de Stálin em 1929, ou seja, a tomada

---

(23) Fainsod não é o único autor que tira conclusões desse tipo, embora elas sejam tão incompatíveis com os fatos revelados pelos documentos. O terror e a permanente instabilidade que ele cria permitem manter o totalitarismo, como contribuem também para organizar o sistema de satélites, enquanto a gradativa liberalização da Rússia soviética, embora levasse ao reforço da sua economia, a fez perder o controle tanto sobre os satélites quanto sobre os cidadãos.

(24) Quando, em 1922, os "professores reacionários", isto é, não pertencentes ao partido, foram eliminados, provocando protestos dos estudantes que quiseram manter o corpo docente de alto nível independentemente da filiação política, os expurgos atingiram de imediato os "elementos individualistas" entre os estudantes. Aliás, é provável que um dos alvos dos Grandes Expurgos fosse abrir carreiras à geração jovem criada após a Revolução e sem contato com o passado.

do poder por Nikita Khrushchev em 1957. Tecnicamente, o golpe de Khrushchev seguiu muito de perto os métodos do seu falecido e denunciado mestre. Ele também precisou de uma força externa para galgar o poder na hierarquia do partido, e usou o apoio do marechal Zhukov e do Exército exatamente do mesmo modo como Stálin havia usado suas relações com a polícia secreta na luta sucessória de trinta anos antes.[25] Tal como no caso de Stálin, quando o poder supremo depois do golpe continuou a residir no partido, e não na polícia, também no caso de Khrushchev "em fins de 1957 o Partido Comunista da União Soviética havia alcançado uma posição de supremacia inconteste em todos os aspectos da vida soviética";[26] porque, do mesmo modo como Stálin jamais hesitara em expurgar os seus escalões policiais e liquidar o seu chefe, também Khrushchev havia imitado suas manobras intrapartidárias removendo Zhukov do Presidium e do Comitê Central do Partido, ao qual havia sido eleito após o golpe, além de afastá-lo do posto de mais alto comandante do Exército.

É verdade que, quando Khrushchev recorreu ao apoio de Zhukov, a ascendência do Exército sobre a polícia era um fato consumado na União Soviética. Essa havia sido uma das conseqüências automáticas da destruição do império policial, cujo domínio sobre enorme parte das indústrias, minas e propriedades imobiliárias soviéticas fora herdado pelo grupo administrativo, que de súbito se viu livre do seu mais sério concorrente econômico. A ascendência automática do Exército foi ainda mais decisiva: possuía agora um claro monopólio dos instrumentos de violência com que decidir os conflitos intrapartidários. O fato de Khrushchev haver percebido, mais depressa que os seus colegas, as conseqüências do que presumivelmente haviam feito em conjunto mostra a sua perspicácia. Mas, quaisquer que tenham sido os seus motivos, essa transferência de ênfase da polícia para os militares no jogo do poder teve grandes conseqüências. É verdade que a ascendência da polícia secreta sobre o aparelho militar é a marca de muitas tiranias, e não somente das tiranias totalitárias; mas, no caso do governo totalitário, a preponderância da polícia não apenas atende à necessidade de suprimir a população em casa, como se ajusta à pretensão ideológica de domínio global. Pois é evidente que os que vêem toda a terra como seu futuro território darão destaque ao órgão de violência doméstica e governarão os territórios conquistados com as medidas e o pessoal da polícia, e não com o Exército. Assim, os nazistas usaram as suas tropas SS, essencialmente uma força policial, para governar e até conquistar territórios estran-

---

(25) Armstrong, *op. cit.*, p. 319, afirma que a importância da intervenção do marechal Zhukov na luta intrapartidária foi "extremamente exagerada", e sustenta que Khrushchev "triunfou sem qualquer necessidade de intervenção militar", porque era "apoiado pelo aparato do partido". Isso não parece ser verdade. Mas é verdade que "muitos observadores estrangeiros", por causa do papel do Exército no apoio a Khrushchev contra o aparato partidário, chegaram à conclusão equivocada de um aumento duradouro do poder dos militares às expensas do partido, como se a União Soviética estivesse para passar de uma ditadura partidária para uma ditadura militar.

(26) *Ibid.*, p. 320.

geiros, visando ulteriormente a uma fusão do exército com a polícia sob a liderança da SS.

Além do mais, a importância dessa mudança no balanço do poder havia sido evidente antes, por ocasião da supressão da Revolução Húngara pela força. A sangrenta repressão da revolução, terrível e eficaz como foi, havia sido obra das unidades do Exército regular e não das tropas policiais e, conseqüentemente, não representou uma solução tipicamente stalinista. Embora a operação militar fosse seguida da execução dos líderes e da prisão de milhares de pessoas, não houve nenhuma deportação em massa; de fato, não houve qualquer tentativa de despovoar o país. E, como se tratava de uma operação militar, e não de uma ação policial, os soviéticos puderam mandar para o país derrotado o auxílio necessário para evitar a fome em massa e adiar um completo colapso da economia no ano que se seguiu à revolução. Certamente, nada estaria mais longe do espírito de Stálin em circunstâncias semelhantes.

O sinal mais evidente de que a União Soviética já não se pode mais chamar totalitária no estrito sentido do termo é, naturalmente, a espantosamente rápida e fecunda recuperação das artes durante a última década. É verdade que, de vez em quando, surgem esforços para reabilitar Stálin e refrear as crescentes exigências de liberdade de expressão e de pensamento por parte de estudantes, escritores e artistas, mas nenhum desses esforços tem sido muito bem-sucedido, nem pode ser bem-sucedido sem um completo restabelecimento do terror e do domínio policial. Sem dúvida, o povo da União Soviética não tem qualquer forma de liberdade política; falta-lhe não apenas a liberdade de associação, mas também a liberdade de pensamento, opinião e expressão pública. Nada parece ter mudado; mas, de fato, tudo mudou. Quando Stálin morreu, as gavetas dos escritores e dos artistas estavam vazias; hoje, existe toda uma literatura que circula em forma de manuscrito, e toda forma de pintura moderna é experimentada nos estúdios dos pintores e se torna conhecida, embora não possa ser exibida. Não pretendemos minimizar a diferença entre a censura tirânica e a liberdade das artes, mas apenas acentuar o fato de que a diferença entre uma literatura clandestina e nenhuma literatura é igual à diferença entre um e zero.

Ademais, o próprio fato de que os membros da oposição intelectual são levados a julgamento (mesmo que não seja um julgamento aberto), podem fazer-se ouvir nos tribunais e contar com apoio fora das cortes de justiça, nada confessam e declaram-se inocentes demonstra que já não estamos mais lidando com o domínio total. O que sucedeu a Sinyavsky e Daniel, os dois escritores que, em fevereiro de 1966, foram julgados por haverem publicado no exterior livros que não poderiam ter sido publicados na União Soviética, e foram condenados a sete e cinco anos de trabalho forçado respectivamente, foi, sem dúvida, um absurdo, do ponto de vista dos critérios da justiça de um governo constitucional; mas o que tinham a dizer foi ouvido em todo o mundo e não será facilmente esquecido. Não desapareceram no poço do esquecimento que os governantes totalitários abrem para os seus oponentes. Menos divulgado e talvez ainda mais importante é o fato de que a ambiciosa tentativa de Khrushchev de reverter o processo de destotalitarização foi um completo fracasso. Em 1957, ele introduziu uma nova "lei contra os parasitas sociais" que poderia ter dado ao regime o poder de retornar às deportações em massa, reinstituir o trabalho escravo em grande escala e — o que era mais importante para o domínio total — desencadear nova onda de denúncias em massa, pois os "parasitas" seriam selecionados pelo próprio povo em comícios maciços. A "lei", porém, foi obstada pelos juristas soviéticos e abolida antes que pudesse ser posta em prática.[27] Em outras palavras, o povo da União Soviética emergiu do pesadelo do governo totalitário para as muitas privações, perigos e injustiças da ditadura unipartidária; e, embora seja perfeitamente verdadeiro que essa moderna forma de tirania não oferece nenhuma das seguranças do governo constitucional, que, "mesmo aceitando os pressupostos da ideologia comunista, todo poder na URSS é, em última análise, ilegítimo",[28] e que, portanto, o país pode voltar ao totalitarismo da noite para o dia sem grandes convulsões, também é verdade que a mais horrível forma de governo, cujos elementos e origens históricas me propus analisar, terminou na Rússia com a morte de Stálin, da mesma forma como o totalitarismo terminou na Alemanha com a morte de Hitler.

Este livro trata do totalitarismo, suas origens e elementos. As conseqüências do totalitarismo na Alemanha ou na Rússia são pertinentes apenas na medida em que possam esclarecer o que sucedeu no passado. Assim, é relevante em nosso contexto não o período após a morte de Stálin, mas a era do seu governo no pós-guerra. E esses oito anos, de 1945 a 1953, confirmam e desenrolam diante dos nossos olhos, sem contradizer nem acrescentar novos elementos, o que havia se tornado evidente desde meados da década de 30. Os acontecimentos que se seguiram à vitória, as medidas tomadas para reafirmar o domínio total após o temporário relaxamento do período da guerra na União Soviética, bem como aquelas através das quais o governo totalitário fora introduzido nos países satélites, todos seguem as regras do jogo que viemos a conhecer. A bolchevização dos países satélites começou com as táticas da frente popular e um falso sistema parlamentar; passou rapidamente ao franco estabelecimento de ditaduras unipartidárias nas quais os líderes e os membros dos partidos, que eram tolerados antes, foram liquidados; e depois atingiu o estágio final quando os líderes comunistas nativos, dos quais Moscou suspeitava com ou sem razão, foram brutalmente incriminados, humilhados em julgamentos ostensivos, torturados e mortos sob o domínio dos mais corruptos e desprezíveis elementos do partido, ou seja, aqueles que eram fundamentalmente, não comunistas, mas agentes de Moscou. Foi como se Moscou repetisse apressadamente todos os estágios da Revolução de Outubro até o surgimento da ditadura totalitária. A história, portanto, embora indescritivelmente horrível, não tem, por si mesma, muito interesse, e muda pouco: o que sucedeu a um país satélite ocor-

---

(27) *Ibid.*, p. 325.
(28) *Ibid.*, pp. 339 ss.

reu quase ao mesmo tempo a todos os outros, do Báltico ao Adriático. Os acontecimentos diferiram em regiões não incluídas no sistema de satélites. Os Estados bálticos foram diretamente incorporados à União Soviética, e sofreram muito mais que os satélites; mais de meio milhão de pessoas foram deportadas dos três pequenos países e um "enorme influxo de colonizadores russos" começou a ameaçar as populações nativas, transformadas em minoritárias em seus próprios países.[29] Até a Alemanha Oriental, após a construção do muro de Berlim, acabou sendo inteiramente incorporada ao sistema dos satélites, tendo sido tratada antes como mero território ocupado, governado por um *quisling*.

Para o nosso contexto, são mais importantes os acontecimentos da União Soviética, especialmente depois de 1948 — o ano da misteriosa morte de Zhdanov e do processo de Leningrado. Pela primeira vez depois do Grande Expurgo, Stálin mandou executar grande número de altos e altíssimos funcionários, e sabemos sem sombra de dúvida que isso foi planejado como início de outro expurgo de dimensões nacionais. Este teria sido deflagrado pela "conspiração dos médicos", se a morte de Stálin não viesse antes. Um grupo de médicos, a maioria dos quais judeus, foi acusado de haver tramado "eliminar os escalões superiores da URSS".[30] Tudo o que sucedeu na Rússia entre 1948 e janeiro de 1953, quando a "conspiração dos médicos" estava sendo "descoberta", tinha uma notável e ominosa semelhança com os preparos do Grande Expurgo dos anos 30: a morte de Zhdanov e o expurgo de Leningrado correspondiam à não menos misteriosa morte de Kirov em 1934, que foi imediatamente seguida de uma espécie de expurgo preparatório "de todos os antigos opositores que ainda existiam no Partido".[31] Além do mais, o próprio conteúdo da absurda acusação contra os médicos — que iriam matar pessoas em posição de destaque em todo o país — deve ter enchido de temerosos presságios todos os que conheciam o método de Stálin, de acusar um inimigo fictício do crime que ele mesmo ia cometer. (O melhor exemplo conhecido é, naturalmente, a acusação de que Tukhachévski conspirava junto com a Alemanha, no próprio momento em que Stálin pensava em aliar-se aos nazistas.) É claro que, em 1952, o séquito de Stálin conhecia muito melhor o real significado de suas palavras do que nos anos 30, e o próprio fraseado da acusação deve ter semeado o pânico entre todos os altos funcionários do regime. Esse pânico pode ainda ter sido a explicação mais plausível da morte de Stálin, das misteriosas circunstâncias em que ocorreu e do rápido cerrar de fileiras nos altos escalões do partido, notoriamente minado por conflitos e intrigas, durante os primeiros meses da crise de sucessão. Por menos que conheçamos os detalhes da história, sabemos mais do que o suficiente para confirmar a minha convicção original, de que "operações de desmonte" como o Grande Expurgo não eram episódios isolados, não eram excessos do regime motivados por circunstâncias raras, mas constituíam uma

---

(29) Ver Stanley Vardys, "How the Baltic republics fare in the Soviet Union", em *Foreign Affairs*, abril de 1966.
(30) Armstrong, *op. cit.*, pp. 235 ss.
(31) Fainsod, *op. cit.*, p. 56.

instituição do terror e deviam ser esperadas a intervalos regulares — a não ser, naturalmente, que mudasse a própria natureza do regime.

O elemento novo mais dramático desse último expurgo planejado por Stálin, nos últimos anos de sua vida, foi uma importante mudança de ideologia: a introdução de uma conspiração mundial judaica. Durante anos, os fundamentos para essa mudança haviam sido cuidadosamente elaborados numa série de julgamentos nos países satélites — o julgamento de Rajk na Hungria, o caso Ana Pauker na Romênia e, em 1952, o julgamento de Slansky na Tchecoslováquia. Nessas medidas preparatórias, altos funcionários do partido foram escolhidos por suas origens "burgueso-judaicas" e acusados de sionismo; aos poucos, essa acusação foi alterada para implicar agências notoriamente nãosionistas (especialmente o Comitê Judaico-Americano — JOINT), insinuando que todos os judeus eram sionistas e que todos os grupos sionistas eram "assalariados do imperialismo norte-americano". Naturalmente, nada havia de novo no "crime" do sionismo; mas, à medida que a campanha progredia e começava a concentrar-se nos judeus da União Soviética, outra mudança importante ocorreu: os judeus eram agora acusados de "cosmopolitismo" e não de sionismo, e o tipo de acusação que derivava desse *slogan* seguia cada vez mais de perto o modelo nazista de uma conspiração mundial judaica ao estilo dos sábios do Sião. Ficou surpreendentemente claro como fora profunda a impressão que esse fundamento da ideologia nazista deve ter causado a Stálin; a primeira indicação disso tornara-se evidente desde o pacto Hitler-Stálin. É verdade que, em parte, isso se devia ao seu óbvio valor propagandístico na Rússia, bem como em todos os países satélites, onde o sentimento antijudaico era corrente e a propaganda antijudaica sempre fora popular, mas também em parte porque esse tipo de conspiração mundial fictícia era um pano de fundo ideologicamente mais adequado às pretensões totalitárias de domínio mundial do que Wall Street, capitalismo e imperialismo. A adoção franca e despudorada do que se havia tornado para o mundo inteiro o sinal mais evidente do nazismo foi a última homenagem que Stálin prestou ao seu falecido colega e rival no domínio total, com quem, muito a contragosto, não pudera chegar a um acordo duradouro.

Stálin, como Hitler, morreu sem terminar o horror que havia planejado. E, quando isso aconteceu, a história que este livro vai contar e os eventos que procura interpretar e compreender chegaram a um fim pelo menos provisório.

Hannah Arendt
Junho de 1966

1
UMA SOCIEDADE SEM CLASSES

1. AS MASSAS

Nada caracteriza melhor os movimentos totalitários em geral — e principalmente a fama de que desfrutam os seus líderes — do que a surpreendente facilidade com que são substituídos. Stálin conseguiu legitimar-se como herdeiro político de Lênin à custa de amargas lutas intrapartidárias e de vastas concessões à memória do antecessor. Já os sucessores de Stálin procuraram substituí-lo sem tais condescendências, embora ele houvesse permanecido no poder por trinta anos e dispusesse de uma máquina de propaganda, desconhecida ao tempo de Lênin, para imortalizar o seu nome. O mesmo se aplica a Hitler, que durante toda a vida exerceu um fascínio que supostamente cativava a todos,[1] e que, depois de derrotado e morto, está hoje tão completamente

---

(1) O "feitiço" com que Hitler dominava os seus ouvintes foi reconhecido muitas vezes, e recentemente pelos editores de *Hitlers Tischgespräche*, Bonn, 1951 (*Hitler's table talks*, edição americana, Nova York, 1953; citações da edição original alemã). Esse fascínio — "o estranho magnetismo que Hitler irradiava com tanta força" — era devido "à crença fanática que ele tinha em si mesmo" (introdução de Gerhard Ritter, p. 14), e na sua competência sobre qualquer assunto, e no fato de que qualquer parecer que emitisse — fosse a respeito dos efeitos nocivos do fumo ou sobre a política de Napoleão — sempre podia ser incluído numa ideologia que pretendia abranger todas as coisas do mundo.

O fascínio é um fenômeno social, e o fascínio que Hitler exercia sobre o seu ambiente deve ser definido em termos daqueles que o rodeavam. A sociedade tende a aceitar uma pessoa pelo que ela pretende ser, de sorte que um louco que finja ser um gênio sempre tem certa possibilidade de merecer crédito, pelo menos no início. Na sociedade moderna, com a sua falta de discernimento, essa tendência é ainda maior, de modo que uma pessoa que não apenas tem certas opiniões, mas as apresenta num tom de inabalável convicção, não perde facilmente o prestígio, não importa quantas vezes tenha sido demonstrado o seu erro. Hitler descobriu que o inútil jogo entre as várias opiniões e "a convicção (...) de que tudo é conversa fiada" (p. 281) podia ser evitado se se aderisse a *uma* das muitas opiniões correntes com "inflexível consistência". A arbitrariedade de tal atitude exerce um forte fascínio sobre a sociedade porque lhe permite salvar-se da confusão de opiniões que ela mesma constantemente produz. Esse "dom" do fascínio, no entanto, tem importância apenas social. Em *Tischgespräche* Hitler estava envolvido num jogo social, falando não aos da sua espécie,

esquecido que mal representa alguma coisa, mesmo entre os grupos neofascistas e neonazistas da Alemanha. Essa impermanência tem certamente algo a ver com a volubilidade das massas e da fama que as tem por base; mas seria talvez mais correto atribuí-la à essência dos movimentos totalitários, que só podem permanecer no poder enquanto estiverem em movimento e transmitirem movimento a tudo o que os rodeia. Assim, até certo ponto, essa impermanência é um testemunho lisonjeiro para os líderes mortos, pois significa que conseguiram contaminar os seus súditos com aquele vírus especificamente totalitário que se caracteriza, entre outras coisas, pela extraordinária adaptabilidade e falta de continuidade. Donde se conclui que pode ser errado presumir que a inconstância e o esquecimento das massas signifiquem estarem curadas da ilusão totalitária, vez por outra identificada com o culto a Hitler ou a Stálin: a verdade pode ser exatamente o oposto.

Seria um erro ainda mais grave esquecer, em face dessa impermanência, que os regimes totalitários, enquanto no poder, e os líderes totalitários, enquanto vivos, sempre "comandam e baseiam-se no apoio das massas".[2] A ascensão de Hitler ao poder foi legal dentro do sistema majoritário,[3] e ele não poderia ter mantido a liderança de tão grande população, sobrevivido a tantas crises internas e externas, e enfrentado tantos perigos de lutas intrapartidárias, se não tivesse contado com a confiança das massas. Isso se aplica também a Stálin. Nem os julgamentos de Moscou nem a liquidação do grupo de Röhm teriam sido possíveis se essas massas não tivessem apoiado Stálin e Hitler. A crença generalizada de que Hitler era simplesmente um agente dos industriais alemães e a de que Stálin só venceu a luta sucessória depois da morte de Lênin graças a uma conspiração sinistra são lendas que podem ser refutadas por muitos fatos e, acima de tudo, pela indiscutível popularidade dos dois líderes.[4] Não se pode atribuir essa popularidade ao sucesso de uma propaganda magistral e mentirosa que conseguiu arrolar a ignorância e a estupidez. Pois a propaganda dos

---

mas aos generais da Wehrmacht, dos quais todos pertenciam à "sociedade". Seria, porém, errôneo acreditar que os sucessos de Hitler se baseassem em seu "poder de fascínio"; se fosse só por isso, nunca teria passado de figura de proa dos círculos sociais.

(2) Ver as esclarecedoras observações de Carlton J. H. Hayes sobre "The novelty of totalitarianism in the history of Western civilization", em *Symposium on the totalitarian state*, 1939, Proceedings of the American Philosophical Society, Filadélfia, 1940, vol. LXXXII.

(3) Tratava-se "da primeira grande revolução da história realizada com a aplicação da lei existente no momento da tomada do poder" (Hans Frank, *Recht und Verwaltung*, 1939, p. 8).

(4) O melhor estudo de Hitler e da sua carreira é a biografia de Hitler por Alan Bullock, *Hitler, a study in tyranny*, Londres, 1952. Segundo a tradição inglesa da biografia política, o autor emprega meticulosamente todas as fontes disponíveis e dá uma visão completa do ambiente político contemporâneo. Com esta publicação, as excelentes obras de Konrad Heiden — principalmente *Der Fuehrer: Hitler's rise to power*, Boston, 1944 — foram superadas, embora continuem sendo importantes para a interpretação geral dos acontecimentos. No tocante à carreira de Stálin, uma obra fundamental é ainda *Stalin: a critical survey of Bolshevism*, Nova York, 1939, de Boris Souvarine. Isaac Deutscher, *Stalin: a political biography*, Nova York e Londres, 1949, é indispensável pela rica documentação e grande conhecimento das lutas internas do partido bolchevista; peca pela comparação de Stálin a Cromwell, Napoleão e Robespierre.

movimentos totalitários, que precede a instauração dos regimes totalitários e os acompanha, é invariavelmente tão franca quanto mentirosa, e os governantes totalitários em potencial geralmente iniciam suas carreiras vangloriando-se de crimes passados e planejando cuidadosamente os seus crimes futuros. Os nazistas "estavam convencidos de que o mal, em nosso tempo, tem uma atração mórbida";[5] os bolchevistas diziam não reconhecer os padrões morais comuns, e esta afirmação, feita dentro e fora da Rússia, tornou-se um dos pilares da propaganda comunista; e a experiência demonstrou que o valor propagandístico do mal e o desprezo geral pelos padrões morais independem do interesse pessoal, que se supõe ser o fator psicológico mais poderoso na política.

A atração que o mal e o crime exercem sobre a mentalidade da ralé não é novidade. Para a ralé, os "atos de violência podiam ser perversos, mas eram sinal de esperteza".[6] Mas o que é desconcertante no sucesso do totalitarismo é o verdadeiro altruísmo dos seus adeptos. É compreensível que as convicções de um nazista ou bolchevista não sejam abaladas por crimes cometidos contra os inimigos do movimento; mas o fato espantoso é que ele não vacila quando o monstro começa a devorar os próprios filhos, nem mesmo quando ele próprio se torna vítima da opressão, quando é incriminado e condenado, quando é expulso do partido e enviado para um campo de concentração ou de trabalhos forçados. Pelo contrário: para o assombro de todo o mundo civilizado, estará até disposto a colaborar com a própria condenação e tramar a própria sentença de morte, contanto que o seu *status* como membro do movimento permaneça intacto.[7] Seria ingênuo pensar que essa obstinada convicção, que sobrevive a todas as experiências reais e anula todo interesse pessoal, seja mera expressão de idealismo ardente. O idealismo, tolo ou heróico, nasce da decisão e da convicção individuais, mas forja-se na experiência.[8] O fanatismo dos movimentos tota-

---

(5) Franz Borkenau, *The totalitarian enemy*, Londres, 1940, p. 231.

(6) Citado da edição alemã dos "Protocolos dos sábios do Sião": *Die Zionistischen Protokolle mit einem Vor- und Nachwort von Theodor Fritsch*, 1924, p. 29.

(7) Essa é, na verdade, uma especialidade do totalitarismo russo. É interessante observar que nos primeiros julgamentos de engenheiros estrangeiros da União Soviética a simpatia pelo comunismo era usada para induzir a pessoa à auto-acusação: "Durante todo o tempo as autoridades insistiam em que devia confessar haver cometido atos de sabotagem dos quais não era culpado. Recusei-me. Disseram-me: 'Se és a favor do governo soviético, como afirmas, prova-o pelos teus atos; o governo precisa da tua confissão'". Relatado por Anton Ciliga, *The Russian enigma*, Londres, 1940, p. 153.

Trótski nos deu uma justificativa teórica para esse tipo de conduta: "Só podemos ter razão com o Partido e através dele, pois a história não nos concede outra forma de certeza. Os ingleses têm um ditado, 'Minha pátria, certa ou errada'. (...) Temos um motivo histórico muito melhor para dizer que o partido, certo ou errado em certos casos individuais, é o meu partido" (Souvarine, *op. cit.*, p. 362).

Por outro lado, os oficiais do Exército Vermelho que não pertenciam ao movimento eram julgados a portas fechadas.

(8) O autor nazista Andreas Pfenning rejeita explicitamente a idéia de que a SA estivesse lutando por um "ideal" ou fosse motivada por uma "experiência idealista". "A experiência básica [dos homens da SA] ocorreu no decorrer da luta." (Em "Gemeinschaft und Staatswissenschaft"

litários, ao contrário das demais formas de idealismo, desaparece no momento em que o movimento deixa em apuros os seus seguidores fanáticos, matando neles qualquer resto de convicção que possa ter sobrevivido ao colapso do próprio movimento.[9] Mas, dentro da estrutura organizacional do movimento, enquanto ele permanece inteiro, os membros fanatizados são inatingíveis pela experiência e pelo argumento; a identificação com o movimento e o conformismo total parecem ter destruído a própria capacidade de sentir, mesmo que seja algo tão extremo como a tortura ou o medo da morte.

Os movimentos totalitários objetivam e conseguem organizar as massas — e não as classes, como o faziam os partidos de interesses dos Estados nacionais do continente europeu, nem os cidadãos com suas opiniões peculiares quanto à condução dos negócios públicos, como o fazem os partidos dos países anglo-saxões. Todos os grupos políticos dependem da força numérica, mas não na escala dos movimentos totalitários, que dependem da força bruta, a tal ponto que os regimes totalitários parecem impossíveis em países de população relativamente pequena,[10] mesmo que outras condições lhes sejam favoráveis. Depois da Primeira Guerra Mundial, uma onda antidemocrática e pró-ditatorial de movimentos totalitários e semitotalitários varreu a Europa: da Itália disseminaram-se movimentos fascistas para quase todos os países da Europa central e oriental (os tchecos — mas não os eslovacos — foram uma das raras exceções); contudo, nem mesmo Mussolini, embora useiro da expressão "Estado totalitáro", tentou estabelecer um regime inteiramente totalitário,[11] contentando-se

---

[Comunidade e ciência do Estado], publicada na revista *Zeitschrift für die gesamte Staatswissenschaft*, vol. 96. Tradução citada de Ernst Fraenkel, *The dual state*, Nova York e Londres, 1941, p. 92.) Vê-se, aliás, do extenso material impresso pelo Hauptamt-Schulungsamt, principal centro de doutrinação da SS, que a palavra "idealismo" foi cuidadosamente evitada. Não se exigia idealismo dos membros da SS, mas "perfeita consistência lógica em todas as questões de ideologia e o prosseguimento impiedoso da luta política" (Werner Best, *Die deutsche Polizei*, 1941, p. 99).

(9) A esse respeito, a Alemanha do pós-guerra oferece muitos exemplos esclarecedores. O fato de que as tropas negras americanas não foram, de modo algum, recebidas com hostilidade, a despeito da maciça doutrinação racial levada a cabo pelos nazistas, já é bastante interessante. De modo igualmente surpreendente, a Waffen-SS "não lutou até o último homem", e os componentes dessa unidade especial, "cujos sacrifícios ultrapassaram de longe os da Wehrmacht, se comportavam nas últimas semanas de guerra como qualquer unidade militar composta de civis" (Karl O. Paetel: "Die SS", em: *Vierteljahreshefte für Zeitgeschichte*, janeiro de 1954).

(10) Excluam-se dessa afirmativa os governos da Europa oriental dominados por Moscou, pois eles governam em benefício de Moscou e atuam como agentes do Comintern, sendo exemplos do alastramento do movimento totalitário dirigido por Moscou, não de criações nativas. A única exceção parece ter sido Tito, da Iugoslávia, que pôde romper com Moscou não apenas por perceber que os métodos totalitários inspirados pela Rússia lhe custariam o apoio da população, mas por estar longe do alcance do Exército Vermelho.

(11) Uma prova da natureza não-totalitária da ditadura fascista é o número surpreendentemente pequeno de criminosos políticos, e as sentenças relativamente suaves que lhes eram aplicadas. Durante os anos de 1926 a 1932, em que foram particularmente ativos, os tribunais especiais para julgamento dos criminosos políticos pronunciaram sete sentenças de morte, 257 sentenças de dez ou mais anos de prisão, 1.360 de menos de dez anos, e muitos outros mais foram exilados;

com a ditadura unipartidária. Ditaduras não-totalitárias semelhantes surgiram, antes da Segunda Guerra Mundial, na Romênia, Polônia, nos Estados bálticos (Lituânia e Letônia), na Hungria, em Portugal e, mais tarde, na Espanha. Os nazistas, cujo instinto era infalível para discernir essas diferenças, costumavam comentar com desprezo as falhas dos seus aliados fascistas, ao passo que a genuína admiração que nutriam pelo regime bolchevista da Rússia (e pelo Partido Comunista da Alemanha) só era igualada e refreada por seu desprezo em relação às raças da Europa oriental.[12] O único homem pelo qual Hitler sentia "respeito incondicional" era "Stálin, o gênio",[13] e, embora no caso de Stálin e do regime soviético não possamos dispor (e provavelmente nunca

---

12 mil pessoas foram presas e julgadas inocentes, o que seria inconcebível nas condições do terror nazista ou bolchevista. Ver E. Kohn-Bramstedt, *Dictatorship and political police: the technique of control by fear*, Londres, 1945, pp. 51 ss.

(12) Os teóricos políticos do nazismo sempre afirmaram enfaticamente que "o 'estado ético' de Mussolini e o 'Estado ideológico' [*Weltanschauungsstaat*] de Hitler não podem ser mencionados no mesmo fôlego" (Gottfried Neesse, "Die verfassungsrechtliche Gestaltung der Ein-Partei", em *Zeitschrift für die gesamte Staatswissenschaft*, 1938, vol. 98).

Disse Goebbels acerca da diferença entre o fascismo e o nacional-socialismo: "[O fascismo] é (...) completamente diferente do nacional-socialismo. Enquanto este último desce até as raízes, o fascismo é superficial" (*The Goebbels diaries 1942-1943*, ed. por Louis Lochner, Nova York, 1948, p. 71). "[O *Duce*] não é um revolucionário como o *Führer* ou Stálin. Está tão preso ao povo italiano que lhe faltam as amplas qualidades de um revolucionário em escala mundial" (*ibid.*, p. 468).

Himmler expressou a mesma opinião num discurso pronunciado em 1943 numa Conferência de Oficiais Comandantes: "O fascismo e o nacional-socialismo são fundamentalmente diferentes, (...) não há absolutamente nenhuma comparação entre eles como movimentos espirituais e ideológicos". (Ver Kohn-Bramstedt, *op. cit.*, apêndice A.)

Por outro lado, ainda no começo da década de 20, Hitler reconheceu a afinidade entre os movimentos nazista e comunista: "Em nosso movimento, os dois extremos se tocam: os comunistas da esquerda e os oficiais e estudantes da direita. Esses sempre foram os dois elementos mais ativos. (...) Os comunistas foram os idealistas do socialismo". (Ver Heiden, *op. cit.*, p. 147.) Röhm, o chefe da SA, apenas repetia uma opinião corrente quando escreveu, no fim da década de 20: "Muito nos separa dos comunistas, mas respeitamos a sinceridade de sua convicção e sua disposição de fazer sacrifícios em benefício da própria causa, e isto nos une a eles" (Ernst Röhm, *Die Geschichte eines Hochverräters* [A história de um traidor], 1933, Volksausgabe, p. 273).

Durante a guerra, os nazistas reconheceriam os russos como seus pares com mais facilidade do que qualquer outra nação. Falando em maio de 1943, Hitler "começou mencionando o fato de que, nesta guerra, a burguesia e os Estados revolucionários se confrontam. Para nós tem sido fácil condenar os Estados burgueses, pois são bastante inferiores a nós em sua educação e atitude. Os países que têm uma ideologia ostentam uma vantagem sobre os Estados burgueses (...) [No Leste] encontramos um oponente que também alimenta uma ideologia, embora errada" (*Goebbels diaries*, p. 355). Essa opinião baseava-se em considerações ideológicas, não-militares. Gottfried Neesse, *Partei und Staat* [Partido e Estado], 1936, oferece-nos a versão oficial da luta do movimento pelo poder, quando escreve: "Para nós, a frente unida do sistema abrange desde o Partido Nacional do Povo Alemão [i. e., a extrema-direita] até os social-democratas. O Partido Comunista é um inimigo fora do sistema. Por isto, quando, nos primeiros meses de 1933, a morte do sistema já estava decretada, ainda nos restava travar uma batalha decisiva contra o Partido Comunista" (p. 76).

(13) *Hitlers Tischgespräche*, p. 113. Nessa obra encontramos ainda numerosos exemplos que demonstram que, ao contrário de certas lendas do pós-guerra, Hitler nunca pretendeu defender

venhamos a ter) a riqueza de documentos que encontramos na Alemanha nazista, sabemos, desde o discurso de Khrushchev perante o Vigésimo Congresso do Partido Comunista, que também Stálin só confiava num homem, e que esse homem era Hitler.[14]

Em todos esses países menores da Europa, movimentos totalitários precederam ditaduras não-totalitárias, como se o totalitarismo fosse um objetivo demasiadamente ambicioso, e como se o tamanho do país forçasse os candidatos a governantes totalitários a enveredar pelo caminho mais familiar da ditadura de classe ou de partido. Na verdade, esses países simplesmente não dispunham de material humano em quantidade suficiente para permitir a existência de um domínio total — qualquer que fosse — e as elevadas perdas populacionais decorrentes da implantação de tal sistema.[15] Sem muita possibilidade de conquistar territórios, os ditadores desses pequenos países eram obrigados à moderação, sem a qual corriam o risco de perder os poucos súditos de que dispunham. Por isto, também o nazismo, antes do início da guerra, ficou tão aquém do seu similar russo em matéria de coerência e crueldade, uma vez que nem sequer o povo alemão era suficientemente numeroso para permitir o completo desenvolvimento dessa nova forma de governo. Somente se tivesse vencido a guerra, a Alemanha teria conhecido um governo totalitário completo; e podem-se avaliar e vislumbrar os sacrifícios a que isso teria levado não apenas as "raças inferiores", mas os próprios alemães, através dos planos de Hitler que ficaram para a posteridade.[16] De qualquer modo, foi só durante a guerra, de-

---

"o Ocidente" contra o bolchevismo, mas sempre esteve disposto a unir-se aos "vermelhos" para destruir o Ocidente, mesmo durante a luta contra a União Soviética. Ver especialmente pp. 95, 108, 113 ss., 158, 385.

(14) Sabemos hoje que Stálin foi repetidamente advertido quanto ao iminente ataque de Hitler à União Soviética. Mesmo quando o adido militar soviético em Berlim o informou quanto ao dia do ataque nazista, Stálin recusou-se a crer que Hitler violaria o tratado. (Ver *Speech on Stalin* de Khrushchev, texto distribuído pelo Departamento de Estado norte-americano, *New York Times*, 5 de junho de 1956.)

(15) A seguinte informação, relatada por Souvarine, *op. cit.*, p. 669, constitui importante exemplo: "Segundo W. Krivitsky, cuja excelente fonte de informes confidenciais é a GPU: 'Em lugar dos 171 milhões de habitantes estimados para 1937, só foram recenseados 145 milhões; assim, não se conseguem encontrar 30 milhões de pessoas na União Soviética". Como se sabe, só a liquidação dos *kulaks*, no início da década de 30, havia custado perto de 8 milhões de vidas. Ver *Communism in action*, U. S. Government, Washington, 1946, p. 140.

(16) Parte desses planos relativa ao extermínio de povos não-germânicos, principalmente dos eslavos, pode ser encontrada no *Bréviaire de la haine*, de Léon Poliakov, Paris, 1951, cap. 8. Um projeto de lei de saúde do Reich, escrito pelo próprio Hitler, mostra que a máquina de destruição nazista não se teria detido nem mesmo diante do povo alemão. Nesse projeto, ele propõe "isolar" do resto da população todas as famílias que tenham casos de moléstias do coração ou do pulmão, sendo que o próximo passo nesse programa era, naturalmente, a liquidação física. Este e vários outros projetos preparados para depois da vitória estão contidos numa circular aos líderes distritais (*Kreisleiter*) de Hesse-Nassau, sob a forma de relatório de uma discussão, havida no quartel-general do *Führer*, sobre "medidas que deviam ser adotadas antes (...) e depois da vitória". Ver a coleção de documentos em *Nazi conspiracy and aggression*, Washington, 1946, *et seq.*, vol. VII, p. 175. Neste contexto, há ainda a planejada promulgação de uma "legislação global

pois que as conquistas do Leste forneceram grandes massas e tornaram possíveis os campos de extermínio, que a Alemanha pôde estabelecer um regime verdadeiramente totalitário. (O regime totalitário encontra ambiente assustadoramente favorável nas áreas de tradicional despotismo oriental como a Índia ou a China, onde existe material humano quase inesgotável para alimentar a máquina de poder e de destruição de homens que é o domínio total, e onde, além disso, o sentimento de superfluidade do homem da massa — um fenômeno inteiramente novo na Europa, resultado do desemprego em massa e do crescimento populacional dos últimos 150 anos — prevalece há séculos no desprezo pela vida humana.) A moderação ou métodos menos sangrentos de domínio não se deviam tanto ao receio dos governos de que pudesse haver rebelião popular: resultaram de uma ameaça muito mais séria: o despovoamento de seus próprios países. Somente onde há grandes massas supérfluas que podem ser sacrificadas sem resultados desastrosos de despovoamento é que se torna viável o governo totalitário, diferente do movimento totalitário.

Os movimentos totalitários são possíveis onde quer que existam massas que, por um motivo ou outro, desenvolveram certo gosto pela organização política. As massas não se unem pela consciência de um interesse comum e falta-lhes aquela específica articulação de classes que se expressa em objetivos determinados, limitados e atingíveis. O termo massa só se aplica quando lidamos com pessoas que, simplesmente devido ao seu número, ou à sua indiferença, ou a uma mistura de ambos, não se podem integrar numa organização baseada no interesse comum, seja partido político, organização profissional ou sindicato de trabalhadores. Potencialmente, as massas existem em qualquer país e constituem a maioria das pessoas neutras e politicamente indiferentes, que nunca se filiam a um partido e raramente exercem o poder de voto.

Em sua ascensão, tanto o movimento nazista da Alemanha quanto os movimentos comunistas da Europa depois de 1930[17] recrutaram os seus membros dentre essa massa de pessoas aparentemente indiferentes, que todos os outros partidos haviam abandonado por lhes parecerem demasiado apáticas ou

---

quanto a estranhos", por meio da qual a "autoridade institucional" da polícia promoverá o embarque para os campos de concentração de pessoas inocentes de quaisquer crimes (Paul Werner, *SS-Standartenführer*, em *Deutsches Jugendrecht*, vol. 4, 1944).

Com relação a essa "política de população negativa", que, no seu objetivo de extermínio, positivamente se iguala aos expurgos no partido bolchevista da década de 30, é importante lembrar que "neste processo de seleção não deve haver nenhuma solução de continuidade" (Himmler, "Die Schutztaffel" [O Esquadrão de Proteção — ou seja, a unidade SS], em *Grundlagen Aufbau und Wirtschaftsordnung des nationalsozialistischen Staates* [Fundamentos, estrutura e ordem econômica do Estado nacional-socialista], n.º 7b). "A luta do *Führer* e do seu partido fora uma seleção que até agora não tinha sido atingida. (...) Esta seleção e esta luta foram ostensivamente realizadas em 30 de janeiro de 1933. (...) O *Führer* e sua velha guarda sabiam que o verdadeiro esforço apenas havia começado." (Robert Ley, *Der Weg zur Ordensburg* [O caminho para a liderança], o. D. Verlag der Deutschen Arbeitsfront. Livro fora de comércio).

(17) F. Borkenau descreve corretamente a situação: "Os comunistas obtiveram sucesso apenas modesto na tentativa de influenciar as massas da classe trabalhadora; portanto, sua base

estúpidas para lhes merecerem a atenção. A maioria dos seus membros, portanto, consistia em elementos que nunca antes haviam participado da política. Isto permitiu a introdução de métodos inteiramente novos de propaganda política e a indiferença aos argumentos da oposição: os movimentos, até então colocados fora do sistema de partidos e rejeitados por ele, puderam moldar um grupo que nunca havia sido atingido por nenhum dos partidos tradicionais. Assim, sem necessidade e capacidade de refutar argumentos contrários, preferiram métodos que levavam à morte em vez da persuasão, que traziam terror em lugar de convicção. As discórdias ideológicas com outros partidos ser-lhes-iam desvantajosas se eles competissem sinceramente com esses partidos; não o eram, porém, porquanto lidavam com pessoas que tinham motivos para hostilizar igualmente a todos os partidos.

O sucesso dos movimentos totalitários entre as massas significou o fim de duas ilusões dos países democráticos em geral e, em particular, dos Estados-nações europeus e do seu sistema partidário. A primeira foi a ilusão de que o povo, em sua maioria, participava ativamente do governo e todo indivíduo simpatizava com um partido ou outro. Esses movimentos, pelo contrário, demonstraram que as massas politicamente neutras e indiferentes podiam facilmente constituir a maioria num país de governo democrático e que, portanto, uma democracia podia funcionar de acordo com normas que, na verdade, eram aceitas apenas por uma minoria. A segunda ilusão democrática destruída pelos movimentos totalitários foi a de que essas massas politicamente indiferentes não importavam, que eram realmente neutras e que nada mais constituíam senão um silencioso pano de fundo para a vida política da nação. Agora, os movimentos totalitários demonstravam que o governo democrático repousava na silenciosa tolerância e aprovação dos setores indiferentes e desarticulados do povo, tanto quanto nas instituições e organizações articuladas e visíveis do país. Assim, quando os movimentos totalitários invadiram o Parlamento com o seu desprezo pelo governo parlamentar, pareceram simplesmente contraditórios; mas, na verdade, conseguiram convencer o povo em geral de que as maiorias parlamentares eram espúrias e não correspondiam necessariamente à realidade do país, solapando com isto a dignidade e a confiança dos governos na soberania da maioria.

Tem sido freqüentemente apontado que os movimentos totalitários usam e abusam das liberdades democráticas com o objetivo de suprimi-las. Não porque os seus líderes sejam diabolicamente espertos ou as massas sejam infantilmente ignorantes. As liberdades democráticas podem basear-se na igualdade de todos os cidadãos perante a lei; mas só adquirem significado e funcionam organicamente quando os cidadãos pertencem a agremiações ou são representados por elas, ou formam uma hierarquia social e política. O colapso do sistema de classes como estratificação social e política dos Estados-nações europeus foi certamente "um dos mais dramáticos acontecimentos da recente história ale-

---

de massa, se a têm, é cada vez mais afastada do proletariado" ("Die neue Komintern" [O novo Comintern], em *Der Monat* [O Mês], Berlim, 1949, vol. 4).

mã",[18] e favoreceu a ascensão do nazismo na mesma medida em que a ausência de estratificação social na imensa população rural da Rússia (esse "grande corpo flácido destituído de educação política, quase inacessível a idéias capazes de ação nobilitante", como disse Górki[19]) favoreceu a deposição, pelos bolchevistas, do governo democrático de Kerenski. As condições sociais da Alemanha antes de Hitler mostraram os perigos implícitos no desenvolvimento do Ocidente, uma vez que, com o fim da Segunda Guerra Mundial, o mesmo dramático colapso do sistema de classes se repetiu em quase todos os países europeus, enquanto as ocorrências na Rússia indicam claramente o rumo que podem tomar as inevitáveis mudanças revolucionárias na Ásia. Na prática, pouco importa que os movimentos totalitários adotem os padrões do nazismo ou do bolchevismo, que organizem as massas em nome de classes ou de raças, ou que pretendam seguir as leis da vida e da natureza ou as da dialética e da economia.

A indiferença em relação aos negócios públicos e a neutralidade em questões de política não são, por si, causas suficientes para o surgimento de movimentos totalitários. A sociedade competitiva de consumo criada pela burguesia gerou apatia, e até mesmo hostilidade, em relação à vida pública, não apenas entre as camadas sociais exploradas e excluídas da participação ativa no governo do país, mas acima de tudo entre a sua própria classe. O longo período de falsa modéstia, em que a burguesia se contentou em ser a classe social dominante sem aspirar ao domínio político, relegado à aristocracia, foi seguido pela era imperialista, durante a qual a burguesia tornou-se cada vez mais hostil às instituições nacionais existentes e passou a exigir o poder político e a organizar-se para exercê-lo. Tanto a antiga apatia como a nova exigência de direção monopolística e ditatorial resultavam de uma filosofia para a qual o sucesso ou o fracasso do indivíduo em acirrada competição era o supremo objetivo, de tal modo que o exercício dos deveres e responsabilidades do cidadão era tido como perda desnecessária do seu tempo e energia. Essas atitudes burguesas são muito úteis àquelas formas da ditadura nas quais um "homem forte" assume a incômoda responsabilidade de conduzir os negócios públicos; mas constituem um obstáculo para os movimentos totalitários, que não podem tolerar o individualismo burguês ou qualquer outro tipo de individualismo. Os elementos apáticos da sociedade burguesa, por mais que relutem em assumir as responsabilidades de cidadãos, mantêm intacta a sua personalidade, pelo menos porque ela lhes permite sobreviver na luta competitiva pela vida.

É difícil perceber onde as organizações da ralé do século XIX diferem dos movimentos de massa do século XX, porque os modernos líderes totalitários não diferem muito em psicologia e mentalidade dos antigos líderes da escória, cujos padrões morais e esquemas políticos, aliás, tanto se assemelhavam aos da burguesia. Embora o individualismo caracterizasse tanto a atitude da burguesia como a da ralé em relação à vida, os movimentos totalitários podem, com justiça, afirmar terem sido os primeiros partidos realmente antiburgueses, o que

---

(18) William Ebenstein, *The Nazi state*, Nova York, 1943, p. 247.
(19) Na descrição de Maksim Górki. Ver Souvarine, *op. cit.*, p. 290.

não aconteceu com os seus predecessores do século XIX. Nem a Sociedade do 10 de Dezembro (que ajudou a colocar Luís Napoleão no poder), nem as brigadas de açougueiros (que atuaram no Caso Dreyfus), nem as Centenas Negras (que organizavam os *pogroms* na Rússia), nem os movimentos étnicos de unificação envolveram os seus membros ao ponto de fazê-los perder completamente suas reivindicações e ambições individuais, nem chegaram a conceber que uma organização conseguisse apagar a identidade do indivíduo para sempre, e não apenas por um instante de heróico gesto coletivo.

A relação entre a sociedade de classes dominada pela burguesia e as massas que emergiram do seu colapso não é a mesma entre a burguesia e a ralé, que era um subproduto da produção capitalista. As massas têm em comum com a ralé apenas uma característica, ou seja, ambas estão fora de qualquer ramificação social e representação política normal. As massas não herdam, como o faz a ralé, os padrões e atitudes da classe dominante, mas refletem, e de certo modo pervertem, os padrões e atitudes de todas as classes em relação aos negócios públicos. Os padrões do homem da massa são determinados não apenas pela classe específica à qual antes pertenceu, mas acima de tudo por influências e convicções gerais que são tácita e silenciosamente compartilhadas por todas as classes da sociedade.

Fazer parte de uma classe, embora mais vaga e nunca tão inevitavelmente determinada pela origem social como nas ordens e Estados da sociedade feudal, era geralmente uma questão de nascimento, e somente a sorte ou dons extraordinários poderiam mudá-la. O *status* social era decisivo para que um indivíduo participasse da política e, exceto em casos de emergência, quando se esperava que ele agisse apenas como um *nacional*, independentemente de classe ou partido, ele nunca se defrontava diretamente com as coisas públicas ou se sentia diretamente responsável por conduzi-las. À ascensão de uma classe correspondia a intensificação da instrução e treinamento de certo número de seus membros para a política como carreira e para o serviço do governo, pago ou gratuito, se a isso podiam permitir-se, e para a representação da classe no Parlamento. A ninguém importava que a maioria dos membros de cada classe permanecesse fora de qualquer partido ou organização política. Em outras palavras, o fato de um indivíduo pertencer a uma classe, que tinha obrigações grupais limitadas e certas atitudes tradicionais em relação ao governo, impediu o crescimento de um corpo de cidadãos que se sentissem, individual e pessoalmente, responsáveis pelo governo do país. Esse caráter apolítico das populações dos Estados-nações veio à tona somente quando o sistema de classes entrou em colapso e destruiu toda a urdidura de fios visíveis e invisíveis que ligavam o povo à estrutura política.

O colapso do sistema de classes significou automaticamente o colapso do sistema partidário, porque os partidos, cuja função era representar interesses, não mais podiam representá-los, uma vez que a sua fonte e origem eram as classes. Sua continuidade tinha ainda certa importância para os membros das antigas classes que esperavam inutilmente recuperar o *status* social, e mantinham-se coesos não porque ainda tivessem interesses comuns, mas porque esperavam restaurá-los. Conseqüentemente, os partidos tornaram-se mais e mais psicológicos e ideológicos em sua propaganda, e mais apologéticos e nostálgicos em sua orientação política. Além disso, haviam perdido, sem que o percebessem, aqueles simpatizantes neutros que nunca se haviam interessado por política por acharem que os partidos existiam para cuidar dos seus interesses. Assim, o primeiro sintoma do colapso do sistema partidário continental não foi a deserção dos antigos membros do partido, mas o insucesso em recrutar membros dentre a geração mais jovem e a perda do consentimento e apoio silencioso das massas desorganizadas, que subitamente deixavam de lado a apatia e marchavam para onde vissem oportunidade de expressar a sua violenta oposição.

A queda das paredes protetoras das classes transformou as maiorias adormecidas, que existiam por trás de todos os partidos, numa grande massa desorganizada e desestruturada de indivíduos furiosos que nada tinham em comum exceto a vaga noção de que as esperanças partidárias eram vãs; que, conseqüentemente, os mais respeitados, eloqüentes e representativos membros da comunidade eram uns néscios e que as autoridades constituídas eram não apenas perniciosas mas também obtusas e desonestas. Para o nascimento dessa solidariedade, pouco importava que o trabalhador desempregado odiasse o *status quo* e as autoridades sob a forma do Partido Social-Democrata; que o pequeno proprietário desapossado o fizesse sob a forma de um partido centrista ou de direita; e que os antigos membros das classes média e superior se manifestassem sob a forma de extrema-direita tradicional. Essa massa de homens insatisfeitos e desesperados aumentou rapidamente na Alemanha e na Áustria após a Primeira Guerra Mundial, quando a inflação e o desemprego agravaram as conseqüências desastrosas da derrota militar, despontou em todos os Estados sucessórios e apoiou os movimentos extremistas da França e da Itália desde a Segunda Guerra Mundial.

Foi nessa atmosfera de colapso da sociedade de classes que se desenvolveu a psicologia do homem-de-massa da Europa. O fato de que o mesmo destino, com monótona mas abstrata uniformidade, tocava a grande número de indivíduos não evitou que cada qual se julgasse, a si próprio, em termos de fracasso individual e criticasse o mundo em termos de injustiça específica. Contudo, essa amargura egocêntrica, embora constantemente repetida no isolamento individual e a despeito da sua tendência niveladora, não chegaria a constituir laço comum, porque não se baseava em qualquer interesse comum, fosse econômico, social ou político. Esse egocentrismo, portanto, trazia consigo um claro enfraquecimento do instinto de autoconservação. A consciência da desimportância e da dispensabilidade deixava de ser a expressão da frustração individual e tornava-se um fenômeno de massa. O velho provérbio de que o pobre e o oprimido nada têm a perder exceto o sofrimento nem sequer se aplicava aos homens da massa porque, ao perderem o interesse no próprio bem-estar, eles perdiam muito mais do que o sofrimento da miséria; perdiam a fonte das preocupações e cuidados que inquietam e moldam a vida humana. Himmler, que conhecia tão bem a mentalidade daqueles a quem organizava, descreveu não apenas os membros da SS, mas as vastas camadas de onde os recrutava, quando disse que eles não estavam interessados em "problemas do dia-a-dia", mas somente em "questões ideológicas de importância para as próximas décadas ou séculos", conscientes de que "trabalham numa grande tarefa que só aparece uma vez a cada 2 mil anos".[20] A gigantesca formação de massas produziu um tipo de mentalidade que, como Cecil Rhodes quarenta anos antes, raciocinava em termos de continentes e sentia em termos de séculos.

Eminentes homens de letras e estadistas europeus predisseram, a partir do começo do século XIX, o surgimento do homem da massa e o advento de uma era da massa. Toda uma literatura sobre a conduta da massa e a psicologia da massa demonstrou e popularizou o conhecimento, tão comum entre os antigos, da afinidade entre a democracia e a ditadura, entre o governo da ralé e a tirania. Mas, embora as previsões quanto ao surgimento de demagogia, credulidades, superstições e brutalidade tenham se realizado até certo ponto, grande parte do seu significado se diluiu em vista de fenômenos inesperados e imprevistos, como a perda radical do interesse do indivíduo em si mesmo,[21] a indiferença cínica ou enfastiada diante da morte, a inclinação apaixonada por noções abstratas guindadas ao nível de normas de vida, e o desprezo geral pelas óbvias regras do bom senso.

As massas, contrariamente ao que foi previsto, não resultaram da crescente igualdade de condição e da expansão educacional, com a sua conseqüente perda de qualidade e popularização de conteúdo, pois até os indivíduos altamente cultos se sentiam particularmente atraídos pelos movimentos de massa. Nem o mais sofisticado individualismo evitava aquele auto-abandono em direção à massa que os movimentos de massa propiciavam. O fato de a individualização e a cultura não evitarem a formação de atitudes de massa era tão inesperado que foi atribuído à morbidez e ao niilismo da moderna *intelligentsia*, ao ódio de si próprios que supostamente caracteriza os intelectuais. Não obstante, os caluniados intelectuais constituíam apenas o exemplo mais ilustrativo e eram os porta-vozes mais eloqüentes de um fenômeno geral. A atomização social e a individualização extrema precederam os movimentos de massa, que, muito antes de atraírem, com muito mais facilidade, os membros sociáveis e não-individualistas dos partidos tradicionais, acolheram os completamente desorganizados, os típicos "não-alinhados" que, por motivos individualistas, sempre se haviam recusado a reconhecer laços ou obrigações sociais.

A verdade é que as massas surgiram dos fragmentos da sociedade atomizada, cuja estrutura competitiva e concomitante solidão do indivíduo eram con-

---

(20) Discurso de Heinrich Himmler sobre a "Organização e dever da SS e da polícia", publicado em *National-politischer Lehrgang der Wehrmacht vom 15-23. Januar 1937* [Instrução político-nacional das Forças Armadas, 15-23 de janeiro de 1937]. Tradução citada de *Nazi conspiracy and aggression*. Office of the United States Chief of Counsel for the Prosecution of Axis Criminality. U. S. Government, Washington, 1946, IV, 616 ss.

(21) Gustave Le Bon, *La psychologie des foules*, 1895, menciona o peculiar desprendimento das massas. Ver o cap. II, parágrafo 5.

troladas apenas quando se pertencia a uma classe. A principal característica do homem da massa não é a brutalidade nem a rudeza, mas o seu isolamento e a sua falta de relações sociais normais. Vindas da sociedade do Estado-nação, que era dominada por classes cujas fissuras haviam sido cimentadas pelo sentimento nacionalista, essas massas, no primeiro desamparo da sua existência, tenderam para um nacionalismo especialmente violento, que os líderes aceitavam por motivos puramente demagógicos, contra os seus próprios instintos e finalidades.[22]

Nem o nacionalismo tribal nem o niilismo rebelde são característicos das massas, ou lhes são ideologicamente apropriados, como o eram para a ralé. Mas os mais talentosos líderes de massa de nossa época ainda vieram da ralé, e não das massas.[23] Hitler, cuja biografia se lê como um livro-texto exemplar a esse respeito, e Stálin provinham da aparelhagem conspirativa do partido, onde se misturavam proscritos e revolucionários. O antigo partido de Hitler, composto quase exclusivamente de desajustados, fracassados e aventureiros, constituía na verdade "um exército de boêmios"[24] que eram apenas o avesso da sociedade burguesa e a quem, conseqüentemente, a burguesia alemã poderia ter usado com sucesso para seus próprios fins. Na realidade, a burguesia se deixou enganar pelos nazistas do mesmo modo como a facção Röhm-Schleicher no Reichswehr [o Exército regular da República de Weimar], que também julgou que Hitler, a quem havia usado como alcagüete, ou a SA, que tinha sido usada para propaganda militarista e treino paramilitar, agiriam como seus agentes e ajudariam a criar uma ditadura militar.[25] Ambos consideraram o movimento

---

(22) Os fundadores do partido nazista referiam-se uma vez ou outra a esse nacionalismo, mesmo antes de Hitler havê-lo chefiado como "partido da Esquerda". Interessante também é um incidente que ocorreu após as eleições parlamentares de 1932: "Gregor Strasser disse ao *Führer*, com certa amargura, que antes das eleições os nazistas poderiam ter constituído no Reichstag uma maioria com o Centro; agora já não havia essa possibilidade, os dois partidos tinham menos da metade das cadeiras do parlamento; (...) Mas com os comunistas ainda tinham uma maioria, disse Hitler; e por isto ninguém pode governar contra nós" (Heiden, *op. cit.*, pp. 94 e 495, respectivamente).

(23) Compare-se Carlton J. H. Hayes, *op. cit.*, que não diferencia entre a ralé e as massas, e supõe que os ditadores totalitários "vieram das massas e não das classes".

(24) Essa é a teoria central de K. Heiden, cujas análises do movimento nazista ainda são das mais importantes. "Dos escombros das classes mortas surge a nova classe de intelectuais, e à sua frente vão os mais inescrupulosos, aqueles que menos têm a perder e, portanto, os mais fortes: os boêmios armados, para quem a guerra é o lar, e a pátria é a guerra civil" (*op. cit.*, p. 100).

(25) A trama entre o general Schleicher, do Reichswehr, e Röhm, o chefe da SA, consistia em um plano para colocar todas as formações paramilitares sob o comando militar do Reichswehr, o que de imediato acrescentaria milhões às fileiras do Exército. Isto, naturalmente, teria certamente levado a uma ditadura militar. Em junho de 1934, Hitler liquidou Röhm e Schleicher. As negociações iniciais começaram com o pleno conhecimento de Hitler, que usou as conexões de Röhm com o Reichswehr para ludibriar os círculos militares alemães acerca de suas verdadeiras intenções. Em abril de 1932, Röhm declarou, como testemunha em um dos processos legais de Hitler, que a condição militar da SA era perfeitamente entendida pelo Reichswehr. (Para documentação comprovatória do plano Röhm-Schleicher, ver *Nazi conspiracy*, V, 466 ss. Ver também Heiden, *op. cit.*, p. 450.) O próprio Röhm fala com orgulho das suas negociações com Schleicher que, segundo ele,

nazista em seus próprios termos de filosofia política da ralé,[26] e não perceberam o apoio independente e espontâneo das massas aos novos líderes da ralé, nem o genuíno talento desses líderes para a criação de novas formas de organização. A ralé, enquanto força motriz das massas, já não era o agente da burguesia nem de ninguém a não ser das próprias massas.

Os movimentos totalitários dependiam menos da falta de estrutura de uma sociedade de massa do que das condições específicas de uma massa atomizada e individualizada, como se pode constatar por uma comparação do nazismo com o bolchevismo, que surgiram em seus respectivos países em circunstâncias muito diversas. A fim de transformar a ditadura revolucionária de Lênin em completo regime totalitário, Stálin teve primeiro de criar artificialmente aquela sociedade atomizada que havia sido preparada para os nazistas na Alemanha por circunstâncias históricas.

A vitória, surpreendentemente fácil, da Revolução de Outubro ocorreu num país onde a burocracia despótica e centralizada governava uma massa populacional desestruturada, que não se enquadrava organizacionalmente nem nos vestígios das ordens feudais rurais nem nas classes capitalistas urbanas, nascentes e débeis. Quando Lênin declarou que em nenhuma outra parte do mundo teria sido tão fácil galgar o poder e tão difícil conservá-lo, sabia não só da fraqueza da classe operária russa, mas também das anárquicas condições sociais em geral, que propiciavam mudanças súbitas. Desprovido do instinto de um líder de massas — pois não era orador e tinha o vezo de confessar e analisar publicamente os próprios erros, o que atentava contra as regras da demagogia —, Lênin se apegou imediatamente a toda diferenciação possível, fosse social, nacional ou profissional, que pudesse dar alguma estrutura à população, e parecia estar convencido de que só essa estratificação podia salvar a revolução. Legalizou a anárquica expropriação dos donos de terra pelos camponeses, e assim estabeleceu na Rússia, pela primeira vez e provavelmente a última, aquela classe camponesa emancipada que, desde a Revolução Francesa, havia sido o mais firme esteio dos Estados-nações ocidentais. Tentou fortalecer a classe trabalhadora encorajando os sindicatos independentes. Tolerou a tímida aparição de uma nova classe média proveniente da NEP [Nova Política Econômica], após o fim da guerra civil. Introduziu outras formas de distinção, organizando e, às

---

foram iniciadas em 1931. Schleicher havia prometido colocar a SA sob o comando dos oficiais do Reichswehr em caso de emergência. (Ver *Die Memoiren des Stabschefs Röhm* [As memórias do comandante Röhm], Saarbrücken, 1934, p. 170.) O caráter militar da SA, moldado por Röhm e constantemente combatido por Hitler, continuou a ditar o seu vocabulário mesmo depois da liquidação da facção de Röhm. Ao contrário dos SS, os membros da SA sempre insistiram em que eram os "representantes da vontade militar da Alemanha", e para eles o Terceiro Reich era uma "comunidade militar [apoiada em] duas colunas: o Partido e a Wehrmacht" (ver *Handbuch der SA*, Berlim, 1939, e Victor Lutze, "Die Sturmabteilungen" [As Seções de Assalto — ou seja, a SA], em *Grundlagen, Aufbau und Wirtschaftsordnung des nationalsozialistischen Staates*, n.º 7a).

(26) A autobiografia de Röhm é, em especial, um verdadeiro clássico desse tipo de literatura.

vezes, até inventando o maior número possível de nacionalidades, fomentando a consciência nacional e a percepção de diferenças históricas e culturais mesmo entre as tribos mais primitivas da União Soviética. Parece claro que, nessas questões políticas puramente práticas, Lênin seguiu seus instintos de estadista e não as suas convicções marxistas; de qualquer forma, a sua política demonstra que temia mais a ausência de uma estrutura social ou de outra natureza do que o possível desenvolvimento de tendências centrífugas nas nacionalidades recém-emancipadas, ou mesmo o crescimento de uma nova burguesia a partir das classes média e camponesa recém-estabelecidas. Sem dúvida, Lênin sofreu a sua maior derrota quando, com o espoucar da guerra civil, o supremo poder que ele originalmente planejava concentrar nos Sovietes passou definitivamente às mãos da burocracia do Partido; mas mesmo isto, trágico como era para o curso da Revolução, não teria levado necessariamente ao totalitarismo. Uma ditadura unipartidária acrescentava apenas mais uma classe à estratificação do país já em curso, isto é, a burocracia que, segundo os críticos socialistas da revolução, "possuía o Estado como propriedade privada" (Marx).[27] No momento da morte de Lênin, os caminhos ainda estavam abertos. A formação de operários, camponeses e classes médias não precisaria levar à luta de classes que havia sido característica do capitalismo europeu. A agricultura ainda podia ser desenvolvida numa base coletiva, cooperativa ou privada, e a economia nacional ainda estava livre para seguir um padrão capitalista, estatal-capitalista ou de mercado. Nenhuma dessas alternativas teria destruído automaticamente a nova estrutura do país.

Todas essas novas classes e nacionalidades barravam o caminho de Stálin quando ele começou a preparar o país para o governo totalitário. A fim de produzir uma massa atomizada e amorfa, necessitava primeiro liquidar o resto de poder dos Sovietes que, como órgão principal de representação nacional, ainda tinham certa função e impediam o domínio absoluto da hierarquia do Partido. Assim, debilitou primeiro os Sovietes nacionais, introduzindo neles células bolchevistas das quais sairiam, com exclusividade, os funcionários superiores para os comitês centrais.[28] Por volta de 1930, os últimos vestígios das antigas instituições comunais haviam desaparecido: em seu lugar existia uma

---

(27) Os anti-stalinistas basearam a sua crítica do desenvolvimento da União Soviética nessa formulação marxista, e até hoje continuam dominados por essa idéia. Rakovsky, escrevendo do seu exílio na Sibéria em 1930, é da seguinte opinião: "Sob as nossas vistas surgiu e está sendo formada uma ampla classe de diretores que tem suas subdivisões internas e que cresce através de cooptação calculada e nomeações diretas ou indiretas. [...] O que une essa classe original é uma forma, também original, de propriedade privada, a saber, o poder do Estado" (citado por Souvarine, *op. cit.*, p. 564). Trata-se de uma análise bastante precisa do desenvolvimento da era pré-stalinista. Para a evolução da relação entre o partido e os sovietes, que tem importância decisiva no curso da Revolução de Outubro, ver I. Deutscher, *The prophet armed: Trotsky 1879-1921*, 1954.

(28) Em 1927, 90% dos membros dos sovietes rurais e 75% dos seus presidentes não eram membros do Partido; os comitês executivos das regiões eram formados por 50% de não-partidários, enquanto no Comitê Central 75% dos delegados eram membros do partido. Ver o artigo "Bolshevism", de Maurice Dobb, na *Encyclopedia of social sciences*.

burocracia partidária firmemente centralizada, cujas tendências para a russificação não eram muito diferentes daquelas do regime czarista, exceto que os novos burocratas já não tinham medo de quem soubesse ler e escrever.

O governo bolchevista empreendeu então a liquidação das classes e começou, por motivos ideológicos e de propaganda, com as classes proprietárias, a nova classe média das cidades e os camponeses do interior. Por serem numerosos e possuírem propriedades, os camponeses haviam sido até então, potencialmente, a classe mais poderosa da União; conseqüentemente, a sua liquidação foi mais meticulosa e cruel que a de qualquer outro grupo, e foi levada a cabo por meio de fome artificial e deportação, a pretexto de expropriação dos *kulaks* e de coletivização. A liquidação das classes média e camponesa terminou no início da década de 30: os que não se incluíam entre os muitos milhões de mortos ou milhões de deportados sabiam agora "quem mandava neste país" e haviam compreendido que as suas vidas e as vidas de suas famílias não dependiam dos seus concidadãos, mas somente dos caprichos do governo, aos quais tinham de enfrentar em completa solidão, sem qualquer tipo de auxílio do grupo a que pertencessem. Nem estatísticas nem documentos situam o momento exato em que a nova classe agrícola, produzida pela coletivização e ligada por interesses comuns, passou a representar um perigo latente para o governo totalitário, devido ao seu número e posição vital da economia do país. Mas, para aqueles que sabem decifrar as "informações oficiais" do totalitarismo, esse instante ocorrera dois anos antes da morte de Stálin, quando ele propôs dissolver as fazendas coletivas e transformá-las em unidades maiores. Não sobreviveu para realizar esse plano; dessa vez, os sacrifícios teriam sido ainda mais altos, e as caóticas conseqüências para a economia global ainda mais catastróficas do que por ocasião do extermínio da primeira classe camponesa, mas não há motivo para julgar que ele não o teria conseguido; não há classe que não possa ser extinta quando se mata um número suficientemente grande de seus membros.

A próxima classe a ser liquidada como grupo era a dos operários. Como classe, eram mais débeis e ofereciam muito menor resistência que os camponeses, porque a expropriação dos donos de fábricas, que eles haviam realizado espontaneamente durante a Revolução, ao contrário da expropriação dos donos de terra pelos camponeses, havia sido imediatamente frustrada pelo governo, que confiscara as fábricas como sendo propriedade do Estado, sob o pretexto de que o Estado, de qualquer modo, pertencia ao proletariado. O sistema stakhanovista, adotado no início da década de 30, eliminou a solidariedade e a consciência de classe dos trabalhadores pela concorrência feroz implantada pela solidificação de uma aristocracia operária, separada do trabalhador comum por uma distância social mais aguda que a distância entre os trabalhadores e a gerência. Esse processo foi completado em 1938, quando a criação do docu-

---

A. Rosenberg, *A history of bolshevism*, Londres, 1934, cap. VI, descreve em detalhes como os membros do partido nos sovietes, votando "de acordo com as instruções que recebiam das autoridades permanentes do Partido", destruíram internamente o sistema dos sovietes.

mento de trabalho transformou oficialmente toda a classe operária russa num gigantesco corpo de trabalhadores forçados.

Finalmente, veio a liquidação daquela burocracia que havia ajudado a executar as medidas anteriores de extermínio. Stálin levou dois anos, de 1936 a 1938, para se desfazer de toda a aristocracia administrativa e militar da sociedade soviética; quase todas as repartições públicas, fábricas, entidades econômicas e culturais e agências governamentais, partidárias e militares passaram a novas mãos, quando "quase a metade do pessoal administrativo, do partido ou não, havia sido eliminada", e foram liquidados mais de 50% de todos os membros do partido e "pelo menos outros 8 milhões de pessoas".[29] A criação de um passaporte interno, no qual tinham de ser registradas e autorizadas todas as viagens de uma cidade para outra, completou a destruição da burocracia como classe. No que diz respeito ao seu *status* jurídico, a burocracia e os funcionários do partido estavam agora no mesmo nível dos operários; eram também parte da vasta multidão de trabalhadores forçados russos, e o seu *status* como classe privilegiada na sociedade soviética era mera lembrança do passado. E, como esse expurgo geral terminou com a liquidação das mais altas autoridades policiais — as mesmas que antes haviam organizado o expurgo geral —, nem mesmo os oficiais da GPU, que haviam instaurado o terror, podiam pensar que, como grupo, ainda representassem alguma coisa, muito menos poder.

Nenhum desses imensos sacrifícios de vida humana foi motivado por uma *raison d'état* no antigo sentido do termo. Nenhuma das camadas sociais liquidadas era hostil ao regime, nem era provável que se tornasse hostil num futuro previsível. A oposição ativa e organizada havia cessado de existir por volta de 1930 quando Stálin, em seu discurso no Décimo Sexto Congresso do Partido, declarou ilegais as divergências ideológicas dentro do partido, sendo que mesmo essa frouxa oposição mal pudera basear-se em alguma classe existente.[30] O terror ditatorial — que difere do terror totalitário por ameaçar apenas adversários autênticos, mas não cidadãos inofensivos e carentes de opiniões políticas — havia sido suficientemente implacável para sufocar toda a atividade política, ostensiva ou clandestina, mesmo antes da morte de Lênin. A intervenção do exterior, que poderia apoiar um dos setores descontentes da população, já não

---

(29) Citamos esses algarismos do livro de Victor Kravchenko, *I chose freedom: the personal and political life of a Soviet official*, Nova York, 1946, pp. 278 e 303. Trata-se, naturalmente, de uma fonte altamente duvidosa. Mas, como no caso da Rússia soviética, basicamente não se pode recorrer a não ser a fontes duvidosas, e temos de confiar inteiramente em reportagens, relatos e estimativas de um tipo ou de outro — tudo o que podemos fazer é usar qualquer informação que, pelo menos, pareça ter alto grau de probabilidade. Alguns historiadores acreditam que o método oposto — ou seja, usar exclusivamente o material fornecido pelo governo russo — é mais fidedigno, mas não é o caso, porque o material oficial não passa de propaganda.

(30) O Relatório de Stálin ao Décimo Sexto Congresso denunciava o deviacionismo como "reflexo" da resistência dos camponeses e das classes pequeno-burguesas nos escalões do partido. (Ver *Leninism*, 1933, vol. II, cap. III.) O curioso é que a oposição ficava indefesa contra esses ataques, porque também os opositores, e especialmente Trótski, estavam "sempre ansiosos por descobrir uma luta de classes por trás da luta de *cliques*" (Souvarine, *op. cit.*, p. 440).

constituía perigo em 1930, quando a União Soviética, já reconhecida pela maioria dos Estados e firmemente implantada, tornou-se parceira do sistema internacional vigente. Contudo, se Hitler fosse um conquistador comum e não um governante totalitário rival, poderia ter tido excelente oportunidade de conquistar pelo menos a Ucrânia com o consentimento de sua população.

Se politicamente o extermínio de classes não fazia sentido, foi simplesmente desastroso para a economia soviética. As conseqüências da fome artificialmente criada em 1933 foram sentidas durante anos em todo o país; a introdução do sistema stakhanovista em 1935, com a arbitrária aceleração da produção individual, resultou num "desequilíbrio caótico" da jovem indústria;[31] a liquidação da burocracia, isto é, da classe de gerentes e engenheiros das fábricas, terminou privando as empresas industriais da escassa experiência e do pouco *know-how* que a nova *intelligentsia* técnica russa havia conseguido adquirir.

Desde os tempos antigos, a imposição da igualdade de condições aos governados constituiu um dos principais alvos dos despotismos e das tiranias, mas essa equalização não basta para o governo totalitário, porque deixa ainda intactos certos laços não-políticos entre os subjugados, tais como laços de família e de interesses culturais comuns. O totalitarismo que se preza deve chegar ao ponto em que tem de acabar com a existência autônoma de qualquer atividade que seja, mesmo que se trate de xadrez. Os amantes do "xadrez por amor ao xadrez", adequadamente comparados por seu exterminador aos amantes da "arte por amor à arte",[32] demonstram que ainda não foram absolutamente atomizados todos os elementos da sociedade, cuja uniformidade inteiramente homogênea é a condição fundamental para o totalitarismo. Do ponto de vista dos governantes totalitários, uma sociedade dedicada ao xadrez por amor ao xadrez difere apenas um pouco da classe de agricultores que o são por amor à agricultura, embora seja menos perigosa. Himmler definiu muito bem o elemento da SS como o novo tipo de homem que em nenhuma circunstância fará jamais "alguma coisa apenas por amor a essa coisa".[33]

A atomização da massa na sociedade soviética foi conseguida pelo habilidoso uso de repetidos expurgos que invariavelmente precediam o verdadeiro extermínio de um grupo. A fim de destruir todas as conexões sociais e familiares, os expurgos eram conduzidos de modo a ameaçarem com o mesmo destino o acusado e todas as suas relações, desde meros conhecidos até os parentes e amigos íntimos. A "culpa por associação" é uma invenção engenhosa e sim-

---

(31) Kravchenko, *op. cit.*, p. 187.
(32) Souvarine, *op. cit.*, p. 575.
(33) A senha da SS, formulada pelo próprio Himmler, começa com as palavras: "Não existe tarefa dedicada a si mesma". Ver Gunter d'Alquen, "Die SS", em *Schriften der Hochschule für Politik* [Escritos da Escola Superior de Política], 1939. Os panfletos publicados pela SS para o consumo interno repetidamente insistem na "absoluta necessidade de se compreender a futilidade de tudo o que venha a ser um fim por si mesmo" (ver *Der Reichsführer SS und Chef der deutschen Polizei* [O líder nacional da SS e chefe da polícia alemã], sem data, "exclusivamente para uso interno da polícia").

ples; logo que um homem é acusado, os seus antigos amigos se transformam nos mais amargos inimigos: para salvar a própria pele, prestam informações e acorrem com denúncias que "corroboram" provas inexistentes, a única maneira que encontram de demonstrarem a sua própria fidelidade. Em seguida, tentam provar que a sua amizade com o acusado nada mais era que um meio de espioná-lo e delatá-lo como sabotador, trotskista, espião estrangeiro ou fascista. Uma vez que o mérito é "julgado pelo número de denúncias apresentadas contra os camaradas",[34] é óbvio que a mais elementar cautela exige que se evitem, se possível, todos os contatos íntimos — não para evitar que outros descubram os pensamentos secretos, mas para eliminar, em caso quase certo de problemas futuros, a presença daqueles que sejam obrigados, pelo perigo da própria vida, à necessidade de arruinar a de outrem. Em última análise, foi através do desenvolvimento desse artifício, até os seus máximos e mais fantásticos extremos, que os governantes bolchevistas conseguiram criar uma sociedade atomizada e individualizada como nunca se viu antes, e a qual nenhum evento ou catástrofe poderiam por si só ter suscitado.

Os movimentos totalitários são organizações maciças de indivíduos atomizados e isolados. Distinguem-se dos outros partidos e movimentos pela exigência de lealdade total, irrestrita, incondicional e inalterável de cada membro individual. Essa exigência é feita pelos líderes dos movimentos totalitários mesmo antes de tomarem o poder e decorre da alegação, já contida em sua ideologia, de que a organização abrangerá, no devido tempo, toda a raça humana. Contudo, onde o governo totalitário não é preparado por um movimento totalitário (como foi o caso da Rússia em contraposição com a Alemanha nazista), o movimento tem de ser organizado depois, e as condições para o seu crescimento têm de ser artificialmente criadas de modo a possibilitar a lealdade total que é a base psicológica do domínio total. Não se pode esperar essa lealdade a não ser de seres humanos completamente isolados que, desprovidos de outros laços sociais — de família, amizade, camaradagem — só adquirem o sentido de terem lugar neste mundo quando participam de um movimento, pertencem ao partido.

A lealdade total só é possível quando a fidelidade é esvaziada de todo o seu conteúdo concreto, que poderia dar azo a mudanças de opinião. Os movimentos totalitários, cada um ao seu modo, fizeram o possível para se livrarem de programas que especificassem um conteúdo concreto, herdados de estágios anteriores e não-totalitários da sua evolução. Por mais radical que seja, todo objetivo político que não inclua o domínio mundial, todo programa político definido que trate de assuntos específicos em vez de referir-se a "questões ideológicas que serão importantes durante séculos" é um entrave para o totalitarismo. A grande realização de Hitler ao organizar o movimento nazista — que ele gradualmente construiu a partir de um pequeno partido tipicamente nacionalista formado por gente obscura e meio louca — é que ele liberou o movi-

---

(34) A própria prática tem sido abundantemente documentada. W. Krivitsky, em seu livro *In Stalin's secret services* (Nova York, 1939), remonta esta diretriz diretamente a Stálin.

mento do antigo programa do partido, não por mudá-lo ou aboli-lo oficialmente, mas simplesmente por recusar-se a mencioná-lo ou discutir os seus pontos.[35] Nesse aspecto, como em outros, a tarefa de Stálin foi muito mais difícil: o programa socialista do partido bolchevista era uma carga muito mais incômoda[36] que os 25 pontos do programa do partido nazista redigidos por um economista amador e político maluco.[37] Mas Stálin, após haver abolido as facções do partido, conseguiu finalmente o mesmo resultado, através dos constantes ziguezagues da linha partidária comunista e da constante reinterpretação e aplicação do marxismo, o que esvaziava a doutrina de todo o seu conteúdo, já que não era possível prever o rumo ou ação que ela ditaria. O fato de que o mais perfeito conhecimento do marxismo e do leninismo já não servia de guia para a conduta política — e de que, pelo contrário, só era possível seguir a linha do partido se se repetisse a cada manhã o que Stálin havia dito na véspera — resultou naturalmente no mesmo estado de espírito, na mesma obediência concentrada, imune a qualquer tentativa de se compreender o que se estava fazendo, expressa pelo engenhoso lema de Himmler para os homens da SS: "Minha honra é a minha lealdade".[38]

A falta de um programa partidário, ou o fato de se ignorá-lo, não é, por si só, necessariamente um sinal de totalitarismo. O primeiro a considerar programas e plataformas como desnecessários pedaços de papel e embaraçosas promessas, não condizentes com o estilo e o ímpeto de um movimento, foi Mussolini com a sua filosofia fascista de ativismo e inspiração no próprio momento histórico.[39] Todo líder da ralé é caracterizado pela mera sede de poder e pelo

(35) Hitler escreveu em *Mein Kampf* (2 vols., 1ª edição alemã, 1925 e 1927 respectivamente) que era melhor ter um programa antiquado do que permitir uma discussão de programa (livro II, cap. V). Pouco depois, declararia publicamente: "Quando tomarmos o governo, o programa virá por si mesmo. (...) O primeiro passo deverá ser uma inconcebível onda de propaganda. Isto é, uma ação política que pouco teria a ver com os outros problemas do momento". Ver Heiden, *op. cit.*, p. 203.

(36) Souvarine sugere (erradamente, em nossa opinião) que já Lênin havia abolido o papel de um programa partidário. "Nada podia mostrar mais claramente que o bolchevismo, como doutrina, não existia a não ser na cabeça de Lênin; todo bolchevista, se fosse deixado sozinho, desviava-se da 'linha' de sua facção (...) pois o que unia esses homens era o seu temperamento e a autoridade de Lênin, e não as idéias" (*op. cit.*, p. 85).

(37) O programa de Gottfried Feder para o partido nazista, com os seus famosos 25 pontos, teve papel mais importante na literatura acerca do movimento do que no próprio movimento.

(38) O impacto do lema, formulado pelo próprio Himmler, é difícil de traduzir. Em alemão, *Meine Ehre heisst Treue* indica uma devoção e uma obediência absolutas, que transcendem o significado da mera disciplina ou fidelidade pessoal. *Nazi conspiracy*, cujas traduções de documentos alemães e da literatura nazista são uma fonte indispensável de material, mas que, infelizmente, são muito irregulares, traduz a senha da SS como "Minha honra significa fidelidade" (V, 346).

(39) Mussolini foi provavelmente o primeiro líder de partido a rejeitar conscientemente um programa formal e substituí-lo apenas pela liderança e pela ação inspiradas. Por trás dessa atitude, estava a noção de que a atualidade do próprio momento era o principal elemento de inspiração, ao qual um programa partidário somente poderia prejudicar. A filosofia do fascismo italiano foi expressa pelo "atualismo" de Gentile e não pelos "mitos" de Sorel. Compare-se também o artigo "Fascism" da *Encyclopedia of social sciences*. O programa de 1921 foi formulado quando o movimento existia havia apenas dois anos, e continha, na maior parte, a sua filosofia nacionalista.

desprezo à "tagarelice" quando se lhe pergunta o que pretende fazer com ele. O verdadeiro objetivo do fascismo era apenas a tomada do poder e a instalação da "elite" fascista no governo. O totalitarismo jamais se contenta em governar por meios externos, ou seja, através do Estado e de uma máquina de violência; graças à sua ideologia peculiar e ao papel dessa ideologia no aparelho de coação, o totalitarismo descobriu um meio de subjugar e aterrorizar os seres humanos internamente. Neste sentido, elimina a distância entre governantes e governados e estabelece uma situação na qual o poder e o desejo de poder, tal como os entendemos, não representam papel algum ou, na melhor das hipóteses, têm um papel secundário. Essencialmente, o líder totalitário é nada mais e nada menos que o funcionário das massas que dirige; não é um indivíduo sedento de poder impondo aos seus governados uma vontade tirânica e arbitrária. Como simples funcionário, pode ser substituído a qualquer momento e depende tanto do "desejo" das massas que ele incorpora, como as massas dependem dele. Sem ele, elas não teriam representação externa e não passariam de um bando amorfo; sem as massas, o líder seria uma nulidade. Hitler, que conhecia muito bem essa interdependência, exprimiu-a certa vez num discurso perante a SA: "Tudo o que vocês são, o são através de mim; tudo o que eu sou, sou somente através de vocês".[40] Infelizmente nossa tendência é dar pouca importância a declarações deste tipo ou interpretá-las erradamente. Na tradição política do Ocidente,[41] a ação é definida em termos de dar e executar ordens. Mas esta idéia sempre pressupôs alguém que comanda, que pensa e deseja e, em seguida, impõe o seu pensamento e o seu desejo sobre um grupo destituído de pensamento e de vontade — seja por meio da persuasão, da autoridade ou da violência. Hitler, porém, era da opinião de que até mesmo "o pensamento (...) [só existe] em virtude da formulação ou execução de uma ordem",[42] eliminando assim, mesmo teoricamente, de um lado a diferença entre pensar e agir e, do outro, a diferença entre governantes e governados.

Nem o nacional-socialismo nem o bolchevismo jamais proclamaram uma nova forma de governo ou afirmaram que o seu objetivo seria alcançado com a tomada do poder e o controle da máquina estatal. Sua idéia de domínio — a dominação permanente de todos os indivíduos em toda e qualquer esfera da vida[43] — é algo que nenhum Estado ou mecanismo de violência jamais pôde conseguir, mas que é realizável por um movimento totalitário constantemente acionado. A tomada do poder através dos instrumentos de violência nunca é um

(40) Ernst Bayer, *Die SA*, Berlim, 1938. Traduzido do *Nazi conspiracy*, IV, 783.
(41) Isso ocorre pela primeira vez na *Política* de Platão, 305, onde a ação é interpretada em termos de *archein* e *prattein* — de ordenar o início de um ato e de executar a ordem.
(42) *Hitlers Tischgespräche*, p. 198.
(43) *Mein Kampf*, livro I, cap. XI. Veja-se também, por exemplo, Dieter Schwartz, "Angriffe auf die nationalsozialistische Weltanschauung" [Ataques à ideologia nacional-socialista], em *Aus dem Schwarzen Korps*, n.º 2, 1936, que responde à crítica óbvia de que o nacional-socialismo, após haver galgado o poder, continuava a falar de "luta": "Como ideologia [*Weltanschauung*], o nacional-socialismo não abandonará a sua luta até que (...) o modo de vida de cada indivíduo alemão tenha sido moldado segundo os seus valores fundamentais, postos em prática a cada dia".

fim em si, mas apenas um meio para um fim, e a tomada do poder em qualquer país é apenas uma etapa transitória e nunca o fim do movimento. O fim prático do movimento é amoldar à sua estrutura o maior número possível de pessoas, acioná-las e mantê-las em ação; um objetivo político que constitua a finalidade do movimento totalitário simplesmente não existe.

2. A ALIANÇA TEMPORÁRIA ENTRE A RALÉ E A ELITE

O que perturba os espíritos lógicos mais que a incondicional lealdade dos membros dos movimentos totalitários e o apoio popular aos regimes totalitários é a indiscutível atração que esses movimentos exercem sobre a elite e não apenas sobre os elementos da ralé da sociedade. Seria realmente temerário atribuir à excentricidade artística ou à ingenuidade escolástica o espantoso número de homens ilustres que são simpatizantes, companheiros de viagem ou membros registrados dos partidos totalitários.

Essa atração da elite é um indício tão importante para a compreensão dos movimentos totalitários (embora não se possa dizer o mesmo dos regimes totalitários) quanto a sua ligação com a ralé. Denota a atmosfera específica, o clima geral que propicia o surgimento do totalitarismo. É preciso lembrar que a idade dos líderes dos movimentos totalitários e dos seus simpatizantes supera a dos membros das massas que organizam, de modo que, do ponto de vista cronológico, as massas não precisam aguardar, impotentes, que os seus líderes surjam de uma sociedade de classes em declínio, da qual são o produto mais importante. Aqueles que voluntariamente abandonaram a sociedade antes do colapso das classes, juntamente com a ralé — que é o subproduto mais recente do domínio da burguesia —, estão prontos para aclamá-los. Os atuais governantes totalitários e os líderes dos movimentos totalitários têm ainda os traços característicos da ralé, cuja psicologia e filosofia política são bastante conhecidas; o que sucederá quando um autêntico homem da massa assumir o comando ainda não sabemos, embora possamos supor que ele se assemelhe mais a um Himmler, com a sua meticulosa e calculada correção, do que a um Hitler, com o seu fanatismo histérico, e lembrará mais a teimosa obtusidade de um Molotov do que a crueldade sensual e vingativa de um Stálin.

A esse respeito, a situação da Europa após a Segunda Guerra Mundial não foi muito diferente daquela que sucedeu à Primeira. Do mesmo modo como, na década de 20, foram formuladas as ideologias do fascismo, bolchevismo e nazismo, e seus respectivos movimentos foram liderados pela chamada geração de vanguarda, por aqueles que haviam sido criados nos tempos de antes da guerra e se recordavam perfeitamente dessa época, o clima político e intelectual do totalitarismo de pós-guerra foi determinado por uma geração que conheceu a época anterior a 1939. Isso se aplica especialmente à França, onde o colapso do sistema de classes ocorreu após a Segunda Guerra, e não após a Primeira. Os líderes dos movimentos totalitários, exatamente como os homens da ralé e os aventureiros da era imperialista, têm em comum com os seus simpatizantes intelectuais o fato de que uns e outros já estavam fora do sistema de classes e nacionalidades da respeitável sociedade européia antes que esse sistema entrasse em colapso.

Quando a falsa respeitabilidade cedeu ao desespero da anarquia, esse colapso pareceu oferecer a primeira grande oportunidade tanto para a elite quanto para a ralé e, obviamente, para os novos líderes das massas. Suas carreiras lembram as dos primeiros líderes da ralé: fracasso na vida profissional e social, perversão e desastre na vida privada. O fato de que as suas vidas, antes do seu ingresso na carreira política, haviam sido um fracasso — ingenuamente apontado em seu detrimento pelos líderes mais respeitáveis dos velhos partidos — era o ponto alto da sua atração para as massas. Parecia demonstrar que, individualmente, eles encarnavam o destino da massa do seu tempo, e que o desejo de tudo sacrificarem pelo movimento, a devoção por aqueles que haviam sofrido alguma catástrofe, a determinação de jamais cederem à tentação da segurança da vida normal e o desprezo pela respeitabilidade eram perfeitamente sinceros e não apenas inspirados por ambições passageiras.

Por outro lado, a elite do pós-guerra era apenas ligeiramente mais jovem que aquela geração que se deixara usar e abusar pelo imperialismo como jogadores, espiões e aventureiros, cavaleiros de armadura polida e matadores-de-dragões, por amor a carreiras gloriosas longe da respeitabilidade. Compartilhavam com Lawrence da Arábia o anseio de "perderem o seu eu" e sentiam violenta repulsa por todos os padrões existentes e por toda autoridade constituída. Se ainda não tinham esquecido a "idade de ouro da segurança", lembravam melhor ainda o quanto a haviam odiado e como se haviam entusiasmado com a deflagração da Primeira Guerra Mundial. Não foi somente Hitler nem somente os fracassados que agradeceram a Deus, de joelhos, quando, em 1914, a mobilização varreu a Europa.[44] Nem ao menos precisaram censurar-se por terem sido presa fácil da propaganda chauvinista ou das explicações mentirosas a respeito do caráter puramente defensivo da guerra. A elite partiu para a guerra na exultante esperança de que tudo o que conhecia, toda a cultura e textura da vida desmoronaria em "tempestades de aço" (Ernst Jünger). Nas palavras cuidadosamente escolhidas de Thomas Mann, a guerra era "castigo" e "purificação"; "a guerra em si, e não as vitórias, é que inspirava o poeta". Ou, nas palavras de um estudante da época, "o que importa não é o objeto pelo qual se faz o sacrifício, mas a eterna disposição de fazê-lo"; ou ainda, nas palavras de um jovem trabalhador, "não importa que a gente viva ou não alguns anos a mais. A gente quer ter alguma coisa que possa dizer que fez na vida".[45] E,

---

(44) Ver a descrição que Hitler faz de suas reações ao eclodir a Primeira Guerra Mundial (*Mein Kampf*, livro 1, cap. V).

(45) Ver a coleção de artigos sobre a "crônica interna da Primeira Guerra Mundial" por Hanna Hafkesbrink, *Unknown Germany*, New Haven, 1948, pp. 43, 45 e 81, respectivamente. Trata-se de trabalho de profundo valor, que nos revela os fatores imponderáveis da atmosfera histórica, e que torna deplorável a ausência de estudos semelhantes para a França, Inglaterra e Itália.

muito antes que um dos simpatizantes intelectuais do nazismo dissesse "quando ouço a palavra cultura, puxo o revólver", os poetas já haviam proclamado a sua repulsa pela "cultura de lixo" e poeticamente invocavam os "bárbaros, citas, negros e indianos para esmagá-la".[46]

Tachar simplesmente de acesso de niilismo esta violenta insatisfação com a era que precedeu a guerra e as subseqüentes tentativas de restaurá-la (de Nietzsche e Sorel a Pareto, de Rimbaud e T. E. Lawrence a Jünger, Brecht e Malraux, de Bakúnin e Nechayev a Alexander Blok) seria ignorar quão justificada pode ser a repulsa numa sociedade inteiramente impregnada com a atitude ideológica e os padrões morais da burguesia. Contudo, também é verdade que a "geração de vanguarda", em agudo contraste com os pais espirituais que ela mesma havia escolhido, estava completamente absorvida pelo desejo de ver a ruína de todo este mundo de segurança falsa, cultura falsa e vida falsa. Esse desejo era tão forte que o seu impacto e eloqüência eram maiores que os de todas as tentativas anteriores de "transformação de valores", como a de Nietzsche, ou de reorganização da vida política, como indica a obra de Sorel, ou de restauração da autenticidade humana, como em Bakúnin, ou de apaixonado amor pela vida, na pureza das aventuras exóticas de Rimbaud. A destruição sem piedade, o caos e a ruína assumiam a dignidade de valores supremos.[47]

Quão genuínos eram esses sentimentos prova o fato de que muito poucos dessa geração perderam o seu entusiasmo pela guerra ao experimentarem pessoalmente os seus horrores. Os sobreviventes das trincheiras não se tornaram pacifistas. Conservaram carinhosamente aquela experiência que, segundo pensavam, podia separá-los definitivamente do odiado mundo da respeitabilidade. Apegaram-se às lembranças de quatro anos de vida nas trincheiras como se fossem um critério objetivo para a criação de uma nova elite. Nem cederam à tentação de idealizar esse passado; pelo contrário, os adoradores da guerra eram os primeiros a admitir que, na era da máquina, a guerra certamente não podia gerar virtudes como o cavalheirismo, a coragem, a honra e a hombridade,[48] mas apenas impunha ao homem a experiência da destruição pura e simples, juntamente com a humilhação de serem apenas peças da grande máquina da carnificina.

Essa geração recordava a guerra como o grande prelúdio do colapso das classes e da sua transformação em massas. A guerra, com a sua arbitrariedade

(46) *Ibid.*, pp. 20-1.
(47) Tudo começava com uma sensação de completo alheamento em relação à vida normal. Escreveu Rodolf Binding, por exemplo: "Cada vez mais fazemos parte dos mortos, dos alienados — porque a grandeza do que ocorre nos aliena e separa — e não dos banidos, cuja volta é possível" (*ibid.*, p. 160). Uma curiosa reminiscência da pretensão da elite da geração das trincheiras pode ainda ser encontrada no relato de Himmler sobre a "forma de seleção" para a reorganização da SS: "(...) o processo de seleção mais severo é proporcionado pela guerra, pela luta de vida e morte. Nesse processo, o valor do sangue se manifesta pela realização. (...) Mas a guerra é uma circunstância excepcional, e era preciso encontrar uma forma de seleção contínua também em tempos de paz" (*op. cit.*).
(48) Ver, por exemplo, Ernst Jünger, *The storm of steel*, Londres, 1929

constante e assassina, tornou-se o símbolo da morte, a "grande niveladora"[49] e, portanto, a mãe da nova ordem mundial. A ânsia de igualdade e justiça, o desejo de transcender os estreitos e inexpressivos limites de classes, de abandonar privilégios e preconceitos estúpidos, pareciam encontrar na guerra um modo de fugir às velhas atitudes condescendentes de piedade pelos oprimidos e deserdados. Em épocas de crescente miséria e desamparo individual, é tão difícil resistir à piedade, quando ela se transforma em paixão, como deixar de condenar a sua própria universalidade, que parece matar a dignidade humana mais definitivamente que a própria miséria.

Nos primeiros anos de sua carreira, quando a restauração do *status quo* europeu ainda constituía a mais séria ameaça às ambições da ralé,[50] Hitler apelou quase exclusivamente para esses sentimentos da geração de vanguarda. O peculiar desprendimento do homem da massa parecia corresponder ao desejo de anonimato, ao desejo de ser apenas um número e funcionar apenas como uma peça, para que se pudesse apagar a sua falsa identificação com tipos específicos ou funções predeterminadas na sociedade. A guerra havia sido sentida como aquela "ação coletiva mais poderosa de todas" que obliterava as diferenças individuais, de sorte que até mesmo o sofrimento, que tradicionalmente distinguia os indivíduos com destinos próprios não intercambiáveis, podia agora ser interpretado como "instrumento de progresso histórico".[51] A elite do pós-guerra desejava incorporar-se a qualquer massa, sem distinções nacionais. Um tanto paradoxalmente, a Primeira Guerra Mundial havia quase liquidado os sentimentos nacionais da Europa, onde, entre as duas guerras, era muito mais importante haver pertencido à geração das trincheiras, não importa de que lado, do que ser alemão ou francês.[52] Os nazistas basearam toda a sua propaganda nessa camaradagem indistinta, nessa "comunidade de destino", e conquistaram grande número de organizações de veteranos de guerra em todos os países europeus, demonstrando assim quão inexpressivos se haviam tornado os *slogans* nacionais, mesmo entre os escalões da chamada ala direita, que os empregavam em virtude da sua conotação de violência e não pelo que continham de especificamente nacional.

Nenhum dos elementos era muito novo nesse clima intelectual geral do pós-guerra europeu. Bakúnin já havia confessado que "não quero ser *eu*, quero

---

(49) Hafkesbrink, *op. cit.*, p. 156.

(50) Heiden, *op. cit.*, mostra a consistência com que Hitler preferia a catástrofe nos primeiros dias do movimento, como receava uma possível recuperação da Alemanha. "Uma meia dúzia de vezes [durante o *Ruhrputsch*], com palavras diferentes, declarou às suas tropas de choque que a Alemanha estava afundando. 'Nossa tarefa é assegurar o sucesso do nosso movimento'" — (p. 167) — sucesso que, naquele instante, dependia do colapso da luta no Ruhr.

(51) Hafkesbrink, *op. cit.*, pp. 156-7.

(52) Esse sentimento já era generalizado durante a guerra, quando Rudolf Binding escreveu: "Esta guerra não deve ser comparada a uma campanha. Pois, numa campanha, a vontade de um líder se confronta com a de outro. Mas nesta guerra ambos os adversários jazem por terra, e somente a Guerra impõe a sua vontade" (*ibid.*, p. 67).

ser *nós*",[53] e Nechayev já havia pregado o evangelho do "homem condenado", que não tem "quaisquer interesses pessoais, quaisquer afazeres, sentimentos, ligações, propriedades, nem mesmo um nome que possa chamar de seu".[54] Os instintos anti-humanistas, antiliberais, antiindividualistas e anticulturais da geração de vanguarda, o seu brilhante e espirituoso louvor da violência, do poder e da crueldade haviam sido precedidos pelas pomposas e desajeitadas demonstrações "científicas" da elite imperialista de que a lei do universo é a luta de todos contra todos, de que a expansão é uma necessidade psicológica antes de ser mecanismo político, e de que o homem deve conduzir-se de acordo com essas leis universais.[55] O elemento novo nas obras da geração de vanguarda era o seu alto nível literário e a grande profundidade da sua paixão. Os escritores do pós-guerra já não tinham necessidade das demonstrações científicas da genética, e de pouco ou nada lhes serviam as obras completas de Gobineau ou de Houston Stewart Chamberlain, que já pertenciam ao cabedal cultural dos filisteus. Liam não Darwin, mas o marquês de Sade.[56] Se acreditavam em leis universais, certamente não estavam muito ansiosos em segui-las. Para eles, a violência, o poder e a crueldade eram as supremas aptidões do homem que havia perdido definitivamente o seu lugar no universo e era demasiado orgulhoso para desejar uma teoria de força que o trouxesse de volta e o reintegrasse no mundo. Contentava-se em participar cegamente de qualquer coisa que a sociedade respeitável houvesse banido, independentemente de teoria e conteúdo, e promovia a crueldade à categoria de virtude maior porque contradizia a hipocrisia humanitária e liberal da sociedade.

Comparados aos ideólogos do século XIX, cujas teorias parecem às vezes compartilhar tanto, os homens dessa geração diferem principalmente por sua maior paixão e autenticidade. A miséria havia-os tocado mais fundo, as per-

(53) Bakúnin, numa carta escrita a 7 de fevereiro de 1870. Ver Max Nomad, *Apostles of Revolution*, Boston, 1939, p. 180.

(54) O "Catecismo da Revolução" não foi escrito nem pelo próprio Bakúnin nem por seu discípulo Nechayev. Quanto à questão da autoria e tradução do texto completo, ver Nomad, *op. cit.*, pp. 227 ss. De qualquer forma, o "sistema de completo descaso por quaisquer dogmas de simples decência e integridade na atitude [do revolucionário] em relação aos outros seres humanos (...) ficou na história da revolução russa com o nome de 'Nechayevshtchina'" (*ibid.*, p. 224).

(55) Ernest Seillière, *Mysticisme et domination: essais de critique impérialiste*, 1913, é um dos principais teóricos políticos do imperialismo. Ver também Cargill Sprietsma, *We imperialists: notes on Ernest Seillière's philosophy of imperialism*, Nova York, 1931; G. Monod em *La Revue Historique*, janeiro de 1912; e Louis Estève, *Une nouvelle psychologie de l'impérialisme: Ernest Seillière*, 1913.

(56) Na França, desde 1930, o marquês de Sade tornou-se um dos autores favoritos da *avant-garde* literária. Jean Paulhan, em sua introdução a uma nova edição de *Les infortunes de la vertu*, de Sade, Paris, 1946, observa: "Quando vejo hoje tantos escritores tentando conscientemente negar o artifício e o jogo literário em benefício do inexprimível [*un événement indicible*] (...), ansiosamente buscando o sublime no infame, o grande no subversivo (...), pergunto-me (...) se a nossa literatura moderna, naqueles setores que nos parecem mais vitais — ou, pelo menos, mais agressivos — não se voltou inteiramente para o passado, e se a causa disso não foi precisamente Sade". Ver também Georges Bataille, "Le secret de Sade", em *La critique*, tomo III, n.ºs 15-6, 17, 1947.

plexidades os inquietavam mais e a hipocrisia os feria mais mortalmente do que a todos os apóstolos da boa vontade e da irmandade humana. E já não podiam fugir para terras exóticas, já não podiam dar-se ao luxo de serem matadores-de-dragões entre povos estranhos e apaixonantes. Não havia meio de fugir à rotina diária de miséria, humildade, frustração e ressentimentos, embelezada por uma falsa cultura de fala educada; nenhum conformismo aos costumes desses países de faz-de-conta podia salvá-los da crescente náusea que essa combinação inspirava continuamente.

Essa impossibilidade de fugir pelo mundo afora, esse sentimento de cair repetidamente nas armadilhas da sociedade — tão diferente das circunstâncias que haviam formado o caráter imperialista — acrescentavam à velha paixão do anonimato e da perda de si mesmos uma tensão constante e um desejo de violência. Sem a possibilidade de mudança radical de papel e de caráter, o mergulho voluntário nas forças sobre-humanas da destruição parecia salvá-los da identificação automática com as funções preestabelecidas da sociedade e sua completa banalidade, ao mesmo tempo em que parecia ajudar a destruir o próprio funcionamento. Esses homens sentiam-se atraídos pelo pronunciado ativismo dos movimentos totalitários, pela curiosa e aparentemente contraditória insistência no primado simultâneo da ação pura e da força irresistível da necessidade. Era uma mistura que correspondia exatamente à experiência de guerra da "geração de vanguarda", à experiência da atividade constante dentro da estrutura da fatalidade inelutável.

Além disso, o ativismo parecia fornecer novas respostas à velha e incômoda pergunta "quem sou eu?", que ocorre com redobrada persistência em tempos de crise. Se a sociedade insistia em "és o que pareces ser", o ativismo do pós-guerra respondia "és o que fizeste" — por exemplo, o homem que pela primeira vez atravessou o Atlântico num aeroplano (como em *Der Flüg der Lindberghs* —, resposta que, após a Segunda Guerra Mundial, foi repetida com uma pequena variação por Sartre: "és a tua vida" (em *Huis clos*). A pertinência dessas respostas estava menos na sua validez como redefinições da identidade pessoal do que na sua utilidade para eventual fuga da identificação social, da multiplicidade de papéis e funções intercambiáveis que a sociedade havia imposto. A questão era fazer algo, fosse heróico ou criminoso, que nenhuma outra pessoa pudesse prever ou determinar.

O pronunciado ativismo dos movimentos totalitários, sua preferência pelo terrorismo em relação a qualquer outra forma de atividade política, atraíram da mesma forma a elite de intelectuais e a ralé, precisamente porque esse terrorismo era tão diferente daquele das antigas sociedades revolucionárias. Já não era uma questão de política calculada, que via em atos terroristas o único meio de eliminar certas personalidades importantes que se haviam tornado símbolos de opressão. O que era tão atraente é que o terrorismo se havia tornado uma espécie de filosofia através da qual era possível exprimir frustração, ressentimento e ódio cego, uma espécie de expressionismo político que tinha bombas por linguagem, que observava com prazer a publicidade dada a seus feitos estrondosos e que estava absolutamente disposto a pagar com a vida o fato de conseguir impingir às camadas normais da sociedade o reconhecimento da existência de alguém. Foi esse mesmo espírito e esse mesmo jogo que levaram Goebbels, muito antes da derrota final da Alemanha nazista, a anunciar, com óbvio deleite, que os nazistas, em caso de derrota, saberiam fechar a porta atrás de si de modo a não serem esquecidos durante séculos.

Contudo, se existe um critério válido para distinguir a elite da ralé na atmosfera pré-totalitária, é aqui que podemos encontrá-lo: o que buscava a ralé e o que Goebbels expressou de modo tão preciso era o acesso à história, mesmo ao preço da destruição. A sincera convicção de Goebbels de que "a maior felicidade que um homem pode experimentar hoje" é ser um gênio ou servir a um gênio [57] era típica da ralé, mas não da massa nem da elite simpatizante. Esta última, pelo contrário, levava muito a sério o anonimato, ao ponto de negar seriamente a existência do gênio; todas as teorias da arte dos anos 20 tentaram desesperadamente provar que a excelência resulta da habilidade, do artesanato, da lógica e da realização das potencialidades do material.[58] A ralé, e não a elite, sentia-se fascinada pelo "radiante poder da fama" (Stefan Zweig) e aceitava entusiasticamente a idolatria do gênio que caracterizara o extinto mundo burguês. Nisso, a ralé do século XX seguiu fielmente o padrão dos antigos *parvenus*, que também haviam descoberto que a sociedade burguesa abria mais facilmente as portas ao fascinante "anormal" — ou seja, ao gênio, ao homossexual ou ao judeu — do que ao simples mérito. O desprezo que a elite nutria pelo gênio e o seu desejo de anonimato ainda revelavam um espírito que nem as massas nem a ralé estavam em posição de compreender, e que, nas palavras de Robespierre, tentava afirmar a grandeza do homem contra a pequenez dos grandes.

A despeito dessa diferença entre a elite e a ralé, não há dúvida de que a elite se deleitava sempre que o submundo forçava a sociedade respeitável, através do terror, a aceitá-lo em pé de igualdade. Os membros da elite concordavam em pagar o preço, que era a destruição da civilização, pelo prazer de ver como aqueles que dela haviam sido excluídos injustamente, no passado, agora penetravam nela à força. Não se ofendiam muito com as monstruosas contrafações da história, perpetradas por todos os regimes totalitários e claramente perceptíveis na propaganda totalitária. Estavam convencidos de que a historiografia tradicional era, de qualquer forma, uma fraude, pois havia excluído da memória da humanidade os subprivilegiados e os oprimidos. Aqueles a quem a sua própria época rejeitava eram geralmente esquecidos pela história — e o insulto, aliado ao crime, sempre perturbou todas as consciências sensíveis desde que desapareceu a fé num mundo em que os últimos seriam os primeiros. As injustiças do passado e do presente tornaram-se intoleráveis quando evaporou-se a esperança de que a balança da justiça jamais viesse a endireitar-se. A tentativa de Marx de reescrever a história do mundo em termos de luta de classes fas-

---

(57) Goebbels, *op. cit.*, p. 139.
(58) As teorias da arte de Bauhaus eram características nesse particular. Ver também as observações de Bertolt Brecht sobre o teatro em *Gesammelte Werke*, Londres, 1938.

cinou até mesmo aqueles que não acreditavam na correção da sua tese, dada a intenção original de encontrar um meio de introduzir à força na lembrança da posteridade os destinos daqueles que haviam sido excluídos da história.

A aliança temporária entre a elite e a ralé baseava-se, em grande parte, nesse prazer genuíno com que a primeira assistia à destruição da respeitabilidade pela segunda, o que aconteceu, por exemplo, quando os barões do aço da Alemanha foram forçados a receber socialmente a Hitler, o pintor de paredes e ex-fracassado confesso; ou quando os movimentos totalitários cometeram fraudes grosseiras e vulgares em todos os campos da vida intelectual, reunindo todos os elementos subterrâneos e espúrios da história européia num conjunto que parecia fazer sentido. Desse ponto de vista, era sem dúvida agradável ver o bolchevismo e o nazismo passarem a repudiar até mesmo aquelas fontes de suas ideologias que já haviam conquistado algum reconhecimento em círculos acadêmicos e outros círculos oficiais. O que inspirava os manejadores da história não era o materialismo dialético de Marx, mas a conspiração das trezentas famílias; não o pomposo cientificismo de Gobineau e de Chamberlain, mas os "Protocolos dos sábios do Sião"; não a demonstrável influência da Igreja Católica e o papel do anticlericalismo nos países latinos, mas a literatura clandestina sobre jesuítas e maçons. A finalidade das mais variadas e variáveis interpretações era sempre denunciar a história oficial como uma fraude, expor uma esfera de influências secretas das quais a realidade histórica visível, demonstrável e conhecida era apenas uma fachada externa construída com o fim expresso de enganar o povo.

A essa aversão da elite de intelectuais pela historiografia oficial, à sua convicção de que nada impedia que a história, fraudulenta como era, fosse usada como brinquedo por alguns malucos, deve acrescentar-se o terrível fascínio exercido pela possibilidade de que gigantescas mentiras e monstruosas falsidades viessem a transformar-se em fatos incontestes, de que o homem pudesse ter a liberdade de mudar à vontade o seu passado, e de que a diferença entre a verdade e a mentira pudesse deixar de ser objetiva e passasse a ser apenas uma questão de poder e de esperteza, de pressão e de repetição infinita. O que os fascinava não era a habilidade com que Hitler e Stálin mentiam, mas o fato de que pudessem organizar as massas numa unidade coletiva para dar às suas mentiras uma pompa impressionante. O que era simples fraude do ponto de vista factual e intelectual parecia receber a bênção da própria história quando toda a realidade dinâmica dos movimentos passou a sustentar a mentira, fingindo tirar dela o entusiasmo necessário para a ação.

É desconcertante a atração que os movimentos totalitários exerceram sobre a elite, enquanto e onde não houvessem tomado o poder, porque as doutrinas patentemente vulgares, arbitrárias e dogmáticas do totalitarismo são mais visíveis para o espectador que está de fora. Essas doutrinas discrepavam tanto dos padrões intelectuais, culturais e morais geralmente aceitos que se podia concluir que somente um defeito básico, inerente do caráter do intelectual, *la trahison des clercs* (Julien Benda), ou um doentio ódio do espírito contra si mesmo, explicava o prazer com que a elite aceitava as "idéias" da ralé. O que os porta-vozes do humanismo e do liberalismo geralmente esquecem, no seu amargo desapontamento e no seu desconhecimento das experiências mais gerais da época, é que, numa atmosfera em que todos os valores e proposições tradicionais se haviam evaporado — e no século XIX as ideologias se haviam refutado umas às outras e esgotado o seu apelo vital —, era de certa forma mais fácil aceitar proposições patentemente absurdas do que as antigas verdades que haviam virado banalidades, exatamente porque não se esperava que ninguém levasse a sério os absurdos. A vulgaridade, com o seu cínico repúdio dos padrões respeitados e das teorias aceitas, trazia em si um franco reconhecimento do que havia de pior e um desprezo por toda simulação que facilmente passava por bravura e novo estilo de vida. No crescente triunfo das atitudes e convicções da ralé — que não eram mais que as atitudes e convicções da burguesia despidas de fingimento — aqueles que tradicionalmente odiavam a burguesia e tinham voluntariamente abandonado a sociedade respeitável viam apenas a falta de hipocrisia e de respeitabilidade, não o seu conteúdo.[59]

Desde que a burguesia afirmava ser a guardiã das tradições ocidentais e confundia todas as questões morais exibindo em público virtudes que não só não incorporava na vida privada e nos negócios, mas que realmente desprezava, parecia revolucionário admitir a crueldade, o descaso pelos valores humanos e a amoralidade geral, porque isso pelo menos destruía a duplicidade sobre a qual a sociedade existente parecia repousar. Como era tentador assumir atitudes extremas na meia-luz hipócrita dos duplos padrões de moral, colocar publicamente no rosto a máscara da crueldade quando todos fingiam ser bondosos e ostentar a maldade num mundo que nem sequer era de maldade, mas de mesquinhez! A elite intelectual dos anos 20, que pouco sabia da antiga relação entre a ralé e a burguesia, estava convencida de que o velho jogo de *épater le bourgeois* podia ser jogado com perfeição, se o primeiro lance fosse chocar a sociedade com a caricatura irônica da sua própria conduta.

Naquela época, ninguém podia imaginar que a verdadeira vítima dessa ironia seria a elite e não a burguesia. A *avant-garde* ignorava que estava investindo não contra paredes, mas contra portas abertas; o sucesso unânime desmentiria a sua pretensão de ser uma minoria revolucionária, e demonstraria que ela buscava apenas exprimir um novo espírito de massa, que era o espírito do seu tempo. A este respeito, foi particularmente significativa a acolhida que a *Dreigroschenoper* de Brecht teve na Alemanha de antes de Hitler. A peça mostrava bandidos como respeitáveis negociantes e respeitáveis negociantes como bandidos. A ironia não atingiu o alvo, pois os respeitáveis negociantes da platéia enxergaram naquilo uma visão profunda das coisas do mundo, e a ralé tomou a

---

(59) O seguinte trecho, de autoria de Röhm, é típico do sentimento de quase toda a geração mais jovem, e não apenas de uma elite: "a hipocrisia e o domínio do fariseu são as mais notáveis características da sociedade de hoje. (...) Nada podia ser mais falso do que a chamada moral da sociedade. Os moços estão perdidos no mundo filisteu da dupla moral burguesa, e já não sabem como distinguir entre a verdade e o erro" (*Die Geschichte eines Hochverräters*, pp. 267 e 269). A homossexualidade que reinava nesses círculos era também, pelo menos em parte, uma expressão do seu protesto contra a sociedade.

peça como a aprovação artística do banditismo. O tema musical da peça, *Erst kommt das Fressen, dann kommt die Moral* [Antes vem a comida, depois vem a moral], recebeu o aplauso delirante de todos, embora de cada um por motivos diferentes. A ralé aplaudiu porque levou a sério a afirmação; a burguesia aplaudiu porque fora lograda durante tanto tempo por sua própria hipocrisia que se cansara do esforço e via profunda sabedoria na expressão da banalidade da sua vida; a elite aplaudia porque desmascarar a hipocrisia era um elevado e maravilhoso divertimento. O efeito da obra foi exatamente o oposto do que Brecht pretendia. A burguesia já não se chocava com coisa alguma; acolhia com prazer a denúncia da sua filosofia, cuja popularidade provava que sempre estivera certa, de sorte que o único resultado político da "revolução" de Brecht foi encorajar todo o mundo a arrancar a máscara incômoda da hipocrisia e aceitar abertamente os padrões da ralé.

Cerca de dez anos mais tarde, na França, o *Bagatelles pour un massacre*, no qual Céline propunha que se massacrassem todos os judeus, provocou reação igualmente ambígua. André Gide expressou publicamente o seu deleite nas páginas da *Nouvelle Revue Française*, naturalmente não porque quisesse matar os judeus da França, mas porque exultava com a brutal confissão desse desejo e com a fascinante contradição entre a grosseria de Céline e a polidez hipócrita que cercava a questão judaica em todos os círculos respeitáveis. O desejo da elite de desmascarar a hipocrisia era tão irresistível que nem mesmo a perseguição muito real que Hitler promoveu contra os judeus chegou a prejudicar essa exultação — e a perseguição já estava em pleno andamento quando Céline escreveu o livro. A aversão contra o filo-semitismo dos liberais tinha muito mais a ver com essa reação do que o ódio aos judeus. O fato notável de que as conhecidas opiniões de Hitler e de Stálin sobre arte, e a perseguição que ambos moveram contra os artistas modernos, nunca eliminaram a atração que os movimentos totalitários exercem sobre os artistas da *avant-garde* pode ser explicado por um estado de espírito semelhante — o que demonstra a falta de senso de realidade da elite e o seu pervertido desprendimento, muito afins do mundo fictício em que viviam e da falta de interesses das massas por si mesmas. A grande oportunidade dos movimentos totalitários, e o motivo pelo qual uma aliança temporária entre a elite intelectual e a ralé pôde ocorrer, foi que, de certo modo elementar e indistinto, os seus problemas se tornavam os mesmos e prefiguravam os problemas e a mentalidade das massas.

O irresistível apelo da falsa pretensão dos movimentos totalitários de haverem abolido a separação entre a vida pública e a vida privada e de haverem restaurado no homem uma totalidade misteriosa e irracional tinha muito a ver com a atração que a elite sentia pela ausência de hipocrisia da ralé e pela ausência de interesse das massas por si mesmas. Desde que Balzac revelou as vidas privadas de figuras públicas da sociedade francesa e desde que a dramatização de Ibsen dos "pilares da sociedade" conquistou o teatro da Europa, a questão da dupla moralidade tem sido um dos principais tópicos de tragédias e romances. A dupla moralidade praticada pela burguesia tornou-se o principal sinal do *esprit de sérieux*, sempre pomposo e nunca sincero. Essa divisão entre a vida privada e a vida pública ou social nada tinha a ver com a justa separação entre as esferas pessoal e pública, mas era antes o reflexo psicológico da luta do século XIX entre *bourgeois* e *citoyens*, entre os burgueses que usavam e julgavam todas as instituições públicas pela medida dos seus interesses privados e os cidadãos responsáveis que se preocupavam com as coisas públicas do interesse de todos. Nesse particular, a filosofia política dos liberais segundo a qual a mera soma dos interesses individuais constitui o milagre do bem comum, parecia apenas uma racionalização da temeridade com que se atendia aos interesses privados sem se atentar para o bem comum.

  Contra o espírito de classe dos partidos europeus, que sempre confessaram representar certos interesses e contra o "oportunismo" resultante da sua concepção de si mesmos como simples partes de um todo, os movimentos totalitários afirmavam a sua "superioridade" pelo fato de conterem uma *Weltanschauung* através da qual tomariam posse do homem como um todo.[60] Nessa pretensão de totalidade, os líderes da ralé dos movimentos totalitários formulavam a sua ideologia invertendo apenas a própria filosofia política da burguesia. A classe burguesa, tendo aberto caminho para si por meio da pressão social e, freqüentemente, através de chantagem econômica contra instituições políticas, sempre acreditara que os órgãos públicos oficiais do poder fossem dirigidos por seus próprios interesses e influxos secretos. Nesse sentido, a filosofia política da burguesia era sempre "totalitária"; supunha sempre que política, economia e sociedade fossem uma coisa só, na qual as instituições políticas serviam apenas de fachada para os interesses privados. O duplo padrão da burguesia, sua distinção entre a vida pública e a vida pessoal, era uma concessão ao Estado nacional que havia desesperadamente tentado manter separadas as duas esferas.

  O que atraía a elite era o radicalismo em si. As esperançosas previsões de Marx de que o Estado feneceria e surgiria uma sociedade sem classes não eram suficientemente radicais nem messiânicas. Se Berdyaev tem razão quando afirma que "os revolucionários russos (...) sempre foram totalitários", então a atração que a Rússia soviética exerceu sobre os simpatizantes intelectuais do nazismo e do comunismo residia precisamente no fato de que, na Rússia, "a revolução era uma religião e uma filosofia, e não um simples conflito interessado no lado social e político da vida".[61] A verdade é que a transformação das classes em massas e o colapso do prestígio e da autoridade das instituições políticas haviam provocado, nos países da Europa ocidental, condições semelhantes às que existiam na Rússia, de modo que não foi por acaso que os seus revolucionários adquiriram o fanatismo revolucionário tipicamente russo que não esperava mudar as condições sociais ou políticas, mas destruir completa-

---

(60) O papel da *Weltanschauung* na formação do movimento nazista foi acentuado muitas vezes pelo próprio Hitler. É interessante notar que em *Mein Kampf* ele alega ter compreendido a necessidade de basear um partido numa *Weltanschauung* em virtude da superioridade dos partidos marxistas (livro II, cap. I: "Weltanschauung e o Partido").

(61) Nicolai Berdyaev, *The origin of Russian Communism*, 1937, pp. 124-5.

mente todos os credos, valores e instituições existentes. A ralé apenas aproveitou-se desse novo estado de ânimo e provocou uma efêmera aliança entre revolucionários e criminosos, aliança esta que também havia ocorrido em muitas facções revolucionárias da Rússia czarista, mas que sempre estivera ausente do cenário europeu.

A perturbadora aliança entre a ralé e a elite e a curiosa coincidência das suas aspirações originam-se do fato de que essas duas camadas haviam sido as primeiras a serem eliminadas da estrutura do Estado-nação e da estrutura da sociedade de classes. Se uma encontrou a outra com tanta facilidade, embora temporariamente, é porque ambas percebiam que representavam o destino da época, que seriam seguidas por massas sem fim, que mais cedo ou mais tarde a maioria dos povos europeus estaria com elas — prontos a fazerem a sua revolução, segundo pensavam.

Ambas estavam enganadas, como se viu depois. A ralé — o submundo da classe burguesa — esperava que as massas impotentes a ajudassem a galgar o poder, a apoiassem quando tentasse promover os seus interesses privados, e que poderia simplesmente substituir as camadas mais antigas da sociedade burguesa, instilando nela o espírito mais dinâmico do submundo. Mas, uma vez no poder, o totalitarismo logo aprendeu que não eram só as camadas da ralé que tinham espírito de iniciativa e que, de qualquer forma, essa iniciativa só podia ameaçar o domínio total do homem. Por outro lado, a falta de escrúpulos também não era privilégio da ralé e, se necessário, podia ser ensinada em tempo relativamente curto. Para a máquina impiedosa do domínio e do extermínio, as massas coordenadas da burguesia constituíam material capaz de crimes ainda piores que os cometidos pelos chamados criminosos profissionais, contanto que esses crimes fossem bem organizados e assumissem a aparência de tarefas rotineiras.

Não foi por acaso, portanto, que os poucos protestos contra as atrocidades em massa dos nazistas contra os judeus e os povos da Europa oriental partiram não dos militares nem de qualquer outro setor das massas coordenadas compostas por homens respeitáveis, mas precisamente daqueles primeiros camaradas de Hitler que eram típicos representantes da ralé.[62] E Himmler, a partir

---

(62) Houve, por exemplo, a curiosa intervenção de Welhelm Kube, comissário-geral em Minsk e um dos mais antigos membros do partido, que, em 1941, ou seja, no começo do assassínio em massa, escreveu a seu chefe: "Não há dúvida de que desejo cooperar com a solução da questão judaica, mas aqueles que foram criados em nossa cultura são, afinal de contas, diferentes das hordas bestiais locais. Devemos designar para a tarefa de matá-los os lituanos e letões que são desprezados até mesmo pela população local? Não poderia fazê-lo. Solicito que me sejam dadas instruções claras para tratar do assunto do modo mais humano possível, em benefício do prestígio do nosso Reich e do nosso Partido". Essa carta foi publicada em *Hitler's professors*, de Max Weinreich, Nova York, 1946, pp. 153-4. A intervenção de Kube foi prontamente rejeitada, mas uma tentativa quase idêntica de salvar a vida de judeus dinamarqueses, feita por W. Best, plenipotenciário do Reich na Dinamarca e conhecido nazista, foi melhor sucedida. Ver *Nazi conspiracy*, V, 2.

Da mesma forma, Alfred Rosenberg, que havia pregado a inferioridade dos povos eslavos, obviamente nunca imaginara que as suas teorias seriam um dia usadas para liquidá-los. Encarde 1936 o homem mais poderoso da Alemanha, não era um daqueles "boêmios armados" (Heiden) cujas características eram penosamente semelhantes às da elite intelectual. Himmler era "mais normal", isto é, mais filisteu do que qualquer outro dos primeiros líderes do movimento nazista.[63] Não era um boêmio como Goebbels, nem criminoso sexual como Streicher, nem louco como Rosenberg, nem fanático como Hitler, nem aventureiro como Göring. Demonstrou sua suprema capacidade de organizar as massas sob o domínio total, partindo do pressuposto de que a maioria dos homens não são boêmios, fanáticos, aventureiros, maníacos sexuais, loucos nem fracassados, mas, acima e antes de tudo, empregados eficazes e bons chefes de família.

O isolamento desses filisteus na vida privada, sua sincera devoção a questões de família e de carreira pessoal, era o último e já degenerado produto da crença do burguês na suma importância do interesse privado. O filisteu é o burguês isolado da sua própria classe, o indivíduo atomizado produzido pelo colapso da própria classe burguesa. O homem da massa, a quem Himmler organizou para os maiores crimes de massa jamais cometidos na história, tinha os traços do filisteu e não da ralé, e era o burguês que, em meio às ruínas do seu mundo, cuidava mais da própria segurança, estava pronto a sacrificar tudo a qualquer momento — crença, honra, dignidade. Nada foi tão fácil de destruir quanto a privacidade e a moralidade pessoal de homens que só pensavam em salvaguardar as suas vidas privadas. Em poucos anos de poder e de coordenação sistemática, os nazistas podiam anunciar com razão: "A única pessoa que ainda é um indivíduo privado na Alemanha é alguém que esteja dormindo".[64]

Por outro lado, para fazer justiça àqueles elementos da elite que vez por outra se deixavam seduzir pelos movimentos totalitários e que, devido à sua capacidade intelectual, são às vezes acusados de haver inspirado o totalitarismo, é preciso dizer que nada do que esses homens desesperados do século XX fizeram ou deixaram de fazer teve qualquer influência sobre o totalitarismo, embora tivesse muito a ver com as primeiras e bem-sucedidas tentativas dos movimentos

---

regado da administração da Ucrânia, escreveu relatórios indignados sobre as condições que lá prevaleciam no outono de 1942, depois de haver tentado obter a intervenção direta do próprio Hitler. Ver *Nazi conspiracy*, III, 83 ss., e IV, 62.

Há, naturalmente, certas exceções a esta regra. O homem que salvou Paris da destruição foi o general Von Choltitz, que, no entanto, ainda "temia ser destituído do comando por não haver cumprido as ordens", embora soubesse que "a guerra estava perdida havia anos". Parece duvidoso que ele houvesse tido a coragem de resistir às ordens de "transformar Paris num monte de ruínas" sem o enérgico apoio de um velho nazista, Otto Abetz, embaixador alemão na França, segundo o seu próprio testemunho durante o julgamento de Abetz em Paris.

(63) Um inglês, Stephen H. Roberts, *The house that Hitler built*, Londres, 1939, descreve Himmler como "um homem de fina cortesia e ainda interessado nas coisas simples da vida. Não tem aquela pose dos nazistas que agem como se fossem semideuses. (...) Nenhum homem aparenta menos o cargo que exerce do que esse ditador da polícia alemã, e estou convencido de que ninguém que eu tenha encontrado na Alemanha é mais normal (...)" (pp. 89-90). Isso nos faz lembrar, de modo curioso, a observação da mãe de Stálin que, segundo a propaganda bolchevista, disse dele: "Um filho exemplar. Quisera que todos fossem como ele" (Souvarine, *op. cit.*, p. 656).

(64) Quem fez essa observação foi Robert Ley. Ver Kohn-Bramstedt, *op. cit.*, p. 178.

de fazerem o mundo exterior levar a sério as suas doutrinas. Sempre que os movimentos totalitários tomavam o poder, todo esse grupo de simpatizantes era descartado antes mesmo que o regime passasse a cometer os seus piores crimes. A iniciativa intelectual, espiritual e artística é tão perigosa para o totalitarismo como a iniciativa de banditismo da ralé, e ambos são mais perigosos que a simples oposição política. A uniforme perseguição movida contra qualquer forma de atividade intelectual pelos novos líderes da massa deve-se a algo mais que o seu natural ressentimento contra tudo o que não podem compreender. O domínio total não permite a livre iniciativa em qualquer campo de ação, nem qualquer atividade que não seja inteiramente previsível. O totalitarismo no poder invariavelmente substitui todo talento, quaisquer que sejam as suas simpatias, pelos loucos e insensatos cuja falta de inteligência e criatividade é ainda a melhor garantia de lealdade.[65]

---

(65) A política bolchevista, que, nesse particular, é surpreendentemente coerente, é bem conhecida e dispensa maiores comentários. Picasso, para citar o exemplo mais famoso, não é apreciado na Rússia, embora se tenha tornado comunista. É possível que a súbita mudança de atitude de André Gide, depois que viu a realidade bolchevique na Rússia soviética (*Retour de l'URSS*) em 1936, tenha definitivamente convencido Stálin da inutilidade dos artistas criativos, mesmo como simpatizantes. A política nazista diferia das medidas bolchevistas apenas no fato de que não matava os seus talentos.

Valeria a pena estudar em detalhe a carreira dos eruditos alemães, comparativamente poucos, que foram além da mera cooperação e ofereceram os seus serviços por serem nazistas convictos. (Weinreich, *op. cit.*, não distingue entre os professores que adotaram o credo nazista e os que deviam sua carreira exclusivamente ao regime, omite as carreiras anteriores dos eruditos que se preocupavam com a situação, e coloca assim, indiscriminadamente, conhecidos homens de grandes méritos na mesma categoria de fanáticos.) Interessantíssimo é o exemplo do jurista Carl Schmitt, cujas engenhosas teorias acerca do fim da democracia e do governo legal ainda constituem leitura impressionante; já em meados da década de 30, foi substituído pelo tipo nazista de teóricos políticos como Hans Frank, que mais tarde foi governador da Polônia ocupada, Gottfried Neesse, e Reinhard Hoehn. O último a cair em desgraça foi Walter Frank, que havia sido anti-semita convicto e membro do partido nazista antes da tomada do poder e que, em 1933, foi diretor do recém-fundado *Reichsinstitut für Geschichte des Neuen Deutschlands* [Instituto do Reich para a História da Nova Alemanha] com o seu famoso *Forschungsabteilung Judenfrage* [Seção de Pesquisas para a Questão Judaica], e editor da volumosa (nove tomos!) obra *Forschungen zur Judenfrage* (1937-44). Em começos da década de 40, Frank teve de ceder a sua posição e influência a Alfred Rosenberg, cujo *Der Mythos des 20. Jahrhunderts* [O mito do século XX] certamente não constitui nenhum exemplo de "erudição". O motivo pelo qual Frank não merecia a confiança dos nazistas era, obviamente, o fato de não ser charlatão.

O que nem a elite nem a ralé que "abraçava" o nacional-socialismo com tanto fervor podia compreender era que "não se pode abraçar esta Ordem (...) por acaso. Além e acima do desejo de servir, está a implacável necessidade da seleção, que não reconhece nem circunstâncias atenuantes nem clemência" (*Der Weg der SS* [O caminho da SS], emitido pela SS Hauptamt-Schulungsamt, sem data, p. 4). Em outras palavras, no tocante à seleção dos que desejavam unir-se a eles, os nazistas tomavam sua própria decisão, independentemente do "acidente" das opiniões. O mesmo parece aplicar-se à seleção de bolchevistas para a polícia secreta. F. Beck e W. Godin contam em *Russian purge and the extraction of confessions*, 1951, p. 160, que os membros da NKVD eram arregimentados dentre membros do partido que não tinham tido a menor oportunidade de se oferecerem para essa "carreira".

2
O MOVIMENTO TOTALITÁRIO

1. A PROPAGANDA TOTALITÁRIA

Somente a ralé e a elite podem ser atraídas pelo ímpeto do totalitarismo; as massas têm de ser conquistadas por meio da propaganda. Sob um governo constitucional e havendo liberdade de opinião, os movimentos totalitários que lutam pelo poder podem usar o terror somente até certo ponto e, como qualquer outro partido, necessitam granjear aderentes e parecer plausíveis aos olhos de um público que ainda não está rigorosamente isolado de todas as outras fontes de informação.

Nos países totalitários, a propaganda e o terror parecem ser duas faces da mesma moeda.[1] Isso, porém, só é verdadeiro em parte. Quando o totalitarismo detém o controle absoluto, substitui a propaganda pela doutrinação e emprega a violência não mais para assustar o povo (o que só é feito nos estágios iniciais, quando ainda existe a oposição política), mas para dar realidade às suas doutrinas ideológicas e às suas mentiras utilitárias. O totalitarismo não se contenta em afirmar, apesar de prova em contrário, que o desemprego não existe; elimina de sua propaganda qualquer menção sobre os benefícios para os desempregados.[2] Igualmente importante é o fato de que a recusa em reconhecer o

---

(1) Ver, por exemplo, E. Kohn-Bramstedt: em *Dictatorship and political police: the technique of control by fear*, Londres, 1945, pp. 164 ss, afirma que "o terror sem a propaganda perderia muito do seu efeito psicológico, enquanto a propaganda sem o terror cresce de impacto" (p. 175). O que não é considerado nessa e em outras declarações, que na sua maioria andam em círculos, é o fato de que não apenas a propaganda política mas toda a moderna publicidade de massa contém um elemento de ameaça; que o terror, por outro lado, pode ser totalmente efetivo sem a propaganda, desde que se trate apenas do terror político convencional da tirania. Somente quando o terror objetiva coagir não apenas de fora mas, como foi o caso, de dentro, quando o regime político quer mais do que poder, somente então o terror precisa da propaganda. Nesse sentido, o teórico nazista, Eugen Hadamovsky, pôde dizer em *Propaganda und nationale Macht* [Propaganda e poder nacional], 1933: "A propaganda e a violência nunca são contraditórias. O uso da violência pode ser parte da propaganda" (p. 22).

(2) "Quando se anunciou oficialmente que o desemprego havia sido eliminado na Rússia soviética, foram realmente eliminados como resultado desse sintoma todos os benefícios para os desempregados". (Anton Ciliga, *The Russian enigma*, Londres, 1940, p. 109.)

desemprego corrobora — embora de modo inesperado — a velha doutrina socialista de que quem não trabalha não come. Ou, para citar outro exemplo, quando Stálin decidiu reescrever a história da Revolução Russa, a propaganda da sua nova versão consistiu em destruir, juntamente com os livros e documentos, os seus autores e leitores: a publicação, em 1938, da nova história oficial do Partido Comunista assinalou o fim do superexpurgo que havia dizimado toda uma geração de intelectuais soviéticos. Da mesma forma, nos territórios ocupados da Europa oriental, os nazistas se utilizaram, no início, de propaganda anti-semita principalmente para assegurar um controle mais firme da população. Não precisaram lançar mão do terror para nele apoiar a sua propaganda, nem o fizeram. Quando liquidaram a maioria dos intelectuais poloneses, não o fizeram devido à sua oposição, mas porque, segundo a doutrina nazista, os poloneses não tinham intelecto; e, quando planejaram levar para a Alemanha as crianças de olhos azuis e cabelos louros, não pretendiam com isso aterrorizar a população, mas apenas salvar "o sangue germânico".[3]

Por existirem num mundo que não é totalitário, os movimentos totalitários são forçados a recorrer ao que comumente chamamos de propaganda. Mas essa propaganda é sempre dirigida a um público de fora — sejam as camadas não-totalitárias da população do próprio país, sejam os países não-totalitários do exterior. Essa área externa à qual a propaganda totalitária dirige o seu apelo pode variar grandemente; mesmo depois da tomada do poder, a propaganda totalitária pode ainda dirigir-se àqueles segmentos da própria população cuja coordenação não foi seguida de doutrinação suficiente. Nesse ponto, os discursos de Hitler aos seus generais, durante a guerra, são verdadeiros modelos de propaganda, caracterizados principalmente pelas monstruosas mentiras com

(3) A chamada "Operação Feno" começou com um decreto datado de 16 de fevereiro de 1942, assinado por Himmler, "referente [a indivíduos] de raça germânica na Polônia". Segundo o decreto, as crianças de características "arianas" deveriam ser enviadas a famílias alemãs "dispostas [a aceitá-las] sem reserva, por amor ao bom sangue que elas têm" (Documento de Nurembergue R 135). Parece que, em junho de 1944, o Nono Exército seqüestrou aproximadamente 40 mil a 50 mil crianças, transportando-as para a Alemanha. Um relatório sobre o assunto, remetido ao Estado-Maior Geral da Wehrmacht em Berlim por um funcionário chamado Brandenburg, menciona planos semelhantes para a Ucrânia (Documento PS 031, publicado por Léon Poliakov em *Bréviaire de la haine*, p. 317). O próprio Himmler fez várias referências a esse plano. (Ver *Nazi conspiracy and aggression*, Office of the United States Chief of Counsel for the Prosecution of Axis Criminality, U. S. Government, Washington, 1946, III, 640, que contém excertos do discurso de Himmler proferido em Cracóvia em março de 1942; ver também os comentários sobre o discurso de Himmler em Bad Schachen, de 1943, em Kohn-Bramstedt, *op. cit.*, p. 244.) O modo de selecionar essas crianças pode ser deduzido pelos certificados médicos emitidos pela Seção Médica II em Minsk, na Bielo-Rússia, em 10 de agosto de 1942: "O exame racial de Natalie Harpf, nascida a 4 de agosto de 1922, mostrou uma jovem normalmente desenvolvida, de tipo predominantemente báltico-oriental com traços nórdicos" — "Exame de Arnold Coenies, nascido a 19 de fevereiro de 1930, mostrou um garoto normalmente desenvolvido, de doze anos de idade, de tipo predominantemente oriental com traços nórdicos". Assinado: N. Wc. (Documento nos arquivos do Yiddish Scientific Institute, Nova York, n.º Occ E 3a-17.)

Quanto ao extermínio da intelectualidade polonesa, que, na opinião de Hitler, podia ser "liquidada sem escrúpulos", ver Poliakov, *op. cit.*, p. 321, e Documento NO 2471.

que o *Führer* entretinha os seus convidados na tentativa de conquistá-los.[4] A esfera externa pode também ser representada por grupos de simpatizantes que ainda não estejam preparados para aceitar os verdadeiros alvos do movimento. E, em muitos casos, até mesmo certos membros do partido são considerados, pelo círculo íntimo do *Führer* ou pelos membros das formações de elite, como pertencentes a essa esfera externa e ainda necessitados de propaganda, já que não podem ainda ser dominados com segurança. Para que não se subestime a importância das mentiras da propaganda, convém lembrar os muitos casos em que Hitler foi completamente sincero e brutalmente claro na definição dos verdadeiros objetivos do movimento, os quais, no entanto, simplesmente deixaram de ser percebidos pelo público, despreparado para tamanho despropósito.[5] Basicamente, porém, o domínio totalitário procura restringir os métodos propagandísticos unicamente à sua política externa ou às ramificações do movimento no exterior, a fim de lhes fornecer material adequado. Sempre que a doutrinação totalitária no país de origem entra em conflito com a linha de propaganda para consumo externo (como sucedeu na Rússia, durante a guerra, não quando Stálin se aliou a Hitler, mas quando a guerra com Hitler fê-lo passar para o lado das democracias), a propaganda é explicada no país de origem como temporária "manobra tática".[6] Na medida do possível, estabelece-se, logo na fase anterior à tomada do poder, a diferença entre a doutrina ideológica destinada aos iniciados do movimento, que já não precisam de propaganda, e a propaganda para o mundo exterior. A relação entre a propaganda e a doutrinação depende

(4) Ver *Hitlers Tischgespräche*. No verão de 1942, ele ainda fala de expulsar "até o último judeu para fora da Europa" (p. 113), e de reinstalá-los na Sibéria ou na África (p. 311) ou em Madagascar, quando, na realidade, muito antes de invadir a Rússia, provavelmente em 1940, já havia tomado a decisão quanto à "solução final" e havia mandado construir as câmaras de gás no outono de 1941 (ver *Nazi conspiracy and aggression*, II, pp. 265 ss; III, pp. 783 ss. Documento PS 1104; V, pp. 322 ss. Documento PS 2605). Na primavera de 1941, Himmler já sabia que "os judeus [devem ser] exterminados [pois] este é o desejo e ordem inequívoca do *Führer*" (Dossiê Kersten no Centre de Documentation Juive).

(5) A esse respeito, há um relatório muito interessante, datado de 16 de julho de 1940, sobre uma discussão no quartel-general do *Führer* na presença de Rosenberg, Lammers e Keitel, a que Hitler deu início declarando os seguintes "princípios básicos": "Era essencial então não exibir nosso objetivo ulterior aos olhos de todo o mundo; (...) Portanto, não deve ficar óbvio que os decretos que mantenham ordem nos territórios ocupados levem à solução final [dos judeus]. Todas as medidas necessárias — execuções, transferências de população etc. — podem ser e serão executadas apesar da letra dos decretos". Segue-se uma discussão que não faz qualquer referência às palavras de Hitler e da qual Hitler já não participa. É óbvio que ele não foi "compreendido" (Documento L 221 no Centre de Documentation Juive, Paris).

(6) Quanto à convicção de Stálin de que Hitler não atacaria a Rússia, ver Isaac Deutscher, *Stalin: a political biography*, Nova York, Londres, 1949, pp. 454 ss, e especialmente a nota ao pé da página 458: "Foi somente em 1948 que o chefe da Comissão de Planejamento do Estado, o vice-premiê N. Voznessensky, revelou que os planos econômicos para o terceiro trimestre de 1941 haviam sido baseados na premissa de que haveria paz, sendo que um novo plano, adequado à guerra, só havia sido elaborado após o início das hostilidades". A suposição de Deutscher foi confirmada por relato de Khrushchev quanto à reação de Stálin ao ataque alemão contra a União Soviética. (Ver o seu "Discurso sobre Stálin" no Vigésimo Congresso, transcrito pelo *New York Times*, 5 de junho de 1956.)

do tamanho do movimento e da pressão externa. Quanto menor o movimento, mais energia despenderá em sua propaganda. Quanto maior for a pressão exercida pelo mundo exterior sobre os regimes totalitários — pressão que não é possível ignorar totalmente mesmo atrás da "cortina de ferro" — mais ativa será a propaganda totalitária. O fato essencial é que as necessidades da propaganda são sempre ditadas pelo mundo exterior; por si mesmos, os movimentos não propagam, e sim doutrinam. Por outro lado, a doutrinação, inevitavelmente aliada ao terror, cresce na razão direta da força dos movimentos ou do isolamento dos governantes totalitários que os protege da interferência externa.

A propaganda é, de fato, parte integrante da "guerra psicológica"; mas o terror o é mais. Mesmo depois de atingido o seu objetivo psicológico, o regime totalitário continua a empregar o terror; o verdadeiro drama é que ele é aplicado contra uma população já completamente subjugada. Onde o reino do terror atinge a perfeição, como nos campos de concentração, a propaganda desaparece inteiramente; na Alemanha nazista, chegou a ser expressamente proibida.[7] Em outras palavras, a propaganda é um instrumento do totalitarismo, possivelmente o mais importante, para enfrentar o mundo não-totalitário; o terror, ao contrário, é a própria essência da sua forma de governo. Sua existência não depende do número de pessoas que a infringem.

O terror como substituto da propaganda alcançou maior importância no nazismo do que no comunismo. Os nazistas não cometeram atentados contra personalidades importantes como havia acontecido anteriormente em ondas de crimes políticos na Alemanha (assassinatos de Rathenau e de Erzberger); em vez disso, matavam pequenos funcionários socialistas ou membros influentes dos partidos inimigos, procurando mostrar à população o perigo que podia acarretar o simples fato de pertencer a um partido. Esse tipo de terror dirigido contra a massa era valioso no sentido daquilo que um autor nazista chamou adequadamente de "propaganda de força",[8] e aumentou progressivamente porque nem a polícia nem os tribunais processavam seriamente os criminosos políticos da chamada Direita. Para a população em geral, tornava-se claro que o poder dos nazistas era maior que o das autoridades, e que era mais seguro pertencer a uma organização paramilitar nazista do que ser um republicano leal. Essa impressão foi grandemente reforçada pelo uso específico que os nazistas fizeram dos seus crimes políticos. Sempre os confessavam publicamente, nunca se desculpavam por "excessos dos escalões inferiores" — essas justificativas eram usadas apenas pelos simpatizantes do nazismo — e impressionavam

---

(7) "A educação [nos campos de concentração] consiste em disciplina e nunca em instrução baseada na ideologia, uma vez que os prisioneiros em sua maioria têm almas de escravos" (Heinrich Himmler, *Nazi conspiracy*, IV, 616 ss).

(8) Eugen Hadamovsky, *op. cit.*, é um dos mais importantes autores na literatura sobre propaganda totalitária. Sem o dizer explicitamente, Hadamovsky oferece uma inteligente e reveladora interpretação pró-nazista da exposição do próprio Hitler sobre o assunto em "Propaganda e organização", no livro II, capítulo xi, de *Mein Kampf* (2 vols., 1ª edição alemã, 1925 e 1927 respectivamente). Ver também F. A. Six, *Die politische Propaganda der NSDAP im Kampf um die Macht* [A propaganda política do NSDAP na luta pelo poder], 1936, pp. 21 ss.

a população por serem muito diferentes dos "meros faladores" dos outros partidos.

As semelhanças entre esse tipo de terror e o simples banditismo são claras demais para serem enumeradas. Isto não significa que o nazismo era banditismo, como às vezes se diz, mas apenas que os nazistas, sem o confessarem, aprenderam tanto com as organizações dos gângsteres americanos quanto a sua propaganda, confessadamente, aprendeu com a publicidade comercial americana.

Contudo, o que caracteriza a propaganda totalitária melhor do que as ameaças diretas e os crimes contra indivíduos é o uso de insinuações indiretas, veladas e ameaçadoras contra todos os que não derem ouvidos aos seus ensinamentos, seguidas de assassinato em massa perpetrado igualmente contra "culpados" e "inocentes". A propaganda comunista ameaça as pessoas com a possibilidade de perderem o trem da história, de se atrasarem irremediavelmente em relação ao tempo, de esbanjarem as suas vidas inutilmente, tal como os nazistas as ameaçavam com uma existência contrária às eternas leis da natureza e da vida e com uma irreparável e misteriosa degeneração do sangue. A forte ênfase que a propaganda totalitária dá à natureza "científica" das suas afirmações tem sido comparada a certas técnicas publicitárias igualmente dirigidas às massas. De fato, os anúncios mostram o "cientificismo" com que um fabricante "comprova" — com fatos, algarismos e o auxílio de um departamento de "pesquisa" — que o seu "sabonete é o melhor do mundo".[9] Também é verdade que há um certo elemento de violência nos imaginosos exageros publicitários; por trás da afirmação de que as mulheres que não usam essa determinada marca de sabonete podem viver toda a vida espinhentas e solteironas, há um arrojado sonho monopolista, o sonho de que, algum dia, o fabricante do "único sabonete que evita espinhas" tenha o poder de privar de maridos todas as mulheres que não o usem. Tanto no caso da publicidade comercial quanto no da propaganda totalitária, a ciência é apenas um substituto do poder. A obsessão dos movimentos totalitários pelas demonstrações "científicas" desaparece assim que eles assumem o poder. Os nazistas dispensaram até mesmo os eruditos que procuraram servi-los, e os bolchevistas usam a reputação dos seus cientistas para finalidades completamente não-científicas, transformando-os em charlatães.

Mas cessa aí a semelhança, freqüentemente exagerada, entre a publicidade e a propaganda de massa. Os homens de negócio geralmente não se arrogam a profetas e não demonstram constantemente a correção de suas predições. O cientificismo da propaganda totalitária é caracterizado por sua insistência quase exclusiva na profecia "científica", em contraposição com o apelo ao passado, já fora de moda. Nunca se percebe tão claramente a origem ideológica do socialismo e do racismo como quando os seus porta-vozes alegam ter descoberto

---

(9) A análise de Hitler da "Propaganda de guerra" (*Mein Kampf*, livro I, cap. vi) acentua o lado comercial da propaganda e usa exatamente o exemplo da publicidade de sabonetes. Sua importância tem sido geralmente superestimada, enquanto suas positivas idéias posteriores sobre "Propaganda e organização" foram negligenciadas.

as forças ocultas que lhe trarão boa sorte na "corrente da fatalidade". As massas sentem-se naturalmente atraídas pelos "sistemas absolutistas que pretendem ver todos os eventos da história dependentes das grandes causas originais ligadas pela corrente da fatalidade, como que eliminando os homens da história da raça humana" (Tocqueville). Mas não se pode duvidar que a liderança nazista realmente acreditava em doutrinas como a que segue, e não as usava apenas como propaganda: "Quanto mais fielmente reconhecemos e seguimos as leis da natureza e da vida, (...) tanto mais nos conformamos ao desejo do Todo-Poderoso. Quanto melhor conhecermos o desejo do Todo-Poderoso, maior será o nosso sucesso".[10] É evidente que o credo de Stálin pode ser expresso em duas sentenças muito parecidas: "Quanto mais fielmente reconhecemos e observamos as leis da história e da luta de classes, mais nos conformamos ao materialismo dialético. Quanto mais conhecermos o materialismo dialético, maior será o nosso sucesso".[11]

A propaganda totalitária aperfeiçoou o cientificismo ideológico e a técnica de afirmações proféticas a um ponto antes ignorado de eficiência metódica e absurdo de conteúdo porque, do ponto de vista demagógico, a melhor maneira de evitar discussão é tornar o argumento independente de verificação no presente e afirmar que só o futuro lhe revelará os méritos. Contudo, não foram as ideologias totalitárias que inventaram esse método e não foram elas as únicas a empregá-lo. O cientificismo da propaganda de massa tem sido empregado de modo tão universal na política moderna que chegou a ser identificado como sintoma mais geral da obsessão com a ciência que caracterizou o Ocidente desde o florescimento da matemática e da física no século XVI. Assim, o totalitarismo parece ser apenas o último estágio de um processo durante o qual "a ciência [tornou-se] um ídolo que, num passe de mágica, cura os males da existência e transforma a natureza do homem".[12] Realmente, há uma antiga ligação entre o cientificismo e o surgimento das massas. O "coletivismo" das massas foi acolhido de bom grado por aqueles que viam no surgimento de "leis naturais do desenvolvimento histórico" a eliminação da incômoda imprevisibilidade das ações e da conduta do indivíduo.[13] Cita-se o exemplo de Enfantin, que pressentia a chegada do "tempo em que a arte de movimentar as massas estará tão

---

(10) Ver o importante memorando de Martin Borman sobre "A relação entre o nacional-socialismo e o cristianismo" em *Nazi conspiracy*, VI, 1036 ss. Formulações semelhantes se repetem com freqüência na literatura panfletária publicada pela SS para a "doutrinação ideológica" de seus cadetes. "As leis da natureza estão sujeitas a uma vontade imutável que não pode ser influenciada. Daí ser necessário reconhecer essas leis" ("SS-Mann und Blutsfrage" [O SS e a questão do sangue], em *Schriftenreihe für die weltanschauliche Schulung der Ordnungspolizei* [Escritos para a instrução ideológica da polícia], 1942). Todas elas são meras variações de certas frases extraídas de *Mein Kampf*, de Hitler, das quais esta é citada como lema para o panfleto que acabamos de mencionar: "Quando o homem tenta lutar contra a lógica de ferro da natureza, entra em conflito com os princípios básicos aos quais deve a sua própria existência como homem".

(11) J. Stálin, *Leninism* (1933), vol. II, capítulo iii.

(12) Eric Voegelin, "The origins of scientism", em *Social Research*, dezembro de 1948.

(13) Ver F. A. v. Hayek, "The counter-revolution of science", em *Economica*, vol. VIII (fevereiro, maio, agosto de 1941), p. 13.

perfeitamente desenvolvida que o pintor, o músico e o poeta terão o poder de agradar e comover com a mesma certeza com que os matemáticos resolvem um problema geométrico ou um químico analisa qualquer substância". Talvez tenha sido nesse instante que nasceu a propaganda moderna.[14]

Contudo, quaisquer que sejam as falhas do positivismo, do pragmatismo e do behaviorismo, e por maior que seja a sua influência na formação do tipo de bom senso característico do século XIX, não é de modo algum "o produto canceroso do segmento utilitário da existência"[15] que caracteriza as massas atraídas pela propaganda totalitária e pelo cientificismo. A convicção dos positivistas, como a conhecemos através de Comte, de que o futuro pode vir a ser previsto cientificamente repousa na crença de que o interesse é a força que existe por trás de tudo na história, e na pressuposição de que o poder tenha leis objetivas que podem ser descobertas. O cerne do utilitarismo moderno, positivista ou socialista, é a teoria política de Rohan, de que "os reis comandam os povos e os interesses comandam os reis", de que o interesse objetivo é a "única [lei] que não falha", e de que, "mal ou bem compreendido, o interesse é responsável pela existência e pelo desaparecimento dos governos". Mas nenhuma dessas teorias aceita a possibilidade de "transformar a natureza do homem", como o totalitarismo realmente procura fazer. Pelo contrário, implícita ou explicitamente, todas presumem que a natureza do homem é sempre a mesma, que a história é o relato de circunstâncias, e que o interesse, corretamente compreendido, pode levar a uma mudança de circunstâncias, mas não à mudança das reações humanas em si. O "cientificismo" da política ainda pressupõe que o bem-estar humano é a sua finalidade, conceito que é completamente alheio ao totalitarismo.[16]

Exatamente porque se supunha que as ideologias tivessem um natural conteúdo utilitário, a conduta antiutilitária dos governos totalitários e a sua completa indiferença pelo interesse da massa causaram um choque tão profundo. Essa conduta introduziu na política contemporânea um elemento de imprevisibilidade até então desconhecido. Contudo, a propaganda totalitária já havia indicado, antes mesmo que o totalitarismo tomasse o poder, até que ponto as massas se haviam afastado da preocupação pelo seu próprio interesse. Assim, não se justificava a suspeita dos aliados de que a matança dos loucos, ordenada por Hitler no começo da guerra, fosse ditada pelo desejo de eliminar bocas desnecessárias.[17] Hitler não foi forçado pela guerra a atirar pelos ares

(14) *Ibid.*, p. 137. A citação é da revista saint-simonista *Producteur*, I, p. 399.
(15) Voegelin, *op. cit.*
(16) William Ebenstein, *The Nazi state*, Nova York, 1943, quando discute a permanente economia de guerra do Estado nazista é praticamente o único crítico a compreender que "a interminável discussão (...) quanto à natureza socialista ou capitalista da economia alemã sob o regime nazista é em grande parte artificial, (...) [porque] tende a esquecer o fato vital de que tanto o capitalismo quanto o socialismo são categorias pertinentes à economia de bem-estar ocidental" (p. 239).
(17) Nesse contexto, é característico o testemunho de Karl Brandt, um dos médicos encarregados por Hitler de executar o programa de eutanásia (*Medical trial. US against Karl Brandt et al. Hearing of May 14, 1947*). Brandt protestou violentamente contra a suspeita de que o projeto

todas as considerações de ordem ética, mas sim considerava a carnificina da guerra uma excelente oportunidade para dar início a um programa de assassinatos que, como todos os outros pontos do seu programa, se media em termos de milênios.[18] Como virtualmente toda a história européia, durante muitos séculos, havia ensinado o povo a julgar cada ação política por seu *cui bono* [proveito, vantagem] e todos os acontecimentos políticos por seus interesses subjacentes, estava-se agora subitamente diante de um elemento de imprevisibilidade sem precedentes. Dadas as suas características demagógicas, a propaganda totalitária — que, muito antes da tomada do poder, mostrava claramente quão pouco as massas de deixavam motivar pelo famoso instinto de autoconservação — não foi tomada a sério. Mas o sucesso da propaganda totalitária não se deve tanto à sua demagogia quanto ao conhecimento de que o interesse, como força coletiva, só se faz sentir onde um corpo social estável proporciona a necessária conexão motora entre o indivíduo e o grupo; nenhuma propaganda baseada no mero interesse pode ser eficaz entre as massas, já que a sua característica principal é não pertencerem a nenhum corpo social ou político e constituírem, portanto, um verdadeiro caos de interesses individuais. O fanatismo dos membros dos movimentos totalitários, cuja intensidade difere tão claramente da lealdade dos membros dos partidos comuns, resulta exatamente da falta de egoísmo interesseiro dos indivíduos que formam as massas e que estão perfeitamente dispostos a se sacrificarem pela idéia. Os nazistas demonstraram que se pode levar todo um povo à guerra com o lema "de outra forma pereceremos" (o que a propaganda de guerra evidentemente evitou em 1914), mesmo em época que não seja de miséria, de desemprego ou de frustradas ambições nacionais. O mesmo espírito prevaleceu durante os últimos meses de uma guerra obviamente perdida, quando a propaganda nazista consolou a população, já grandemente atemorizada, com a promessa de que o *Führer*, "em sua sabedoria, havia preparado uma morte suave para o povo alemão, por meio de gás, em caso de derrota".[19]

Os movimentos totalitários empregam o socialismo e o racismo esvaziando-os do seu conteúdo utilitário, dos interesses de uma classe ou de uma nação. A forma de predição infalível sob a qual esses conceitos são apresentados

---

havia sido iniciado com a finalidade de eliminar consumidores supérfluos de alimentos; acentuou que os membros do partido que haviam mencionado tais argumentos na discussão tinham sido severamente repreendidos. Em sua opinião, as medidas haviam sido ditadas unicamente por "considerações éticas". Naturalmente, o mesmo se aplica às deportações. Os arquivos estão cheios de memorandos desesperados dos militares, queixando-se de que as deportações de milhões de judeus poloneses constituíam um completo descaso às "necessidades econômicas e militares". Ver Poliakov, *op. cit.*, p. 321, bem como os documentos ali publicados.

(18) O decreto decisivo que originou todos os assassínios em massa subseqüentes foi assinado por Hitler a 1? de setembro de 1939 — no dia em que foi declarada a guerra à Polônia — e se refere não aos loucos apenas (como se supõe erradamente muitas vezes) mas a todos os que eram "doentes incuráveis". Os loucos foram apenas os primeiros a morrer.

(19) Ver Friedrich Percyval Reck-Malleczewen, *Tagebuch eines Verzweifelten* [Diário de um desesperado], Sttutgart, 1947, p. 190.

é mais importante que o seu conteúdo.[20] A principal qualificação de um líder de massas é a sua infinita infalibilidade; jamais pode admitir que errou.[21] Além disso, a pressuposição de infalibilidade baseia-se não tanto na inteligência superior quanto na correta interpretação de forças históricas ou naturais essencialmente seguras, forças que nem a derrota nem a ruína podem invalidar porque, a longo prazo, tendem a prevalecer.[22] Uma vez no poder, os líderes da massa cuidam de algo que está acima de quaisquer considerações utilitárias: fazer com que as suas predições se tornem verdadeiras. Os nazistas não hesitaram em lançar mão, no fim da guerra, de toda a força da sua organização ainda intacta para destruir a Alemanha do modo mais completo possível, a fim de que fosse verdadeira a sua predição de que o povo alemão seria arruinado em caso de derrota.

O efeito propagandístico da infalibilidade, o extraordinário sucesso que decorre da humilde pose de mero agente interpretador de forças previsíveis, estimulou nos ditadores totalitários o hábito de anunciar as suas intenções políticas sob a forma de profecias. O exemplo mais famoso é o anúncio que Hitler fez ao Reichstag alemão em janeiro de 1939: "Desejo hoje mais uma vez fazer uma profecia: caso os financistas judeus (...) consigam novamente arrastar os povos a uma guerra mundial o resultado será (...) a aniquilação da raça judaica na Europa".[23] Traduzido em linguagem não-totalitária, isso significa: pretendo travar uma guerra e pretendo matar os judeus da Europa. Da mesma forma, Stálin, no discurso proferido perante o Comitê Central do Partido Comunista em 1930, ao descrever os seus dissidentes no partido como representantes de "classes agonizantes",[24] abriu o caminho para a sua eliminação física. Em estilo totalitário, essa definição anunciava a destruição física daqueles cuja "agonia"

(20) Hitler baseava a superioridade dos movimentos ideológicos em relação aos partidos políticos no fato de que as ideologias (*Weltanschauungen*) sempre "proclamam sua infalibilidade" (*Mein Kampf*, livro II, capítulo v, "*Weltanschauung* e organização"). As primeiras páginas do manual oficial da Juventude Hitlerista (*The Nazi primer*, Nova York, 1938) acentuam conseqüentemente que todas as questões de *Weltanschauung*, antes consideradas "irrealistas" e "incompreensíveis", "se tornaram tão claras, simples e *definidas* [o grifo é meu] que qualquer um dos nossos camaradas pode entendê-las e cooperar na sua solução".

(21) O primeiro dos "juramentos do membro do Partido", enumerados pelo *Organisationsbuch der NSDAP*, diz: "O *Führer* sempre tem razão". Edição publicada em 1936, p. 8. Mas o *Dienstvorschrift für die P. D. der NSDAP*, 1932, p. 38, assim se exprime: "A decisão de Hitler é final!" Note-se a grande diferença de fraseologia.

"A pretensão de serem infalíveis, [o fato de que] nenhum deles jamais sinceramente admitiu um erro", eis a diferença decisiva entre Stálin e Trótski, de um lado e Lênin, de outro. Ver Boris Souvarine, *Stalin: a critical survey of Bolshevism*, Nova York, 1939, p. 583.

(22) É óbvio que a dialética hegeliana constitui maravilhoso instrumento para que sempre se tenha razão, uma vez que permite a interpretação de todas as derrotas como o começo da vitória. Um dos mais belos exemplos desse tipo de sofisma ocorreu após 1933, quando os comunistas alemães, durante quase dois anos, recusaram-se a reconhecer que a vitória de Hitler havia sido uma derrota para o Partido Comunista Alemão.

(23) Ver Goebbels: *The Goebbels diaries (1942-1943)*, editados por Louis Lochner, Nova York, 1948, p. 148.

(24) Stálin, *op. cit.*, *loc. cit.*

acabava de ser profetizada. Em ambos os casos, consegue-se o mesmo objetivo: o extermínio vira processo histórico no qual o homem apenas faz ou sofre aquilo que, de acordo com leis imutáveis, sucederia de qualquer modo. Assim que as vítimas são executadas, a "profecia" transforma-se em álibi retrospectivo: o que sucedeu foi apenas o que havia sido predito.[25] Pouco importa se "leis históricas" acarretam a "ruína" de certas classes e de seus representantes, ou se "leis naturais (...) exterminam" todos aqueles elementos — democracias, judeus, sub-homens [*Untermenschen*] do Leste europeu, ou doentes incuráveis — que, de qualquer forma, não são "dignos de viver". Por sinal, Hitler também mencionou "classes agonizantes" que deviam ser "eliminadas sem mais problemas".[26]

Esse método, como outros da propaganda totalitária, só é infalível depois que os movimentos tomam o poder. A essa altura, discutir a verdade ou a mentira da predição de um ditador totalitário é tão insensato como discutir com um assassino em potencial se a sua próxima vítima está morta ou viva — pois, matando a pessoa em questão, o assassino pode prontamente demonstrar que a sua afirmação era correta. O único argumento válido nessas ocasiões seria a imediata salvação da pessoa cuja morte é profetizada. Antes que os líderes das massas tomem o poder para fazer com que a realidade se ajuste às mentiras que proclamam, sua propaganda exibe extremo desprezo pelos fatos em si, pois, na sua opinião, os fatos dependem exclusivamente do poder do homem que os inventa.[27] A afirmação de que o metrô de Moscou é o único do mundo só é falsa enquanto os bolchevistas não puderem destruir os outros. Em outras palavras, o método da predição infalível, mais que qualquer outro expediente da propaganda totalitária, revela o seu objetivo último de conquista mundial, pois somente num mundo inteiramente sob o seu controle pode o governante totalitário dar realidade prática às suas mentiras e tornar verdadeiras todas as suas profecias.

A linguagem do cientificismo profético correspondia às necessidades das massas que haviam perdido o seu lugar no mundo e, agora, estavam preparadas para se reintegrar nas forças eternas e todo-poderosas que, por si, impeliriam o

---

(25) Num discurso que pronunciou em setembro de 1942, quando o extermínio dos judeus estava em pleno andamento, Hitler referiu-se explicitamente ao seu discurso de 30 de janeiro de 1939 (publicado como folheto com o título *Der Führer vor dem ersten Reichstag Grossdeutschlands* [O *Führer* diante do primeiro Parlamento da Grande Alemanha], 1939) e à sessão do Reichstag de 1º de setembro de 1939, quando anunciou que, "se o povo judeu instigasse o mundo internacional a exterminar os povos arianos da Europa, não os povos arianos, mas os judeus seriam [resto da frase abafado pelos aplausos]" (ver *Der Führer zum Kriegswinterhilfswerd*, Schriften NSV, nº 14, p. 33).

(26) No discurso de 30 de janeiro de 1939, cf. citado acima.

(27) Konrad Heiden, *De Fuehrer: Hitler's rise to power*, acentua a "fenomenal deslealdade" de Hitler, "a falta de realidade demonstrável em quase todos os seus pronunciamentos", a sua "indiferença pelos fatos, que ele não considerava vitalmente importantes" (pp. 368, 374). Em termos quase idênticos, Khrushchev descreve "a relutância de Stálin em levar em conta as realidades da vida" e a sua indiferença "quanto ao verdadeiro estado das coisas", *op. cit.* O melhor exemplo da opinião de Stálin quanto à importância dos fatos são as revisões a que ele periodicamente submetia a história da Rússia.

homem, nadador no mar da adversidade, para praia segura. "Moldamos a vida do nosso povo e a nossa legislação segundo o veredicto da genética",[28] afirmaram os nazistas, do mesmo modo como os bolchevistas asseguraram aos seus seguidores que as forças econômicas têm o poder de um veredicto histórico. Assim, prometiam uma vitória que não dependia de derrotas e fracassos "temporários". Pois as massas, em contraste com as classes, desejam a vitória e o sucesso em si mesmos, em sua forma mais abstrata; não as unem quaisquer interesses coletivos especiais que considerem essenciais à sua sobrevivência como um grupo e pelos quais, portanto, poderiam lutar contra a adversidade. Mais importante que a causa que venha a ser vitoriosa ou o empreendimento que tenha possibilidades de vencer, é para elas a vitória em não importa que causa e o sucesso em não importa que empreendimento.

A propaganda totalitária aperfeiçoa as técnicas da propaganda de massa, mas não lhe inventa os temas. Estes foram preparados pelos cinqüenta anos de imperialismo e desintegração do Estado nacional, quando a ralé adentrou o cenário da política européia. Tal como os primeiros líderes da ralé, os porta-vozes dos movimentos totalitários tinham um modo infalível de distinguir tudo aquilo que a propaganda partidária comum ou a opinião pública evitava ou não ousava abordar. Tudo o que fosse oculto, tudo o que fosse mantido em silêncio adquiria grande importância, qualquer que fosse o seu valor intrínseco. A ralé realmente acreditava que a verdade era tudo aquilo que a sociedade respeitável houvesse hipocritamente escamoteado ou acobertado com a corrupção.

O primeiro critério para a escolha dos tópicos era o mistério em si. A origem do mistério não importava; podia estar num desejo de segredo razoável e politicamente compreensível, como no caso dos Serviços Secretos Britânicos ou do Deuxième Bureau francês; ou na necessidade conspiratória de grupos revolucionários, como no caso das seitas anárquicas e terroristas; ou na estrutura de sociedades secretas, embora seu conteúdo secreto já fosse conhecido e somente o ritual formal retivesse ainda o antigo mistério, como no caso da maçonaria; ou em superstições antiqüíssimas que haviam gerado lendas em torno de certos grupos, como no caso dos jesuítas e judeus. Os nazistas eram, sem dúvida, mestres na escolha desses tópicos para uso em propaganda de massa; mas os bolchevistas pouco a pouco aprenderam-lhes os truques, embora confiassem menos em mistérios tradicionalmente aceitos e preferissem suas próprias invenções; desde meados da década de 30, uma misteriosa conspiração mundial tem seguido outra na propaganda bolchevista, a começar pelo complô dos trotskistas, passando pelo domínio das trezentas famílias, até as sinistras maquinações imperialistas dos serviços secretos britânicos e americanos.[29]

---

(28) Do Manual da Juventude Hitlerista (Hitlerjugend).

(29) É interessante notar que os bolchevistas, durante a era de Stálin, de certa forma acumularam conspirações, e que a descoberta de uma nova trama não significava que abandonassem a anterior. A conspiração trotskista começou por volta de 1930; a das trezentas famílias foi acrescentada no período da Frente Popular na França, a partir de 1935; o imperialismo britânico foi

A eficácia desse tipo de propaganda evidencia uma das principais características das massas modernas. Não acreditam em nada visível, nem na realidade da sua própria experiência; não confiam em seus olhos e ouvidos, mas apenas em sua imaginação, que pode ser seduzida por qualquer coisa ao mesmo tempo universal e congruente em si. O que convence as massas não são os fatos, mesmo que sejam fatos inventados, mas apenas a coerência com o sistema do qual esses fatos fazem parte.

O que as massas se recusam a compreender é a fortuidade de que a realidade é feita. Predispõem-se a todas as ideologias porque estas explicam os fatos como simples exemplos de leis e ignoram as coincidências, inventando uma onipotência que a tudo atinge e que supostamente está na origem de todo acaso. A propaganda totalitária prospera nesse clima de fuga da realidade para a ficção, da coincidência para a coerência.

A principal desvantagem da propaganda totalitária é que não pode satisfazer esse anseio das massas por um mundo completamente coerente, compreensível e previsível sem entrar em sério conflito com o bom senso. Se, por exemplo, todas as "confissões" de inimigos políticos na União Soviética empregam os mesmos termos e admitem os mesmos motivos, as massas, sedentas de coerência, aceitam a ficção como prova suprema da veracidade dos fatos; no entanto, o bom senso nos diz que é exatamente essa coerência que é irreal, demonstrando que as confissões são falsas. De modo figurado, é como se as massas exigissem uma repetição constante do milagre da Septuaginta, quando — segundo a lenda aceita pelo judaísmo e cristianismo — setenta sábios alexandrinos, isolados entre si, apresentaram a mesma idêntica tradução grega do Velho Testamento. O bom senso só pode aceitar essa história como lenda, mas ela também pode ser tomada como prova da absoluta e divina fidelidade de cada palavra do texto traduzido.

Em outras palavras, embora seja verdade que as massas são obcecadas pelo desejo de fugirem da realidade porque, privadas de um lugar no mundo, já não podem suportar os aspectos acidentais e incompreensíveis dessa situação, também é verdade que a sua ânsia pela ficção tem algo a ver com aquelas faculdades do espírito humano cuja coerência estrutural transcende a mera ocorrência. Fugindo à realidade, as massas pronunciam um veredicto contra um mundo no qual são forçadas a viver e onde não podem existir, uma vez que o acaso é o senhor supremo deste mundo e os seres humanos necessitam transformar constantemente as condições do caos e do acidente num padrão humano de relativa coerência. A revolta das massas contra o "realismo", o bom senso e todas "as plausibilidades do mundo" (Burke) resultou da sua atomização, da perda de seu *status* social, juntamente com todas as relações comunitárias em cuja estrutura o bom senso faz sentido. Em sua condição de deslocados espirituais e sociais, um conhecimento medido da interdependência entre o arbitrário e o planejado, entre o acidental e o necessário, já não produz efeito. A propa-

---

apontado como verdadeira conspiração durante a aliança Stálin-Hitler; o "Serviço Secreto Americano" seguiu-se-lhe pouco depois do fim da guerra.

ganda totalitária pode insultar o bom senso somente quando o bom senso perde a sua validade. Entre enfrentar a crescente decadência, com a sua anarquia e total arbitrariedade, e curvar-se ante a coerência mais rígida e fantasticamente fictícia de uma ideologia, as massas provavelmente escolherão este último caminho, dispostas a pagar por isso com sacrifícios individuais — não porque sejam estúpidas ou perversas, mas porque, no desastre geral, essa fuga lhes permite manter um mínimo de respeito próprio.

Enquanto a propaganda nazista especializava-se em tirar proveito do anseio das massas pela coerência, os métodos bolchevistas demonstraram claramente o seu impacto sobre o homem de massa isolado. A polícia secreta soviética, tão ávida de convencer suas vítimas a assumirem responsabilidade por crimes que nunca cometeram e que, em muitos casos, nem sequer estavam em posição de cometer, isola e elimina completamente todos os fatores reais, de sorte que a própria lógica, a própria congruência da "estória" contida na confissão forjada, se torna irrefutável. Diante de uma situação na qual a linha divisória entre a ficção e a realidade é apagada pela inerente coerência da acusação, é indispensável não apenas a firmeza de caráter para resistir a constantes ameaças, mas também uma grande dose de confiança na existência de semelhantes — parentes, amigos ou vizinhos — que nunca acreditarão na "estória", para que se resista à tentação de ceder a uma abstrata possibilidade de culpa.

É verdade que esse extremo de loucura artificialmente forjada só pode ser atingido num mundo inteiramente totalitário. No entanto, já hoje faz parte do aparelho de propaganda dos regimes totalitários, onde as confissões não são indispensáveis para levarem à punição. As "confissões" são uma especialidade do regime bolchevista, como o curioso pedantismo da legalização de crimes por meio de leis retrospectivas e retroativas era especialidade do sistema nazista. Em ambos os casos, o objetivo é a coerência.

Antes de tomarem o poder e criarem um mundo à imagem da sua doutrina, os movimentos totalitários invocam esse falso mundo de coerências, que é mais adequado às necessidades da mente humana do que a própria realidade; nele, através de pura imaginação, as massas desarraigadas podem sentir-se à vontade e evitar os eternos golpes que a vida e as experiências verdadeiras infligem aos seres humanos e às suas expectativas. A força da propaganda totalitária — antes que os movimentos façam cair cortinas de ferro para evitar que alguém perturbe, com a mais leve realidade, a horripilante quietude de um mundo completamente imaginário — reside na sua capacidade de isolar as massas do mundo real. Os únicos sinais que o mundo real ainda oferece à compreensão das massas desintegradas e em desintegração — que se tornam mais crédulas a cada golpe de má sorte — são, por assim dizer, as suas lacunas, as perguntas que ele prefere não discutir em público, os boatos que não ousa contradizer porque ferem, embora de modo exagerado e distorcido, algum ponto fraco.

É desses pontos fracos que as mentiras da propaganda totalitária extraem o elemento de veracidade e experiência real de que necessitam para transpor o abismo entre a realidade e a ficção. Só o terror poderia confiar na mera ficção, mas mesmo as ficções sustentadas pelo terror dos regimes totalitários ainda não se tornaram completamente arbitrárias, embora sejam geralmente mais grosseiras, mais descaradas e mais originais que as ficções geradas pelos movimentos. (É preciso ter força, não talento propagandístico, para fazer circular uma história revisada da Revolução Russa na qual nenhum homem chamado Trótski jamais foi comandante-em-chefe do Exército Vermelho.) Já as mentiras dos movimentos são muito mais sutis. Atêm-se a todo aspecto da vida social e política que esteja oculto aos olhos do público. Conseguem maior sucesso onde as autoridades oficiais vivam numa atmosfera de segredo. Aos olhos da massa, adquirem então a reputação de "realismo" superior, porque se referem a supostas condições reais, cuja existência vinha sendo ocultada. A revelação de escândalos na alta sociedade, de corrupção de homens públicos, tudo o que interessa à imprensa marrom, se torna em suas mãos uma arma de importância mais que sensacional.

A mais eficaz ficção da propaganda nazista foi a história de uma conspiração mundial judaica. Concentrar-se em propaganda anti-semita era expediente comum dos demagogos desde fins do século XIX, e muito difundido na Alemanha e na Áustria na década de 1920. Quanto mais constantemente os partidos e órgãos da opinião pública evitavam discutir a questão judaica, mais a ralé se convencia de que os judeus eram os verdadeiros representantes das autoridades constituídas, e de que a questão judaica era o símbolo da hipocrisia e da desonestidade de todo o sistema.

O verdadeiro conteúdo da propaganda anti-semita do pós-guerra [depois de 1918] não era monopólio dos nazistas nem particularmente novo e original. Mentiras acerca de uma conspiração mundial judaica haviam sido veiculadas desde o Caso Dreyfus, e baseavam-se na inter-relação e interdependência do povo judaico disseminado por todo o mundo. Mais antigas ainda são as noções exageradas do poder mundial dos judeus; encontramo-las em fins do século XVIII, quando a estreita relação entre os comerciantes judeus e os Estados-nações se tornou visível. A apresentação de "o judeu" como a encarnação do mal é geralmente atribuída a vestígios e supersticiosas lembranças da Idade Média, mas na verdade tem íntima ligação com o papel mais recente e mais ambíguo que os judeus representaram na sociedade européia depois da sua emancipação. Uma coisa era inegável: no período do pós-guerra, os judeus haviam se tornado mais proeminentes do que nunca.

Mas, no tocante aos próprios judeus, o fato é que se haviam tornado mais proeminentes e mais notórios na razão inversa da sua verdadeira influência e posição de poder. Cada perda de estabilidade e de força dos Estados-nações era um golpe direto contra a posição dos judeus. A conquista do Estado pela nação, parcialmente bem-sucedida, tornou impossível à máquina governamental manter a sua posição acima de todas as classes e partidos, e anulou o valor da aliança com o segmento judaico da população, o qual, ademais, era rechaçado da estrutura estatal, que se pretendia uniformemente nacional, e mantido fora dos escalões sociais; assim, permanecia indiferente à política dos partidos. À crescente preocupação da burguesia imperialista com a política externa e à sua crescente influência sobre a máquina estatal seguiu-se a firme recusa, por parte daquele setor judaico que realmente concentrava riquezas, de se engajar em indústrias e abandonar a tradição do comércio de capitais. A soma de todos esses fatores quase acabou com a utilidade econômica, para o Estado, dos judeus como um grupo e com a vantagem, para os judeus, da sua separação social. Depois da Primeira Guerra Mundial, as comunidades judaicas da Europa central foram assimiladas e incorporadas à nação, como ocorreu à comunidade judaica da França durante as primeiras décadas da Terceira República.

O grau de consciência dos Estados interessados dessa nova situação veio à luz quando, em 1917, o governo da Alemanha, seguindo uma antiga tradição, tentou usar os seus judeus para negociações experimentais de paz com os aliados. Em lugar de se dirigir aos líderes estabelecidos das comunidades judaicas alemãs, o governo apelou para a pequena e relativamente pouco influente minoria sionista, que ainda gozava da sua confiança porque insistia na existência de um povo judaico independente de cidadania, e da qual, portanto, se poderiam esperar serviços que dependessem de conexões internacionais. Isso, porém, como se verificou mais tarde, foi um erro do governo alemão. Os sionistas fizeram algo que nenhum dos banqueiros judeus havia feito antes: estabeleceram as suas próprias condições e disseram ao governo que só negociariam a paz sem anexações ou reparações.[30] Já não existia a velha indiferença dos judeus pela política; a maioria dos judeus já não podia ser usada, pois não estava mais isolada da nação em cujo seio vivia, e a minoria sionista era inútil, porque tinha idéias políticas próprias.*

A substituição dos governos monárquicos pela república na Europa central completou a desintegração das comunidades judaicas da região, do mesmo modo que a criação da Terceira República o havia feito na França cerca de cinqüenta anos antes. Os judeus já haviam perdido grande parte da sua influência quando os novos governos se estabeleceram em condições nas quais não tinham poder para proteger os judeus nem interesse em fazê-lo. Por ocasião das negociações de paz em Versalhes, os judeus foram usados principalmente como peritos, e mesmo certos anti-semitas admitiram que os pequenos escroques judeus da era do pós-guerra, dos quais muitos eram recém-chegados aos países em que agiam (e atrás de cujas atividades fraudulentas, que os distinguiam claramente dos seus correligionários nativos, havia uma atitude vagamente semelhante à antiga indiferença pelas normas do meio ambiente em que passavam a viver), não tinham quaisquer conexões com os representantes de uma suposta internacional judaica.[31]

(30) Ver a autobiografia de Chaim Weizmann, *Trial and error*, Nova York, 1949, p. 185.

(*) Em 1917, para conquistar as simpatias dos sionistas, disseminados entre os judeus de todos os países, o governo imperial alemão, após a consulta com seu aliado, a Turquia otomana, revelou ser favorável à colonização judaica na Palestina, com o que pretendia enfraquecer a posição idêntica do governo britânico. (N. E.)

(31) Ver, por exemplo, Otto Bonhard, *Jüdische Geld Weltherrschaft?* [Domínio financeiro e mundial judaico?], 1926, p. 57.

Em meio a um grande número de grupos anti-semitas concorrentes e numa atmosfera carregada de anti-semitismo, a propaganda nazista elaborou um método específico de tratar esse assunto, método diferente e superior a todos os outros. Não obstante, nenhum dos *slogans* nazistas era novo — nem mesmo a astuta imagem oferecida por Hitler de uma luta de classes provocada pelo comerciante judeu que explorava os trabalhadores, enquanto outro judeu, na fábrica, os incitava a entrarem em greve.[32] O único elemento novo era que o nazismo exigia prova de ascendência não-judaica aos candidatos a membros do Partido. Ademais, o nazismo sempre foi, não obstante o programa de Feder, extremamente vago quanto às verdadeiras medidas que tomaria contra os judeus quando galgasse o poder.[33] Os nazistas deram à questão judaica a posição central na sua propaganda, no sentido de que o anti-semitismo já não era uma questão de opinião acerca de um povo diferente da maioria, nem uma questão de política nacional,[34] mas sim a preocupação íntima de todo indivíduo na sua existência pessoal; ninguém podia pertencer ao partido se a sua "árvore genealógica" não estivesse em ordem, e quanto mais alto o posto na hierarquia nazista, mais longe no passado se vasculhava essa árvore genealógica.[35] Do mesmo modo, embora sem tanta coerência, o bolchevismo alterou a dou-

(32) Hitler usou esta imagem pela primeira vez em 1922: "Moisés Kohn, por um lado, incita a sua companhia a recusar as exigências dos trabalhadores, enquanto o seu irmão Isaac na fábrica convida as massas (...) a entrarem em greve". (*Hitler's speeches: 1922-1939*, editado por Baynes, Londres, 1942, p. 29). É digno de nota que nenhuma coleção completa dos discursos de Hitler jamais foi publicada na Alemanha nazista, de modo que é necessário recorrer à edição inglesa. Não se trata de mero acaso, como se pode ver da bibliografia compilada por Philipp Bouhler, *Die Reden des Führers nach der Machtübernahme* [Os discursos do *Führer* após a tomada do poder], 1940: somente os discursos públicos eram impressos *verbatim* no *Völkischer Beobachter*; os outros discursos para o Fuehrerkorps e outras unidades do partido eram meramente "mencionados" naquele jornal. Não se destinavam de modo algum à publicação.

(33) Os 25 pontos de Feder continham apenas medidas habituais exigidas por todos os grupos anti-semitas: expulsão do país dos judeus naturalizados e tratamento dos judeus nativos como estrangeiros. A oratória anti-semita nazista era sempre muito mais radical do que o seu programa. Waldemar Gurian, "Antisemitism in modern Germany", em *Essays on antisemitism*, editado por Koppel S. Pinson, Nova York, 1946, p. 243, acentua a falta de originalidade do anti-semitismo nazista: "Nenhuma dessas exigências e opiniões era notável por sua originalidade — eram evidentes em todos os círculos nacionalistas —; o que era notável era a habilidade demagógica e oratória com que eram apresentadas".

(34) Um exemplo típico de mero anti-semitismo nacionalista dentro do próprio partido nazista é Röhm, que escreve: "E mais uma vez neste ponto a minha opinião difere da do filisteu nacional. Não digo: o Judeu é culpado de tudo! Nós é que temos a culpa do fato de o judeu poder dominar hoje em dia" (Ernst Röhm, *Die Geschichte eines Hochverräters*, 1933, Volksausgabe, p. 284).

(35) Os candidatos à SS tinham de vasculhar seus antepassados até o ano de 1750. Os que se candidatavam a posições de liderança partidária tinham de responder a apenas três perguntas: 1. O que é que você fez pelo Partido? 2. Você é absolutamente são, física, mental e moralmente? 3. Sua árvore genealógica está em ordem? Ver *Nazi primer*.

Típico da afinidade entre os dois sistemas é o fato de que a elite e as formações policiais dos bolchevistas — a *NKVD* — também exigiam prova da genealogia dos seus membros. Ver F. Beck e W. Godin, *Russian purge and the extraction of confessions*, 1951.

trina marxista da inevitável vitória final do proletariado, organizando os seus membros como "proletários de nascença" e tornando vergonhoso e escandaloso descender de qualquer outra classe.[36]

A propaganda nazista foi suficientemente engenhosa para transformar o anti-semitismo em princípio de autodefinição, libertando-o assim da inconstância de uma mera opinião. Usou a persuasão da demagogia de massa apenas como fase preparatória, e nunca superestimou sua duradoura influência, fosse em discursos ou por escrito.[37] Isso deu às massas de indivíduos atomizados, indefiníveis, instáveis e fúteis um meio de se autodefinirem e identificarem, não somente restaurando a dignidade que antes lhes advinha da sua função na sociedade, como também criando uma espécie de falsa estabilidade que fazia deles melhores candidatos à participação ativa. Através desse tipo de propaganda, o movimento podia apresentar-se como extensão artificial das reuniões de massa, e racionalizar os fúteis sentimentos de empáfia e de histérica segurança que oferecia aos indivíduos isolados de uma sociedade atomizada.[38]

Percebia-se a mesma engenhosa aplicação de *slogans*, criados por terceiros e já experimentados antes, no tratamento que os nazistas davam a outras questões importantes. Quando a atenção pública concentrou-se no nacionalismo, de um lado, e no socialismo, de outro, quando se julgava que os dois eram incompatíveis e constituíam a verdadeira linha divisória ideológica entre a Direita e a Esquerda, o "Partido Nacional-Socialista dos Trabalhadores Alemães" (nazista) ofereceu uma síntese que supostamente levaria à unidade nacional, uma solução semântica cuja dupla marca registrada — "alemão" e "trabalhador" — ligava o nacionalismo da Direita ao internacionalismo da Esquerda. O próprio nome do movimento nazista esvaziava politicamente todos os outros partidos, e pretendia implicitamente incorporá-los a todos. Misturas de doutrinas políticas supostamente antagônicas (nacional-socialista, social-cristã etc.) já haviam sido experimentadas antes com sucesso; mas os nazistas deram tal realidade prática à sua mistura que toda a luta parlamentar entre os socialistas e os nacionalistas, entre aqueles que pretendiam ser trabalhadores em primeiro lugar e aqueles que em primeiro lugar eram alemães, parecia uma farsa destinada a ocultar motivos ulteriores e sinistros — pois o membro do movimento nazista não era tudo isso e de uma só vez?

(36) As tendências totalitárias do macarthismo nos Estados Unidos também vieram à tona claramente na tentativa de não apenas perseguir os comunistas, mas de forçar todo cidadão a provar que não era comunista.

(37) "Não se deve exagerar a influência da imprensa (...), ela geralmente diminui à medida que cresce a influência da organização" (Hadamovsky, *op. cit.*, p. 64). Os "jornais são inúteis quando procuram lutar contra a força agressiva de uma organização viva" (*ibid.*, p. 65). "As formações de poder que têm sua origem na mera propaganda são instáveis e podem desaparecer rapidamente a não ser que a violência de uma organização apóie a propaganda" (*ibid.*, p. 21).

(38) "As reuniões de massa são a forma mais poderosa de propaganda (...) [porque] cada indivíduo se sente mais confiante e mais forte na unidade da massa" (*ibid.*, p. 47). "O entusiasmo do momento torna-se um princípio e uma atitude espiritual através da organização e do treinamento e disciplina sistemáticos" (*ibid.*, pp. 21-2).

É interessante notar que, mesmo no seu começo, os nazistas sempre tiveram a prudência de não usar *slogans* que, como democracia, república, ditadura ou monarquia, indicassem uma forma específica de governo.[39] É como se, pelo menos nesse assunto, sempre soubessem que iriam ser completamente originais. Toda discussão a respeito da verdadeira forma do seu futuro governo podia ser rejeitada como conversa fiada a respeito de meras formalidades — pois o Estado, segundo Hitler, era apenas um "meio" para a preservação da raça, do mesmo modo como, segundo a propaganda bolchevista, o Estado é apenas um instrumento na luta de classes.[40]

De outro modo curioso e indireto, porém, os nazistas deram uma resposta propagandística à pergunta sobre qual seria o seu futuro papel, e o fizeram pela maneira como usaram os "Protocolos dos sábios do Sião" como modelo para a futura organização das massas alemãs num "império mundial". Não foram apenas os nazistas que usaram os Protocolos; centenas de milhares de cópias foram vendidas na Alemanha após a guerra de 1918, e a sua franca adoção como manual político sequer constituía novidade.[41] A fraude, porém, era usada principalmente com a finalidade de denunciar os judeus e despertar a ralé para os perigos do domínio judaico.[42] Em termos de mera propaganda, a descoberta

---

(39) Nas poucas vezes em que Hitler se preocupou com essa questão, costumava acentuar: "Aliás, não sou chefe de um Estado como o é um ditador ou monarca, mas sou o líder do povo alemão" (ver *Ausgewählte Reden des Führers* [Discursos escolhidos do *Führer*], 1939, p. 114). Hans Frank expressa-se no mesmo tom: "O Reich Nacional-Socialista não é um regime ditatorial, e muito menos arbitrário. Baseia-se na lealdade mútua do Führer e do povo" (em *Recht und Verwaltung*) [Direito e administração], Munique, 1939, p. 15).

(40) Hitler repetiu muitas vezes: "O Estado é apenas um meio para um fim. O fim é: conservação da raça" (*Reden*, 1939, p. 125). Acentuou ainda que o seu movimento "não se baseia na idéia do Estado, mas principalmente na *Volksgemeinschaft* fechada" (ver *Reden*, 1933, p. 125, e o discurso à nova geração de líderes políticos [*Führernachwuchs*], 1937, que é publicado como adendo em *Hitlers Tischgespräche*, p. 446). *Mutatis mutandi*, é esse também o cerne da complicada algaravia que é a "teoria estatal" de Stálin: "Somos a favor da morte do Estado, e ao mesmo tempo defendemos o fortalecimento da ditadura do proletariado, que representa a mais forte e poderosa autoridade entre todas as formas de Estado que já existiram até hoje. O desenvolvimento maior possível do poder do Estado com o fim de preparar as condições para a morte do Estado: eis a fórmula marxista" (*op. cit., loc. cit.*)

(41) Alexander Stein, em *Adolf Hitler, Schüler der "Weisen von Zion"* [A. H., aluno dos "sábios do Sião"], Karlsbad, 1936, foi o primeiro a analisar, por comparação filológica, a identidade ideológica entre os ensinamentos dos nazistas e os dos "sábios do Sião". Ver também R. M. Blank, *Adolf Hitler et les "Protocoles des sages de Sion"*, Paris, 1938.

O primeiro a admitir a sua dívida para com os ensinamentos dos Protocolos foi Theodor Fritsch, o "patriarca" do anti-semitismo alemão do pós-guerra. Diz ele no epílogo da sua edição dos Protocolos, 1924: "Nossos futuros estadistas e diplomatas terão de aprender com os mestres orientais da velhacaria até mesmo o ABC do governo e, para esse fim, os 'Protocolos do Sião' são um excelente curso preparatório".

(42) Quanto à história dos Protocolos, ver John S. Curtiss, *An appraisal of the Protocols of Zion*, 1942.

O fato de que os Protocolos eram forjados não importava para fins de propaganda. O publicista russo S. A. Nilus, que publicou a edição russa em 1905, conhecia muito bem o caráter duvidoso desse "documento" e acrescentou o óbvio: "Mas, se fosse possível demonstrar a sua autentici-

dos nazistas foi que as massas não receavam tanto que os judeus dominassem o mundo, quanto estavam interessadas em saber como isso podia ser feito; que a popularidade dos Protocolos se baseava mais na admiração e na avidez de aprender, do que no ódio; e que seria boa idéia adotar algumas de suas principais fórmulas, como no caso do famoso *slogan* "O direito é aquilo que é bom para o povo alemão", que foi copiado das palavras dos Protocolos: "tudo o que beneficia o povo judaico é moralmente correto e sagrado".[43]

Em muitos sentidos, os Protocolos são um documento curioso e digno de nota. À parte o seu maquiavelismo barato, sua característica política essencial é que, de modo um tanto doido, abordam todas as questões políticas importantes da época. São por princípio antinacionais e pintam o Estado-nação como um colosso de pés de barro. Rejeitam a soberania nacional e acreditam, como Hitler disse certa vez, num império mundial à base de uma nação.[44] Não se satisfazem com a revolução num determinado país, mas visam à conquista e domínio do mundo. Prometem que, a despeito da inferioridade em número, território e poder estatal, o seu povo poderá conquistar o mundo através da mera organização. É certo que parte de sua força persuasiva se deve a superstições muito antigas. A noção da existência ininterrupta de uma seita internacional que luta pelos mesmos objetivos revolucionários desde a Antigüidade é muito velha[45] e desempenhou certo papel na literatura política clandestina desde a Revolução Francesa, embora não tivesse ocorrido a nenhum escritor do fim do século XVIII que a "seita revolucionária", essa "nação peculiar (...) em meio a todas as nações civilizadas", pudesse ser o povo judeu.[46]

---

dade por meio de documentos ou do depoimento fidedigno de testemunhas, se fosse possível revelar quem são as pessoas à frente dessa trama mundial (...) então (...) 'a secreta iniqüidade' poderia ser desfeita. (...)". Tradução de Curtiss, *op. cit.*

Hitler não precisou de Nilus para usar o mesmo truque: a melhor prova de sua autenticidade é o fato de ter se provado que se trata de uma falsificação. E acrescentou ainda o argumento da sua "plausibilidade": "O que muitos judeus podem fazer inconscientemente é conscientemente exposto aqui com clareza. E isto é o que importa" (*Mein Kampf*, livro I, capítulo xi).

(43) Fritsch, *op. cit.*: [*Der Juden*] *oberster Grundsatz laute: "Alles was dem Volke Juda nützt, ist moralisch und ist heilig".*

(44) "Os impérios mundiais têm origem numa base nacional, mas logo se expandem muito além dela" (*Reden*).

(45) Henri Rollin, *L'Appocalypse de notre temps*, Paris, 1939, em cuja opinião a popularidade dos Protocolos só perde para a Bíblia (p. 40), mostra a semelhança entre eles e os *Monita secreta*, publicados pela primeira vez em 1612 e ainda vendidos em 1939 nas ruas de Paris, que pretendem denunciar uma conspiração jesuíta "que justifica todas as vilezas e todos os usos da violência. (...) Trata-se de verdadeira campanha contra a ordem estabelecida" (p. 32).

(46) Um significativo representante de toda essa literatura é Chevalier de Malet, *Recherches politiques et historiques qui prouvent l'existence d'une secte révolutionnaire*, 1817, com extensas citações de autores anteriores. Para ele, os heróis da Revolução Francesa são *mannequins* de uma *agence secrète*, agentes da franco-maçonaria. Mas a franco-maçonaria é apenas o nome que os seus contemporâneos deram a uma "seita revolucionária" que existiu em todas as épocas, e cujo método sempre consistiu em atacar "permanecendo atrás das cortinas, manipulando os cordões das marionetes que lhe convinha colocar em cena". Começa dizendo: "Provavelmente será difícil acreditar num plano que foi concebido na Antigüidade e se manteve com a mesma constância; (...) os autores

O que mais atraía as massas nos Protocolos era o tema de uma conspiração global, que correspondia à nova situação de forças. (Logo no início da sua carreira, Hitler prometeu que o movimento nazista iria "transcender os estreitos limites do nacionalismo moderno",[47] e já durante a guerra houve tentativas dentro da SS de riscar a palavra "nação" do vocabulário nacional-socialista.) Só as potências mundiais pareciam ter ainda uma chance de sobrevivência independente e só a política global parecia poder conseguir resultados duradouros. É bastante compreensível que essa situação assustasse as nações menores que não eram potências mundiais. Os Protocolos pareciam apontar uma solução que não dependia de condições objetivas e inalteráveis, mas apenas do poder da organização.

A propaganda nazista, em outras palavras, descobriu no "judeu supranacional porque intensamente nacional"[48] o precursor do conquistador germânico do mundo, e assegurou às massas que "as nações que primeiro conhecerem o judeu pelo que é, e forem as primeiras a combatê-lo, tomarão o seu lugar no domínio mundial".[49] A ilusão de um domínio mundial judeu já existente constituiu a base da ilusão do futuro domínio mundial alemão. Isto era o que Himmler tinha em mente quando disse que "devemos a arte de governar aos judeus", ou seja, aos Protocolos que "o *Führer* sabia de cor".[50] Assim, os Protocolos apresentavam a conquista mundial como uma possibilidade prática, insinuavam que tudo era apenas uma questão de *know-how* inspirado ou astuto, e que o único obstáculo à vitória alemã sobre o mundo inteiro era um povo sabidamente pequeno, os judeus, que dominava sem possuir instrumentos de violência — um adversário fácil, portanto, uma vez que se desvendasse o seu segredo e se emulasse o seu método em maior escala.

A propaganda nazista concentrou toda essa nova e promissora visão num só conceito, que chamou de *Volksgemeinschaft*. Essa nova comunidade, tentativamente concretizada no movimento nazista na atmosfera pré-totalitária, ba-

---

da Revolução não são mais franceses do que alemães, italianos, ingleses etc. Constituem uma nação peculiar que nasceu e cresceu às ocultas, em meio a todas as nações civilizadas, com o objetivo de submetê-las ao seu domínio".

Para uma ampla discussão dessa literatura, ver E. Lesueur, *La Franc-Maçonnerie Artésiénne au 18e siècle*, Bibliothèque d'Histoire Révolutionnaire, 1914. Verifica-se como são persistentes essas lendas de conspiração, mesmo em circunstâncias normais, pela enorme quantidade de livros malucos antimaçons na França, tão numerosos quanto os seus equivalentes anti-semitas. Uma espécie de compêndio de todas as teorias que viam na Revolução Francesa o produto de sociedades conspirativas secretas pode ser encontrado em G. Bord, *La Franc-Maçonnerie en France dès origines à 1815*, 1908.

(47) *Reden*. Ver a transcrição de uma sessão do Comitê da SS para Questões Trabalhistas, no quartel-general da SS em Berlim, no dia 12 de janeiro de 1943, onde se sugeriu que a palavra "nação", conceito carregado de conotações liberais, devia ser eliminada por ser inadequada aos povos germânicos (Documento 705 — PS em *Nazi conspiracy and aggression*, V, 515).

(48) *Hitler's speeches*, editado por Baynes, p. 6.

(49) Goebbels, *op. cit.*, p. 377. Essa promessa, implícita em toda propaganda anti-semita do tipo nazista, já se anunciava nas palavras de Hitler. "O maior contraste do ariano é o judeu" (*Mein Kampf*, livro I, capítulo xi).

(50) Dossiê Kersten, no Centre de Documentation Juive, Paris.

seava-se na absoluta igualdade de todos os alemães, igualdade não de direitos, mas de natureza, e na suprema diferença que os distinguia de todos os outros povos.⁵¹ Depois que os nazistas chegaram ao poder, esse conceito gradualmente perdeu a sua importância e cedeu lugar, por um lado, a um desprezo geral pelo povo alemão (desprezo que os nazistas sempre haviam nutrido, mas que não podiam demonstrar até então em público⁵²) e, por outro lado, a um grande desejo de aumentarem os próprios escalões com "arianos" de outros países, idéia que não tivera muita importância na fase da propaganda nazista anterior à tomada do poder.⁵³ A *Volksgemeinschaft* era apenas a preparação propagandística para uma sociedade racial "ariana" que, no fim, teria destruído todos os povos, inclusive os alemães.

Até certo ponto, a *Volksgemeinschaft* era a tentativa nazista de combater a promessa comunista de uma sociedade sem classes. A vantagem propagandística da primeira sobre a segunda parece clara, se desprezarmos todas as implicações ideológicas. Embora ambas prometessem acabar com todas as diferenças sociais e de propriedade, a sociedade sem classes tinha a conotação óbvia de que todos desceriam ao nível de um empregado de fábrica, enquanto a *Volksgemeinschaft*, com a sua conotação de conspiração para a conquista mundial, oferecia uma razoável esperança de que todo alemão poderia vir a ser um dono de fábrica. Mas a vantagem ainda maior da *Volksgemeinschaft* era que a sua criação não precisava esperar por alguma data futura e não dependia de condições objetivas: podia ser realizada imediatamente no mundo fictício do movimento.

(51) A antiga promessa de Hitler (*Reden*) — "Nunca reconhecerei que as outras nações têm o mesmo direito que a nação alemã" — tornou-se doutrina oficial: "O fundamento do modo nacional-socialista de encarar a vida é a percepção da dessemelhança entre os homens" (*Nazi primer*, p. 5).

(52) Por exemplo, Hitler disse em 1923: "O povo alemão consiste em um terço de heróis, outro terço de covardes, e outros são traidores" (*Hitler's speeches*, editado por Baynes, p. 76). Após a tomada do poder, essa tendência tornou-se mais brutal e franca. Ver, por exemplo, Goebbels, em 1934: "Quem é o povo para reclamar? Membros do Partido? Não. O resto do povo alemão? Devem dar-se por felizes por ainda estarem vivos. Seria o cúmulo se deixássemos que nos criticassem aqueles que vivem à nossa mercê". Citado de Kohn-Bramstedt, *op. cit.*, pp. 178-9. Hitler declarou durante a guerra: "Sou apenas um ímã que se move constantemente sobre a nação alemã, extraindo o aço dessa gente. E já disse muitas vezes que o tempo virá em que todos os homens de valor da Alemanha se passarão para o meu lado. E os que não passarem para o meu lado, não valem nada". Já nessa época o séquito imediato de Hitler sabia muito bem o que sucederia àqueles que "não valiam nada" (ver *Der grossdeutsche Freiheitskampf. Reden Hitlers vom 1.9.1939 -10.3.1940* [A luta pela liberdade da Grande Alemanha. Discursos do *Führer*...], p. 174). Himmler queria dizer a mesma coisa quando declarou: "O *Führer* não pensa em alemão, mas em termos germânicos" (Dossiê Kersten, cf. acima), mas sabemos pelo *Hitlers Tischgespräche* (pp. 315 ss) que já naquele tempo ele ridicularizava esse "clamor" germânico e pensava mais amplamente em "termos arianos".

(53) Himmler, num discurso para os líderes da SS em Kharkov, em abril de 1943 (*Nazi Conspiracy*, IV, 572 ss), disse: "Logo fundei uma SS germânica nos vários países". Uma velha indicação, da fase anterior à tomada do poder, dessa política não-nacional foi dada por Hitler (*Reden*): "Certamente aceitaremos também na nova classe dominante representantes de outras nações, ou seja, aqueles que o merecerem devido à sua participação em nossa luta".

O verdadeiro objetivo da propaganda totalitária não é a persuasão mas a organização — o "acúmulo da força sem a posse dos meios de violência".[54] Para esse fim, a originalidade do conteúdo ideológico só pode ser considerada como dificuldade desnecessária. Não foi por acaso que os dois movimentos totalitários do nosso tempo, tão assustadoramente "novos" em seus métodos de domínio e engenhosos em suas formas de organização, nunca prepararam uma doutrina nova, nunca inventaram uma ideologia que já não fosse popular.[55] Não são os sucessos passageiros da demagogia que conquistam as massas, mas a realidade palpável e a força de uma "organização viva".[56] Os brilhantes dons de Hitler como orador de massa não lhe conquistaram a posição que ocupava no movimento, mas levaram os seus oponentes a subestimá-lo como simples demagogo, enquanto Stálin pôde derrotar o outro orador superior da Revolução Russa.[57] O que distingue os líderes e ditadores totalitários é a obstinada e simplória determinação com que, entre as ideologias existentes, escolhem os elementos que mais se prestam como fundamentos para a criação de um mundo inteiramente fictício. A ficção dos Protocolos era tão adequada quanto a ficção de uma conspiração trotskista, pois ambas continham um elemento de plausibilidade — a influência oculta dos judeus no passado, a luta pelo poder entre Trótski e Stálin — que nem mesmo o mundo fictício do totalitarismo pode de todo dispensar. Sua arte consiste em usar e, ao mesmo tempo, transcender o que há de real, de experiência demonstrável na ficção escolhida, generalizando tudo num artifício que passa a estar definitivamente fora de qualquer controle possível por parte do indivíduo. Com tais generalizações, a propaganda totalitária cria um mundo fictício capaz de competir com o mundo real, cuja principal desvantagem é não ser lógico, coerente e organizado. A coerência da ficção e o rigor organizacional permitem que a generalização sobreviva ao desmascaramento de certas mentiras mais específicas — o poder dos judeus após o seu

---

(54) Hadamovsky, *op. cit.*

(55) Heiden, *op. cit.*, p. 139: a propaganda não é "a arte de inspirar nas massas uma opinião. Na verdade, é a arte de receber uma opinião das massas".

(56) Hadamovsky, *op. cit., passim*. A expressão é extraída do *Mein Kampf* de Hitler (livro II, capítulo ix), em que a "organização viva" de um movimento é contrastada com o "mecanismo morto" de um partido burocrático.

(57) Seria grave erro interpretar os líderes totalitários em termos da categoria de Max Weber de "liderança carismática". Ver Hans Gerth, "The Nazi Party", em *American Journal of Sociology*, 1940, vol. XLV. (Um erro semelhante constitui o defeito da biografia de Heiden, *op. cit.*) Gerth descreve Hitler como líder carismático de um partido burocrático. Em sua opinião, somente isso pode explicar o fato de que, "por mais flagrante que fosse a contradição entre os atos e as palavras, nada podia destruir a organização firmemente disciplinada". (Essa contradição, aliás, é muito mais característica de Stálin, que "tinha o cuidado de dizer sempre o oposto do que fazia, e de fazer o oposto do que dizia". Souvarine, *op. cit.*, p. 431.)

Para a origem desse erro de interpretação, ver Alfred von Martin, "Zur Soziologie der Gegenwart" [Para a sociologia da atualidade], em *Zeitschrift für Kulturgeschichte*, vol. 27, e Arnold Koettgen, "Die Gesetzmässigkeit der Verwaltung im Führerstaat" [A normalidade administrativa no Estado do *Führer*], em *Reichsverwaltungsblatt*, 1936; ambos caracterizam o Estado nazista como uma burocracia sob liderança carismática.

massacre sem defesa, a sinistra conspiração global dos trotskistas após a sua liquidação na União Soviética e o assassínio do próprio Trótski.

A obstinação com que os ditadores totalitários se aferram às suas mentiras originais, mesmo diante do absurdo, deve-se a algo mais que a supersticiosa gratidão àquilo que "funcionou" e, pelo menos no caso de Stálin, não pode ser explicada pela psicologia do mentiroso, cujo sucesso faz dele próprio a sua última vítima. Uma vez integrados numa "organização viva", esses *slogans* de propaganda não podem ser eliminados sem riscos, sem destruir toda a estrutura. A propaganda totalitária transformou a suposição de uma conspiração mundial judaica de assunto discutível que era, em principal elemento da realidade nazista; o fato é que os nazistas *agiam* como se o mundo fosse dominado pelos judeus e precisasse de uma contraconspiração para se defender. Para eles, o racismo já não era uma teoria debatível, de duvidoso valor científico, mas sim a realidade prática de cada dia na hierarquia operante de uma organização política em cuja estrutura teria sido muito "irrealista" pô-lo em dúvida. Do mesmo modo, o bolchevismo já não precisa vencer uma discussão a respeito da luta de classes, do internacionalismo e da dependência incondicional do proletariado em relação ao bem-estar da União Soviética; a organização ativa do Comintern — até a sua dissolução nessa forma oficial — foi mais convincente do que qualquer argumento ou mera ideologia.

O motivo fundamental da superioridade da propaganda totalitária em comparação com a propaganda de outros partidos e movimentos é que o seu conteúdo, pelo menos para os membros do movimento, não é mais uma questão objetiva a respeito da qual as pessoas possam ter opiniões, mas tornou-se parte tão real e intocável de sua vida como as regras da aritmética. A organização de toda a textura da vida segundo uma ideologia só pode realizar-se completamente sob um regime totalitário. Na Alemanha nazista, duvidar da validade do racismo e do anti-semitismo, quando nada importava senão a origem racial, quando uma carreira dependia de uma fisionomia "ariana" (Himmler costumava selecionar os candidatos à SS por fotografias) e a quantidade de comida que cabia a uma pessoa dependia do número dos seus avós judeus, era como colocar em dúvida a própria existência do mundo.

As vantagens de uma propaganda que constantemente empresta à voz fraca e falível do argumento a "força da organização",[58] e dessa forma realiza, por assim dizer, instantaneamente tudo o que diz, são tão óbvias que dispensam demonstração. Garantida contra argumentos baseados numa realidade que os movimentos prometeram mudar, contra uma propaganda adversária desqualificada pelo simples fato de pertencer ou defender um mundo que as massas ociosas não podem e não querem aceitar, sua inverdade só pode ser demonstrada por outra realidade mais forte ou melhor.

---

(58) Hadamovsky, *op. cit.*, p. 21. Para fins totalitários, é um erro propagar a ideologia através do ensino e da persuasão. Nas palavras de Robert Ley, ela não pode ser "ensinada" nem "aprendida", mas apenas exercida e "praticada" (em: *Der Weg zur Ordensburg*, sem data).

É no momento da derrota que a fraqueza inerente da propaganda totalitária se torna visível. Sem a força do movimento, seus membros cessam imediatamente de acreditar no dogma pelo qual ainda ontem estavam dispostos a sacrificar a vida. Logo que o movimento, isto é, o mundo fictício que as abrigou, é destruído, as massas revertem ao seu antigo *status* de indivíduos isolados que aceitam de bom grado uma nova função num mundo novo ou mergulham novamente em sua antiga e desesperada superfluidade. Os membros dos movimentos totalitários, inteiramente fanáticos, enquanto o movimento existe, não seguem o exemplo dos fanáticos religiosos morrendo como mártires, embora estivessem antes tão dispostos a morrer como robôs,[59] mas abandonam calmamente o movimento como algo que não deu certo e procuram em torno de si outra ficção promissora, ou esperam até que a velha ficção recupere força suficiente para criar novo movimento de massa.

A experiência dos aliados, que em vão tentaram localizar um único nazista confesso e convicto entre o povo alemão, 90% do qual fora sincero simpatizante num ou noutro momento, não deve ser tomada simplesmente como sinal de fraqueza humana e grosseiro oportunismo. O nazismo, como ideologia, havia sido "realizado" de modo tão completo que o seu conteúdo deixara de existir como um conjunto independente de doutrinas. Perdera, assim, a sua existência intelectual; a destruição da realidade, portanto, quase nada deixou em seu rastro, muito menos o fanatismo dos adeptos.

2. A ORGANIZAÇÃO TOTALITÁRIA

As formas da organização totalitária, em contraposição com o seu conteúdo ideológico e os *slogans* de propaganda, são completamente novas.[60] Visam a dar às mentiras propagandísticas do movimento, tecidas em torno de uma ficção central — a conspiração dos judeus, dos trotskistas, das trezentas famílias etc. —, a realidade operante e a construir, mesmo em circunstâncias não-totalitárias, uma sociedade cujos membros ajam e reajam segundo as regras de um mundo fictício. Em contraste com partidos e movimentos aparentemente semelhantes de orientação fascista ou socialista, nacionalista ou comunista, que dão à sua propaganda o apoio terrorista assim que atingem um certo grau de extremismo (o que geralmente depende do grau de desespero dos seus

---

(59) R. Hoehn, um dos principais teóricos políticos nazistas, interpreta essa ausência de doutrina, ou mesmo de um conjunto comum de ideais e crenças no movimento, em seu *Reichsgemeinschaft und Volksgemeinschaft*, Hamburgo, 1935: "Do ponto de vista da comunidade do povo, é destrutiva toda a comunidade de valores" (p. 83).

(60) Hitler, discutindo a relação entre a *Weltanschauung* e a organização, admite como natural que os nazistas tomassem emprestado a outros grupos e partidos a "idéia racial" (*die völkische Idee*); e, se agiram como se fossem os seus únicos representantes, é por terem sido os primeiros a basearem nela uma organização combativa e a formularem-na para fins práticos. *Op. cit.*, livro II, capítulo v.

membros), o movimento totalitário realmente leva a sério a sua propaganda, e essa seriedade se expressa muito mais assustadoramente na organização dos seus adeptos do que na liquidação física dos seus oponentes. A organização e a propaganda, e não o terror e a propaganda, são duas faces da mesma moeda.[61]

O mais surpreendentemente novo expediente organizacional dos movimentos na fase que antecede a tomada do poder é a criação de organizações de vanguarda, ou seja, a definição da diferença entre os membros do partido e os seus simpatizantes. Comparadas a essa invenção, outras características tipicamente totalitárias, como a nomeação de funcionários por uma cúpula ideológica e a monopolização final das nomeações por um homem só, são de menor importância. O chamado "princípio de liderança" não é totalitário em si; algumas de suas características derivam do autoritarismo e da ditadura militar, que muito contribuíram para obscurecer e subestimar o fenômeno essencialmente totalitário. Se os funcionários nomeados por alguém de cima tivessem verdadeira autoridade e responsabilidade, estaríamos lidando com uma estrutura hierárquica na qual a autoridade e o poder são delegados e regulados por lei. O mesmo também se aplica à organização de um exército e à ditadura estabelecida segundo o modelo militar; neste caso, o poder absoluto de comando, de cima para baixo, e a obediência absoluta, de baixo para cima, correspondem a uma situação de extrema emergência em combate, e é precisamente por isso que não são totalitárias. Uma escala de comando hierarquicamente organizada significa que o poder do comandante depende de todo o sistema hierárquico dentro do qual atua. Toda hierarquia, por mais autoritária que seja o seu funcionamento, e toda escala de comando, por mais arbitrário e ditatorial que seja o conteúdo das ordens, tende a estabilizar-se e constituiria um obstáculo ao poder total do líder de um movimento totalitário.[62] Na linguagem dos nazistas, é o "desejo do *Führer*", dinâmico e sempre em movimento — e não as suas ordens, expressão que poderia indicar uma autoridade fixa e circunscrita —, que é a "lei suprema" num Estado totalitário.[63] O caráter totalitário do princípio de liderança advém unicamente da posição em que o movimento totalitário, graças à sua peculiar organização, coloca o líder, ou seja, da importância funcional do líder para o movimento. Comprova essa asserção o fato de que, tanto no caso de Hitler como no de Stálin, o verdadeiro princípio de liderança só se cristalizou lentamente, em paralelo com a gradual "totalitarização" do movimento.

(61) Ver Hitler, "Propaganda e organização", *op. cit.*, livro II, capítulo xi.

(62) Exemplo disso é o pedido de Himmler, veementemente urgente, para que "não se emitisse nenhum decreto referente à definição do termo 'judeu'"; porque, "com todos esses compromissos idiotas, estaremos atando as nossas próprias mãos" (Documento de Nurembergue n.º 626, carta a Berger datada de 28 de julho de 1942, cópia fotostática no Centre de Documentation Juive).

(63) A fórmula "O desejo do *Führer* é a lei suprema" encontra-se em todas as normas e regulamentações oficiais sobre a conduta do Partido e da SS. A melhor fonte nesse assunto é Otto Gauweiler, *Rechtseinrichtungen und Rechtaufgaben der Bewegung* [Disposições e tarefas jurídicas do movimento], 1939.

(64) Heiden, *op. cit.*, p. 292, menciona a seguinte diferença entre a primeira edição e as edições seguintes de *Mein Kampf*: a primeira edição propõe a eleição de autoridades do partido

Um anonimato que muito contribui para a esquisitice do fenômeno encobre as origens dessa estrutura organizacional. Não sabemos quem primeiro decidiu organizar os simpatizantes em grupos de vanguarda, quem viu primeiro uma força decisiva em si, e não apenas um reservatório de onde se poderiam arregimentar membros, nas massas vagamente simpatizantes — com as quais todo partido costumava contar no dia da eleição, mas que eram consideradas demasiado flutuantes para serem aceitas como membros. As primeiras organizações de simpatizantes de inspiração comunista, tais como os Amigos da União Soviética, tornaram-se grupos de vanguarda, embora originalmente não fossem mais do que os seus nomes indicavam: agrupamentos de simpatizantes para ajuda financeira ou de outra natureza (como, por exemplo, assistência legal). Hitler foi o primeiro a dizer que cada movimento devia dividir as massas conquistadas pela propaganda em duas categorias: simpatizantes e membros. Isto, em si, já é muito interessante: porém, mais significativo ainda é ter baseado essa divisão numa filosofia mais ampla, segundo a qual as pessoas em sua maioria são demasiado preguiçosas e covardes para qualquer ato que ultrapasse o mero conhecimento teórico, é só uma minoria está disposta a lutar por suas convicções.[65] Conseqüentemente, Hitler foi o primeiro a traçar uma política de contínua ampliação dos escalões de simpatizantes, ao mesmo tempo em que mantinha o número de membros do partido estritamente limitado.[66] Essa noção de uma minoria de membros do partido cercada por uma maioria de simpatizantes aproxima-se do que vieram a ser as organizações de vanguarda — termo que

---

que, somente após a eleição, recebem "poder e autoridade ilimitados"; todas as edições posteriores estabelecem a nomeação das autoridades do partido pelo líder imediatamente superior. Naturalmente, para a estabilidade dos regimes totalitários, a nomeação vinda de cima é um princípio muito mais importante do que a "autoridade ilimitada" da autoridade eleita. Na prática, a autoridade do sublíder era limitada pela absoluta soberania do líder.

Stálin, que vinha do aparelho conspiratório do partido bolchevista, provavelmente nunca achou que isso constituísse problema. Para ele, as nomeações na máquina do partido eram uma questão de acúmulo de poder pessoal. Contudo, foi somente em meados da década de 30, depois de haver estudado o exemplo de Hitler, que ele se deixou tratar por "líder". Mas, é forçoso admitir que poderia facilmente justificar esses métodos citando a teoria de Lênin de que "a história de todos os países demonstra que a classe trabalhadora, se depender apenas dos seus próprios esforços, só é capaz de desenvolver uma consciência sindical", e que a sua liderança, portanto, advém necessariamente de fora. (Ver *Que fazer?*, publicado pela primeira vez em 1902.) O fato é que Lênin considerava o Partido Comunista como a parte "mais progressista" da classe trabalhadora e, ao mesmo tempo, "a alavanca da organização política" que "dirige toda a massa do proletariado", isto é, uma organização que está fora e acima da classe. (Ver W. H. Chamberlin, *The Russian Revolution, 1917-1921*, Nova York, 1935, II, 361.) Não obstante, Lênin não punha em dúvida a validez da democracia intrapartidária, embora se inclinasse pela restrição da democracia com relação à própria classe trabalhadora.

(65) Hitler, *op. cit.*, livro II, capítulo xi.
(66) *Ibid.* Esse princípio foi rigorosamente adotado logo que os nazistas tomaram o poder. Dos 7 milhões de membros da juventude hitlerista, somente 50 mil foram aceitos como membros do partido em 1937. Ver o prefácio de H. L. Childs a *The Nazi primer*. Compare-se também Gottfried Neesse, "Die verfassungsrechtliche Gestaltung der Ein-Partei", em *Zeitschrift für die gesamte Staatswissenschaft*, 1948, vol. 98, p. 678: "Mesmo o Partido Único jamais deve crescer a ponto de incluir toda a população. Ele é total devido à influência ideológica que exerce sobre a nação".

realmente exprime muito bem a sua função ulterior, e indica a relação entre membros e simpatizantes dentro do próprio movimento. Pois as organizações de vanguarda de simpatizantes não são menos essenciais ao funcionamento do movimento do que os seus verdadeiros membros.

As organizações de vanguarda cercam os membros dos movimentos com uma parede protetora que os separa do mundo exterior normal; ao mesmo tempo, constituem a ponte que os leva de volta à normalidade e sem a qual os membros, na fase anterior à tomada do poder, sentiriam com demasiada clareza as diferenças entre as suas crenças e as das pessoas normais, entre a mentirosa ficção do seu mundo e a realidade do mundo normal. A engenhosidade desse expediente, durante a luta do movimento pelo poder, é que a organização de vanguarda não apenas isola os membros, mas lhes empresta uma aparência de normalidade externa que amortece o impacto da verdadeira realidade de maneira mais eficaz que a simples doutrinação. O que consolida a crença de um nazista ou bolchevista na explicação fictícia do mundo é a diferença entre a sua atitude e a do simpatizante, porque, afinal, o simpatizante tem as mesmas convicções, embora de um modo mais "normal", isto é, menos fanático e mais confuso; de forma que parece ao membro do partido que qualquer pessoa a quem o movimento não tenha expressamente apontado como inimigo (um judeu, um capitalista etc.) está do seu lado, e que o mundo é cheio de aliados secretos que apenas não têm ainda a necessária força de espírito e de caráter para tirar as conclusões lógicas de suas próprias convicções.[67]

Por outro lado, o mundo exterior geralmente tem o primeiro vislumbre do movimento totalitário através das organizações de vanguarda. Os simpatizantes que, ao que tudo indica, são ainda concidadãos inofensivos numa sociedade não-totalitária, não podem propriamente ser chamados de fanáticos obstinados; através deles, os movimentos fazem com que suas fantásticas mentiras sejam mais geralmente aceitas, podem divulgar sua propaganda em formas mais suaves e respeitáveis, até que toda a atmosfera esteja impregnada de elementos totalitários disfarçados em opiniões e reações políticas normais. As organizações de simpatizantes dão aos movimentos totalitários uma aparência de normalidade e respeitabilidade que engana os seus membros quanto à verdadeira natureza do mundo exterior, da mesma forma que engana o mundo exterior quanto ao verdadeiro caráter do movimento. As organizações de vanguarda funcionam nas duas direções: como fachada do movimento totalitário para o mundo não-totalitário, e como fachada deste mundo para a hierarquia interna do movimento.

Ainda mais notável do que essa relação é o fato de que ela se repete em níveis diferentes dentro do próprio movimento. Os membros do partido mantêm a mesma distância e relação com os simpatizantes que as formações de elite do movimento mantêm com os membros comuns. Se o simpatizante parece ser

---

(67) Ver a diferenciação feita por Hitler entre as "pessoas radicais", que eram as únicas que estavam preparadas para se tornarem membros do partido, e as centenas de milhares de simpatizantes, que eram demasiado "covardes" para fazer o necessário sacrifício. *Op. cit.*, *loc. cit.*

ainda um habitante normal do mundo exterior que adotou o credo totalitário como se pode adotar o programa de um partido comum, o membro comum do movimento nazista ou bolchevista ainda pertence, em muitos aspectos, ao mundo exterior: suas relações profissionais e sociais ainda não são determinadas de modo absoluto pelo fato de pertencer ao partido, embora ele compreenda — ao contrário do simples simpatizante — que, em caso de conflito entre a fidelidade partidária e a vida privada, deverá prevalecer a primeira. Por outro lado, o membro do grupo militante identifica-se completamente com o movimento, não tendo profissão nem vida pessoal independente deste último. Assim como os simpatizantes constituem um muro de proteção em torno dos membros do movimento e representam para eles o mundo exterior, também os membros comuns envolvem os grupos militantes e representam para estes o mundo exterior normal.

Uma vantagem definida dessa estrutura é que ela neutraliza o impacto de um dos dogmas básicos do totalitarismo, que afirma ser o mundo dividido em dois gigantescos campos inimigos, um dos quais é o movimento, e que este pode e deve lutar contra o resto do mundo — afirmação que abre o caminho para a indiscriminada agressividade dos regimes totalitários. O choque da terrível e monstruosa dicotomia totalitária é neutralizado, e nunca totalmente percebido, graças a uma cuidadosa graduação de militância, na qual cada escalão reflete para o escalão imediatamente superior a imagem do mundo não-totalitário, porque é menos militante e os seus membros são menos organizados. Esse tipo de organização evita que os seus membros jamais venham a encarar diretamente o mundo exterior, cuja hostilidade permanece para eles um simples pressuposto ideológico. Permanecem tão bem protegidos contra a realidade do mundo não-totalitário que subestimam constantemente os tremendos riscos da política totalitária.

Não há dúvida de que os movimentos totalitários atacam o *status quo* mais radicalmente que qualquer antigo partido revolucionário. Podem dar-se ao luxo desse radicalismo, aparentemente tão inadequado para organizações de massa, porque a sua organização proporciona um substituto temporário para a vida comum, não-política, que o totalitarismo realmente procura abolir. Todas as pessoas que formam o mundo das relações sociais não-políticas, das quais o "revolucionário profissional" teve de separar-se ou aceitar como eram, existem sob a forma de grupos menos militantes dentro do movimento; nesse mundo hierarquicamente organizado, os que lutam pela conquista do mundo e pela revolução mundial nunca se expõem ao choque inevitável da discrepância entre as crenças "revolucionárias" e o mundo "normal". O motivo pelo qual os movimentos, em sua fase revolucionária anterior ao poder, podem atrair tantos homens comuns é que os seus membros vivem num mundo ilusoriamente normal: os membros do partido são rodeados pelo mundo normal dos simpatizantes, e as formações de elite pelo mundo normal dos partidários comuns.

Outra vantagem do modelo totalitário é que pode ser repetido indefinidamente, e mantém a organização num estado de fluidez que permite a constante inserção de novas camadas e a definição de novos graus de militância. Toda a história do partido nazista pode ser narrada em termos de novas formações dentro do movimento. A SA, as tropas de assalto (fundada em 1922), foi a primeira formação nazista supostamente mais militante que o próprio partido;[68] em 1926, foi fundada a SS como a formação de elite da SA; três anos depois, a SS foi separada da SA e colocada sob o comando de Himmler; Himmler levou apenas mais alguns anos para repetir o mesmo jogo dentro da SS: um após outro — e cada qual mais militante que o grupo anterior — vieram à luz, primeiro, as Tropas de Choque,[69] depois as unidades da Caveira, criadas para guardarem os campos de concentração e mais tarde reunidas para formar a SS-Armada (Waffen-SS), e finalmente o Serviço de Segurança (o "serviço de espionagem ideológica do Partido", com a sua ramificação para executar a "política de população negativa") e o Centro para Questões de Raça e Colonização (*Rasse-und Siedlungswesen*), cuja função era de "natureza positiva" — todos emanados da SS Geral, cujos membros, com a exceção da elite do Corpo do *Führer*, permaneciam em suas ocupações civis. Daí em diante, as relações entre essas novas formações e o membro do Corpo do *Führer* eram as mesmas que entre o membro da SA e o membro da SS, ou entre o membro do partido e o membro da SA, ou entre o membro da organização de vanguarda e o membro do partido.[70] Agora, a SS Geral era encarregada não apenas de "salvaguar-

---

(68) Ver Hitler: capítulo sobre a SA, *op. cit.*, livro II, cap. ix, 2.ª parte.

(69) Ao traduzir *Verfügungstruppe*, ou seja, as unidades da SS que deviam estar à disposição especial de Hitler, como tropas de choque, sigo O. C. Giles, *The Gestapo*, Oxford Pamphlets on World Affairs, n.º 36, 1940.

(70) A fonte mais importante para a organização e a história da SS é "Wesen und Aufgabe der SS und der Polizei" [Caráter e função da SS e da polícia], de Himmler, em *Sammelhefte ausgewählter Vorträge und Reden*, 1939. No decorrer da guerra, quando os escalões da Waffen-SS tiveram de ser preenchidos com voluntários, devido às perdas no *front*, a Waffen-SS perdeu o seu caráter de elite dentro da SS a tal ponto que a SS Geral, isto é, o Corpo do *Führer* mais elevado, passou mais uma vez a representar o verdadeiro núcleo de elite do movimento em seu aspecto geral.

Documentação muito reveladora sobre essa última fase da SS encontra-se nos arquivos da Hoover Library, arquivo Himmler, pasta n.º 278. Mostra que a SS passou a recrutar trabalhadores estrangeiros e a população nativa, imitando deliberadamente os métodos e normas da Legião Estrangeira Francesa. O recrutamento entre os alemães baseava-se numa ordem de Hitler (nunca publicada), de dezembro de 1942, segundo a qual "a classe de 1925 [devia] ser recrutada para a Waffen-SS" (carta de Himmler a Bormann). A convocação e o recrutamento eram tratados, ostensivamente, como serviços voluntários. Mas numerosos relatórios de líderes da SS encarregados da tarefa mostram o que de fato aconteceu. Um relatório de 21 de julho de 1943 descreve como a polícia cercava o pavilhão dos trabalhadores franceses que seriam recrutados, e como os franceses primeiro cantavam a *Marselhesa* e depois tentavam pular pelas janelas. As tentativas de recrutamento dos jovens alemães também não eram encorajadoras. Embora fossem submetidos a extraordinárias pressões, e fosse-lhes dito que "certamente não iriam querer incorporar-se aos 'bandos sujos vestidos de cinza'" (o Exército), somente dezoito de 220 membros da Juventude Hitlerista apresentaram-se para o serviço da SS (segundo relatório de 30 de abril de 1943, submetido por Häussler, chefe do Centro de Recrutamento do Sudoeste, da Waffen-SS); todos os outros preferiram alistar-se na Wehrmacht. É possível que as perdas da SS, maiores que as da Wehrmacht, influenciassem a sua decisão (ver Karl O. Paetel, "Die SS", em *Vierteljahresheft für Zeitgeschichte*, janeiro de 1954). Mas esse fator, por si só, não poderia ter sido decisivo, como prova o seguinte: já em janeiro de 1940, Hitler havia ordenado o recrutamento de homens da SA para as fileiras da Waffen-SS; os resultados em Koe-

dar a (...) corporificação da idéia nacional-socialista", mas também de "proteger os membros de todos os escalões especiais da SS para que não se afastassem do próprio movimento".[71]

Esse tipo de hierarquia flutuante, com a constante adição de novas camadas e mudanças de autoridade, é bem conhecido: existe em entidades secretas de controle, como a polícia secreta ou os serviços de espionagem, nos quais sempre há necessidade de novos controles para controlar os controladores. Antes que os movimentos tomem o poder, a espionagem total ainda não é possível; mas a hierarquia flutuante, semelhante à dos serviços secretos, torna possível, mesmo sem o poder efetivo, degradar qualquer escalão ou grupo que vacile ou mostre sinais de perda de radicalismo, através da mera inserção de mais uma camada radical, deslocando assim o grupo mais velho em direção da organização periférica de vanguarda, ou seja, na direção oposta ao centro do movimento. Assim, as formações de elite nazista eram fundamentalmente organizações vindas do âmago do partido; a SA galgou a posição de superpartido quando o radicalismo do partido pareceu diminuir, e foi depois, por sua vez e por motivos semelhantes, substituída pela SS.

Exagera-se freqüentemente o valor militar das formações de elite totalitárias, especialmente da SA e da SS, e de certa forma esquece-se o significado puramente interno que tinham para o partido.[72] Nenhuma das organizações fascistas, caracterizadas pela cor da camisa, foi fundada para fins específicos de defesa ou de agressão, embora a defesa dos líderes ou dos membros comuns do partido fosse citada como pretexto.[73] A natureza paramilitar dos grupos de elite nazistas e fascistas resultou do fato de terem sido fundados como "instrumentos para a luta ideológica do movimento"[74] contra o pacifismo corrente na Europa depois da Primeira Guerra Mundial. Para fins totalitários, era muito mais importante criar, como "expressão de uma atitude agressiva",[75] um exército de imitação que se assemelhasse o mais possível ao falso exército dos pacifistas (os quais, incapazes de compreender a função constitucional do Exército dentro da estrutura política, denunciavam todas as instituições militares como bandos de assassinos voluntários) do que ter uma tropa de soldados bem-treinados. A SA e a SS eram, sem dúvida, organizações exemplares para fins de violência arbitrária e de assassinato; não eram tão bem-treinadas quanto o Reichswehr

---

nigsberg, baseados num relatório que foi preservado, foram esses: 1.807 membros da SA foram convocados "para serviço policial" (de SS); desses, 1.094 deixaram de apresentar-se; 631 foram desclassificados; 82 estavam aptos para servir na SS.

(71) Werner Best, *op. cit.*, 1941, p. 99.

(72) Hitler sempre insistiu em que o próprio nome da SA (*Sturmabteilung*) indicava que ela era apenas "uma secção do movimento" como qualquer outra formação partidária. Ele procurou também desfazer a ilusão do possível valor militar de uma formação paramilitar, e queria que o treinamento fosse realizado segundo as necessidades do partido, e não segundo os princípios de um exército. *Op. cit.*, *loc. cit.*

(73) O motivo oficial da fundação da SA foi a proteção dos comícios nazistas, enquanto a tarefa original da SS era a proteção dos líderes nazistas.

(74) Hitler, *op. cit.*, *loc. cit.*

(75) Ernst Bayer, *Die SA*, Berlim, 1938. Tradução citada de *Nazi conspiracy*, IV.

Negro e não estavam equipadas para lutar contra tropas regulares. A propaganda militarista foi mais popular na Alemanha do pós-guerra do que o treinamento militar, e os uniformes não aumentaram o valor militar das tropas paramilitares, embora fossem úteis como indicação clara da abolição das normas e da moral dos civis; de certo modo, esses uniformes apaziguavam consideravelmente a consciência dos assassinos e, além disso, tornavam-nos ainda mais acessíveis à obediência cega diante da autoridade inconteste. Apesar desses enfeites militares, a facção interna do partido nazista, que era primordialmente nazista e militarista e, portanto, encarava as tropas paramilitares não apenas como meras formações partidárias, mas como ampliação ilegal do Reichswehr (que havia sido limitado pelo Tratado de Paz de Versalhes), foi a primeira a ser liquidada. Röhm, o líder das tropas de assalto da SA, havia realmente imaginado e negociado a incorporação da sua SA ao Reichswehr depois que os nazistas tomassem o poder. Hitler mandou matá-lo por sua tentativa de transformar o novo regime nazista em ditadura militar.[76] Vários anos antes, Hitler havia deixado claro que o movimento nazista não desejava tal coisa; da chefia da SA, demitiu Röhm — um verdadeiro soldado, cuja experiência na guerra e na organização do Reichswehr Negro teria feito dele um elemento indispensável a um programa sério de treinamento militar — e escolheu Himmler, um homem sem o menor conhecimento de assuntos militares, para reorganizar a SS.

Além da importância das formações de elite para a estrutura organizacional dos movimentos, onde constituíam núcleos mutáveis da militância, o seu caráter paramilitar deve ser compreendido em conjunto com outras organizações partidárias profissionais, como as dos mestres, advogados, médicos, estudantes, professores universitários, técnicos e trabalhadores. Todos eram, essencialmente, duplicatas de sociedades profissionais não-totalitárias existentes; eram paraprofissionais como as tropas de assalto eram paramilitares. Era típico que, quanto mais claramente os partidos comunistas europeus se tornavam ramificações do movimento bolchevista dirigido por Moscou, tanto mais usa-

(76) A autobiografia de Röhm mostra claramente quão pouco as suas convicções políticas concordavam com as dos nazistas. Ele desejou um *Soldatenstaat* (Estado dos soldados) e insistiu na primazia do soldado com relação ao político (*op. cit.*, p. 349). A seguinte passagem revela especialmente a sua incapacidade de compreender o totalitarismo: "Não vejo por que estas três coisas não possam ser compatíveis: a minha lealdade ao príncipe herdeiro da casa de Wittelsbach, herdeiro da coroa da Baviera; minha admiração pelo intendente-geral da Guerra Mundial [isto é, Ludendorff], que hoje representa a consciência do povo alemão; e a minha camaradagem com o arauto e veículo da luta política, Adolf Hitler" (p. 348). O que finalmente custou a Röhm a sua cabeça foi que, após a tomada do poder pelos nazistas, ele visualizava uma ditadura fascista nos moldes do regime italiano, na qual o partido nazista "quebraria as correntes do partido" e "se tornaria, ele próprio, o Estado", o que era exatamente o que Hitler estava disposto a evitar. Ver o discurso pronunciado por Ernst Röhm perante o corpo diplomático, em dezembro de 1933, em Berlim e publicado, sem data, sob o título *Warum SA?* [Por que a SA?]

Dentro do partido nazista, nunca foi esquecida a possibilidade de uma trama entre a SA e o Reichswehr contra o domínio da SS e da polícia. Até Hans Frank, governador-geral da Polônia ocupada, foi posto sob suspeita em 1942 — isto é, oito anos depois do assassínio de Röhm (SA) e do general Schleicher (Reichswehr) — por desejar "após a guerra (...) iniciar a luta pela justiça, contra a SS, com a ajuda das Forças Armadas e da SA" (*Nazi conspiracy*, VI, 747).

vam também as suas organizações de vanguarda para competir com grupos puramente profissionais. A diferença entre os nazistas e os bolchevistas, a esse respeito, era que os nazistas tinham forte tendência de considerar essas formações paraprofissionais como parte da elite do partido, enquanto os bolchevistas preferiam recrutar delas o material para as suas organizações de vanguarda. O importante para os movimentos totalitários é, antes mesmo de tomarem o poder, darem a impressão de que todos os elementos da sociedade estão representados em seus escalões: o fim último da propaganda nazista era organizar todos os alemães como simpatizantes.[77] Os nazistas foram um passo adiante neste jogo e criaram uma série de falsos departamentos, moldados segundo a administração regular do Estado, tais como o seu próprio departamento de relações exteriores, educação, cultura, esportes etc. O valor profissional dessas instituições era tão pequeno quanto o valor militar da imitação de exército representada pelas tropas de assalto mas, juntas, criavam um perfeito mundo de aparências onde cada realidade do mundo não-totalitário era servilmente reproduzida sob forma de embuste.

Esta técnica de duplicação, que de nada serve para a derrubada direta de um governo, foi extremamente útil no trabalho de solapar instituições atuantes existentes e na "decomposição do *status quo*",[78] tarefa que as organizações totalitárias invariavelmente preferem a uma franca exibição de força. Se o objetivo dos movimentos é "penetrarem como pólipos em todas as posições de poder",[79] devem estar prontos para qualquer posição específica, social ou política. Dada a pretensão de domínio total, todo grupo organizado na sociedade não-totalitária parece constituir, especificamente, uma ameaça de destruir o movimento; cada um deles requer um instrumento específico de destruição. O valor prático das falsas organizações veio à luz quando os nazistas tomaram o poder e demonstraram estar preparados para destruir imediatamente as organizações existentes de professores por meio de outras organizações de professores, os clubes existentes de advogados por meio de um clube de advogados patrocinado pelos nazistas etc. Puderam mudar, da noite para o dia, toda a estrutura da sociedade alemã — e não apenas a vida política — precisamente porque haviam preparado o correspondente exato de cada setor dentro dos seus próprios escalões. Por sinal, a tarefa das formações paramilitares terminou quando a hierarquia militar regular pôde ser colocada, durante os últimos estágios da guerra, sob a autoridade dos generais da SS. A técnica dessa "coordenação" era tão engenhosa e irresistível quanto era rápida e radical a deterioração dos padrões profissionais, embora esses resultados fossem mais imediatamente sentidos no campo altamente técnico e especializado da arte militar do que em qualquer outro.

---

(77) Hitler, *op. cit.*, livro II, capítulo xi, afirma que a propaganda procura forçar uma doutrina sobre todo o povo, enquanto a organização incorpora apenas uma proporção relativamente pequena dos seus membros mais militantes. Compare-se também G. Neesse, *op. cit.*
(78) Hitler, *op. cit.*, *loc. cit.*
(79) Hadamovsky, *op. cit.*, p. 28.

Se a importância das formações paramilitares para os movimentos totalitários não reside no seu duvidoso valor militar, também não reside inteiramente na sua falsa imitação do Exército regular. Como formações de elite, são mais nitidamente separadas do mundo externo do que qualquer outro grupo. Os nazistas cedo compreenderam a íntima relação entre a militância total e a separação total da normalidade; as tropas de assalto nunca eram enviadas a serviço para as suas comunidades de origem e os oficiais ativos da SA, no estágio anterior ao poder, e os da SS, já sob o regime nazista, eram tão móveis e tão freqüentemente substituídos que simplesmente não podiam habituar-se ou deitar raízes em nenhuma parte do mundo comum.[80] Eram organizados segundo o modelo das gangues de criminosos e usados para o assassinato organizado.[81] Esses assassinatos eram perpetrados publicamente e oficialmente confessados pela alta hierarquia nazista, de modo que essa franca cumplicidade quase impossibilitava aos membros deixarem o movimento, mesmo sob o governo não-totalitário e mesmo que não fossem ameaçados, como realmente o eram, por seus antigos camaradas. A esse respeito, a função das formações de elite é exatamente oposta àquela das organizações de vanguarda: enquanto as últimas emprestam ao movimento um ar de respeitabilidade e inspiram confiança, as primeiras, disseminando a cumplicidade, fazem com que cada membro do partido sinta que abandonou para sempre o mundo normal onde o assassinato é colocado fora da lei, e que será responsabilizado por todos os crimes da elite.[82] Consegue-se isto ainda no estágio anterior ao poder, quando a liderança sistematicamente assume responsabilidade por todos os crimes e não deixa dúvida de que foram cometidos para o bem final do movimento.

A criação de condições artificiais de guerra civil, através das quais os nazistas exerceram chantagem até subir ao poder, não pretende apenas provocar desordens. Para o movimento, a violência organizada é o mais eficaz dos muros protetores que cercam o seu mundo fictício, cuja "realidade" é comprovada

(80) As unidades da Caveira da SS eram submetidas às seguintes regras: 1. Nenhuma unidade é convocada para serviço em seu distrito natal. 2. Toda unidade é transferida após três semanas de serviço. 3. Os membros nunca devem ser enviados às ruas sozinhos, nem devem jamais exibir em público sua insígnia da Caveira. Ver "Secret speech by Himmler to the German Army General Staff 1938" (o discurso foi proferido em 1937) em *Nazi conspiracy*, IV, 616. Publicado também pelo American Committee for Anti-Nazi Literature.

(81) Heinrich Himmler, "Die Schutzstaffel als antibolschewistische Kampforganisation" [A SS como organização de luta antibolchevista], em *Aus dem Schwarzen Korps*, n.º 3, 1936, disse publicamente: "Sei que existem pessoas na Alemanha que sentem náuseas quando vêem este dólmã negro. Compreendemos isto, e não esperamos que muita gente goste de nós".

(82) Em seus discursos para a SS, Himmler sempre acentuava os crimes cometidos, mencionando a sua gravidade. Diria, por exemplo, acerca da liquidação dos judeus: "Desejo também falar-vos de um assunto muito grave. Entre nós, ele pode ser mencionado francamente, mas nunca o mencionaremos em público". Sobre a liquidação dos intelectuais poloneses: "(...) deveis ser informados disto, e também esquecê-lo imediatamente (...)" (*Nazi conspiracy*, IV, 558 e 553, respectivamente). Goebbels, *op. cit.*, p. 266, observa no mesmo tom: "No tocante à questão judaica, especialmente, tomamos uma posição da qual não é possível recuar. (...) A experiência nos ensina que um movimento e um povo que queimou as suas pontes luta com determinação muito maior que aqueles que ainda podem recuar".

quando um membro receia mais abandonar o movimento do que as conseqüências da sua cumplicidade em atos ilegais, e se sente mais seguro como membro do que como oponente. Esse sentimento de segurança, resultante da violência organizada com a qual as formações de elite protegem os membros do partido contra o mundo exterior, é tão importante para a integridade do mundo fictício da organização quanto o medo do seu terrorismo.

No centro do movimento, como o motor que o aciona, senta-se o Líder. Separa-o da formação de elite um círculo interno de iniciados que o envolvem numa aura de impenetrável mistério correspondente à sua "preponderância inatingível".[83] Sua posição dentro desse círculo íntimo depende da habilidade com que arma intrigas entre os membros e efetua constantes mudanças de pessoal. Deve a liderança mais à sua extrema capacidade de manobrar as lutas intestinas do partido pelo poder do que a qualidades demagógicas ou burocrático-organizacionais. Difere do antigo tipo de ditador por não precisar vencer por meio da simples violência. Hitler não necessitou nem da SA nem da SS para assegurar a sua posição como líder do movimento nazista; pelo contrário, Röhm, o chefe da SA, que podia contar com a lealdade da SA em relação à sua pessoa, era um dos inimigos de Hitler dentro do partido. Stálin venceu Trótski, que não somente tinha muito maior poder de atração sobre as massas, mas que, ainda como chefe do Exército Vermelho, detinha em suas mãos o maior potencial de poder da Rússia soviética na época.[84] E não era Stálin, mas Trótski, o maior talento organizacional, o burocrata mais capaz da Revolução Russa.[85] Por outro lado, tanto Hitler como Stálin eram mestres em detalhes e, nos estágios iniciais de suas carreiras, dedicaram-se quase exclusivamente a questões de pessoal, de modo que, alguns anos depois, quase todo homem importante no partido devia a eles a sua posição.[86]

Tais capacidades pessoais, no entanto, embora sejam um pré-requisito absoluto para os primeiros estágios da carreira, e mesmo mais tarde estejam

---

(83) Souvarine, *op. cit.*, p. 648. A maneira como os movimentos totalitários mantiveram absolutamente secreta a vida privada dos seus líderes (Hitler e Stálin) contrasta com a importância que as democracias vêem na divulgação da vida privada de presidentes, reis, primeiros-ministros etc. Os métodos totalitários não permitem uma identificação baseada na convicção de que mesmo o mais importante dos homens é apenas um ser humano.

Souvarine, *op. cit.*, cita os rótulos mais freqüentemente usados para descrever Stálin: "Stálin, o misterioso morador do Kremlin"; "Stálin, personalidade impenetrável"; "Stálin, a Esfinge Comunista"; "Stálin, o Enigma"; o "mistério insolúvel" etc.

(84) "Se [Trótski] houvesse preferido montar um *coup d'état* militar, teria possivelmente derrotado os triúnviros. Mas deixou o cargo sem fazer a menor tentativa de chamar em sua defesa o exército que havia criado e comandado durante sete anos" (Isaac Deutscher, *op. cit.*, p. 297).

(85) O Comissariado da Guerra, sob Trótski, "era uma instituição [tão] modelar" que Trótski era procurado sempre que havia desordem nos outros ministérios. Souvarine, *op. cit.*, p. 288.

(86) As circunstâncias da morte de Stálin parecem contradizer a infalibilidade desses métodos. É muito possível que Stálin, o qual, antes de morrer, sem dúvida planejava outro expurgo geral, tenha sido morto por alguns elementos do seu séquito devido ao fato de que ninguém mais se sentia seguro — mas isto nunca pôde ser provado. O fato é que os sucessores de Stálin — seus

longe de serem insignificantes, já não são decisivas a partir do momento em que o movimento totalitário se consolida, em que se estabelece o princípio de que "o desejo do *Führer* é a lei do Partido", e toda a hierarquia partidária está eficazmente treinada para o único fim de transmitir rapidamente o desejo do Líder a todos os escalões. A essa altura, o Líder torna-se insubstituível, porque toda a complicada estrutura do movimento perderia a sua *raison d'être* sem as suas ordens. Agora, a despeito das eternas cabalas do círculo íntimo e das infindáveis mudanças de pessoal, com as tremendas acumulações de ódio, amargura e ressentimento pessoal que acarretam, a posição do Líder pode repousar em segurança contra as caóticas revoluções palacianas — não devido aos seus dons superiores, a respeito dos quais os homens dos círculos íntimos geralmente não têm ilusões, mas graças à sincera e sensata convicção desses homens de que, sem ele, todo o movimento iria imediatamente por água abaixo.

A suprema tarefa do Líder é personificar a dupla função que caracteriza cada camada do movimento — agir como a defesa mágica do movimento contra o mundo exterior e, ao mesmo tempo, ser a ponte direta através da qual o movimento se liga a esse mundo. O Líder representa o movimento de um modo totalmente diferente de todos os líderes de partidos comuns, já que proclama a sua responsabilidade pessoal por todos os atos, proezas e crimes cometidos por qualquer membro ou funcionário em sua qualidade oficial. Essa responsabilidade total é o aspecto organizacional mais importante do chamado princípio de liderança, segundo o qual cada funcionário não é apenas designado pelo Líder, mas é a sua própria encarnação viva, e toda ordem emana supostamente dessa única fonte onipresente. Essa completa identificação do Líder com todo sublíder nomeado por ele e esse monopólio de responsabilidade centralizado por tudo o que foi, está sendo ou virá a ser feito são também os sinais mais visíveis da grande diferença entre o líder totalitário e o ditador ou déspota comum. Um tirano jamais se identificaria com os seus subordinados, e muito menos com cada um dos seus atos;[87] poderia usá-los como bodes expiatórios, deixando, com prazer, que fossem criticados para colocar-se a salvo da ira do povo, mas sempre manteria uma distância absoluta de todos os seus subordinados e súditos. O Líder, ao contrário, não pode tolerar críticas aos seus subordinados, uma vez que todos agem em seu nome; se deseja corrigir os próprios erros, tem que liquidar aqueles que os cometerem por ele; se deseja inculpar a outros por esses erros, tem de matá-los. Pois, nessa estrutura organizacional, o erro só pode ser uma fraude: o Líder estava sendo representado por um impostor.[88]

---

acólitos, sem dúvida, mas, talvez, dentro dos critérios acima, seus assassinos — desfizeram-se depois do único homem que, entre eles, detinha o poder suficiente para eliminá-los. [Trata-se de Beria, o todo-poderoso chefe da polícia secreta da URSS. (N. E.)].

(87) Hitler telegrafou pessoalmente aos assassinos da SA assumindo a responsabilidade pelo assassinato de Potempa, embora provavelmente nada tivesse a ver com ele. O que importava, no caso, era estabelecer um princípio de identificação ou, nas palavras dos nazistas, "a lealdade mútua do Líder e do povo" na qual "se baseava o Reich" (Hans Frank, *op. cit.*).

(88) "Uma das principais características de Stálin (...) é jogar sistematicamente os seus crimes e malfeitorias, bem como os seus erros políticos (...) nos ombros daqueles que ele planeja

Essa responsabilidade total por tudo o que o movimento faz e essa identificação total com cada um dos funcionários têm a conseqüência muito prática de que ninguém se vê numa situação em que tem de se responsabilizar por suas ações ou explicar os motivos que levaram a elas. Uma vez que o Líder monopoliza o direito e a possibilidade de explicação, ele é, para o mundo exterior, a única pessoa que sabe o que está fazendo, isto é, o único representante do movimento com quem ainda é possível conversar em termos não-totalitários e que, em caso de censura ou de oposição, não dirá: não me pergunte, pergunte ao Líder. Estando no centro do movimento, o Líder pode agir como se estivesse acima dele. É, portanto, perfeitamente compreensível (embora perfeitamente fútil) que pessoas de fora depositem, muitas vezes, suas esperanças numa conversa pessoal com o próprio Líder, quando têm de tratar com movimentos ou governos totalitários. O verdadeiro mistério do Líder totalitário reside na organização que lhe permite assumir a responsabilidade total por todos os crimes cometidos pelas formações de elite e, *ao mesmo tempo*, adotar a honesta e inocente respeitabilidade do mais ingênuo simpatizante.[89]

Os movimentos totalitários têm sido chamados de "sociedades secretas montadas à luz do dia".[90] Realmente, embora pouco se saiba quanto à estru-

---

desacreditar e arruinar" (Souvarine, *op. cit.*, p. 655). É óbvio que um líder totalitário pode escolher livremente quem ele deseja que assuma a culpa dos seus erros, uma vez que todos os atos conhecidos pelos sublíderes são inspirados por ele, de modo que qualquer pessoa pode ser forçada a assumir o papel de impostor.

(89) Já ficou provado, por meio de numerosos documentos, que era o próprio Hitler — e não Himmler, nem Bormann, nem Goebbels — quem sempre tomava a iniciativa das medidas realmente "radicais"; que essas medidas eram sempre mais radicais que aquelas propostas por seus seguidores imediatos; que até mesmo Himmler ficou horrorizado quando recebeu a incumbência da "solução final" da questão judaica. E tampouco merece alguma fé a lenda de que Stálin era mais moderado que as facções esquerdistas do partido bolchevista. É importante lembrar que os líderes totalitários procuram invariavelmente parecer mais moderados para o mundo exterior, e que o seu principal papel — que é o de impelir para frente o movimento a qualquer preço, e de acelerá-lo, e não retardá-lo — é sempre cuidadosamente oculto. Ver, por exemplo, o memorando do almirante Erich Raeder, "My relationship to Adolf Hitler and to the Party", em *Nazi conspiracy*, VIII, 707 ss: "Quando surgiram informações e boatos acerca de medidas radicais do Partido e da Gestapo, era possível chegar-se à conclusão, pela conduta do *Führer*, de que essas medidas não haviam sido ordenadas pelo próprio *Führer*. (...) Em anos subseqüentes, cheguei gradualmente à conclusão de que o próprio *Führer* sempre se inclinava pela solução mais radical, sem deixar que ninguém o percebesse".

Na luta intrapartidária que precedeu a subida ao poder absoluto, Stálin sempre teve o cuidado de assumir a pose do "homem do meio-termo" (ver Deutscher, *op. cit.*, pp. 295 ss); embora certamente não fosse nenhum "homem afeito a acomodações", nunca abandonou inteiramente esse papel. Quando, por exemplo, um jornalista estrangeiro lhe indagou, em 1936, acerca dos objetivos de revolução mundial do movimento comunista, ele respondeu: "Nunca tivemos tais planos e intenções. (...) Trata-se de um mal-entendido. (...) Um mal-entendido cômico, ou, antes, tragicômico" (Deutscher, *op. cit.*, p. 422).

(90) Ver Alexandre Koyré, "The political function of the modern lie", em *Contemporary Jewish Record*, junho de 1945.

Hitler, *op. cit.*, livro II, capítulo ix, discute longamente os prós e contras das sociedades secretas como modelos para os movimentos totalitários. Na verdade, as considerações que ele faz

tura sociológica e à história mais recente das sociedades secretas, a estrutura dos movimentos, sem precedentes quando comparada com partidos e facções, lembra-nos em primeiro lugar certas características dessas sociedades.[91] As sociedades secretas formam também hierarquias de acordo com o grau de "iniciação", regulam a vida dos seus membros segundo um pressuposto secreto e fictício que faz com que cada coisa pareça ser outra coisa diferente; adotam uma estratégia de mentiras coerentes para iludir as massas de fora, não iniciadas; exigem obediência irrestrita dos seus membros, que são mantidos coesos pela fidelidade a um líder freqüentemente desconhecido e sempre misterioso, rodeado, ou supostamente rodeado, por um pequeno círculo de iniciados; e estes, por sua vez, são rodeados por semi-iniciados que constituem uma espécie de "amortecedor" contra o mundo profano e hostil.[92] Os movimentos totalitários têm ainda em comum com as sociedades secretas a divisão dicotômica do mundo entre "irmãos jurados de sangue" e uma massa indistinta e inarticulada de inimigos jurados.[93] Essa distinção, baseada na absoluta hostilidade contra o mundo que os rodeia, é muito diferente da tendência dos partidos comuns de dividir o povo entre os que pertencem e os que não pertencem à organização. Os

---

levam-no à conclusão de Koyré de que é preciso adotar os princípios das sociedades secretas sem o seu sigilo e instalá-las "à plena luz do dia". No estágio anterior à tomada do poder, os nazistas nada mantinham em segredo. Foi somente durante a guerra, quando o regime nazista se tornou inteiramente totalitarizado e a liderança do partido se viu cercada por todos os lados pela hierarquia militar, da qual dependia para a condução da guerra, que as formações de elite receberam instruções perfeitamente claras para manterem absolutamente secreto tudo o que dissesse respeito à "solução final", isto é, o extermínio em massa dos judeus. Foi também por essa época que Hitler passou a agir como chefe de um bando de conspiradores, mas não sem anunciar e divulgar pessoalmente esse fato com bastante clareza. No decorrer de uma reunião com o Estado-Maior, em maio de 1939, Hitler estabeleceu as seguintes normas, que parecem haver sido copiadas de uma cartilha de sociedades secretas: "1. Nenhuma informação será dada a quem não precisa saber. 2. Ninguém deve saber mais do que precisa. 3. Ninguém deve saber antes do tempo necessário" (citadas por Heinz Holldack, *Was wirklich geschah* [O que realmente aconteceu], 1949, p. 378).

(91) A análise que fazemos a seguir acompanha de perto "Sociology of secrecy and of secret societies", de Georg Simmel, em *The American Journal of Sociology*, vol. XI, n? 4, janeiro de 1906, que constitui o capítulo v de sua *Soziologie*, Leipzig, 1908, da qual alguns trechos foram traduzidos por Kurt Wolff, sob o título *The sociology of Georg Simmel*, 1950.

(92) "Exatamente pelo fato de que os graus inferiores da sociedade constituem uma transição mediatória para o verdadeiro centro do segredo, permitem a compreensão gradual da esfera de repulsa em torno do mesmo, o que proporciona uma proteção mais segura do que adviria da aspereza de uma posição radical, fosse de fora ou de dentro" (*ibid.*, p. 489).

(93) As expressões "irmãos jurados", "camaradas jurados", "comunidade jurada" etc. são repetidas *ad nauseam* em toda a literatura nazista, em parte devido à atração que tinham para o romantismo juvenil muito comum no movimento da juventude alemã. Foi principalmente Himmler quem usou essas expressões com um sentido mais definido, introduzindo-as na "senha central" da SS ("Unimo-nos assim e marchamos para um futuro distante segundo as leis imutáveis, como uma classe nacional-socialista de homens nórdicos e comunidade jurada das suas tribos [*Sippen*]." Ver D'Alquen, *op. cit.*) e lhes deu o expressivo significado de "absoluta hostilidade" contra todos os outros (ver Simmel, *op. cit.*, p. 489): "Assim, quando a massa da humanidade de 1 a 1,5 bilhão [*sic!*] se unir contra nós, o povo alemão (...)". Ver o discurso de Himmler na reunião dos generais da SS em Posen (atual Poznan, Polônia), a 4 de outubro de 1943, *Nazi conspiracy*, IV, 558.

partidos e as sociedades abertas, geralmente, só consideram inimigos aqueles que se lhes opõem expressamente, enquanto o princípio das sociedades secretas sempre foi que "aquele que não estiver expressamente incluído, está excluído".[94] Esse princípio esotérico parece inteiramente inadequado a organizações de massa; contudo, os nazistas ofereciam aos seus membros pelo menos o equivalente psicológico do ritual de iniciação das sociedades secretas quando, em lugar de simplesmente excluírem os judeus da organização, exigiam prova de ascendência não-judaica dos seus membros, estabelecendo um complicado mecanismo para esclarecer a obscura origem genética de 80 milhões de alemães. O resultado foi uma comédia, e uma comédia cara, quando 80 milhões de alemães saíram à cata de avós judeus; mas aqueles que passavam a prova sentiam pertencer a um grupo de incluídos que se destacava contra uma multidão imaginária de inelegíveis. O mesmo princípio é aplicado no movimento bolchevista, através de repetidos expurgos no partido que inspiram em todos os que sobram uma reafirmação da sua inclusão.

Talvez a mais clara semelhança entre as sociedades secretas e os movimentos totalitários esteja na importância do ritual. As marchas na praça Vermelha em Moscou são, nesse ponto, tão típicas quanto as pomposas formalidades do nazismo do tempo de Nurembergue. No centro do ritual nazista estava a chamada "bandeira de sangue", e no centro do ritual bolchevista está o corpo mumificado de Lênin, ambos impregnando a cerimônia com um forte elemento de idolatria. Essa idolatria não prova a existência de tendências pseudo-religiosas ou heréticas que muitos querem ver nos movimentos totalitários. Os "ídolos" são simples truques organizacionais, muito praticados nas sociedades secretas, que também forçavam os seus membros a guardar segredo por medo e respeito a símbolos assustadores. As pessoas unem-se mais firmemente através da experiência partilhada de um ritual secreto do que pela simples admissão ao conhecimento do segredo. O fato de que o segredo dos movimentos totalitários é exibido em plena luz do dia não muda necessariamente a natureza da experiência.[95]

Naturalmente, essas semelhanças não são acidentais; não podem ser explicadas simplesmente pelo fato de que tanto Hitler como Stálin haviam sido membros de sociedades secretas antes de se tornarem líderes totalitários — Hitler no serviço secreto do Reichswehr e Stálin na conspiração do partido bolche-

---

(94) Simmel, *op. cit.*, p. 490. Esse princípio, como tantos outros, foi adotado pelos nazistas após cuidadoso estudo das implicações dos "Protocolos dos sábios do Sião". Hitler dizia já em 1922: "[Os homens da Direita] ainda não compreenderam que não é necessário ser inimigo dos judeus para que um dia (...) acabem na forca. (...) Basta (...) *não ser judeu*: com isso se vai parar na forca" (*Hitler's speeches*, p. 12). Na época, ninguém podia imaginar que esse tipo de propaganda realmente significava que, um dia, não seria necessário ser um inimigo dos nazistas para ser levado à forca; bastaria ser um judeu ou, finalmente, membro de algum outro povo, para ser declarado "racialmente inapto" à vida por alguma Comissão de Saúde. Himmler acreditava e pregava que toda a SS se baseava no princípio de que "devemos ser honestos, decentes, leais e amigos com os membros do nosso próprio sangue, e com ninguém mais" (*op. cit., loc. cit.*).

(95) Simmel, *op. cit.*, pp. 480-1.

vista. São, até certo ponto, resultado natural da ficção conspiratória do totalitarismo, cujas organizações são supostamente criadas para combater as sociedades secretas — a sociedade secreta dos judeus ou a sociedade dos conspiradores trotskistas. O que é notável nas organizações totalitárias é que saibam adotar expedientes organizacionais das sociedades secretas sem jamais manter em segredo o seu próprio objetivo. Que os nazistas queriam conquistar o mundo, deportar todos os que fossem "racialmente estrangeiros" e exterminar todos os que tivessem "herança biológica inferior", que os bolchevistas lutam pela revolução mundial — nada disso jamais foi segredo; pelo contrário, esses objetivos sempre fizeram parte da sua propaganda. Em outras palavras, os movimentos totalitários imitam todos os acessórios das sociedades secretas, mas esvaziam-nas do único elemento que poderia justificar os seus métodos: a necessidade de manter segredo.

Nisso, como em tantos outros aspectos, o nazismo e o bolchevismo chegaram ao mesmo resultado organizacional a partir de origens históricas muito diferentes. Os nazistas começaram com a ficção de uma conspiração e imitaram, mais ou menos conscientemente, o modelo da sociedade secreta dos sábios do Sião, enquanto os bolchevistas vieram de um partido revolucionário, cujo objetivo era a ditadura de um só partido, atravessaram a fase em que o partido ficava "inteiramente acima e separado de tudo", até o instante em que o Politburo do partido ficou "inteiramente acima e separado de tudo";[96] finalmente, Stálin impôs a essa estrutura partidária as rígidas normas totalitárias do seu setor conspirativo, e somente então descobriu a necessidade de uma ficção central para manter na organização de massa a férrea disciplina de uma organização secreta. A evolução nazista pode ser mais lógica, mais coerente consigo mesma, mas a história do partido bolchevista é um exemplo melhor da natureza essencialmente fictícia do totalitarismo, precisamente porque as fictícias conspirações globais, contra as quais e de acordo com as quais a conspiração bolchevista supostamente se organizou, não foram ideologicamente fixadas. Mudaram — dos trotskistas para as trezentas famílias, depois para os vários "imperialismos" e, mais recentemente, para o "cosmopolitismo sem raízes" — e foram ajustadas à realidade política segundo as necessidades do momento; mas nunca e em nenhuma das mais diversas circunstâncias pôde o bolchevismo passar sem algum tipo de ficção.

Os meios pelos quais Stálin transformou a ditadura unipartidária russa em regime totalitário e os partidos comunistas revolucionários de todo o mundo em movimentos totalitários foram a liquidação das facções divergentes, a abolição da democracia interna do partido e a transformação dos partidos comunistas nacionais em ramificações do Comintern dirigidas a partir de Moscou. As sociedades secretas em geral, e o aparelho conspirativo dos partidos revolucionários em particular, sempre foram caracterizados pela ausência de facções, pela supressão de opiniões dissidentes e pela absoluta centralização do co-

---

(96) Souvarine, *op. cit.*, p. 319, adota uma expressão de Bukharin.

mando. Todas essas medidas têm a óbvia finalidade utilitária de proteger os membros contra a perseguição e a sociedade contra a traição; a obediência total exigida de cada membro e o poder absoluto nas mãos do chefe foram apenas subprodutos inevitáveis de necessidades práticas. O problema, porém, é que os conspiradores têm uma tendência, compreensível aliás, de julgar como mais eficazes na política os métodos das sociedades conspirativas e de supor que, se esses métodos puderem ser aplicados abertamente com o apoio dos instrumentos de violência de toda uma nação, as possibilidades de acúmulo de poder tornam-se infinitas.[97] O setor conspirativo de um partido revolucionário pode, enquanto o próprio partido ainda está intacto, ser equiparado ao Exército dentro de uma estrutura política intacta; embora as suas próprias regras de conduta sejam radicalmente diferentes das regras do corpo civil, o Exército serve ao corpo político e permanece sujeito e controlado por ele. Da mesma forma que o perigo de uma ditadura militar surge quando o Exército já não quer servir mas dominar o corpo político, também o perigo do totalitarismo surge quando o setor conspirativo do partido revolucionário se emancipa do controle do partido e aspira à liderança. Foi isso o que aconteceu aos partidos comunistas sob o regime de Stálin. Os métodos de Stálin sempre foram típicos de um homem proveniente do setor conspirativo do partido: a devoção ao detalhe, a ênfase quanto ao lado pessoal da política, a crueldade no uso e na liquidação de companheiros e amigos. Quem mais o apoiou na luta pela sucessão após a morte de Lênin foi a polícia secreta[98] que, na época, já era uma das mais importantes e poderosas seções do partido.[99] Nada mais natural que as simpatias da Cheka [a polícia secreta da URSS] pendessem a favor do representante da seção conspirativa, do homem que já a encarava como uma espécie de sociedade secreta e que, portanto, provavelmente lhe preservaria e até acrescentaria os privilégios.

A tomada dos partidos comunistas pelos setores conspirativos foi, porém, apenas o primeiro passo da sua transformação em movimento totalitário. Não bastava que a polícia secreta da Rússia e os seus agentes nos partidos comunistas do exterior desempenhassem no movimento o mesmo papel das formações de elite criadas pelos nazistas sob forma de tropas paramilitares. Os próprios partidos tinham de ser transformados, para que o domínio da polícia secreta permanecesse seguro. A liquidação das facções e da democracia interna do partido foi, conseqüentemente, acompanhada na Rússia pela admissão,

(97) Souvarine, *op. cit.*, p. 113, menciona que Stálin "sempre se impressionava com aqueles que eram bem-sucedidos 'nos negócios'. Via a política como um 'negócio' que exigia destreza".

(98) Nas lutas intrapartidárias dos anos 20, "os colaboradores da GPU eram, quase sem exceção, fanáticos seguidores de Stálin. Os serviços da GPU naquela época eram os baluartes da secção stalinista" (Ciliga, *op. cit.*, p. 48). Souvarine, *op. cit.*, p. 289, relata que, mesmo antes, Stálin havia "continuado a ação policial que havia iniciado durante a Guerra Civil" e havia sido representante do Politburo na GPU.

(99) Imediatamente após a guerra civil na Rússia, o *Pravda* afirmava que "a fórmula 'Todo o poder aos Soviets' havia sido substituída por 'Todo o poder à Cheka'. (...) O fim das hostilidades armadas reduziu o controle militar (...) mas deixou uma Cheka ramificada, que se aperfeiçoava através da simplificação operacional" (Souvarine, *op. cit.*, p. 251).

como membros, de grandes massas politicamente deseducadas e "neutras", manobra que foi rapidamente seguida pelos partidos comunistas no estrangeiro depois que a Frente Popular a adotou na França.

O totalitarismo nazista começou com uma organização de massa que foi apenas gradualmente dominada pelas formações de elite, enquanto os bolchevistas começaram com formações de elite e organizaram as massas de acordo com elas. Em ambos os casos o resultado foi idêntico. Além disso, os nazistas, em virtude da tradição e preconceitos militaristas, moldaram inicialmente suas formações de elite segundo o padrão do Exército, enquanto os bolchevistas desde o início outorgaram à polícia secreta o direito de exercer o poder supremo. Contudo, bastaram poucos anos para que também essa diferença desaparecesse: o chefe da SS tornou-se chefe da polícia secreta, e as formações da SS foram gradualmente incorporadas ao antigo pessoal da Gestapo ao qual iriam substituir, embora esse pessoal já fosse constituído de nazistas dignos de confiança.[100]

É devido à afinidade fundamental entre o funcionamento de uma sociedade secreta de conspiradores e a polícia secreta organizada para combatê-la que os regimes totalitários, baseados na ficção de um conspiração global e visando ao domínio global, passam a concentrar todo o poder nas mãos da polícia. Na fase que antecede o poder, porém, as "sociedades secretas à luz do dia" proporcionam outras vantagens organizacionais. A contradição óbvia entre uma organização de massa e uma sociedade exclusiva, que é a única à qual se pode confiar um segredo, não tem importância quando é comparada ao fato de que a própria estrutura das sociedades secretas e conspiradoras pode transformar em princípio organizacional a dicotomia ideológica do totalitarismo — a cega hostilidade das massas contra o mundo existente, independentemente de divergências e diferenças. Do ponto de vista da organização que funciona segundo o princípio de que quem não está incluído está excluído, e quem não está comigo está contra mim, o mundo perde todas as nuances, diferenciações e aspectos pluralísticos — coisas que, afinal, se haviam tornado confusas e insuportáveis para as massas que perderam o seu lugar e a sua orientação dentro dele.[101] O que as levou à inabalável lealdade de membros de sociedades secretas não foi tanto o segredo como a dicotomia entre nós e todos os outros. Um meio

---

(100) A Gestapo [Geheime Staatspolizei: Polícia Secreta do Estado] foi instituída por Göring em 1933: Himmler foi nomeado chefe da Gestapo em 1934 e passou imediatamente a substituir o seu pessoal por homens da SS; no fim da guerra, 75% dos agentes da Gestapo eram homens da SS. Deve-se considerar também que as unidades da SS eram particularmente qualificadas para esse tipo de trabalho, uma vez que Himmler as havia organizado, mesmo na fase anterior ao poder, para tarefas de espionagem entre membros do partido (Heiden, *op. cit.*, p. 308). Quanto à história da Gestapo, ver Giles, *op. cit.*, e também *Nazi conspiracy*, vol. II, capítulo xii.

(101) Provavelmente, um dos erros ideológicos decisivos de Rosenberg, que caiu na desgraça do *Führer* e perdeu a sua influência no movimento a favor de homens como Himmler, Bormann e até mesmo Streicher, foi que o seu *Mito do século XX* admite um pluralismo racial do qual somente os judeus eram excluídos. Violou, assim, o princípio conforme o qual quem não estivesse incluído ("o povo germânico") estava excluído ("a massa da humanidade"). Cf. nota 87.

de conservar intacta essa lealdade era imitar a estrutura organizacional das sociedades secretas, esvaziando-a da finalidade racional de preservar um segredo. Tampouco importava que isso fosse motivado por uma ideologia de conspiração, como no caso dos nazistas, ou pela hipertrofia parasitária do setor conspirativo de um partido revolucionário, como no caso dos bolchevistas. A afirmação fundamental da organização totalitária é que tudo o que está fora do movimento está "morrendo", afirmação que é drasticamente posta em prática no clima assassino do regime totalitário, mas que, mesmo no estágio anterior ao poder, parece plausível a massas que fugiram da desintegração e da desorientação para o fictício abrigo do movimento.

Os movimentos totalitários têm repetidamente demonstrado que podem inspirar a mesma lealdade total, na vida e na morte, que caracterizava as sociedades secretas e conspiradoras.[102] Espetáculo curioso foi a completa ausência de resistência de uma tropa perfeitamente treinada e armada como a SA diante do assassínio de um líder bem-amado (Röhm) e de centenas de camaradas. Naquele instante era Röhm, e não Hitler, quem contava com o apoio do Reichswehr. Hoje, porém, esses incidentes do movimento nazista perdem-se de vista diante do constante espetáculo de "criminosos" confessos nos partidos bolchevistas. Julgamentos baseados em confissões absurdas tornaram-se parte de um ritual que é importantíssimo internamente e incompreensível para quem está de fora. Contudo, independentemente de como as vítimas sejam preparadas hoje em dia, o ritual deve a sua existência às confissões, provavelmente verdadeiras, da velha guarda bolchevista de 1936. Muito antes da época dos Julgamentos de Moscou, os condenados à morte recebiam a sentença com grande calma, atitude "que predominava especialmente entre os membros da Cheka".[103] Enquanto o movimento existe, a sua forma peculiar de organização faz com que pelo menos as formações de elite não possam conceber a vida fora do grupo fechado de homens que, mesmo condenados, ainda se sentem superiores ao resto do mundo não-iniciado. E, como o fim único dessa organização sempre foi burlar, combater e finalmente conquistar o mundo exterior, os seus membros pagam de bom grado com a própria vida, contanto que isso ajude a burlar o mundo mais uma vez.[104]

Mas o principal valor da estrutura organizacional e dos padrões morais das organizações secretas ou conspiratórias para fins de organização da massa não está na garantia intrínseca de participação incondicional e lealdade incon-

---

(102) Simmel, *op. cit.*, p. 492, menciona sociedades secretas criminosas nas quais os membros voluntariamente escolhem um comandante ao qual passam a obedecer sem crítica e sem limite.

(103) Ciliga, *op. cit.*, pp. 96-7. O autor descreve como os prisioneiros comuns da prisão da GPU em Leningrado condenados à morte deixavam-se levar à execução "sem uma palavra, sem um grito de revolta contra o governo que os executava" (p. 183).

(104) Ciliga nos diz que os membros do partido que haviam sido condenados "achavam que, se essas execuções serviam para salvar a ditadura burocrática como um todo, se levavam à calma os camponeses rebelados (ou, antes, ao erro), o sacrifício de suas vidas não teria sido em vão" (*op. cit.*, pp. 96-7).

dicional, nem na manifestação organizacional de hostilidade cega contra o mundo exterior, mas na sua incomparável capacidade de estabelecer e proteger o mundo fictício por meio de constantes mentiras. Toda a estrutura hierárquica dos movimentos totalitários, desde os ingênuos simpatizantes até os membros do partido, as formações de elite, o círculo íntimo que rodeia o Líder e o próprio Líder, pode ser descrita em termos da mistura curiosamente variada de credulidade e cinismo com que se espera que cada membro, dependendo do seu grau e da posição que ocupa no movimento, reaja às diversas declarações mentirosas do Líder e à ficção ideológica central e imutável do movimento.

Certa mistura de credulidade e cinismo havia sido importante característica da mentalidade da ralé antes que se tornasse fenômeno diário de massa. Num mundo incompreensível e em perpétua mudança, as massas haviam chegado a um ponto em que, ao mesmo tempo, acreditavam em tudo e em nada, julgavam que tudo era possível e que nada era verdadeiro. A própria mistura, por si, já era bastante notável, pois significava o fim da ilusão de que a credulidade fosse fraqueza de gente primitiva e ingênua, e que o cinismo fosse o vício superior dos espíritos refinados. A propaganda de massa descobriu que o seu público estava sempre disposto a acreditar no pior, por mais absurdo que fosse, sem objetar contra o fato de ser enganado, uma vez que achava que toda afirmação, afinal de contas, não passava de mentira. Os líderes totalitários basearam a sua propaganda no pressuposto psicológico correto de que, em tais condições, era possível fazer com que as pessoas acreditassem nas mais fantásticas afirmações em determinado dia, na certeza de que, se recebessem no dia seguinte a prova irrefutável da sua inverdade, apelariam para o cinismo; em lugar de abandonarem os líderes que lhes haviam mentido, diriam que sempre souberam que a afirmação era falsa, e admirariam os líderes pela grande esperteza tática.

Essa reação das audiências de massa tornou-se importante princípio hierárquico para as organizações de massa. Uma mistura de credulidade e cinismo prevalece em todos os escalões dos movimentos totalitários, e quanto mais alto o posto, mais o cinismo prevalece sobre a credulidade. A convicção essencial compartilhada por todos os escalões, desde os simpatizantes até o Líder, é de que a política é um jogo de trapaças, e que o "primeiro mandamento" do movimento — "o *Führer* sempre tem razão" — é tão necessário aos fins da política mundial — isto é, da trapaça mundial — como as regras da disciplina militar o são para as finalidades da guerra.[105]

A máquina que gera, organiza e dissemina as monstruosas falsidades dos movimentos totalitários também depende da posição do Líder. À afirmação

---

(105) A imagem do papel da diplomacia na política, expressa por Goebbels, é típica: "Não há dúvida que o melhor a fazer é manter os diplomatas desinformados quanto ao que ocorre na política. (...) O argumento mais convincente de sua fidedignidade política é a sinceridade com que representam o papel de apaziguadores" (*op. cit.*, p. 87).

propagandística de que todo evento é cientificamente previsível segundo leis naturais ou econômicas, a organização totalitária acrescenta a posição de um homem que monopolizou esse conhecimento e cuja principal qualidade é o fato de que "sempre teve razão e sempre terá razão".[106] Para o membro do movimento totalitário, esse conhecimento nada tem a ver com a verdade, da mesma forma que o fato de se estar com a razão nada tem a ver com a veracidade objetiva das afirmações do Líder, que não podem ser desmentidas pela realidade, mas somente pelos sucessos ou fracassos futuros. O Líder sempre tem razão nos seus atos, e, como estes são planejados para os séculos vindouros, o exame final do que ele faz é inacessível aos seus contemporâneos.[107]

O único grupo que deve acreditar leal e textualmente nas palavras do Líder são os simpatizantes, cuja confiança envolve o movimento numa atmosfera de honestidade e ingenuidade, e que ajudam o Líder a cumprir a metade da sua tarefa, isto é, inspirar confiança no movimento. Os membros do Partido jamais acreditam em declarações públicas, nem se espera isso deles, mas a propaganda totalitária louva-lhes a inteligência superior que supostamente os distingue do mundo externo não-totalitário, ao qual, por sua vez, só conhecem através da anormal credulidade dos simpatizantes. Só os simpatizantes nazistas acreditaram em Hitler quando ele prestou juramento de legalidade perante a Suprema Corte da República de Weimar; os membros do movimento sabiam muito bem que ele estava mentindo e confiaram nele mais do que nunca exatamente porque ele era capaz de iludir a opinião pública e as autoridades. Quando, anos depois, Hitler repetiu a manobra diante do mundo inteiro, quando protestou boas intenções ao mesmo tempo em que preparava abertamente os seus crimes, a admiração dos membros do partido foi, naturalmente, enorme. Da mesma forma, somente os simpatizantes bolchevistas acreditaram na dissolução do Comintern, e somente as massas não organizadas do povo russo e os simpatizantes no exterior aceitaram como honestas as declarações pró-democracias de Stálin durante a guerra. Os membros do partido bolchevista foram expressamente advertidos a não se deixarem enganar por manobras táticas; deviam admirar a esperteza com que o seu Líder atraiçoava os aliados.[108]

Seriam inoperantes as mentiras do Líder sem a divisão organizacional do movimento em formações de elite, membros e simpatizantes. A graduação do cinismo traduzida na hierarquia do desdém é, pelo menos, tão necessária ante a constante refutação quanto a simples credulidade. O fato é que os simpatizantes

---

(106) Rudolf Hess numa transmissão radiofônica em 1934. *Nazi conspiracy*, I, 193.
(107) Werner Best, *op. cit.*, explica: "O fato de a vontade do governo estabelecer as normas 'certas' (...) já não é uma questão de lei, mas de destino. Pois os abusos que ocorrerem (...) serão punidos perante a história de modo mais seguro pelo próprio destino — com o infortúnio, a destituição e a ruína, devido à violação das 'leis da vida' — do que por uma Corte de Justiça". Tradução citada de *Nazi conspiracy*, IV, 490.
(108) Ver Kravchencko, *op. cit.*, p. 422. "Nenhum comunista devidamente doutrinado achava que o Partido estivesse 'mentindo' por pregar em público um tipo de política, enquanto na intimidade professava o oposto".

das organizações de vanguarda desdenhavam a completa laicidade dos seus concidadãos, os membros dos partidos desdenhavam a credulidade e a falta de radicalismo dos simpatizantes, as formações de elite desdenhavam os membros dos partidos pelas mesmas razões e, dentro das formações de elite, uma idêntica hierarquia de desdém acompanhava cada nova criação ou invenção do partido.[109] O resultado desse sistema é que a credulidade dos simpatizantes torna as mentiras aceitáveis para o mundo exterior, enquanto, ao mesmo tempo, o gradual cinismo dos membros e das formações de elite afasta o perigo de que o Líder venha a ser forçado, pelo peso da sua própria propaganda, a legitimar as próprias declarações e o próprio simulacro de respeitabilidade. Uma das principais desvantagens do mundo exterior no trato com sistemas totalitários é que ele ignorava esse sistema e, portanto, confiava em que, por um lado, a própria enormidade das mentiras do totalitarismo o levaria à ruína e, por outro lado, seria possível aceitar a palavra do Líder e fazer com que ele a cumprisse, a despeito das suas intenções originais. Infelizmente, o sistema totalitário é imune a essas conseqüências normais; sua engenhosidade reside precisamente em eliminar a realidade que desmascara o mentiroso ou o força a legitimar as suas mentiras.

Embora os membros não creiam em declarações proferidas para o consumo público, acreditam fervorosamente nos chavões comuns da justificação ideológica e nas explicações da história passada e futura que os movimentos totalitários tomaram emprestado às ideologias do século XIX e transformaram, através da organização, em realidade operante. Esses elementos ideológicos, nos quais, de um modo ou de outro, as massas haviam terminado por acreditar, se bem que vaga e abstratamente, foram convertidos em mentiras concretas de natureza universal (o domínio do mundo pelos judeus em lugar da teoria racial geral e a conspiração de Wall Street em lugar da teoria geral das classes) e foram integrados num plano geral de ação no qual somente os "agonizantes" — as classes agonizantes dos países capitalistas ou as nações decadentes — obstariam o caminho do movimento. Em contraste com as mentiras táticas do movimento, que mudam a cada dia, essas mentiras ideológicas exigem crença absoluta como verdades intocáveis e sagradas. Cerca-as um sistema cuidadosamente elaborado de provas "científicas" que não precisam ser convincentes para os "leigos", mas que satisfazem certa sede popular de conhecimentos através da "demonstração" da inferioridade dos judeus ou da miséria dos que vivem sob o regime capitalista.

As formações de elite distinguem-se dos membros comuns do partido por não necessitarem dessas demonstrações e nem mesmo serem obrigadas a acreditar literalmente na verdade dos chavões ideológicos. Estes são fabricados para atender a uma busca da verdade por parte das massas que, no seu vezo de explicar e demonstrar, ainda têm muito em comum com o mundo normal. A

---

(109) "O nacional-socialista despreza o seu vizinho alemão, o homem da SA despreza os outros nacional-socialistas, e o homem da SS despreza o homem da SA" (Heiden, *op. cit.*, p. 308).

elite não se compõe de ideólogos; toda a educação dos seus membros objetiva abolir a capacidade de distinguir entre a verdade e a mentira, entre a realidade e a ficção. Sua superioridade consiste na capacidade de transformar imediatamente qualquer declaração de fato em declaração de finalidade. Em contraposição às massas que, por exemplo, necessitam de alguma demonstração da inferioridade da raça judaica antes que se lhes possa exigir, sem riscos, que matem os judeus, as formações de elite compreendem que a afirmação de que todos os judeus são inferiores significa que todos os judeus devem ser mortos; quando se lhes diz que somente Moscou tem um metrô, sabem que o verdadeiro significado da declaração é que todos os outros metrôs devem ser destruídos e não se sentem muito surpresos quando descobrem o metrô de Paris. O tremendo choque da desilusão sofrida pelo Exército Vermelho na sua conquista da Europa só pôde ser curado nos campos de concentração e no exílio forçado de grande parte das tropas vitoriosas; mas as formações policiais que acompanharam o Exército estavam preparadas para o choque, não por meio de informação diferente ou mais correta — não existe na Rússia nenhuma escola de treinamento secreto que forneça dados autênticos sobre a vida no exterior —, mas simplesmente por meio de um treino de supremo desprezo por todo fato e toda realidade.

Essa mentalidade da elite não constitui simples fenômeno de massa, nem simples conseqüência de desarraigamento social, desastre econômico ou anarquia política; exige cuidadosa preparação e cultivo e foi uma parte mais importante, embora menos facilmente reconhecível, do currículo das escolas de liderança totalitária — as *Ordensburgen* nazistas para os membros da SS e os centros de treinamento bolchevistas para os agentes do Comintern — do que a doutrinação racial ou as técnicas da guerra civil. Sem a elite e sem a sua incapacidade, artificialmente adquirida, de compreender os fatos como fatos, de distinguir entre a verdade e a mentira, o movimento nunca poderia partir para a realização prática da ficção. A mais importante qualidade negativa da elite totalitária é que nunca se detém a pensar no mundo como realmente ele é e jamais compara as mentiras com a realidade. Paralelamente, a sua virtude mais cultivada é a lealdade ao Líder, que, como um talismã, assegura a vitória final da mentira e da ficção sobre a verdade e a realidade.

A camada superior da organização dos movimentos totalitários é constituída pelo círculo íntimo em torno do Líder, que pode ser uma instituição formal, como o Politburo bolchevista, ou um círculo mutável de homens que não exercem necessariamente uma função pública, como o séquito de Hitler. Para eles, os chavões ideológicos são meros expedientes destinados a congregar as massas, e não sentem qualquer constrangimento quando têm de alterá-los segundo as necessidades do momento, contanto que o princípio organizador permaneça intacto. Nesse ponto, o principal mérito da reorganização da SS por Himmler foi que ele descobriu um método muito simples de "resolver o problema do sangue pela ação", isto é, de selecionar os membros da elite segundo o "bom sangue" e prepará-los para "realizar uma impiedosa luta racial" contra todos os que não pudessem remontar a sua origem "ariana" até 1750, ou tivessem menos de um metro e setenta de altura ("sei que as pessoas que cresceram até determinada altura devem possuir, em certo grau, o sangue desejado"), ou não tinham olhos azuis e cabelos louros.[110] Esse racismo em ação tornava a organização independente de quase todo ensinamento concreto de qualquer "ciência" racial, e também independente do anti-semitismo, que era uma doutrina específica e temporária, referente à natureza e ao papel dos judeus, e cuja utilidade terminaria quando os judeus fossem exterminados.[111] O racismo não oferecia riscos e independia do cientificismo da propaganda, uma vez que a elite houvesse sido selecionada por uma "comissão racial" e posta sob a autoridade das "leis especiais de casamento",[112] enquanto, no extremo oposto, e sob a jurisdição dessa "elite racial", existiam campos de concentração para uma "melhor demonstração das leis da hereditariedade e da raça".[113] À base dessa "organização viva", os nazistas podiam dispensar o dogmatismo e estender a sua amizade a povos semitas, como os árabes, ou fazer alianças com os próprios representantes do "perigo amarelo", os japoneses. A realidade de uma sociedade racial, a formação de uma elite selecionada de um ponto de vista supostamente racial, constituiria melhor garantia da doutrina do racismo do que as provas científicas ou pseudocientíficas.

Os homens que ditam a política do bolchevismo mostram idêntica superioridade em relação aos dogmas que eles mesmos professam. São perfeitamente capazes de interromper qualquer luta de classes com uma súbita aliança com o capitalismo, sem abalar a confiança dos seus escalões e sem trair a crença na luta de classes. Uma vez que o princípio dicótomo da luta de classes se torna expediente organizacional, e, por assim dizer, se petrifica na inflexível hostili-

---

(110) Himmler selecionava os candidatos à SS, em primeiro lugar, por fotografias. Mais tarde, um Comitê Racial, perante o qual o candidato tinha de comparecer pessoalmente, aprovava ou desaprovava a sua aparência racial. Ver Himmler no tocante à "Organização e obrigação da SS e da polícia", *Nazi conspiracy*, IV, 616 ss.

(111) Himmler estava bem consciente do fato de que uma de suas "mais importantes realizações" era haver transformado a questão racial, de "conceito negativo baseado no anti-semitismo natural", em "uma tarefa organizacional para a constituição da SS" (*Der Reichsführer SS und Chef der deutschen Polizei*, "exclusivamente para uso da polícia"; sem data). Assim, "pela primeira vez, a questão racial havia sido colocada em foco, ou melhor, se tornara o próprio foco, indo muito além do conceito negativo que havia por trás do ódio natural aos judeus. A idéia revolucionária do *Führer* recebia uma infusão de sangue novo" (*Der Weg der SS. Der Reichsführer SS.* SS-Hauptamt-Schulungsamt. Na jaqueta: "difusão proibida", sem data, p. 25).

(112) Logo que foi nomeado chefe da SS, em 1929, Himmler introduziu o princípio de seleção racial e leis de casamento, e acrescentou: "A SS sabe muito bem que esta ordem é da maior importância. A zombaria, o escárnio e a incompreensão não nos afetam; o futuro é nosso". Citado por D'Alquen, *op. cit.* E novamente, catorze anos mais tarde, num discurso em Kharkov (*Nazi conspiracy*, IV, 572 ss), Himmler lembra aos seus líderes da SS que "fomos os primeiros a realmente resolver o problema do sangue pela ação (...) e por problema de sangue não entendemos, naturalmente, o anti-semitismo. O anti-semitismo é exatamente a mesma coisa que catar piolhos. Catar piolhos não é uma questão de ideologia: é uma questão de limpeza. (...) Mas para nós a questão do sangue era um lembrete do nosso próprio valor, um lembrete do que realmente mantém unido este povo alemão".

(113) Himmler, *op. cit.*, *Nazi conspiracy*, IV, 616 ss.

dade contra o mundo inteiro, através dos altos escalões policiais secretos na Rússia e dos agentes do Comintern no exterior, a política bolchevista fica surpreendentemente isenta de "preconceitos".

É essa liberdade em relação ao conteúdo de sua própria ideologia que caracteriza os mais altos escalões da hierarquia totalitária. São homens que vêem a tudo e a todos em termos de organização, inclusive ao Líder que, para eles, não é nem talismã inspirado nem aquele que sempre tem razão, mas a simples conseqüência desse tipo de organização; é necessário não como pessoa, mas como função, e como tal é indispensável ao movimento. Contudo, diferentemente de outras formas despóticas de governo, nas quais freqüentemente quem governa é um círculo restrito e o déspota tem apenas o papel representativo de governante fantoche, os líderes totalitários podem realmente fazer o que bem entendem e contar com a lealdade dos membros de seu séquito, mesmo que um dia se decidam a matá-los.

Uma razão mais técnica dessa lealdade suicida é que não há leis de herança ou de outra natureza que regulem a sucessão ao posto supremo. Uma revolta palaciana bem-sucedida teria resultados tão desastrosos para o movimento como sistema quanto uma derrota militar. É da própria natureza do movimento que, uma vez que o Líder assume o posto, toda a organização se identifica com ele de modo tão absoluto que qualquer confissão de erro ou remoção do cargo quebraria a magia de infalibilidade que envolve a posição de Líder e arruinaria a todos os que estivessem ligados ao movimento. A base da estrutura não está na veracidade das palavras do Líder, mas na infalibilidade dos seus atos. Sem ela, e no calor de uma discussão que presume falibilidade, todo o reino da carochinha do totalitarismo se esboroa, esmagado imediatamente pela verdade do mundo real que somente o movimento, guiado pelo Líder numa direção infalivelmente certa, é capaz de evitar.

Contudo, a lealdade dos que não acreditam nem em chavões ideológicos nem na infalibilidade do Líder tem também razões mais profundas e menos técnicas. O que une esses homens é uma firme crença na onipotência humana. O seu cinismo moral e a sua crença de que tudo é permitido repousam na sólida convicção de que tudo é possível. É verdade que esses homens, pouco numerosos, não são facilmente apanhados em suas próprias mentiras específicas e não crêem necessariamente em racismo ou em economia, em conspirações de judeus ou de Wall Street. Contudo, são também iludidos — iludidos pela idéia impudente e presunçosa de que se pode fazer tudo, e pela insolente convicção de que tudo o que existe é apenas um obstáculo temporário a ser certamente vencido pela organização superior. Confiantes de que a força da organização pode destruir a força da substância, como a violência de uma gangue bem organizada pode roubar a riqueza mal guardada de um homem, subestimam constantemente a força das comunidades estáveis e superestimam a força motora do movimento. Além disso, como não crêem realmente que exista contra eles uma conspiração mundial, mas usam-na apenas como expediente organizacional, não percebem que a sua própria conspiração pode eventualmente levar o mundo inteiro a unir-se para combatê-los.

Mas, como quer que venha a ser finalmente derrotada a ilusão da onipotência humana através da organização, a sua conseqüência prática dentro do movimento é que o séquito do Líder, em caso de desacordo com ele, nunca estará muito seguro de suas próprias opiniões, pois acredita sinceramente que o desacordo não tem importância, e que mesmo o mais louco expediente tem boas possibilidades de sucesso se receber a devida organização. O que caracteriza a sua lealdade não é a crença na infalibilidade do Líder, mas a convicção de que pode tornar-se infalível qualquer pessoa que comande os instrumentos de violência com os métodos superiores da organização totalitária. Essa ilusão é fortalecida quando os regimes totalitários estão no poder, demonstrando como até uma perda de substância pode tornar-se uma vitória da organização. (A administração das empresas industriais na Rússia soviética, fantasticamente deficiente, levou à atomização da classe operária, enquanto o terrivelmente cruel tratamento dos prisioneiros civis pelos nazistas nos territórios ocupados da Europa oriental, embora causasse uma "deplorável perda de mão-de-obra", "não podia ser lastimado em termos de gerações".)[114] Além disso, decidir o que é sucesso ou fracasso em circunstâncias totalitárias é, em grande parte, uma questão de opinião pública organizada e aterrorizada. Num mundo totalmente fictício não é preciso registrar, confessar e relembrar os fracassos. Para que a factualidade continue a existir, é preciso que exista o mundo não-totalitário.

(114) Himmler em seu discurso em Posen, *Nazi conspiracy*, IV, 558.

3
O TOTALITARISMO NO PODER

Quando um movimento, internacional em sua organização, universal em seu alcance ideológico e global em sua aspiração política, toma o poder num único país, coloca-se obviamente em situação contraditória. O movimento socialista escapou a essa crise, em primeiro lugar, porque a questão nacional — ou seja, o problema estratégico suscitado pela revolução — havia sido curiosamente negligenciado por Marx e Engels e, em segundo lugar, porque só teve de encarar o problema de governar depois que a Primeira Grande Guerra retirou da Segunda Internacional a autoridade sobre os membros nacionais, que em toda parte haviam aceito como fato inalterável a prioridade dos sentimentos nacionais em relação à solidariedade internacional. Em outras palavras, quando chegou o momento da tomada do poder em seus respectivos países, os movimentos socialistas já eram partidos nacionais.

Essa transformação nunca chegou a ocorrer nos movimentos totalitários nazista e bolchevista. No momento da tomada do poder, os perigos para o movimento eram a "mumificação" que poderia ocorrer se a posse da máquina estatal o levasse ao congelamento sob forma de governo absoluto,[1] e a limitação de sua liberdade de movimento imposta pelas fronteiras do território em que havia galgado o poder. Para um movimento totalitário, ambos os perigos são igualmente mortais: a evolução na direção do absolutismo poria fim ao ímpeto interno do movimento, enquanto a evolução na direção do nacionalismo frustraria a expansão externa sem a qual o movimento não pode sobreviver. A forma de governo que os dois movimentos tomaram — ou melhor, que resultou quase que automaticamente da sua dupla pretensão de domínio total e governo mundial — é melhor definida pelo *slogan* de Trótski de "revolução permanente", embora a teoria de Trótski fosse apenas a previsão socialista de uma série de revoluções, desde a revolução antifeudal da burguesia até a antiburguesa do prole-

---

(1) Os nazistas compreendiam muito bem que a tomada do poder poderia levar ao estabelecimento do absolutismo. "Mas o nacional-socialismo não encabeçou a luta contra o liberalismo para atolar-se no absolutismo e começar tudo de novo" (Werner Best, *Die deutsche Polizei*, p. 20). A advertência desta frase é dirigida ao absolutismo do Estado.

tariado, que se alastrariam de um país para outro.² De "permanente", a teoria tinha apenas o nome, com todas as suas implicações semi-anárquicas; mas até Lênin impressionou-se mais com o nome do que com o seu conteúdo teórico. Seja como for, as revoluções, sob forma de expurgos gerais, viraram instituições permanentes na União Soviética sob o regime de Stálin após 1934.³ Neste caso como em outros, Stálin concentrou os seus ataques contra o semi-esquecido *slogan* de Trótski exatamente porque havia decidido usar a sua técnica.⁴ Na Alemanha nazista, percebia-se claramente uma tendência semelhante na direção da revolução permanente, embora os nazistas não tivessem tido o tempo de realizá-la na mesma medida. De modo típico, a sua "revolução permanente" começou também com a liquidação da facção partidária que havia ousado proclamar abertamente "o próximo estágio da revolução":⁵ "o *Führer* e a sua velha

(2) A teoria de Trótski, enunciada pela primeira vez em 1905, naturalmente não diferia da estratégia revolucionária de todos os leninistas, para quem "a própria Rússia é apenas o primeiro domínio, o primeiro baluarte da revolução internacional: os seus interesses seriam subordinados à estratégia supranacional do socialismo militante. Por enquanto, porém, os limites da Rússia e os do socialismo vitorioso são os mesmos" (Isaac Deutscher, *Stalin: a political biography*, Nova York e Londres, 1949, p. 243).

(3) O ano de 1934 é significativo devido ao novo estatuto do Partido, anunciado no Décimo Sétimo Congresso, que estabelecia que "periódicos (...) expurgos [serão] realizados para a limpeza sistemática do Partido". (Citado de A. Avtorkhanov, "Social differentiation and contradictions in the Party", *Bulletin of the Institute for the Study of the USSR*, Munique, fevereiro de 1956.) Os expurgos do Partido, realizados durante os primeiros anos da Revolução Russa, nada têm em comum com a sua transformação posterior em instrumento de instabilidade permanente. Os primeiros expurgos foram levados a efeito por comissões locais de controle, perante um foro aberto, ao qual membros do Partido, ou mesmo os de fora do Partido, tinham livre acesso. Foram planejados como um órgão democrático de controle contra a corrupção burocrática do Partido e "deveriam servir como substituto das verdadeiras eleições" (Deutscher, *op. cit.*, pp. 233-4). Um excelente apanhado da evolução dos expurgos encontra-se no artigo de Avtorkhanov, que também refuta a lenda de que o assassinato de Kirov tenha motivado a nova política. O expurgo geral já havia começado antes da morte de Kirov, que não passou de um "pretexto para lhe dar mais força". Em vista das muitas circunstâncias "inexplicáveis e misteriosas" em torno do assassinato de Kirov, suspeita-se que o "pretexto" foi cuidadosamente planejado e executado pelo próprio Stálin. Ver o "Discurso sobre Stálin", de Khrushchev, *New York Times*, 5 de junho de 1956.

(4) Deutscher, *op. cit.*, p. 282, descreve o primeiro ataque contra a "revolução permanente" de Trótski e a contrafórmula de Stálin de "socialismo num só país" como um "acidente" em manobras políticas. Em 1924, a "finalidade imediata [de Stálin] era desacreditar Trótski. (...) Rebuscando o passado de Trótski, os triúnviros encontraram a teoria de 'revolução permanente', que ele havia formulado em 1905. (...) Foi no decurso dessa polêmica que Stálin chegou à sua fórmula do 'socialismo num só país'".

(5) A liquidação da facção de Röhm, em junho de 1934, foi precedida por um breve intervalo de estabilização. No começo do ano, Rudolf Diels, chefe da polícia política de Berlim, podia comunicar que não havia mais prisões ilegais ("revolucionárias") por parte da SA e que as prisões anteriores desse tipo estavam sendo investigadas. (*Nazi conspiracy*, U. S. Government, Washington, 1946, V, 205). Em abril de 1934, o ministro do Interior, Wilhelm Frick, antigo membro do partido nazista, assinou um decreto limitando a prática da "custódia protetora" (*ibid.*, III, 555), em face da "estabilização da situação nacional". (Ver *Das Archiv*, abril de 1934, p. 31.) Esse decreto, porém, nunca foi publicado (*Nazi conspiracy*, VII, 1099; II, 259). A polícia política da Prússia havia preparado para Hitler um relatório especial sobre os excessos da SA cometidos em 1933, e sugeriu que se processassem os líderes da SA nele mencionados.

guarda sabiam que a verdadeira luta apenas havia começado".[6] No nazismo, em lugar do conceito bolchevista de revolução permanente, encontramos a noção de uma "seleção [racial] que não pode parar", e que exige a constante radicalização dos critérios pelos quais é feita a seleção, isto é, o extermínio dos ineptos.[7] O fato é que tanto Hitler como Stálin estenderam promessas de estabilidade para esconder a intenção de criar um estado de instabilidade permanente.

Não poderia ter havido melhor solução para a intrínseca ambivalência resultante da coexistência entre governo e movimento, entre a pretensão totalitária e o poder limitado num território limitado, entre a participação ostensiva na comunidade de nações, na qual cada uma respeita a soberania da outra, e a pretensão de domínio mundial, do que essa fórmula esvaziada do seu primitivo conteúdo. Porque o líder totalitário enfrenta duas tarefas que a princípio parecem absurdamente contraditórias: tem de estabelecer o mundo fictício do movimento como realidade operante da vida de cada dia, e tem, por outro lado, de evitar que esse novo mundo adquira nova estabilidade; pois a estabilização de suas leis e instituições certamente liquidaria o próprio movimento e, com ele, a esperança da futura conquista do mundo. O líder totalitário tem de evitar, a qualquer preço, que a normalização atinja um ponto em que poderia surgir um novo modo de vida — um modo de vida que, após certo tempo, poderia deixar de parecer tão falso e conquistar um lugar entre os modos de vida muito diferentes e profundamente contrastantes das outras nações da terra. No momento em que as instituições revolucionárias se tornassem modo nacional de vida — no momento em que a alegação de Hitler de que o nazismo não é produto de exportação, ou a de Stálin de que o socialismo só pode estabelecer-se num único país, fosse algo mais que uma tentativa de iludir o mundo não-totalitário —

Hitler resolveu a situação matando esses líderes da SA sem processo legal e demitindo todas as autoridades policiais que se haviam oposto à SA. (Ver o testemunho, sob juramento, de Rudolf Diels, *ibid.*, V, 224.) Dessa forma, ele ficava completamente a salvo de qualquer legalização e estabilização. Entre os numerosos juristas que entusiasticamente serviram à "idéia nacional-socialista", somente uns poucos compreenderam o que realmente estava em jogo. A esse grupo pertence principalmente Theodor Maunz, cujo ensaio *Gestalt und Recht der Polizei* [Constituição e jurisdição da polícia] (Hamburgo, 1943) é citado e aprovado mesmo por aqueles autores que, como Paul Werner, pertenciam à camada superior (Fuehrerkorps) da SS.

(6) Robert Ley, *Der Weg zur Ordensburg* (sem data, cerca de 1936). "Edição especial (...) para o Führerkorps do Partido (...) Venda Proibida".

(7) Heinrich Himmler, "Dei Schutzstaffel", em *Grundlagen, Aufbau und Wirtschaftsordnung des nationalsozialitischen Staates, Nr. 7b*. A radicalização do princípio da antiga seleção racial pode ser verificada em todas as fases da política nazista. Assim, os primeiros a serem exterminados eram os judeus "puro-sangue", seguidos dos que eram "meio-judeus" e "um-quarto-judeus"; em outra área, os primeiros a serem incluídos eram os loucos, seguidos dos portadores de doenças incuráveis e, depois, pelas famílias em que surgisse algum "doente incurável". A "seleção que não pode ser detida" não o foi nem sequer diante dos membros da SS. Um decreto do *Führer*, de 19 de maio de 1943, ordenava que todos os que tivessem ligações com estrangeiros através de laços familiares, casamento ou amizade deviam ser eliminados do Estado, do partido, da Wehrmacht e da economia; isso afetou 1200 líderes da SS (ver os Hoover Library Archives, arquivo Himmler, pasta 300).

o totalitarismo perderia a sua qualidade "total" e ficaria sujeito às leis das nações, segundo as quais cada uma possui um território, um povo e uma tradição histórica específicos que determinam a sua relação com as outras nações — uma pluralidade que refuta *ipso facto* qualquer alegação de que uma determinada forma de governo possa ser absolutamente válida.

Do ponto de vista prático, a posse de todos os instrumentos de força e de violência por parte do totalitarismo no poder cria uma situação difícil e paradoxal para o movimento totalitário. O possuir poder significa o confronto direto com a realidade, e o totalitarismo no poder procura constantemente evitar esse confronto, mantendo o seu desprezo pelos fatos e impondo a rígida observância das normas do mundo fictício que criou. Já não basta que a propaganda e a organização afirmem que o impossível é possível, que o incrível é verdadeiro e que uma coerente loucura governa o mundo; o principal esteio psicológico da ficção totalitária — o ativo ressentimento contra o *status quo*, que as massas recusaram aceitar como o único mundo possível — já não existe, e cada fragmento de informação concreta que se infiltra através da cortina de ferro, construída para deter a sempre perigosa torrente da realidade vinda do lado não-totalitário, é uma ameaça maior para o domínio totalitário do que era a contrapropaganda para o movimento totalitário.

A luta pelo domínio total de toda a população da terra, a eliminação de toda realidade rival não-totalitária, eis a tônica dos regimes totalitários; se não lutarem pelo domínio global como objetivo último, correm o sério risco de perder todo o poder que porventura tenham conquistado. Nem mesmo um homem sozinho pode ser dominado de forma absoluta e segura a não ser em condições de totalitarismo global. Portanto, a subida ao poder significa, antes de mais nada, o estabelecimento de uma sede oficial e oficialmente reconhecida para o movimento (ou sucursais, no caso de países satélites), e a aquisição de uma espécie de laboratório onde o teste possa ser feito com realismo (ou contra a realidade) — o teste de organizar um povo para objetivos finais que desprezam a individualidade e a nacionalidade. O totalitarismo no poder usa a administração do Estado para o seu objetivo a longo prazo de conquista mundial e para dirigir as subsidiárias do movimento; instala a polícia secreta na posição de executante e guardiã da experiência doméstica de transformar constantemente a ficção em realidade; e, finalmente, erige campos de concentração como laboratórios especiais para o teste do domínio total.

1. O CHAMADO ESTADO TOTALITÁRIO

A história ensina que a subida ao poder e à posição de responsabilidade afeta profundamente a natureza dos partidos revolucionários. A experiência e o bom senso tinham o direito de esperar que o totalitarismo no poder perdesse aos poucos o ímpeto revolucionário e o caráter utópico, que o afã diário de governar e a posse do verdadeiro poder moderassem as pretensões do movimento e destruíssem gradualmente o mundo fictício criado por suas organizações. Afinal, parece ser da natureza das coisas que as exigências e as metas extremas sejam refreadas pela objetividade; e a realidade como um todo dificilmente é determinada pela tendência à ficção de uma massa de indivíduos atomizados.

Entre os erros cometidos pelo mundo não-totalitário em suas negociações diplomáticas com os governos totalitários (dos quais os principais foram a confiança no pacto de Munique com Hitler e nos acordos de Ialta com Stálin), muitos resultaram da aplicação da experiência e do bom senso a situações em que se haviam tornado obsoletos. Ao contrário de todas as expectativas, as importantes concessões que lhes foram feitas e o considerável prestígio internacional que alcançaram não levaram os países totalitários a reintegrarem-se na comunidade das nações, nem os induziram a desistir da falsa queixa de que o mundo inteiro se havia unido em bloco contra eles. Ao contrário: as vitórias diplomáticas faziam com que recorressem ainda mais rigidamente aos instrumentos de violência, e resultavam sempre em maior hostilidade contra as potências que se haviam mostrado dispostas a transigir.

Essas decepções de estadistas e diplomatas são comparáveis às anteriores desilusões de benévolos observadores e simpatizantes em relação aos novos governos totalitários. O que eles haviam esperado era o estabelecimento de novas instituições e a criação de um novo código de leis que, por mais revolucionário que fosse o seu conteúdo, levasse a uma estabilização de condições tendente a refrear o ímpeto dos movimentos totalitários, pelo menos nos países onde já haviam tomado o poder. Em lugar disso, o terror, tanto na Rússia soviética como na Alemanha nazista, aumentou na razão inversa da existência de oposição política interna, demonstrando que a oposição política, ao invés de fornecer o pretexto do terror, foi o último impedimento para que este alcançasse a fúria total.[8]

---

(8) É sabido que na Rússia "a repressão contra os socialistas e anarquistas aumentou na mesma proporção em que o país foi sendo pacificado" (Anton Ciliga, *The Russian enigma*, Londres, 1940, p. 244). Deutscher, *op. cit.*, p. 218, acha que a razão para o desaparecimento do "espírito de liberdade da revolução" no momento da vitória está numa mudança de atitude dos camponeses: estes viraram-se contra o bolchevismo "tanto mais resolutamente quanto mais se convenciam de que o poder dos proprietários de terras e dos generais brancos tinha sido destruído". A explicação parece muito débil em face das dimensões que o terror assumiria depois de 1930. E deixa de levar em consideração o fato de que o terror total não foi desencadeado na década de 20, mas na de 30, quando nem sequer a oposição das classes camponesas, era atuante. Também Khrushchev (*op. cit.*) observa que "medidas extremas de repressão não foram usadas" contra a oposição durante a luta contra os trotskistas e bukharinistas, mas que "a repressão contra eles começou" muito mais tarde, quando já estavam vencidos havia muito tempo.

O terror, no regime nazista, alcançou o seu ponto mais alto durante a guerra, quando a nação alemã realmente já estava "unida". A preparação do terror data de 1936, quando havia desaparecido toda a resistência interna organizada e Himmler propôs uma expansão do sistema de campos de concentração. Típico desse espírito de opressão, independentemente de resistência, é o discurso de Himmler em Kharkov, perante os líderes da SS, em 1943: "temos uma só tarefa, (...) levar adiante a luta racial sem dó nem piedade. (...) Nunca deixaremos que se perca aquela excelente arma — o pavor e a terrível reputação que nos precedeu nas batalhas por Kharkov — mas continuaremos a cultivá-la" (*Nazi conspiracy*, IV, 572 ss).

Mais perturbador ainda era o modo pelo qual os regimes totalitários tratavam a questão constitucional. Nos primeiros anos de poder, os nazistas desencadearam uma avalanche de leis e decretos, mas nunca se deram ao trabalho de abolir oficialmente a Constituição de Weimar; chegaram até a deixar mais ou menos intactos os serviços públicos — fato que levou muitos observadores locais e estrangeiros a esperar que o partido mostrasse comedimento e que o novo regime caminhasse rapidamente para a normalização. Mas, após a promulgação das Leis de Nuremberg,* verificou-se que os nazistas não tinham o menor respeito sequer pelas suas próprias leis. Em vez disso, continuou "a constante caminhada na direção de setores sempre novos", de modo que, afinal, "o objetivo e a alçada da polícia secreta do Estado", bem como de todas as outras instituições estatais ou partidárias criadas pelos nazistas, não podiam "de forma alguma definir-se pelas leis e normas que as regiam".[9] Na prática, esse estado de permanente ilegalidade era expresso pelo fato de que "muitas das normas em vigor já não [eram] do domínio público".[10] Teoricamente, correspondia ao postulado de Hitler, segundo o qual "Estado total não deve reconhecer qualquer diferença entre a lei e a ética",[11] porque, quando se presume que a lei em vigor é idêntica à ética comum que emana da consciência de todos, então não há mais necessidade de decretos públicos. A União Soviética, onde os serviços públicos pré-revolucionários haviam sido exterminados durante a revolução, e onde o regime pouco se havia incomodado com questões constitucionais durante o período de mudança revolucionária, chegou a dar-se ao trabalho de promulgar em 1936 uma constituição inteiramente nova e muito minuciosa ("um véu de frases e preceitos liberais encobrindo a guilhotina escondida no fundo"[12]), fato que foi aclamado na Rússia e no exterior como o fim do período

---

(*) Leis que baniram os judeus de todos os aspectos da vida nacional.

(9) Ver Theodor Maunz, *op. cit.*, pp. 5 e 49. O pouco caso que os nazistas faziam das leis e normas que eles próprios haviam criado, e que eram regularmente publicadas por W. Hoche sob o título *Die Gesetzgebung des Kabinetts Hitler* [A legislação do gabinete Hitler] (Berlim, 1933 *et seq.*), é exemplificado pela observação, feita ao acaso por um dos seus juristas constituintes. Achava ele que, a despeito da inexistência de nova estrutura legal, tinha havido, não obstante, uma "ampla reforma" (ver Ernst R. Huber, "Die deutsche Plizei", em *Zeitschrift für die gesamte Staatswissenschaft*, vol. 101, 1940-1, p. 273 ss).

(10) Maunz, *op. cit.*, p. 49. Ao que se saiba, Maunz é o único autor nazista que menciona essa circunstância e lhe dá a devida ênfase. Somente através do estudo dos cinco volumes de *Verfügungen, Anordnungen, Bekanntgaben* [Decretos, disposições, editais], coletados e impressos durante a guerra pela chancelaria do partido segundo instruções de Martin Bormann, é possível obter algum conhecimento dessa legislação secreta pela qual a Alemanha era governada. De acordo com o prefácio, os volumes destinavam-se "apenas ao uso interno do partido e deviam ser tratados como confidenciais". Quatro desses volumes, evidentemente muito raros, comparada aos quais a coleção de Hoche da legislação do gabinete de Hitler era mera fachada, estão na Hoover Library.

(11) Hitler aos juristas em 1933, citado por Hans Frank, *Nationalsozialistische Leitsätze für ein neues deutsches Strafrecht* [Diretivas nacional-socialistas para um novo direito penal alemão], 2ª parte, 1936, p. 8.

(12) Deutscher, *op. cit.*, p. 381. Em 1918 e 1924 foram feitas tentativas de redigir uma constituição. A reforma constitucional de 1944, segundo a qual algumas das Repúblicas Soviéticas

revolucionário. No entanto, a publicação da Constituição coincidiu com o início do gigantesco superexpurgo que, em menos de dois anos, liquidou a administração existente e apagou todos os vestígios de vida normal e da recuperação econômica conseguida durante os quatro anos que se seguiram à liquidação dos *kulaks* e à coletivização forçada da população rural.[13] Daí por diante, a Constituição stalinista de 1936 teve exatamente o mesmo papel que a Constituição de Weimar sob o regime nazista: completamente ignorada, nunca foi abolida; a única diferença é que Stálin pôde dar-se ao luxo de mais um absurdo — com a exceção de Vishinski, todos os autores da Constituição (que nunca foi repudiada) foram executados como traidores.

O que mais chama a atenção de quem observa o Estado totalitário não é, por certo, a sua estrutura monolítica. Pelo contrário, todos os estudantes sérios do assunto concordam pelo menos quanto à coexistência (ou conflito) de uma dupla autoridade, o partido e o Estado. Além disso, muitos já acentuaram que o governo totalitário é peculiarmente "amorfo".[14] Thomas Masaryk percebeu logo que "o chamado sistema bolchevista não passava de completa ausência de sistema";[15] e é perfeitamente verdadeiro que "até mesmo um perito enlouqueceria se tentasse destrinchar as relações entre o partido e o Estado" no Terceiro Reich.[16] A relação entre as duas fontes da autoridade, entre o Estado e o Partido, é a relação entre uma autoridade aparente e outra real, de modo que muitos descrevem a máquina governamental do regime totalitário como fachada importante, a esconder e disfarçar o verdadeiro poder do partido.[17]

---

teriam os seus próprios representantes estrangeiros e os seus próprios exércitos, foi uma manobra tática destinada a conseguir para a União Soviética mais de uma representação nas Nações Unidas.

(13) Ver Deutscher, *op. cit.*, p. 375. Uma atenta leitura do discurso de Stálin referente à Constituição (o seu relatório ao Oitavo Congresso Extraordinário dos Sovietes de 25 de novembro de 1936), revela que nunca houve intenção de torná-la definitiva. Stálin disse explicitamente: "Esta é a estrutura da nossa constituição no dado momento histórico. O projeto da nova constituição representa, assim, a soma total dos caminhos que já trilhamos, a soma total das realizações já existentes". Em outras palavras, a constituição já estava datada no instante em que foi anunciada, e o seu interesse era meramente histórico. Não se trata de uma interpretação arbitrária, como o prova Molotov, que, em seu discurso sobre a constituição, serve-se do tema de Stálin e acentua o seu caráter provisório: "Realizamos apenas a primeira fase do comunismo, e mesmo essa primeira fase, que é o socialismo, ainda não é completa: só erigimos até agora o seu esqueleto" (ver *Die Verfassung des Sozialistischen Staates der Arbeiter und Bauern* [A Constituição do Estado Socialista dos Trabalhadores e Camponeses], Estrasburgo, Editions Prométhée, 1937, pp. 42 e 84).

(14) "A vida constitucional alemã caracteriza-se por sua completa informidade, em contraste com a Itália" (Franz Neumann, *Behemoth*, 1942, apêndice, p. 521).

(15) Citado por Boris Souvarine, *Stalin: a critical survey of Bolshevism*, Nova York, 1939, p. 695.

(16) Stephen H. Roberts, *The house that Hitler built*, Londres, 1939, p. 72.

(17) O juiz Robert H. Jackson, em seu discurso de abertura dos Julgamentos de Nuremberg, baseou sua descrição da estrutura política da Alemanha nazista na coexistência de "dois governos na Alemanha — o verdadeiro e o ostensivo. A forma da República Alemã foi mantida durante certo tempo e constituía o governo externo e visível. Mas a verdadeira autoridade estatal estava fora e acima da lei, e repousava no Corpo de Liderança do Partido Nazista" (*Nazi conspiracy*, I, 125)

Todos os níveis da máquina administrativa do Terceiro Reich eram submetidos a uma curiosa duplicação de órgãos. Com fantástica meticulosidade, os nazistas duplicaram no partido, através de algum órgão, todas as funções administrativas do Estado:[18] até a divisão da Alemanha em Estados e províncias, introduzida pela constituição de Weimar, foi duplicada quando os nazistas dividiram o país em Gaue, de fronteiras diferentes das administrativas, de sorte que cada localidade pertencia, mesmo geograficamente, a duas unidades administrativas completamente diferentes.[19] Essa duplicação foi mantida mesmo quando, a partir de 1933, os ministérios foram ocupados por importantes elementos nazistas; quando Frick, por exemplo, foi nomeado ministro do Interior, e Guerthner, ministro da Justiça. Uma vez engajados em carreiras oficiais fora do partido, esses antigos e fiéis nazistas perdiam o poder, tornando-se tão pouco influentes como qualquer outro servidor civil. Ambos estavam sob a autoridade real de Himmler, o prestigioso chefe de polícia, que normalmente seria subordinado ao ministro do Interior.[20] Mais conhecido do resto do mundo foi o destino da antiga Secretaria de Relações Exteriores alemã na Wilhelmstrasse. Os nazistas deixaram o seu pessoal quase intacto e naturalmente nunca a aboliram;

Os estudiosos da Alemanha nazista concordam que o Estado tinha apenas uma função ostensiva. Para a única exceção, ver Ernst Fraenkel, *The dual state*, Nova York e Londres, 1941, que afirma que o Estado normativo (governo formal) era mantido pelos nazistas para a proteção da ordem capitalista e da propriedade privada e tinha plena autoridade em todas as questões econômicas, enquanto o Estado prerrogativo (Partido) era supremo em todos os assuntos políticos.

(18) "No caso daquelas posições do poder estatal que os nacional-socialistas não podiam preencher com os seus próprios elementos, criavam na própria organização do Partido 'órgãos-fantasmas' correspondentes, montando assim um segundo Estado ao lado do Estado. (...)" (Konrad Heiden, *Der Fueher: Hitler's rise to power*, Boston, 1944, p. 616.)

(19) O. C. Giles, *The Gestapo*, Oxford Pamphlets on World Affairs, n? 36, 1940, descreve a constante superposição dos departamentos do Partido e do Estado.

(20) É bem característico um memorando do ministro do Interior, Frick, que se ressentia do fato de que Himmler, líder da SS, tivesse poderes superiores aos dele. Ver *Nazi conspiracy*, III, 547. Dignas de nota a esse respeito são também as observações feitas por Rosenberg acerca de uma conversa com Hitler em 1942: Rosenberg nunca havia antes ocupado uma posição estatal, mas pertencia ao círculo íntimo de Hitler. Agora que era ministro para os Territórios Ocupados no Leste, defrontava-se constantemente com "ações diretas" de outros plenipotenciários (principalmente homens da SS) que o menosprezavam porque ele pertencia ao aparelho ostensivo do Estado. Ver *ibid.*, IV, 65 ss. O mesmo sucedeu a Hans Frank, governador-geral da Polônia. Houve apenas dois casos em que a promoção a ministro não acarretou perda de poder ou de prestígio: o do ministro da Propaganda, Goebbels, e o do ministro do Interior, Himmler. No tocante a Himmler, possuímos um memorando, presumivelmente do ano de 1935, que é um exemplo da sistemática obstinação com que os nazistas regulamentavam as relações entre o partido e o Estado. Esse memorando, que parece ter partido do séquito imediato de Hitler e que foi encontrado entre a correspondência do *Reichsadjudantur* do *Führer* e da Gestapo, contém uma advertência contra a nomeação de Himmler para o cargo de secretário de Estado do Ministério do Interior, porque, em tal caso, ele "já não poderia ser um líder político" e "seria alienado do partido". Nele encontramos também o princípio técnico que regulava as relações entre o partido e o Estado: "Um *Reichsleiter* [líder do partido] não deve ser subordinado a um *Reichsminister* [ministro de Estado]". (O memorando, sem data e sem assinatura, intitulado *Die Geheime Staatspolizei*, pode ser encontrado na Hoover Library, arquivo P. Wiedemann.)

mas ao mesmo tempo mantinham ainda, da fase anterior ao poder, a Secretaria de Relações Exteriores do Partido, chefiada por Rosenberg;[21] e, como esta agência se especializara em manter contatos com as organizações fascistas da Europa oriental e dos Balcãs, criaram um novo órgão para competir com a secretaria da Wilhelmstrasse, a chamada Secretaria Ribbentrop, que tratava dos negócios exteriores no Ocidente e sobreviveu à nomeação do seu responsável para a embaixada na Inglaterra. Finalmente, além dessas instituições partidárias, a Secretaria de Relações Exteriores recebeu nova duplicação sob forma de um órgão da SS, responsável "por negociações com todos os grupos racialmente germânicos da Dinamarca, Noruega, Bélgica e Holanda".[22] Esses exemplos provam que, para os nazistas, a duplicação de órgãos era questão de princípio, e não apenas expediente destinado a criar empregos para os membros do partido.

A mesma divisão entre governo verdadeiro e governo ostensivo resultou de causas muito diferentes na Rússia soviética.[23] O governo ostensivo surgiu inicialmente do Congresso Soviético Pan-Russo, que, durante a guerra civil, perdeu a influência e o poder para o partido bolchevista. Esse processo começou quando o Exército Vermelho se tornou autônomo e a polícia política secreta se restabeleceu como órgão do partido, e não do Congresso Soviético;[24] e terminou em 1923, durante o primeiro ano do Secretariado Geral de Stálin.[25] Daí por diante, os soviets passaram a ser o governo fantasma em cujo meio, através de células formadas por membros do partido bolchevista, funcionavam os representantes do verdadeiro poder, nomeados pelo Comitê Central de Moscou e subordinados a ele. O ponto crucial deste último desfecho não foi a conquista dos soviets pelo partido, mas o fato de que, "embora pudessem tê-lo feito sem dificuldades, os bolchevistas não aboliram os soviets, mas usaram-nos como símbolo externo e decorativo da sua autoridade".[26]

Portanto, a coexistência do governo ostensivo com o real resultou em par-

(21) Ver o "Brief report on activities of Rosenberg's Foreign Affairs Bureau of the Party from 1933 to 1943", *ibid.*, III, 27 ss.
(22) Baseado num decreto do *Fueher* de 12 de agosto de 1942. Ver *Verfügungen, Anordnungen, Bekanntgaben, op. cit.*, Nr. A. 54/42.
(23) "Por trás do governo ostensivo estava o verdadeiro governo", que Victor Kravchenko (*I chose freedom: the personal life of a soviet official*, Nova York, 1946, p. 111) via no "sistema da polícia secreta".
(24) Ver Arthur Rosenberg, *A history of Bolshevism*, Londres, 1934, capítulo vi. "Existem na realidade dois edifícios políticos na Rússia, que se erguem paralelamente um ao outro: o governo fantasma dos soviets e o governo de fato do partido bolchevista."
(25) Deutscher, *op. cit.*, pp. 255-6, resume o relatório de Stálin ao Décimo Segundo Congresso do Partido acerca do trabalho do departamento de pessoal durante o primeiro ano de sua gestão como secretário-geral: "No ano anterior, somente 27% dos líderes regionais dos sindicatos eram membros do partido. Atualmente, 57% deles são comunistas. A percentagem de comunistas na gerência das cooperativas havia subido de 5 para 50%; e, entre os oficiais-comandantes das Forças Armadas, de 16 para 24%. O mesmo sucedia em todas as outras instituições que Stálin descrevia como as 'correias de transmissão' que ligavam o partido ao povo".
(26) Arthur Rosenberg, *op. cit., loc. cit.*

te da própria revolução e precedeu a ditadura totalitária de Stálin. Contudo, enquanto os nazistas simplesmente conservaram a administração existente, destituindo-a de todos os poderes, Stálin foi forçado a reavivar o seu governo fantasma, que, no começo da década de 30, já havia perdido todas as funções e estava semi-esquecido na Rússia, e introduziu a Constituição soviética como símbolo da existência e da impotência dos sovietes. Nenhum parágrafo dessa constituição jamais teve o menor significado prático na vida ou na jurisdição russa; mas o governo ostensivo russo, completamente desprovido do fascínio da tradição, tão necessária a uma fachada, aparentemente precisava da aura sagrada da lei escrita. O desafio do totalitarismo à lei e à legalidade (que "a despeito das maiores mudanças (...) ainda [são] a expressão de uma ordem permanentemente desejada"[27]) encontrou na Constituição soviética escrita, como na Constituição de Weimar que nunca foi repudiada, um modo de lançar um repto permanente ao mundo e aos critérios não-totalitários, cujo desamparo e impotência podiam ser demonstrados diariamente.[28]

A duplicação de órgãos e a divisão da autoridade, a existência de um poder real ao lado de um poder aparente, são suficientes para criar confusão, mas não explicam o "amorfismo" de toda a estrutura. Não se deve esquecer que somente uma construção pode ter estrutura, e que um movimento — se tomarmos o termo tão sério e literal como o queriam os nazistas — pode ter apenas direção, e que qualquer forma de estrutura, legal ou governamental, só pode estorvar um movimento que se dirige com velocidade crescente numa certa direção. Mesmo na fase anterior ao poder, os movimentos totalitários já representavam aquelas massas que não queriam viver em qualquer tipo de estrutura, qualquer que fosse a sua natureza; massas que começavam a mover-se para transpor as barreiras legais e geográficas fortemente impostas pelo governo. Portanto, julgados segundo a nossa concepção de estrutura de governo e de Estado, esses movimentos, quando ainda fisicamente limitados a um território específico, devem necessariamente procurar destruir toda e qualquer estrutura; e não basta para essa deliberada destruição a mera duplicação de todos os órgãos na existência simultânea de instituições partidárias e estatais. Como a duplicação implica um relacionamento entre a fachada do Estado e o miolo do partido, poderia resultar dele também algum tipo de estrutura, na qual a relação entre o partido e o Estado levaria automaticamente a uma regulamentação legal que restringiria e estabilizaria as duas autoridades.[29]

(27) Maunz, *op. cit.*, p. 12.
(28) O jurista e *Obersturmbannfueher* professor R. Hoehn, exprimiu isso nas seguintes palavras: "Havia também outra coisa à qual os estrangeiros, e também os alemães, tinham de acostumar-se: a tarefa da polícia secreta do Estado (...) estava nas mãos de um grupo de pessoas que provinham de dentro do movimento e ainda estavam enraizadas nele". (*Grundfragen der deutschen Polizei* [Questões fundamentais da polícia alemã], Relatório da Sessão Constitutiva do Comitê de Legislação Policial da Academia de Direito Alemão, 11 de outubro de 1936, Hamburgo, 1937, contendo contribuições de Frank, Himmler e Hoehn).
(29) Por exemplo: Uma tentativa de circunscrever as diversas responsabilidades e combater a "anarquia da autoridade" foi empreendida por Hans Frank em *Recht und Verwaltung* [Direito e

De fato, a duplicação de órgãos, que aparentemente resulta do problema suscitado pelo relacionamento entre o partido e o Estado em todas as ditaduras unipartidárias, é apenas o principal sintoma de um fenômeno mais complicado, melhor definido como multiplicação de órgãos, e não duplicação. Os nazistas não se contentaram em criar *Gaue* que se somassem às antigas províncias, mas introduziram ainda uma série de outras divisões geográficas segundo as diferentes organizações do Partido: as unidades territoriais da SA, que não coincidiam nem com as *Gaue* nem com as províncias e que, além disso, diferiam das da SS, sendo que nenhuma delas correspondia às zonas em que se dividia a Juventude Hitlerista.[30] A essa confusão geográfica deve acrescentar-se o fato de que o relacionamento original entre o poder real e o poder ostensivo se repetia em cada nível, se bem que de modo sempre diferente. O habitante do Terceiro Reich de Hitler não apenas vivia sob a simultânea e freqüentemente contraditória autoridade de poderes rivais, tais como a administração estatal, o partido, a SA e a SS, como também nunca sabia ao certo, e nunca se lhe dizia explicitamente, qual autoridade deveria considerar acima de todas as outras. Tinha de desenvolver uma espécie de sexto sentido para saber, a cada momento, a quem devia obedecer e a quem devia ignorar.

Por outro lado, os que tinham de executar as ordens que a liderança julgava genuinamente necessárias para o bem do movimento — e que, em contraste com as medidas governamentais, eram confiadas somente às formações de elite do partido — ficavam na mesma situação. Geralmente, essas ordens eram "intencionalmente vagas, emitidas na expectativa de que quem as recebesse perceberia a intenção de quem ordenava, e agisse de acordo";[31] pois as

---

administração], 1939, e repetida num discurso intitulado *Technik des Staates* [Técnica do Estado], em 1941. Expressava a opinião de que as "garantias legais" não eram a "prerrogativa dos sistemas liberais de governo", e que a administração devia continuar a ser governada, como antes, pelas leis do Reich, agora inspiradas e guiadas pelo programa do partido nacional-socialista. Precisamente porque queria impedir essa nova ordem legal a qualquer preço, Hitler nunca reconheceu o programa do partido nazista. A respeito dos membros do partido que faziam tais propostas, Hitler costumava falar com desprezo, descrevendo-os como "eternamente amarrados ao passado", como pessoas "incapazes de pular por cima da própria sombra" (Felix Kersten, *Totenkopf und Treue* [Caveira e fidelidade], Hamburgo).

(30) "As 32 Gaue (...) não coincidem com as regiões administrativas nem com as militares, nem com as 21 divisões da SA, nem com as dez regiões da SS, nem com as 23 zonas da Juventude Hitlerista. (...) O mais notável dessas discrepâncias é que não havia motivo para elas" (Roberts, *op. cit.*, p. 98).

(31) Documento de Nuremberg, PS 3063, no Centre de Documentation Juive, de Paris, é um relatório da Suprema Corte do Partido acerca de "eventos e debates na Corte do Partido relativos às demonstrações anti-semitas de 9 de novembro de 1938". À base das investigações da polícia e do gabinete do procurador-geral, a Suprema Corte chegou à conclusão de que "todos os líderes do Partido devem ter compreendido que as instruções verbais do *Reichspropagandaleiter* significavam que, para observadores de fora, o Partido não queria aparecer como o instigador da demonstração, mas na verdade deveria organizá-la e levá-la a cabo (...) O reexame dos escalões de comando revelou (...) que o nacional-socialista ativo, temperado na luta que antecedeu o poder (*Kampfzeit*), aceita naturalmente que as ações em que o Partido não deseja aparecer no papel de organizador não são

formações de elite não eram obrigadas a obedecer apenas as ordens do *Führer*, mas a "obedecer o *desejo* da liderança".[32] E, como indicam os longos processos submetidos às cortes do partido, referentes a "excessos", as duas coisas não eram em forma alguma idênticas. A única diferença era que as formações de elite, graças à doutrinação especial, haviam sido treinadas para compreender que certas "insinuações significavam mais do que meros conteúdos verbais".[33]

Tecnicamente falando, o movimento dentro do aparato de domínio totalitário deriva a sua mobilidade do fato de que a liderança está continuamente transferindo o verdadeiro centro do poder, muitas vezes para outras organizações, mas sem dissolver e nem mesmo denunciar publicamente os grupos cuja autoridade foi eliminada. Na fase inicial do regime nazista, imediatamente após o incêndio do Reichstag, a SA era a verdadeira autoridade e o partido era o poder ostensivo; depois, o poder foi transferido da SA para a SS e, finalmente, da SS para o Serviço de Segurança.[34] O fato é que nenhum dos órgãos jamais foi privado do direito de pretender representar o desejo do Líder.[35] A constante divisão, sempre alterada, entre a verdadeira autoridade secreta e a representação franca e ostensiva, fazia da verdadeira sede do poder um mistério por definição, a tal ponto que sequer os membros dos círculos governantes jamais podiam estar absolutamente seguros quanto a sua própria posição na secreta hierarquia

---

ordenadas com clareza inequívoca nem com todos os detalhes. Assim, está habituado a compreender que uma ordem pode significar mais que o seu conteúdo verbal, como se tornou mais ou menos rotina para quem dá as ordens no interesse do Partido não dizer tudo e apenas insinuar o que deseja obter com a ordem. (...) Desse modo, as (...) ordens de que, por exemplo, não o judeu Grünspan mas todo o povo judeu deve levar a culpa pela morte do camarada Von Rath, (...) [de que] devem trazer-se pistolas, (...) [de que] todo homem da SA devia a esta altura saber o que tinha que fazer — eram compreendidas por um número de sublíderes como indicativas de que haveria de correr sangue judeu pela morte do camarada Von Rath". Particularmente significativo é o fim do relatório, no qual a Suprema Corte do Partido abertamente objeta contra esses métodos: "Outra questão é se, no interesse da disciplina, a ordem intencionalmente vaga, dada na expectativa de que quem a recebe reconhece a intenção de quem ordena, e aja de acordo, não deva ser relegada ao passado". Eis aqui, novamente, pessoas que, nas palavras de Hitler, "tinham medo de pularem sobre a própria sombra" e insistiam em medidas legislativas, por não compreenderem que a lei suprema não era a ordem, mas o desejo do Fuehrer. Fica bem clara, neste exemplo, a diferença de mentalidade entre as formações de elite do partido e os seus diversos órgãos.

(32) Best (*op. cit.*) assim se expressa: "Enquanto a polícia executa esse desejo da liderança, age em conformidade com a lei; se o desejo da liderança é violado, então não a polícia, mas um membro da polícia cometeu uma violação".

(33) Ver nota 31.

(34) Em 1933, após o incêndio do Reichstag, "os líderes da SA eram mais poderosos que um *Gauleiter*. Recusavam-se também a obedecer a Göring". Ver Rudolf Diels em suas declarações sob juramento, em *Nazi conspiracy*, V, 224; Diels era chefe da polícia política sob Göring.

(35) Sem dúvida, a SA se ressentia da perda de posição e de poder na hierarquia nazista e tentou desesperadamente manter as aparências. Em suas revistas — *Der SA-Mann*, *Das Archiv* etc. —, encontram-se muitas indicações, veladas ou abertas, de sua impotente rivalidade com a SS. O mais interessante é que Hitler, ainda em 1936, quando a SA já havia perdido a sua força, assegurava aos seus homens num discurso: "Tudo o que vocês são, o são através de mim; tudo o que eu sou, sou através de vocês". Ver Ernst Bayer, *Die SA*, Berlim, 1938. A fonte desta citação é *Nazi conspiracy*, IV, 782.

do poder. Alfred Rosenberg, por exemplo, a despeito da longa carreira no partido e do impressionante acúmulo de poder e cargos ostensivos na hierarquia do nazismo, ainda falava em criar uma série de Estados na Europa oriental como proteção contra Moscou, numa época em que aqueles que detinham o verdadeiro poder já haviam decidido que nenhuma estrutura estatal deveria sobreviver à derrota da União Soviética, e que a população dos territórios ocupados no Leste já era definitivamente apátrida e, portanto, podia ser exterminada.[36] Em outras palavras, uma vez que o conhecimento da fonte das ordens e a sedimentação comparativamente permanente da hierarquia poderiam introduzir um elemento de estabilidade alheio ao domínio totalitário, os nazistas constantemente repudiavam a verdadeira autoridade, sempre que esta se tornava pública, e criavam novas instâncias de governo, em relação às quais a anterior virava governo fantasma — um jogo que, é claro, podia continuar *ad infinitum*. Uma das mais importantes diferenças técnicas entre o sistema soviético e o sistema nazista é que Stálin, sempre que transferia a ênfase do poder dentro do movimento de um aparelho para outro, tendia a liquidar o aparelho juntamente com o seu pessoal, enquanto Hitler, apesar dos seus desdenhosos comentários sobre pessoas que "têm medo de pular sobre a própria sombra",[37] estava perfeitamente disposto a continuar a usar essas sombras, embora em outra função.

A multiplicação de órgãos era extremamente útil para a constante transferência do poder; além disso, quanto mais tempo um regime totalitário permanece no poder, maiores se tornam o número de órgãos e a possibilidade de empregos que dependem exclusivamente do movimento, uma vez que nenhum órgão é abolido quando a sua autoridade é liquidada. O regime nazista começou essa multiplicação com uma coordenação inicial de todas as associações, sociedades e instituições existentes, sem que essa coordenação implicasse incorporá-las às organizações partidárias. Como resultado, surgiram duas organizações de estudantes nacional-socialistas, duas organizações nazistas femininas, duas organizações nazistas de professores universitários advogados, médicos, e assim por diante.[38] Mas nunca se sabia ao certo se a organização partidária era

---

(36) Compare-se o discurso de Rosenberg de junho de 1941: "Creio que a nossa tarefa política será (...) organizar esses povos em certos tipos de corpos políticos (...) que se anteponham a Moscou", com o "Memorando (sem data) para a Administração dos Territórios Ocupados do Leste": "Com a dissolução da União Soviética após sua derrota, nenhuma estrutura política restará nos territórios do Leste e, portanto, (...) sua população não terá cidadania" (*Trial of the major war criminal*, Nuremberg, 1947, XXVI, pp. 616 e 604, respectivamente).

(37) *Hitlers Tischgespräche*, Bonn, 1951, p. 213.

(38) Quanto à variedade de organizações partidárias superpostas, ver *Rang-und Organisationsliste der NSDAP*, Stuttgart, 1947, e *Nazi conspiracy*, I, 178, que enumera quatro categorias principais: 1. *Gliederungen der NSDAP*, que haviam existido antes da subida ao poder; 2. *Angeschlossene Verbände der NSDAP*, que abrange aquelas sociedades que haviam sido coordenadas; 3. *Bereute Organisationen der NSDAP*; e 4. *Weitere nationalsozialistische Organisationen*. Em quase todas essas categorias, encontra-se uma organização diferente de estudantes, de mulheres, de professores e de trabalhadores.

mais poderosa que a sua rival coordenada,[39] nem se podia prever com segurança qual o órgão partidário a ser promovido nos escalões da hierarquia interna do partido.[40]

Um exemplo clássico dessa informidade planejada ocorreu na organização do anti-semitismo científico. Em 1933, foi fundado em Munique um instituto para o estudo da questão judaica (Institut zur Erforschung der Judenfrage). Partindo da premissa de que a questão judaica houvesse determinado a evolução de toda a história da Alemanha, esse órgão foi logo ampliado para tornar-se um instituto de pesquisa da história alemã moderna. Chefiado pelo conhecido historiador Walter Frank, transformou as universidades tradicionais em sedes do aparente saber pseudocientífico. Em 1940, outro instituto para o estudo da questão judaica foi criado em Frankfurt, sob a chefia de Alfred Rosenberg, cuja posição como membro do partido era muito superior. Conseqüentemente, o instituto de Munique foi relegado a uma existência fantasma; o instituto de Frankfurt, não o de Munique, é que deveria receber os tesouros das coleções judaicas roubadas na Europa e transformar-se em biblioteca central sobre o judaísmo. No entanto, quando, alguns anos mais tarde, essas coleções chegaram à Alemanha, o que havia de mais precioso não foi para Frankfurt, mas para Berlim, para as mãos do departamento especial da Gestapo encarregado da liquidação (e não apenas do estudo) da questão judaica, cujo chefe era Eichmann. Nenhuma das instituições anteriores foi abolida, de sorte que em 1944 a situação era esta: atrás da fachada dos departamentos de história das universidades, erguia-se o poder "mais legítimo" do instituto de Munique, por trás do qual estava o instituto de Frankfurt de Rosenberg e, somente por trás dessas três fachadas, escondido e protegido por elas, estava o verdadeiro centro da autoridade, o Reichssicherheitshauptamt, uma divisão especial da Gestapo.

A despeito da sua constituição escrita, a fachada do governo soviético é ainda mais inconsistente. Destina-se ainda mais a impressionar os estrangeiros do que a administração estatal que os nazistas herdaram da República de Weimar e conservaram em funcionamento. Não tendo, como os nazistas, processado a duplicação de cargos na fase de coordenação, o regime soviético confia ainda mais na criação de novos órgãos para relegar à sombra os antigos centros do poder. O gigantesco aumento do aparelho burocrático que esse método acarreta é controlado pela repetida liquidação através de expurgos. Não obstante,

---

(39) A gigantesca organização das obras públicas, chefiada por Todt e, mais tarde, por Albert Speer, foi criada por Hitler fora de qualquer hierarquia ou afiliação partidária. Essa organização podia ser usada contra a autoridade do partido e até mesmo da polícia. É digno de nota que Speer pudesse arriscar-se a apontar a Hitler (durante uma conferência em 1942) a impossibilidade de organizar a produção sob o regime de Himmler, e até mesmo exigir jurisdição sobre o trabalho escravo e os campos de concentração. Ver *Nazi conspiration*, I, 916-7.

(40) Por exemplo, uma organização inócua e sem importância como a NSKK (agremiação nazista de automobilistas, fundada em 1930) foi subitamente promovida, em 1933, à posição de formação de elite, compartilhando com a SA e a SS o privilégio de unidade independente afiliada ao partido. Essa ascensão na escala hierárquica do nazismo não teve maiores conseqüências; em retrospecto, parece ter sido apenas uma fútil ameaça à SA e à SS.

podemos distinguir, também na Rússia, pelo menos três organizações absolutamente distintas: o aparelho soviético ou estatal, o aparelho do partido e o aparelho da NKVD, cada qual dispondo de seus próprios departamentos independentes de economia e de política, um ministério de educação e cultura, um departamento militar etc.[41]

Na Rússia, o poder ostensivo da burocracia do partido, em contraposição com o verdadeiro poder da polícia secreta, corresponde à duplicação original de partido e Estado que ocorreu na Alemanha nazista, e a multiplicação só é evidente na própria polícia secreta, que possui uma rede extremamente complicada e vastamente ramificada de agentes, na qual um departamento está sempre ocupado em supervisionar e espionar o outro. Cada empreendimento na União Soviética tem o seu departamento especial de polícia secreta, que espiona tanto os membros do partido como o pessoal comum. Coexiste com esse departamento outra divisão de polícia do próprio partido, que por sua vez vigia todo mundo, inclusive os agentes da NKVD, e cujos membros são desconhecidos pela entidade rival. A essas duas organizações de espionagem, devem acrescentar-se os sindicatos das fábricas, cuja função é fazer com que os trabalhadores cumpram as metas que lhes foram atribuídas. Muito mais importante que esses aparelhos, porém, é o "departamento especial" da NKVD, que representa "uma NKVD dentro da NKVD", ou seja, uma polícia secreta dentro da polícia secreta.[42] Todos os relatórios dessas agências policiais rivais vão terminar no Comitê Central de Moscou e no Politburo. É aí que se decide qual dos relatórios será levado em conta, e qual das divisões terá o direito de tomar as respectivas medidas policiais. Nem o habitante comum do país nem qualquer dos departamentos de polícia sabem, naturalmente, que decisão será tomada. Entre todos esses departamentos, não há nenhuma hierarquia de poder ou de autoridade com base na lei; a única certeza é que eventualmente um deles será escolhido para encarnar "o desejo da liderança".

A única regra segura num Estado totalitário é que, quanto mais visível é uma agência governamental, menos poder detém; e, quanto menos se sabe da existência de uma instituição, mais poderosa ela é. De acordo com esta regra, os sovietes, reconhecidos por uma constituição escrita como a mais alta autoridade do Estado, têm menos poder que o partido bolchevista; o partido bolchevista, que recruta abertamente os seus membros e é reconhecido como classe governante, tem menos poder que a polícia secreta. O verdadeiro poder começa onde o segredo começa. Neste particular, os Estados nazista e bolchevista foram muito parecidos; a diferença era principalmente o monopólio e a centralização

---

(41) F. Beck e W. Godin, *Russian purge and the extraction of confessions*, 1951, p. 153.

(42) *Ibid.*, p. 159 ss. Segundo outras fontes, existem vários exemplos dessa desconcertante multiplicação do aparelho de polícia soviético, principalmente as associações locais e regionais da NKVD, que funcionam independentemente uma da outra e têm suas correspondentes nas redes locais e regionais dos agentes do partido. É natural que saibamos muito menos a respeito das condições na Rússia do que a respeito do que ocorria na Alemanha, especialmente no tocante a detalhes da organização.

dos serviços de polícia secreta nas mãos de Himmler, no primeiro caso, e o labirinto de atividades policiais russas, aparentemente sem qualquer relação ou ligação umas com as outras, no segundo caso.

Se considerarmos o Estado totalitário unicamente como instrumento de poder, e deixarmos de lado as questões de eficiência administrativa, capacidade industrial e produtividade econômica, então o seu "amorfismo" passa a ser instrumento ideal para a realização do chamado princípio de liderança. A contínua rivalidade entre os órgãos, cujas funções não apenas se sobrepõem, mas que são encarregados das mesmas tarefas,[43] quase não permite que a oposição ou a sabotagem venham a ser eficazes; a rápida mudança de ênfase, que relega um órgão ao esquecimento para promover outro ao nível da autoridade, pode resolver todos os problemas sem que ninguém perceba a mudança ou mesmo o fato de ter existido oposição; a vantagem adicional é que o órgão opositor provavelmente nunca virá a descobrir que foi derrotado, uma vez que nunca é abolido (como no caso do regime nazista) ou é liquidado muito mais tarde, sem qualquer relação aparente com a questão específica. Isso pode ser levado a cabo com extrema facilidade, pois ninguém, exceto poucos iniciados, conhece a relação exata entre as autoridades. Só de vez em quando o mundo não-totalitário tem um vislumbre dessa situação, como no caso de um alto funcionário no exterior confessar que um obscuro empregado da embaixada era o seu superior imediato. Em retrospecto, é possível muitas vezes determinar por que ocorreu tão súbita perda de autoridade ou, antes, determinar se ela realmente ocorreu. Por exemplo, não é difícil compreender hoje o motivo pelo qual, ao eclodir a guerra, homens como Alfred Rosenberg ou Hans Frank foram removidos dos seus cargos partidários e, dessa forma, eliminados do verdadeiro centro do poder, ou seja, do círculo interno do *Führer*.[44] O que importa é que eles não somente ignoravam as razões dessas manobras, como provavelmente nem suspeitavam que os novos cargos, aparentemente tão altos, como os de governador-geral da Polônia ou *Reichsminister* para todos os territórios do Leste, significavam não o clímax, mas o fim de suas carreiras nacional-socialistas.

O princípio do Líder não estabelece nenhuma hierarquia no Estado totalitário, como não o faz no movimento totalitário; a autoridade não se filtra de cima para baixo através de todas as camadas intermediárias até a base da estrutura política, como no caso dos regimes autoritários. A razão concreta é que não há hierarquia sem autoridade: e, a despeito dos muitos erros de interpretação

---

(43) Segundo o testemunho de um dos seus ex-funcionários (*Nazi conspiracy*, VI, 461), "Himmler confiava a mesma tarefa a duas pessoas diferentes".

(44) No discurso mencionado acima (ver nota 29), Hans Frank deixou claro que, em alguma data futura, queria estabilizar o movimento; as suas numerosas queixas como governador-geral da Polônia demonstram a total falta de compreensão das tendências absolutamente antiutilitárias da polícia nazista. Ele não podia compreender por que os povos dominados não eram explorados, mas exterminados. Rosenberg, aos olhos de Hitler, era racialmente indigno de fé, uma vez que pretendia estabelecer Estados satélites nos territórios conquistados do Leste e não compreendia que a política de despopulação de Hitler visava a esvaziar esses territórios.

cometidos em relação à "personalidade autoritária", o princípio da autoridade é, para todos os efeitos, diametralmente oposto ao princípio do domínio totalitário. O seu caráter primígeno já aparece na história romana: ali a autoridade, sob qualquer forma, visa a restringir ou limitar a liberdade, mas nunca a aboli-la. O domínio totalitário, porém, visa à abolição da liberdade e até mesmo à eliminação de toda espontaneidade humana e não a simples restrição, por mais tirânica que seja, da liberdade. Essa ausência da autoridade hierárquica no sistema totalitário é demonstrada pelo fato de que, entre o supremo poder (o *Führer*) e os governos, não existem níveis intermediários definidos, cada uma com o seu devido quinhão de autoridade e de obediência. O desejo do *Führer* pode encarnar-se em qualquer parte e a qualquer momento, sem que o próprio *Führer* esteja ligado a qualquer hierarquia, nem mesmo àquela que ele mesmo possa ter criado. Portanto, não é exato dizer que o movimento, após a tomada do poder, cria uma multidão de principados onde cada pequeno líder é livre para fazer o que quiser e imitar o grande líder lá de cima.[45] A afirmação nazista de que "o partido é uma concatenação dos líderes"[46] não passava de balela. Do mesmo modo como como a multiplicação infinita de órgãos e a confusão da autoridade leva ao estado de coisas no qual cada cidadão se sente diretamente confrontado com o desejo do Líder, que escolhe arbitrariamente o órgão executante das suas decisões, também o milhão e meio de "*führers*" disseminados por todo o Terceiro Reich[47] sabia muito bem que a sua autoridade emanava diretamente de Hitler, sem os níveis intermediários de uma hierarquia operante.[48] A dependência direta era real e a hierarquia intermediária apenas imitava de maneira ostensiva, mas espúria, um Estado autoritário.

O absoluto monopólio do poder e da autoridade por parte do Líder é mais evidente no seu relacionamento com o chefe de polícia que, num país totalitário, ocupa o cargo público mais poderoso. Contudo, a despeito do enorme poderio material e organizacional colocado à sua disposição como dirigente de um verdadeiro exército policial e de formações de elite, o chefe de polícia aparentemente nunca está em posição de tomar o poder e tornar-se o governante do país. Assim, antes da queda de Hitler, Himmler nunca sonhou com a liderança[49] e

(45) A noção da divisão em "pequenos principados" constituindo "uma pirâmide de poder fora da lei com o *Fuehrer* no topo" é de Robert H. Jackson. Ver o cap. xii de *Nazi conspiracy*, II, 1 ss. Para evitar a criação desse tipo de Estado autoritário, Hitler, já em 1934, baixou o seguinte decreto: "O tratamento de '*Mein Führer*' fica reservado apenas para o *Fuehrer*. Todos os sublíderes do NSDAP ficam doravante proibidos a se deixarem tratar por '*Mein Reichsleiter*' etc., tanto por escrito como oralmente. Em vez disso, o tratamento deve ser Pg. [abreviatura de *Parteigenosse* — Camarada do Partido] (...) ou *Gauleiter* etc." Ver *Verfügungen, Anordnungen, Bekanntgaben, op. cit.*, decreto de 20 de agosto de 1934.
(46) Ver o *Organisationsbuch der NSDAP*.
(47) Ver o quadro nº 14 do vol. VIII de *Nazi conspiracy*.
(48) Todos os juramentos, no partido e nas formações de elite, eram feitos com a invocação pessoal de Adolf Hitler.
(49) O primeiro passo de Himmler nessa direção foi dado no outono de 1944, quando mandou, por iniciativa própria, desmontar as câmaras de gás em alguns dos campos de extermínio e parar a matança em massa. Foi a sua maneira de dar início às negociações de paz com as potências

nunca foi proposto por ninguém como seu eventual sucessor. Neste particular, ainda mais interessante foi a malfadada tentativa de Béria de tomar o poder após a morte de Stálin. Embora Stálin nunca houvesse permitido que qualquer um dos seus chefes de polícia gozasse de posição semelhante à que Himmler desfrutava durante os últimos anos de governo nazista, Béria também dispunha de tropas suficientes para desafiar o domínio do partido depois da morte de Stálin. Ninguém, exceto o Exército Vermelho, poderia ter frustrado a sua pretensão de poder, o que poderia ter levado a uma sangrenta guerra civil, cujo desfecho seria completamente incerto. O fato é que Béria abandonou voluntariamente todos os seus cargos poucos dias depois da morte de Stálin, embora devesse saber que pagaria com a vida — como pagou — a ousadia de antepor por alguns dias o poder da polícia ao poder do partido.[50]

Essa falta de poder absoluto não impede ao chefe de polícia organizar a máquina sob seu comando segundo os princípios do poder autoritário. Assim, é sintomático ver como Himmler, depois de nomeado, passou a reorganizar a polícia alemã, introduzindo a multiplicação de órgãos na estrutura do serviço secreto, até então centralizada; aparentemente, fez aquilo que os mestres do jogo do poder anteriores aos regimes totalitários teriam chamado de descentralização tendente à diminuição do poder. Himmler acrescentou à Gestapo primeiro o Serviço de Segurança, originalmente uma divisão da SS criada como corpo policial interpartidário. Embora as sedes da Gestapo e do Serviço de Segurança viessem a ser centralizadas em Berlim, as suas ramificações regionais conservaram identidades separadas e cada uma reportava-se diretamente ao gabinete do próprio Himmler em Berlim.[51] No decorrer da guerra, Himmler acrescentou mais dois serviços de espionagem: um consistia nos chamados inspetores sob a jurisdição da SS, que deviam controlar e coordenar com a polícia o Serviço de Segurança; o outro era uma agência de espionagem especificamente militar, que agia independentemente das forças militares do Reich e veio a absorver a própria espionagem militar do Exército.[52]

A completa ausência de revoluções palacianas, bem-sucedidas ou não, é uma das mais peculiares características das ditaduras totalitárias. Com uma exceção apenas, nenhum nazista participou da conspiração militar contra Hitler em julho de 1944. Superficialmente, o princípio do Líder parece um convite a mudanças sangrentas de poder pessoal sem alteração do regime. Esse é apenas um dos numerosos indícios de que a forma totalitária de governo muito pouco tem a ver com o desejo de poder ou mesmo com o desejo de uma máquina

---

do Ocidente. É interessante que Hitler nunca chegasse a ser informado desses preparativos; aparentemente, ninguém ousou dizer-lhe que um dos seus mais importantes objetivos de guerra — o extermínio dos judeus — tinha sido parcialmente abandonado. Ver Léon Poliakov, *Bréviaire de la haine*, 1951, p. 232.

(50) Quanto aos acontecimentos que se seguiram à morte de Stálin, ver Harrison E. Salisbury, *American in Russia*, Nova York, 1955.

(51) Ver a excelente análise da estrutura da polícia nazista em *Nazi conspiracy*, II, 250 ss, esp. p. 256.

(52) *Ibid.*, p. 252.

geradora de poder, com o jogo do "poder pelo amor ao poder" que caracterizou os últimos estágios do domínio imperialista. É, contudo, uma das indicações mais importantes de que o governo totalitário, não obstante todas as aparências, não é o governo de uma *clique* ou de uma gangue.⁵³ As ditaduras de Hitler e de Stálin mostram claramente o fato de que o isolamento de indivíduos atomizados não apenas constitui a base para o domínio totalitário, mas é levado a efeito de modo a atingir o próprio topo da estrutura. Stálin fuzilou quase todos os que podiam dizer que pertenciam à *clique* governante, e trocou e retrocou os membros do Politburo sempre que uma *clique* estava a ponto de consolidar-se. Hitler destruiu esses círculos na Alemanha nazista com métodos menos drásticos — o único expurgo sangrento foi dirigido contra o círculo de Röhm, que era firmemente unido pela homossexualidade dos seus principais membros: evitou a formação de *cliques* através de constantes transferências de poder e de autoridade, além de freqüentes mudanças dos elementos íntimos que privavam do seu círculo imediato, de modo que toda a antiga solidariedade entre os que haviam chegado com ele ao poder desapareceu rapidamente. Além disso, parece óbvio que a monstruosa deslealdade, descrita em termos quase idênticos como o principal traço do caráter de Hitler e de Stálin, não lhes permitiria chefiar um grupo tão duradouro e coeso como uma *clique*. Seja como for, o fato é que não existe qualquer inter-relação entre os que exercem as funções de comando. Nem a igualdade de *status*, nem o relacionamento entre chefes e subordinados, nem mesmo a duvidosa lealdade dos gângsteres conseguem integrá-los numa hierarquia política. Na União Soviética, todos sabem que tanto um gerente geral de uma grande empresa estatal quanto o ministro das Relações Exteriores podem ser rebaixados a qualquer dia para a mais humilde condição social e política, e um completo desconhecido pode tomar-lhes o lugar. Por outro lado, a cumplicidade dos gângsteres que de fato foi importante nos estágios iniciais da ditadura nazista, perde toda a força de coesão, pois o totalitarismo usa o poder exatamente para disseminar essa cumplicidade entre toda a população, até que o povo sob o seu domínio esteja totalmente unido por uma só culpa.⁵⁴

A falta de um grupo governante torna a sucessão do ditador totalitário especialmente desconcertante e incômoda. É verdade que todos os usurpadores tiveram esse problema, e é bem típico dos ditadores totalitários que nenhum jamais tenha experimentado o antigo método de fundar uma dinastia e transmitir

---

(53) Franz Neumann, *op. cit.*, pp. 521 ss, duvida se se "pode chamar a Alemanha de Estado. Parece mais uma gangue em que os líderes são perpetuamente compelidos a concordar [com seus chefes, mesmo] depois dos desacordos". As obras de Konrad Heiden sobre a Alemanha nazista exemplificam a teoria de que o país era governado por uma *clique*. No tocante à formação de *cliques* em torno do Hitler, *The Bormann letters*, publicadas por Trevor-Roper, são muito elucidativas. No julgamento dos médicos (The United States *vs.* Karl Brandt *et al.*, audiência de 13 de maio de 1947), Victor Brack testemunhou que, já em 1933, Bormann, certamente por ordem de Hitler, havia começado a organizar um grupo de pessoas que estariam acima do Estado e do partido.

(54) Compare-se a contribuição da autora à discussão do problema da culpabilidade alemã: "Organized guilt", em *Jewish Frontier*, janeiro de 1945.

o poder aos filhos. Ao lado do método de Hitler, de fazer tantas nomeações que nenhuma era válida, há o método de Stálin, que fez da sucessão uma das honrarias mais perigosas da União Soviética. Num regime totalitário, conhecer o labirinto de correias transmissoras que põem o sistema a funcionar equivale a ter o poder supremo, e todo sucessor nomeado que realmente descobre o que está acontecendo é automaticamente removido dentro de certo tempo. Uma nomeação válida e relativamente permanente implicaria a existência de um círculo cujos membros compartilhariam o monopólio do Líder no tocante ao saber do que acontece, coisa que o Líder tem de evitar por todos os meios. Hitler certa vez explicou isso aos comandantes supremos da Wehrmacht que, em meio ao tumulto da guerra, remoíam exatamente esse problema: "Como fator máximo, devo, com toda a modéstia, declarar-me insubstituível. (...) O destino do Reich depende exclusivamente de mim".[55] Não há ironia na palavra "modéstia"; o líder totalitário, em agudo contraste com todos os antigos usurpadores, déspotas e tiranos, parece acreditar que a questão da sua sucessão não é tão importante assim, que a tarefa não exige dons ou treinamentos especiais, que o país eventualmente obedecerá a quem quer que seja nomeado por ocasião da sua morte, e que nenhum rival sedento de poder contestará a legitimidade do substituto.[56]

Como técnicas de governo, os expedientes do totalitarismo parecem simples e engenhosamente eficazes. Asseguram não apenas um absoluto monopólio do poder, mas a certeza incomparável de que todas as ordens serão sempre obedecidas; a multiplicidade das correias que acionam o sistema e a confusão da hierarquia asseguram a completa independência do ditador em relação a todos os subordinados e possibilitam as súbitas e surpreendentes mudanças de política pelas quais o totalitarismo é famoso. A estrutura política do país mantém-se à prova de choques exatamente por ser amorfa.

As razões pelas quais tão extraordinária eficiência nunca havia sido experimentada antes são tão simples como o próprio expediente. A multiplicação de cargos destrói todo o senso de responsabilidade e de competência; não apenas

---

(55) Num discurso de 23 de novembro de 1939, citado em *Trial of major war criminals*, vol. 26, p. 332. Este pronunciamento representava mais que uma aberração histórica provocada pelo acaso, como se depreende do discurso de Himmler (cuja transcrição estenográfica se encontra nos arquivos da Biblioteca Hoover, arquivo Himmler, pasta 332) na conferência dos prefeitos em Posen, em março de 1944. Diz Himmler: "Que valores podemos colocar na balança da história? O valor do nosso próprio povo. (...) O segundo valor, e eu quase diria ainda maior, é a singular pessoa do nosso *Führer* Adolf Hitler, (...) que, pela primeira vez em 2 mil anos, (...) foi enviado à raça germânica como um guia supremo".

(56) Ver as declarações de Hitler sobre essa questão em *Hitlers Tischgespräche*, pp. 253 e 222: O novo *Führer* teria de ser eleito por um "senado"; o princípio orientador das eleições do *Führer* seria a cessação de qualquer discussão entre as personalidades que participassem da eleição. Dentro de três horas, a Wehrmacht, o partido e todos os servidores públicos teriam de prestar novo juramento. "Ele não tinha ilusões quanto ao fato de que, nessa eleição do supremo chefe do Estado, nem sempre poderia surgir uma personalidade marcante de Líder para comandar o Reich". Mas isso não acarretava perigos, "contanto que a maquinaria geral funcionasse devidamente".

representa um aumento tremendamente oneroso e improdutivo de administração, mas é realmente um estorvo à produtividade, pois o trabalho genuíno é constantemente retardado por ordens contraditórias até que o comando do Líder venha a decidir a questão. O fanatismo dos altos escalões da elite, absolutamente essencial para o funcionamento do movimento, liquida sistematicamente todo real interesse em tarefas específicas e produz uma mentalidade que vê em toda e qualquer ação um meio de atingir algo completamente diferente.[57] E essa mentalidade não se limita à elite, mas gradualmente toma conta de toda a população, cuja vida ou morte depende, em seus menores detalhes, de decisões políticas — isto é, de motivos e causas ulteriores que nada têm a ver com o seu desempenho. As constantes remoções, demoções e promoções impossibilitam o desenvolvimento do trabalho de equipe e impedem o acúmulo da experiência. Um exemplo: do ponto de vista econômico, a escravidão é um luxo ao qual a Rússia não se poderia dar; numa época de grave escassez de técnicos, os campos de concentração estavam abarrotados de "engenheiros altamente qualificados [que] competem pelo direito de trabalhar como encanadores, consertadores de relógios, de rede elétrica e de telefones".[58] Por outro lado, do ponto de vista puramente utilitário, a Rússia não deveria ter empreendido os expurgos na década de 30: eles interromperam uma recuperação econômica longamente esperada e, por causa da destruição física do estado-maior do Exército Vermelho, quase levaram o país à derrota na guerra fino-soviética.

Na Alemanha, as condições diferiam em intensidade. No começo, os nazistas demonstraram certa tendência de conservar a mão-de-obra técnica e administrativa, permitir a lucratividade nos negócios e exercer domínio econômico sem excesso de interferência. Quando a guerra eclodiu, a Alemanha ainda não estava completamente totalitarizada e, se aceitarmos o preparo bélico como motivo racional, temos de reconhecer que, até por volta de 1942, a sua economia pôde funcionar mais ou menos racionalmente. Em si, o preparo bélico não é antiutilitário, a despeito do seu custo proibitivo,[59] pois realmente pode ser muito "mais barato apoderar-se da riqueza e dos recursos de outras nações através da conquista do que comprá-los de países estrangeiros ou produzi-los em casa".[60] As leis econômicas do investimento e da produção, da rentabilidade, do lucro e da depreciação perdem sua validade quando se pretende reabastecer

---

(57) Um dos princípios mestres da SS, formulado pelo próprio Himmler, diz: "Nenhuma tarefa é executada em benefício de si mesma". Ver Gunter d'Alquen, *Die SS Geschichte, Aufgabe und Organisation der Schutzstaffeln der NSDAP* [A SS. História, função e organização dos Esquadrões de Proteção do NSDAP], 1939, Schriften der Hochschule für Politik.

(58) Ver David J. Dallin e Boris I. Nicolaevsky, *Forced labor in Russia*, 1947. Durante a guerra, quando a mobilização havia criado agudo problema de mão-de-obra, a taxa de mortalidade nos campos de trabalho atingiu cerca de 40%. De modo geral, calcula-se que a produção de um trabalhador nos campos é menor em 50% da de um trabalhador livre.

(59) Thomas Reveille, *The spoil of Europe*, 1941, calcula que somente durante o primeiro ano da guerra a Alemanha pôde cobrir todas as suas despesas com a preparação do conflito entre 1933 e 1939.

(60) William Ebenstein, *The Nazi state*, p. 257.

a economia nacional através da pilhagem de outros países; a verdade é que o famoso *slogan* nazista de "canhões ou manteiga" realmente significava "manteiga por meio de canhões", e o povo alemão, simpatizante do nazismo, sabia disso muito bem.[61] Somente em 1942 é que as normas do domínio totalitário passaram a prevalecer sobre tudo, mesmo sobre a economia.

O processo de radicalização totalitária começou imediatamente após a deflagração da guerra; pode-se até conjeturar que Hitler provocou a guerra, entre outras razões, por que ela lhe permitia acelerar esse processo de uma forma que teria sido inconcebível em tempos de paz.[62] O mais curioso, porém, é que essa radicalização não foi absolutamente prejudicada por uma derrota tão fragorosa como a de Stalingrado, e que o risco de perder inteiramente a guerra foi apenas mais um motivo para pôr de lado quaisquer considerações utilitárias e procurar atingir, por meio da impiedosa organização total, os objetivos da ideologia racial totalitária, nem que fosse por pouco tempo.[63] Depois de Stalingrado, as formações de elite, antes tão rigidamente separadas do povo, foram amplamente expandidas; a proibição de militares pertencerem ao partido foi suspensa e o comando militar foi subordinado aos comandantes da SS. O monopólio do crime, zelosamente guardado pela SS, foi abandonado e agora qualquer soldado podia ser incumbido de assassínios em massa.[64] Nem considerações

(61) *Ibid.*, p. 270.

(62) Em apoio a essa conjetura, há o fato de que o decreto para assassinar todos os doentes incuráveis foi emitido no dia em que a guerra foi declarada. As declarações de Hitler durante a guerra, citadas por Goebbels (*The Goebbels diaries*, editados por Louis P. Lochner, 1948), são claras nesse sentido: "A guerra possibilitou resolvermos uma porção de problemas que nunca teriam sido resolvidos em tempos normais", e, "qualquer que seja o resultado do conflito, os judeus certamente levarão a pior" (p. 314).

(63) A Wehrmacht tentou muitas vezes explicar aos vários órgãos do partido os perigos de conduzir uma guerra na qual as ordens eram dadas com o mais completo descaso às necessidades militares, civis e econômicas (ver Poliakov, *op. cit.*, p. 321). Mas até mesmo muitos dos altos funcionários nazistas tinham dificuldade em compreender esse desprezo por todos os fatores objetivos econômicos e militares da situação. Dizia-se-lhes repetidamente que "basicamente devem esquecer as considerações econômicas na solução do problema [judaico]" (*Nazi conspiracy*, VI, 402), mas ainda assim eles se queixavam de que importantes planos de construção não teriam sido interrompidos na Polônia "se os judeus que nele trabalhavam não houvessem sido deportados. Agora, ordena-se que os judeus sejam removidos dos projetos de armamentos. Espero que essa (...) ordem seja logo cancelada, porque senão a situação será pior". Esta esperança de Hans Frank, governador-geral da Polônia, foi tão frustrada quanto as suas expectativas posteriores de uma política militarmente mais sensata em relação aos poloneses e ucranianos. Suas queixas são interessantes (ver o seu diário em *Nazi conspiracy*, IV, 902 ss), porque o que o assustava era exclusivamente o aspecto antiutilitário da política nazista durante a guerra. "Uma vez que a guerra tenha sido ganha, pouco se me dá se se fizer picadinho dos poloneses e ucranianos e de todos os mais aqui."

(64) Originalmente, somente as unidades especiais da SS — as formações da Caveira — eram empregadas nos campos de concentração. Mais tarde, vieram reforços das divisões da Waffen-SS. A partir de 1944, empregaram-se também unidades de Forças Armadas regulares. A maneira como a presença ativa da Wehrmacht se fazia sentir nos campos de concentração foi descrita no diário do campo de concentração de Odd Nansen, *Day after day*, Londres, 1949. Infelizmente, esse diário mostra que as tropas do Exército regular eram pelo menos tão brutais quanto a SS.

econômicas, nem militares nem políticas podiam mais interferir com o oneroso e incômodo programa de extermínio e deportação em massa.

Quem estuda esses últimos anos de governo nazista e a sua versão de um "plano qüinqüenal", que não foi realizado por falta de tempo, mas que visava ao extermínio do povo polonês e ucraniano, de 170 milhões de russos (como um dos planos menciona), da *intelligentsia* da Europa ocidental (como a da Holanda) e do povo da Alsácia e Lorena, bem como de todos os alemães que não se enquadrassem na projetada lei de saúde pública do Reich ou numa futura lei de "estrangeiros em comunidade", não pode deixar de perceber a semelhança com o plano qüinqüenal bolchevista de 1929, que foi o primeiro ano de clara ditadura totalitária na Rússia. No primeiro caso, os vulgares *slogans* da eugenia e, no segundo, os altissonantes lemas econômicos foram o prelúdio de "um exemplo de prodigiosa loucura, que virava de cabeça para baixo todas as regras da lógica e os princípios da economia".[65]

É claro que os ditadores totalitários não enveredam conscientemente pelo caminho da loucura. O caso é que nosso espanto em face da natureza antiutilitária da estrutura estatal do totalitarismo se deve à falsa noção de que, afinal, estamos lidando com um Estado normal — uma burocracia, uma tirania, uma ditadura —, e ao fato de não levarmos em conta a enfática afirmação dos governos totalitários de que consideram o país no qual galgaram o poder apenas como sede temporária do movimento internacional a caminho da conquista do mundo; de que, para eles, as vitórias e as derrotas são computadas em termos de séculos ou milênios; e de que os interesses globais sempre terão prioridade sobre os interesses locais do seu próprio território.[66] A famosa frase, "o direito é aquilo que é bom para o povo alemão", destinava-se apenas à propaganda de massa; o que se dizia aos nazistas era que "o direito é aquilo que é bom para o movimento",[67] e os dois interesses absolutamente não coincidiam. Os nazistas não achavam que os alemães fossem uma raça superior, à qual pertenciam, mas sim que deviam ser comandados, como todas as outras nações,

---

(65) Deutscher, *op. cit.*, p. 326. Trata-se de uma citação de peso, pois é da autoria do mais benévolo dos biógrafos não-comunistas de Stálin.

(66) Os nazistas gostavam especialmente de pensar em termos de milênios. Os pronunciamentos de Himmler de que os homens da SS interessavam-se unicamente por "questões ideológicas que seriam importantes em termos de décadas e de séculos" e que "serviam a uma causa que só ocorria uma vez a cada 2 mil anos" são repetidas, com ligeiras variações, em todo o material de doutrinação emitido pelo SS-Hauptamt-Schulungsamt (*Wesen und Aufgabe der SS und der Polizei*, p. 160). Quanto à versão bolchevista, a melhor referência é o programa da Internacional Comunista formulado por Stálin, já em 1928, no Sexto Congresso, em Moscou. Particularmente interessante é a avaliação da União Soviética como "a base do movimento mundial, o centro da revolução internacional, o mais importante fator da história do mundo. Na URSS, o proletariado mundial adquire um país pela primeira vez (...)" (citado por W. H. Chamberlain, *Blue-print for world conquest*, 1946, que reproduz *verbatim* os programas da Terceira Internacional).

(67) Essa mudança do lema oficial pode ser encontrada no *Organisationsbuch der NSDAP*, p. 7.

por uma raça superior que somente agora estava nascendo.[68] A aurora dessa nova raça não eram os alemães, mas a SS.[69] O "império mundial germânico", como disse Himmler, ou o império mundial "ariano", como teria preferido Hitler, só viria dali a séculos.[70] Para o "movimento", era mais importante demonstrar que era possível fabricar uma raça pela aniquilação de outras "raças" do que vencer uma guerra de objetivos limitados. O que ao observador de fora parece "um exemplo de prodigiosa loucura" é apenas a conseqüência do primado absoluto do movimento, não apenas em relação ao Estado, mas também no que tange à nação, ao povo e à posição de poder dos próprios líderes. O motivo pelo qual os engenhosos expedientes do governo totalitário, com a sua absoluta e inaudita concentração do poder nas mãos de um só homem, nunca haviam sido experimentados antes é que nenhum tirano comum foi jamais suficientemente louco para desprezar todos os interesses limitados e locais — econômicos, nacionais, humanos, militares — em favor da realidade puramente fictícia de um futuro distante e indefinido.

Uma vez que o totalitarismo no poder permanece fiel aos dogmas originais do movimento, as notáveis semelhanças entre os expedientes organizacionais do movimento e o chamado Estado totalitário não devem causar surpresa. A divisão entre membros do partido e simpatizantes agrupados em organizações de vanguarda, longe de desaparecer, leva à "coordenação" de toda população, organizada agora como simpatizantes. Controla-se o grande aumento de simpatizantes limitando-se a força partidária a uma "classe" privilegiada de alguns milhões, e criando-se um superpartido de várias centenas de milhares, que são as formações de elite. A multiplicação de cargos, a duplicação de funções e a adaptação do relacionamento do simpatizante a essas novas condições significam simplesmente a conservação da estrutura peculiar do movimento, no qual cada camada é a vanguarda da próxima formação mais militante. A má-

---

(68) Ver Heiden, *op. cit.*, p. 722. Hitler declarou, num discurso de 23 de novembro de 1937 perante os futuros líderes políticos na Ordensburg Sonthofen: Não "tribos ridiculamente pequenas, pequeninos países, Estados ou dinastias (...) mas somente raças [podem] funcionar como conquistadores do mundo. Mas uma raça — pelo menos no sentido consciente — é algo que ainda temos de nos tornar" (ver *Hitlers Tischgespräche*, p. 445). Em completa harmonia com este fraseado, que de modo algum era acidental, está o decreto de 9 de agosto de 1941 no qual Hitler proíbe o uso da expressão "raça alemã", porque ela tenderia a "sacrificar a idéia racial em si a favor de um simples princípio de nacionalidade, e a destruir importantes precondições conceituais de toda a nossa política racial e popular" (*Verfügungen, Anordnungen, Bekanntgaben*). É óbvio que o conceito de uma raça alemã teria constituído um obstáculo à progressiva "seleção" e exterminação de grupos indesejáveis da população alemã que, naqueles mesmos anos, estava sendo planejada para o futuro.

(69) Ao fundar uma SS Germânica em vários países, Himmler declarou: "Não esperamos que vocês se tornem alemães por oportunismo. Mas esperamos que subordinem o seu ideal nacional ao ideal maior, racial e histórico, do Reich Alemão" (Heiden, *op. cit.*). A futura tarefa dessa SS seria formar, através "da mais copiosa reprodução", um "superestrato racial" que, em vinte ou trinta anos, apresentaria "a toda a Europa a sua nova classe dirigente" (discurso de Himmler na reunião dos generais da SS em Posen, em 1943, em *Nazi conspiracy*, IV, 558 ss).

(70) Himmler, *ibid.*, p. 572.

quina estatal vira uma organização de vanguarda de burocratas simpatizantes, cuja função nos negócios nacionais é propagar confiança entre as massas de cidadãos meramente coordenados, e cujas relações exteriores consistem em burlar o mundo exterior não-totalitário. O Líder, na dupla capacidade de chefe do Estado e líder do movimento, continua a concentrar em si mesmo um máximo de falta de escrúpulos militante e uma aparência de normalidade capaz de inspirar confiança.

Uma das importantes diferenças entre movimento e Estado totalitários é que o ditador totalitário pode e necessita praticar a arte totalitária de mentir com maior consistência e em maior escala que o líder do movimento. Isso é, em parte, conseqüência automática da ampliação dos escalões de simpatizantes e, em parte, resultado do fato de que uma declaração desagradável, vinda de um estadista, não é tão fácil de revogar quanto a de um demagógico líder partidário. Para esse fim, Hitler preferiu apelar, sem maiores rodeios, para o velho nacionalismo que ele mesmo denunciara tantas vezes antes da subida ao poder; assumindo a pose de nacionalista violento, afirmando que o nacional-socialismo não era "produto de exportação", aplacava ao mesmo tempo alemães e não-alemães, e insinuava que as ambições nazistas estariam satisfeitas quando fossem cumpridas as tradicionais exigências da política externa alemã nacionalista — a volta dos territórios cedidos no tratado de Versalhes, o *Anschluss* da Áustria, e a anexação das regiões da Boêmia de língua alemã. Stálin também levou em conta a opinião pública russa e o mundo não-russo quando inventou a sua teoria de "socialismo num só país" e culpou Trótski pela idéia da revolução mundial.[71]

Mentir ao mundo inteiro de modo sistemático e seguro só é possível sob um regime totalitário, no qual a qualidade fictícia da realidade de cada dia quase dispensa a propaganda. Na fase que antecede o poder, os movimentos não se podem dar ao luxo de esconder a esse ponto os seus verdadeiros objetivos — afinal, ao que eles visam é inspirar organizações de massa. Mas, dada a possibilidade de exterminar os judeus como se fossem insetos, isto é, com gás venenoso, já não há necessidade de propagar que os judeus sejam insetos;[72] dado o poder de ensinar à nação inteira a história da Revolução Russa sem mencionar o nome de Trótski, já não há mais necessidade de fazer propaganda contra Trótski. Contudo, o emprego dos métodos de realizar os objetivos ideológicos só pode ser "esperado" daqueles que são "absolutamente firmes quanto à ideologia" — tenham eles adquirido essa firmeza nas escolas do Comintern ou

---

(71) Deutscher, *op. cit.*, descreve a notável "sensibilidade [de Stálin] para todas aquelas correntes psicológicas ocultas (...) das quais se arrogava em porta-voz" (p. 292). "O próprio nome da teoria de Trótski, 'revolução permanente', parecia ominosa advertência a uma geração cansada. (...) Stálin apelou diretamente ao horror ao risco e à incerteza que dominava muitos bolchevistas" (p. 291).

(72) Assim, Hitler pôde dar-se ao luxo de usar o chavão "judeu decente", quando havia começado a exterminá-los, ou seja, em dezembro de 1941 (*Hitlers Tischgespräche*, p. 346).

nos centros especiais de doutrinação nazista —, mesmo que esses objetivos continuem a ser disseminados pela propaganda. É então que se verifica, invariavelmente, que os meros simpatizantes nunca sabem o que está acontecendo.[73] Isso nos leva ao paradoxo de que a "sociedade secreta à luz do dia" nunca é tão conspirativa em sua natureza e em seus métodos como depois de ter sido aceita como membro da comunidade das nações em pleno gozo dos seus direitos. É apenas lógico que Hitler, antes da tomada do poder, resistisse a todas as tentativas de organizar o partido, e até mesmo as organizações de elite, numa base conspirativa; contudo, após 1933, vemo-lo bastante desejoso de ajudar a transformar a SS numa espécie de sociedade secreta.[74] Do mesmo modo, os partidos comunistas dirigidos por Moscou preferem o clima da conspiração, mesmo onde se lhes permite existir em completa legalidade.[75] Quanto mais visível o poder do totalitarismo, mais secretos são os seus verdadeiros objetivos. Para que se conhecessem os objetivos finais do governo de Hitler, era muito mais sensato confiar nos seus discursos de propaganda e no *Mein Kampf* do que na oratória do chanceler do Terceiro Reich; da mesma forma como teria sido mais sensato desconfiar das palavras de Stálin acerca do "socialismo num só país", inventadas com a finalidade passageira de tomar o poder após a morte de Lenin, e levar mais a sério a sua constante hostilidade contra os países democráticos. Os ditadores totalitários mostraram conhecer muito bem o perigo que acarretava a sua afetação de normalidade, isto é, o perigo de uma política verdadeiramente nacionalista ou da verdadeira instalação do socialismo num só país. Procuraram evitar esse risco através de uma discrepância permanente e constante entre as palavras tranqüilizadoras e a realidade do domínio, desenvolvendo conscientemente um método de fazerem sempre o oposto do que di-

(73) Ao falar, em novembro de 1937, a vários membros do Estado-Maior Geral (Blomberg, Fritsch, Raeder) e altos funcionários civis (Neurath, Göring), Hitler permitiu-se declarar abertamente que necessitava de espaços vazios e rejeitava a idéia de conquistar povos estrangeiros. Evidentemente nenhum dos seus ouvintes compreendeu que isso resultaria automaticamente numa política de extermínio desses povos.

(74) Isso começou com uma ordem, em julho de 1934, pela qual a SS era promovida à posição de organização independente dentro do partido nazista, e foi completado com um decreto altamente confidencial de agosto de 1938, que declarava que as formações especiais da SS, as Unidades da Caveira e as Tropas de Choque (*Verfügungstruppen*) não faziam parte nem do Exército nem da polícia; os Esquadrões tinham de "executar tarefas de natureza policial" e as Tropas de Choque eram "uma unidade armada de prontidão, exclusivamente à minha disposição" (*Nazi conspiracy*, III, 459). Dois decretos subseqüentes, de outubro de 1939 e abril de 1940, criavam uma jurisdição especial em assuntos gerais para todos os membros da SS (*ibid.*, II, 184). Daí em diante, todos os panfletos publicados pelo órgão de doutrinação da SS trazem advertências como "exclusivamente para uso da polícia", "publicação proibida", "exclusivamente para os líderes e encarregados de educação ideológica". Valeria a pena compilar uma bibliografia da volumosa literatura secreta da era nazista, que inclui muitas medidas legislativas. O interessante é que não há um único folheto da SA entre esse tipo de literatura, o que constitui a melhor prova de que a SA deixara de ser uma formação de elite a partir de 1934.

(75) Compare-se Franz Borkenau, "Die neue Komintern", em *Der Monat*, Berlim 1949 vol. 4.

zem.⁷⁶ Stálin levou essa arte do equilíbrio, que exige mais habilidade do que a rotina comum da diplomacia, ao ponto em que toda moderação na política externa ou na linha política do Comintern era quase invariavelmente seguida de expurgos radicais no partido russo. Por certo não foi mera coincidência o fato de que a política da Frente Popular no Ocidente e a redação da Constituição soviética, comparativamente liberal, precederam os julgamentos de Moscou.

As literaturas nazista e bolchevista provam repetidamente que os governos totalitários visam a conquistar o globo e trazer todos os países para debaixo do seu jugo. Contudo, não chegam a ser decisivos esses programas ideológicos, herdados dos movimentos pré-totalitários (dos partidos anti-semitas supranacionais e dos sonhos pangermânicos de império, no caso dos nazistas, e do conceito internacional do socialismo revolucionário, no caso dos bolchevistas). Decisivo é que os regimes totalitários realmente conduzem a sua política estrangeira na constante pressuposição de que eventualmente conseguirão atingir o seu objetivo final, e nunca o perdem de vista, por mais remoto que ele pareça ou por mais que se choque com as necessidades do momento. Assim, não consideram país algum como permanentemente estrangeiro, mas, ao contrário, todo país é potencialmente uma parte do seu território. A subida ao poder, o fato de que o mundo fictício do movimento se tornou realidade tangível num determinado país, cria com os outros países um relacionamento semelhante à situação do partido totalitário sob um governo não-totalitário: a realidade tangível da ficção, com o apoio de um poder estatal internacionalmente reconhecido, pode ser exportada da mesma forma como o desprezo pelo parlamento pôde ser importado por um parlamento não-totalitário. Neste particular, a "solução" da questão judaica de antes da guerra era o principal produto de exportação da Alemanha nazista: a expulsão dos judeus carreou para outros países uma importante parcela do nazismo; forçando os judeus a deixarem o Reich sem passaportes e sem dinheiro, os nazistas tornaram real a lenda do Judeu Errante e, forçando os judeus à hostilidade contra os países entre os quais eles realizaram a imagem do judeu estrangeiro, criaram o pretexto para que se interessassem apaixonadamente pela política nacional de todos os países.⁷⁷

A seriedade com que os nazistas encaravam a ficção conspiratória, segundo a qual seriam os futuros senhores do mundo, veio à luz em 1940, quando — a despeito da necessidade, e apesar da possibilidade demasiado real de converterem à sua causa os povos ocupados da Europa — começaram a sua política de despovoamento dos territórios do Leste, sem atentar para a perda de mão-de-obra e as sérias conseqüências militares, e introduziram leis que, com força retroativa, exportaram parte do código penal do Terceiro Reich para os países

---

(76) Os exemplos são demasiado óbvios e numerosos para serem citados. Essa tática, porém, não deve ser confundida com a enorme deslealdade e inveracidade que todos os biógrafos de Hitler e de Stálin apontam como o principal traço do caráter de cada um deles.

(77) Ver a Circular do Ministério das Relações Exteriores para todas as autoridades alemãs no exterior, em janeiro de 1939, em *Nazi conspiracy*, VI, 87 ss.

ocidentais ocupados.⁷⁸ Não havia maneira mais eficaz de propagar a pretensão de domínio mundial dos nazistas do que punir como alta traição qualquer pronunciamento ou ato contra o Terceiro Reich, não importa quando, onde ou por quem fosse feito. A lei nazista tratava o mundo inteiro como se estivesse potencialmente sob a sua jurisdição, de sorte que o exército de ocupação já não era um instrumento de conquista que levasse consigo a nova lei do conquistador, mas um órgão executivo que fazia cumprir uma lei que tacitamente já existia para todos.

O pressuposto de que a lei nazista estava em vigor além das fronteiras da Alemanha e a punição de cidadão de outros países eram mais do que simples expedientes de opressão. Os regimes totalitários não receiam as implicações lógicas da conquista mundial, mesmo que estas lhes sejam contrárias e em detrimento dos interesses do seu próprio povo. Logicamente, é indiscutível que um plano de conquista mundial acarreta a abolição das diferenças entre a nação conquistadora e os territórios ocupados, bem como da diferença entre a política externa e interna, nas quais se baseiam todas as instituições não-totalitárias existentes e todo o intercâmbio internacional. Se o conquistador totalitário age em toda parte como se estivesse em casa, deve pelo mesmo motivo tratar a sua própria população como conquistador estrangeiro.⁷⁹ E a pura verdade é que o movimento totalitário toma o poder no mesmo sentido em que um conquistador estrangeiro ocupa um país que passa a governar em benefício de terceiros. Os nazistas agiram como conquistadores estrangeiros na Alemanha quando, contra todos os interesses nacionais, tentaram e quase conseguiram transformar a sua derrota numa catástrofe final para todo o povo alemão; e também quando, em caso de vitória, pretendiam estender a sua política de extermínio aos escalões de alemães "racialmente inadequados".⁸⁰

Atitude semelhante parece ter inspirado a política externa soviética após a guerra. O custo da sua agressividade foi proibitivo para o próprio povo sovié-

(78) Em 1940, o governo nazista decretou que todos os crimes, desde alta traição contra o Reich até "pronunciamentos maliciosos e agitadores contra pessoas de importância do Estado ou do Partido Nazista", seriam punidos com força retroativa em todos os territórios ocupados, independentemente de haverem sido cometidos por alemães ou por nativos desses países. Ver Giles, *op. cit.*, Quanto às desastrosas conseqüências da *Siedlungspolitik* [política de transferência populacional] nazista na Polônia e na Ucrânia, ver *Trial*, *op. cit.*, vols. XXVI e XIX.

(79) A idéia é de Kravchencko, *op. cit.*, p. 303, que, ao descrever as condições que prevaleciam na Rússia após o superexpurgo de 1936-8, observa: "Se um conquistador estrangeiro houvesse se apossado da máquina da vida soviética (...) a mudança não poderia ter sido mais completa nem mais cruel".

(80) Hitler planejou, durante a guerra, a criação de uma Lei de Saúde Nacional: "Depois de um exame de raios X de toda a nação, o *Fuehrer* receberia uma lista de pessoas doentes, particularmente de portadores de moléstias do pulmão e do coração. Segundo essa nova lei de saúde do Reich (...) essas famílias já não podiam permanecer misturadas ao públicos nem gerar crianças. O que será feito delas é objeto de futuras ordens do *Fuehrer*". Não é preciso ter muita imaginação para adivinhar o que teriam sido essas ordens futuras. O número de pessoas que já não poderiam "permanecer misturadas ao público" teria constituído uma considerável proporção do povo alemão (*Nazi conspiracy*, VI, 175).

tico, e foi rejeitado até o elevado empréstimo dos Estados Unidos que teria permitido à Rússia reconstruir as áreas devastadas e industrializar o país de modo racional e produtivo. A instalação de governos do Comintern em quase todos os países balcânicos e a ocupação de extensos territórios do Leste não trouxeram qualquer benefício tangível, mas, ao contrário, abalaram ainda mais os recursos da Rússia. Mas essa política certamente serviu aos interesses do movimento bolchevista, que se espalhou por quase metade do mundo habitado.

Como um conquistador estrangeiro, o ditador totalitário vê as riquezas naturais e industriais de cada país, inclusive o seu, como fonte de pilhagem e como meio de preparar o próximo passo da expansão. Uma vez que a economia de sistemática espoliação é levada a cabo para o bem do movimento e não do país, nenhum povo e nenhum território, como beneficiário em potencial, pode constituir ponto de saturação para o processo. O ditador totalitário é como um conquistador estrangeiro que não vem de parte alguma; a sua pilhagem provavelmente não beneficiará a ninguém. A distribuição dos despojos não se destina a fortalecer a economia do seu país, mas é apenas uma manobra tática temporária. Para fins econômicos, os regimes totalitários sentem-se tão à vontade em seus países como os gafanhotos. O fato de que o ditador totalitário governa o seu país como um conquistador estrangeiro torna as coisas ainda piores, pois acrescenta à crueldade uma eficácia que as tiranias certamente não alcançam nos territórios ocupados. A guerra de Stálin contra a Ucrânia, no início da década de 30, foi duas vezes mais eficaz que a invasão e a ocupação alemã, terrivelmente sangrentas.[81] Esse é o motivo pelo qual o totalitarismo prefere o governo de *quislings* ao governo direto, a despeito dos riscos óbvios de tais regimes.

O problema com os regimes totalitários não é que eles joguem a política do poder de um modo especialmente cruel, mas que atrás de suas políticas esconde-se um conceito de poder inteiramente novo e sem precedentes, assim como atrás de sua *Realpolitik* jaz um conceito de realidade inteiramente novo e sem precedentes. Supremo desprezo pelas conseqüências imediatas e não a falta de escrúpulos; desarraigamento e desprezo pelos interesses nacionais e não o nacionalismo; desdém em relação aos motivos utilitários e não a promoção egoísta do seu próprio interesse; "idealismo", ou seja, a fé inabalável num mundo ideológico fictício e não o desejo de poder — tudo isso introduziu na política

---

(81) O total de russos mortos durante os quatro anos de guerra é calculado entre 12 e 21 milhões. Num só ano, Stálin exterminou cerca de 8 milhões de pessoas somente na Ucrânia. Ver *Communism in action*, U. S. Government, Washington, 1946, House Document n.º 754, pp. 140-1. Em contraste com o regime nazista, que mantinha uma conta bastante precisa do número de suas vítimas, não existe um cálculo digno de confiança dos milhões de pessoas que foram mortas no sistema soviético. Não obstante, a seguinte estimativa, citada por Souvarine, *op. cit.*, p. 69, tem certo valor uma vez que provém de Walter Krivitsky, que tinha acesso à informação dos arquivos da GPU. Segundo ele, o censo de 1937 na União Soviética, que estatísticos russos haviam esperado que atingisse 171 milhões de pessoas, mostrou que existiam somente 145 milhões. Isso indicaria uma perda populacional de 26 milhões, algarismo que não inclui as perdas citadas acima.

internacional um fator novo e mais perturbador do que teria resultado da mera agressão.

O poder, como concebido pelo totalitarismo, reside exclusivamente na força produzida pela organização. Do mesmo modo como Stálin via cada instituição, qualquer que fosse a sua função verdadeira, apenas como "a correia de transmissão que liga o partido ao povo",[82] e acreditava honestamente que os tesouros mais preciosos da União Soviética não eram as riquezas do solo nem a capacidade produtiva da sua enorme população, mas os "quadros" do partido[83] (ou seja, a polícia), também Hitler, já em 1929, via a "grandeza" do movimento no fato de que 60 mil homens "pareciam quase uma só unidade, que realmente esses membros são uniformes não apenas nas idéias, mas até a expressão facial é quase a mesma. Vejam esses olhos sorridentes, esse entusiasmo fanático, e ficarão sabendo (...) como 100 mil homens num movimento podem tornar-se um só".[84] Para o homem ocidental, o poder tem certa conexão com as posses, a riqueza, os tesouros e os bens terrenos; para o homem totalitário, essa conexão desaparece numa espécie de mecanismo desmaterializado cujo movimento gera poder como a fricção gera eletricidade. A divisão totalitária entre as nações-que-têm e as-que-não-têm é mais do que um artifício demagógico; os que a fazem estão realmente convencidos de que a força das posses materiais é desprezível e apenas estorva o caminho da evolução do poder organizacional. Para Stálin, o constante crescimento e desenvolvimento dos escalões policiais era incomparavelmente mais importante que o petróleo de Baku, o carvão e os minérios dos Urais, os celeiros da Ucrânia ou os tesouros potenciais da Sibéria — enfim, o desenvolvimento de todo o arsenal de poder da Rússia. A mesma mentalidade fez com que Hitler sacrificasse toda a Alemanha aos quadros da SS; para ele, a guerra não estava perdida quando cidades alemãs tombaram em ruínas e a capacidade industrial havia sido destruída, mas somente quando soube que já não podia confiar nas tropas da SS.[85] Para um homem que acreditava na onipotência da organização contra todos os fatores meramente materiais, militares ou econômicos, e que, além disso, calculava o futuro triunfo de sua obra em termos de séculos, a derrota não era a catástrofe militar nem a ameaça de fome para a população, mas apenas a destruição das organizações de elite, que deveriam levar a conspiração de domínio mundial ao seu fim último.

(82) Deutscher, *op. cit.*, p. 256.
(83) B. Souvarine, *op. cit.*, p. 605, cita as seguintes palavras de Stálin, proferidas no auge do terror em 1937: "É preciso compreender que, de todos os recursos existentes no mundo, os melhores e mais preciosos são os quadros [do partido]". Todos os relatórios demonstram que, na União Soviética, a polícia secreta é considerada como a verdadeira formação de elite do partido. Típico dessa natureza da polícia é o fato de que, desde o começo da década de 20, os agentes da NKVD "não eram recrutados como voluntários", mas eram tirados dos escalões do partido. Além disso, "a NKVD não podia ser escolhida como carreira" (ver Beck e Godin, *op. cit.*, p. 160).
(84) Citado por Heiden, *op. cit.*, p. 311.
(85) Segundo relatos da última reunião, Hitler decidiu cometer suicídio depois de saber que já não podia confiar nas tropas da SS. Ver H. R. Trevor-Roper *The last days of Hitler*, 1947, pp. 116 ss.

A ausência de estrutura no Estado totalitário, o seu desprezo pelos interesses materiais, a sua independência da motivação do lucro e as suas atitudes não-utilitárias em geral contribuíram, mais que qualquer outro elemento, para tornar quase imprevisível a política contemporânea. O mundo não-totalitário é incapaz de compreender uma mentalidade que funciona independentemente de toda ação calculável em termos de homens e de bens materiais, e que é completamente indiferente ao interesse nacional e ao bem-estar do povo; e isso o coloca num curioso dilema de julgamento. Aqueles que compreendem corretamente a terrível eficiência da organização e da polícia totalitárias tendem a subestimar a força material dos países totalitários, enquanto aqueles que compreendem a esbanjadora incompetência da economia totalitária tendem a subestimar o potencial de poder que pode ser criado à revelia de todos os fatores materiais.

2. A POLÍCIA SECRETA

Até hoje conhecemos apenas duas formas autênticas de domínio totalitário: a ditadura do nacional-socialismo, a partir de 1938, e a ditadura bolchevista, a partir de 1930. Essas formas de domínio diferem basicamente de outros tipos de governo ditatorial, despótico ou tirânico; e embora tenham emanado, com certa continuidade, de ditaduras partidárias, suas características essencialmente totalitárias são novas e não podem resultar de sistemas unipartidários. O objetivo dos sistemas unipartidários não é apenas apoderar-se da administração do governo, mas, sim, através do preenchimento de todos os postos com membros do partido, atingir uma completa amálgama de Estado e partido, de sorte que, após a tomada do poder, o partido se torna uma espécie de organização de propaganda do governo. O sistema é "total" somente no sentido negativo, isto é, o partido governante não tolera outros partidos nem oposição, nem admite a liberdade de opinião política. Uma vez no poder, a ditadura partidária deixa intacta a antiga relação de poder entre o Estado e o partido; o governo e o Exército têm o mesmo poder de antes, e a "revolução" consiste apenas no fato de que todas as posições governamentais são agora ocupadas por membros do partido. Em todos esses casos, o poder do partido reside num monopólio garantido pelo Estado, e o partido já não possui um centro de poder próprio.

De natureza consideravelmente mais radical é a revolução iniciada pelos movimentos totalitários após a tomada do poder. Desde o começo, procuram conscientemente manter todas as diferenças essenciais entre o Estado e o movimento e evitar que as instituições "revolucionárias" do movimento sejam absorvidas pelo governo.[86] O problema de apoderar-se da máquina estatal sem se

---

(86) Hitler freqüentemente fazia comentários sobre a relação entre o Estado e o Partido e sempre acentuava que não o Estado, mas a raça, ou a "comunidade popular unida", era a mais importante (cf. o discurso citado acima, publicado como anexo a *Tischgespräche*). Em seu discurso no Parteitag de 1935, em Nuremberg, ele exprimiu essa teoria do modo mais sucinto: "Não é o

fundir a ela é resolvido permitindo-se que ascendam na hierarquia do Estado somente aqueles membros do partido cuja importância seja secundária para o movimento. Todo o poder verdadeiro é investido nas instituições do movimento, fora da estrutura do Estado e do Exército. Todas as decisões são tomadas dentro do movimento, que permanece como o centro de ação do país. Os serviços públicos oficiais muitas vezes nem são informados do que está acontecendo, e aqueles membros do partido que têm a ambição de subir ao nível de ministros pagam sempre por esse desejo "burguês" com a perda da influência sobre o movimento e até da confiança dos líderes.

O totalitarismo no poder usa o Estado como fachada externa para representar o país perante o mundo não-totalitário. Como tal, o Estado totalitário é o herdeiro lógico do movimento totalitário, do qual deriva a sua estrutura organizacional. Os governantes totalitários tratam os governos não-totalitários da mesma forma como tratavam os partidos parlamentares ou as facções intrapartidárias antes de terem tomado o poder e, num cenário maior porque internacional, têm de encarar mais uma vez o duplo problema de proteger o mundo fictício do movimento (ou do país totalitário) contra o impacto da realidade, e de manter a aparência de normalidade e de bom senso perante o mundo normal de fora.

Acima do Estado e por trás das fachadas do poder ostensivo, num labirinto de cargos multiplicados, por baixo de todas as transferências de autoridade e em meio a um caso de ineficiência, está o núcleo do poder do país, os supereficientes e supercompetentes serviços da polícia secreta.[86a] A importância da polícia como único órgão do poder e o desprezo em relação ao poder do Exército, que caracterizam os regimes totalitários, podem ainda ser parcialmente explicados pela aspiração totalitária de domínio mundial e pela consciente abolição da diferença entre um país estrangeiro e o país de origem, entre assuntos externos e assuntos domésticos. As forças militares, treinadas para lutar contra um agressor estrangeiro, sempre constituíram instrumento duvidoso para fins de guerra civil; mesmo em condições totalitárias, sentem dificuldades em olhar o próprio povo com os olhos do conquistador estrangeiro.[87] Mais importante a esse respeito, porém, é que os seus valores se tornam duvidosos mesmo em tempo de guerra. Como o governante totalitário conduz a polícia no pressuposto de que haverá um governo mundial, trata as vítimas da

---

Estados que nos comanda, mas nós que comandamos o Estado". Na prática, é axiomáticos que tais poderes de comando somente serão possíveis se as instituições do partido permanecerem independentes das do Estado.

(86a) Otto Gauweiler, *Rechtseinrichtungen und Rechtsaufgaben der Bewegung*, 1939, observa expressamente que a posição especial de Himmler como Reichsfuehrer-SS e chefe da polícia alemã repousava no fato de que a administração da polícia havia produzido "uma genuína unidade do partido e Estado", que não havia nem sido tentada em outros setores do governo.

(87) Durante as revoltas camponesas dos anos 20 na Rússia, Voroshilov recusou o apoio do Exército Vermelho, o que levou à introdução de divisões especiais da GPU para tarefas punitivas. Ver Ciliga, *op. cit.*, p. 95.

sua agressão como se fossem rebeldes, culpados de alta traição e, conseqüentemente, prefere dominar os territórios ocupados por meio da polícia, e não de forças militares.

Mesmo antes de galgar o poder, o movimento dispõe de polícia secreta e de serviço de espionagem com ramificações em vários países. Mais tarde, os seus agentes recebem mais dinheiro e autoridade que o serviço de espionagem militar convencional, e tornam-se muitas vezes chefes secretos de embaixadas e de consulados no exterior.[88] São encarregados principalmente de formar quinta-colunas, dirigir as ramificações do movimento, influenciar a política doméstica dos respectivos países e prepará-los de modo geral para o dia em que o governante totalitário — após a derrubada do governo ou uma vitória militar — possa abertamente sentir-se em casa. Em outras palavras, as ramificações internacionais da polícia secreta transformam a política ostensivamente externa do Estado totalitário no assunto potencialmente doméstico do movimento totalitário.

Contudo, essas funções, que a polícia secreta exerce para preparar a utopia totalitária do futuro domínio global, são secundárias em relação àquelas exigidas para pôr em prática, no presente, a ficção totalitária em determinado país. O papel dominante da polícia secreta na política doméstica dos países totalitários muito contribuiu para que fosse errônea a concepção comum do totalitarismo. Todos os despotismos dependem grandemente de serviços secretos e sentem-se muito mais ameaçados por seu próprio povo do que por qualquer povo estrangeiro. Contudo, essa analogia entre o totalitarismo e o despotismo só se verifica nos primeiros estágios do governo totalitário, quando ainda existe oposição política. Nesse ponto como em outros, o totalitarismo explora e apóia conscientemente as noções erradas não-totalitárias, por mais desfavoráveis que sejam. Himmler, no famoso discurso perante o estado-maior do Reichswehr em 1937, assumiu o papel de um tirano comum quando explicou a constante expansão das forças policiais pela suposição de que a Alemanha seria um campo de batalha interno em caso de guerra.[89] Do mesmo modo e quase ao mesmo tempo, Stálin convenceu a velha guarda bolchevista, de cujas "confissões" precisaria, de uma ameaça de guerra contra a União Soviética e, conseqüentemente, de uma emergência na qual o país devia permanecer unido, mesmo sob um despotismo. O aspecto mais surpreendente dessas declarações é que ambas foram feitas depois que toda oposição política havia sido extinta, e que os serviços secretos estavam sendo ampliados quando na verdade não havia mais oponentes a vigiar. Quando veio a guerra, Himmler nem precisou nem usou das tropas da SS na própria Alemanha, a não ser para o funcionamento dos campos de concentração e o policiamento dos trabalhadores estrangeiros

---

(88) Em 1935, os agentes da Gestapo no exterior receberam 20 milhões de marcos, enquanto o serviço de espionagem regular do Reichswehr tinha de contentar-se com um orçamento de 8 milhões. Ver Pierre Dehillotte, *Gestapo*, Paris, 1940, p. 11.

(89) Ver *Nazi conspiracy*, IV, 616 ss.

escravizados; o grosso da SS armada serviu na frente oriental, onde foi empregada em "tarefas especiais" — geralmente homicídios em massa — e para a execução de normas que freqüentemente colidiam com a hierarquia militar e a hierarquia nazista civil. Tal como a polícia secreta da União Soviética, as formações da SS geralmente chegavam depois que as forças militares haviam pacificado o território conquistado e eliminado a oposição política aberta.

Nos primeiros estágios do regime totalitário, porém, a polícia secreta e as formações de elite do partido ainda desempenham um papel semelhante àquele que as caracteriza em outras formas de ditadura e nos antigos regimes de terror; e a excessiva crueldade dos seus métodos não tem paralelos na história dos países ocidentais modernos. O primeiro estágio, de desencavar os inimigos secretos e caçar os antigos oponentes, geralmente coincide com a arregimentação de toda a população em organizações de vanguarda e a reeducação dos velhos membros do partido para serviços voluntários de espionagem, de sorte que os escalões especialmente treinados da polícia não precisam preocupar-se com as duvidosas simpatias dos simpatizantes arregimentados. É durante esse estágio que um vizinho gradualmente se torna mais perigoso para os que nutrem "pensamentos perigosos" que os agentes policiais oficialmente nomeados. O fim do primeiro estágio advém com a liquidação da resistência aberta e secreta sob qualquer forma organizada; isso ocorreu por volta de 1935 na Alemanha e em aproximadamente 1930 na União Soviética.

Só depois do completo extermínio dos reais inimigos e após o início da caça aos "inimigos objetivos" é que o terror se torna o verdadeiro conteúdo dos regimes totalitários. A pretexto de instalar o socialismo num país, ou de usar certo território como campo de prova para uma experiência revolucionária, ou de realizar a *Volksgemeinschaft*, a segunda pretensão do totalitarismo — a do domínio total — é posta em prática. E, embora teoricamente o domínio total seja possível apenas nas condições de domínio mundial, os regimes totalitários já demonstraram que essa parte da utopia totalitária pode ser realizada quase com perfeição, porque temporariamente independe de derrota ou vitória. Assim, Hitler podia exultar, mesmo em meio a reveses militares, com o extermínio dos judeus e a criação das fábricas da morte em massa; qualquer que fosse o resultado final, nunca teria sido possível, sem a guerra, "queimar as pontes" e realizar alguns dos objetivos do movimento totalitário.[90]

As formações de elite do movimento nazista e os "quadros partidários" do movimento bolchevista são úteis para fins de domínio total e não para a segurança do regime no poder. Da mesma forma como a pretensão totalitária de domínio mundial apenas aparentemente equivale à expansão imperialista, também a pretensão de domínio total apenas *parece* familiar a quem estuda o despotismo. Se as diferenças principais entre o totalitarismo e a expansão imperialista estão no fato de que o primeiro não distingue entre o país de origem e

(90) Ver nota 62.

um país estrangeiro, então a principal diferença entre a polícia secreta despótica e a totalitária é que a última não se dedica à caça de pensamentos secretos nem emprega o velho método da provocação peculiar dos serviços secretos.[91]

Uma vez que a polícia secreta totalitária inicia a sua carreira após a pacificação do país, qualquer observador de fora julga-a inteiramente desnecessária, ou então, pelo contrário, supõe erradamente que de fato exista alguma resistência secreta.[92] A superfluidade dos serviços secretos não é novidade; sempre foram atormentados pela necessidade de demonstrar a sua utilidade e de conservar-se no emprego depois de cumprida a tarefa original. Os métodos que usam para esse fim dificultam o estudo da história das revoluções. Parece, por exemplo, que não houve um único ato contra o governo de Luís Napoleão que não tivesse sido inspirado pela própria polícia.[93] Do mesmo modo, o papel dos agentes secretos infiltrados em todos os partidos revolucionários da Rússia czarista sugere fortemente que, sem a "inspiração" dos seus atos provocadores, a marcha do movimento revolucionário russo teria tido muito menos sucesso.[94]

Esse papel duvidoso da provocação pode ter sido um dos motivos pelos quais os governantes totalitários o abandonaram. Além disso, a provocação só é claramente necessária quando se admite que a suspeita não é suficiente para que alguém seja preso e punido. Naturalmente, nenhum dos líderes totalitários jamais sonhou com uma situação em que tivesse de recorrer à provocação para apanhar alguém que considerasse inimigo. Mais importante que essas considerações técnicas é o fato de que o totalitarismo define os seus inimigos ideologicamente antes de tomar o poder, de sorte que não há necessidade de infor-

---

(91) Maurice Laporte, *Histoire de l'Okhrana*, Paris, 1935, diz, com justiça, que o método de provocação é "a pedra fundamental" da polícia secreta (p. 19).
Na Rússia soviética, a provocação, longe de ser a arma secreta da polícia secreta, tem sido usada como o método público e largamente divulgado pelo qual o regime sonda a opinião pública. A relutância da população em tirar proveito desses convites periódicos à crítica, ou em reagir a interlúdios "liberais" no regime do terror, mostra que esses gestos são compreendidos como provocação em massa. Realmente, a provocação tornou-se a versão totalitária das pesquisas de opinião pública.

(92) Nesse ponto, é interessante notar as tentativas feitas pelos funcionários civis nazistas para reduzir a competência e o pessoal da Gestapo, argumentando que a nazificação do país já havia sido conseguida, de sorte que Himmler, que, ao contrário, desejava expandir os serviços secretos àquela altura (cerca de 1934), teve de exagerar o perigo proveniente dos "inimigos internos". Ver *Nazi conspiracy*, II, 259; V, 205; III, 547.

(93) Ver Gallier-Boissière, *Mysteries of the French secret police*, 1938, p. 234.

(94) Afinal, parece que não foi por acaso que a fundação da Okhrana em 1880 trouxe um período de atividade revolucionária sem precedentes na Rússia. Para demonstrar sua utilidade, a Okhrana tinha às vezes de organizar assassinatos, e os seus agentes, "a despeito de si próprios, serviam às idéias daqueles a quem denunciavam. (...) Que um panfleto antigovernamental ou a execução de um ministro fossem obras da polícia ou de um Azev — o resultado era o mesmo" (M. Laporte, *op. cit.*, p. 25). Além disso, as execuções mais importantes parecem realmente ter sido obra da polícia — Stolypin e Von Plelwe. O fato de que, em tempos de calma, os agentes policiais tinham de "reavivar as energias e estimular o zelo" dos revolucionários, foi decisivo, para a tradição revolucionária (*ibid.*, p. 71).
Ver também Bertram D. Wolfe, *Three who made a revolution: Lenin, Trotski, Stálin*, 1948, que chama esse fenômeno de "socialismo policial".

mações policiais para que se estabeleçam categorias de "suspeitos". Assim, os judeus da Alemanha nazista ou os descendentes das antigas classes governantes da União Soviética não estavam realmente sob suspeita de ação hostil alguma; tinham sido declarados inimigos "objetivos" do regime em decorrência da sua ideologia, e isso bastava para serem eliminados.

A principal diferença entre a polícia secreta despótica e a totalitária reside na distinção entre inimigo "suspeito" e inimigo "objetivo". Este último é definido pela política do governo e não por demonstrar o desejo de derrubar o sistema.[95] Nunca é um indivíduo cujos pensamentos perigosos tenham de ser provocados ou cujo passado justifique suspeita, mas é um "portador de tendências", como o portador de uma doença.[96] Na prática, o governante totalitário age como alguém que persistentemente insulta outra pessoa até que todo o mundo saiba que ela é sua inimiga, a fim de que possa — com certa plausibilidade — matá-la em autodefesa. É, sem dúvida, um método meio grosseiro, mas funciona, como o sabe quem quer que tenha visto como certos carreiristas bem sucedidos eliminam os concorrentes.

A introdução da noção de "inimigo objetivo" é muito mais decisiva para o funcionamento dos regimes totalitários que a definição ideológica das respectivas categorias. Se fosse apenas uma questão de odiar os judeus ou os burgueses, os regimes totalitários poderiam, após cometerem um crime gigantesco, como que retornar às regras normais de vida e de governo. Mas sabemos que acontece exatamente o oposto. A categoria dos inimigos objetivos sobrevive aos primeiros inimigos do movimento, ideologicamente determinados; e novos inimigos objetivos são encontrados segundo as circunstâncias: os nazistas, prevendo o fim do extermínio dos judeus, já haviam tomado as providências preliminares necessárias para a liquidação do povo polonês, enquanto Hitler chegou a planejar a dizimação de certas categorias de alemães;[97] os bolchevistas, tendo

---

(95) Hans Frank, que mais tarde tornou-se governador-geral da Polônia, fez uma típica diferenciação entre a pessoa que é "perigosa para o Estado" e a que é "hostil ao Estado". A primeira categoria implica uma qualidade objetiva independente da vontade e da conduta; a polícia política dos nazistas se interessa não apenas por atos hostis ao Estado, mas por "todas as tentativas — qualquer que seja o seu objetivo — cujos efeitos possam acarretar perigo para o Estado". Ver *Deutsches Verwaltungsrecht* [Direito administrativo alemão], pp. 420-30. Tradução citada em *Nazy conspiracy*, IV, 881 ss. Nas palavras de Maunz, *op. cit.*, p. 44: "Através da eliminação da pessoa perigosa, a medida de segurança (...) pretende evitar um estado de perigo à comunidade nacional, independentemente de qualquer ofensa cometida pela pessoa. [É uma questão de] evitar um perigo *objetivo*".

(96) R. Hoehn, jurista nazista e membro da SS, disse num obituário de Reinhard Heydrich, que, antes de governar a Boêmia ocupada, havia sido um dos mais íntimos colaboradores de Himmler, que considerava os seus oponentes "não como indivíduos, mas como portadores de tendências que traziam perigo para o Estado e, portanto, como tais, estavam além do âmbito da comunidade nacional". Em *Deutsche Allgemeine Zeitung*, de 6 de junho de 1942; citado por E. Kohn-Bramstedt, *Dictatorship and political police*, Londres, 1945.

(97) Já em 1941, durante uma reunião de dirigentes no quartel-general de Hitler, apresentou-se uma proposta de impor à população polonesa os mesmos regulamentos com os quais os judeus haviam sido preparados para os campos de extermínio: mudanças de nomes, se estes fossem

começado com os descendentes das antigas classes governamentais, dirigiram todo o seu terror contra os *kulaks* (no começo da década de 30), que por sua vez foram seguidos pelos russos de origem polonesa (entre 1936 e 1938), os tártaros e os alemães do Volga (durante a Segunda Guerra), os antigos prisioneiros de guerra e unidades das forças de ocupação do Exército Vermelho (depois da guerra), e finalmente a população judaica tachada de cosmopolita (depois do estabelecimento de um Estado judaico). A escolha dessas categorias nunca é inteiramente arbitrária; uma vez que são divulgadas e usadas para fins de propaganda do movimento no exterior, devem parecer plausíveis como possíveis inimigos; a escolha de uma determinada categoria pode até ser motivada por certas necessidades de propaganda do movimento em geral — como, por exemplo, o repentino surgimento do anti-semitismo governamental na União Soviética, inteiramente sem precedentes, cuja finalidade pode ter sido a de angariar simpatias para a União Soviética nos países satélites europeus. Os julgamentos ostensivos, que exigem confissões subjetivas de culpa por parte de inimigos "objetivamente" identificados têm a mesma finalidade; podem ser melhor encenados com aqueles que receberam doutrinação totalitária, pois esta lhes permite compreender "subjetivamente" a sua própria nocividade "objetiva" e confessar "pelo bem da causa".[98] O conceito de "oponente objetivo", cuja identidade muda de acordo com as circunstâncias do momento — de sorte que, assim que uma categoria é liquidada, pode declarar-se guerra à outra —, corresponde exatamente à situação de fato reiterada muitas vezes pelos governantes totalitários, isto é, que o seu regime não é um governo no sentido tradicional, mas um *movimento*, cuja marcha constantemente esbarra contra novos obstáculos que têm de ser eliminados. Se é que se pode falar de algum raciocínio legal dentro do sistema totalitário, o "oponente objetivo" é a sua idéia central.

Intimamente ligada a essa transformação do suspeito em inimigo objetivo é a nova posição da polícia secreta no Estado totalitário. Os serviços secretos já foram chamados corretamente de um Estado dentro do Estado, e isto não se aplica apenas aos despotismos, mas também aos governos constitucionais ou semiconstitucionais. A simples posse de informes secretos sempre lhes deu nítida superioridade sobre todas as outras agências do serviço público, e consti-

---

de origem alemã (como os judeus foram obrigados a apor a seus prenomes, obrigatoriamente, Israel ou Sara), sentenças de morte pelas relações sexuais entre alemães e poloneses (*Rassenschande*); obrigação de usar um sinal com a letra "P" na Alemanha, semelhante à estrela amarela com a letra "J" dos judeus. Ver *Nazi conspiracy*, VIII, 237 ss, e o diário de Hans Frank em *Trial, op. cit.*, XXI, 683. Quanto aos planos de Hitler com referência ao povo alemão, ver a nota 80.

(98) Beck e Godin, *op. cit.*, p. 87, falam das "características objetivas" que mais facilmente levavam à prisão na Rússia: entre elas, está o fato de pertencer à NKVD (p. 153). Era mais fácil aos ex-membros da polícia secreta compreenderem subjetivamente a necessidade objetiva da prisão e da confissão. Nas palavras de um ex-agente da NKVD: "Os meus superiores conhecem-me a mim e ao meu trabalho bastante bem e, se o partido e a NKVD exigem agora que eu confesse essas coisas, devem ter boas razões para isso. Meu dever como um leal cidadão soviético é não lhes negar a confissão exigida de mim" (*ibid.*, p. 231).

tuiu franca ameaça aos membros do governo.[99] A polícia totalitária, ao contrário, é totalmente sujeita ao desejo do Líder, que é o único a decidir quem será o próximo inimigo em potencial e, como o fez Stálin, pode dizer até quais os escalões da própria polícia secreta devem ser liquidados. Como a provocação não é mais permitida, a polícia perde o único meio ao seu dispor de perpetuar-se independentemente do governo, e depende inteiramente das autoridades superiores para a manutenção do seu cargo. Como o Exército num Estado não-totalitário, a polícia nos países totalitários apenas executa as normas políticas, e já não tem nenhuma das prerrogativas que tinha nas burocracias despóticas.[100]

O dever da polícia totalitária não é descobrir crimes, mas estar disponível quando o governo decide aprisionar ou liquidar certa categoria da população. Sua principal distinção política é que somente ela confidencia com a mais alta autoridade e sabe que linha política será adotada. Isso não se aplica somente a questões de alta política, como a liquidação de toda uma classe ou todo um grupo étnico (só os oficiais da GPU conheciam o verdadeiro objetivo do governo soviético no início da década de 30, como só as formações da SS sabiam que os judeus iriam ser exterminados no início da década de 40); o que caracteriza a vida diária nas condições do regime totalitário é que somente os agentes da NKVD numa indústria são informados do que pretende Moscou quando, por exemplo, ordena que se intensifique a produção de canos — se realmente deseja mais canos, ou a ruína do diretor da fábrica, ou a liquidação de toda a gerência, ou a eliminação da fábrica, ou, finalmente, a repetição dessa ordem em todo o país para que um novo expurgo possa começar.

Um dos motivos da duplicação dos serviços secretos, cujos agentes se desconhecem entre si, é que o domínio total precisa da mais ampla flexibilidade: para usar o nosso exemplo, ao pedir canos, Moscou pode ainda não saber se deseja canos — coisa que sempre é necessária — ou se visa a um expurgo. A multiplicação dos serviços secretos possibilita mudanças de última hora, de sorte que um setor governamental pode estar planejando condecorar o diretor da fábrica com a Ordem de Lênin enquanto outro toma providências para a sua prisão. A eficiência da polícia reside no fato de que essas tarefas contraditórias podem ser planejadas simultaneamente.

No regime totalitário, como em outros regimes, a polícia secreta tem o monopólio de certas informações vitais. Mas há uma importante diferença quanto ao tipo de conhecimento que só a polícia pode ter: já não lhe interessa saber o que se passa na cabeça das futuras vítimas, mas é a depositária dos maiores segredos do Estado. Isso significa automaticamente uma grande me-

(99) Bem conhecido é o caso da França, onde os ministros viviam em constante pavor dos *"dossiers"* secretos da polícia. Quanto à situação na Rússia czarista ver Laporte, *op. cit.*, pp. 22-3: "Chegará o dia em que a Okhrana exercerá um poder muito superior ao das autoridades mais regulares. (...) A Okhrana (...) só deixará o czar saber aquilo que ela quiser".

(100) "Em contraste com a Okhrana, que havia sido um Estado dentro do Estado, a GPU é um departamento do governo soviético; (...) e as suas atividades são muito menos independentes" (Roger N. Baldwin, "Political police", na *Encyclopedia of social sciences*).

lhoria de posição e prestígio, embora seja acompanhado da perda do verdadeiro poder. Os serviços secretos já não sabem de coisa alguma que o Líder não saiba melhor que eles. Em termos de poder, a polícia desceu à categoria do carrasco.

Do ponto de vista legal, a substituição totalitária da ofensa presumível pelo crime possível é ainda mais interessante que a transformação do inimigo suspeito em inimigo objetivo. O crime possível não é mais subjetivo do que o inimigo objetivo. Enquanto o suspeito é preso porque se presume que ele é capaz de cometer um crime que mais ou menos se ajusta à sua personalidade (ou ao que se suspeita corresponder à sua personalidade),[101] a versão totalitária do crime possível baseia-se na previsão lógica de fatos objetivos. Os Julgamentos de Moscou da velha guarda bolchevista e dos chefes do Exército Vermelho foram exemplos clássicos de punição de crimes possíveis. Das acusações fantásticas e falsificadas, depreende-se o seguinte cálculo lógico: os acontecimentos na União Soviética podiam levar a uma crise, uma crise podia levar à derrubada da ditadura de Stálin, o que poderia enfraquecer o poderio militar do país e possivelmente gerar uma situação em que o novo governo poderia ter de assinar uma trégua ou até uma aliança com Hitler.[102] Conseqüentemente, Stálin passou a denunciar um complô para derrubar o governo e uma conspiração em que Hitler estava envolvido. Contra essas possibilidades "objetivas", embora inteiramente improváveis, só existiam fatores "subjetivos", como a fidelidade dos acusados, sua fadiga, sua incapacidade de compreender o que estava acontecendo, sua firme convicção de que, sem Stálin, tudo estaria perdido, seu sincero ódio ao fascismo — isto é, um número de detalhes reais que, naturalmente, não tinham a consistência do crime fictício, lógico e possível. O pressuposto central do totalitarismo — de que tudo é possível — leva assim, através da constante eliminação de restrições reais, à conseqüência absurda e terrível de que todo

---

(101) Típica do conceito de suspeito é a seguinte história, contada por C. Pobiedonostzev em *L'autocratie russe: mémoires politiques, correspondance officielle et documents inédits ... 1881-1894*, Paris, 1927: "Pediram ao general Cherevin, da Okhrana, que interviesse a favor de uma senhora que estava para perder um processo, no qual a outra parte havia contratado um advogado judeu. Disse o general: 'Na mesma noite, mandei prender o maldito judeu e meti-o na prisão como pessoa politicamente suspeita. (...) Afinal, não posso tratar da mesma forma os meus amigos e um judeu sujo, que pode ser inocente hoje, mas que foi culpado ontem ou pode vir a ser culpado amanhã'".

(102) As acusações dos julgamentos de Moscou "baseavam-se (...) numa previsão grotescamente brutalizada e distorcida de possíveis acontecimentos. O raciocínio [de Stálin] provavelmente se processou como segue: querem derrubar-me numa crise — acusá-los-ei de terem-no tentado. (...) Uma mudança de governo pode enfraquecer a capacidade bélica da Rússia; e, se eles forem bem-sucedidos, podem ser obrigados a assinar a trégua com Hitler, e talvez até concordem em ceder algum território. (...) Acusá-los-ei de já haverem feito uma traiçoeira aliança com a Alemanha e de terem concordado em ceder território soviético". Esta é a brilhante explicação de Isaac Deutscher sobre os julgamentos de Moscou, *op. cit.*, p. 377.

Um bom exemplo da versão nazista do crime possível pode ser encontrado em Hans Frank, *op. cit.*: "É impossível fazer um rol completo dos atos 'perigosos para o Estado' porque nunca se pode prever aquilo que virá a constituir um risco para a liderança e para o povo em alguma data futura". (Tradução citada em *Nazi conspiracy*, IV, 881.)

crime que o governante possa conceber como viável deve ser punido, tenha sido cometido ou não. O crime possível, como o inimigo objetivo, está, naturalmente, fora da alçada da polícia, que não pode descobri-lo, nem inventá-lo, nem provocá-lo. Mais uma vez, os serviços secretos dependem inteiramente das autoridades políticas. Sua independência como um Estado dentro do Estado já não existe.

Apenas num ponto a polícia secreta totalitária ainda lembra os serviços secretos dos países não-totalitários. A polícia secreta tradicionalmente tirava proveito das vítimas, suplementando o orçamento oficial autorizado pelo Estado por meio de certas fontes não ortodoxas, associando-se simplesmente a atividades que deveria combater, como o jogo e a prostituição.[103] Esses métodos ilegais de autofinanciamento, que iam desde a cordial aceitação de subornos até a franca chantagem, muito contribuíram para que os serviços secretos se libertassem das autoridades públicas, fortalecendo a sua posição como um Estado dentro do Estado. É curioso verificar que o financiamento das autoridades policiais com a renda proveniente de suas vítimas sobreviveu a todas as outras mudanças. Na Rússia soviética, a NKVD depende quase exclusivamente da exploração do trabalho escravo que, na verdade, parece não produzir outro lucro nem servir economicamente para outra coisa senão para financiar o enorme aparelho secreto.[104] No início Himmler financiou suas tropas SS, constituídas ainda de quadros de oficiais da polícia secreta nazista, com o confisco de propriedades judaicas; depois, fez um acordo com Darré, o ministro da Agricultura, segundo o qual reverteriam a Himmler os lucros de Darré — várias centenas de milhões de marcos — ganhos anualmente com a compra de produtos agrícolas a baixo preço no exterior e sua venda a preços prefixados na Alemanha.[105] Após o início da guerra, essa fonte de renda "regular" naturalmente acabou; Albert Speer, o sucessor de Todt e o maior empregador de mão-de-obra na Alemanha após 1942, propôs a Himmler um arranjo semelhante em 1942: se Himmler concordasse em lhe entregar os trabalhadores escravos importados, até então colocados sob a jurisdição da SS, a organização de Speer daria à SS certa porcentagem dos lucros.[106] A essas fontes de renda mais ou menos regulares, Him-

---

(103) Os métodos criminosos da polícia secreta são conhecidos na França de Fouchet. Na Áustria, por exemplo, a temida polícia política sob o reino de Maria Teresa foi organizada por Kaunitz com os elementos dos chamados "comissários da castidade", que viviam de chantagem. Ver Moritz Bermann, *Maria Theresia und Kaiser Joseph II*, Vienna-Leipzig, 1881. Devo esta referência a Robert Pick.

(104) Não há dúvida de que a enorme organização policial é paga com os lucros do trabalho escravo; o que é surpreendente é que o orçamento da polícia não parece ser inteiramente coberto dessa forma; Kravchenko, *op. cit.*, menciona impostos especiais, cobrados pela NKVD dos cidadãos condenados que conseguem sobreviver e que trabalham em liberdade.

(105) Ver Fritz Thyssen, *I paid Hitler*, 1941.

(106) Ver *Nazi conspiracy*, I, 916-7. A atividade econômica da SS era centralizada num escritório para assuntos econômicos e administrativos. Para o Tesouro e para o Imposto de Renda, a SS declarava seus haveres financeiros como "propriedade do partido reservada para fins especiais" (carta de 5 de maio de 1943, citada por M. Wolfson, *Uebersicht der Gliederung verbrecherischer*

mler acrescentava os velhos métodos de chantagem dos serviços secretos em tempos de crise financeira: em cada comunidade, as unidades da SS fundavam grupos de "Amigos da SS" que tinham de prover "voluntariamente" os fundos para as necessidades dos homens da SS local.[107] É digno de nota o fato de que, em suas várias operações financeiras, a polícia secreta nazista não explorava os prisioneiros. Exceto nos últimos anos de guerra, quando o uso do material humano nos campos de concentração já não era determinado apenas por Himmler, o trabalho nos campos "não tinha outra finalidade racional a não ser a de aumentar as provações e a tortura dos infelizes prisioneiros".[108]

Contudo, essas irregularidades financeiras são os únicos — e não muito importantes — vestígios da tradição da polícia secreta, e foram possíveis devido ao desprezo geral dos regimes totalitários pelos assuntos econômicos e financeiros. Assim, certos métodos que seriam ilegais em condições normais e caracterizariam a diferença entre a polícia secreta e outros departamentos mais respeitáveis da administração não significam que estejamos lidando com um departamento independente, fora do controle de outras autoridades, vivendo numa atmosfera de irregularidade, irrespeitabilidade e insegurança. Pelo contrário, a posição da polícia secreta estabiliza-se completamente no regime totalitário, e os seus serviços são inteiramente integrados na administração. A organização não só *não* está fora do âmbito da lei, mas ela é a própria encarnação da lei e a sua respeitabilidade está acima de qualquer suspeita. Já não organiza homicídios por conta própria, já não provoca ofensas contra o Estado e a sociedade e age severamente contra toda forma de suborno, chantagem ou lucros financeiros irregulares. A lição de moral, aliada a ameaças bem claras, que Himmler se permitiu transmitir aos seus homens em plena guerra — "Tínhamos o direito moral (...) de exterminar esse povo [judeu] que nos queria liquidar, mas não temos o direito de enriquecer seja de que modo for, com um casaco de peles, um relógio, um único marco, ou um cigarro"[109] — soa como algo que procuraríamos em vão nos anais da polícia secreta. Se ela ainda se preocupa com "pensamentos perigosos", os suspeitos não sabem quais são esses pensamentos; a arregimentação de toda a vida intelectual e artística exige uma constante recriação e revisão de critérios, naturalmente acompanhada de repe-

---

Nazi-Organisationen [Panorama da estrutura das organizações criminais nazistas], Omgus, dezembro de 1947).

(107) Ver Kohn-Bramstedt, *op. cit.*, p. 112. A chantagem fica bem caracterizada se considerarmos que esse tipo de coleta de dinheiro era sempre organizado pelas unidades SS nas próprias localidades onde operavam. Ver *Der Weg der SS*, publicado pelo SS-Hauptamt-Schulungsamt (sem data), p. 14.

(108) *Ibid.*, p. 124. Faziam-se certas exceções no tocante às necessidades de manutenção dos campos e às necessidades pessoas da SS. Ver Wolfson, *op. cit.*, carta de 19 de setembro de 1941, de Oswald Pohl, chefe do WVH (Wirtschafts- und Werwaltungs-Hauptamt) ao *Reichskommissar* parece controle de preços. Parece que todas essas atividades econômicas surgiram nos campos de concentração apenas durante a guerra e devido à aguda escassez de mão-de-obra.

(109) Discurso de Himmler de outubro de 1943, em Posen, *International military trials*, Nuremberg, 1945-6, vol. 29, p. 146.

tidas eliminações de intelectuais, cujos "pensamentos perigosos" muitas vezes não passam de idéias que ainda ontem eram perfeitamente ortodoxas. Portanto, enquanto a sua função policial, na acepção comum do termo, se tornou supérflua, a função econômica da polícia secreta, que às vezes se julga haver substituído a primeira, é ainda mais dúbia. A NKVD reúne periodicamente uma porcentagem da população soviética e despacha-a para campos que são conhecidos pela denominação errônea e lisonjeira de campos de trabalho forçado, [110] cuja produção é infinitamente menor que a do trabalho comum na Rússia e mal chega a cobrir as despesas com o aparato policial.

Nem dúbia nem supérflua é a função política da polícia secreta, o "mais bem organizado e mais eficiente" dos departamentos do governo,[111] no sistema de poder do regime totalitário. É ela o verdadeiro ramo executivo do governo, através do qual todas as ordens são transmitidas. Através da rede de agentes secretos, o governante totalitário cria uma correia transmissora diretamente executiva que, em contraposição com a estrutura de camadas superpostas da hierarquia ostensiva, é completamente separada e isolada de todas as outras instituições.[112] Nesse sentido, os agentes da polícia secreta são a classe francamente governante nos países totalitários, e as suas normas e escala de valores permeiam toda a textura da sociedade totalitária.

Assim, não é muito surpreendente o fato de que certas qualidades peculiares da polícia secreta correspondem às qualidades gerais da sociedade totali-

(110) "Bek Bulat (pseudônimo literário de um ex-professor soviético) teve a oportunidade de estudar documentos da NKVD norte-caucasiana. Os documentos deixavam claro que, em junho de 1937, quando o grande expurgo estava no auge, o governo ordenou que as NKVD locais prendessem uma certa porcentagem da população. (...) A porcentagem variava de uma província para outra, atingindo 5% nas áreas menos leais. A média para toda a União Soviética era de cerca de 3%". Relatado por David J. Dallin em *The New Leader*, 8 de janeiro de 1949. — Beck e Godin, *op. cit.*, p. 239, chegam a uma suposição ligeiramente diferente e bem plausível, segundo a qual "as prisões eram planejadas como segue: a NKVD possuía arquivos sobre quase toda a população, e cada pessoa era classificada numa certa categoria. Assim, em cada cidade existiam estatísticas mostrando quantos ex-'brancos', membros de partidos de oposição etc., moravam lá. Todas as informações incriminadoras coletadas (...) e depreendidas das confissões dos prisioneiros eram também incorporadas ao arquivo, e a ficha de cada pessoa indicava o seu grau de periculosidade em potencial, que dependia da quantidade de informações suspeitas ou acusações contidas em seu dossiê. As autoridades recebiam regularmente essas estatísticas, de modo que era possível providenciar um expurgo a qualquer momento, sabendo-se exatamente o número de pessoas de cada categoria".

(111) Baldwin, *op. cit.*

(112) Os esquadrões da polícia secreta russa estavam à "disposição pessoal" de Stálin, da mesma forma como as Tropas de Choque da SS estavam à disposição especial de Hitler. Ambas as organizações, mesmo quando convocadas para servir com as forças militares em tempo de guerra, permaneciam sob essa jurisdição especial. As "leis de casamento" especial serviram para separar a SS do resto da população e foram os primeiros e mais fundamentais regulamentos que Himmler introduziu quando assumiu a tarefa de reorganizar a SS. Mesmo antes das leis de casamento de Himmler, em 1927, a SS tinha instruções, por decreto oficial, de "nunca [participar] de discussões nas reuniões dos membros do partido" (*Der Weg der SS, op. cit.*). Era idêntico o comportamento dos membros da NKVD, que deliberadamente se mantinham sempre à parte, e acima de tudo não se associavam com outros setores da aristocracia do partido (Beck e Godin, *op. cit.*, p. 163).

tária, sem serem idiossincrasias peculiares da polícia secreta totalitária. Nas condições do regime totalitário, a categoria dos suspeitos compreende toda a população; todo pensamento que se desvia da linha oficialmente prescrita e permanentemente mutável já é suspeito, não importa o campo de atividade humana em que ocorra. Simplesmente em virtude da sua capacidade de pensar, os seres humanos são suspeitos por definição, e essa suspeita não pode ser evitada pela conduta exemplar, pois a capacidade humana de pensar é também a capacidade de mudar de idéia. Além disso, como é impossível conhecer, fora de qualquer dúvida, a mente de uma pessoa — e a tortura, nesse contexto, é apenas a tentativa desesperada e fútil de tentar-se o que não se pode conseguir —, a suspeita já não pode ser afastada quando não existe nem a comunhão de valores nem a previsibilidade do interesse pessoal como realidades sociais (em contraste com as realidades meramente psicológicas). A suspeita mútua, portanto, impregna todas as relações sociais nos países totalitários e cria uma atmosfera geral mesmo fora do campo de ação especial da polícia secreta.

Nos regimes totalitários, a provocação, que antes era apenas a especialidade do agente secreto, torna-se um método de lidar com os vizinhos que é forçosamente seguido por todos, quer queiram, quer não. Todo mundo, de certa forma, é o *agent provocateur* de todo mundo; pois é claro que cada um se arrogará em *agent provocateur* se jamais uma troca comum e amistosa de "pensamentos perigosos" (ou daquilo que, nesse meio tempo, viesse a se tornar pensamento perigoso) chegar ao conhecimento das autoridades. A colaboração da população na denúncia de oponentes políticos e no serviço voluntário da delação certamente não é algo sem precedentes mas, nos países totalitários, é tão bem organizada que torna quase supérfluo o trabalho de especialistas. Num sistema de espionagem ubíqua, onde todos podem ser agentes policiais e onde cada indivíduo se sente sob constante vigilância; e, além disso, em circunstâncias nas quais as carreiras pessoais são extremamente inseguras e onde as mais espetaculares ascensões e quedas são ocorrências de todos os dias, cada palavra se torna equívoca e sujeita a "interpretações" retrospectivas.

O exemplo mais gritante de como os métodos e critérios da polícia secreta impregnam a sociedade totalitária é a questão da carreira pessoal. O agente duplo dos regimes não-totalitários servia à causa que de fato combatia quase tanto quanto as autoridades, e às vezes mais do que elas. Nutria muitas vezes uma espécie de dupla ambição; subir nos escalões dos partidos revolucionários tanto quanto nos escalões dos serviços secretos. Para conquistar a promoção em ambos os campos, bastava que adotasse certos expedientes que, numa sociedade normal, só existem nos sonhos secretos do pequeno funcionário que depende da antiguidade para ser promovido: através das suas conexões com a polícia, podia sem dúvida eliminar do partido os rivais e os superiores e, por meio de suas conexões com os revolucionários, tinha pelo menos uma chance de se descartar do seu chefe na polícia.[113] Se considerarmos as condições da atual

---

(113) Bem típica é a esplêndida carreira do agente policial Malinovsky, que terminou como deputado dos bolchevistas no parlamento. Ver Bertram D. Wolfe, *op. cit.*, capítulo xxxi.

sociedade russa, veremos que a semelhança com esses métodos é surpreendente. Não apenas quase todos os oficiais superiores devem a sua posição a expurgos que removeram os seus predecessores, mas a promoção em todos os campos é acelerada dessa forma. Periodicamente, um expurgo de dimensões nacionais abre o caminho para a nova geração, recém-formada e com fome de empregos. O próprio governo criou as condições para o progresso que o agente policial do passado teve de inventar sozinho.

Esse rodízio regular e violento de toda a gigantesca máquina administrativa, embora evite que a competência se desenvolva, tem muitas vantagens: assegura a relativa juventude dos oficiais e impede uma estabilização de condições que, pelo menos em tempos de paz, é cheia de perigos para o governo totalitário. Eliminando a antiguidade e o mérito, o governo impede que nasçam as lealdades que geralmente ligam os membros mais jovens da equipe aos mais antigos, de cuja opinião e boa vontade depende o seu progresso; elimina de uma vez por todas os perigos do desemprego e assegura a todos uma ocupação compatível com a sua educação. Assim, em 1939, depois de terminado o gigantesco expurgo na União Soviética, Stálin podia observar, com grande satisfação, que "o Partido pôde promover para posições de comando nos negócios do Estado ou do Partido mais de 500 mil jovens bolchevistas".[114] A humilhação implícita no fato de dever o emprego à injusta eliminação do predecessor tem o mesmo efeito desmoralizante que a eliminação dos judeus teve nas profissões alemãs: cada pessoa que tenha uma ocupação se torna cúmplice consciente dos crimes do governo e seu beneficiário, voluntário ou não, com o resultado de que, quanto mais sensível for o indivíduo, mais ardentemente defenderá o regime. Em outras palavras, esse sistema é o resultado lógico do princípio do Líder em suas mais amplas implicações, e a melhor garantia de lealdade, pois torna cada geração dependente, para viver, daquela linha política do Líder que tenha originado o expurgo criador de empregos. Além disso, promove a identidade dos interesses públicos e privados, da qual os defensores da União Soviética tanto se orgulhavam (ou, na versão nazista, a abolição da esfera da vida privada), pois todo indivíduo de alguma importância deve toda a sua existência ao interesse político do regime; e, quando essa identidade factual se rompe e o próximo expurgo o elimina do cargo, o regime cuida para que ele desapareça do mundo dos vivos. De modo não muito diferente, o agente duplo identificava-se com a causa da revolução (sem a qual perderia o emprego) e não apenas com a polícia secreta; também no seu caso, uma ascensão espetacular só poderia terminar em morte anônima, pois era muito difícil que o duplo jogo durasse para sempre. O governo totalitário, ao estabelecer para todas as carreiras aquelas condições de promoção que antes só haviam prevalecido entre párias sociais, conseguiu levar a cabo uma das mudanças de maior alcance na psicologia social. A psicologia do agente duplo, que estava disposto a pagar o preço de uma vida curta pela nobre existência de alguns anos no topo, tornou-se, em questões pessoais,

(114) Citado por Avtorkhanov, *op. cit.*

a base do pensamento de toda a geração que se seguiu à revolução na Rússia, e em grau menor, porém ainda mais perigoso, na Alemanha.

É nessa sociedade, impregnada pelas normas e vivendo pelos métodos que antes eram o monopólio da polícia secreta, que funciona a polícia secreta totalitária. Somente nos estágios iniciais, quando a luta pelo poder ainda está sendo travada, as suas vítimas são pessoas suspeitas de oposição. Depois disso, ela mergulha em sua carreira totalitária com a perseguição dos inimigos objetivos, que podem ser os judeus ou os poloneses (como no caso dos nazistas) ou os chamados "contra-revolucionários" — uma acusação que "na Rússia soviética (...) se faz (...) antes que surja qualquer pergunta quanto [à] conduta [do acusado]" — ou pessoas que, em algum momento da vida, tiveram uma loja ou casa, ou que "tinham pais ou avós que tinham essas coisas",[115] ou que pertenceram a uma das forças de ocupação do Exército Vermelho, ou eram de origem polonesa. Somente nesse último estágio inteiramente totalitário os conceitos de inimigo objetivo e do crime logicamente possível são abandonados; agora as vítimas são escolhidas inteiramente ao acaso e, sem mesmo terem sido acusadas, são declaradas indignas de viver. Essa nova categoria de "indesejáveis" pode consistir, como no caso dos nazistas, em doentes mentais ou portadores de moléstias do pulmão ou do coração, ou, na União Soviética, naqueles que simplesmente foram incluídos naquela porcentagem, variável de uma província para outra, cuja deportação foi decretada.

Essa consistente arbitrariedade nega a liberdade humana de modo muito mais eficaz que qualquer tirania jamais foi capaz de negar. Numa tirania, era preciso ser pelo menos um inimigo do regime para ser punido por ele. A liberdade de opinião ainda existia para aqueles que tinham a coragem de arriscar o pescoço. Teoricamente, ainda se pode fazer oposição também nos regimes totalitários; mas essa liberdade é quase anulada quando a prática de um ato voluntário apenas acarreta uma "punição" que todos, de uma forma ou de outra, têm de sofrer. No totalitarismo, a liberdade não apenas se reduz à sua última e aparentemente indestrutível garantia, que é a possibilidade do suicídio, mas perde toda a importância porque as conseqüências do seu exercício são compartilhadas por pessoas completamente inocentes. Se Hitler tivesse tido tempo para pôr em prática o seu sonhado Projeto de Lei Geral da Saúde Alemã, o homem que padecia de uma doença do pulmão teria sofrido o mesmo destino que, nos primeiros anos do regime nazista, um comunista ou, nos últimos anos, um judeu. Do mesmo modo, o oponente do regime na Rússia, que sofre o mesmo destino de milhões de pessoas escolhidas para os campos de concentração a fim de completarem alguma cota, apenas alivia a polícia do ônus da escolha arbitrária. O inocente e o culpado são igualmente indesejáveis.

A mudança do conceito de crime e de criminosos determina os métodos da polícia secreta totalitária. Os criminosos são punidos, os indesejáveis desapa-

---

(115) *The dark side of the moon*, Nova York, 1947.

recem da face da Terra; o único vestígio que resta deles é a memória daqueles que os conheceram e amaram, e uma das tarefas mais difíceis da polícia secreta é fazer com que até esses vestígios desapareçam juntamente com o condenado.

A Okhrana, predecessora czarista da GPU, inventou, ao que consta, um sistema de arquivo no qual cada suspeito era registrado numa grande ficha, no centro da qual o seu nome era rodeado por um círculo vermelho; os seus amigos políticos eram designados por círculos vermelhos menores, e os conhecidos não-políticos, por círculos verdes; círculos marrons indicavam pessoas que mantinham contato com os amigos do suspeito, mas que este não conhecia pessoalmente; os relacionamentos entre os amigos do suspeito, políticos e não-políticos, e os amigos dos seus amigos, eram indicados por linhas ligando os respectivos círculos.[116] É claro que esse método só é limitado pelo tamanho das fichas e, teoricamente, uma única e gigantesca folha poderia mostrar as relações diretas e indiretas de toda a população. É este o objetivo utópico da polícia secreta totalitária. Abandonou o antigo e tradicional sonho da polícia, que o detector de mentiras ainda supostamente realiza, e já não busca saber quem é quem, ou quem pensa o quê. (O detector de mentiras é talvez o exemplo mais ilustrativo do fascínio que esse sonho aparentemente exerce sobre a mentalidade do policial; pois obviamente o complicado aparelho de medição não pode determinar outra coisa senão a frieza ou o temperamento nervoso de suas vítimas. Na verdade, o raciocínio simplório que existe por trás do uso desse mecanismo só pode ser explicado pelo desejo irracional de que, afinal de contas, seja possível a leitura da mente.) Esse velho sonho já era suficientemente terrível quando, desde os tempos mais remotos, levava à tortura. O sonho moderno da polícia totalitária, com as suas técnicas recentes, é incomparavelmente mais terrível. Agora, a polícia sonha que basta olhar um mapa gigantesco na parede do escritório para que possa, a qualquer momento, determinar quem tem relações com quem e em que grau de intimidade; e teoricamente esse sonho não é irrealizável, embora a sua execução técnica deva ser algo difícil. Se esse mapa realmente existisse, nem mesmo a lembrança impediria a pretensão totalitária de domínio do mundo; permitiria a obliteração de pessoas sem que ficassem quaisquer vestígios, como se elas jamais houvessem existido.

Se devemos crer nos relatos de agentes da NKVD que foram presos, a polícia secreta russa já chegou perigosamente perto desse ideal do governo totalitário. A polícia possui dossiês secretos de cada habitante do vasto país, indicando cuidadosamente as numerosas relações que existem entre as pessoas, desde os conhecidos fortuitos até parentes e amizade genuínas; pois é apenas para descobrir essas relações que se interrogam tão rigorosamente os acusados, cujos "crimes" já foram determinados "objetivamente" antes mesmo de serem presos. Finalmente, quanto à faculdade da memória, tão perigosa para o regime totalitário, certos observadores estrangeiros acham que "se é verdade que

(116) Ver Laporte, *op. cit.*, p. 39.

os elefantes nunca esquecem, os russos parecem opostos aos elefantes. (...) A psicologia da Rússia soviética torna possível a amnésia total".[117]

Verifica-se a importância desse completo desaparecimento das vítimas para o mecanismo do domínio total naqueles casos em que, por um motivo ou outro, o regime se defrontou com a memória dos sobreviventes. Durante a guerra, um comandante da SS cometeu o terrível erro de informar a uma mulher francesa que o seu marido havia morrido num campo de concentração alemão; esse lapso provocou uma pequena avalanche de ordens e instruções para todos os comandantes dos campos, advertindo-os de que, em hipótese alguma, deviam dar informações ao mundo exterior.[118] Pelo mesmo motivo, os oficiais da polícia soviética, afeitos a esse sistema desde crianças, podiam apenas olhar com espanto aqueles que, na Polônia, buscavam desesperadamente saber o que havia acontecido aos seus amigos e parentes detidos.[119]

Nos países totalitários, todos os locais de detenção administrados pela polícia constituem verdadeiros poços de esquecimento onde as pessoas caem por acidente, sem deixar atrás de si os vestígios tão naturais de uma existência anterior como um cadáver ou uma sepultura. Comparado a essa novíssima invenção de se fazer desaparecer até o rosto das pessoas, o antiquado método do homicídio, seja político ou criminoso, é realmente ineficaz. O assassino deixa atrás de si um cadáver e, embora tente apagar os traços da sua própria identidade, não pode apagar da memória dos que ficaram vivos a identidade da vítima. A operação da polícia secreta, ao contrário, faz com que a vítima simplesmente jamais tenha existido.

A conexão entre a polícia secreta e as sociedades secretas é óbvia. A criação da primeira sempre necessitou e decorreu do argumento de que a existência destas últimas constituía perigo. A polícia secreta totalitária é a primeira na história que não precisa usar desses antigos pretextos de que todos os tiranos lançavam mão. O anonimato das vítimas, que não podem ser chamadas de inimigas do regime, e cuja identidade é desconhecida dos perseguidores até que a decisão arbitrária do governo as elimina do mundo dos vivos e apaga a sua memória do mundo dos mortos, é algo além de todo sigilo, além do silêncio mais profundo, além da maior mestria da dupla vida que a disciplina das sociedades conspirativas costumava impor aos seus membros.

Os movimentos totalitários, que, durante a subida ao poder, imitam certas características organizacionais das sociedades secretas e, no entanto, se instalam à luz do dia, criam uma verdadeira sociedade secreta somente depois de chegarem ao governo. A sociedade secreta dos regimes totalitários é a polícia secreta; o único segredo religiosamente guardado num país totalitário, o único conhecimento esotérico que existe, diz respeito às operações da polícia e às con-

---

(117) Beck e Godin, *op. cit.*, pp. 234 e 127.
(118) Ver *Nazi conspiracy*, VII, 84 ss.
(119) *The dark side of the moon*.

dições dos campos de concentração.[120] Naturalmente, a população como um todo e, em especial, os membros do Partido, conhecem os fatos gerais — que existem campos de concentração, que certas pessoas desaparecem, que inocentes são presos; ao mesmo tempo, todos num país totalitário sabem que o maior dos crimes é falar a respeito desses "segredos". Como o conhecimento do homem depende da afirmação e da compreensão dos seus semelhantes, essa informação geralmente sabida, individualmente guardada e nunca comunicada perde toda a realidade e assume a natureza de simples pesadelo. Só aqueles que estão de posse do conhecimento estritamente esotérico quanto às novas categorias possíveis de pessoas indesejáveis e dos métodos operacionais dos altos escalões, podem comunicar-se uns com os outros sobre o que realmente constitui a realidade de todos. Só eles estão numa posição de acreditar no que sabem ser verdadeiro. Este é o seu segredo e, para guardá-lo, instalam-se como sociedade secreta. E permanecem como membros, mesmo quando a organização secreta os prende, os obriga a fazer confissões e finalmente os liquida. Enquanto guardam o segredo, pertencem à elite, e geralmente não o revelam, mesmo quando eles próprios vão para a cadeia ou para os campos de concentração.[121]

Já observamos que um dos muitos paradoxos que ofendem o bom senso do mundo não-totalitário é o uso aparentemente irracional que o totalitarismo faz dos métodos conspiratórios. Os movimentos totalitários, aparentemente perseguidos pela polícia, raramente usam os métodos da conspiração para a derrubada do governo em sua luta pelo poder, enquanto o totalitarismo no poder, depois de reconhecido por todos os governos e depois de ter aparentemente superado o estágio revolucionário, cria uma verdadeira polícia secreta como núcleo do poder e do governo. Parece que enxerga no reconhecimento oficial um perigo maior para o conteúdo conspiratório do movimento revolucionário — um perigo de desintegração interna — que as hesitantes medidas policiais dos regimes não-totalitários.

A verdade é que os líderes totalitários, embora estejam convencidos de que devem seguir consistentemente a ficção e as normas do mundo fictício estabelecidas durante a luta pelo poder, só aos poucos descobrem toda a implicação desse mundo irreal e de suas normas. A fé na onipotência humana e a convicção de que tudo pode ser feito através da organização leva-os a experiências com que a imaginação humana pode ter sonhado, mas que a atividade humana nunca realizou. Suas abomináveis descobertas no reino do possível são inspiradas por um cientificismo ideológico que já vimos ser menos controlado pela razão e menos disposto a reconhecer os fatos que as mais loucas fantasias da especulação pré-científica e pré-filosófica. Criam a sociedade secreta, que agora já não opera à luz do dia, a sociedade da polícia secreta, ou o soldado político,

---

(120) "Pouco havia na SS que não fosse secreto. O segredo-mor era o que sucedia nos campos de concentração. Nem mesmo os membros da Gestapo podiam entrar (...) nos campos sem uma permissão especial" (Eugen Kogon, *Der SS-Staat* [O Estado SS], Munique, 1946, p. 297).

(121) Beck e Godin, *op. cit.*, p. 169, contam como os elementos da NKVD que eram presos "cuidavam em não revelar algum segredo da NKVD".

ou o guerreiro ideologicamente treinado, para que possam realizar a pesquisa experimental do possível.

Por outro lado, a conspiração totalitária contra o mundo não-totalitário — a pretensão do domínio mundial — permanece tão aberta e franca nas condições do governo totalitário como nos movimentos totalitários. É praticamente inculcada à mente da população coordenada de simpatizantes sob forma de suposta conspiração de todo o mundo contra o seu país. Propaga-se a dicotomia totalitária fazendo-se um dever de todo cidadão no exterior reportar-se ao seu país como se fosse agente secreto, e levando-o a tratar cada estrangeiro como se fosse um espião a soldo do seu governo.[122] É para a realização prática dessa dicotomia, e não por causa de segredos específicos, militares ou de outra natureza, que as cortinas de ferro separam do resto do mundo os habitantes do país totalitário. O verdadeiro segredo — os campos de concentração, esses laboratórios onde se experimenta o domínio total — os regimes totalitários ocultam dos olhos do seu próprio povo e de todos os outros povos.

Durante um tempo considerável, a normalidade do mundo normal é a mais eficaz proteção contra a denúncia dos crimes em massa dos regimes totalitários. "Os homens normais não sabem que tudo é possível"[123] e, diante do monstruoso, recusam-se a crer em seus próprios olhos e ouvidos, tal como os homens da massa não confiaram nos seus quando se depararam com uma realidade normal onde já não havia lugar para eles.[124] O motivo pelo qual os regimes totalitários podem ir tão longe na realização de um mundo invertido e fictício é que o mundo exterior não-totalitário também só acredita naquilo que quer e foge à realidade ante a verdadeira loucura, tanto quanto as massas diante do mundo normal. A repugnância do bom senso diante da fé no monstruoso é constantemente fortalecida pelo próprio governante totalitário, que não permite que nenhuma estatística digna de fé, nenhum fato ou algarismo passível de controle venha a ser publicado, de sorte que só existem informes subjetivos, incontroláveis e inafiançáveis acerca dos países dos mortos-vivos.

Devido a essa política, só parcialmente se conhecem os resultados da experiência totalitária. Embora haja um número suficiente de relatos dos campos de concentração para que se avalie a possibilidade do domínio total e se vislumbre o abismo do "possível", não sabemos até onde um regime totalitário pode transformar o caráter. Menos ainda sabemos quantas pessoas normais, ao

---

(122) O seguinte diálogo, narrado em *The dark side of the moon*, é bem típico: "Se alguém admitia haver estado fora da Polônia, a pergunta seguinte era sempre: 'E para quem você estava espionando?' (...) Um homem perguntou: 'Mas os senhores também recebem visitantes estrangeiros. Acham que todos são espiões?' A resposta foi: 'E o que você pensa? Que somos tão ingênuos que não sabemos disso perfeitamente?' "

(123) David Rousset, *The other kingdom*, Nova York, 1947.

(124) Os nazistas sabiam muito bem que uma parede de incredulidade protegia o que faziam. Um relatório secreto dirigido a Rosenberg sobre o massacre de 5 mil judeus em 1943 diz explicitamente: "Imagine se estes fatos chegassem ao conhecimento do inimigo e eles tentassem explorá-los. Provavelmente a propaganda não teria efeito, pois as pessoas que a ouvissem ou lessem simplesmente não estariam dispostas a acreditar nela" (*Nazi conspiracy*, I, 1001).

nosso redor, estariam dispostas a aceitar o modo totalitário de vida — isto é, pagar o preço de uma vida consideravelmente mais curta pela realização segura de todos os seus sonhos profissionais. É fácil compreender o quanto a propaganda totalitária e até mesmo certas instituições totalitárias correspondem aos sonhos das novas massas desarraigadas, mas é quase impossível saber qual o número daqueles que, se continuarem expostos por mais tempo a uma constante ameaça de desemprego, aceitarão de bom grado uma "política populacional" de eliminação regular do excesso de pessoas, e quantos, compreendendo perfeitamente a sua crescente incapacidade de suportar a carga da vida moderna, se conformarão de boa vontade a um sistema que, juntamente com a espontaneidade, elimina a responsabilidade.

Em outras palavras, embora conheçamos a operação e a função específica da polícia secreta totalitária, não sabemos quão bem ou até onde o "segredo" dessa sociedade secreta corresponde aos desejos e cumplicidades secretos das massas do nosso tempo.

3. O DOMÍNIO TOTAL

Os campos de concentração e de extermínio dos regimes totalitários servem como laboratórios onde se demonstra a crença fundamental do totalitarismo de que tudo é possível. Comparadas a esta, todas as outras experiências têm importância secundária — inclusive as médicas, cujos horrores estão registrados em detalhe nos julgamentos contra os médicos do Terceiro Reich —, embora seja característico que esses laboratórios fossem usados para experimentos de todo tipo.

O domínio total, que procura sistematizar a infinita pluralidade e diferenciação dos seres humanos como se toda a humanidade fosse apenas um indivíduo, só é possível quando toda e qualquer pessoa seja reduzida à mesma identidade de reações. O problema é fabricar algo que não existe, isto é, um tipo de espécie humana que se assemelhe a outras espécies animais, e cuja única "liberdade" consista em "preservar a espécie".[125] O domínio totalitário procura atingir esse objetivo através da doutrinação ideológica das formações de elite e do terror absoluto nos campos; e as atrocidades para as quais as formações de elite são impiedosamente usadas constituem a aplicação prática da doutrina ideológica — o campo de testes em que a última deve colocar-se à prova —, enquanto o terrível espetáculo dos campos deve fornecer a verificação "teórica" da ideologia.

Os campos destinam-se não apenas a exterminar pessoas e degradar seres humanos, mas também servem à chocante experiência da eliminação, em con-

---

(125) Em *Tischgespräche*, Hitler menciona várias vezes estar lutando por uma situação em que "cada indivíduo saiba que vive e morre para a preservação da espécie" (p. 349). Ver também p. 347: "Uma mosca põe milhões de ovos, dos quais todos morrem. Mas a mosca fica".

dições cientificamente controladas, da própria espontaneidade como expressão da conduta humana, e da transformação da personalidade humana numa simples coisa, em algo que nem mesmo os animais são; pois o cão de Pavlov que, como sabemos, era treinado para comer quando tocava um sino, mesmo que não tivesse fome, era um animal degenerado.

Em circunstâncias normais, isso nunca pode ser conseguido, porque a espontaneidade jamais pode ser inteiramente eliminada, uma vez que se relaciona não apenas com a liberdade humana, mas com a própria vida, no sentido da simples manutenção da existência. É somente nos campos de concentração que essa experiência é possível e, portanto, os campos são não apenas *la société la plus totalitaire encore réalisé* (David Rousset), mas também o modelo social perfeito para o domínio total em geral. Da mesma forma como a estabilidade do regime totalitário depende do isolamento do mundo fictício criado pelo movimento em relação ao mundo exterior, também a experiência do domínio total nos campos de concentração depende de seu fechamento ao mundo de todos os homens, ao mundo dos vivos em geral, até mesmo ao mundo do próprio país que vive sob o domínio totalitário. Esse isolamento explica a peculiar irrealidade e a incredibilidade que caracterizam todos os relatos provenientes dos campos de concentração e constitui uma das principais dificuldades para a verdadeira compreensão do domínio totalitário, pois, por mais incrível que pareça, os campos são a verdadeira instituição central do poder organizacional totalitário.

Existem numerosos relatos de sobreviventes.[126] Quanto mais autênticos, menos procuram transmitir coisas que escapam à compreensão humana e à experiência humana — ou seja, sofrimentos que transformam homens em "animais que não se queixam".[127] Nenhum desses relatórios inspira arroubos de indignação e de simpatia capazes de mobilizar os homens em nome da justiça. Pelo contrário, qualquer pessoa que fale ou escreva sobre campos de concentração é tida como suspeita; e se o autor do relato voltou resolutamente ao mundo dos vivos, ele mesmo é vítima de dúvidas quanto à sua própria veracidade, como se pudesse haver confundido um pesadelo com a realidade.[128]

(126) Os melhores relatos sobre os campos de concentração nazistas são os de David Rousset, *Les jours de notre mort*, Paris, 1947; Eugen Kogon, *op. cit.*; Bruno Bettelheim, "On Dachau and Buchenwald" (de maio de 1938 a abril de 1939), em *Nazi conspiracy*, VII, 824 ss. Quanto aos campos de concentração soviéticos, ver a excelente coleção de relatos de sobreviventes poloneses publicados sob o título *Te dark side of the moon*; e também David J. Dallin, *op. cit.*, embora as suas narrativas sejam menos convincentes por partirem de personalidades "proeminentes" desejosas de redigir manifestos e acusações.

(127) *The dark side of the moon*; a introdução também acentua essa peculiar falta de comunicação: "Eles registram mas não comunicam".

(128) Ver especialmente Bruno Bettelheim, *op. cit.* "Era como se eu estivesse convencido de que, de certa forma, aquelas coisas horríveis e degradantes não estavam acontecendo a 'mim' como sujeito, mas a 'mim' como objeto. Essa sensação foi corroborada pelo que me diziam outros prisioneiros. (…) Era como se eu visse ocorrerem coisas das quais apenas vagamente participava. (…) 'Isto não pode ser verdadeiro, essas coisas simplesmente não acontecem'. (…) Os prisioneiros tinham de convencer a si mesmos que aquilo era real, que estava realmente acontecendo e que não era apenas um pesadelo. Nunca o conseguiram completamente".

Essa dúvida em relação a si mesmo e à realidade de suas próprias experiências apenas demonstra aquilo que os nazistas sempre souberam: que, para os que se dispõem a cometer crimes, convém organizá-los da maneira mais vasta e mais inverossímil. Não apenas porque isso torna inadequada e absurda qualquer punição prevista em lei, mas porque a própria imensidade dos crimes garante que os assassinos, que proclamam a sua inocência com toda sorte de mentiras, sejam mais facilmente acreditados do que as vítimas que dizem a verdade. Os nazistas nem mesmo acharam necessário guardar essa descoberta: Hitler fez circular milhões de cópias do seu livro em que dizia abertamente que, para ser bem sucedida, a mentira deve ser enorme — o que não impediu que as pessoas acreditassem nele, do mesmo modo como as proclamações nazistas, repetidas *ad nauseam*, de que os judeus seriam exterminados como insetos (isto é, com gás venenoso), não levaram ninguém a acreditar seriamente nessas enunciações.

Somos todos tentados a explicar o intrinsecamente inacreditável por meio de racionalização. Em cada um de nós existe um liberal que procura persuadir-nos com a voz do bom senso. O caminho do domínio totalitário passa por vários estágios intermediários dos quais podemos encontrar muitas analogias e precedentes. O terror extraordinariamente sangrento durante a fase inicial do governo totalitário atende realmente ao fim exclusivo de derrotar o oponente e de impossibilitar qualquer oposição futura; mas o terror total só é lançado depois de ultrapassada essa fase inicial, quando o regime já nada tem a recear da oposição. O meio se transforma no fim e a afirmação de que "o fim justifica os meios" já não se aplica, pois o terror, não sendo mais o meio de aterrorizar as pessoas, perdeu a sua "finalidade". Tampouco basta dizer que a revolução, como no caso da Revolução Francesa, passou a devorar os próprios filhos, pois o terror continua mesmo quando todos aqueles que eram, ou se podiam julgar, filhos da revolução de um modo ou de outro — as facções russas, os centros de poder do partido, o Exército, a burocracia — já foram eliminados há muito tempo. Muito do que hoje é peculiar ao governo totalitário é bastante conhecido através dos estudos da história. Sempre houve guerras de agressão; o massacre de populações hostis após uma vitória campeou à solta mesmo depois que os romanos o abrandassem com o *parcere subjectis*; o extermínio dos povos nativos acompanhou a colonização das Américas, da Austrália e da África; a escravidão é uma das mais antigas instituições da humanidade, e todos os impérios da Antiguidade se basearam no trabalho dos escravos do Estado, que erigiam os seus edifícios públicos. Nem mesmo os campos de concentração são invenção dos movimentos totalitários. Surgiram pela primeira vez durante a Guerra dos Bôeres, no começo do século XX, e continuaram a ser usados na África do Sul

---

Ver também Rousset, *op. cit*., p. 213: "(...) Aqueles que não o viram com os próprios olhos não podem acreditar. Você mesmo, antes de vir para cá, levava a sério o que se dizia a respeito das câmaras de gás? Respondi que não. (...) Vê? Pois todos são iguaizinhos a você. Todos eles, em Paris, Londres, Nova York, até mesmo em Birkenau, com aqueles crematórios embaixo do próprio nariz (...) ainda não acreditam, cinco minutos antes de serem mandados para o porão dos crematórios ainda não acreditam".

e na Índia para os "elementos indesejáveis"; aqui também encontramos pela primeira vez a expressão "custódia protetora", que mais tarde foi adotada pelo Terceiro Reich. Esses campos correspondem, em muitos detalhes, aos campos de concentração do começo do regime totalitário; eram usados para "suspeitos" cujas ofensas não se podiam provar, e que não podiam ser condenados pelo processo legal comum. Tudo isso aponta claramente na direção dos métodos totalitários; são elementos que eles empregam, desenvolvem e cristalizam à base do princípio niilístico de que "tudo é permitido", princípio que eles herdaram e aceitaram com naturalidade. Mas, onde essas novas formas de domínio adquirem a estrutura autenticamente totalitária, transcendem esse princípio, que ainda se relaciona com os motivos utilitários e o interesse dos governantes, e vão atuar numa esfera que até agora nos era completamente desconhecida: a esfera onde "tudo é possível". E, tipicamente, esta é precisamente a esfera que não pode ser limitada nem por motivos utilitários nem pelo interesse pessoal, não importa o conteúdo deste último.

O que contraria o bom senso não é o princípio niilístico de que "tudo é permitido", já delineado no conceito utilitário de bom senso do século XIX. O que o bom senso e as "pessoas normais" se recusam a crer é que tudo seja possível.[129] Tentamos compreender certos elementos da experiência atual ou passada que simplesmente ultrapassam os nossos poderes de compreensão. Tentamos classificar como criminoso um ato que esta categoria jamais poderia incluir. Porque, no fundo, qual o significado do conceito de homicídio quando nos defrontamos com a produção de cadáveres em massa? Tentamos compreender psicologicamente a conduta dos presos dos campos de concentração e dos homens da SS, quando o que é preciso compreender é que a psique humana pode ser destruída mesmo sem a destruição física do homem; que, na verdade, a psique, o caráter e a individualidade parecem, em certas circunstâncias, manifestar-se apenas pela rapidez ou lentidão com que se desintegram.[130] Como resultado final surgem homens inanimados, que já não podem ser compreendidos psicologicamente, cujo retorno ao mundo psicologicamente humano (ou inteligivelmente humano) se assemelha à ressurreição de Lázaro. Diante disto, qualquer julgamento do bom senso serve apenas para justificar aqueles que acham "superficial" "deter-se em horrores".[131]

Se é verdade que os campos de concentração são a instituição que caracteriza mais especificamente o governo totalitário, então deter-se nos horrores que eles representam é indispensável para compreender o totalitarismo. Mas a recordação não pode levar a isto mais do que o pode o relato incomunicativo da testemunha ocular. Em ambos há uma tendência de fugir da experiência; instintiva ou racionalmente, ambos são tão conscientes do abismo que separa o

---

(129) O primeiro a compreender isto foi Rousset, em seu *Univers concentratinaire*, 1947.
(130) Rousset, *op. cit.*, p. 587.
(131) Ver Georges Bataille em *Critique*, janeiro de 1948, p. 72.

mundo dos vivos do mundo dos mortos-vivos que não conseguem oferecer senão uma série de ocorrências relembradas, que parecem tão incríveis para os que as relatam como para os que as ouvem. Somente pode dar-se ao luxo de continuar a pensar em horrores a imaginação amedrontada dos que, embora provocados por esses relatos, não foram realmente feridos na própria carne, daqueles que, conseqüentemente, estão a salvo do pavor bestial e desesperado que, após a experiência do horror verdadeiro e presente, paralisa inexoravelmente tudo. Tais pensamentos são úteis apenas para a percepção dos contextos políticos e para a mobilização das paixões políticas. Pois pensar em horrores não leva a mudanças de personalidade de qualquer espécie, como, aliás, também não o faz a verdadeira experiência do horror. A redução do homem a um feixe de reações separa-o tão radicalmente de tudo o que há nele de personalidade e caráter quanto uma doença mental. Mas quando, como Lázaro, ele se ergue dentre os mortos, reencontra inalterados a personalidade e o caráter, exatamente como os havia deixado.

Como o horror não altera o caráter do homem nem pode deixá-lo melhor ou pior, também não pode tornar-se a base de uma comunidade política ou de um partido. A tentativa de criar uma elite européia baseada no programa de entendimento gerado pela experiência dos campos de concentração, sofrida por toda a Europa, falhou do mesmo modo como haviam falhado as tentativas, feitas depois da Primeira Guerra Mundial, de extrair conclusões políticas da experiência internacional da geração interligada pela vivência das trincheiras. Em ambos os casos, verificou-se que a experiência, em si, nada comunica senão banalidades niilísticas.[132] As conseqüências políticas, como o pacifismo de pós-guerra, por exemplo, resultaram do temor geral da guerra, não das experiências da guerra. Em vez de produzir um pacifismo destituído de realidade, o conhecimento da estrutura das guerras modernas deveria ter levado à compreensão de que o único critério para uma guerra necessária é a luta contra condições em que as pessoas perdem o desejo de viver — e a experiência que tivemos com o inferno atroz dos campos totalitários fez-nos compreender demasiado bem que essas condições são possíveis.[133] Assim, o temor dos campos de concentração e o resultante conhecimento do que é o domínio total podem servir para anular todas as obsoletas divergências políticas da direita e da esquerda e introduzir, ao lado e acima delas, a maneira politicamente mais importante de julgar os eventos da nossa época, ou seja: se são úteis ou não ao domínio totalitário.

Em qualquer caso, a imaginação amedrontada tem a grande vantagem de anular as interpretações sofístico-dialéticas da política, que partem da premissa

---

(132) O livro de Rousset contém muitas dessas "intuições" a respeito da "natureza" humana, baseadas principalmente na observação do fato de que, depois de certo tempo, mal se pode distinguir a mentalidade dos internos da mentalidade dos guardas dos campos.

(133) A fim de evitar mal-entendidos, convém acrescentar que, com a invenção da bomba de hidrogênio, dos foguetes teleguiados e das armas eletrônicas, a guerra ficou totalmente diferente. Contudo, está fora do escopo deste livro discutir essa questão.

de que algo de bom pode advir do mal. Enquanto o pior que o homem podia infligir ao homem era o homicídio, essa acrobata dialética tinha ao menos uma aparência de justificação. Mas, como sabemos hoje, o homicídio é apenas um mal limitado. O assassino que mata um homem — um homem que, sendo mortal, tem que morrer um dia de qualquer modo — habita o nosso mundo de vida e morte; entre ambos — o assassino e a vítima — existe de fato um elo que serve de base à dialética, mesmo que esta nem sempre o perceba. Mas o assassino que deixa atrás de si um cadáver não afirma nem pretende impor a idéia de que a sua vítima nunca tenha existido; se apaga quaisquer vestígios, são os da sua própria identidade, e não a memória e a dor daqueles que amaram a vítima; destrói uma vida, mas não destrói o fato da própria existência.

Os nazistas, com a precisão que lhes era peculiar, costumavam registrar suas operações nos campos de concentração sob o título "na calada da noite" (*Nacht und Nebel*). Muitas vezes não se percebe à primeira vista o radicalismo de medidas destinadas a tratar pessoas como se nunca houvessem existido e a fazê-las desaparecer no sentido literal do termo, porque o sistema nazista alemão e o sistema bolchevista russo não são uniformes, mas consistem em um conjunto de categorias em que as pessoas são tratadas de modo muito diferente. No caso da Alemanha, houve diferentes categorias de pessoas no mesmo campo, desprovidas de contato entre si; freqüentemente, o isolamento entre as categorias era mais severo que o isolamento entre o campo e o mundo exterior. Assim, por motivos "raciais", os cidadãos escandinavos, embora fossem inimigos declarados dos nazistas, eram tratados pelos alemães, durante a guerra, diferentemente dos membros de outros grupos inimigos; estes, por sua vez, dividiam-se entre aqueles cujo "extermínio" era imediato, como no caso dos judeus, ou era previsto em futuro próximo, como no caso dos poloneses, russos e ucranianos, e aqueles a respeito dos quais ainda não existiam instruções quanto a uma "solução final" global, como no caso dos franceses e dos belgas. Na Rússia, por outro lado, podemos distinguir três sistemas mais ou menos independentes. Primeiro, há os grupos condenados a autêntico trabalho forçado, que vivem em relativa liberdade e cujas sentenças são limitadas. Depois, há os campos de concentração nos quais o material humano é impiedosamente explorado e o índice de mortalidade é extremamente alto, mas que ainda assim são organizados fundamentalmente para fins de trabalho. E, finalmente, existem os campos de aniquilação, onde os internos são sistematicamente exterminados pela fome ou pelo abandono.

O verdadeiro horror dos campos de concentração e de extermínio reside no fato de que os internos, mesmo que consigam manter-se vivos, estão mais isolados do mundo dos vivos do que se tivessem morrido, porque o horror compele ao esquecimento. No mundo concentracionário mata-se um homem tão impessoalmente como se mata um mosquito. Uma pessoa pode morrer em decorrência de tortura ou de fome sistemática, ou porque o campo está superpovoado e há necessidade de liquidar o material humano supérfluo. Inversamente, pode ocorrer que, devido a uma falta de novas remessas humanas, surja o perigo de que os campos se esvaziem, e seja dada a ordem de reduzir o índice de mortalidade a qualquer preço.[134] David Rousset deu ao relato do período que passou num campo de concentração alemão o título de *Les jours de notre mort*, e, realmente, é como se se pudesse tornar permanente o próprio processo de morrer e criar uma situação em que tanto a morte como a vida são retardadas com a mesma eficácia.

O surgimento de um mal radical antes ignorado põe fim à noção de gradual desenvolvimento e transformação de valores. Não há modelos políticos nem históricos nem simplesmente a compreensão de que parece existir na política moderna algo que jamais deveria pertencer à política como costumávamos entendê-la, a alternativa de tudo ou nada — e esse algo é tudo, isto é, um número absolutamente infinito de formas pelas quais os homens podem viver em comum, ou nada, pois a vitória dos campos de concentração significaria a mesma inexorável ruína para todos os seres humanos que o uso militar da bomba de hidrogênio traria para toda a raça humana.

Não há paralelos para comparar com algo a vida nos campos de concentração. O seu horror não pode ser inteiramente alcançado pela imaginação justamente por situar-se fora da vida e da morte. Jamais pode ser inteiramente narrado, justamente porque o sobrevivente retorna ao mundo dos vivos, o que lhe torna impossível acreditar completamente em suas próprias experiências passadas. É como se o que tivesse a contar fosse uma história de outro planeta, pois para o mundo dos vivos, onde ninguém deve saber se ele está vivo ou morto, é como se ele jamais houvesse nascido. Assim, todo paralelo cria confusão e desvia a atenção do que é essencial. O trabalho forçado nas prisões e colônias penais, o banimento, a escravidão, todos parecem, por um instante, oferecer possibilidade de comparação, mas, num exame mais cuidadoso, não levam a parte alguma.

O trabalho forçado como punição é limitado no tempo e na intensidade. O preso retém os direitos sobre o próprio corpo; não é torturado de forma absoluta nem dominado de modo absoluto. O banimento apenas transfere o banido de uma parte do mundo para outra, também habitada por seres humanos; não o exclui inteiramente do mundo dos homens. Em toda a história, a escravidão foi uma instituição dentro de uma ordem social; os escravos não estavam, como os internos dos campos de concentração, longe dos olhos e, portanto, da proteção dos seus semelhantes; como instrumentos de trabalho, tinham um preço

---

(134) Isso aconteceu na Alemanha em fins de 1942, ocasião em que Himmler notificou a todos os comandantes dos campos "que reduzissem a taxa de mortalidade a todo custo", pois verificara-se que, dos 136 mil recém-deportados, 70 mil já estavam mortos quando chegaram no campo ou morreram logo depois. Ver *Nazi conspiracy*, IV, anexo II. Relatos posteriores, provenientes dos campos da União Soviética, confirma unanimemente que, após 1949 — isto é, quando Stálin ainda estava vivo — a taxa de mortalidade nos campos de concentração, que antes havia alcançado até 60% dos presos, foi sistematicamente reduzida, presumivelmente devido à aguda escassez de mão-de-obra na União Soviética. Essa melhora de condições não deve ser confundida com a crise do regime surgida após a morte de Stálin e que, significativamente, repercutiu primeiro nos campos de concentração. Cf. Wilhelm Starlinger, *Grezen der Sowjetmacht* [Limites do poder soviético], Würzburg, 1955.

definido e, como propriedade, um valor definido. O interno do campo de concentração não tem preço algum, porque sempre pode ser substituído; ninguém sabe a quem ele pertence, porque nunca é visto. Do ponto de vista da sociedade normal, ele é absolutamente supérfluo, embora em épocas de intensa falta de mão-de-obra, como na Rússia e na Alemanha durante a guerra, fosse usado para o trabalho.

Como instituição, o campo de concentração não foi criado em nome da produtividade; a única função econômica permanente do campo é o financiamento dos seus próprios supervisores; assim, do ponto de vista econômico, os campos de concentração existem principalmente para si mesmos. Qualquer trabalho que neles tenha sido realizado poderia ter sido feito muito melhor e mais barato em condições diferentes.[135] A Rússia especialmente, cujos campos de concentração são em geral descritos como campos de trabalho forçado, porque a burocracia soviética preferiu honrá-los com esse nome, revela com mais clareza que o trabalho forçado não é a questão fundamental; o trabalho forçado é a condição normal de todos os trabalhadores russos, já que eles não têm liberdade de movimento e podem ser arbitrariamente convocados para trabalhar em qualquer lugar a qualquer momento. A incredibilidade dos horrores é intimamente ligada à inutilidade econômica. Os nazistas levaram essa inutilidade ao ponto da franca antiutilidade quando, em meio à guerra e a despeito da escassez de material rolante e de construções, edificaram enormes e dispendiosas fábricas de extermínio e transportaram milhões de pessoas de um lado para o outro.[136] Aos olhos de um mundo estritamente utilitário, a evidente contradição entre esses atos e a conveniência militar dava a todo o sistema a aparência de louca irrealidade.

Essa atmosfera de loucura e irrealidade, criada pela aparente ausência de propósitos, é a verdadeira cortina de ferro que esconde dos olhos do mundo

---

(135) Ver **Kogon**, *op. cit.*, p. 58: "Grande parte do trabalho imposto nos campos de concentração era inútil; ou era supérfluo ou era tão mal planejado que tinha de ser feito duas ou três vezes". Ver também Bettelheim, *op. cit.*, pp. 831-2: "Os novos prisioneiros eram forçados a realizar tarefas idiotas. (...) Sentiam-se degradados (...) e preferiam trabalho mais pesado que produzisse alguma coisa de útil". Mesmo Dallin, que baseou seu livro sobre a tese de que a finalidade dos campos soviéticos é proporcionar mão-de-obra barata, é forçado a admitir a ineficiência do trabalho nos campos: *op. cit.*, p. 105. As teorias correntes sobre o sistema de campos russo como uma medida econômica, destinada a prover mão-de-obra barata, seriam claramente refutadas se recentes informes acerca de anistias em massa e da abolição dos campos de concentração provarem-se corretos. Pois, se os campos serviam a um importante objetivo econômico, o regime certamente não poderia ter-se permitido sua rápida liquidação sem graves conseqüências para todo o sistema econômico.

(136) Além dos milhões de pessoas que os nazistas transportaram para os campos de extermínio, constantemente experimentavam novos planos de colonização, transportando alemães da Alemanha ou dos territórios ocupados para o Leste para fins de colonização. Isso, naturalmente, constituía sério obstáculo às ações militares e à exploração econômica. Quanto às numerosas discussões sobre esses assuntos e ao constante conflito entre a hierarquia civil nazista nos territórios ocupados do Leste e a hierarquia da SS, ver especialmente o volume XXIX de *Trial of the major war criminals*, Nuremberg, 1947.

todas as formas de campos de concentração. Vistos de fora, os campos e o que neles acontece só podem ser descritos com imagens extraterrenas, como se a vida fosse neles separada das finalidades deste mundo. Os campos de concentração podem ser classificados em três tipos correspondentes às três concepções ocidentais básicas de uma vida após a morte: o Limbo, o Purgatório e o Inferno. Ao Limbo correspondem aquelas formas relativamente benignas, que já foram populares mesmo em países não-totalitários, destinadas a afastar da sociedade todo tipo de elementos indesejáveis — os refugiados, os apátridas, os marginais e os desempregados —; os campos de pessoas deslocadas, por exemplo, que continuaram a existir mesmo depois da guerra, nada mais são do que campos para os que se tornaram supérfluos e importunos. O Purgatório é representado pelos campos de trabalho da União Soviética, onde o abandono alia-se ao trabalho forçado e desordenado. O Inferno, no sentido mais literal, é representado por aquele tipo de campos que os nazistas aperfeiçoaram e onde toda a vida era organizada, completa e sistematicamente, de modo a causar o maior tormento possível.

Os três tipos têm uma coisa em comum: as massas humanas que eles detêm são tratadas como se já não existissem, como se o que sucedesse com elas não pudesse interessar a ninguém, como se já estivessem mortas e algum espírito mau, tomado de alguma loucura, brincasse de suspendê-las por certo tempo entre a vida e a morte, antes de admiti-las na paz eterna.

Mais que o arame farpado, é a irrealidade dos detentos que ele confina, que provoca uma crueldade tão incrível que termina levando à aceitação do extermínio como solução perfeitamente normal. Tudo o que se faz nos campos tem o seu paralelo no mundo das fantasias malignas e perversas. O que é difícil entender, porém, é que esses crimes ocorriam num mundo fantasma materializado num sistema em que, afinal, existiam todos os dados sensoriais da realidade, faltando-lhe apenas aquela estrutura de conseqüências e responsabilidade sem a qual a realidade não passa de um conjunto de dados incompreensíveis. Como resultado, passa a existir um lugar onde os homens podem ser torturados e massacrados sem que nem os atormentadores nem os atormentados, e muito menos o observador de fora, saibam que o que está acontecendo é algo mais do que um jogo cruel ou um sonho absurdo.[137]

Os filmes documentários divulgados na Alemanha e em outros países depois da guerra demonstraram claramente que essa atmosfera de loucura e irrealidade não se dissipa com a simples reportagem. Para o observador sem preconceitos essas visões são quase tão pouco convincentes quanto as fotos de misteriosas substâncias tiradas em sessões espíritas.[138] O bom senso reagiu aos hor-

---

(137) Bettelheim, *op. cit.*, observa que os guardas dos campos adotavam uma atitude semelhante à dos próprios prisioneiros no tocante à atmosfera de irrealidade.

(138) Tem certa importância compreender que todas as fotografias dos campos de concentração eram enganadoras, uma vez que mostravam os campos em seus últimos estágios, no momento em que chegavam as tropas aliadas. Não existiam campos de extermínio na Alemanha propriamente dita e, a essa altura, todo o equipamento de extermínio já havia sido desmontado. Por

rores de Auschwitz com o argumento plausível: "Que crime essas pessoas devem ter cometido para que se lhes fizessem tais coisas!"; ou, na Alemanha e na Áustria, em meio à fome e ao ódio geral: "Que pena que pararam de matar os judeus!"; e, em toda parte, com o ceticismo com que é recebida a propaganda ineficaz.

Se a propaganda da verdade não convence o homem comum, por ser demasiado monstruosa, é positivamente perigosa para aqueles que sabem, em sua própria imaginação, o que são capazes de fazer e, portanto, acreditam plenamente na realidade dos filmes. De repente, torna-se-lhes claro que aquilo que durante milhares de anos fora relegado pela imaginação do homem a uma esfera além da competência humana pode ser fabricado aqui mesmo na Terra, que o Inferno e o Purgatório, e até mesmo um arremedo da sua duração perpétua, podem ser criados pelos métodos mais modernos da destruição e da terapia. Para essas pessoas (e em qualquer cidade grande elas são mais numerosas do que desejamos admitir), o inferno totalitário prova somente que o poder do homem é maior do que jamais ousaram pensar, e que podemos realizar nossas fantasias infernais sem que o céu nos caia sobre a cabeça ou a terra se abra sob os nossos pés.

Essas analogias, repetidas nos relatos do mundo dos agonizantes,[139] parecem ser mais que uma tentativa desesperada de exprimir o que está além da linguagem humana. Talvez nada melhor do que a perda da fé num Julgamento Final distinga tão radicalmente as massas modernas daquelas dos séculos passados: os piores elementos perderam o temor, os melhores perderam a esperança. Incapazes de viver sem temor e sem esperança, as massas são atraídas por qualquer esforço que pareça prometer uma imitação humana do Paraíso que desejaram e do Inferno que temeram. Do mesmo modo como a versão popularizada da sociedade sem classes de Marx tem uma estranha semelhança com a Era Messiânica, também a realidade dos campos de concentração lembra, antes de mais nada, as pinturas medievais do Inferno.

Há, porém, um detalhe que tornava a antiga concepção de Inferno tolerável para o homem e que não pode ser reproduzido: o Julgamento Final, a idéia de um critério absoluto de justiça aliado à infinita possibilidade da misericórdia. Pois, no cálculo humano, não existe crime nem pecado comensuráveis com os tormentos eternos do Inferno. Daí a perplexidade, daí a pergunta decor-

---

outro lado, o que mais provocou a indignação dos aliados e o que constitui o lado mais horroroso dos filmes — isto é, a visão dos esqueletos humanos — não era de modo algum típico dos campos de concentração alemães; o extermínio era levado a cabo sistematicamente por meio de gás e não de fome. A condição dos campos foi o resultado da guerra durante os últimos meses: Himmler havia ordenado a evacuação de todos os campos de extermínio do Leste europeu onde eles se concentravam (principalmente na Polônia), e, em conseqüência, os campos de concentração alemães ficaram superpovoados com a vinda dos sobreviventes deportados, sem que houvesse possibilidade de assegurar o suprimento de alimentos.

(139) Rousset acentua (*op. cit., passim*) que a vida num campo de concentração era simplesmente um prolongado processo de morte.

rente do bom senso: que crimes essas pessoas podem ter cometido para sofrer tão desumanamente? Daí, também, a absoluta inocência das vítimas: nenhum homem jamais mereceu tal coisa. E daí, finalmente, a grotesca casualidade da escolha das vítimas dos campos de concentração no reino aperfeiçoado do terror: esse "castigo" pode, com igual justiça ou injustiça, ser aplicado a qualquer um.

Comparado ao insano resultado final — uma sociedade de campos de concentração —, o processo pelo qual os homens são preparados para esse fim e os métodos pelos quais os indivíduos se adaptam a essas condições são transparentes e lógicos. A desvairada fabricação em massa de cadáveres é precedida pela preparação, histórica e politicamente inteligível, de cadáveres vivos. O incentivo e, o que é mais importante, o silencioso consentimento a tais condições sem precedentes resultam daqueles eventos que, num período de desintegração política, súbita e inesperadamente tornaram centenas de milhares de seres humanos apátridas, desterrados, proscritos e indesejados, enquanto o desemprego tornava milhões de outros economicamente supérfluos e socialmente onerosos. Por sua vez, isso só pôde acontecer porque os Direitos do Homem, apenas formulados mas nunca filosoficamente estabelecidos, apenas proclamados mas nunca politicamente garantidos, perderam, em sua forma tradicional, toda a validade.

O primeiro passo essencial no caminho do domínio total é matar a pessoa jurídica do homem. Por um lado, isso foi conseguido quando certas categorias de pessoas foram excluídas da proteção da lei e quando o mundo não-totalitário foi forçado, por causa da desnacionalização maciça, a aceitá-los como os fora-da-lei; logo a seguir, criaram-se campos de concentração fora do sistema penal normal, no qual um crime definido acarreta uma pena previsível. Assim, os criminosos, que, aliás, constituíam um elemento essencial na sociedade dos campos de concentração, geralmente só eram ali confinados depois de completarem a sentença a que haviam condenados. Em todas as circunstâncias, o domínio totalitário cuidava para que as categorias confinadas nos campos — judeus, portadores de doenças, representantes das classes agonizantes — perdessem a capacidade de cometer quaisquer atos normais ou criminosos. Do ponto de vista da propaganda, essa "custódia protetora" era apresentada como "medida policial preventiva",[140] isto é, medida que tira das pessoas a capacidade de agir. As exceções a essa regra, na Rússia, devem ser atribuídas à calamitosa escassez de prisões e a um desejo, até agora não realizado, de transformar todo o sistema penal num sistema de campos de concentração.[141]

A inclusão de criminosos — a que acabamos de aludir — é necessária para emprestar credibilidade à alegação propagandística do movimento de que

---

(140) Maunz, op. cit., p. 50, insiste em que os criminosos nunca deviam ser mandados para os campos para cumprimento das sentenças regulares.

(141) A escassez de prisões na Rússia era tal que, no ano de 1925-6, somente 36% das sentenças puderam ser cumpridas. Ver Dallin, op. cit., p. 158 ss.

a instituição existe para abrigar elementos fora da sociedade.[142] Os criminosos não deveriam estar em campos de concentração, porque é mais difícil matar a pessoa jurídica de um homem culpado por algum crime do que a de um outro totalmente inocente. O fato de constituírem categoria permanente entre os internos é uma concessão do Estado totalitário aos preconceitos da sociedade, que assim pode habituar-se mais facilmente à existência dos campos. Por outro lado, para não alterar o sistema de campos, é essencial, enquanto exista no país um sistema penal, que os criminosos somente sejam enviados para lá depois de haverem completado a sentença, isto é, quando de fato já têm direito à liberdade. Em hipótese alguma deve o campo de concentração transformar-se em castigo previsível para um crime definido.

Misturar criminosos às outras categorias de presos tem, além disso, a vantagem de tornar chocantemente evidente a todos os outros internos o fato de que atingiram o mais baixo nível social. E, na verdade, estes logo perceberão que não lhes faltam motivos para invejar o mais vil ladrão ou assassino; mas, no início parecia o nível mais baixo um bom começo. Ademais, tratava-se de eficiente meio de camuflagem: isso só acontece a criminosos; e não está acontecendo nada pior do que os criminosos merecem.

Os criminosos constituem a aristocracia de todos os campos. (Na Alemanha, durante a guerra, foram substituídos na liderança dos campos pelos presos comunistas, pois as caóticas condições criadas por uma administração de criminosos não permitiam a realização sequer de uma transformação temporária na época em que o andamento da guerra o exigia. Tratava-se, porém, apenas de uma transformação temporária dos campos de concentração em campos de trabalho forçado, fenômeno inteiramente atípico e de curta duração.[143]) O que leva os criminosos à liderança não é tanto a sua afinidade com o pessoal da supervisão — na União Soviética, aparentemente, os supervisores não são, como a SS, uma elite especial, treinada para cometer crimes[144] — quanto o fato de que somente os criminosos são mandados para o campo em virtude de alguma atividade definida. Eles, pelo menos, sabem por que estão num campo de concentração, e, portanto, conservam ainda um resíduo da perso-

---

(142) "A Gestapo e a SS sempre deram grande importância ao fato de se misturarem as categorias dos internos nos campos. Em nenhum campo os internos pertenciam exclusivamente a uma categoria" (Kogon, *op. cit.*, p. 19). Na Rússia, sempre se costumou misturar prisioneiros políticos e criminosos. Durante os primeiros dez anos de poder soviético, os grupos políticos da Esquerda gozavam de certos privilégios; contudo, o pleno desenvolvimento do caráter totalitário do regime mudou a situação e "após a década de 20, os prisioneiros políticos passaram a ser tratados como inferiores aos criminosos comuns, mesmo oficialmente" (Dallin, *op. cit.*, p. 177 ss).

(143) O livro de Rousset peca por seu exagero da influência dos comunistas alemães, que dominavam a administração interna de Buchenwald durante a guerra.

(144) Ver, por exemplo, o testemunho da sra. Buber-Neumann (ex-esposa do comunista alemão Heinz Neumann), que sobreviveu aos campos de concentração soviéticos e alemães: "Os russos nunca (...) se mostravam tão sádicos quanto os nazistas. (...) Nossos guardas russos eram homens decentes e não sádicos, mas satisfaziam fielmente as necessidades daquele desumano sistema" (*Under two dictators*).

nalidade jurídica. Para os criminosos políticos, isso é apenas subjetivamente verdadeiro; seus atos, enquanto atos e não meras opiniões ou vagas suspeitas de terceiros, ou a participação acidental num grupo politicamente condenado, geralmente não são previstos no sistema legal do país nem juridicamente definidos.[145]

À mistura de políticos e criminosos com que os campos de concentração da Rússia e da Alemanha iniciaram a sua carreira foi logo acrescentado um terceiro elemento que, em breve, iria constituir a maioria dos internos dos campos de concentração. Desde então, esse grupo mais amplo tem consistido em pessoas que absolutamente nada fizeram que tivesse alguma ligação racional com o fato de terem sido presas, nem em sua consciência nem na consciência dos seus atormentadores. Na Alemanha, a partir de 1938, esse componente era representado por judeus; na Rússia, por qualquer grupo que, por motivos que nada tinham a ver com os seus atos, havia incorrido no desagrado das autoridades. Esses grupos, inocentes em todos os sentidos, prestam-se melhor a experiências radicais de privação de direitos e destruição da pessoa jurídica e são, portanto, em qualidade e quantidade, a categoria mais essencial da população dos campos — princípio que teve a sua aplicação mais ampla nas câmaras de gás, que, pelo menos por sua enorme capacidade, não podiam destinar-se a casos individuais, mas a grandes números de pessoas. A esse respeito, o seguinte diálogo espelha a situação do indivíduo: "Para que servem essas câmaras de gás?" "E para que é que você nasceu?"[146] Esse terceiro grupo dos totalmente inocentes é o que sempre leva a pior nos campos. Certos criminosos e políticos são incorporados a essa categoria; destituídos da distinção protetora de haverem feito alguma coisa, ficam completamente expostos à arbitrariedade. O objetivo final, parcialmente conseguido na União Soviética e claramente visível nas últimas fases do terror nazista, é que toda a população dos campos seja composta dessa categoria de pessoas inocentes.

Em contraste com o completo acaso com que os internos são escolhidos, existem as categorias, inexpressivas em si, mas úteis do ponto de vista organizacional, em que geralmente são divididos por ocasião da chegada. Nos campos alemães, essas categorias eram os criminosos, os políticos, os elementos antissociais, os infratores religiosos e os judeus, cada uma com a sua insígnia diferente. Quando os franceses criaram campos de concentração depois da Guerra Civil Espanhola, adotaram imediatamente o método totalitário de misturar políticos com criminosos e inocentes (no caso, os apátridas) e, a despeito da sua inexperiência, mostraram-se extraordinariamente inventivos na criação de categorias inexpressivas de internos.[147] Originalmente destinada a evitar qualquer

(145) Bruno Bettelheim "Behavior in extreme situations", no *Journal of Abnormal and social psychology*, vol. XXXVIII, n? 4, 1943, descreve a vaidade dos criminosos e prisioneiros políticos comparada com a atitude dos que não haviam feito nada. Estes "eram menos capazes de suportar o choque inicial", os primeiros a se desintegrar. Bettelheim atribui isso à sua origem na classe média.

(146) Rousset, *op. cit.*, p. 71.

(147) Quanto às condições nos campos de concentração franceses, ver Arthur Koestler, *Scum of the earth*, 1941.

solidariedade entre os internos, essa técnica demonstrou-se particularmente valiosa, pois ninguém podia saber se a categoria a que pertencia era melhor ou pior que as outras, embora na Alemanha os judeus fossem, em toda e qualquer circunstância, a categoria mais baixa. O aspecto grotesco de tudo isso é que internos se identificavam com as categorias que lhes eram imputadas, como se elas fossem o último vestígio autêntico da sua pessoa jurídica. Não é de se admirar que, em 1933, um comunista saísse dos campos mais comunista do que antes, um judeu mais judeu e, na França, a esposa de um legionário mais convencida do valor da Legião Estrangeira, como se as categorias a que pertenciam lhes acenassem com o último vislumbre de tratamento previsível, como se representassem uma identidade jurídica derradeira e, portanto, fundamental.

A divisão de presos em categorias é apenas uma medida tática organizacional, mas a seleção arbitrária das vítimas indica o princípio essencial da instituição dos campos. Se esses campos dependessem da existência de adversários políticos, não poderiam ter sobrevivido aos primeiros anos dos regimes totalitários. Basta consultar o número de internos de Buchenwald, depois de 1936, para compreender como os inocentes eram necessários para manter a continuidade dos campos. "Os campos teriam desaparecido se, ao prender gente, a Gestapo houvesse levado em conta somente a oposição",[148] e, em fins de 1937, Buchenwald, com menos de mil internos, estava para desaparecer quando os *pogroms* de novembro trouxeram um reforço de mais de 20 mil deportados.[149] Na Alemanha, esse componente de inocentes foi proporcionado em vastos números pelos judeus desde 1938; na Rússia, eram grupos aleatórios da população que, por alguma razão completamente alheia ao que haviam feito, tinham caído em desgraça.[150] Mas, se na Alemanha o tipo realmente totalitário de campo de concentração, com a sua vasta maioria de internos completamente inocentes, não foi estabelecido antes de 1938, na Rússia data de começos da década de 30, pois até 1930 a maioria da população dos campos ainda consistia em criminosos, contra-revolucionários e "presos políticos" (que, nesse caso, eram em geral comunistas membros das facções dissidentes). Desde então, tem havido tantos inocentes nos campos que é difícil classificá-los — pessoas que mantinham algum tipo de contato com algum país estrangeiro; russos de origem polonesa (particularmente entre 1936 e 1938); camponeses cujas aldeias, por alguma razão econômica, foram liquidadas; nacionalidades inteiras deportadas; soldados desmobilizados do Exército Vermelho que, por acaso, pertenciam a regimentos que haviam passado uma temporada longa demais como forças de ocupação ou haviam sido prisioneiros de guerra na Alemanha etc. Mas a existência de

---

(148) Kogon, *op. cit.*, p. 6.
(149) Ver *Nazi conspiracy*, IV, pp. 800 ss.
(150) Beck e Godin, *op. cit.*, dizem explicitamente que "os opositores políticos constituíam apenas uma proporção relativamente pequena da população das prisões [russas]" (p. 87), e que não havia qualquer relação entre "a prisão de uma pessoa e algum crime" (p. 95).

oposição política é, para o sistema de campos de concentração, apenas um pretexto: a finalidade do sistema não é atingida, nem mesmo quando, sob o mais monstruoso terror, a população se torna mais ou menos voluntariamente coordenada, isto é, desiste de seus direitos políticos. O fim do sistema arbitrário é destruir os direitos civis de toda a população, que se vê, afinal, tão fora da lei em seu próprio país como os apátridas e os refugiados. A destruição dos direitos de um homem, a morte da sua pessoa jurídica, é a condição primordial para que seja inteiramente dominado. E isso não se aplica apenas àquelas categorias especiais, como os criminosos, os oponentes políticos, os judeus, os homossexuais (com os quais se fizeram as primeiras experiências), mas a qualquer habitante do Estado totalitário. O livre consentimento é um obstáculo ao domínio total, como o é a livre oposição.[151] A prisão arbitrária que escolhe pessoas inocentes destrói a validade do livre consentimento, da mesma forma como a tortura — em contraposição à morte — destrói a possibilidade da oposição.

Qualquer limitação dessa perseguição arbitrária a certas opiniões de natureza religiosa ou política, a certas formas de comportamento social, intelectual ou sexual, a certos "crimes" recém-inventados, tornaria os campos supérfluos porque, a longo prazo, nenhuma atitude e nenhuma opinião resistem à ameaça de tanto horror; e, acima de tudo, criaria um novo sistema de justiça que, com alguma estabilidade, produziria inevitavelmente no homem uma nova pessoa jurídica a furtar-se ao domínio totalitário. Os chamados *Volksnutzen* [necessidades do povo] dos nazistas, que mudavam constantemente (porque o que é útil hoje pode ser nocivo amanhã), e a eternamente variável linha partidária da União Soviética, que, sendo retrospectiva, quase diariamente traça a novos grupos de pessoas o caminho para os campos de concentração, são a única segurança da existência contínua dos campos e, portanto, da contínua e total privação dos direitos do homem.

O próximo passo decisivo do preparo de cadáveres vivos é matar a pessoa moral do homem. Isso se consegue, principalmente, tornando impossível, pela primeira vez na história, o surgimento da condição de mártir: "Quantos aqui ainda acreditam que um protesto tenha mesmo algum valor histórico? Este ceticismo é a verdadeira obra-prima da SS. Sua grande realização. Corromperam toda a solidariedade humana. A noite caiu sobre o futuro. Quando não há testemunhas, não pode haver testemunho. Dizer quando a morte já não pode ser adiada é uma tentativa de dar à morte um significado, de agir mesmo depois da morte. Para ser bem-sucedido, um gesto deve ter significação social. Somos

---

(151) Bruno Bettelheim, "On Dachau and Buchenwald", ao discutir o fato de que a maioria dos prisioneiros "terminava por aceitar os valores da Gestapo", acentua que "isso não era o resultado da propaganda (...) A Gestapo insistia em que, de qualquer modo, impediria que eles expressassem os seus sentimentos" (pp. 834-5).

Himmler proibiu explicitamente qualquer tipo de propaganda nos campos. "A instrução consiste em disciplina, não em qualquer tipo de doutrinação ideológica", "Sobre a organização e obrigação da SS e da polícia", em *National-politischer Lehrgang der Wehrmacht*, 1937. Citado em *Nazi conspiracy*, IV, 616 ss.

aqui centenas de milhares, todos na mais absoluta solidão. É por isso que somos submissos, aconteça o que acontecer".[152]

Os campos e a matança de adversários políticos são apenas facetas do esquecimento sistemático em que se mergulham não apenas os veículos da opinião pública, como a palavra escrita e falada, mas até as famílias e os amigos das vítimas. A dor e a recordação são proibidas. Na União Soviética, uma esposa pede divórcio assim que o marido é preso, para salvar a vida dos filhos; se ele por acaso retorna, ela o expulsa de casa, indignada.[153] Mesmo em seus períodos mais negros, o mundo ocidental deu sempre ao inimigo morto o direito de ser lembrado, num reconhecimento evidente de que todos somos homens (e *apenas* homens). Até mesmo Aquiles providenciou os funerais de Heitor; os governos mais despóticos honraram o inimigo morto; os romanos permitiam que os cristãos escrevessem martirológios; a Igreja manteve os seus hereges vivos na memória dos homens; e por isso, somente por isso, tudo não foi em vão e jamais poderia ter sido em vão. Os campos de concentração, tornando anônima a própria morte e tornando impossível saber se um prisioneiro está vivo ou morto, roubaram da morte o significado de desfecho de uma vida realizada. Em certo sentido, roubaram a própria morte do indivíduo, provando que, doravante, nada — nem a morte — lhe pertencia e que ele não pertencia a ninguém. A morte apenas selava o fato de que ele jamais havia existido.

A consciência do homem, que lhe diz que é melhor morrer como vítima do que viver como burocrata do homicídio, poderia ainda ter-se oposto a esse ataque contra a pessoa moral. O mais terrível triunfo do terror totalitário foi evitar que a pessoa moral pudesse refugiar-se no individualismo, e tornar as decisões da consciência questionáveis e equívocas. Ante a alternativa de trair e assim matar os seus amigos, de mandar para a morte a esposa e os filhos, pelos quais é em todos os sentidos responsável, quando até mesmo o suicídio significaria a matança imediata da sua família — como deve um homem decidir? A alternativa já não é entre o bem e o mal, mas entre matar e matar. Quem poderia resolver o dilema moral daquela mãe grega, a quem os nazistas permitiram escolher um dos seus três filhos para ser morto?[154]

Pela criação de condições em que a consciência deixa de ser adequada e fazer o bem se torna inteiramente impossível, a cumplicidade conscientemente organizada de todos os homens nos crimes dos regimes totalitários é estendida às vítimas e, assim, torna-se realmente total. Os homens da SS implicavam os internos dos campos de concentração — criminosos, políticos, judeus — em seus crimes, tornando-os responsáveis por grande parte da administração e confrontando-os, assim, com o desesperado dilema de mandarem os seus amigos para a morte ou ajudarem a matar outros homens que lhes eram estranhos

---

(152) Rousset, *op. cit.*, p. 464.
(153) Ver o relato de Sergei Malakhov em Dallin, *op. cit.*, pp. 20 ss.
(154) Ver Albert Camus em *Twice a year*, 1947.

— forçando-os, num caso e no outro, a agirem como assassinos.[155] Não apenas o ódio era desviado dos que tinham culpa (os *capos* [presos colaboracionistas] eram mais odiados que os homens da SS), mas também desaparecia a linha divisória entre o perseguidor e o perseguido, entre o assassino e a vítima.[156]

Morta a pessoa moral, a única coisa que ainda impede que os homens se transformem em mortos-vivos é a diferença individual, a identidade única do indivíduo. Sob certa forma estéril, essa individualidade pode ser conservada por um estoicismo persistente, e sabemos que muitos homens em regimes totalitários se refugiaram, e ainda se refugiam diariamente, nesse absoluto isolamento de uma personalidade sem direitos e sem consciência. Sem dúvida, essa parte da pessoa humana, precisamente por depender tão essencialmente da natureza e de forças que não podem ser controladas pela vontade alheia, é a mais difícil de destruir (e, quando destruída, é a mais fácil de restaurar).[157]

As maneiras de lidar com essa singularidade da pessoa humana são muitas e não tentaremos arrolá-las. Começam com as monstruosas condições dos transportes a caminho do campo, onde centenas de seres humanos amontoam-se num vagão de gado, completamente nus, colados uns aos outros, e são transportados de uma estação para outra, de desvio a desvio, dia após dia; continuam quando chegam ao campo: o choque bem organizado das primeiras horas, a raspagem dos cabelos, as grotescas roupas do campo; e terminam nas torturas inteiramente inimagináveis, dosadas de modo a não matar o corpo ou, pelo menos, não matá-lo rapidamente. O objetivo desses métodos, em qualquer caso, é manipular o corpo humano — com as suas infinitas possibilidades de dor — de forma a fazê-lo destruir a pessoa humana tão inexoravelmente como certas doenças mentais de origem orgânica.

É aqui que a completa sandice de todo o processo se torna mais evidente. É verdade que a tortura é parte essencial de toda polícia totalitária e do seu aparelho judiciário; é usada diariamente para fazer com que as pessoas falem. Esse tipo de tortura, de objetivo definido e racional, tem certos limites: ou o prisioneiro fala dentro de certo tempo, ou matam-no. A essa tortura racionalmente aplicada ajuntou-se outro tipo irracional e sádico, nos primeiros campos de concentração nazistas e nos porões da Gestapo. Administrada geralmente pela SA, não tinha quaisquer objetivos nem sistema, mas dependia da iniciativa de elementos geralmente anormais. A mortalidade era tão alta que somente uns poucos internos dos campos de concentração de 1933 sobreviveram a esses pri-

---

(155) Grande parte do livro de Rousset, *op. cit.*, ocupa-se das discussões desse dilema pelos prisioneiros.

(156) Bettelheim, *op. cit.*, descreve o processo pelo qual os guardas, bem como os prisioneiros, ficavam "condicionados" pela vida do campo e receavam voltar para o mundo exterior.

Rousset, portanto, tem razão quando insiste em que a verdade é que "tanto a vítima como o carrasco são ignóbeis; a lição dos campos é a irmandade da abjeção" (p. 588).

(157) Bettelheim, *op. cit.*, descreve como "a principal preocupação dos novos prisioneiros parecia ser a de se conservarem intactos como personalidade", enquanto o problema dos prisioneiros antigos era "como viver da melhor maneira possível dentro do campo".

meiros anos. Esse tipo de tortura parecia ser menos uma instituição política calculada que uma concessão do regime aos seus partidários criminosos e anormais, dessa forma recompensados pelos serviços prestados. Atrás da cega bestialidade da SA, havia muitas vezes um profundo ódio e ressentimento contra os que eram social, intelectual ou fisicamente melhores que eles, e que estavam agora à sua mercê, como numa realização dos seus mais loucos sonhos. Esse ressentimento, que nunca chegou a desaparecer inteiramente dos campos, parece-nos o derradeiro vestígio de um sentimento humanamente compreensível.[158]

O verdadeiro horror, porém, começou quando a SS tomou a seu cargo a administração dos campos. A antiga bestialidade espontânea cedeu lugar à destruição absolutamente fria e sistemática de corpos humanos, calculada para aniquilar a dignidade humana. Os campos já não eram parques de diversões de animais sob forma humana, isto é, de homens que realmente deveriam estar no hospício ou na prisão; agora eram "campos de treinamento", onde homens perfeitamente normais eram treinados para tornarem-se perfeitos membros da SS.[159]

---

(158) Rousset, *op. cit.*, p. 390, conta como um homem da SS disse a um professor: "Antigamente você era professor. Agora não é mais professor de coisa alguma. Já não é nenhum manda-chuva. Agora você é um nanico: o manda-chuva agora sou eu".

(159) Kogon, *op. cit.*, p. 6, menciona a possibilidade de que os campos seriam mantidos como áreas de experimentação e de treinamento para a SS. Faz também um bom relato da diferença entre os antigos campos administrados pela SA e os posteriores sob a chefia da SS. "Nenhum desses primeiros campos tinha mais que mil internos. (...) Neles, as condições de vida estavam além de qualquer descrição. As narrativas dos poucos antigos prisioneiros que sobreviveram a esses anos concordam quanto ao fato de que não existia nenhuma forma de perversão sádica que não fosse praticada pelos homens da SA. Mas eram atos de bestialidade individual, ainda não inteiramente organizados num sistema frio que compreendia multidões de homens. Quem conseguiu isto foi a SS" (p. 7).

O novo sistema mecanizado procurava atenuar o sentimento de responsabilidade na medida do humanamente possível. Quando, por exemplo, veio a ordem de matar, a cada dia, várias centenas de prisioneiros russos, a matança era feita atirando-se através de um furo para que não se visse a vítima. (Ver Ernst Feder, "Essai sur la psychologie de la terreur", em *Synthèses*, Bruxelas, 1946.) Por outro lado, homens normais eram levados artificialmente à perversão. Rousset conta que um guarda da SS lhe disse: "Geralmente eu continuo a bater até ejacular. Tenho uma esposa e três filhos em Breslau. Antes, eu era perfeitamente normal. Foi isto o que eles fizeram de mim. Agora, quando tenho minha folga, não vou para casa. Não ouso olhar de frente para a minha mulher" (p. 273). Os documentos da era nazista contêm numerosos testemunhos quanto à normalidade média dos que eram encarregados de levar a cabo o programa de extermínio de Hitler. Uma boa coleção se encontra em "The weapon of antisemitism", de Léon Poliakov, publicado pela UNESCO em *The Third Reich*, Londres, 1955. A maioria dos homens que compunham as unidades usadas para esses fins não eram voluntários; eram policiais comuns convocados para essas tarefas especiais. Mas até mesmo os experimentados homens da SS consideravam esse serviço pior do que a luta no *front*. Relatando uma execução em massa levada a efeito por membros da SS, uma testemunha ocular louva-lhes "o idealismo", que era tão grande que "eles puderam exterminar a todos sem precisar recorrer à bebida".

O desejo de eliminar todos os motivos e paixões pessoais durante os "extermínios" e, portanto, de reduzir a crueldade a um mínimo é revelado pelo fato de que um grupo de médicos e engenheiros, encarregados das instalações de gás, estava sempre fazendo melhoramentos que vi-

O ato de matar a individualidade do homem, de destruir a sua singularidade, fruto da natureza, da vontade e do destino, a qual tornou-se uma premissa tão auto-evidente para todas as relações humanas que até mesmo gêmeos idênticos inspiram certa inquietude, cria um horror que de longe ultrapassa a ofensa da pessoa político-jurídica e o desespero da pessoa moral. É esse horror que dá azo às generalizações niilistas que afirmam, com certa plausibilidade, que todos os homens são essencialmente animais.[160] A experiência dos campos de concentração demonstra realmente que os seres humanos podem transformar-se em espécimes do animal humano, e que a "natureza" do homem só é "humana" na medida em que dá ao homem a possibilidade de tornar-se algo eminentemente não-natural, isto é, um homem.

Depois da morte da pessoa moral e da aniquilação da pessoa jurídica, a destruição da individualidade é quase sempre bem-sucedida. É possível que se descubram leis da psicologia de massa que expliquem por que milhões de seres humanos se deixaram levar, sem resistência, às câmaras de gás, embora essas leis nada venham a explicar senão a destruição da individualidade. Mais importante é o fato de que os que eram condenados individualmente quase nunca tentavam levar consigo um dos seus carrascos, de que raramente havia uma revolta séria, e de que, mesmo no momento da libertação, houve poucos massacres espontâneos de homens da SS. Porque destruir a individualidade é destruir a espontaneidade, a capacidade do homem de iniciar algo novo com os seus próprios recursos, algo que não possa ser explicado à base de reação ao ambiente e aos fatos.[161] Morta a individualidade, nada resta senão horríveis marionetes com rostos de homem, todas com o mesmo comportamento do cão de Pavlov, todas reagindo com perfeita previsibilidade mesmo quando marcham para a morte. Esse é o verdadeiro triunfo do sistema: "O triunfo da SS exige que a vítima torturada se deixe levar à forca sem protestos, que renuncie e se entregue ao ponto de deixar de afirmar a sua identidade. Não é gratuitamente nem por mero sadismo que os homens da SS desejam a sua submissão. Sabem que o sistema que consegue destruir a vítima antes que ela suba ao patíbulo (...) é, sem dúvida, o melhor para manter um povo inteiro na escravidão, na submissão. Nada é mais terrível que essas procissões de seres humanos que vão

---

savam não só a aumentar a capacidade produtiva das fábricas de cadáveres, mas também a acelerar e atenuar a agonia da morte.

(160) Isso está bem claro no livro de Rousset. "As condições sociais da vida nos campos transformaram as grandes massas de internos, tanto alemães como deportados, independentemente de sua antiga educação ou posição social, (...) numa turba degenerada, inteiramente submissa aos reflexos primitivos do instinto animal" (p. 183).

(161) Nesse contexto, há também a surpreendente raridade dos suicídios nos campos. Os suicídios ocorriam com muito maior freqüência entre a prisão e a deportação do que no próprio campo, fato que, naturalmente, se explica pelos cuidados e providências tomados para evitá-los, uma vez que o suicídio é um ato espontâneo. Segundo estatísticas de Buchenwald (*Nazi conspiracy*, IV, 800 ss), menos de 0,5% das mortes eram atribuídas ao suicídio; muitas vezes havia apenas dois suicídios por ano, embora o número total de mortes atingisse 3 516 no mesmo ano. Os relatórios dos campos russos mencionam o mesmo fenômeno. Cf., por exemplo, Starlinger, *op. cit.*, p. 57.

para a morte como fantoches. Quem vê isso, diz consigo mesmo: 'Para que tenham ficado subjugados desse modo, que poder deve estar oculto nas mãos dos dirigentes', e vira as costas, cheio de impotente amargura, mas derrotado".[162]

Se levarmos a sério as aspirações totalitárias e não nos deixarmos iludir pela sensata afirmação de que são utópicas e irrealizáveis, veremos que a sociedade dos que estão prestes a morrer, criada nos campos, é a única forma de sociedade em que é possível dominar o homem completamente. Quem aspira ao domínio total deve liquidar no homem toda a espontaneidade, produto da existência da individualidade, e persegui-la em suas formas mais peculiares, por mais apolíticas e inocentes que sejam. O cão de Pavlov, o espécime humano reduzido às reações mais elementares, o feixe de reações que sempre pode ser liquidado e substituído por outros feixes de reações de comportamento exatamente igual, é o "cidadão" modelo do Estado totalitário; e esse cidadão não pode ser produzido de maneira perfeita a não ser nos campos de concentração.

É apenas aparente a inutilidade dos campos, sua antiutilidade cinicamente confessada. Na verdade, nenhuma outra de suas instituições é mais essencial para preservar o poder do regime. Sem os campos de concentração, sem o medo indefinido que inspiram e sem o treinamento muito definido que oferecem em matéria de domínio totalitário, que em nenhuma outra parte pode ser inteiramente testado em todas as suas mais radicais possibilidades, o Estado totalitário não pode inspirar o fanatismo das suas tropas nem manter um povo inteiro em completa apatia. Dominador e dominados voltariam logo facilmente à "velha rotina burguesa"; após alguns primeiros "excessos", sucumbiriam à vida de cada dia e às leis humanas; enfim, marchariam na direção que todos os observadores, aconselhados pelo bom senso, previram tantas vezes. O engano trágico dessas profecias, provenientes de um mundo que ainda vivia em segurança, foi supor a existência de uma natureza humana que era imutável através dos tempos, identificar essa natureza humana com a história, e assim declarar que a idéia de domínio total era não apenas desumana como irrealista. De lá para cá, aprendemos que o poder do homem é tão grande que ele realmente pode vir a ser o que o homem desejar.

É da própria natureza dos regimes totalitários exigir o poder ilimitado. Esse poder só é conseguido se literalmente todos os homens, sem exceção, forem totalmente dominados em todos os aspectos da vida. No reino das relações exteriores, novos territórios devem ser constantemente subjugados, enquanto no país de origem grupos humanos sempre novos devem ser dominados em campos de concentração cada vez maiores ou, quando necessário, liquidados para ceder lugar a outros. O problema da oposição não tem importância, nem em assuntos domésticos nem em assuntos externos. Qualquer neutralidade, e mesmo qualquer amizade oferecida espontaneamente, é tão perigosa quanto a franca hostilidade, exatamente porque a espontaneidade em si, com a sua imprevisibilidade, é o maior de todos os obstáculos para o domínio total do homem. Os

---

(162) Rousset, *op. cit.*, p. 525.

comunistas dos países não-comunistas, que fugiram ou foram chamados para Moscou, tiveram a amarga experiência de aprender que constituíam uma ameaça à União Soviética. Nesse sentido, os comunistas convictos são tão ridículos e perigosos para o regime da Rússia como, por exemplo, os nazistas convictos da facção de Röhm o foram para os nazistas.

O que torna a convicção e a opinião de qualquer espécie tão ridículas e perigosas nas condições totalitárias é que os regimes totalitários orgulham-se de não precisarem delas, como dispensam qualquer tipo de auxílio humano. Os homens, na medida em que são mais que simples reações animais e realização de funções, são inteiramente supérfluos para os regimes totalitários. O totalitarismo não procura o domínio despótico dos homens, mas sim um sistema em que os homens sejam supérfluos. O poder total só pode ser conseguido e conservado num mundo de reflexos condicionados, de marionetes sem o mais leve traço de espontaneidade. Exatamente porque os recursos do homem são tão grandes, só se pode dominá-lo inteiramente quando ele se torna um exemplar da espécie animal humana.

Portanto, o caráter pode ser uma ameaça, e até mesmo as normas legais mais injustas podem ser um obstáculo; mas a individualidade, ou qualquer outra coisa que distinga um homem do outro, é intolerável. Enquanto todos os homens não se tornam igualmente supérfluos — e isso só se consegue nos campos de concentração —, o ideal do domínio totalitário não é atingido. Os Estados totalitários procuram constantemente, embora nunca com pleno sucesso, demonstrar a superfluidade do homem — pela arbitrária escolha de vários grupos para os campos de concentração, pelos constantes expurgos do aparelho do governo, pelas liquidações em massa. O bom senso grita desesperadamente, mas em vão, que as massas são submissas e que todo esse gigantesco aparelho de terror é, portanto, supérfluo; se fossem capazes de dizer a verdade, os governantes totalitários responderiam: o aparelho parece supérfluo unicamente porque serve para tornar os homens supérfluos.

A tentativa totalitária de tornar supérfluos os homens reflete a sensação de superfluidade das massas modernas numa terra superpovoada. O mundo dos agonizantes, no qual os homens aprendem que são supérfluos através de um modo de vida em que o castigo nada tem a ver com o crime, em que a exploração é praticada sem lucro, e em que o trabalho é realizado sem proveito, é um lugar onde a insensatez é diariamente renovada. No entanto, na estrutura da ideologia totalitária, nada poderia ser mais sensato e lógico. Se os presos são insetos daninhos, é lógico que sejam exterminados por meio de gás venenoso; se são degenerados, não se deve permitir que contaminem a população; se têm "almas escravas" (Himmler), ninguém deve perder tempo tentando reeducá-los. Vistos através do prisma da ideologia, os campos parecem até ser lógicos demais.

Enquanto os regimes totalitários vão, assim, resoluta e cinicamente, esvaziando o mundo da única coisa que faz sentido para a expectativa utilitária do bom senso, impõem-lhe ao mesmo tempo uma espécie de supersentido que, na verdade, as ideologias sempre insinuaram quando pretenderam haver encontrado a chave da história ou a solução para os enigmas do universo. Acima da insensatez da sociedade totalitária, entrona-se o ridículo supersentido da sua superstição ideológica. As ideologias somente são opiniões inócuas, arbitrárias e destituídas de crítica enquanto não se as leva a sério. Uma vez que se lhes toma literalmente a pretensão de validade total, tornam-se núcleos de sistemas de lógica nos quais, como nos sistemas dos paranóicos, tudo se segue compreensiva e até mesmo compulsoriamente, uma vez que se aceita a primeira premissa. A insanidade desses sistemas reside não apenas na primeira premissa, mas na própria lógica em que se baseiam. A curiosa lógica de todos os ismos, sua simplória confiança no valor salvador da devoção obstinada que não atende a fatores específicos e variados, já contém os primeiros germes do desprezo à realidades e aos fatos próprios do totalitarismo.

O bom senso treinado no pensamento utilitário é impotente contra esse supersentido ideológico, pois os regimes totalitários criam um mundo demente que funciona. O desprezo ideológico pelos fatos ainda continha o orgulhoso pressuposto do domínio do homem sobre o mundo; é, afinal, o desprezo à realidade que torna possível mudar o mundo, construir o artifício humano. O que anula o elemento de orgulho no desprezo totalitário pela realidade (e, assim, o distingue radicalmente das teorias e atitudes revolucionárias) é o supersentido que dá a esse desprezo a sua irrefutabilidade, a sua lógica e consistência. A afirmação bolchevista de que o sistema soviético é superior a todos os outros torna-se expediente realmente totalitário pelo fato de que o governante totalitário tira dessa afirmação a conclusão logicamente impecável de que, sem esse sistema, os homens jamais poderiam ter construído uma coisa maravilhosa como, digamos, um metrô; daí, novamente tira a conclusão lógica de que qualquer pessoa que saiba que existe um metrô em Paris é suspeita, porque pode fazer com que as outras duvidem de que as coisas só podem ser feitas à maneira bolchevista. Isso leva à conclusão final de que, para que um bolchevista se conserve leal, tem de destruir o metrô de Paris. Nada importa a não ser a coerência.

Com essas novas estruturas, constituídas à força do supersentido e impulsionadas pelo motor da lógica, chegamos realmente ao fim da era burguesa dos lucros e do poder, assim como ao fim do imperialismo e da expansão. A agressividade do totalitarismo não advém do desejo do poder e, se tenta expandir-se febrilmente, não é por amor à expansão e ao lucro, mas apenas por motivos ideológicos: para tornar o mundo coerente, para provar que o seu supersentido estava certo.

É principalmente em benefício desse supersentido, em benefício da completa coerência, que se torna necessário ao totalitarismo destruir todos os vestígios do que comumente chamamos de dignidade humana. Pois o respeito à dignidade humana implica o reconhecimento de todos os homens ou de todas as nações como entidades, como construtores de mundos ou co-autores de um mundo comum. Nenhuma ideologia que vise à explicação de todos os eventos históricos do passado e o planejamento de todos os eventos futuros pode suportar a imprevisibilidade que advém do fato de que os homens são criativos, de que podem produzir algo novo que ninguém jamais previu.

O que as ideologias totalitárias visam, portanto, não é a transformação do mundo exterior ou a transmutação revolucionária da sociedade, mas a transformação da própria natureza humana. Os campos de concentração constituem os laboratórios onde mudanças na natureza humana são testadas, e, portanto, a infâmia não atinge apenas os presos e aqueles que os administram segundo critérios estritamente "científicos"; atinge a todos os homens. A questão não está no sofrimento, do qual sempre houve demasiado na terra, nem no número de vítimas. O que está em jogo é a natureza humana em si; e, embora pareça que essas experiências não conseguem mudar o homem, mas apenas destruí-lo, criando uma sociedade na qual a banalidade niilística do *homo homini lupus* é consistentemente realizada, é preciso não esquecer as necessárias limitações de uma experiência que exige controle global para mostrar resultados conclusivos.

Até agora, a crença totalitária de que tudo é possível parece ter provado apenas que tudo pode ser destruído. Não obstante, em seu afã de provar que tudo é possível, os regimes totalitários descobriram, sem o saber, que existem crimes que os homens não podem punir nem perdoar. Ao tornar-se possível, o impossível passou a ser o mal absoluto, impunível e imperdoável, que já não podia ser compreendido nem explicado pelos motivos malignos do egoísmo, da ganância, da cobiça, do ressentimento, do desejo do poder e da covardia; e que, portanto, a ira não podia vingar, o amor não podia suportar, a amizade não podia perdoar. Do mesmo modo como as vítimas nas fábricas da morte ou nos poços do esquecimento já não são "humanas" aos olhos de seus carrascos, também essa novíssima espécie de criminosos situa-se além dos limites da própria solidariedade do pecado humano.

É inerente a toda a nossa tradição filosófica que não possamos conceber um "mal radical", e isso se aplica tanto à teologia cristã, que concedeu ao próprio Diabo uma origem celestial, como a Kant, o único filósofo que, pela denominação que lhe deu, ao menos deve ter suspeitado de que esse mal existia, embora logo o racionalizasse no conceito de um "rancor pervertido" que podia ser explicado por motivos compreensíveis. Assim, não temos onde buscar apoio para compreender um fenômeno que, não obstante, nos confronta com sua realidade avassaladora e rompe com todos os parâmetros que conhecemos. Apenas uma coisa parece discernível: podemos dizer que esse mal radical surgiu em relação a um sistema no qual todos os homens se tornaram igualmente supérfluos. Os que manipulam esse sistema acreditam na própria superfluidade tanto quanto na de todos os outros, e os assassinos totalitários são os mais perigosos porque não se importam se eles próprios estão vivos ou mortos, se jamais viveram ou se nunca nasceram. O perigo das fábricas de cadáveres e dos poços do esquecimento é que hoje, com o aumento universal das populações e dos desterrados, grandes massas de pessoas constantemente se tornam supérfluas se continuamos a pensar em nosso mundo em termos utilitários. Os acontecimentos políticos, sociais e econômicos de toda parte conspiram silenciosamente com os instrumentos totalitários inventados para tornar os homens supérfluos. O bom senso utilitário das massas, que, na maioria dos países, estão demasiado desesperadas para ter muito medo da morte, compreende muito bem a tentação a que isso pode levar. Os nazistas e bolchevistas podem estar certos de que as suas fábricas de extermínio, que demonstram a solução mais rápida do problema do excesso de população, das massas economicamente supérfluas e socialmente sem raízes, são ao mesmo tempo uma atração e uma advertência. As soluções totalitárias podem muito bem sobreviver à queda dos regimes totalitários sob a forma de forte tentação que surgirá sempre que pareça impossível aliviar a miséria política, social ou econômica de um modo digno do homem.

4
IDEOLOGIA E TERROR:
UMA NOVA FORMA DE GOVERNO

Nos capítulos precedentes, reiteramos o fato de que os métodos do domínio total não são apenas mais drásticos, mas que o totalitarismo difere essencialmente de outras formas de opressão política que conhecemos, como o despotismo, a tirania e a ditadura. Sempre que galgou o poder, o totalitarismo criou instituições políticas inteiramente novas e destruiu todas as tradições sociais, legais e políticas do país. Independentemente da tradição especificamente nacional ou da fonte espiritual particular da sua ideologia, o governo totalitário sempre transformou as classes em massas, substituiu o sistema partidário não por ditaduras unipartidárias, mas por um movimento de massa, transferiu o centro do poder do Exército para a polícia e estabeleceu uma política exterior que visava abertamente ao domínio mundial. Os governos totalitários do nosso tempo evoluíram a partir de sistemas unipartidários; sempre que estes se tornavam realmente totalitários, passavam a operar segundo um sistema de valores tão radicalmente diferente de todos os outros que nenhuma das nossas tradicionais categorias utilitárias — legais, morais, lógicas ou de bom senso — podia mais nos ajudar a aceitar, julgar ou prever o seu curso de ação.

Se é verdade que podemos encontrar os elementos do totalitarismo se repassarmos a história e analisarmos as implicações políticas daquilo que geralmente chamamos de crise do nosso século, chegaremos à conclusão inelutável de que essa crise não é nenhuma ameaça de fora, nenhuma conseqüência de alguma política exterior agressiva da Alemanha ou da Rússia, e que não desaparecerá com a morte de Stálin, como não desapareceu com a queda da Alemanha nazista. Pode ser até que os verdadeiros transes do nosso tempo somente venham a assumir a sua forma autêntica — embora não necessariamente a mais cruel — quando o totalitarismo pertencer ao passado.

Com relação a estas reflexões, podemos indagar se o governo totalitário, nascido dessa crise e, ao mesmo tempo, o seu mais claro sintoma, o único inequívoco, é apenas um arranjo improvisado que adota os métodos de intimidação, os meios de organização e os instrumentos de violência do conhecido arsenal político da tirania, do despotismo e das ditaduras, e deve a sua existência apenas ao fracasso, deplorável mas talvez acidental, das tradicionais forças políticas — liberais ou conservadoras, nacionais ou socialistas, republicanas ou monarquistas, autoritárias ou democratas. Ou se, pelo contrário, existe algo que se possa chamar de *natureza* do governo totalitário, se ele tem essência própria e pode ser comparado com outras formas de governo conhecidas do pensamento ocidental e reconhecidas desde os tempos da filosofia antiga, e definido como elas podem ser definidas. Se a segunda suposição for verdadeira, então as formas inteiramente novas e inauditas da organização e do modo de agir do totalitarismo devem ter fundamento numa das poucas experiências básicas que os homens podem realizar quando vivem juntos e se interessam por assuntos públicos. Se existe uma experiência básica que encontre expressão no domínio totalitário, então, dada a novidade da forma totalitária de governo, deve ser uma experiência que, por algum motivo, nunca antes havia servido como base para uma estrutura política, e cujo ânimo geral — embora conhecido sob outras formas — nunca antes permeou e dirigiu o tratamento das coisas públicas.

Em função da história das idéias, isso parece extremamente improvável. Pois as formas de governo sob as quais os homens vivem são muito poucas; foram descobertas cedo, classificadas pelos gregos, e demonstraram rara longevidade. Se aplicarmos esses dados, cuja idéia fundamental, a despeito de muitas variações, não mudou nos dois milênios e meio que vão de Platão a Kant, somos imediatamente tentados a interpretar o totalitarismo como forma moderna de tirania, ou seja, um governo sem leis no qual o poder é exercido por um só homem. De um lado, o poder arbitrário, sem o freio das leis, exercido no interesse do governante e contra os interesses dos governados; e, de outro, o medo como princípio da ação, ou seja, o medo que o povo tem pelo governante e o medo do governante pelo povo — eis as marcas registradas da tirania no decorrer de toda a nossa tradição.

Em vez de dizer que o governo totalitário não tem precedentes, poderíamos dizer que ele destruiu a própria alternativa sobre a qual se baseiam, na filosofia política, todas as definições da essência dos governos, isto é, a alternativa entre o governo legal e o ilegal, entre o poder arbitrário e o poder legítimo. Nunca se pôs em dúvida que o governo legal e o poder legítimo, de um lado, e a ilegalidade e o poder arbitrário, de outro, são aparentados e inseparáveis. No entanto, o totalitarismo nos coloca diante de uma espécie totalmente diferente do governo. É verdade que desafia todas as leis positivas, mesmo ao ponto de desafiar aquelas que ele próprio estabeleceu (como no caso da Constituição Soviética de 1936, para citar apenas o exemplo mais notório) ou que não se deu ao trabalho de abolir (como no caso da Constituição de Weimar, que o governo nazista nunca revogou). Mas não opera sem a orientação de uma lei, nem é arbitrário, pois afirma obedecer rigorosa e inequivocamente àquelas leis da Natureza ou da História que sempre acreditamos serem a origem de todas as leis.

A afirmação monstruosa e, no entanto, aparentemente irrespondível do governo totalitário é que, longe de ser "ilegal", recorre à fonte de autoridade da qual as leis positivas recebem a sua legitimidade final; que, longe de ser arbitrário, é mais obediente a essas forças sobre-humanas que qualquer governo jamais o foi; e que, longe de exercer o seu poder no interesse de um só homem, está perfeitamente disposto a sacrificar os interesses vitais e imediatos de todos à execução do que supõe ser a lei da História ou a lei da Natureza. O seu desafio às leis positivas pretende ser uma forma superior de legitimidade que, por inspirar-se nas próprias fontes, pode dispensar legalidades menores. A legalidade totalitária pretende haver encontrado um meio de estabelecer a lei da justiça na terra — algo que a legalidade da lei positiva certamente nunca pôde conseguir. A discrepância entre a legalidade e a justiça nunca pôde ser corrigida, porque os critérios de certo e errado nos quais a lei positiva converte a sua fonte de autoridade — a "lei natural" que governa todo o universo, ou a lei divina revelada na história humana, ou os costumes e tradições que representam a lei comum para os sentimentos de todos os homens — são necessariamente gerais e devem ser válidos para um número sem conta e imprevisível de casos, de sorte que cada caso individual concreto, com o seu conjunto de circunstâncias irrepetíveis, lhes escapa de certa forma.

A legitimidade totalitária, desafiando a legalidade e pretendendo estabelecer diretamente o reino da justiça na terra, executa a lei da História ou da Natureza sem convertê-la em critérios de certo e errado que norteiem a conduta individual. Aplica a lei diretamente à humanidade, sem atender à conduta dos homens. Espera que a lei da Natureza ou a lei da História, devidamente executada, engendre a humanidade como produto final; essa esperança — que está por trás da pretensão de governo global — é acalentada por todos os governos totalitários. A política totalitária afirma transformar a espécie humana em portadora ativa e inquebrantável de uma lei à qual os seres humanos somente passiva e relutantemente se submeteriam. Se é verdade que os monstruosos crimes dos regimes totalitários destruíram o elo de ligação entre os países totalitários e o mundo civilizado, também é verdade que esses crimes não foram conseqüência de simples agressividade, crueldade, guerra e traição, mas do rompimento consciente com aquele *consensus iuris* que, segundo Cícero, constitui um "povo", e que, como lei internacional, tem constituído o mundo civilizado nos tempos modernos, na medida em que se mantém como pedra fundamental das relações internacionais, mesmo em tempos de guerra. Tanto o julgamento moral como a punição legal pressupõem esse consentimento básico; o criminoso só pode ser julgado com justiça porque faz parte do *consensus iuris*, e mesmo a lei revelada de Deus só pode funcionar entre os homens quando eles a ouvem e aceitam.

A esta altura, torna-se clara a diferença fundamental entre o conceito totalitário de lei e de todos os outros conceitos. A política totalitária não substitui um conjunto de leis por outro, não estabelece o seu próprio *consensus iuris*, não cria, através de uma revolução, uma nova forma de legalidade. O seu desafio a todas as leis positivas, inclusive às que ela mesma formula, implica a crença de que pode dispensar qualquer *consensus iuris* e ainda assim não resvalar para o estado tirânico da ilegalidade, da arbitrariedade e do medo. Pode dispensar o *consensus iuris* porque promete libertar o cumprimento da lei de todo ato ou desejo humano; e promete a justiça na terra porque afirma tornar a humanidade a encarnação da lei.

Essa identificação do homem com a lei, que parece fazer desaparecer a discrepância entre a legalidade e a justiça que tanto atormentou o pensamento legal desde os tempos antigos, nada tem em comum com o *lumen naturale* ou com a voz da consciência, por meio dos quais a Natureza ou a Divindade, como fonte de autoridade para o *ius naturale* ou para os históricos mandamentos de Deus, supostamente revela a sua autoridade no próprio homem. Esta nunca fez do homem uma encarnação viva da lei mas, pelo contrário, permaneceu separada dele com a autoridade que exige consentimento e obediência. A Natureza ou a Divindade, como fonte de autoridade para as leis positivas, eram tidas como permanentes e eternas; as leis positivas eram inconstantes e mudavam segundo as circunstâncias, mas possuíam uma permanência relativa em comparação com as ações dos homens, que mudavam muito mais depressa; e derivavam essa permanência da presença eterna da sua fonte de autoridade. As leis positivas, portanto, destinam-se primariamente a funcionar como elementos estabilizadores para os movimentos do homem, que são eternamente mutáveis.

Na interpretação do totalitarismo, todas as leis se tornam leis de movimento. Embora os nazistas falassem da lei da natureza e os bolchevistas falem da lei da história, natureza e história deixam de ser a força estabilizadora da autoridade para as ações dos homens mortais; elas próprias tornam-se movimentos. Sob a crença nazista em leis raciais como expressão da lei da natureza, está a idéia de Darwin do homem como produto de uma evolução natural que não termina necessariamente na espécie atual de seres humanos, da mesma forma como, sob a crença bolchevista numa luta de classes como expressão da lei da história, está a noção de Marx da sociedade como produto de um gigantesco movimento histórico que se dirige, segundo a sua própria lei de dinâmica, para o fim dos tempos históricos, quando então se extinguirá a si mesmo.

A diferença entre a atitude histórica de Marx e a atitude naturalista de Darwin já foi apontada muitas vezes, quase sempre com justiça, a favor de Marx. Isso nos leva a esquecer o profundo e positivo interesse de Marx pelas teorias de Darwin; para Engels, o maior cumprimento à obra erudita de Marx era chamá-lo de "Darwin da história".[1] Se considerarmos não a obra propriamente dita, mas as filosofias básicas de ambos, verificaremos que, afinal, o movimento da história e o movimento da natureza são um só. O fato de Darwin haver introduzido o conceito de evolução na natureza, sua insistência em que, pelo menos no terreno da biologia, o movimento natural não é circular, mas unilinear, numa direção que progride infinitamente, significa de fato que a natureza está, por assim dizer, sendo assimilada à história, que a vida natural

---

(1) Na oração fúnebre a Marx, Engels disse: "Tal como Darwin descobriu a lei do desenvolvimento da vida orgânica, Marx descobriu a lei do desenvolvimento da história humana". Comentário semelhante encontra-se na introdução que Engels escreveu para a edição de 1890 do *Manifesto comunista*; e, na introdução a *Ursprung der Familie*, ele menciona outra vez, lado a lado, "a teoria da evolução de Darwin" e a "teoria de Marx da mais-valia".

deve ser vista como histórica. A lei "natural" da sobrevivência dos mais aptos é lei tão histórica — e pôde ser usada como tal pelo racismo — quanto a lei de Marx da sobrevivência da classe mais progressista. Por outro lado, a luta de classes de Marx como força motriz da história é apenas a expressão externa do desenvolvimento de forças produtivas que, por sua vez, emanam da "energia-trabalho" dos homens. O trabalho, segundo Marx, não é uma força histórica, mas natural-biológica — produzida pelo "metabolismo [do homem] com a natureza", através do qual ele conserva a sua vida individual e reproduz a espécie.[2] Engels viu com muita clareza a afinidade entre as convicções básicas dos dois homens porque compreendia o papel decisivo que o conceito de evolução desempenhava nas duas teorias. A tremenda mudança intelectual que ocorreu em meados do século XIX consistiu na recusa de encarar qualquer coisa "como é" e na tentativa de interpretar tudo como simples estágio de algum desenvolvimento ulterior. Que a força motriz dessa evolução fosse chamada de natureza ou de história tinha importância relativamente secundária. Nessas ideologias, o próprio termo "lei" mudou de sentido: deixa de expressar a estrutura de estabilidade dentro da qual podem ocorrer os atos e os movimentos humanos, para ser a expressão do próprio movimento.

 A política totalitária, que passou a adotar a receita das ideologias, desmascarou a verdadeira natureza desses movimentos, na medida em que demonstrou claramente que o processo não podia ter fim. Se é lei da natureza eliminar tudo o que é nocivo e indigno de viver, a própria natureza seria eliminada quando não se pudessem encontrar novas categorias nocivas e indignas de viver; se é lei da história que, numa luta de classes, certas classes "fenecem", a própria história humana chegaria ao fim se não se formassem novas classes que, por sua vez, pudessem "fenecer" nas mãos dos governantes totalitários. Em outras palavras, a lei de matar, pela qual os movimentos totalitários tomam e exercem o poder, permaneceria como lei do movimento mesmo que conseguissem submeter toda a humanidade ao seu domínio.

 Por governo legal compreendemos um corpo político no qual há necessidade de leis positivas para converter e realizar o imutável *ius naturale* ou a eterna lei de Deus, em critérios de certo e errado. Somente nesses critérios, no corpo das leis positivas de cada país, o *ius naturale* ou os Mandamentos de Deus atingem realidade política. No corpo político do governo totalitário, o lugar das leis positivas é tomado pelo terror total, que se destina a converter em realidade a lei do movimento da história ou da natureza. Do mesmo modo como as leis positivas, embora definam transgressões, são independentes destas — a ausência de crimes numa sociedade não torna as leis supérfluas, mas, pelo contrário, significa o mais perfeito domínio da lei —, também o terror no governo totalitário deixa de ser um meio para suprimir a oposição, embora ainda seja

---

(2) Quanto ao conceito de Marx do trabalho como "necessidade eterna imposta pela natureza, sem a qual não pode haver metabolismo entre o homem e a natureza e, portanto, não pode haver vida", ver *O capital*, vol. I, parte I, capítulos 1 e 5. O trecho citado é do capítulo 1, seção 2.

usado para tais fins. O terror torna-se total quando independe de toda oposição; reina supremo quando ninguém mais lhe barra o caminho. Se a legalidade é a essência do governo não-tirânico e a ilegalidade é a essência da tirania, então o terror é a essência do domínio totalitário.

O terror é a realização da lei do movimento. O seu principal objetivo é tornar possível à força da natureza ou da história propagar-se livremente por toda a humanidade sem o estorvo de qualquer ação humana espontânea. Como tal, o terror procura "estabilizar" os homens a fim de liberar as forças da natureza ou da história. Esse movimento seleciona os inimigos da humanidade contra os quais se desencadeia o terror, e não pode permitir que qualquer ação livre, de oposição ou de simpatia, interfira com a eliminação do "inimigo objetivo" da História ou da Natureza, da classe ou da raça. Culpa e inocência viram conceitos vazios; "culpado" é quem estorva o caminho do processo natural ou histórico que já emitiu julgamento quanto às "raças inferiores", quanto a quem é "indigno de viver", quanto a "classes agonizantes e povos decadentes". O terror manda cumprir esses julgamentos, mas no seu tribunal todos os interessados são subjetivamente inocentes: os assassinados porque nada fizeram contra o regime, e os assassinos porque realmente não assassinaram, mas executaram uma sentença de morte pronunciada por um tribunal superior. Os próprios governantes não afirmam serem justos ou sábios, mas apenas executores de leis históricas ou naturais; não aplicam leis, mas executam um movimento segundo a sua lei inerente. O terror é a legalidade quando a lei é a lei do movimento de alguma força sobre-humana, seja a Natureza ou a História.

O terror, como execução da lei de um movimento cujo fim ulterior não é o bem-estar dos homens nem o interesse de um homem, mas a fabricação da humanidade, elimina os indivíduos pelo bem da espécie, sacrifica as "partes" em benefício do "todo". A força sobre-humana da Natureza ou da História tem o seu próprio começo e o seu próprio fim, de sorte que só pode ser retardada pelo novo começo e pelo fim individual que é, na verdade, a vida de cada homem.

No governo constitucional, as leis positivas destinam-se a erigir fronteiras e a estabelecer canais de comunicação entre os homens, cuja comunidade é continuamente posta em perigo pelos novos homens que nela nascem. A cada nascimento, um novo começo surge para o mundo, um novo mundo em potencial passa a existir. A estabilidade das leis corresponde ao constante movimento de todas as coisas humanas, um movimento que jamais pode cessar enquanto os homens nasçam e morrem. As leis circunscrevem cada novo começo e, ao mesmo tempo, asseguram a sua liberdade de movimento, a potencialidade de algo inteiramente novo e imprevisível; os limites das leis positivas são para a existência política do homem o que a memória é para a sua existência histórica: garantem a preexistência de um mundo comum, a realidade de certa continuidade que transcende a duração individual de cada geração, absorve todas as novas origens e delas se alimenta.

Confundir o terror total com um sintoma de governo tirânico é tão fácil porque o governo totalitário, em seus estágios iniciais, tem de conduzir-se como uma tirania e põe abaixo as fronteiras da lei feita pelos homens. Mas o terror total não deixa atrás de si nenhuma ilegalidade arbitrária, e a sua fúria não visa ao benefício do poder despótico de um homem contra todos, e muito menos a uma guerra de todos contra todos. Em lugar das fronteiras e dos canais de comunicação entre os homens individuais, constrói um cinturão de ferro que os cinge de tal forma que é como se a sua pluralidade se dissolvesse em Um-Só-Homem de dimensões gigantescas. Abolir as cercas da lei entre os homens — como o faz a tirania — significa tirar dos homens os seus direitos e destruir a liberdade como realidade política viva; pois o espaço entre os homens, delimitado pelas leis, é o espaço vital da liberdade. O terror total usa esse velho instrumento da tirania mas, ao mesmo tempo, destrói também o deserto sem cercas e sem lei, deserto da suspeita e do medo que a tirania deixa atrás de si. Esse deserto da tirania certamente já não é o espaço vital da liberdade, mas ainda deixa margem aos movimentos medrosos e cheios de suspeita dos seus habitantes.

Pressionando os homens, uns contra os outros, o terror total destrói o espaço entre eles; comparado às condições que prevalecem dentro do cinturão de ferro, até mesmo o deserto da tirania, por ainda constituir algum tipo de espaço, parece uma garantia de liberdade. O governo totalitário não restringe simplesmente os direitos nem simplesmente suprime as liberdades essenciais; tampouco, pelo menos ao que saibamos, consegue erradicar do coração dos homens o amor à liberdade, que é simplesmente a capacidade de mover-se, a qual não pode existir sem espaço.

O terror total, a essência do regime totalitário, não existe a favor nem contra os homens. Sua suposta função é proporcionar às forças da natureza ou da história um meio de acelerar o seu movimento. Esse movimento, transcorrendo segundo a sua própria lei, não pode ser tolhido a longo prazo; no fim, a sua força se mostrará sempre mais poderosa que as mais poderosas forças engendradas pela ação e pela vontade do homem. Mas pode ser retardado, e é retardado quase inevitavelmente pela liberdade do homem; nem mesmo os governantes totalitários podem negar essa liberdade — por mais irrelevante e arbitrária que lhes pareça —, porque ela equivale ao fato de que os homens nascem e que, portanto, cada um deles *é* um novo começo e, em certo sentido, o início de um mundo novo. Do ponto de vista totalitário, o fato de que os homens nascem e morrem não pode ser senão um modo aborrecido de interferir com forças superiores. O terror, portanto, como servo obediente do movimento natural ou histórico, tem de eliminar do processo não apenas a liberdade em todo sentido específico, mas a própria fonte de liberdade que está no nascimento do homem e na sua capacidade de começar de novo. No cinturão de ferro do terror, que destrói a pluralidade dos homens e faz de todos aquele Um que invariavelmente agirá como se ele próprio fosse parte da corrente da história ou da natureza, encontrou-se um meio não apenas de libertar as forças históricas ou naturais, mas de imprimir-lhes uma velocidade que elas, por si mesmas, jamais atingiriam. Na prática, isso significa que o terror executa sem mais delongas as sentenças de morte que a Natureza supostamente pronunciou contra aquelas raças ou aqueles indivíduos que são "indignos de viver", ou que a História decretou contra as "classes agonizantes", sem esperar pelos processos mais lerdos e menos eficazes da própria história ou natureza.

Nesse conceito, onde o movimento se torna a essência do próprio regime, um problema muito antigo do pensamento político parece encontrar solução semelhante à que já vimos para a discrepância entre a legalidade e a justiça. Se a essência do governo é definida como a legalidade, e se fica compreendido que as leis são as forças estabilizadoras dos negócios públicos dos homens (como realmente sempre o foram desde que Platão invocou em suas *Leis* a Zeus, o deus dos limites), surge então o problema do movimento do corpo político e dos atos dos seus cidadãos. A legalidade impõe limites aos atos, mas não os inspira; a grandeza, mas também a perplexidade, das leis nas sociedades livres está em que apenas dizem o que não se deve fazer, mas nunca o que se deve fazer. O necessário movimento de um corpo político não se encontra em sua essência, porque essa essência — novamente desde Platão — sempre foi definida com vistas à sua permanência. A continuidade sempre pareceu um dos modos mais seguros de medir a virtude de um governo. Para Montesquieu, a suprema prova da imperfeição da tirania era ainda o fato de que somente as tiranias tendiam a se destruir por dentro, a engendrar o seu declínio, enquanto eram circunstâncias externas que destruíam todos os outros governos. Portanto, o que sempre faltou à definição de governo é o que Montesquieu chamou de um "princípio de ação" que, sendo diferente para cada forma de governo, inspiraria governantes e cidadãos em sua atividade pública e serviria como critério, além da avaliação meramente negativa da legalidade, para julgar todos os atos no terreno das coisas públicas. Esses princípios orientadores e critérios da ação, segundo Montesquieu, são, numa monarquia, a honra; numa república, a virtude; e numa tirania, o medo.

Num perfeito governo totalitário — onde todos os homens tornaram-se Um-Só-Homem, onde toda ação visa à aceleração do movimento da natureza ou da história, onde cada ato é a execução de uma sentença de morte que a Natureza ou a História já pronunciou, isto é, em condições nas quais se pode ter plena certeza de que o terror manterá o movimento em constante atividade —, um princípio de ação separado da sua essência seria absolutamente desnecessário. Não obstante, enquanto o governo totalitário não conquista toda a terra e, com o cinturão de ferro do terror, não transforma cada homem em parte de uma humanidade única, o terror, em sua dupla função de essência de governo e princípio não de ação mas de movimento, não pode ser completamente realizado. Do mesmo modo como a legalidade, no governo constitucional, é insuficiente para inspirar e guiar as ações dos homens, também o terror no governo totalitário não é suficiente para inspirar e guiar o comportamento humano.

Embora, nas condições atuais, o domínio totalitário ainda compartilhe com outras formas de governo a necessidade de um guia para a conduta dos seus cidadãos na esfera pública, não precisa e nem poderia, a rigor, usar um princípio de ação, pois este só fará eliminar no homem precisamente a capacidade de agir. Nas condições do terror total, nem mesmo o medo pode aconselhar a conduta do cidadão, porque o terror escolhe as suas vítimas independentemente de ações ou pensamentos individuais, unicamente segundo a necessidade objetiva do processo natural ou histórico. Nas condições totalitárias, o medo é provavelmente mais difundido do que nunca; mas o medo perde a sua utilidade prática quando as ações que inspira já não ajudam a evitar o perigo que se teme. O mesmo se pode dizer da simpatia ou do apoio ao regime; pois o terror total não apenas seleciona as suas vítimas segundo critérios objetivos: escolhe os seus carrascos com o mais completo descaso pelas convicções e simpatias do candidato. A consistente eliminação da convicção como um motivo para a ação tornou-se um fato desde os grandes expurgos da Rússia soviética e dos países satélites. O objetivo da educação totalitária nunca foi insuflar convicções, mas destruir a capacidade de adquiri-las. A introdução de critérios puramente objetivos no sistema de seleção das tropas da SS foi a grande invenção organizacional de Himmler; selecionava os candidatos através de fotografias segundo critérios puramente raciais. A própria natureza decidia não apenas quem seria eliminado, mas também quem seria treinado como carrasco.

Nenhum princípio orientador da conduta que seja, ele próprio, extraído da esfera da ação humana, como a virtude, a honra ou o medo, é necessário ou pode servir para acionar um corpo político que já não emprega o terror como forma de intimidação, mas cuja essência é o próprio terror. Em seu lugar, o totalitarismo introduziu um princípio inteiramente novo no terreno das coisas públicas que dispensa inteiramente o desejo humano de agir, e atende à desesperada necessidade de alguma intuição da lei do movimento, segundo a qual o terror funciona e da qual, portanto, dependem todos os destinos pessoais.

Os habitantes de um país totalitário são arremessados e engolfados num processo da natureza ou da história para que se acelere o seu movimento; como tal, só podem ser carrascos ou vítimas da sua lei inseparável. O processo pode decidir que aqueles que hoje eliminam raças e indivíduos ou membros das classes agonizantes e dos povos decadentes serão amanhã os que devam ser imolados. Aquilo de que o sistema totalitário precisa para guiar a conduta dos seus súditos é um preparo para que cada um se ajuste igualmente bem ao papel de carrasco e ao papel de vítima. Essa preparação bilateral, que substitui o princípio de ação, é a ideologia.

As ideologias — os ismos que podem explicar, a contento dos seus aderentes, toda e qualquer ocorrência a partir de uma única premissa — são fenômeno muito recente e, durante várias décadas, tiveram papel insignificante na vida política. Somente agora, com a vantagem que nos dá o seu estudo retrospectivo, podemos descobrir os elementos que as tornaram tão perturbadoramente úteis para o governo totalitário. As grandes potencialidades das ideologias não foram descobertas antes de Hitler e de Stálin.

As ideologias são notórias por seu caráter científico: combinam a atitude científica com resultados de importância filosófica, e pretendem ser uma filosofia científica. A palavra "ideologia" parece sugerir que uma idéia pode tornar-se o objeto do estudo de uma ciência, como os animais são o objeto de estudo na zoologia, e que o sufixo -*logia* da palavra ideologia, como em zoologia, indica nada menos que os *logoi* — os discursos científicos que se fazem a respeito da idéia. Se isso fosse verdadeiro, a ideologia seria realmente uma pseudociência e uma pseudofilosofia, violando ao mesmo tempo os limites da ciência e os da filosofia. O deísmo, por exemplo, passaria a ser a ideologia que trata da idéia de Deus, da qual se ocupa a filosofia, à maneira científica da teologia, para a qual Deus é uma realidade revelada. (Uma teologia que não se baseasse na revelação como realidade admitida, mas tratasse Deus como idéia, seria tão louca como uma zoologia que já não estivesse segura da existência física e tangível dos animais.) Contudo, sabemos que isso é apenas parte da verdade. O deísmo, embora negue a revelação divina, não faz meras afirmações "científicas" a respeito de um Deus que é apenas uma "idéia", mas usa a idéia de Deus para explicar os destinos do mundo. As "idéias" dos ismos — a raça no racismo, Deus no deísmo etc. — nunca constituem o objeto das ideologias, e o sufixo *-logia* nunca indica simplesmente um conjunto de postulados "científicos".

Uma ideologia é bem literalmente o que o seu nome indica: é a lógica de uma idéia. O seu objeto de estudo é a história, à qual a "idéia" é aplicada; o resultado dessa aplicação não é um conjunto de postulados acerca de algo que *é*, mas a revelação de um processo que está em constante mudança. A ideologia trata o curso dos acontecimentos como se seguisse a mesma "lei" adotada na exposição lógica da sua "idéia". As ideologias pretendem conhecer os mistérios de todo o processo histórico — os segredos do passado, as complexidades do presente, as incertezas do futuro — em virtude da lógica inerente de suas respectivas idéias.

As ideologias nunca estão interessadas no milagre do ser. São históricas, interessadas no vir-a-ser e no morrer, na ascensão e queda das culturas, mesmo que busquem explicar a história através de alguma "lei da natureza". A palavra "raça" no racismo não significa qualquer curiosidade genuína acerca das raças humanas como campo de exploração científica, mas é a "idéia" através da qual o movimento da história é explicado como um único processo coerente.

A "idéia" de uma ideologia não é a essência eterna de Platão, vislumbrada pelos olhos da mente, nem o princípio regulador da razão, de Kant, mas passa a ser instrumento de explicação. Para uma ideologia, a história não é vista à luz de uma idéia (o que significaria ver a história sob forma de alguma eternidade ideal que, por si, está além do movimento histórico), mas como algo que pode ser calculado por ela. O que torna a "idéia" capaz dessa nova função é a sua própria "lógica", que é um movimento decorrente da própria "idéia" e dispensa qualquer fator externo para colocá-la em atividade. O racismo é a crença de que existe um movimento inerente da própria idéia de raça, tal como o deísmo é a crença de que existe um movimento inerente da própria noção de Deus.

O movimento da história e o processo lógico da noção de história supostamente correspondem um ao outro, de sorte que o que quer que aconteça, acontece segundo a lógica de uma "idéia". Mas o único movimento possível no terreno da lógica é o processo de dedução a partir de uma premissa. Nas mãos de uma ideologia, a lógica dialética, com o seu processo de ir da tese, através da antítese, para a síntese, que por sua vez se torna a tese do próximo movimento dialético, não difere em princípio; a primeira tese passa a ser a premissa, e a sua vantagem para a explicação ideológica é que esse expediente dialético pode fazer desaparecer as contradições factuais, explicando-as como estágios de um só movimento coerente e idêntico.

    Assim que se aplica a uma idéia a lógica como movimento de pensamento — e não como o necessário controle do ato de pensar — essa idéia se transforma em premissa. As explicações ideológicas do mundo realizaram essa operação muito antes que ela se tornasse tão eminentemente útil para o raciocínio totalitário. A coerção puramente negativa da lógica, a proibição das contradições, passou a ser "produtiva", de modo que se podia criar toda uma linha de pensamento e forçá-la sobre a mente, pelo fato de se tirarem conclusões através da mera argumentação. Esse processo argumentativo não podia ser interrompido nem por uma nova idéia (que teria sido outra premissa com um diferente conjunto de conseqüências) nem por uma nova experiência. As ideologias pressupõem sempre que uma idéia é suficiente para explicar tudo no desenvolvimento da premissa, e que nenhuma experiência ensina coisa alguma porque tudo está compreendido nesse coerente processo de dedução lógica. O perigo de trocar a necessária insegurança do pensamento filosófico pela explicação total da ideologia e por sua *Weltanschauung* não é tanto o risco de ser iludido por alguma suposição geralmente vulgar e sempre destituída de crítica quanto o de trocar a liberdade inerente da capacidade humana de pensar pela camisa-de-força da lógica, que pode subjugar o homem quase tão violentamente quanto uma força externa.

    As *Weltanschauungen* e ideologias do século XIX não constituem por si mesmas o totalitarismo. Embora o racismo e o comunismo tenham se tornado as ideologias decisivas do século XX, não eram, em princípio, "mais totalitárias" do que as outras; isso aconteceu porque os elementos da experiência nos quais originalmente se baseavam — a luta entre as raças pelo domínio do mundo, e a luta entre as classes pelo poder político nos respectivos países — vieram a ser politicamente mais importantes que os das outras ideologias. Nesse sentido, a vitória ideológica do racismo e do comunismo sobre todos os outros ismos já estava definida antes que os movimentos totalitários se apoderassem precisamente dessas ideologias. Por outro lado, todas as ideologias contêm elementos totalitários, mas estes só se manifestam inteiramente através de movimentos totalitários — o que nos dá a falsa impressão de que somente o racismo e o comunismo são de caráter totalitário. Mas, no fundo, é a verdadeira natureza de todas as ideologias que se revelou no papel que a ideologia desempenhou no mecanismo do domínio totalitário. Vistas desse ângulo, surgem três elementos especificamente totalitários, peculiares de todo pensamento ideológico.

    Em primeiro lugar, na pretensão de explicação total, as ideologias têm a tendência de analisar não o que é, mas o que vem a ser, o que nasce e passa. Em todos os casos, elas estão preocupadas unicamente com o elemento de movimento, isto é, a história no sentido corrente da palavra. As ideologias sempre se orientam na direção da história, mesmo quando, como no caso do racismo, parecem partir da premissa da natureza; nesse caso, a natureza serve apenas para explicar as questões históricas e reduzi-las a elementos da natureza. A pretensão de explicação total promete esclarecer todos os acontecimentos históricos — a explanação total do passado, o conhecimento total do presente e a previsão segura do futuro. Em segundo lugar, o pensamento ideológico, nessa capacidade, liberta-se de toda experiência da qual não possa aprender nada de novo, mesmo que se trate de algo que acaba de acontecer. Assim, o pensamento ideológico emancipa-se da realidade que percebemos com os nossos cinco sentidos e insiste numa realidade "mais verdadeira" que se esconde por trás de todas as coisas perceptíveis, que as domina a partir desse esconderijo e exige um sexto sentido para que possamos percebê-la. O sexto sentido é fornecido exatamente pela ideologia, por aquela doutrinação ideológica particular que é ensinada nas instituições educacionais, estabelecidas exclusivamente para esse fim, para treinar os "soldados políticos" nas *Ordensburgen* do nazismo ou nas escolas do Comintern e do Cominform. A propaganda do movimento totalitário serve também para libertar o pensamento da experiência e da realidade; procura sempre injetar um significado secreto em cada evento público tangível e farejar intenções secretas atrás de cada ato político público. Quando chegam ao poder, os movimentos passam a alterar a realidade segundo as suas afirmações ideológicas. O conceito de inimizade é substituído pelo conceito de conspiração, e isso produz uma mentalidade na qual já não se experimenta e se compreende a realidade em seus próprios termos — a verdadeira inimizade ou a verdadeira amizade — mas automaticamente se presume que ela significa outra coisa.

Em terceiro lugar, como as ideologias não têm o poder de transformar a realidade, conseguem libertar o pensamento da experiência por meio de certos métodos de demonstração. O pensamento ideológico arruma os fatos sob a forma de um processo absolutamente lógico, que se inicia a partir de uma premissa aceita axiomaticamente, tudo mais sendo deduzido dela; isto é, age com uma coerência que não existe em parte alguma no terreno da realidade. A dedução pode ser lógica ou dialética: num caso ou no outro, acarreta um processo de argumentação que, por pensar em termos de processos, supostamente pode compreender o movimento dos processos sobre-humanos, naturais ou históricos. Atinge-se a compreensão pelo fato de a mente imitar, lógica ou dialeticamente, as leis dos movimentos "cientificamente" demonstrados, aos quais ela se integra pelo processo de imitação. A argumentação ideológica, sempre uma espécie de dedução lógica, corresponde aos dois elementos das ideologias que mencionamos acima — o elemento do movimento e o elemento da emancipação da realidade e da experiência —, primeiro, porque o movimento do pensamento não emana da experiência, mas gera-se a si próprio e, depois, porque transforma em premissa axiomática o único ponto que é tomado e aceito da realidade verificada, deixando, daí em diante, o subseqüente processo de argumentação inteiramente a salvo de qualquer experiência ulterior. Uma vez que tenha estabelecido a sua premissa, o seu ponto de partida, a experiência já não interfere com o pensamento ideológico, nem este pode aprender com a realidade.

O expediente que ambos os governantes totalitários usaram para transformar suas respectivas ideologias em armas, com as quais cada um dos seus governados podia obrigar-se a entrar em harmonia com o movimento do terror, era enganadoramente simples e imperceptível: levavam-nas mortalmente a sério e orgulhavam-se, um, do seu supremo dom de "raciocínio frio como o gelo" (Hitler), e o outro, da "impiedade da sua dialética", e passaram a levar as implicações ideológicas aos extremos da coerência lógica que, para o observador, pareciam despropositadamente "primitivos" e absurdos: a "classe agonizante" consistia em pessoas condenadas à morte; as raças "indignas de viver" eram pessoas que iam ser exterminadas. Quem concordasse com a existência de "classes agonizantes" e não chegasse à conseqüência de matar os seus membros, ou com o fato de que o direito de viver tinha algo a ver com a raça e não deduzisse que era necessário matar as "raças incapazes", evidentemente era ou estúpido ou covarde. Essa lógica persuasiva como guia da ação impregna toda a estrutura dos movimentos e governos totalitários. Deve-se exclusivamente a Hitler e a Stálin, que, embora não acrescentassem um único pensamento novo às idéias e aos *slogans* de propaganda dos seus movimentos, só por isso merecem ser considerados ideólogos da maior importância.

Esses novos ideólogos totalitários distinguiam-se dos seus predecessores por já não serem atraídos basicamente pela "idéia" da ideologia — a luta de classes e a exploração dos trabalhadores, ou a luta de raças e a proteção dos povos germânicos — mas sim pelo processo lógico que dela pode ser deduzido. Segundo Stálin, nem a idéia nem a oratória mas "a força irresistível da lógica subjugava completamente o público" [de Lênin]. Verificou-se que a força, que Marx julgava surgir quando a idéia se apossava das massas, residia não na própria idéia, mas no seu processo lógico, que, "como um poderoso tentáculo, nos aperta por todos os lados, como num torno, e de cujo controle não temos a força de sair; ou nos entregamos, ou nos resignamos à mais completa derrota".[3] Essa força somente se manifesta quando está em jogo a realização dos objetivos ideológicos, a sociedade sem classes ou a raça dominante. No processo da realização, a substância original que servia de base às ideologias no tempo em que buscavam atrair as massas — a exploração dos trabalhadores ou as aspirações nacionais da Alemanha — gradualmente se perde, como que devorada pelo próprio processo: em perfeita consonância com o "raciocínio frio" e a "irresistível força da lógica", os trabalhadores perderam, sob o domínio bolchevista, até mesmo aqueles direitos que haviam tido sob a opressão czarista, e o povo alemão sofreu um tipo de guerra que não tinha a mais leve ligação com as necessidades mínimas de sobrevivência da nação alemã. É da natureza das políticas ideológicas — e não simples traição cometida em benefício do egoísmo ou

---

(3) Discurso de Stálin de 28 de janeiro de 1924, citado em Lênin, *Selected works*, vol. I, p. 33, Moscou, 1947. É interessante notar que a "lógica" de Stálin foi uma das poucas qualidades que Krushchev louvou no seu devastador discurso perante o Vigésimo Congresso do Partido.

do desejo do poder — que o verdadeiro conteúdo da ideologia (a classe trabalhadora ou os povos germânicos), que originalmente havia dado azo à "idéia" (a luta de classes como lei da história, ou a luta de raças como lei da natureza), seja devorado pela lógica com que a "idéia" é posta em prática.

O preparo das vítimas e dos carrascos, que o totalitarismo requer em lugar do princípio de ação de Montesquieu, não é a ideologia em si — o racismo ou o materialismo dialético —, mas a sua lógica inerente. Nesse ponto, o argumento mais persuasivo — argumento muito do gosto de Hitler e de Stálin — é: não se pode dizer A sem dizer B e C, e assim por diante, até o fim do mortífero alfabeto. Parece ser esta a origem da força coerciva da lógica: emana do nosso pavor à contradição. Quando o expurgo bolchevista faz com que as vítimas confessem delitos que nunca cometeram, confia principalmente nesse medo básico e argumenta da seguinte forma: todos concordamos com a premissa de que a história é uma luta de classes e com o papel do Partido nessa luta. Sabemos, portanto, que, do ponto de vista histórico, o Partido sempre tem razão (nas palavras de Trótski, "só podemos ter razão com o Partido e através dele, pois a história não nos concede outro meio de termos razão"). Neste momento histórico, que obedece à lei da história, certos crimes certamente serão cometidos, e o Partido, conhecendo a lei da história, deve puni-los. Para esses crimes, o Partido necessita de criminosos; pode suceder que o Partido, conhecendo os crimes, não conheça inteiramente os criminosos; porém, mais importante que ter certeza quanto aos criminosos é punir os crimes, porque, sem essa punição, a História não poderia progredir, e até mesmo o seu curso poderia ser tolhido. Tu, portanto, ou cometeste os crimes ou foste convocado pelo Partido para desempenhar o papel de criminoso — de qualquer forma, és objetivamente um inimigo do Partido. Se não confessares, deixarás de ajudar a História através do Partido, e te tornarás um verdadeiro inimigo. A força coerciva do argumento é: se te recusas, te contradizes e, com essa contradição toda a tua vida perde o sentido; pois o A que pronunciaste domina toda a tuda vida através das conseqüências do B e do C que se lhe seguem logicamente.

Para a limitada mobilização das pessoas, que nem ele pode dispensar, o governante totalitário conta com a compulsão que nos impele para a frente; essa compulsão interna é a tirania da lógica, contra a qual nada se pode erguer senão a grande capacidade humana de começar algo novo. A tirania da lógica começa com a submissão da mente à lógica como processo sem fim, no qual o homem se baseia para elaborar os seus pensamentos. Através dessa submissão, ele renuncia à sua liberdade interior, tal como renuncia à liberdade de movimento quando se curva a uma tirania externa. A liberdade, como capacidade interior do homem, equivale à capacidade de começar, do mesmo modo que a liberdade como realidade política equivale a um espaço que permita o movimento entre os homens. Contra o começo, nenhuma lógica, nenhuma dedução convincente pode ter qualquer poder, porque o processo da dedução pressupõe o começo sob forma de premissa. Tal como o terror é necessário para que o nascimento de cada novo ser humano não dê origem a um novo começo que imponha ao mundo a sua voz, também a força autocoerciva da lógica é mobilizada para que ninguém jamais comece a pensar — e o pensamento, como a mais livre e a mais pura das atividades humanas, é exatamente o oposto do processo compulsório de dedução. O governo totalitário só se sente seguro na medida em que pode mobilizar a própria força de vontade do homem para forçá-lo a mergulhar naquele gigantesco movimento da História ou da Natureza que supostamente usa a humanidade como material e ignora nascimento ou morte.

Por um lado, a compulsão do terror total — que, com o seu cinturão de ferro, comprime as massas de homens isolados umas contra as outras e lhes dá apoio num mundo que para elas se tornou um deserto — e, por outro, a força autocoerciva da dedução lógica — que prepara cada indivíduo em seu isolamento solitário contra todos os outros — correspondem uma à outra e precisam uma da outra para acionar o movimento dominado pelo terror e conservá-lo em atividade. Do mesmo modo como o terror, mesmo em sua forma pré-total e meramente tirânica, arruína todas as relações entre os homens, também a autocompulsão do pensamento ideológico destrói toda relação com a realidade. O preparo triunfa quando as pessoas perdem o contato com os seus semelhantes e com a realidade que as rodeia; pois, juntamente com esses contatos, os homens perdem a capacidade de sentir e de pensar. O súdito ideal do governo totalitário não é o nazista convicto nem o comunista convicto, mas aquele para quem já não existe a diferença entre o fato e a ficção (isto é, a realidade da experiência) e a diferença entre o verdadeiro e o falso (isto é, os critérios do pensamento).

A questão que levantamos no início destas considerações, e à qual agora retornaremos, diz respeito ao tipo de experiência básica na vida humana em comum que inspira uma forma de governo cuja essência é o terror e cujo princípio de ação é a lógica do pensamento ideológico. Obviamente, nunca antes se havia usado tal mistura nas várias formas de domínio político. Não obstante, a experiência básica em que ela se fundamenta deve ser humana e conhecida dos homens, uma vez que esse corpo político absolutamente "original" foi planejado por homens e, de alguma forma, está respondendo a necessidades humanas.

Já se observou muitas vezes que o terror só pode reinar absolutamente sobre homens que se isolam uns contra os outros e que, portanto, uma das preocupações fundamentais de todo governo tirânico é provocar esse isolamento. O isolamento pode ser o começo do terror; certamente é o seu solo mais fértil e sempre decorre dele. Esse isolamento é, por assim dizer, pré-totalitário; sua característica é a impotência, na medida em que a força sempre surge quando os homens trabalham em conjunto, "agindo em concerto" (Burke); os homens isolados são impotentes por definição.

O isolamento e a impotência, isto é, a incapacidade básica de agir, sempre foram típicos das tiranias. Os contatos políticos entre os homens são cortados no governo tirânico, e as capacidades humanas de ação e poder são frustradas. Mas nem todos os contatos entre os homens são interrompidos, e nem todas as capacidades humanas são destruídas. Toda a esfera da vida privada, juntamente com a capacidade de sentir, de inventar e de pensar, permanece intacta. Sabemos que o cinturão de ferro do terror total elimina o espaço para essa vida privada, e que a autocoerção da lógica totalitária destrói a capacidade humana de sentir e pensar tão seguramente como destrói a capacidade de agir.

O que chamamos de isolamento na esfera política é chamado de solidão na esfera dos contatos sociais. Isolamento e solidão não são a mesma coisa. Posso estar isolado — isto é, numa situação em que não posso agir porque não há ninguém para agir comigo — sem que esteja solitário; e posso estar solitário — isto é, numa situação em que, como pessoa, me sinto completamente abandonado por toda companhia humana — sem estar isolado. O isolamento é aquele impasse no qual os homens se vêem quando a esfera política de suas vidas, onde agem em conjunto na realização de um interesse comum, é destruída. E, no entanto, o isolamento, embora destrua o poder e a capacidade de agir, não apenas deixa intactas todas as chamadas atividades produtivas do homem, mas lhes é necessário. O homem, como *homo faber*, tende a isolar-se com o seu trabalho, isto é, a deixar temporariamente o terreno da política. A fabricação (*poiesis*, o ato de fazer coisas), que se distingue, por um lado, da ação (*praxis*) e, por outro, do mero trabalho, sempre é levada a efeito quando o homem, de certa forma, se isola dos interesses comuns, não importa que o seu resultado seja um objeto de artesanato ou de arte. No isolamento, o homem permanece em contato com o mundo como obra humana; somente quando se destrói a forma mais elementar de criatividade humana, que é a capacidade de acrescentar algo de si mesmo ao mundo ao redor, o isolamento se torna inteiramente insuportável. Isso pode acontecer num mundo cujos principais valores são ditados pelo trabalho, isto é, onde todas as atividades humanas se resumem em trabalhar. Nessas condições, a única coisa que sobrevive é o mero esforço do trabalho, que é o esforço de se manter vivo, e desaparece a relação com o mundo como criação do homem. O homem isolado que perdeu o seu lugar no terreno político da ação é também abandonado pelo mundo das coisas, quando já não é reconhecido como *homo faber*, mas tratado como *animal laborans* cujo necessário "metabolismo com a natureza" não é do interesse de ninguém. É aí que o isolamento se torna solidão. A tirania baseada no isolamento geralmente deixa intactas as capacidades produtivas do homem; mas uma tirania que governasse "trabalhadores", como por exemplo o domínio sobre os escravos na Antiguidade, seria automaticamente um domínio de homens solitários, não apenas isolados, e tenderia a ser totalitária.

Enquanto o isolamento se refere apenas ao terreno político da vida, a solidão se refere à vida humana como um todo. O governo totalitário, como todas as tiranias, certamente não poderia existir sem destruir a esfera da vida pública, isto é, sem destruir, através do isolamento dos homens, as suas capacidades políticas. Mas o domínio totalitário como forma de governo é novo no sentido de que não se contenta com esse isolamento, e destrói também a vida privada. Baseia-se na solidão, na experiência de não se pertencer ao mundo, que é uma das mais radicais e desesperadas experiências que o homem pode ter.

A solidão, o fundamento para o terror, a essência do governo totalitário, e, para a ideologia ou a lógica, a preparação de seus carrascos e vítimas, tem íntima ligação com o desarraigamento e a superfluidade que atormentavam as massas modernas desde o começo da Revolução Industrial e se tornaram cruciais com o surgimento do imperialismo no fim do século passado e o colapso das instituições políticas e tradições sociais do nosso tempo. Não ter raízes significa não ter no mundo um lugar reconhecido e garantido pelos outros; ser supérfluo significa não pertencer ao mundo de forma alguma. O desarraigamento pode ser a condição preliminar da superfluidade, tal como o isolamento pode (mas não deve) ser a condição preliminar da solidão. Se a tomarmos em sua essência, sem atentar para as suas recentes causas históricas e o seu novo papel na política, a solidão é, ao mesmo tempo, contrária às necessidades básicas da condição humana *e* uma das experiências fundamentais de toda vida humana. Até mesmo a experiência do mundo, que nos é dado material e sensorialmente, depende do nosso contato com os outros homens, do nosso senso *comum* que regula e controla todos os outros sentidos, sem o qual cada um de nós permaneceria enclausurado em sua própria particularidade de dados sensoriais, que, em si mesmos, são traiçoeiros e indignos de fé. Somente por termos um senso comum, isto é, somente porque a terra é habitada, não por um homem, mas por homens no plural, podemos confiar em nossa experiência sensorial imediata. No entanto, basta que nos lembremos que um dia teremos de deixar este mundo comum, que continuará como antes, e para cuja continuidade somos supérfluos, para que nos demos conta da solidão e da experiência de sermos abandonados por tudo e por todos.

Solidão não é estar só. Quem está desacompanhado está só, enquanto a solidão se manifesta mais nitidamente na companhia de outras pessoas. À parte algumas observações ocasionais — geralmente de espírito paradoxal como a afirmação de Catão (relatada por Cícero, *De re publica*, I, 17): *numquam minus solum esse quam cum solus esset*, "nunca ele esteve menos só do que quando estava sozinho", ou, antes, "nunca ele esteve menos solitário do que quando estava a sós" — parece que foi Epicteto, o filósofo escravo-forro de origem grega, o primeiro a distinguir entre solidão e ausência de companhia. De certa forma, a sua descoberta foi acidental, uma vez que o seu principal interesse não era uma coisa nem outra, mas o ser só (*monos*) no sentido de ser absolutamente independente. Na opinião de Epicteto (*Dissertationes*, livro 3, capítulo 12), o homem solitário (*éremos*) vê-se rodeado por outros com os quais não pode estabelecer contato e a cuja hostilidade está exposto. O homem só, ao contrário, está desacompanhado e, portanto, "pode estar em companhia de si mesmo", já que os homens têm a capacidade de "falar consigo mesmos". Em outras palavras, quando estou só, estou "comigo mesmo", em companhia do meu próprio eu, e sou, portanto, dois-em-um; enquanto, na solidão, sou realmente apenas um, abandonado por todos os outros. A rigor, todo ato de pensar é feito quando se está a sós, e constitui um diálogo entre eu e eu mesmo; mas esse diálogo dos dois-em-um não perde o contato com o mundo dos meus semelhantes, pois que eles são representados no meu eu, com o qual estabeleço o diálogo do pensamento. O problema de estar a sós é que esses dois-em-um necessitam dos outros para que voltem a ser um — um indivíduo imutável cuja identidade jamais pode ser confundida com a de qualquer outro. Para a confirmação da minha identidade, dependo inteiramente de outras pessoas; e o grande milagre salvador da companhia para os homens solitários é que os "integra" novamente; poupa-os do diálogo do pensamento no qual permanecem sempre equívocos, e restabelece-lhes a identidade que lhes permite falar com a voz única da pessoa impermutável.

Viver a sós pode levar à solidão; isso acontece quando, estando a sós, o meu próprio eu me abandona. Os que vivem sozinhos sempre correm o risco de se tornarem solitários, quando já não podem alcançar a graça redentora de uma companhia que os salve da dualidade, do equívoco e da dúvida. Historicamente, parece que somente no século XIX esse risco se tornou suficientemente grande para ser notado e registrado. Foi claramente percebido quando os filósofos, os únicos para os quais estar a sós é um meio de vida e uma condição para o trabalho, já não se contentavam com o fato de que "a filosofia é apenas para uns poucos", e puseram-se a insistir em que ninguém os "compreendia". A esse respeito, é típica a frase de Hegel, em seu leito de morte, que não poderia aplicar-se a nenhum outro grande filósofo antes dele: "Ninguém me compreendeu a não ser um homem; e, assim mesmo, me compreendeu mal". Inversamente, existe sempre a possibilidade de que um homem solitário se encontre a si próprio e inicie o diálogo pensado dos que estão a sós. É o que parece ter ocorrido com Nietzsche em Sils Maria, quando concebeu *Zarathustra*. Em dois poemas ("Sils Maria" e "Aus Hohen Bergen"), ele nos descreve a expectação vazia e a ansiosa espera do homem solitário, até que, de repente, *um Mittag war's, da wurde Eins zu Zwei.../ Nun feiern wir, vereinten Siegs gewiss,/ das Fest der Feste;/ Freund Zarathustra kam, der Gast der Gäste!* ("Ao meio-dia, o Um tornou-se Dois... Certos de que venceremos unidos, celebramos a festa das festas; chegou o amigo Zaratustra, o convidado dos convidados.")

O que torna a solidão tão insuportável é a perda do próprio eu, que pode realizar-se quando está a sós, mas cuja identidade só é confirmada pela companhia confiante e fidedigna dos meus iguais. Nessa situação, o homem perde a confiança em si mesmo como parceiro dos próprios pensamentos, e perde aquela confiança elementar no mundo que é necessária para que se possam ter quaisquer experiências. O eu e o mundo, a capacidade de pensar e de sentir, perdem-se ao mesmo tempo.

A única capacidade do espírito humano que não precisa do eu nem dos outros nem do mundo para funcionar sem medo de errar, e que independe tanto da experiência como do pensamento, é a capacidade do raciocínio lógico, cuja premissa é aquilo que é evidente por si mesmo. As regras elementares da evidência irrefutável, o truísmo de que dois e dois são quatro, não podem se perverter mesmo na solidão absoluta. É a única "verdade" segura em que os seres humanos podem apoiar-se quando perdem a garantia mútua, que é o senso comum, de que necessitam para sentir, viver e encontrar o seu caminho num mundo comum. Mas essa "verdade" é vazia ou, antes, não chega a ser verdade, uma vez que nada revela. (Definir a verdade como coerência, como o fazem certos lógicos modernos, é negar a existência da verdade.) Na solidão, portanto, o que é evidente por si mesmo já não é apenas um instrumento do intelecto, e passa a ser produtivo, a desenvolver as suas próprias linhas de "pensamento". Os processos do pensamento, caracterizados pela lógica exata e evidente por si mesma, da qual aparentemente não há como escapar, têm algo a ver com a solidão; como observou certa vez Lutero (cuja experiência dos fenômenos da solidão e da vida a sós provavelmente não foram suplantadas pelas de ninguém, e que uma vez ousou dizer que "deve existir um Deus porque o homem precisa de um ser em que possa confiar"), numa frase pouco conhecida acerca das palavras da Bíblia, "não é bom que os homens estejam a sós". O homem solitário, diz Lutero, "sempre deduz uma coisa da outra e sempre pensa o pior de tudo".[4] O famoso extremismo dos movimentos totalitários, longe de se relacionar com o verdadeiro radicalismo, consiste, na verdade, em "pensar o pior", nesse processo dedutivo que sempre leva às piores conclusões possíveis.

O que prepara os homens para o domínio totalitário no mundo não-totalitário é o fato de que a solidão, que já foi uma experiência fronteiriça, sofrida geralmente em certas condições sociais marginais como a velhice, passou a ser, em nosso século, a experiência diária de massas cada vez maiores. O impiedoso processo no qual o totalitarismo engolfa e organiza as massas parece uma fuga suicida dessa realidade. O "raciocínio frio como o gelo" e o "poderoso tentáculo" da dialética que nos "segura como um torno" parecem ser o último apoio num mundo onde ninguém merece confiança e onde não se pode contar com coisa alguma. É a coerção interna, cujo conteúdo único é a rigorosa evitação de contradições, que parece confirmar a identidade de um homem independentemente de todo relacionamento com os outros. Prende-o no cinturão de ferro do terror mesmo quando ele está sozinho, e o domínio totalitário procura nunca deixá-lo sozinho, a não ser na situação extrema da prisão solitária. Destruindo todo o espaço entre os homens e pressionando-os uns contra os outros, destrói-se até mesmo o potencial produtivo do isolamento; ensinando e glorificando o raciocínio lógico da solidão, onde o homem sabe que estará completamente perdido se deixar fugir a primeira premissa que dá início a todo o processo, elimina-se até mesmo a vaga possibilidade de que a solidão espiritual se transforme em solidão física, e a lógica se transforme em pensamento. Quando comparamos esse método com o da tirania, parece-nos ter sido encontrado um meio de imprimir movimento ao próprio deserto, um meio de desencadear uma tempestade de areia que pode cobrir todas as partes do mundo habitado.

As condições em que hoje vivemos no terreno da política são realmente ameaçadas por essas devastadoras tempestades de areia. O perigo não é que possam estabelecer um mundo permanente. O domínio totalitário, como a tirania, traz em si o germe da sua própria destruição. Tal como o medo e a impo-

(4) *Ein solcher (sc. einsamer) Mensch folgert immer eins aus dem andern und denkt alles zum Ärgsten*. Em: *Erbauliche Schriften*, "Warum die Einsamkeit zu fliehen?".

tência que vem do medo são princípios antipolíticos e levam os homens a uma situação contrária à ação política, também a solidão e a dedução do pior por meio da lógica ideológica, que advém da solidão, representam uma situação anti-social e contêm um princípio que pode destruir toda forma de vida humana em comum. Não obstante, a solidão organizada é consideravelmente mais perigosa que a impotência organizada de todos os que são dominados pela vontade tirânica e arbitrária de um só homem. É o seu perigo que ameaça devastar o mundo que conhecemos — um mundo que, em toda parte, parece ter chegado ao fim — antes que um novo começo, surgindo desse fim, tenha tido tempo de firmar-se.

À parte estas considerações — que, como predições, são de pouca valia e ainda menos consolo —, permanece o fato de que a crise do nosso tempo e a sua principal experiência deram origem a uma forma inteiramente nova de governo que, como potencialidade e como risco sempre presente, tende infelizmente a ficar conosco de agora em diante, como ficaram, a despeito de derrotas passageiras, outras formas de governo surgidas em diferentes momentos históricos e baseadas em experiências fundamentais — monarquias, repúblicas, tiranias, ditaduras e despotismos.

Mas permanece também a verdade de que todo fim na história constitui necessariamente um novo começo; esse começo é a promessa, a única "mensagem" que o fim pode produzir. O começo, antes de tornar-se evento histórico, é a suprema capacidade do homem; politicamente, equivale à liberdade do homem. *Initium ut esset homo creatus est* — "o homem foi criado para que houvesse um começo", disse Agostinho.[5] Cada novo nascimento garante esse começo; ele é, na verdade, cada um de nós.

---

(5) *De Civitate Dei*, livro 12, capítulo 20.

BIBLIOGRAFIA

PARTE I: O ANTI-SEMITISMO

Alhaiza, Adolphe, *Vérité sociologique gouvernementale et religieuse. Succint résumé du Sociétarisme de Fourier comparé au socialisme de Marx*, Paris, 1919.
Anchel, Robert, "Un Baron Juif au 18e siècle", *Souvenir et Science*, vol. 1.
Arendt, Hanna, "Why the Crémieux Decree was abrogated", *Contemporary Jewish Record*, abril de 1943; "The Jew as pariah. A hidden tradition", *Jewish Social Studies*, vol. 6, n. 2, 1944; "Organized guilt", *Jewish Frontier*, janeiro de 1945.
Arland, Marcel, "F. Céline: *Bagatelles pour un massacre*", *Nouvelle Revue Française*, fevereiro de 1938.
Aron, Robert, *The Vichy regime 1940-1944*, Nova York, 1958.

Bainville, Jacques, *La Troisième République*, 1935.
Baron, Salo W., *Die Judenfrage auf dem Wiener Kongress*, Viena, 1920; *A social and religious history of the Jews*, Nova York, 1937; "The Jewish question in the 19th century", *Journal of Modern History*, vol. X, 1938; *Modern nationalism and religion*, 1947.
Barrès, Maurice, *Scènes et doctrines du nationalisme*, Paris, 1899.
Basnage, J., *Histoire des Juifs*, La Haye, 1716.
Batault, Georges, *Le problème juif. La renaissance de l'antisémitisme*, Paris, 1921.
Bauer, Bruno, *Die Judenfrage*, 1843.
Beaurepaire, Guesnay de, *Le Panama et la République*, 1899.
Bécourt, Renault, *Conspiration universelle du judaïsme, entièrement dévoilée; dédiée à tous les souverains d'Europe, à leurs ministres, aux hommes d'État et généralement à toutes les classes de la société, menacée de ces perfides projets*, 1835.
Bédarrida, Jassuda, *Les Juifs en France, en Italie et en Espagne*, 1859.
Benjamin, René, *Clémenceau dans la retraite*, Paris, 1930.
Bernanos, Georges, *La grande peur des bien-pensants*, Paris, 1931; *Les grands cimetières sous la lune*, Paris, 1938.
Berndorff, H. R., *Diplomatische Unterwelt*, 1930.
Bertholet, Alfred, *Die Stellung der Juden zu den Fremden*, 1896; *Kulturgeschichte Israel*, 1919.
Bismarck, Otto von, *Gedanken und Erinnerungen*, 1909-1921.

Bloom, R. I., *The Economic Activities of the Jews of Amsterdam in the 17th and 18th Centuries*, 1937.
Bloy, Léon, *Le salut par les Juifs*, 1892.
Boehlich, Walter, ed., *Der Berliner Antisemitismusstreit*, Frankfurt a. M., 1965.
Boehmer, Heinrich, *Les Jésuites. Ouvrage traduit de l'allemand avec une introduction et des notes par G. Monod*, Paris, 1910.
Boerne, Ludwig, *Über die Judenverfolgung*, 1819; *Für die Juden*, 1819; *Briefe aus Paris, 1830-1833*.
Boh, Felix, *Der Konservatismus und die Judenfrage*, 1892.
Bondy-Dworsky, *Geschichte der Juden in Boehmen, Maehren und Schlesien*, Praga, 1906.
Boom, W. ten, *Entstehung des modernen Rassen-Antisemitismus*, Leipzig, 1928.
Bord, Gustave, *La Franc-Maçonnerie en France dès origines à 1815*, 1908.
Botzenhart, Erich, "Der politische Aufstieg des Judentums von der Emanzipation bis zur Revolution 1848", em *Forschungen zur Judenfrage*, vol. 3, 1938.
Bourgin, Georges, "Le problème de la fonction économique des Juifs", *Souvenir et Science*, vol. 3, n.s 2-4, 1932.
Brentano, Clemens von, *Der Philister vor, in und nach der Geschichte*, 1811.
Brogan, D. W., *The development of modern France 1870-1939*, 1941. *The French nation: from Napoleon to Pétain 1814-1940*, Nova York, 1958.
Bronner, Fritz, "Georg, Ritter v. Schoenerer", *Volk im Werden*, vol. 7, n. 3, 1939.
Brugerette, Joseph, *Le Comte de Montlosier*, 1931.
Buch, Willi, *Fünfzig Jahre antisemitische Bewegung*, Munique, 1937.
Buchholz, Friedrich, *Untersuchungen über den Geburtsadel*, Berlim, 1807.
Buelow, Bernhard von, *Denkwürdigkeiten*, Berlim, 1930-1.
Buelow, Heinrich von, *Geschichte des Adels*, 1903.
Busch, Moritz, "Israel und die Gojim", *Die Grenzboten*, 1879-81; *Bismarck: some secret pages of his history*, Londres, 1898.
Byrnes, Robert, *Antisemitism in modern France*, New Brunswick, 1950.

Capefigue, Jean, *Histoire des grandes opérations financières*, 1855-8.
Capéran, Louis, *L'anticléricalisme et l'Affaire Dreyfus*, Toulouse, 1948.
Caro, Georg, *Sozial- und Wirtschaftsgeschichte der Juden im Mittelalter und der Neuzeit*, 1908-20.
Caro, Joseph, "Benjamin Disraeli, Juden und Judentum", *Monatsschrift für Geschichte und Wissenschaft des Judentums*, 1932.
"Il caso di Alfredo Dreyfus", *Civiltà Cattolica*, 5 de fevereiro de 1898.
Cassel, Selig, "Geschichte der Juden", *Ersch und Gruber, Allgemeine Enzyklopädie der Wissenschaften und Künste*, seção 2, vol. 27, 1850.
Céline, Ferdinand, *Bagatelles pour un massacre*, 1938; *L'école des cadavres*, 1940.
Chamberlain, Houston Stewart, *The foundations of the nineteenth century*, 1966, tradução da edição alemã de 1899.
Charensol, Georges, *L'Affaire Dreyfus et la Troisième République*, Paris, 1930.
Chesterton, Gilbert K., *The return of Don Quixote*, 1927.
Chevrillon, André, "Huit jours à Rennes", *La Grande Revue*, fevereiro de 1900.
Clarke, Edwin, *Benjamin Disraeli*, Londres, 1926.
Clémenceau, Georges, *L'iniquité*, 1899; *Vers la réparation*, 1899; *Contre la justice*, 1900; *Des juges*, 1901.
Corti, Egon Cesar, Conte, *The rise of the house of Rothschild*, Nova York, 1927.

Dairvaell, Mathieu, *Histoire édifiante et curieuse de Rothschild, Roi des Juifs, suivi du récit de la catastrophe du 18 Juillet par un témoin oculaire*, 1846; *Guerre aux fripons, chronique secrète de la Bourse et des chemins de fer par l'auteur de "Rothschild I, Roi des Juifs"*, 1846, 3. ed.

Daudet, Léon, *Souvenirs des milieux littéraires, politiques et médicaux*, Paris, 1920; *Panorama de la Troisième République*, Paris, 1936.

Davidsohn, Ludwig, *Beiträge zur Sozial-und Wirtschaftsgeschichte der Berliner Juden vor der Emanzipation*, 1920.

Delitzsch, Franz, *Sind die Juden wirklich das auserwählte Volk?*, Leipzig, 1890.

Delitzsch, Friedrich, *Die grosse Täuschung*, 1920-1.

Demachy, Edouard, *Les Rothschilds, une famille de financiers juifs au 19e siècle*, 1896.

Desachy, Paul, *Répertoire de l'Affaire Dreyfus*, 1894; *Bibliographie de l'Affaire Dreyfus*, 1905.

Diderot, Denis, "Juif", na *Encyclopédie*, vol. 9, 1765.

Diest Daber, Otto von, *Bismarck und Bleichroeder*, Munique, 1897.

Dilthey, Wilhelm, *Das Leben Schleiermachers*, 1870.

Dimier, Louis, *Vingt Ans d'Action Française*, Paris, 1926.

Disraeli, Benjamin, *Alroy*, 1833; *Coningsby*, 1844; *Tancred*, 1847; *Lord George Bentinck. A political biography*, 1852; *Lothair*, 1870; *Endymion*, 1881.

Dohm, Christian Wilhelm, *Über die bürgerliche Verbesserung der Juden*, 1781-3; *Denkwürdigkeiten meiner Zeit*, Lemgo, 1814-9.

Drumont, Edouard, *La France juive*, 1885; *La dernière bataille*, 1890; *La fin d'un monde. De l'or, de la boue, du sang. Du Panama à l'anarchie*, 1896; *Le testament d'un antisémite*, Paris, 1891; *Les tréteaux du succès: les héros et les pitres*, Paris, 1901.

Dubnow, S. M., *Weltgeschichte des jüdischen Volkes*, 10 vols., 1929; *History of the Jews in Russia and Poland*. Traduzido do russo por I. Friedlaender, Filadélfia, 1918.

Duehring, Eugen Karl, *Die Judenfrage als Frage der Rassenschädlichkeit für Existenz, Sitte und Cultur der Völker mit einer weltgeschichtlichen Antwort*, 1880.

Dutrait-Crozon, Henri (pseudônimo), *Précis de l'Affaire Dreyfus*, 1909, 2. ed., 1924.

Ehrenberg, Richard, *Grosse Vermögen, ihre Entstehung und ihre Bedeutung*, Jena, 1902.

Eisemenger, J. A., *Entdecktes Judentum*, 1703. Nova edição por Schieferl, 1893.

Elbogen, Ismar, *Geschichte der Juden in Deutschland*, Berlim, 1935; "Die Messianische Idee in der alten jüdischen Geschichte", *Judaica*, 1912, *Festschrift Hermann Cohen*.

Emden, Paul H., "The story of the Vienna Creditanstalt", *Menorah Journal*, vol. 28, n. 1, 1940.

Ewald, Joh. Ludwig, *Ideen über die nötige Organisation der Israeliten in christlichen Staaten*, 1816.

Fernandez, Ramon, "La vie sociale dans l'oeuvre de Marcel Proust", *Les Cahiers Marcel Proust*, n. 2, 1927.

Foucault, André, *Un nouvel aspect de l'Affaire Dreyfus* (Les Oeuvres Libres), 1938.

Fourier, Charles, *Théorie des quatre mouvements*, 1808. *Nouveau monde industriel*, 1829.

Frank, Walter, *Demokratie und Nationalismus in Frankreich*, Hamburgo, 1933; *Hofprediger Adolf Stoecker und die christlich-soziale Bewegung*, 1. ed., 1928, 2. ed.

revisada, 1935; "Neue Akten zur Affäre Dreyfus", *Preussische Jahrbücher*, 1933, vol. 233; "Apostata. Maximilian Harden und das wilhelminische Deutschland", em *Forschungen zur Judenfrage*, vol. 3, 1938; "Walter Rathenau und die blonde Rasse", *ibidem*, vol. 4, 1940; "Die Erforschung der Judenfrage. Rückblick und Ausblick", *ibidem*, vol. 5, 1941.

Frantz, Constantin, *Der Nationalliberalismus und die Judenherrschaft*, Munique, 1874.

Freemasonry, the highway to hell, Londres, 1761. — *Freimaurerei, Weg zur Hölle*, traduzido do inglês, 1768. — *La Franche Maçonnerie n'est que le chemin de l'enfer*, traduzido do alemão, Frankfurt, 1769.

Freund, Ismar, *Die Emanzipation der Juden in Preussen*, Berlim, 1912.

Fries, Jacob Friedrich, *Über die Gefährdung des Wohlstandes und Charakters der Deutschen durch die Juden*, Heidelberg, 1816.

Fritsch, Theodor E., *Antisemiten-Katechismus*, 1892; editor, *Die Zionistischen Protokolle*, "mit einem Vor und Nachwort von Theodor Fritsch", 1924; *Handbuch der Judenfrage*, edição revisada, 1935.

Froude, J. A., *Lord Beaconsfield*, Londres, 1890.

Gentz, Friedrich, *Briefwechsel mit Adam Müller*, Stuttgart, 1857.

Gide, André, "Les Juifs, Céline et Maritain", *Nouvelle Revue Française*, abril de 1938.

Giraudoux, Jean, *Pleins pouvoirs*, 1939.

Glagau, Otto, *Der Börsen-und Gründungsschwindel*, Leipzig, 1876; *Der Bankrott des Nationalliberalismus und die Reaktion*, 8. ed., Berlim, 1878.

Goethe, Joh. Wolfgang von, "Isachar Falkensohn Behr, Gedichte eines polnischen Juden, 1772, Mietau und Leipzig", *Frankfurter Gelehrte Anzeigen; Wilhelm Meister*.

Goldberg, Isidor, "Finanz- und Bankwesen", na *Encyclopedia judaica*, 1930.

Goldstein, Moritz, "Deutsch-Jüdischer Parnass", *Kunstwart*, março de 1912.

Graser, I. B., *Das Judentum und seine Reformen als Vorbedingung der vollständigen Aufnahme der Nation in den Staatsverband*, 1828.

Grattenauer, C. W. F., *Über die physische und moralische Verfassung der heutigen Juden. Stimme eines Kosmopoliten*, 1791. Comentado em *Allgemeine deutsche Bibliothek*, vol. 112, 1792; *Wider die Juden*, 1802.

Grau, Wilhelm, *Die Judenfrage als Aufgabe der neuen deutschen Geschichte*, 1935; *Wilhelm v. Humboldt und das Problem der Juden*, Hamburgo, 1935; "Geschichte der Judenfrage", *Historische Zeitschrift*, vol. 153, 1936.

Greenstone, Julius H., *The Messiah idea in Jewish history*, Filadélfia, 1906.

Gressmann, Hugo, *Der Messias*, Göttingen, 1929.

Gruen, Karl, *Die Judenfrage*, 1844.

Grunwald, Max, *Samuel Oppenheimer und sein Kreis*, Viena, 1913; "Contributions à l'histoire des impôts et des professions des Juifs de Bohème, Moravie et Silésie depuis le 16e siècle", *Revue des Études Juives*, vol. 82.

Gueneau, Louis, "La première voie ferrée de Bourgogne", *Annales de Bourgogne*, 1930, 1931.

Gumplowicz, Ludwig, *Der Rassenkampf*, Innsbruck, 1883.

Gurian, Waldemar, *Die politischen und sozialen Ideen des französischen Katholizismus*, Munique Gladbach, 1929; *Der integrale Nationalismus in Frankreich: Charles Maurras und die Action Française*, Frankfurt, 1931; "Antisemitism in modern Germany", *Essays on antisemitism*, ed. por K. S. Pinson, 1946.

Haeckel, Ernst, *Lebenswunder*, 1904.
Halévy, Daniel, "Apologie pour notre passé", *Cahiers de la Quinzaine*, sér. 11, n. 10, 1910.
Halperin, Rose A., *The American reaction to the Dreyfus Case*, tese de mestrado, Columbia University, 1941.
Harden, Maximilian, "Händler und Soldaten", *Die Zukunft*, 1898; "Zum Schutz der Republik", *ibid.*, julho de 1922; "Tönt die Glocke Grabgesang?", *ibid.*, julho-agosto de 1922; *Köpfte*, Berlim, 1910.
Hauser, Otto, *Die Rasse der Juden*, 1933.
Heckscher, Eli F., *Mercantilism*, Londres, 1935.
Herder, J. G., *Briefe zur Beförderung der Humanität*, 1793-7; "Über die politische Bekehrung der Juden", em seu *Adrastea und das 18. Jahrhundert*, 1801-3.
Herzog, Wilhelm, *Der Kampf einer Republik*, Zurique, 1933; e Rehfisch, Hans José (pseudônimo: René Kestner), *L'Affaire Dreyfus*, uma peça, 1931.
Hoberg, Clemens August, "Die geistigen Grundlagen des Antisemitismus im modernen Frankreich", em *Forschungen zur Judenfrage*, vol. 4, 1940.
Hohenlohe-Schillingsfürst, Chlodwig von, *Denkwürdigkeiten der Reichskanzlerzeit*, editado por Karl Alexander v. Müller (Deutsche Geschichtsquellen des 19. Jahrhunderts, vol. 28), Stuttgart, 1931.
Holst, Ludolf, *Das Judentum in allen dessen Teilen. Aus einem staatswissenschaftlichen Standpunkt betrachtet*, Mainz, 1821.
Humboldt, Wilhelm von, "Gutachten", 1809, em J. Freund, *Die Emanzipation der Juden in Preussen*, Berlim, 1912; *Tagebücher*, ed. Leitzmann, Berlim, 1916-8; *Wilhelm und Caroline von Humboldt in ihren Briefen*, Berlim, 1910.
Hyamson, A. M., *A history of the Jews in England*, 1928.

Jahn, F. L., *Deutsches Volkstum*, 1810.
Jöhlinger, Otto, *Bismarck und die Juden*, Berlim, 1921.
Jost, J. M., *Neuere Geschichte der Israeliten. 1815-1845*, Berlim, 1846.

Karbach, Oscar, "The founder of modern political antisemitism: Georg von Schoenerer", *Jewish Social Studies*, vol. 7, n. 1, janeiro de 1945.
Katz, Jacob, *Exclusiveness and tolerance, Jewish-Gentile relations in medieval and modern times*, Nova York, 1961.
Kleines Jahrbuch des Nützlichen und Angenehmen für Israeliten, 1847.
Koch, Ludwig, S. J., "Juden", em *Jesuitenlexikon*, Paderborn, 1934.
Koehler, Max, *Beiträge zur neueren jüdischen Wirtschaftsgeschichte. Die Juden in Halberstadt und Umgebung* (Studien zur Geschichte der Wirtschaft und Geisteskultur, vol. 3), 1927.
Kohler, Max J., "Some new light on the Dreyfus case", *Studies in Jewish bibliography and related subjects in memory of A. S. Freidus*, Nova York, 1929.
Krakauer, J., *Geschichte der Juden in Frankfurt/Main. 1150-1824*, 1925-7.
Kraus, Karl, *Untergang de Welt durch schwarze Magie*, 1925.
Krueger, Hans K., *Berliner Romantik und Berliner Judentum*, dissertação, 1939.
Krug, W. Traugott, "Über das Verhältnis verschiedener Religionsparteien zum Staate und über die Emanzipation der Juden", *Minerva*, vol. 148, 1828.
K. V. T., "The Dreyfus case: a study of French opinions", *The Contemporary Review*, vol. 74, outubro de 1898.

Labori, Fernand, "Le mal politique et les partis", *La Grande Revue*, outubro-dezembro de 1901; "Notes de Plaidoiries pour le procès de Rennes", *ibid.*, fevereiro de 1900.

La Serve, Fleury, "Les Juifs à Lyon", *Revue du Lyonnais*, vol. 7, 1838.

Lazare, Bernard, *L'antisémitisme, son histoire et ses causes*, 1894; *Une erreur judiciaire; la vérité sur l'affaire Dreyfus*, 1896; *Contre l'antisémitisme; histoire d'une polémique*, Paris, 1896; *Job's dungheap*, Nova York, 1948.

Lazaron, Morris S., *Seed of Abraham*, Nova York, 1930.

Lecanuet, Edouard, *Les signes avant-coureurs de la séparation, 1894-1910*, Paris, 1930.

Lemoine, Albert, *Napoléon I et les Juifs*, Paris, 1900.

Lestschinsky, Jacob, "Die Umwandlung und Umschichtung des jüdischen Volkes im Laufe des letzten Jahrhunderts", *Weltwirtschaftliches Archiv*, vol. 30, Kiel, 1929.

Lesueur, E., *La Franc-Maçonnerie Artésienne au 18e siècle* (Bibliothèque Révolutionnaire), 1914.

Leuillot, Paul, "L'usure judaïque en Alsace sous l'Empire et la Restauration", *Annales Historiques de la Révolution Française*, vol. 7, 1930.

Levaillant, I., "La genèse de l'antisémitisme sous la Troisième République", *Revue des Etudes Juives*, vol. 53, 1907.

Levinas, E., "L'Autre dans Proust", *Deucalion*, n. 2, 1947.

Lewinsohn, Richard, *Jüdische Weltfinanz?*, 1925; *Wie sie gross und reich wurden*, Berlim, 1927.

Lombard de Langres, Vincent, *Sociétés secrètes en Allemagne ... de l'assassinat Kotzebue*, Paris, 1819.

Lombroso, César, *L'antisémitisme*, 2. ed., 1899, Paris.

Lucien-Brun, Henry, *La condition des Juifs en France depuis 1789*, Paris, 1900.

Luxemburg, Rosa, "Die sozialistische Krise in Frankreich", *Die Neue Zeit*, vol. I, 1901.

Maier, Hans, "Die Antisemiten", *Deutsches Parteiwesen*, n. 2, Munique, 1911.

Maistre, Comte J. M. de, *Les soirées de St. Petersburg*, 1821.

Malet, Chevalier de, *Recherches politiques et historiques qui prouvent l'existence d'une secte révolutionnaire*, 1817.

Marburg, Fritz, *Der Antisemitismus in der deutschen Republik*, Viena, 1931.

Marcus, Jacob R., *The rise and destiny of the German Jews*, 1934.

Marr, Wilhelm, *Sieg des Judentums über das Germanentum vom nicht konfessionellen Standpunkt aus betrachtet*, 2. ed., Berlim, 1879.

Martin du Gard, Roger, *Jean Barois*, 1913.

Marwitz, Fr. August Ludwig von der, "Letzte Vorstellung der Stände des Lebusischen Kreises and den König", 1811, *Werke*, ed. Meusel, Berlim, 1908; "Über eine Reform des Adels", 1812, *ibid.*; "Von den Ursachen des Verfalls der preussischen Staaten", *ibid.*

Marx, Karl, "Zur Judenfrage", *Deutsch-französische Jahrbücher*, 1843.

Maurras, Charles, *Au Signe de Flore; Souvenirs de la vie politique*; *L'Affaire Dreyfus et la fondation de l'Action Française*, Paris, 1931; *Oeuvres capitales*, Paris, 1954.

Mayer, Sigmund, *Die Wiener Juden; Kommerz, Kultur, Politik, 1700-1900*, 1917.

McDermot, George, C. S. P., "Mr. Chamberlain's foreign policy and the Dreyfus case", *Catholic World*, vol. 67, setembro de 1898.

Mehring, Franz, *Die Lessinglegende*, 1906.

Mendelssohn, Moses, "Schreiben an Lavater", 1769, *Gesammelte Schriften*, Berlim, 1930, vol. 7; "Vorrede zur Uebersetzung von Menasseh ben Israel", *Rettung der Juden*, 1782, *Gesammelte Schriften*, Leipzig, 1843-5, vol. 3.
Meyer, Rudolf, *Politische Gründer und die Korruption in Deutschland*, 1877.
Mirabeau, H. G. R. de, *Sur Moses Mendelssohn*, Londres, 1788.
Mommsen, Theodor, *Reden und Aufsätze*, Berlim, 1905.
Monypenny, W. F. e Buckle, G. E., *The life of Benjamin Disraeli, Earl of Beaconsfield*, Nova York, 1929.
Morley, John, *Life of Gladstone*, 1903.
Much, Willi, *50 Jahre antisemitischer Bewegung*, Munique, 1937.
Mulert, Hermann, "Antisemitismus", *Die Religion in Geschichte und Gegenwart*, Tübingen, 1909.
Müller, Adam, *Ausgewählte Abhandlungen*, ed. J. Baxa, Jena, 1921.

Neuschäfer, Fritz Albrecht, *Georg, Ritter von Schoenerer*, Hamburgo, 1935.
Nipperdey, Thomas, *Die Organisation der deutschen Parteien vor 1918*, Düsseldorf, 1961.

Paalzow, C. L., *Über das Bürgerrecht der Juden, übersetzt von einem Juden*, Berlim, 1803.
Paléologue, Maurice, "L'antisémitisme, moyen du gouvernement sous Alexandre II et Alexandre III", *Annales Politiques et Littéraires*, vol. 112, julho de 1938; *Tagebuch der Affäre Dreyfus*, Stuttgart, 1957.
Parkes, James W., *The emergence of the Jewish problem, 1878-1939*, 1946.
Paulus, Heinrich, E. G., *Beiträge von jüdischen und christlichen Gelehrten zur Verbesserung der Bekenner des jüdischen Glaubens*, Frankfurt, 1817; *Die jüdische Nationalabsonderung nach Ursprung, Folgen und Besserungsmitteln*, 1831.
Péguy, Charles, "Notre jeunesse", *Cahiers de la Quinzaine*, 1910; "A portrait of Bernard Lazare", em Bernard Lazare, *Job's Dungheap*, Nova York, 1948.
Philipp, Alfred, *Die Juden und das Wirtschaftsleben. Eine antikritisch-bibliographische Studie zu W. Sombart, Die Juden und das Wirtschaftsleben*, Estrasburgo, 1929.
Philippsohn, Ludwig, "Tagescontrolle", *Allgemeine Zeitung des Judentums*, 1839.
Picciotto, James, *Sketches of Anglo-Jewish history*, Londres, 1875.
Pichl, Eduard (pseudônimo Herwig), *Georg Schoenerer*, 1938.
Pinner, Felix, *Deutsche Wirtschaftsführer*, 1924.
Praag, J. E. van, "Marcel Proust, témoin du judaïsme déjudaïsé", *Revue Juive de Genève*, n.s 48, 49, 50, 1937.
Précis historique sur l'Affaire du Panama, 1893.
Pribram, Alfred François, *Urkunden und Akten zur Geschichte der Juden in Wien*, Viena, 1918.
Priebatsch, Felix, "Die Judenpolitik der fürstlichen Absolutismus im 17. und 18. Jahrhundert", *Forschungen und Versuche zur Geschichte des Mittelalters und der Neuzeit*, 1915.
Proust, Marcel, *Remembrance of things past*, 1932-4.

Quillard, P., *Le Monument Henry*, Paris, 1899:

Rachel, Hugo, *Das Berliner Wirtschaftsleben im Zeitalter des Frühkapitalismus*, Berlim, 1931; "Die Juden im Berliner Wirtschaftsleben zur Zeit des Merkantilismus", *Zeitschrift für die Geschichte der Juden in Deutschland*, vol. 2.

Rachfahl, Felix, "Das Judentum und die Genesis des modernen Kapitalismus", *Preussische Jahrbücher*, vol. 147, 1912.

Ramlow, Gerhard, *Ludwig von der Marwitz und die Anfänge konservativer Politik und Staatsauffassung in Preussen* (Historische Studien, n. 185).

Rathenau, Walter, *Staat und Judentum. Zur Kritik der Zeit*, Berlim, 1912; *Von kommenden Dingen*, 1917.

Raymond, E. T., *Disraeli. The alien patriot*, Nova York, 1925.

Reeves, John, *The Rothschilds. The financial rulers of nations*, Londres, 1887.

Rehberg, August Wilhelm von, *Über den deutschen Adel*, Berlim, 1804.

Reinach, Joseph, *L'Affaire Dreyfus*, Paris, 1903-11; "Le rôle d'Henri", *La Grande Revue*, 1900, vol. 1.

Reinach, Théodore, *Histoire sommaire de l'Affaire Dreyfus*, Paris, 1924.

Riesser, Gabriel, *Über die Stellung der Bekenner des mosaischen Glaubens, an die Deutschen aller Konfessionen*, 1831; *Betrachtungen über die Verhältnisse der jüdischen Untertanen in der Preussischen Monarchie*, 1834.

Robinson, John, *Proofs of a conspiracy against the religions and governments of Europe*, Londres, 1797. Edição americana, 1798; tradução alemã, 1800; tradução francesa, 1798-1799.

Roth, Cecil, *The magnificent Rothschild*, 1939.

Ruehs, Christian Friedrich, "Über die Ansprüche der Juden auf das deutsche Bürgerrecht", *Zeitschrift für die neueste Geschichte der Völker und Staatenkunde*, Berlim, 1815; *Die Rechte des Christentums und des deutschen Volkes verteidigt gegen die Ansprüche der Juden und ihrer Verfechter*, 1815.

Ruppin, Arthur, *Soziologie der Juden*, Berlim, 1930.

Samter, N., *Judentaufen im 19. Jahrhundert. Mit besonderer Berücksichtigung Preussens*, 1906.

Savigny, Friedrich Karl von, *Beitrag zur Rechtsgeschichte des Adels im neueren Europa*, 1836.

Sayou, André, "Les Juifs", *Revue Economique Internationale*, 1912.

Schaeffle, A. E. Fr., "Der 'grosse Börsenkrach' des Jahres 1873", *Zeitschrift für die gesamte Staatswissenschaft*, vol. 30, 1874.

Scharf-Scharffenstein, Hermann von, *Das geheime Treiben, der Einfluss und die Macht des Judentums in Frankreich seit 100 Jahren (1771-1871)*, Stuttgart, 1872.

Schay, Rudolf, *Juden in der deutschen Politik*, 1929.

Scheffer, Egon, *Der Siegeszug des Leihkapitals*, 1924.

Scheidler, K. H., "Judenemanzipation", em *Ersch und Gruber, Allgemeine Enzyklopaedie der Wissenschaften und Künste*, 1850, 2. seção, vol. 27.

Schlegel, Friedrich, *Philosophische Vorlesungen aus den Jahren 1804-1806*, Bonn, 1836.

Schleiermacher, Friedrich, *Briefe bei Gelegenheit der politischen theologischen Aufgabe und des Sendschreibens jüdischer Hausväter*, 1799, *Werke*, seção I, vol. 5, 1846.

Schnee, H., *Die Hoffinanz und der moderne Staat*, 3 vols., Berlim, 1953-5.

Schneider, K. H., "Judenemanzipation", em *Ersch und Gruber, Allgemeine Enzyklopaedie der Wissenschaften und Künste*, seção 2, vol. 27, 1850.

Schudt, Johann Jacob, *Jüdische Merkwürdigkeiten*, Frankfurt, 1715-7.

Schwertfeger, Bernhard, *Die Wahrheit über Dreyfus*, 1930.

S. F. S., "The Jesuits and the Dreyfus case", *The Month*, vol. 93, fevereiro de 1899.

Shohet, D. M., *The Jewish court in the Middle Ages*, Nova York, 1931.

Silbergleit, Heinrich, *Die Bevölkerungs- und Berufsverhältnisse der Juden im Deutschen Reich*, Berlim, 1930.
Silberner, Edmund, "Charles Fourier on the Jewish question", *Jewish Social Studies*, outubro de 1946.
Simon, Yves, *La grande crise de la République Française; observations sur la vie politique française de 1918-1938*, Montreal, 1941.
Sombart, Werner, *Die deutsche Volkswirtschaft im 19. Jahrhundert*, 1903; *Die Juden und das Wirtschaftsleben*, 1911; *Die Zukunft der Juden*, 1912; *Der Bourgeois*, 1913; *Studien zur Entwicklungsgeschichte des modernen Kapitalismus*, 1913.
Sonnenberg-Liebermann, Max von, *Beiträge zur Geschichte der antisemitischen Bewegung vom Jahre 1880-1885*, Berlim, 1885.
Sorel, Georges, *Réflexions sur la violence*, Paris, 1908; *La révolution dreyfusienne*, Paris, 1911.
Stahl, F. J., *Der christliche Staat und sein Verhaltnis zu Deismus und Judentum*, 1847.
Steinberg, A. S., "Die weltanschaulichen Voraussetzungen der jüdischen Geschichtsschreibung", *Dubnov-Fetschrift*, 1930.
Stern, Selma, "Die Juden in der Handelspolitik Friedrich Wilhelms I. von Preussen", *Zeitschrift für die Geschichte der Juden in Deutschland*, vol. 5; *Der preussische Staat und die Juden*, 2 vols., Tübingen, 1962; *Jud Suess*, 1929; "Die Judenfrage in der Ideologie der Aufklärung und Romantik", *Der Morgen*, vol. 11, 1935; *The Court Jew*, Filadélfia, 1950.
Stoecker, Adolf, *Reden und Aufsätze*, Leipzig, 1913.
Strauss, Raphael, "The Jews in the economic evolution of central Europe", *Jewish Social Studies*, vol. III, n. 1, 1941.
Suarez, Georges, *La vie orgueilleuse de Clémenceau*, Paris, 1930.
Sundheimer, Paul, "Die jüdische Hochfinanz und der bayrische Staat im 18. Jahrhundert", *Finanzarchiv*, vol. 41, 1924.

Thalheimer, Siegfried, *Macht und Gerechtigkeit — Ein Beitrag zur Geschichte des Falles Dreyfus*, Munique, 1958.
Théo-Daedalus (pseudônimo), *L'Angleterre juive: Israël chez John Bull*, Bruxelas, 1913.
Thibaudet, Albert, *Les idées de Charles Maurras*, Paris, 1920.
Toussenel, Alphonse, *Les Juifs, rois de l'époque. L'histoire de la féodalité financière*, 3. ed., 1846.
Treitschke, Heinrich von, "Unsere Aussichten", *Preussische Jahrbücher*, vol. 44, n. 5, 1879; "Herr Graetz und sein Judentum", *ibid.*, n. 6; "Erwidrung an Mommsen", *ibid.*, vol. 46, n. 6, 1881.

Ucko, Siegfried, "Geistesgeschichtliche Grundlagen der Wissenschaft des Judentums", *Zeitschrift für die Geschichte der Juden in Deutschland*, vol. 5, n. 1.

Vacher de Lapouge, George, *L'Aryen, son rôle social*, Paris, 1896; *Les selections sociales*, Paris, 1896.
Vallée, Oscar de, *Manieurs d'argent, 1720-1857*, 1857.
Varigny, C. de, "Les grandes fortunes en Angleterre", *Revue des Deux Mondes*, junho de 1888.
Varnhagen, August, *Tagebücher*, Leipzig, 1861.

Vernunft, Walfried, "Juden und Katholiken in Frankreich", *Nationalsozialistische Monatshefte*, outubro de 1938; "Die Hintergründe des französischen Antisemitismus", *ibid.*, junho de 1939.

Voltaire, F. M. Arouet de, *Dictionnaire philosophique* (*Oeuvres complètes*, vol. 9, 1878); *Philosophie générale: métaphysique, morale et théologie* (*Oeuvres complètes*, vol. 40, 1878); *Essai sur les moeurs et l'esprit des nations* (*Oeuvres complètes*, vol. 12, 1878).

Waetjen, Hermann, "Das Judentum und die Anfänge der modernen Kolonisation", *Vierteljahrsschrift für Sozial- und Wirtschaftsgeschichte*, vol. 11.

Wagener, Hermann, "Das Judentum und der Staat", em *Wagener Staatslexikon*, 1815-89; "Das Judentum in der Fremde", *ibid.*

Wawrzinek, Kurt, *Die Entstehung der deutschen Antisemitenparteien 1875-1890*, Berlim, 1917.

Weber, Eugen, *Action française — royalism and reaction in twentieth-century France*, Stanford, 1962.

Weber, Max, "Die Börse", em seus *Gesammelte Aufsätze zur Soziologie und Sozialpolitik; Wirtschaftsgeschichte*, 1923; *Parlament und Regierung*, 1918.

Weil, Bruno, *L'Affaire Dreyfus*, Paris, 1930.

Weill, Alexandre, *Rothschild und die europäischen Staaten*, 1844.

Weill, George, "Les Juifs et le saint-simonisme", *Revue des Etudes Juives*, vol. 31.

Weinryb, S. B., *Neueste Wirtschaftsgeschichte der Juden in Russland und Polen* (*Historische Untersuchungen*, vol. 12), Berlim, 1934.

Zaccone, Pierre, *Histoire des sociétés secrètes politiques et religieuses depuis les temps les plus reculés jusqu'à nos jours*, 1847-9.

Zielenziger, Kurt, *Die Juden in der deutschen Wirtschaft*, 1930.

Zola, Emile, "J'accuse", *L'Aurore*, 13 de janeiro de 1898; *Correspondance: lettres à Maître Labori*, Paris, 1929.

Zweig, Stefan, *The world of yesterday: an autobiography*, 1943.

PARTE II: O IMPERIALISMO

American Friends Service Bulletin, General Relief Bulletin, março de 1943.

Andler, Charles, *Les origines du pangermanisme*, 1915.

Angus, H. F., editor, "Canada and the doctrine of peaceful changes", *International Studies Conference. Demographic Questions. Peaceful Changes*, 1937.

Arndt, Ernst Moritz, *Ein Blick aus der Zeit auf die Zeit*, 1814; *Phantasien zur Berichtigung der Urteile über künftige deutsche Verfassungen*, 1815; *Erinnerungen aus Schweden*, 1818.

Azcarate, Pablo de, "Minorities. League of Nations", na *Encyclopaedia Britannica*, 1929.

Banger, Otto, *Gold oder Blut*, 1927.

Barker, Ernest, *Political theory in England from Herbert Spencer to the present day*, 1915; *Ideas and ideals of the British Empire*, Cambridge, 1941.

Barnes, Leonard, *Caliban in Africa. An impression of colour madness*, Filadélfia, 1931.

Barrès, Maurice, *Scènes et doctrines du nationalisme*, Paris, 1899.

Barzun, Jacques, *Race. A study in modern superstition*, Nova York, 1937.

Bassermann, Ernst, "Nationalliberale", em *Handbuch der Politik*, vol. 2, 1914.
Bauer, Otto, *Die Nationalitätenfrage und die österreichische Sozialdemokratie*, Viena, 1907.
Beamish, Henry Hamilton, *South Africa's Kosher Press*, Londres, 1937.
Becker, Paul, *Carl Peters, die Wirkung der deutschen Kolonialpolitik*, 1934.
Bell, Sir Hesketh, *Foreign colonial administration in the Far East*, 1928.
Benedict, Ruth, *Race, science and politics*, 1940.
Benians, E. A., "The European colonies", *Cambridge modern history. The latest age*, vol. 12, 1934.
Benjamin, Walter, *Über den Begriff der Geschichte*, em *Werke*, Frankfurt, 1955.
Bentwich, Norman, "South Africa. Dominion of racial problems", *The Political Quarterly*, vol. 10, n. 3, 1939.
Bérard, Victor, *L'empire russe et le tsarisme*, 1905.
Bergstraesser, Ludwig, *Geschichte der politischen Parteien*, 1921.
Bibl, Viktor, *Der Zerfall Oesterreichs*, 1924.
Bluntschli, Johann Caspar, *Charakter und Geist der Politischen Parteien*, 1869.
Bodelsen, C. A., *Studies in mid-Victorian imperialism*, 1924.
Bodin, Jean, *Six livres de la république*, 1576.
Bonhard, Otto, *Geschichte des alldeutschen Verbandes*, 1920.
Boulainvilliers, Comte Henri de, *Histoire de l'Ancien Gouvernement de la France*, 1727.
Braun, Robert, "Political parties. Succession states", na *Encyclopedia of social sciences*.
Brie, Friedrich, *Imperialistische Strömungen in der englischen Literatur*, Halle, 1928; *Der Einfluss der Lehren Darwins auf den britischen Imperialismus*, 1927.
Bronner, Fritz, "Georg, Ritter v. Schoenerer", *Volk im Werden*, vol. 7, n. 3, 1939.
Bruecher, Heinz, "Ernst Haeckel. Ein Wegbereiter biologischen Staatsdenkens", *Nationalsozialistische Monatshefte*, n. 69, 1935.
Bruun, Geoffrey, *Europe and the French Empire*, 1938.
Bryce, Viscount James, *Studies in history and jurisprudence*, 1901.
Bubnoff, Nicolai, *Kultur und Geschichte im russischen Denken der Gegenwart* (Osteuropa: Quellen und Studien, n. 2), 1927).
Buffon, Georges-Louis Leclerc, Comte de, *Histoire naturelle*, 1769-89.
Burke, Edmund, *Reflections on the revolution in France* (1790), Everyman's Library; *Upon Party*, 1850, 2. ed.
Burns, Elinor, *British imperialism in Ireland*, 1931.

Cambridge History of the British Empire, vol. 5, *The Indian Empire 1858-1918*, 1932; vol. 8, *South Africa*, 1936.
Carlyle, Thomas, "Occasional discourse on the Nigger question", em *Critical and miscellaneous essays*.
Carr-Saunders, A. M., *World population*, Oxford, 1936.
Carthill, Al. (pseudônimo), *The lost dominion*, 1924.
Chamberlin, W. H., *The Russian Revolution, 1917-1927*, Nova York, 1935.
Cherikover, E., "Novos materiais acerca dos *pogroms* na Rússia no início dos anos 80", *Historishe Shriftn*, vol. 2, Vilna, 1937.
Chesterton, Cecil, e Belloc, Hilaire, *The party system*, Londres, 1911.
Chesterton, Gilbert K., *The crimes of England*, 1915.
Childs, Stephen Lawford, "Refugees — a permanent problem in international organization", em *War is not inevitable, problems of peace*, 13. série, publicado pelo International Labor Office, Londres, 1938.

Clapham, J. H., *The Abbé Siéyès*, Londres, 1912.
Class, Heinrich (pseudônimo Einhart), *Deutsche Geschichte*, Leipzig, 1910; *Zwanzig Jahre alldeutscher Arbeit und Kämpfe*, Leipzig, 1910; (pseudônimo Daniel Fryman), *Wenn ich der Kaiser wär. Politische Wahrheiten und Notwendigkeiten*, 1912.
Cleinow, Georg, *Die Zukunft Polens*, Leipzig, 1914.
Comte, Auguste, *Discours sur l'Ensemble du Positivisme*, 1848.
Conditions of India (sem autor, prefácio por Bertrand Russell), Londres, 1934.
Conrad, Joseph, "The heart of darkness", em seu *The youth and other tales*, 1902; *Victory*, 1915.
Cooke, George W., *The history of party*, Londres, 1836.
Coquart, A., *Pisarev et l'idéologie du nihilisme russe*, Paris, 1946.
Cromer, *Lord*, Evelyn Baring, "The government of subject races", *Edinburgh Review*, janeiro de 1908; "Disraeli", *Spectator*, novembro de 1912.
Crozier, John B., *History of intellectual development on the lines of modern evolution*, 1897-1901.
Crozier, W. P., "France and her 'Black Empire'", *New Republic*, 23 de janeiro de 1924.
Curzon, *Lord* George N., *Problems of the Far East*, 1894.

Damce, E. H., *The Victorian illusion*, Londres, 1928.
Danilewski, Nikolai Yakovlevich, *Rússia e Europa*, 1871.
Darcy, Jean, *France et Angleterre, Cent années de rivalité coloniale*, 1904.
(Davidson, John), *Testament of John Davidson*, 1908.
Deckert, Emil, *Panlatinismus, Panslawismus und Panteutonismus in ihrer Bedeutung für die Weltlage*, Frankfurt, 1914.
Delbrück, Hans, "Die Alldeutschen", *Preussische Jahrbücher*, vol. 154, dezembro de 1913; *Ludendorffs Selbsportrait*, Berlim, 1922.
Delos, J.-T., *La nation*, Montreal, 1944.
Detweiler, E. G., "The rise of modern race antagonism", *American Journal of Sociology*, 1932.
Dilke, Charles W., *Problems of Greater Britain*, 4. ed., Londres, 1890.
Dornath, J. von, "Die Herrschaft des Panslawismus", *Preussische Jahrbücher*, vol. 95, Berlim, 1898.
Dreyfus, Robert, "La vie et les prophéties du Comte de Gobineau", *Cahiers de la Quinzaine*, sér. 6, caderno 16, 1905.
Dubuat-Nançay, Comte Louis Gabriel, *Les Origines; ou, l'Ancien Gouvernement de la France, de l'Allemagne et de l'Italie*, 1789.
Duesberg, Jacques, "Le Comte de Gobineau", *Revue Générale*, 1939.
Duverger, Maurice, *Political parties. Their organization and activity in the modern state*, Nova York, 1959.

Ehrenberg, Hans, e Bubnoff, Nicolai, editores, *Östliches Christentum. Dokumente*, 1925.
Emden, Paul H., *Jews of Britain. A series of biographies*, Londres, 1944.
Erdstein, David, *Le statut juridique des minorités en Europe*, Paris, 1932.
Estève, Louis, *Une nouvelle psychologie de l'impérialisme. Ernest Seillière*, 1913.

Faure, Elie, "Gobineau et le problème des races", *Europe*, 1923.
Fiala, Vaclav, "Les partis politiques polonais", *Monde slave*, fevereiro de 1935.

Fischel, A., *Der Panslawismus bis zum Weltkriege*, 1919.
The French colonial empire (Information Department Papers, n. 25), publicado pelo Royal Institute of International Affairs, Londres, 1941.
"Friedlosikeit", em *Schweizer Lexikon*, 1945.
Froude, J. A., *Short studies on great subjects*, 1867-82.

Gagarin, Ivan S., *La Russie sera-t-elle catholique?*, 1856.
Galton, *Sir* Francis, *Hereditary genius*, 1869.
Gehrke, Achim, *Die Rasse im Schrifttum*, 1933.
Gelber, N. M., "Os *pogroms* russos no início dos anos 80 à luz da correspondência diplomática austríaca", *Historishe Shriftn*, vol. 2, Vilna, 1937.
George, David Lloyd, *Memoirs of the Peace Conference*, Yale, 1939.
Gobineau, Clément Serpeille de, "Le gobinisme et la pensée moderne", *Europe*, 1923.
Gobineau, Comte Joseph-Arthur de, *Essai sur l'inégalité des races humaines*, 1853; *The inequality of human races*, edição inglesa, Adrien Collins, 1915; "Ce qui est arrivé à la France en 1870", *Europe*, 1923.
Goerres, Josef, *Politische Schriften*, Munique, 1854-74.
Gohier, Urbain, *La race a parlé*, 1916.
Grégoire, Abbé Henri, *De la littérature des nègres, ou recherches sur leurs qualités morales*, Paris, 1808; *De la noblesse de la peau ou du préjugé des blancs contre la couleur des Africains*, Paris, 1826.
Gregory, Theodore, *Ernst Oppenheimer and the economic development of Southern Africa*, Nova York, 1962.
Grell, Hugo, *Der alldeutsche Verband, seine Geschichte, seine Bestrebungen, seine Erfolge* (Flugschriften des alldeutschen Verbandes, n. 8), Munique, 1898.
Gunenin, E., *L'épopée coloniale de la France*, 1932.

Hadsel, Winifred N., "Can Europe's refugees find new homes?", *Foreign Policy Reports*, vol. 10, n. 10, 1943.
Halévy, Elie, *L'Ere des Tyrannies*, Paris, 1938.
Hallgarten, W., *Vorkriegsimperialismus*, 1935.
Hancock, William K., *Survey of British Commonwealth affairs*, Londres, 1937-42; *Smuts: the sanguine years, 1870-1919*, Nova York, 1962.
Hanotaux, Gabriel, "Le Général Mangin", *Revue des Deux Mondes*, vol. 27, 1925.
Harlow, Vincent, *The character of British imperialism*, 1939.
Harvey, Charles H., *The biology of British politics*, 1904.
Hasse, Ernst, *Deutsche Weltpolitik* (Flugschriften des Alldeutschen Verbandes, n. 5), 1897; *Deutsche Politik*, 1905-6.
Hazeltine, H. D., "Excommunication", na *Encyclopedia of social sciences*.
Heinberg, John Gilbert, *Comparative major European governments, an introductory study*, Nova York, 1937.
Herrmann, Louis, *History of the Jews in South Africa*, 1935.
Hilferding, Rudolf, *Das Finanzkapital*, Viena, 1910.
Hobbes, Thomas, *Leviathan* (1651), Cambridge Edition, 1935.
Hobson, J. H., "Capitalism and imperialism in South Africa", *Contemporary Review*, 1900; *Imperialism* (1905), edição não-revisada, 1938.
Hoetzsch, Otto, *Russland; eine Einführung auf Grund seiner Geschichte von 1904-1912*, Berlim, 1913.
Hoffmann, Karl, *Ölpolitik und angelsächsisches Imperium*, 1927.

Holborn, Louise W., "The legal status of political refugees, 1920-1938", *American Journal of International Law*, 1938.
Holcombe, Arthur N., "Political parties", na *Encyclopedia of social sciences*.
Hotman, François, *Franco-Gallia*, 1573.
Huebbe-Schleiden, *Deutsche Kolonisation*, 1881.
Huxley, Thomas, *The struggle for existence in human society*, 1888.

Ipseri, H. P., "Vom Begriff der Partei", *Zeitschrift für die gesamte Staatswissenschaft*, 1940.

James, Selwyn, *South of the Congo*, Nova York, 1943.
Janeff, Janko, "Der Untergang des Panslawismus", *Nationalsozialische Monatshefte*, n. 91, 1937.
Janowsky, Oscar J., *The Jews and minority rights*, Nova York, 1933, *Nationalities and national minorities*, Nova York, 1945.
Jermings, R. Yewdall, "Some international aspects of the refugee question", *British Yearbook of International Law*, 1939.

Kabermann, Heinz, "Das internationale Flüchtlingsproblem", *Zeitschrift für Politik*, vol. 29, n. 3, 1939.
Kaehler, Siegfried, editor, *Deutscher Staat und deutsche Parteien*, Munique, 1922.
Karbach, Oscar, "The founder of modern political antisemitism: Georg von Schoenerer", *Jewish Social Studies*, vol. 7, janeiro de 1945.
Kat Angelino, A. D. A. de, *Colonial policy*, Chicago, 1931.
Kehr, Eckart, *Schlachtflottenbau und Parteipolitik*, 1930.
Kidd, Benjamin, *Social evolution*, 1894.
Kiewiet, C. W. de, *A history of South Africa. Social and economic*, Oxford, 1941.
Kipling, Rudyard, "The first sailor", em seu *Humorous tales*, 1891; "The tomb of his ancestor", em seu *The day's work*, 1898; *Stalky and company*, 1899; *Kim*, 1900.
Klemm, Gustav, *Allgemeine Kulturgeschichte der Menschheit*, 1843-52.
Klyuchevsky, V. O., *A history of Russia*, Londres, 1911-31.
Koebner, Richard, e Schmidt, Helmut Dan, *Imperialism: the story and significance of a political word, 1840-1860*, Nova York, 1964.
Koestler, Arthur, *Scum of the earth*, 1941.
Kohn, Hans, *Nationalism*, 1938; *Panslavism: history and ideology*, Notre Dame, 1953.
Koyré, Alexandre, *Etudes sur l'histoire de la pensée philosophique en Russie*, Paris, 1950.
Kruck, Alfred, *Geschichte des alldeutschen Verbandes 1890-1939*, Wiesbaden, 1954.
Kuhlenbeck, L., *Rasse und Volkstum* (Flugschriften des alldeutschen Verbandes, n. 23).
Kulischer, Eugene M., *The displacement of population in Europe* (International Labor Office), Montreal, 1943.
Kulischer, J., *Allgemeine Wirtschaftsgeschichte*, 1928-9.

Landsberg, P. L., "Rassenideologie", *Zeitschrift für Sozialforschung*, 1933.
Langer, William, *The diplomacy of imperialism*, 1890-1902.
Larcher, M., *Traité elémentaire de législation algérienne*, 1903.
Lawrence, T. E., "France, Britain and the Arabs", *The Observer*, 1920; *Seven pillars of wisdom*, 1926; *Letters*, editado por David Garnett, Nova York, 1939.

Lehr, *Zwecke und Ziele des alldeutschen Verbandes* (Flugschriften des alldeutschen Verbandes, n. 14).
Lemonon, Ernest, *L'Europe et la politique britannique. 1882-1911*, 1912.
Levine, Louis, *Pan-Slavism and European politics*, Nova York, 1914.
Lewis, *Sir* George Cornewall, *An essay on the government of dependencies*, Oxford, 1844.
Lippincott, Benjamin E., *Victorian critics of democracy*, University of Minnesota, 1938.
Lossky, N. O., *Three chapters from the history of Polish messianism* (International Philosophical Library, vol. 2, n. 9), Praga, 1936.
Lovell, Reginald Ivan, *The struggle for South Africa, 1875-1899*, Nova York, 1934.
Low, Sidney, "Personal recollections of Cecil Rhodes", *Nineteenth Century*, vol. 51, maio de 1902.
Ludendorff, Erich, *Die überstaatlichen Mächte im letzten Jahre des Weltkrieges*, Leipzig, 1927; *Die Judenmacht, ihr Wesen und Ende*, Munique, 1938; *Feldherrnworte*, 1938.
Luxemburg, Rosa, *Die Akkumulation des Kapitals* (1913), Berlim, 1923.

Macartney, C. A., *The social revolution in Austria*, Cambridge, 1926; *National states and national minorities*, Londres, 1934.
Mahan, Alfred T., *The problem of Asia and its effect upon international policies*, Boston, 1900.
Maine, *Sir* Henry, *Popular government*, 1886.
Mangin, Charles Marie Emmanuel, *La force noire*, 1910; *Des hommes et des faits*, Paris, 1923.
Mangold, Ewald K. B., *Frankreich und der Rassegedanke; eine politische Kernfrage Europas*, 1937.
Mansergh, Nicholas, *Britain and Ireland* (Longman's Pamphlets on the British Commonwealth), Londres, 1942; *South Africa 1960-1961*, Nova York, 1962.
Marcks, Erich, editor, *Lebensfragen des britischen Weltreichs*, 1921.
Marx, Karl, *The Eighteenth Brumaire of Louis Bonaparte* (1852), 1898.
Masaryk, Th. G., *Zur russischen Geschichts- und Religionsphilosophie*, 1913.
Mauco, Georges, "L'émigration, problème révolutionnaire", *Esprit*, 7. ano, n. 82, julho de 1939.
Maunier, René, *Sociologie coloniale*, 1932-6.
Metzer, E., *Imperialismus und Romantik*, Berlim, 1908.
Michaelis, Alfred, editor, *Die Rechtsverhältnisse der Juden in Preussen seit dem Beginn des 19. Jahrhunderts*, Berlim, 1910.
Michel, P. Charles, "A biological view of our foreign policy", *Saturday Review*, Londres, fevereiro de 1896.
Michell, Lewis, *Rhodes*, Londres, 1910.
Michels, Robert, "Prolegomena zur Analyse des nationalen Leitgedankens", *Jahrbuch für Soziologie*, vol. 2, 1927; *Political parties; a sociological study of the oligarchical tendencies of modern democracy*, Glencoe, 1949.
Millin, S. Gertrude, *Rhodes*, Londres, 1933.
Molisch, Paul, *Geschichte der deutschnationalen Bewegung in Osterreich*, Jena, 1926.
Montesquieu, C. L. de Secondat de, *Esprit des lois*, 1748.
Morrison, T., *Imperial rule in India*, 1899.
Multatuli (pseudônimo de Eduard Douwes Dekker), *Max Havelaar*, 1868.

Nadolny, R., *Germanisierung oder Slavisierung?*, 1928.
Naumann, Friedrich, *Central Europe*, Londres, 1916.
Neame, L. E., *The history of apartheid*, Londres, 1962.
Nettlau, Max, *Der Anarchismus von Proudhon zu Kropotkin*, 1927.
Neumann, Sigmund, *Die Stufen des preussischen Konservativismus* (Historische studien, n. 190), 1930; *Die deutschen Parteien*, 1932.
Neuschäfer, Fritz Albrecht, *Georg, Ritter von Schoenerer*, Hamburgo, 1935.
Nicolson, Harold, *Curzon: The last phase 1919-1925*, Boston, Nova York, 1934.
Nippold, Gottfried, *Der deutsche Chauvinismus*, 1913.
Novalis (pseudônimo de Friedrich Hardenberg), *Neue Fragmentensammlung*, 1798.

Oakesmith, John, *Race and nationality, an inquiry into the origin and growth of patriotism*, 1919.
Oertzen, A. F. von, *Nationalsozialismus und Kolonialfrage*, Berlim, 1935.
Oesterley, W. O. E., *The evolution of the messianic idea*, Londres, 1908.

Le Panlatinism, *Confédération Gallo-Latine et Kelto-Gauloise ... ou projet d'union fédérative...*, Paris, 1860.
Pearson, Karl, *National Life*, 1901.
Peters, Carl, "Das Deutschtum als Rasse", *Deutsche Monatsschrift*, abril de 1905; *Die Gründung von Deutsch-Ostafrika. Kolonialpolitische Erinnerungen*, 1906.
Pichl, Eduard (pseudônimo Herwig), *Georg Schoenerer*, 1938.
Pinon, René, *France et Allemagne*, 1912.
Pirenne, Henri, *A history of Europe from the invasions to XVI century*, Londres, 1939.
Plucknett, Theodore F. T., "Outlawry", na *Encyclopedia of social sciences*.
Pobyedonostzev, Constantin, *L'autocratie russe. Mémoires politiques, correspondance officielle et documents inédits ... 1881-1894*, Paris, 1927; *Reflections of a Russian statesman*, Londres, 1898.
Preuss, Lawrence, "La dénationalisation imposée pour des motifs politiques", *Revue Internationale Française du Droit des Gens*, vol. 4, n.s 1, 2, 5, 1937.
Priestley, H. J., *France overseas; a study of modern imperialism*, Nova York, 1938.
Propyläen Weltgeschichte, vol. 10, *Das Zeitalter des Imperialismus*, 1933.
Pundt, Alfred, *Arndt and the national awakening in Germany*, Nova York, 1935.

Reimer, E., *Pangermanisches Deutschland*, 1905.
Reismann-Grone, Th., *Überseepolitik oder Festlandspolitik?* (Flugschriften des alldeutschen Verbandes, n. 22), 1905.
Renan, Ernest, *Histoire générale et système comparé des langues*, 1863; *Qu'est-ce qu'une nation?*, Paris, 1882. Tradução inglesa em *The poetry of the celtic races, and other studies*, traduzido por William G. Hutchison, Londres, 1896.
Renner, Karl, *Der Kampf der österreichischen Nationen unter dem Staat*, 1902; *Osterreichs Erneuerung. Politisch-programmatische Aufsätze*, Viena, 1916; *Das Selbstbestimmungsrecht der Nationen*, Leipzig, 1918.
Richard, Gaston, *Le conflit de l'autonomie nationale et de l'impérialisme*, 1916.
Ritter, Paul, *Kolonien im deutschen Schrifttum*, 1936.
Robert, Cyprienne, *Les deux panslavismes*, 1847; *Le monde slave*, 1852.
Robespierre, Maximilien de, *Oeuvres*, 1840; *Speeches*, 1927.
Robinson, Jacob, "Staatsbürgerliche und wirtschaftliche Gleichberechtigung", *Süddeutsche Monatshefte*, julho de 1929.

Roepke, Wilhelm, "Kapitalismus und Imperialismus", *Zeitschrift für Schweizerische Statistik und Volkswirtschaft*, vol. 70, 1934.
Rohan, Henri, Duc de, *De l'intérêt des princes et états de la chrétienté*, 1638.
Rohden, Peter R., editor, *Demokratie und Partei*, Viena, 1932.
Rohrbach, Paul, *Der deutsche Gedanke in der Welt*, 1912; *Die alldeutsche Gefahr*, 1918.
Roscher, Wilhelm, *Die Grundlagen der Nationalökonomie*, 1900.
Rosenkranz, Karl, *Über den Begriff der politischen Partei*, 1843.
Roucek, Joseph, *The minority principle as a problem of political science*, Praga, 1928.
Rozanov, Vassilij, *Fallen leaves*, 1929.
Rudlin, W. A., "Political parties. Great Britain", na *Encyclopedia of the social sciences*.
Russell, *Lord* John, *On party*, 1850.

Samuel, Horace B., *Modernities*, Londres, 1914.
Schnee, Heinrich, *Nationalismus und Imperialismus*, 1928.
Schultze, Ernest, "Die Judenfrage in Südafrika", *Der Weltkampf*, vol. 15, n. 178, 1938.
Schumpeter, Joseph, "Zur Soziologie der Imperialismen", *Archiv für Sozialwissenschaften und Sozialpolitik*, vol. 46, 1918-9.
Schuyler, Robert L., *The fall of the old colonial system. A study in British free trade, 1770-1870*, Nova York, 1945.
Seeley, John Robert, *The expansion of England*, 1883.
Seillière, Ernest, *La philosophie de l'impérialisme*, 1903-6; *Mysticisme et domination. Essais de critique impérialiste*, 1913.
Sieveking, H. J., "Wirtschaftsgeschichte", em *Enzyklopädie der Rechts- und Staatswissenschaften*, vol. 47, 1935.
Siéyès, Abbé E. J., *Qu'est-ce que le Tiers Etat?*, 1789.
Simar, Théophile, *Etude critique sur la formation de la doctrine des races au 18e et son expansion au 19e siècle*, Bruxelas, 1922.
Simpson, John Hope, *The refugee problem* (Institute of International Affairs), Oxford, 1939.
Sitzungsbericht des Kongresses der organisierten nationalen Gruppen in den Staaten Europas, 1933.
Solovyov, Vladimir, *Judaism and the Christian question*, 1884.
Sommerland, Theo, *Der deutsche Kolonialgedanke und sein Werden im 19. Jahrhundert*, Halle, 1918.
Spiess, Camille, *Impérialismes. Gobinisme en France*, Paris, 1917.
Sprietsma, Cargill, *We imperialists. Notes on Ernest Seillière's philosophy of imperialism*, Nova York, 1931.
Staehlin, Karl, *Geschichte Russlands von den Anfängen bis zur Gegenwart*, 1923-39; "Die Entstehung des Panslawismus", *Germano-Slavica*, n. 4, 1936.
Stephen, *Sir* James F., *Liberty, Equality, Fraternity*, 1873; "Foundations of the government of India", *Nineteenth Century*, vol. 80, 1883.
Stoddard, Th. L., *Rising tide of color*, 1920.
Strieder, Jakob, "Staatliche Finanznot und Genesis des modernen Grossunternehmertums", *Schmollers Jahrbücher*, vol. 49, 1920.
Stryzgowski, Josef, *Altai, Iran und Völkerwanderung*, Leipzig, 1917.
Suarès, André, *La nation contre la race*, Paris, 1916.
Sumner, B. H., *Russia and the Balkans*, Oxford, 1937; *A short history of Russia*, Nova York, 1949.

Sydacoff, Bresnitz von, *Die panslawistische Agitation und die südslawiche Bewegung in Österreich-Ungarn*, Berlim, 1899.
Szpotański, Stanislaw, "Les Messies au 19e siècle", *Revue Mondiale*, 1920.

Talleyrand, C. M. de, "Essai sur les avantages à retirer des colonies nouvelles dans les circonstances présentes" (1799), *Académie des Sciences Coloniales, Annales*, vol. 3, 1929.
Thierry, A., *Lettres sur l'histoire de la France*, 1840.
Thompson, L. M., "Afrikaner nationalist historiography and the policy of apartheid", *The Journal of African History*, vol. III, n. 1, 1962.
Thring, Lord Henry, *Suggestions for colonial reform*, 1865.
Tirpitz, Alfred von, *Erinnerungen*, 1919.
Tocqueville, Alexis de, "Lettres de Alexis de Tocqueville et de Arthur Gobineau", *Revue des Deux Mondes*, vol. 199, 1907; *L'Ancien Régime et la Révolution*, 1856.
Tonsill, Ch. C., "Racial theories from Herder to Hitler", *Thought*, vol. 15, 1940.
Townsend, Mary E., *Origin of modern German colonialism, 1871-1885*, Nova York, 1921; *Rise and fall of Germany's colonial empire*, Nova York, 1930; *European colonial experience since 1871*, Nova York, 1941.
Tramples, Kurt, "Völkerbund und Völkerfreiheit", *Süddeutsche Monatshefte*, julho de 1929.
Tyler, J. E., *The struggle for imperial unity*, Londres, Toronto, Nova York, 1938.

Unwin, George, *Studies in economic history*, ed. por R. H. Tawney, 1927.

Vichniac, Marc, "Le statut international des apatrides", *Recueil des Cours de l'Académie de Droit International*, vol. 33, 1933.
Voegelin, Erich, *Rasse und Staat*, 1933; *Die Rassenidee in der Geisteregeschichte*, Berlim, 1933; "The origins of scientism", *Social Research*, dezembro de 1948.
Voelker, K., *Die religiöse Wurzel des englischen Imperialismus*, Tübingen, 1924.
Vrba, Rudolf, *Russland und der Panslawismus; statistische und sozialpolitische Studien*, 1913.

Wagner, Adolf, *Vom Territorialstaat zur Weltmacht*, 1900.
Weber, Ernst, *Volk und Rasse. Gibt es einen deutschen Nationalstaat?*, 1933.
Webster, Charles Kingsley, "Minorities. History", na *Encyclopaedia Britannica*, 1929.
Wenck, Martin, *Alldeutsche Taktik*, 1917.
Werner, Bartholomäus von, *Die deutsche Kolonialfrage*, 1897.
Werner, Lothar, *Der alldeutsche Verband, 1890-1918* (Historische Studien, n. 278), Berlim, 1935.
Wertheimer, Mildred S., *The Pan-German League, 1890-1914*, 1924.
Westarp, Graf Kuno F. V. von, *Konservative Politik im letzten Jahrzehnt des Kaiserreiches*, 1935.
White, John S., "Taine on race and genius", *Social Research*, fevereiro de 1943.
Whiteside, Andrew G., "Nationaler Sozialismus in Österreich vor 1918", *Vierteljahrshefte für Zeitgeschichte*, 9. Jg. (1961).
Williams, Basil, *Cecil Rhodes*, Londres, 1921.
Williams, Sir John Fischer, "Denationalisation", *British Year Book of International Law*, vol. 7, 1927.

Winkler, Wilhelm, *Statistisches Handbuch der europäischen Nationalitäten*, Viena, 1931.
Wirth, Max, *Geschichte der Handelskrisen*, 1873.
Wolmar, Wolfram von, "Vom Panslawismus zum tschechisch-sowjetischen Bündnis", *Nationalsozialistische Monatshefte*, n. 104, 1938.

Zetland, Lawrence J., *Lord Cromer*, 1932.
Ziegler, H. O., *Die moderne Nation*, Tübingen, 1931.
Zimmermann, Alfred, *Geschichte der deutschen Kolonialpolitik*, 1914.
Zoepfl, G., "Kolonien und Kolonialpolitik", em *Handwörterbuch der Staatswissenschaften*, 3. ed.

PARTE III: O TOTALITARISMO

Abel, Theodore, *Why Hitler came into power; an answer based on the original life stories of six hundred of his followers*, 1938.
Adler, H. G., *Theresienstadt 1941-1945*, Tübingen, 1955.
Alquen, Gunter d', *Die SS. Geschichte, Aufgabe und Organisation der Schutzstaffeln der NSDAP* (Schriften der Hochschule für Politik), 1939.
Anweiler, Oskar, *Die Räte-Bewegung in Russland 1905-1921*, Leiden, 1958; "Lenin und der friedliche Übergang zum Sozialismus", em *Osteuropa*, 1956, vol. VI.
Armstrong, John A., *The Sovietic bureaucratic elite: a study of the Ukrainian apparatus*, Nova York, 1959; *The politics of totalitarianism*, Nova York, 1961.
Avtorkhanov, A., "Social differentiation and contradictions in the Party", *Bulletin of the Institute for the Study of the USSR*, Munique, fevereiro de 1956; *Stalin and the Soviet Communist Party: a study in the technology of power*, Nova York, 1959; (pseudônimo Uvalov), *The Reign of Stalin*, Londres, 1953.

Bakunin, Michael, *Oeuvres*, Paris, 1907; *Gesammelte Werke*, 1921-4.
Balabanoff, Angelica, *Impressions of Lenin*, Ann Arbor, 1964.
Baldwin, Roger N., "Political Police", na *Encyclopedia of social sciences*.
Bataille, Georges, "Le secret de Sade", *La Critique*, vol. 3, n.s 15, 16, 17, 1947; "Crítica sobre D. Rousset, *Les jours de notre mort*", *La Critique*, janeiro de 1948.
Bauer, R. A., Inkeles, A., Kluckhohn, C., *How the Soviet system works*, Cambridge, 1956.
Bayer, Ernest, *Die SA*, Berlim, 1938.
Bayle, François, *Psychologie et éthique du national-socialisme. Etude anthropologique des Dirigeants SS*, Paris, 1953.
Beck, F., e Godin, W., *Russian purge and the extraction of confession*, Londres e Nova York, 1951.
Beckerath, Erwin von, "Fascism", na *Encyclopedia of social sciences*; *Wesen und Werden des faschistischen Staates*, Berlim, 1927.
Benn, Gottfried, *Der neue Staat und die Intellektuellen*, 1933.
Bennecke, H., *Hitler und die SA*, Munique, 1962.
Berdyaev, Nicolas, *The origin of Russian Communism*, 1937.
Best, Werner, *Die deutsche Polizei*, 1940.

Bettelheim, Bruno, "On Dachau and Buchenwald", em *Nazi conspiracy, op. cit.*, vol. 7; "Behavior in extreme situations", *Journal of Abnormal and Social Psychology*, vol. 38, n. 4, 1943.

Black, C. E., editor, *Rewriting Russian history*, Nova York, 1956.

Blanc, R. M., *Adolf Hitler et les "Protocoles des sages de Sion"*, 1938.

Boberach, Heinz, editor, *Meldungen aus dem Reich*, Neuwied e Berlim, 1965.

Bonhard, Otto, *Jüdische Geld- und Weltherrschaft?*, Berlim, 1926.

Borkenau, Franz, *The totalitarian enemy*, Londres, 1940; *The Communist International*, Londres, 1938; "Die neue Komintern", *Der Monat*, n. 4, 1949.

Bormann, Martin, "Relationship of National Socialism and Christianity", em *Nazi conspiracy, op. cit.*, vol. 6; *The Bormann letters*, ed. por H. R. Trevor-Roper, Londres, 1954.

Boucart, Robert, *Les dessous de l'Intelligence Service*, 1937.

Bracher, Karl Dietrich, *Die Auflösung der Weimarer Republik*, 1955; 3. ed., Villingen, 1960.

——, Sauer, Wolfgang, e Schulz, Gerhard, *Die nationalsozialistische Machtergreifung*, Köln & Opladen, 1960.

Bramsted, Ernest K., *Goebbels and National Socialist propaganda 1925-1945*, Michigan, 1965.

Brecht, Bertolt, *Stücke*, 10 vols., Frankfurt, 1953-9; *Gedichte*, 7 vols., Frankfurt, 1960-4.

Broszat, Martin, *Der Nationalsozialismus*, Stuttgart, 1960.

——, Jacobson, Hans-Adolf, e Krausnick, Helmut, *Konzentrationslager, Kommissarbefehl, Judenverfolgung*, Olten/Freiburg, 1965.

Brzezinski, Zbigniew, *Ideology and power in Soviet politics*, Nova York, 1962; *The permanent purge — politics in Soviet totalitarianism*, Cambridge, 1956.

Buber-Neumann, Margarete, *Under two dictators*, Nova York, 1951.

Buchheim, Hans, "Die SS in der Verfassung des Dritten Reiches", *Vierteljahreshefte für Zeitgeschichte*, abril de 1955; *Das Dritte Reich*, Munique, 1958; *Die SS und totalitäre Herrschaft*, Munique, 1962; *Die SS — das Herrschaftsinstrument — Befehl und Gehorsam*, Olten/Freiburg, 1965.

Bullock, Alan, *Hitler, a study in tyranny*, ed. revisada, Nova York, 1964.

Camus, Albert, "The human crisis", *Twice a year*, 1946-7.

Carocci, Giampiero, *Storia del fascismo*, Milão, 1959.

Carr, E. H., *History of Soviet Russia*, 7 vols., Nova York, 1951-64; *Studies in revolution*, Nova York, 1964.

Céline, Ferdinand, *Bagatelles pour un massacre*, 1938; *L'école des cadavres*, 1940.

Chamberlin, W. H., *Blueprint for world conquest*, 1946; *The Russian Revolution* (1935), 1965.

Childs, H. L., e Dodd, W. E., editores, *The Nazi primer*, Nova York, 1938.

Ciliga, Anton, *The Russian enigma*, Londres, 1940.

Clark, Evelyn A., "Adolf Wagner, from national economist to national socialist", *Political Science Quarterly*, 1940, vol. 55, n. 3.

Cobban, Alfred, *National self-determination*, Londres, Nova York, 1945; *Dictatorship: Its history and theory*, Nova York, 1939.

Communism in action (United States Government House Documents, n. 754), Washington, 1946.

Crankshaw, Edward, *Gestapo, instrument of tyranny*, Londres, 1956.
Curtiss, J. S., *An appraisal of the Protocols of Zion*, Nova York, 1942.

Dallin, David J., *From purge to coexistence*, Chicago, 1964; "Report on Russia", *The New Leader*, 18 de janeiro de 1949.
____ e Nicolaevsky, Boris I., *Forced labor in Russia*, 1947.
Daniels, Robert, *The conscience of the revolution: Communist opposition in Soviet Russia*, Cambridge, 1960.
The dark side of the moon (prefácio por T. S. Eliot), Nova York, 1947.
Deakin, F. W., *The brutal friendship*, Nova York, 1963.
De Begnac, Yvon, *Palazzo Venezia — Storia di un regime*, Roma, 1950.
Dehillotte, Pierre, *Gestapo*, Paris, 1940.
Delarue, Jacques, *Histoire de la Gestapo*, Paris, 1962.
Deutscher, Isaac, *Stalin: a political biography*, Nova York e Londres, 1949; *Prophet armed: Trotsky, 1879-1921*, 1954; *Prophet unarmed: Trotsky, 1921-1929*, 1959; *The prophet outcast: Trotsky, 1929-1940*, 1963.
"Die nationalsozialistische Revolution", *Dokumente der deutschen Politik*, vol. I.
Dobb, Maurice, "Bolshevism", na *Encyclopedia of social sciences*.
Dokumente der deutschen Politik und Geschichte, vol. IV.
Domarus, Max, *Hitler-Reden und Proklamationen 1932-1945*, 2 vols., 1963.
Doob, Leonard W., "Goebbels' principles of propaganda", em Katz, Daniel *et al.*, *Public opinion and propaganda*, Nova York, 1954.
Drucker, Peter F., *The end of economic man*, Nova York, 1939.

Ebenstein, William, *The Nazi state*, Nova York, 1943.
Ehrenburg, Ilya, *Memoirs: 1921-1941*, Cleveland, 1964; *The War: 1941-1945*, Cleveland, 1965.
Engels, Friedrich, introdução ao *Communist manifesto*, 1890; introdução a *Ursprung der Familie*; discurso fúnebre para Marx.
Erickson, John, *The Soviet High Command 1918-1941*, Nova York, 1961.
Eyck, Erich, *A history of the Weimar Republic*, Cambridge, 1962.

Fainsod, Merle, *How Russia is ruled*, 1963; *Smolensk under Soviet rule*, 1958.
The Fascist Era, publicado pela Confederação Fascista da Indústria, Roma, 1939.
Feder, Ernest, "Essai sur la psychologie de la terreur", *Synthèses*, Bruxelas, 1946.
Feder, Gottfried, *Das Programm der N. S. D. A. P. und seine weltanschaulichen Grundgedanken* (Nationalsozialistische Bibliothek, n. 1).
Fedotow, G. P., "Russia and freedom", *The Review of Politics*, vol. 8, n. 1, janeiro de 1946.
Fest, J. C., *Das Gesicht des Dritten Reiches*, Munique, 1963.
Finer, Herman, *Mussolini's Italy*, Nova York (1935), 1965.
Fischer, Louis, *The Soviets in world affairs*, Londres, Nova York, 1930; *Life of Lenin*, Nova York, 1964.
Flammery, Harry W., "The Catholic Church and Fascism", *Free World*, setembro de 1943.
Florinsky, M. T., *Fascism and National Socialism. A study of the economic and social politics of the totalitarian state*, Nova York, 1938.
Forsthoff, Ernst, *Der totale Staat*, Hamburgo, 1933.
Fraenkel, Ernst, *The dual state*, Nova York e Londres, 1941.

Frank, Hans, *Nationalsozialistische Leitsätze für ein neues deutsches Strafrecht*, Berlim, 1935-6; *Die Technik des Staates*, Munique, 1940; (editor) *Grundfragen der deutschen Polizei* (Akademie für deutsches Recht), Hamburgo, 1937; *Recht und Verwaltung*, 1939; *Die Technik des Staates*, Munique, 1942; *Im Angesicht des Galgens*, 1953; editor, *Nationalsozialistisches Handbuch für Recht und Gesetzgebung*, Munique, 1935.

Freyer, Hans, *Pallas Athene, Ethik des politischen Volkes*, 1935.

Friedrich, C. J., editor, *Totalitarianism*, Nova York, 1954.

____, e Brzezinski, Z. K., *Totalitarian dictatorship and autocracy*, Cambridge, 1956.

Gallier-Boissière, Jean, *Mysteries of the French secret police*, 1938.

Gauweiler, Otto, *Rechtseinrichtungen und Rechtsaufgaben der Bewegung*, 1939.

Geigenmüller, Otto, *Die politische Schutzhaft im nationalistischen Deutschland*, 2. ed., Würzburg, 1937.

Gerth, Hans, "The Nazi party", *American Journal of Sociology*, vol. 45, 1940.

Gide, André, *Retour de l'URSS*, Paris, 1936.

Giles, O. C., *The Gestapo* (Oxford Pamphlets on World Affairs, n. 36), 1940.

Globke, Hans, *Kommentare zur Deutschen Rassegesetzgebung*, Munique-Berlim, 1936.

Goebbels, Joseph, *Wege ins Dritte Reich*, Munique, 1927; "Der Faschismus und seine praktischen Ergebnisse", *Schriften der deutschen Hochschule für Politik*, vol. I, Berlim, 1935; *Vom Kaiserhof zur Reichskanzlei*, 19. ed., Munique, 1937; "Rassenfrage und Weltprogramm", *Pädagogisches Magazin*, Heft 139, 1934; *The Goebbels diaries 1942-1943*, Louis Lochner, editor, Nova York, 1948; *Wesen und Gestalt des Nationalsozialismus*, Berlim, 1935.

Goslar, Hans, *Jüdische Weltherrschaft. Phantasiegebilde oder Wirklichkeit*, Berlim, 1918.

Grauert, Wilhelm, "Die Entwicklung des Polizeirechts in nationalsozialistischen Staat", em *Deutsche Juristenzeitung*, 39, 1934.

Griffith, William E., editor, *Communism in Europe, continuity, change and the Sino-Soviet dispute*, Cambridge, 1964.

Gross, Walter, *Der deutsche Rassengedanke und die Welt* (Schriften der Hochschule für Politik, n. 42), 1939; "Die Rassen- und Bevölkerungspolitik im Kampf um die geschichtliche Selbstbehauptung der Volker", *Nationalsozialistische Monatshefte*, n. 155, outubro de 1939.

Guenther, Hans, *Rassenkunde des jüdischen Volkes*, 1930; *Rassenkunde des deutschen Volkes*, 1. ed., Munique, 1922.

Gul, Roman, *Les maîtres de la Tcheka*, Paris, 1938.

Gurian, Waldemar, *Bolshevism: theory and practice*, Nova York, 1932; *Bolshevism. An introduction to Soviet Communism*, Notre Dame, 1952.

Hadamovsky, Eugen, *Propaganda und nationale Macht*, 1933.

Hafkesbrink, Hanna, *Unknown Germany*, New Haven, 1948.

Hallgarten, Georg Wolfgang F., *Hitler, Reichswehr und Industrie. Zur Geschichte der Jahre 1918-1933*, Frankfurt a. M., 1955.

Hamel, Walter, "Die Polizei im neuen Reich", em *Deutsches Recht*, vol. 5, 1935.

Hammer, Hermann, "Die deutschen Ausgaben von Hitlers 'Mein Kampf'", em *Vierteljahrshefte für Zeitgeschichte 4* (1956).

Hartshorne, Edward G., *The German universities and National Socialism*, Cambridge, 1937.

Hayek, F. A., "The counter-revolution of science", *Economics*, vol. 8, 1941.
Hayes, Carlton J. H., *Essays on nationalism*, Nova York, 1926; Remarks on "The novelty of totalitarianism in the history of Western civilization", *Symposion on the Totalitarian State, 1939. Proceedings of the American Philosophical Society*, vol. 82, Filadélfia, 1940; *A generation of materialism*, Nova York, 1941.
Heinde, Konrad, *Der Führer. Hitler's rise to power*, Boston, 1944; *A history of National Socialism*, Nova York, 1935; *Adolf Hitler. Das Zeitalter des Verantwortungslosigkeit. Eine Biographie*, vol. 1, Zurique, 1936; *Gesschichte des Nationalsozialismus. Die Karriere einer Idee*, Berlim, 1932; *Geburt des Dritten Reiches. Die Geschichte des Nationalsozialismus bis Herbst 1933*, 2. ed., Zurique, 1934.
Hesse, Fritz, *Das Spiel um Deutschland*, Munique, 1953.
Heydrich, Reinhard, "Die Bekämpfung der Staatsfeinde", em *Deutsches Recht*, vol. 6, 1936.
Hilberg, Raul, *The destruction of the European Jews*, Chicago, 1961.
Himmler, Heinrich, "Männerbund auf rassischer Grundlage", *Das Schwarze Corps*, 38. Folge; *Die Schutztaffel als antibolschewistische Kampforganisation* (Aus dem Schwarzen Korps, n. 3), 1936; "Organização e obrigação da SS e da polícia", publicado em *Nationalpolitischer Lehrgang der Wehrmacht vom 15.-23. Januar 1937*. Excertos traduzidos em *Nazi conspiracy, op. cit.*, vol. 4; edição inglesa: *Secret speech by Himmler to the German army general staff*, publicado pelo American Committee for Anti-Nazi Literature, 1938; *Grundfragen der deutschen Polizei*, Hamburgo, 1937; "Denkschriften Himmlers über die Behandlung der Fremdvölkischen im Osten" (maio de 1940), *Vierteljahrshefte für Zeitgeschichte*, 5. Jg. (1957); "Die Schutzstaffel", *Grundlagen, Aufbau und Wirtschaftsordnung des nationalsozialistischen Staates*, Nr. 7b.
Hitler, Adolf, *Mein Kampf*, 1925-1927. Edição inglesa integral, Nova York, 1939; *Reden*, ed. por Ernst Boepple, Munique, 1933; *Hitler's Speeches, 1922-1939*, ed. por N. H. Londres, 1942; *Ausgewählte Reden des Führers*, 1939; *Die Reden des Führers nach der Machtübernahme*, 1940; *Der grossdeutsche Freiheitskampf*, Reden Hitlers vom 1.9.1939-10.3.1940; *Hitler's Table Talks*, Nova York, 1953; *Hitler's Secret Book*, Nova York, 1962; *Der grossdeutsche Freiheitskampf — Reden Adolf Hitlers*, vols. I e II, 3. ed., Munique, 1943.
Hocke, Werner, ed., *Die Gesetzgebung des Kabinetts Hitler*, vol. 1, Berlim, 1933.
Hoehn, Reinhard, *Rechtsgemeinschaft und Volksgemeinschaft*, Hamburgo, 1935.
Hoettl, Wilhelm, *The secret front: the story of Nazi political espionage*, Nova York, 1954.
Holldack, Heinz, *Was wirklich geschach*, 1949.
Horneffer, Reinhold, "Das Problem der Rechtsgeltung und der Restbestand der Weimarer Verfassung", em *Zeitschrift für die gesamte Staatswissenschaft*, 99, 1938.
Höss, Rudolf, *Commandant of Auschwitz*, Nova York, 1960.
Hossbach, Friedrich, *Zwischen Wehrmacht und Hitler 1934-1938*, Wolfenbüttel-Hannover, 1949.
Huber, Ernst R., "Die deutsche Polizei", *Zeitschrift für die gesamte Staatswissenschaft*, vol. 101, 1940/1.
Hudal, Bischof Alois, *Die Grundlagen des Nationalsozialismus*, 1937.

Inkeles, A., e Bauer R. A., *The Soviet citizen: daily life in a totalitarian society*, Cambridge, 1959.

Jetzinger, Franz, *Hitlers Jugend*, Viena, 1956.
Jünger, Ernst, *The storm of steel*, Londres, 1929.

Keiser, Guenther, "Der jüngste Konzentrationsprozess", *Die Wirtschaftskurve*, vol. 18, n. 148, 1938.
Kennan, George F., *Russia and the West under Lenin and Stalin*, Boston, 1961.
Khrushchev, N., "The crimes of the Stalin era", editado e anotado por Boris Nicolaevsky, Nova York, *The New Leader*, 1956.
Klein, Fritz, "Zur Vorbereitung der faschistischen Diktatur durch die deutsche Grossbourgeoisie 1929-1932", *Zeitschrift für Geschichtswissenschaft*, 1. Jg, 1953.
Kluke, Paul, "Nationalsozialistische Europaideologie", *Vierteljahrshefte für Zeitgeschichte*, 8. Jg. (1960).
Koch, Erich, "Sind wir Faschisten?", em *Arbeitertum*, 1, H. 9 (1. Juli 1931).
Koellenreuter, Otto, *Volk und Staat in der Weltanschauung des Nationalsozialismus*, 1935; *Der deutsche Führerstaat*, Tübingen, 1934.
Koettgen, Arnold, "Die Gesetzmässigkeit der Verwaltung im Führerstaat", *Reichsverwaltungsblatt*, 1936.
Kogon, Eugen, *The theory and practice of hell*, 1956.
Kohn-Bramstedt, Ernst, *Dictatorship and political police; the technique of control by fear*, Londres, 1945.
Koyré, Alexandre, "The political function of the modern lie", *Contemporary Jewish Record*, junho de 1945.
Kravchenko, Victor, *I chose freedom. The personal and political life of a Soviet official*, Nova York, 1946.
Krivitsky, W., *In Stalin's secret services*, Nova York, 1939.
Kuhn, Karl G., "Die Judenfrage als weltgeschichtliches Problem", em *Forschugen zur Judenfrage*, 1939.

Laporte, Maurice, *Histoire de l'Okhrana*, Paris, 1935.
Latour, Contamine de, "Le Maréchal Pétain", *Revue de Paris*, vol. 1.
Lebon, Gustave, *La psychologie des foules*, 1895.
Lederer, Zdenek, *Ghetto Theresienstadt*, Londres, 1953.
Lenin, V. I., *What is to be done?*, 1902; *State and revolution*, 1917; *Imperialism, the last stage of capitalism*, 1917.
Leutwein, Paul, editor, *Kämpfe um Afrika; sechs Lebensbilder*, Luebeck, 1936.
Lewy, Guenter, *The Catholic Church and Nazi Germany*, Nova York e Toronto, 1964.
Ley, Robert, *Der Weg zur Ordensburg*, sem data.
Lösener, Bernhard, *Die Nürnberger Gesetze*, Berlim, 1936.
Lowenthal, Richard, *World Communism. The disintegration of a secular faith*, Nova York, 1964.
Luedecke, Winfred, *Behind the scenes of espionage. Tales of the secret service*, 1929.
Luxemburg, Rosa, *The Russian Revolution*, Ann Arbor, 1961.

Martin, Alfred von, "Zur Soziologie der Gegenwart", *Zeitschrift für Kulturgeschichte*, vol. 27.
Massing, Paul W., *Rehearsal for destruction*, Nova York, 1949.
Mathias, Erich, e Morsey, Rudolph, editores, *Das Ende der Parteien 1933*, Düsseldorf, 1960.
Maunz, Theodor, *Gestalt und Recht der Polizei*, Hamburgo, 1943.

McKenzie, Kermit E., *Comintern and world revolution 1928-1934*, Nova York, 1964.
Micaud, Charles A., *The French Right and Nazi Germany. 1933-1939*, 1943.
Moeller van den Bruck, Arthur, *Das Dritte Reich*, 1923; edição inglesa *Germany's Third Empire*, Nova York, 1934.
Moore, Barrington, *Terror and progress USSR; some sources of change and stability in the Soviet dictatorship*, Cambridge, 1954.
Morstein Marx, Fritz, "Totalitarian politics", *Symposion on the Totalitarian State, 1939. Proceedings of the American Philosophical Society*, vol. 82, Filadélfia, 1940.
Mosse, George J., *The crisis of German ideology: intellectual origins of the Third Reich*, Nova York, 1964.
Muller, H. S., "The Soviet master race theory", *The New Leader*, 30 de julho de 1949.
Müller, Josef, *Die Entwicklung des Rassenantisemitismus in den letzten Jahrzehnten des 19. Jahrhundert* (*Historische Studien*, H. 372), Berlim, 1940.
Mussolini, Benito, "Relativismo e Fascismo", *Diuturna*, Milão, 1924; *Four speeches on the corporate state*, Roma, 1935; *Opera omnia di Benito Mussolini*, vol. IV, Florença, 1951.

Nansen, Odd, *Day after day*, Londres, 1949.
Nazi conspiracy and aggression, Office of the United States Chief of Counsel for the Prosecution of Axis Criminality, U. S. Government, Washington, 1946.
Nazi-Soviet relations, 1939-1941. Documents from the archives of the German Foreign Office, editado por Raymond James Sontag e James Stuart Beddie, Washington, 1948.
Neesse, Gottfried, *Partei und Staat*, 1936; "Die verfassungsrechtliche Gestaltung der Ein-Partei", *Zeitschrift für die gesamte Staatswissenschaft*, vol. 98, 1938.
Neumann, Franz, *Behemoth*, 1942.
Neusüss-Hunkel, Ermenhild, *Die SS*, Hannover-Frankfurt a. M., 1956.
Newman, Bernard, *Secret servant*, Nova York, 1936.
Nicolaevsky, Boris I., *Bolsheviks and bureaucrats*, Nova York, 1965; *Power and the Soviet elite*, Nova York, 1965; *Letter of an old bolshevik*, Nova York, 1937.
Nicolai, Helmut, *Die rassengesetzliche Rechtslehre. Grundzüge einer nationalsozialistischen Rechtsphilosophie* (Nationalsozialistische Bibliothek, H. 39), 3. ed., Munique, 1934.
Nomad, Max, *Apostles of revolution*, Boston, 1939:

Olgin, Moissaye J., *The soul of the Russian Revolution*, Nova York, 1917.
Organisationsbuch der NSDAP, várias edições.
Orlov, A., *The secret history of Stalin's crimes*, Nova York, 1953.
Ortega y Gasset, José, *The revolt of the masses*, Nova York, 1932.

Paetel, Karl O., "Die SS", *Vierteljahreshefte für Zeitgeschichte*, janeiro de 1954; "Der schwarze Orden. Zur Literatur über die 'SS'", em *Neue Politische Literatur 3*, 1958.
Parsons, Talcott, "Some sociological aspects of the Fascist movement", *Essays in sociological theory*, Glencoe, 1954.
Pascal, Pierre, *Avvakum et les débuts du raskol* (Institut Français de Leningrad, Bibliothèque, vol. 18), Paris, 1938.
Paulhan, Jean, "Introdução" a Marquês de Sade, *Les infortunes de la vertu*, Paris, 1946.

Payne, Stanley G. *A history of Spanish Fascism*, Stanford, 1961.
Pencherlo, Alberto, "Antisemitism", em *Encyclopedia italiana*.
Petegroski, D. W., "Antisemitism, the strategy of hatred", *Antioch Review*, vol. 1, n. 3, 1941.
Pfenning, Andreas, "Gemeinschaft und Staatswissenschaft", *Zeitschrift für die gesamte Staatswissenschaft*, vol. 96.
Poliakov, Léon, *Bréviaire de la haine*, Paris, 1951; "The weapon of antisemitism", *The Third Reich*, Londres, 1955, UNESCO.
———, e Wulf, Josef, *Das Dritte Reich und die Juden*, Berlim, 1955.
Poncins, Léon de, *Les forces secrètes de la Révolution; F.˙. M.˙.-Judaïsme*, ed. revisada, 1929 (traduzido para o alemão, inglês, espanhol, português); *Les juifs maîtres du monde*, 1932; *La dictadure des puissances occultes; La F.˙. M.˙.*, 1932; *La mystérieuse Internationale juive*, 1936; *La guerre occulte*, 1936.

Rauschning, Hermann, *Hitler speaks*, 1939; *The revolt of nihilism*, 1939.
Reck-Malleczewen, Friedrich Percyval, *Tagebuch eines Verzweifelten*, Stuttgart, 1947.
Reitlinger, Gerald, *The final solution*, 1953; *The SS — alibi of a nation*, Londres, 1956.
Reveille, Thomas, *The spoil of Europe*, 1941.
Reventlow, Graf Ernst zu, *Deutschlands auswärtige Politik. 1888-1914*, 1916; *Judas Kampf und Niederlage in Deutschland*, 1937.
Riesman, David, "The politics of persecution", *Public Opinion Quarterly*, vol. 6, 1942; "Democracy and defamation", *Columbia Law Review*, 1942.
Riess, Curt, *Joseph Goebbels: a biography*, Nova York, 1948.
Ripka, Hubert, *Munich: before and after*, Londres, 1939.
Ritter, Gerhard, *Carl Goerdeler's struggle against tyranny*, Nova York, 1958.
Roberts, Stephen H., *The house that Hitler built*, Londres, 1939.
Robinson, Jacob, e Friedman, Philip, *Guide to Jewish history under Nazi impact*, uma bibliografia publicada conjuntamente por YIVO Institute for Jewish Research e Yad Washem, Nova York e Jerusalém, 1960.
Rocco, Alfredo, *Scritti e discorsi politici*, 3 vols., Milão, 1938.
Roehm, Ernst, *Die Geschichte eines Hochverräters*, Volksausgabe, 1933; *Die Memoiren des Stabschefs Roehm*, Saarbrücken, 1934; *Warum SA?*, Berlim, 1933; "SA und deutsche Revolution", em *Nationalsozialistische Monatshefte*, n.º 31, 1933.
Rollin, Henri, *L'apocalypse de notre temps*, Paris, 1939.
Rosenberg, Alfred, *Die Protokolle der Weisen von Zion und die jüdische Weltpolitik*, Munique, 1923; *Der Mythos des zwanzigsten Jahrhunderts*, 1930.
Rosenberg, Arthur, *A history of Bolshevism*, Londres, 1934; *Geschichte der deutschen Republik*, 1936.
Rousset, David, *Les jours de notre mort*, Paris, 1947; *The other kingdom*, 1947.
Rush, Myron, *Political succession in the USSR*, Nova York, 1965; *The rise of Krushchev*, Washington, 1958.

SA-Geist im Betrieb. Vom Ringen um die Durchsetzung des deutschen Sozialismus, editado pela Oberste SA-Führung, Munique, 1938.
Salisbury, Harrison E., *Moscow journal: the end of Stalin*, Chicago, 1961; *American in Russia*, Nova York, 1955.
Salvemini, Gaetano, *La terreur fasciste 1922-1926*, Paris, 1938; *The fascist dictatorship in Italy* (1927), Nova York, 1966.

Schäfer, Wolfgang, *NSDAP, Entwicklung und Struktur der Staatspartei des Dritten Reiches*, Hannover-Frankfurt a. M., 1956.
Schapiro, L., *The Communist Party of the Soviet Union*, 1960; *The government and politics of the Soviet Union*, Nova York, 1965.
Schellenberg, Walter, *The Schellenberg memoirs*, Londres, 1956.
Schemann, Ludwig, *Die Rase in den Geisteswissenschaften. Studie zur Geschichte des Rassengedankens*, 3 vols., Munique, Berlim, 1928.
Scheuner, Ulrich, "Die nationale Revolution. Eine staatsrechtliche Untersuchung", em *Archiv des öffentlichen Rechts* (1933/34).
Schmitt, Carl, *Politische Romantik*, Munique, 1925; *Staat, Bewegung, Volk*, 1934; "Totaler Feind, totaler Krieg, totaler Staat", *Völkerbund und Völkerrecht*, vol. 4, 1937; *Verfassungsrechtliche Aufsätze aus den Jahren 1924-1954. Materialen zu einer Verfassungslehre*, Berlim, 1958.
Schnabel, Raimund, *Macht ohne Moral. Eine Dokumentation über die SS*, Frankfurt a. M., 1957.
Schumann, Fr. L., *The Nazi dictatorship*, 1939.
Schwartz, Dieter, *Angriffe auf die nationalsozialistische Weltanschauung* (Aus dem Schwarzen Korps, n. 2), 1936.
Schwartz-Bostunitsch, Gregor, *Jüdischer Imperialismus*, 5. ed., 1939.
Seraphim, Hans-Günther, *Das politische Tagebuch Alfred Rosenbergs aus den Jahren 1934/35 und 1939/40*, Göttingen-Berlim-Frankfurt a. M., 1956; "SS-Verfügungstruppe und Wehrmacht", em *Wehrwissenschaftliche Rundschau 5*, 1955.
Seraphim, P. H., *Das Judentum im osteuropäischen Raum*, Essen, 1938; "Der Antisemitismus in Osteuropa", *Osteuropa*, vol. 14, n. 5, fevereiro de 1939.
Seton-Watson, Hugh, *From Lenin to Khrushchev*, Nova York, 1960.
Simmel, Georg, "Sociology of secrecy and of secret societies", *The American Journal of Sociology*, vol. 11, n. 4, 1906; *The sociology of Georg Simmel*, traduzido por K. H. Wolff, 1950.
Six, F. A., *Die politische Propaganda der NSDAP im Kampf um die Macht*, 1936.
Smith, Bruce, "Police", na *Encyclopedia of social sciences*.
Souvarine, Boris, *Stalin. A critical survey of Bolshevism*, Nova York, 1939; traduzido do francês *Staline, aperçu historique du Bolshevisme*, Paris, 1935.
Spengler, Oswald, *The decline of the West*, 1928-9.
SS-Hauptamt-Schulungsamt, *Wesen und Aufgabe der SS und der Polizei; Der Weg der SS; SS-Mann und Blutsfrage. Die biologischen Grundlagen und ihre sinngemässe Anwendung für die Erhaltung und Mehrung des nordischen Blutes*.
Stalin, J. V., *Leninism*, Londres, 1933; *Mastering Bolshevism*, Nova York, 1946; *History of the Communist Party of the Soviet Union* (*Bolsheviks*): *short course*, Nova York, 1939.
Starlinger, Wilhelm, *Grenzen der Sowjetmacht*, Würzburg, 1955.
Starr, Joshua, "Italy's antisemites", *Jewish Social Studies*, 1939.
Stein, Alexander, *Adolf Hitler, Schüler der "Weisen von Zion"*, Karlsbad, 1936.
Stein, George H., *The Waffen SS: Hitler's elite guard at war, 1939-45*, Ithaca, 1966.
Stuckart, Wilhelm, e Globke, Hans, *Reichsbürgergesetz, Blutschutzgesetz und Ehegesundheitsgesetz* (*Kommentare zur deutschen Rassengesetzgebung*), vol. 1, Munique, Berlim, 1936.

Tasca, Angelo (pseudônimo Angelo Rossi), *The rise of Italian Fascism, 1918-1922* (1938), Nova York, 1966.

Thyssen, Fritz, *I paid Hitler*, Londres, 1941.
Tobias, Fritz, *The Reichstag fire*, Nova York, 1964.
Trevor-Roper, H. R., *The last days of Hitler*, 1947.
The trial of the major war criminals, 42 vols., Nuremberg, 1947-8.
Trials of war criminals before the Nuremberg Military Tribunals, 15 vols., Washington, 1949-53.
Trotsky, Leon, *The history of the Russian Revolution*, Nova York, 1932.
Tucker, Robert C., *The Soviet political mind*, Nova York, 1963.
_____ , e Cohen, Stephen F., editores, *The great purge trial*, Nova York, 1965.

Ulam, Adam B., *The Bolsheviks: the intellectual and political history of the triumph of Communism in Russia*, Nova York, 1965; *The new face of Soviet totalitarianism*, Cambridge, 1963.
Ullmann, A., *La police, quatrième pouvoir*, Paris, 1935.
Vardys, V. Stanley, "How the Baltic republics fare in the Soviet Union", *Foreign Affairs*, abril de 1966.
Vassilyev, A. T., *The Ochrana*, 1930.
Venturi, Franco, *Roots of revolution. A history of the populist and socialist movements in nineteenth century Russia* (1952), Nova York, 1966.
Verfassung, Die, des Sozialistischen Staates der Arbeiter und Bauern, Estrasburgo, 1937.
Volkmann, Erich, Elster, Alexander, e Küchenhoff, Günther, editores, *Die Rechtsentwicklung der Jahre 1933 bis 1935/6*, Handwörterbuch der Rechtswissenschaft, vol. VIII, Berlim, Leipzig, 1937.

Warmbrunn, Werner, *The Dutch under German occupation, 1940-1945*, Stanford, 1963.
Weinreich, Max, *Hitler's professors*, Nova York, 1946.
Weissberg, Alexander, *The accused*, Nova York, 1951.
Weizmann, Chaim, *Trial and error*, Nova York, 1949.
Wighton, Charles, *Heydrich: Hitler's most evil henchman*, Filadélfia, 1962.
Wirsing, Giselher, *Zwischeneuropa und die deutsche Zukunft*, Jena, 1932.
Wolfe, Bertram D., *Three men who made a revolution: Lenin-Trotsky-Stalin*, Nova York, 1948.
Wolin, Simon, e Slusser, Robert M., editores, *The Soviet secret police*, Nova York, 1957.

Zielinski, T., "L'Empereur Claude et l'idée de la domination mondiale des Juifs", *Revue Universelle*, Bruxelas, 1926-7.